Bullinger · Dienstleistungen – Innovation für Wachstum und Beschäftigung

Hans-Jörg Bullinger (Hrsg.)

Dienstleistungen – Innovation für Wachstum und Beschäftigung

Herausforderungen des internationalen Wettbewerbs

GABLER

Das dieser Publikation zu Grunde liegende Projekt „Dienstleistung 2000plus“ wurde vom Bundesministerium für Bildung und Forschung in Auftrag gegeben (FKZ: 01 HP 535). Verantwortlich für den Inhalt sind die Autoren. Das Bundesministerium für Bildung und Forschung übernimmt keine Gewähr für die Richtigkeit, Genauigkeit und Vollständigkeit der Angaben sowie die Beachtung privater Rechte Dritter.

Die Deutsche Bibliothek – CIP-Einheitsaufnahme

Dienstleistungen – Innovation für Wachstum und Beschäftigung
[Medienkombination] : Herausforderungen des internationalen Wettbewerbs /
Hans-Jörg Bullinger (Hrsg.). – Wiesbaden : Gabler
ISBN 3-409-11466-1
Buch. 1999
CD-ROM. 1999

Lektorat: Barbara Roscher

Der Gabler Verlag ist ein Unternehmen der Bertelsmann Fachinformation GmbH.

http://www.gabler-online.de

Druck und Buchbinder: Wilhelm & Adam, Heusenstamm
Printed in Germany

ISBN 3-409-11466-1

Vorwort

Am Übergang zum dritten Jahrtausend stehen Dienstleistungen in den Diskussionen um Wachstum und Beschäftigung zunehmend im Mittelpunkt. Der Anteil des tertiären Sektors an der gesamtwirtschaftlichen Wertschöpfung gilt mittlerweile als ein Indikator für Fortschritt, Modernität und Wettbewerbsfähigkeit. Dabei zeigt sich, daß die Potentiale in Deutschland noch längst nicht ausgeschöpft sind. Unter Betrachtung der fortschreitenden Globalisierungstendenzen ist es für die weitere Zukunft des Standorts Deutschland wichtig, die Innovationsfähigkeit und -dynamik des Dienstleistungsbereichs weiterhin zu verbessern und so international konkurrenzfähig zu bleiben.

Das Bundesministerium für Bildung und Forschung (BMBF) hat diese Herausforderungen erkannt und mit der 1995 gestarteten Initiative „Dienstleistungen für das 21. Jahrhundert" einen wesentlichen Anstoß zur Stärkung und Entwicklung des Dienstleistungssektors in Deutschland gegeben. Die internationale Fachtagung „Dienstleistungen – Innovation für Wachstum und Beschäftigung", die am 31. August und 1. September 1998 in Bonn stattfand, steht damit im Kontext einer ganzen Reihe von Aktivitäten, die in der großangelegten Untersuchung „Dienstleistung 2000plus" ihren Anfang nahmen. Dank dieser vom BMBF geförderten Untersuchung konnte unter Beteiligung von 300 nationalen und internationalen Dienstleistungsexperten eine breite Kooperations- und Aktionsplattform gebildet werden, deren Netzwerk aus Vertretern der Wirtschaft, Wissenschaft und Politik die Anliegen der Initiative verbreitete und zu zahlreichen Eigeninitiativen in den Ländern und Kommunen führte.

Aus den gewonnenen Erkenntnissen wurden Forschungs- und Handlungsempfehlungen entwickelt, die sich mit konkreten Forderungen an privatwirtschaftliche und öffentliche Dienstleistungsorganisationen, an intermediäre Instanzen sowie an Wissenschaft und Politik richten. Als Kommunikationsplattform dienten neben zahlreichen Veröffentlichungen insbesondere die BMBF-Tagungen vom Juli 1995 und vom

November 1996. Die aus der Untersuchung hervorgegangenen und als prioritär bewerteten Forschungs- und Entwicklungsmaßnahmen (Prioritäre Erstmaßnahmen – PEM) wurden 1998 unter großem Engagement der Dienstleistungswirtschaft durchgeführt. Ziel der PEM ist es, Innovation und Kreativität im Dienstleistungssektor voranzutreiben, Barrieren abzubauen und die einzelnen Bereiche so zu vernetzen, daß eine optimale Kommunikation möglich ist.

Die aktuellen Ergebnisse der Initiative „Dienstleistungen für das 21. Jahrhundert" wurden auf der Tagung „Dienstleistungen – Innovation für Wachstum und Beschäftigung" am 31. August und 1. September 1998 in Bonn über 400 Teilnehmern präsentiert. Über 60 Referenten stellten in Bonn die Ergebnisse zu den Forschungsprojekten und ihre persönlichen praktischen Erfahrungen in Vorträgen und Diskussionen der Öffentlichkeit vor. Die Tagung wurde live ins Internet übertragen. Unter der Adresse unseres elektronischen Marktplatzes http://www.dl2000.de können auch weiterhin aktuelle Informationen zu allen Vorhaben abgerufen werden.

Das vorliegende Buch präsentiert die Vorträge und Ergebnisse der Tagung „Dienstleistungen – Innovation für Wachstum und Beschäftigung. Herausforderungen des internationalen Wettbewerbs". Die Beiträge im ersten Abschnitt geben einen Einblick in die gegenwärtigen politischen, ökonomischen und gesellschaftlichen Entwicklungen und Trends innerhalb des Dienstleistungssektors im internationalen Kontext. Der Abschnitt „Neue Märkte – Wachstumschancen durch Dienstleistungen" befaßt sich in vielen Einzelaspekten mit der Kreation und dem Ausbau neuer Dienstleistungsfelder und den dadurch entstehenden Potentialen zur Schaffung von Arbeitsplätzen und Wirtschaftswachstum. Der Abschnitt „Neue Unternehmenskonzepte – Neue Regeln" widmet sich den Entwicklungsprozessen in der Dienstleistungsbranche. Hier werden Lösungen und Verbesserungen der bestehenden Bedingungen und Regelungen aufgezeigt. Das Buch richtet sich an alle Akteure im Dienstleistungsbereich: an Dienstleistungspraktiker aus Wirtschaft, öffentlicher Verwaltung und intermediären Organisationen, aber auch an Wissenschaftler unterschiedlicher Disziplinen.

Meinen herzlichen Dank für die erfolgreiche Kooperation bei der Realisierung der Tagung möchte ich an dieser Stelle Herrn Bundesminister a.D. Dr. Jürgen Rüttgers vom BMBF aussprechen. Herrn Dr. Frank Schlie-Roosen vom BMBF danke ich für seine Impulse innerhalb der Initiative und sein Engagement bei der Konzeption und Vorbereitung dieser Veranstaltung. Herrn Dr. Klaus Mangold von der DaimlerChrysler AG und der DaimlerChrysler Services (debis) AG sowie allen Mitgliedern des Beirats „Dienstleistung 2000plus" gebührt mein Dank für ihre fachliche Beratung. Ein ausdrücklicher Dank gilt den Mitarbeitern des DLR-Projektträgers des BMBF für die wertvolle und engagierte Zusammenarbeit; Herr Constantin Skarpelis, Herr Dr. Gerhard Ernst, Herr Christoph Kasten, Frau Ilona Kopp, Frau Ursula Meyer und Herr Klaus Wegner haben bei der Planung und Durchführung der Tagung sowie der Konzeption des Buches einen wesentlichen Beitrag geleistet. Meinen Mitarbeitern Herrn Christoph Bahner, Herrn Werner Brettreich-Teichmann, Frau Renate Fichter, Herrn Walter Ganz, Frau Sibylle Hermann, Herrn Jens Hofmann, Herrn Markus Neuburger, Frau Maren Rehpenning, Herrn Michael Risch sowie Frau Gudrun Wiedmann und dem gesamten Team „Dienstleistungen für das 21. Jahrhundert" danke ich herzlich für ihren persönlichen Einsatz in den vergangenen Monaten. Meinen besonderen Dank möchte ich an alle Autoren richten, die mit ihren fachlichen Beiträgen dieses Buch erst ermöglicht haben.

Stuttgart, im Januar 1999 Hans-Jörg Bullinger

Inhaltsverzeichnis

II. Neue Märkte – Wachstumschancen durch Dienstleistungen

1. Exportschlager Dienstleistungen

2. Multimediale Dienstleistungen

3.
Dienstleistungen als Zukunftsmarkt für das Handwerk

4.
Privathaushalte und neue Dienste

5.
Öko-effiziente Dienstleistungen – Chancen für zukunftsfähiges Wirtschaften

6.
Dienstleistung Prävention – Neue Wege für einen kundenorientierten Arbeitsschutz

III. Neue Unternehmenskonzepte – Neue Regeln

8.
Regulative Rahmenbedingungen für Dienstleistungsinnovationen

9.
Bildung und moderne Dienstleistungen

10. Erfolgsstrategie Kreativität

11. Servicekultur in Wertschöpfungspartnerschaften

12. Service Engineering und Service Design

Autorenverzeichnis und Beirat

Autoren

Prof. Dr. rer. soc. oec. Gerhard Arminger
Fach Statistik, Bergische Universität Gesamthochschule Wuppertal

Prof. Dr. Martin Baethge
Direktor Soziologisches Forschungsinstitut (SOFI) e.V., Göttingen

Dr. Willy Bierter
Direktor Institut für Produktdauerforschung, Giebenach, Schweiz

Dipl.-Soz. Uta Böhm
Wissenschaftliche Mitarbeiterin BIS Berliner Institut für Sozialforschung GmbH, Berlin

Dipl. Ök. Karl Bommert
Fach Statistik, Bergische Universität Gesamthochschule Wuppertal

Dr. Axel Born
Director McKinsey & Company, Inc., Düsseldorf

Univ.-Prof. Dr.-Ing. habil. Prof. e.h. Dr. h.c. Hans-Jörg Bullinger
Leiter Fraunhofer-Institut für Arbeitswirtschaft und Organisation IAO, Stuttgart

Oleg Cernavin
BC-Verlags- und Mediengesellschaft mbH, Wiesbaden

Dipl.-Ing. Wilfried Coenen
Leiter Geschäftsbereich Prävention, Hauptverband der gewerbl. Berufsgenossenschaften, Sankt Augustin

Professor of Geography Peter W. Daniels
Director Service Sector Research Unit, University of Birmingham, Großbritannien

Dipl.-Kfm. Hans Jürgen Deis
Vorstandsmitglied Bausparkasse Schwäbisch Hall AG, Schwäbisch Hall

Lutz Doblaski
Vorstandsmitglied Württembergische Versicherung AG, Stuttgart

Anne Drahovszky
Auto-Partner Drahovszky München GmbH, München

Dipl.-Pol. Bernd Fischer
Wissenschaftlicher Mitarbeiter BIS Berliner Institut für Sozialforschung GmbH, Berlin

Dr. Marion Friese
Assistentin der Bereichsleitung Unternehmensbereich Business TV, CLT-UFA Deutschland, Hamburg

Rainmar Gnaehrich
Geschäftsführender Gesellschafter ObraSafe GmbH, St. Ingbert

Dr. Robert Goecke
Mitglied der Geschäftsleitung BPU Betriebswirtschaftliche Projektgruppe für Unternehmensentwicklung GmbH, München

Dr. Marco Gruber
Vorstandsmitglied workstation ag, Glattbrugg, Schweiz

Dipl.-Ing. Peter Haaks
Regionalvertriebsleiter Osteuropa, Fichtner GmbH & Co. KG, Stuttgart

Prof. Dr. rer. pol. Sabine Haller
Allgemeine Betriebswirtschaftslehre der Dienstleistungen, Fachhochschule für Wirtschaft Berlin

Dr. rer. pol. Gerold B. Hantsch
Institutsleiter Institut für Technik der Betriebsführung, Karlsruhe

Dr. Bernhard Heidel
Leiter Bereich Marktforschung, REWE-Zentral AG, Köln

Dipl. Päd. Renate Henning
Geschäftsführerin OSTO-Systemberatung GmbH, Aachen

Dr. rer. pol. Friedrich Hinterberger
Komm. Abteilungsleiter Stoffströme und Strukturwandel, Wuppertal Institut für Klima, Umwelt, Energie GmbH, Wuppertal

Dr.-Ing. Peter Hoffmann
Abteilungsleiter Produktmanagement und Marketing, Wuppertaler Stadtwerke AG, Wuppertal

Prof. Dr. iur. Wolfgang Hoffmann-Riem
Forschungsstelle Recht und Innovation, Universität Hamburg

Prof. Dr. Georg Rainer Hofmann
Fachhochschule Aschaffenburg, IKTT, Erbach

Haigo Hofmann M.A.
Project Manager Siemens ElectroCom GmbH, Konstanz

Dr. phil. Heidrun Hogan
Geschäftsführerin Privatinstitut Hogan, Berlin

Dipl.-Volkswirtin Marlies Hummel
Leiterin Strukturanalysen und Kulturökonomie, ifo Institut für Wirtschaftsforschung, München

Heike Hunecke M.A.
Wissenschaftliche Mitarbeiterin HDZ/IMA, RWTH Aachen

Prof. Dr. Juhani Ilmarinen
Finnish Institute of Occupational Health, Helsinki, Finnland

Dr. phil. Ingrid Isenhardt
Stellvertretende Institutsleiterin Hochschuldidaktisches Zentrum und Lehrstuhl Informatik im Maschinenbau, RWTH Aachen

Peter Kerckhoff
Stellvertretender Bereichsleiter Unternehmensbereich Business TV, CLT-UFA Deutschland, Hamburg

Prof. Dr. rer. soc. Karl Kuhn
Bundesanstalt für Arbeitsschutz und Arbeitsmedizin, Dortmund

Dr. phil. Dagmar Lennartz

Leiterin Abteilung "Gewerblich-technische Berufe", Bundesinstitut für Berufsbildung, Berlin

Dr. Christa Liedtke

Abteilung Stoffströme und Strukturwandel, Wuppertal Institut für Klima, Umwelt, Energie GmbH, Wuppertal

Dipl.-Ing. Stephan Löchler

Geschäftsführer NEWPLAN Brainwork Management & Services GmbH, München

Dr.-Ing. Bernd Lorscheider

Leiter Bereich Kommunikations- und Organisationsentwicklung, HDZ/IMA, RWTH Aachen

Prof. Dr.-Ing. Dipl.-Wirt.-Ing. Holger Luczak

Geschäftsführender Direktor Forschungsinstitut für Rationalisierung, RWTH Aachen

Dr. Klaus Mangold

Vorstandsmitglied DaimlerChrysler AG und Vorstandsvorsitzender DaimlerChrysler Services (debis) AG, Berlin und Stuttgart

Dr.-Ing. Karlheinz Meffert

Berufsgenossenschaftliches Institut für Arbeitssicherheit, Sankt Augustin

Jürgen Mehlert

Leiter Akademie für Zahntechnik (AZHH), Handwerkskammer Hamburg

Dr. Sibylle Meyer

Geschäftsführerin BIS Berliner Institut für Sozialforschung GmbH, Berlin

Prof. Dr. habil. Dr. h.c. Peter Meyer-Dohm

Vorsitzender International Partnership Initiative e.V., Wolfsburg

Prof. Gene Miller

Marshall School of Business, University of Southern Caifornia, Los Angeles, USA

Dipl.-Volkswirt Eugen Müller

Geschäftsführer, Leiter Abteilung Soziale Sicherheit, Bundesvereinigung der Deutschen Arbeitgeberverbände (BDA), Köln

Prof. Dr. Norbert Mundorf

Department of Communication Studies, University of Rhode Island, Kingston, USA

Dr. Joachim Niemeier
Geschäftsführer Multimedia Software GmbH, Dresden

Utta Ott
Abteilungsdirektorin Volkswirtschaftliche Abteilung, Kreditanstalt für Wiederaufbau, Frankfurt

Dipl.-Ing. Uwe Otto
Vorstandsmitglied Dienstleistungsgemeinschaft SHK-Handwerk, Berlin-Brandenburg

Prof. Dr. Marian Paschke
Geschäftsführender Direktor Seminar für Handels-, Schiffahrts- und Wirtschaftsrecht, Universität Hamburg

Prof. Dr. habil. Sibylle Peters
Institut für Berufs- und Betriebspädagogik, Otto-von-Guericke-Universität Magdeburg

Dr. rer. pol. Werner Pieper
Dr. Pieper & Partner GbR, Recklinghausen

Jim Platts
Lecturer Manufacturing Engineering Group, University of Cambridge, Großbritannien

Dipl.-Wirtsch.-Ing. Dipl.-Oec. Wilfried Pohl
Leiter Informationsverarbeitung, RWE AG, Essen

Dipl.-Volkswirt Wolfram H. Püschel
Geschäftsführer Spar- und Bauverein Solingen eG, Solingen

Dr. Lutz van Raden
Leiter Rechtsabteilung, Deutsches Patentamt, München

Rohit Ramaswamy, PhD
President Service Design Solutions, Inc., Des Moines, USA

Günther Refle M.A.
Leiter Felsenweg Institut, Langenhennersdorf

Olaf Reubold
Geschäftsführer Service To The Internet, Erbach

Doz. Dr.-Ing. habil. Wolfram Risch
Geschäftsführer ATB Arbeit, Technik und Bildung GmbH, Chemnitz

Dipl.-Ing. Gerhard Rohde
Geschäftsführendes Vorstandsmitglied Spar- und Bauverein Solingen eG, Solingen

Dr. Jürgen Rüttgers
Bundesminister für Bildung, Wissenschaft, Forschung und Technologie a.D., Bonn

o. Prof. Dr. rer. pol. Dr. h.c. August-Wilhelm Scheer
Direktor Institut für Wirtschaftsinformatik, Universität des Saarlandes, Saarbrücken

Dipl.-Volkswirt Axel Schimmelpfennig
Wissenschaftlicher Mitarbeiter Institut für Weltwirtschaft, Kiel

Dr. Eva Schulze
Geschäftsführerin BIS Berliner Institut für Sozialforschung GmbH, Berlin

Monika Sonnenberg
Geschäftsführerin Hamburger Hauspflegedienst, Hamburg

Dipl.-Ing. (FH) Christian Steguweit
Geschäftsführer Deutsche Bahn Medien GmbH, Frankfurt

Susanne Stein
Beraterin BPU Betriebswirtschaftliche Projektgruppe für Unternehmensentwicklung GmbH, München

Dieter Steinborn
Leiter Sozialwesen, REWE-Zentralorganisationen, Köln

Dipl.-Wirtsch.-Ing. Ulrich Stetter
Bereichsleiter Controlling/Betriebswirtschaft, Süddeutscher Zeitungsdienst, Aalen

Dr. rer. pol. Frank Stille
Deutsches Institut für Wirtschaftsforschung (DIW), Berlin

Prof. Dr. Dr. h.c. Norbert Szyperski
Betriebswirtschaftliche Forschungsgruppe Mediendienste, Universität zu Köln

Jean-François Trogrlic
Vorstandsmitglied CFDT, Paris, Frankreich

Arno Vogel
Abteilung Stoffströme und Strukturwandel, Wuppertal Institut für Klima, Umwelt, Energie GmbH, Wuppertal

Christian Vonarburg
Leiter Marketing, Mobility CarSharing Schweiz, Luzern, Schweiz

Prof. Dr. Rolf Wank
Lehrstuhl für Bürgerliches Recht, Handels-, Wirtschafts- und Arbeitsrecht, Ruhr-Universität Bochum

Dr. Claudia Weinkopf
Projektleiterin Abteilung Arbeitsmarkt, Institut Arbeit und Technik, Gelsenkirchen

Dipl. Ök. Thorsten Werner
Fach Statistik, Bergische Universität Gesamthochschule Wuppertal

Anja Zschemisch
Geschäftsführerin Ambulanter Krankenpflegedienst A. David & A. Zschemisch, Hamburg

Beirat „Dienstleistung 2000plus"

Dr. Klaus Mangold (Vorsitz)
Vorstandsmitglied DaimlerChrysler AG und Vorstandsvorsitzender DaimlerChrysler Services (debis) AG, Berlin und Stuttgart

Prof. Dr. Wolfgang Fürniß
Generalbevollmächtigter für Wirtschaftsbeziehungen, SAP AG, Walldorf

Reinhold Hendricks
Vorstandsmitglied Allianz Lebensversicherungs AG, Stuttgart

Dr. Hagen Hultzsch
Vorstandsmitglied Technik/Dienste, Deutsche Telekom AG, Bonn

Dipl.-Volkswirt Jürgen Husmann
Mitglied der Hauptgeschäftsführung Bundesvereinigung der Deutschen Arbeitgeberverbände, Köln

Prof. Dr.-Ing. Dr. h.c. Dr.-Ing. E.h. Reinhardt Jünemann
Geschäftsführender Leiter Fraunhofer-Institut für Materialfluß und Logistik, Dortmund

Dr. rer. nat. Hermann Krämer
Ehem. Vorstandsmitglied VEBA AG, Düsseldorf

Dipl.-Betriebswirt (FH) Klaus-Dieter Laidig
Geschäftsführender Gesellschafter Laidig Business Consulting GmbH, Böblingen

Dr. rer. oec. Thomas Middelhoff
Vorstandsmitglied Bertelsmann AG, Gütersloh

Prof. Dr. Frieder Naschold
Wissenschaftszentrum Berlin für Sozialforschung gGmbH, Berlin

Maud Pagel
Mitglied des Gesamtbetriebsrats Deutsche Telekom AG, Bonn

Prof. Dr. habil. Sibylle Peters
Institut für Berufs- und Betriebspädagogik, Otto-von-Guericke-Universität Magdeburg

Dieter Philipp
Präsident der Handwerkskammer Aachen und Präsident des Zentralverbandes des Deutschen Handwerks, Bonn

Prof. Dr. rer. pol. Arnold Picot
Institut für Organisation, Ludwig-Maximilians-Universität München

Prälat Hellmut Puschmann
Präsident des Deutschen Caritasverbandes e.V., Freiburg

Dipl.-Volkswirt Horst Rompcik
Mitglied der Unternehmensleitung REWE-Zentral AG, Köln

Dipl.-Volkswirt Klaus Schmitz
Leiter Abteilung Struktur- und Umweltpolitik DGB Bundesvorstand, Düsseldorf

Prof. Dr. rer. pol. Norbert Walter
Mitglied der Geschäftsleitung Deutsche Bank Research, Chefvolkswirt Deutsche Bank Gruppe, Frankfurt

I. Dienstleistungen – Innovation für Wachstum und Beschäftigung

Herausforderungen des internationalen Wettbewerbs

Dienstleistungen – Innovation für Wachstum und Beschäftigung

Jürgen Rüttgers

Lieber Herr Professor Bullinger, sehr geehrter Herr Mangold, meine sehr verehrten Damen und Herren,

was wir im Film gerade gesehen haben, gibt eine Vorstellung davon, wie moderne Dienstleistungen unseren Alltag verändern werden. Viele von Ihnen werden an diesen Dingen schon arbeiten und konkrete Vorstellungen haben von neuen Möglichkeiten und neuen Märkten.

Aber auch Menschen, die nicht zu den Dienstleistungsexperten gehören, haben vielfach schon mehr als nur eine Ahnung davon, welche Potentiale im Dienstleistungsbereich stecken. Und niemand glaubt ernsthaft mehr daran, daß der Trend zur Dienstleistung noch gestoppt werden könnte.

Der alte Witz, in der Dienstleistungsgesellschaft würde jeder jedem die Haare schneiden, doch die Scheren müßten in China gekauft werden, hat endgültig ausgedient.

Strukturwandel im DL-Bereich

Die Menschen in unserem Lande haben sich an den Gedanken gewöhnt, daß Dienstleistungen unsere Wirtschaft, unsere Arbeit, unseren Alltag immer stärker prägen. Die Fakten haben es ihnen leicht gemacht:

- 52% der Wertschöpfung entfallen heute in Deutschland auf Dienstleistungen. Und dabei sind die öffentlichen Dienste noch gar nicht mitgezählt. Das sind noch einmal 14% zusätzlich.
- Gut 63% der Beschäftigten arbeiten im tertiären Sektor. Und auch im produ-

zierenden Sektor sind mittlerweile schon rund 40% der Arbeitskräfte mit Dienstleistungen beschäftigt.

- Und auch, was das Wachstum angeht, so marschiert der tertiäre Sektor ganz an der Spitze. In den OECD-Ländern wuchs der Dienstleistungsexport in den letzten 10 Jahren um 160%.

Aber das ist *nicht* die Botschaft dieser Konferenz. Das ist alles schon Realität.

Die Botschaft für heute und morgen heißt: Produktion, Innovation und Marketing *innerhalb* des Dienstleistungsbereichs werden sich wandeln.

Denn unsere Gesellschaft wandelt sich auch. Wir entwickeln uns zu einer Wissensgesellschaft. Und nirgends hinterläßt diese Entwicklung tiefere Spuren als bei den Dienstleistungen.

- Informations- und Kommunikationstechnologien machen weltweite Kooperation, weltweiten Wettbewerb und weltweit verteilte Dienste möglich.
- Die internationalen Verhandlungen zur Liberalisierung des Handels mit Diensten im Rahmen der WTO werden im kommenden Jahr beginnen. Dies wird viele Dienstleistungsmärkte in wirklichen Wettbewerb stellen.
- Institutionen und Organisationen, die industriell oder durch ein traditionelles Verständnis von Dienstleistung geprägt sind, werden sich neu definieren müssen.
- Arbeit und Alltag werden vielfältiger. Starre Regeln bei Zeittakten, Öffnungszeiten, Bildungswegen sind schon in Bewegung gekommen, und dies wird weitergehen.

Der Strukturwandel *zur* Dienstleistungswirtschaft läuft seit Jahrzehnten mit zunehmender Geschwindigkeit. – Der Strukturwandel *in der* Dienstleistungswirtschaft beginnt erst.

Chancen für neue Beschäftigung

Der Umbau unseres Dienstleistungssektors wird Arbeitsplätze kosten und zugleich auch neue Arbeitsplätze schaffen. Ich bin allerdings überzeugt davon, daß auf diesem Wege mehr und anspruchsvollere Arbeitsplätze geschaffen werden, als wir durch die Subventionierung alter Dienstleistungen dauerhaft erhalten könnten.

Intelligente Dienstleistungen sind bereits in den letzten Jahren die Hauptquelle für neue Beschäftigung gewesen. Sie werden es in Zukunft noch stärker sein.

Technologieorientierte Unternehmensgründungen im Dienstleistungsbereich nehmen seit Anfang der neunziger Jahre rapide zu. Auf jeden Technologiegründer im produzierenden Sektor kommen mehr als zwei im Bereich der technologieintensiven Dienste.

Eben im Film haben wir Beispiele solcher Dienste gesehen: die Fernwartung von Hausgeräten etwa oder Call Center, die maßgeschneiderte Vertriebs- und Beratungsdienste anbieten.

Man braucht nur einen Blick in die Stellenanzeigen zu werfen: Mitarbeiter und Führungskräfte für Call Center werden heute überall gesucht. 1995 gab es in Call Centern in Deutschland rund 60000 Beschäftigte. 1998 sind es 150000. Bis 2001 wird mit 20% Wachstum pro Jahr gerechnet. Nach Angaben des DIHT haben bis zu 60% der Mitarbeiter in den Call Centern das Abitur. Sie haben eine gute Allgemeinbildung, exzellentes und ständig aktualisiertes Fachwissen und soziale Kompetenz. Die Monatsgehälter liegen zwischen 3500 und 15000 Mark bei Vollzeitbeschäftigung.

Und auch bei der oft ablehnenden Diskussion der Vor- und Nachteile der amerikanischen Job-Maschine der letzten 10 Jahre werden ein paar Fakten notorisch übersehen:

- Hauptnutznießer der starken Expansion des amerikanischen Dienstleistungssektors waren Frauen. Die Einkommen der Frauen sind real und im Vergleich zu den Männern gestiegen.
- Im Gegensatz zu dem, was viele glauben, hat sich in der Struktur des Arbeitsmarktes in den USA das Verhältnis von „bad jobs" zu den gut bezahlten Jobs nicht anders entwickelt als bei uns.
- Anerkannte Experten stellen sogar fest, daß die Mitgestaltung der Unternehmen durch ihre Beschäftigten in den USA besser vorangekommen ist als in Europa, sowohl in der Unternehmenspolitik als auch beim Kapitalbesitz.

Deshalb ist es ein Ziel dieser Konferenz, wie schon ihrer beiden Vorgängerinnen, mit Klischees über den Dienstleistungssektor aufzuräumen.

Innovationspolitik für neue Dienstleistungen

Wer in Zukunft im internationalen Wettbewerb mithalten will, der muß Dienste ebenso kostenbewußt, qualitativ hochstehend, innovativ und wettbewerbsfähig anbieten können, wie dies bei industriellen Gütern typisch ist.

Tatsache ist aber, daß wir die Produktion von Dienstleistungen heute noch nicht annähernd so sicher beherrschen, wie das bei der Produktion von Industriegütern der Fall ist. Dies muß sich ändern.

Das gilt auch für Wissenschaft und Forschung: Wir müssen lernen, Dienstleistungen in den Forschungseinrichtungen, Hochschulen, Entwicklungsabteilungen genauso ernst zu nehmen wie den Fahrzeugbau, die Chemie und die Elektrotechnik.

Das fängt bei der Statistik an. Weder die Dienstleistungen selbst, noch Innovationen und Forschung für Dienstleistungen sind heute adäquat erfaßt. – Das können wir uns einfach nicht mehr leisten! Wir müssen über den wichtigsten Sektor unserer Wirtschaft mehr wissen, damit Entscheidungen in den Unternehmen und Verwaltungen rationaler werden.

Als einen Beitrag dazu bereitet das Bundesministerium für Bildung, Wissenschaft, Forschung und Technologie zusammen mit dem Statistischen Bundesamt eine Untersuchung der DV-Dienstleistungen vor. – Dies kann der Baustein für eine Dienstleistungsstatistik der Zukunft sein.

Bilanz Dienstleistungsinitiative BMBF

Die Dienstleister müssen ihre Innovationsanstrengungen in vielen Bereichen erheblich verstärken. Innovationserhebungen des ZEW zeigen, daß viele Dienstleister von sich aus kaum Neues entwickeln, und daß Kooperationen mit Hochschulen und Forschungseinrichtungen Seltenheitswert haben. – Auch das muß sich ändern!

Damit sich etwas ändert, hat das Bundesministerium für Bildung, Wissenschaft, Forschung und Technologie die Initiative „Dienstleistungen für das 21. Jahrhundert" ins Leben gerufen. Mit dieser Initiative bringen wir die Partner zusammen, die für Innovationen notwendig sind.

Dank dieser Initiative gibt es heute Kooperationen zwischen rund 300 Partnern in Wissenschaft und Wirtschaft. Über 100 Projekte stellen auf der heute beginnenden Konferenz ihre Ergebnisse vor. Eine Reihe von Konferenzen und Veröffentlichungen ergänzt diese Bilanz.

Auch die weiteren Ergebnisse der Dienstleistungsinitiative können sich sehen lassen:

- Wir haben eine große Zahl neuer Dienstleistungsberufe in Kraft gesetzt oder neu geordnet:

- 1996 zwei neue Berufe für den Bereich audiovisuelle Medien.
- 1997 vier neue Berufe für den Bereich der Informations- und Telekommunikationstechnik sowie ein neuer Beruf im Verkehrsservice.
- Und bei den zum 1.8.1998 in Kraft getretenen neuen Ausbildungsordnungen bildet der Dienstleistungsbereich den Schwerpunkt: Von elf neu geschaffenen Berufen sind sechs ausgesprochene Dienstleistungsberufe. Bei den modernisierten Berufen sind zwölf der neunzehn Ausbildungsordnungen dem Dienstleistungsbereich zuzurechnen.

Die Neuordnungsarbeiten werden zügig fortgesetzt. Wir arbeiten zielstrebig daran, künftig noch früher Qualifikationsbedarfe zu erkennen und die Entwicklung neuer Berufe noch schneller anzugehen. Deshalb fördern wir die Entwicklung von neuen Methoden zur Früherkennung von Qualifikationsbedarfen.

- Auch die Hochschulen reagieren auf den Strukturwandel. So wird an der TU München erstmalig zum Wintersemester 1998/99 ein Aufbaustudium „Service Engineering" angeboten, das im Rahmen der Dienstleistungsinitiative des BMBF entwickelt wurde.

Mit dem Wettbewerb „Existenzgründer aus Hochschulen" werden der Auf- und Ausbau von regionalen Netzwerken zur Stimulierung von Unternehmensgründungen aus der Hochschule gefördert. Auch hier werden dienstleistungsorientierte Unternehmungen einen Schwerpunkt bilden.

Seit knapp einer Woche ist das neue Hochschulrahmengesetz in Kraft. Die im Gesetz vorgesehene leistungsorientierte Finanzierung der Hochschulen verstärkt den Anreiz für unsere Universitäten, insgesamt mehr Existenzgründer aus den Reihen ihrer Absolventen hervorzubringen.

Ich jedenfalls gedenke dies zu einem Leistungskriterium bei zukünftigen Mittelzuweisungen des Bundes zu machen.

- In der Forschungsförderung setzen wir diesen dienstleistungsorienten Kurs fort.

Dienstleistungen profitieren überdurchschnittlich von unserem neuen Förderinstrument der Leitprojekte. Denn die Leitprojekte zielen in aller Regel auf Systemlösungen, die ohne hohe Dienstleistungsanteile nicht realisierbar sind. Typische Beispiele hierfür sind die neuen Projekte im Bereich „Mobilität in Ballungsräumen".

Ähnliches gilt für das Förderkonzept „Produktion 2000". Hier enthalten rund 80% der Vorhaben deutliche Dienstleistungsanteile. Etwa 20% der Projekte sind überwiegend durch Dienstleistungen bestimmt. – Eine erstaunliche Tendenz bei einem Programm, das sich primär an das produzierende Gewerbe richtet!

- Mit einem Teil unserer Fördermaßnahmen haben wir uns von dem vielerorts noch üblichen, ganz technikzentrierten Innovationsbegriff bereits weitgehend gelöst.

  Das gilt beispielsweise für die Design-Initiative der deutschen Wirtschaft, die vom Bundesministerium für Bildung, Wissenschaft, Forschung und Technologie unterstützt wird. Unter anderem wird 1998 ein Forschungspraktikum für Designstudenten durchgeführt. Damit sollen völlig neue Formen der Zusammenarbeit im Innovationsprozeß erprobt und entwickelt werden.

Neues Förderkonzept

Im Frühjahr dieses Jahres hat mir der Beirat des Forschungsprojekts „Dienstleistung 2000plus" seine Handlungsempfehlungen zur Stärkung des Dienstleistungssektors übergeben. Hinter den Empfehlungen steht der große Einsatz einer hoch kompetenten Gruppe ausgewiesener Fachleute und Praktiker.

Ihnen, sehr verehrter Herr Mangold, möchte ich auch bei dieser Gelegenheit nochmals herzlich für die geleistete Arbeit danken!

Ich freue mich sehr, daß Sie sich heute erneut in den Dienst der Sache stellen. Ich bin gespannt auf Ihren Vortrag über die „Herausforderungen des internationalen Wettbewerbs im Dienstleistungsbereich".

Das Bundesministerium für Bildung, Wissenschaft, Forschung und Technologie hat zahlreiche Ihrer Empfehlungen in unser neues Handlungs- und Förderkonzept übernommen. Wir stellen das neue Konzept, mit dem wir in die nächste Phase unserer Dienstleistungsinitiative gehen, im Rahmen dieser Konferenz erstmals der Öffentlichkeit vor.

Ich will vier Punkte ansprechen, die mir wichtig sind.

1.

Ein Teil der Empfehlungen des Beirats betreffen die rechtlichen Rahmenbedingungen für Dienstleistungen in Deutschland.

Mein Ziel in diesem Bereich ist klar. Es ist übrigens das gleiche Ziel, das ich zu Anfang meiner Amtstätigkeit für die Biotechnologie formulierte, und das wir zwischenzeitlich erfüllt haben: Es soll keinen Standort in Europa geben, an dem die rechtlichen Rahmenbedingungen besser wären als in Deutschland.

Um hier möglichst schnell zu Ergebnissen zu kommen, vergibt das BMBF den Auftrag, den Handlungsbedarf präzise einzugrenzen und zu operationalisieren. Die Ausschreibung zur Vergabe des Auftrags läuft noch bis zum 21. September.

2.
Ein zweiter Ansatzpunkt ist der Mittelstand. Die kleinen und mittelgroßen Unternehmensformen bilden naturgemäß die Basis der Entwicklung unseres Dienstleistungssektors.

Wir haben deshalb ein spezielles neues Förderinstrument entwickelt, das sich im ersten Anlauf speziell an Handwerksbetriebe richtet. Es handelt sich um einen Wettbewerb um die 100 innovativsten Dienstleistungsideen im Handwerk. Unser Ziel ist es, die Unternehmen bei der Erarbeitung entscheidungsreifer Innovationskonzepte für neue Dienstleistungen zu unterstützen.

Der Wettbewerb wird in Kürze öffentlich ausgeschrieben.

3.
Der dritte Bereich betrifft das Thema Qualitätsstandards und Vergleichsmaßstäbe.

Dies halte ich in der Tat für eine zentrale Voraussetzung für die Entwicklung neuer Dienstleistungsmärkte. In der Industrie sind solche Verfahren und Methoden heute weithin standardisiert und eingeführt. – Stichwort: Deutsche Industrie-Norm „DIN".

Würde Briefpapier heute noch nach Kriterien hergestellt wie manche Dienstleistungen, dann würden die Briefbögen 'mal in die vorhandenen Briefumschläge passen, 'mal nicht. Manche Blätter würden in die Papierfächer der Kopiergeräte passen, manche nicht. Einige Seiten wäre so dick, daß man sie kaum falten kann, andere so dünn, daß sie reißen.

Dienstleistungsuntersuchungen der Stiftung Warentest haben gezeigt, daß die Qualitätsstreuung bei Dienstleistungen heute zum Teil noch so groß ist, daß zusammenfassende Bewertungen, Durchschnittswerte und ähnliches sinnlos sind.

Aber nicht nur für den privaten Kunden sind solche Bewertungen und Vergleiche wichtig. Auch für Zulieferungen und im Handel werden Qualitätssicherung und

Transparenz bei Dienstleistungen zunehmend an Gewicht gewinnen und sich zu einem strategischen Wettbewerbskriterium entwickeln.

Das, was „Made in Germany" für die Güterproduktion bedeutet hat, könnte ein „German Service Standard" für Dienstleistungen sein.

Das Bundesministerium für Bildung, Wissenschaft, Forschung und Technologie wird deshalb die Themen „Benchmarking" und „Standardisierung" bei Dienstleistungen mit eigenen Förderinitiativen vorantreiben.

4.

Ein vierter Schwerpunkt unserer Arbeit der kommenden Monate wird das Management und die Arbeitsorganisation im Dienstleistungsbereich betreffen.

Bereits heute ist absehbar, daß das vertraute „Normalarbeitsverhältnis" und das „Betriebsmodell" mit dem Schwerpunkt auf abhängiger Beschäftigung, starren Hierarchien, lebenslanger fachlicher Orientierung und ähnlichem weiter an Bedeutung verlieren wird.

Das gilt für die Dienstleistungen in besonderem Maße. Stichworte sind: Kundenbetreuung, Mitarbeitermotivation, Management lockerer Unternehmensverbünde bis hin zu sogenannten „virtuellen Unternehmen".

Wer, wie ich, mehrere Call Center von innen gesehen hat, muß kein Management-Guru sein, um zu erkennen, wieviele neue Aufgaben für Arbeitsorganisation und Unternehmensführung sich dort stellen. Hier wollen wir gemeinsam mit unseren Partnern aus der Dienstleistungsinitiative an Lösungen arbeiten. Die Gewerkschaften sind ausdrücklich eingeladen, sich intensiv zu beteiligen. – Vielleicht fällt es ihnen nach der Bundestagswahl ja wieder leichter, mit der unionsgeführten Bundesregierung zusammenzuarbeiten.

Dies alles sind spannende Themen, die für die Zukunft unseres Arbeitens, Wirtschaftens und Lebens wichtig sein werden.

Denn: Anders als manche Zeitgenossen uns weismachen wollen, ist nicht das „Ende der Arbeit" unser Problem. Eher ist es der Start in die neuen Strukturen einer überwiegend dienstleistungs- und damit wissensorientierten Wirtschaft.

Wir haben die Herausforderung der Dienstleistungsentwicklung in Deutschland zu lange nicht ernst genug genommen. Dieser Satz richtet sich nicht nur an die Wirtschaft und ihre Verbände. Er richtet sich auch an die Politik.

Diese Konferenz und zahlreiche andere Maßnahmen und Aktivitäten sind ein deutliches Zeichen dafür, daß wir besser werden wollen.

Ich bin zuversichtlich, daß uns dies mit vereinten Kräften gelingt!

Globalisierung durch innovative Dienstleistungen

Klaus Mangold

Einleitung

Das Bundesministerium für Bildung, Wissenschaft, Forschung und Technologie hat mit diesem und den beiden vergangenen Kongressen sowie der Initiative „Dienstleistungen für das 21. Jahrhundert" viel dafür getan, daß das Thema Dienstleistungen endlich mehr in den Blickpunkt der Öffentlichkeit rückt.

Ich habe die Einladung zur Mitarbeit an der Initiative des BMBF sowie die Einladung zu einem Vortrag auf diesem Kongreß gerne angenommen.

Trends

Wir stehen an der Schwelle zum 21. Jahrhundert drei großen Trends gegenüber: Der erste Trend ist die zunehmende Globalisierung der Weltwirtschaft, der zweite ist der wirtschaftliche Strukturwandel hin zu Dienstleistungen und der dritte Trend die Entstehung der Wissensgesellschaft.

Der Strukturwandel zur Dienstleistungsgesellschaft verläuft wahrhaft dynamisch. Im vergangenen Jahr sank die Zahl der Beschäftigten in der Industrie um rund 400 000 Personen; dagegen erhöhte sich die Zahl der Arbeitsplätze bei den deutschen Dienstleistungsunternehmen um 120 000 Stellen. Dieser Trend wird sich auch in Zukunft fortsetzen.

Der Dienstleistungssektor ist mittlerweile in der öffentlichen Debatte zum Hoffnungsträger für Wirtschaftswachstum und neue Beschäftigungsoptionen geworden. Entscheidende Impulse für den Strukturwandel in Richtung Dienstleistungs- und Wissensgesellschaft gehen dabei aus:

1. vom technologischen Fortschritt in der Informations- und Kommunikationsindustrie – das dabei vorgelegte Tempo ist atemberaubend: eine moderne Nintendo-Spielekonsole verfügt heute über eine höhere Leistungsfähigkeit als der damalige Hauptprozessor der Apollo 13
2. von den Veränderungen der Produktions- und Vorleistungsstrukturen (Outsourcing, virtuelle Unternehmen)
3. von der zunehmenden Produktkomplexität
4. von veränderten Kundenwünschen (hin zu Systemlösungen)
5. vom wachsenden internationalen Dienstleistungshandel (dank des Europäischen Binnenmarktes und der Liberalisierungserfolge der WTO)

Bereits dies verändert unsere wirtschaftlichen Strukturen grundlegend. Hinzu kommt die zunehmende Vernetzung der Weltwirtschaft. Die Globalisierung ist für mich der Megatrend im Übergang zum dritten Jahrtausend.

Direktinvestitionen und grenzüberschreitende Unternehmensverbünde nehmen an Bedeutung zu. Die Weltmärkte expandieren. Das Welthandelsvolumen ist von rund 2000 Milliarden US-Dollar in 1980 auf 4800 Milliarden US-Dollar gestiegen.

Der internationale Handel mit Dienstleistungen hat sich dabei überproportional stark entwickelt: In der Dekade von 1985 bis 1995 wuchs der weltweite Dienstleistungshandel nominal im Durchschnitt um fast 12 % pro Jahr. Er übertraf damit sogar noch das Wachstum des Warenhandels, das im gleichen Zeitraum immerhin 10 % jährlich betrug.

Im Zuge der Globalisierung werden die internationale Arbeitsteilung und damit der grenzüberschreitende Handel noch weiter zunehmen. Eine internationale Netzwerkökonomie entsteht. Hierzu tragen Dienstleistungen wesentlich bei.

Aber wir haben noch Aufholbedarf – gerade bei Dienstleistungen. Deutschland weist seit langem in der Dienstleistungsbilanz ein Defizit auf. Im Jahr 1997 betrug es immerhin rund 56 Mrd. DM. Auch wenn vieles davon aus dem Tourismus stammt, so stimmt bedenklich, daß auch beim Handel mit technologischen Dienstleistungen für Deutschland Defizite bestehen.

Es gibt jedoch auch erfreuliche Entwicklungen: Seit Mitte der 90er Jahre ist insbesondere bei Patenten und Lizenzen, aber auch bei IT-Dienstleistungen eine Wende zum Positiven erkennbar. Lag das Defizit beim Handel mit Patenten und Lizenzen im Jahr 1995 noch bei 4 Mrd. DM, so sank dies im Jahr 1997 auf einen Wert von 2,6 Mrd. DM. Zugleich hat sich der Handel mit IT-Dienstleistungen von 1986 bis 1995 fast verzehnfacht.

In fünf Monaten erreichen wir mit der Einführung des Euros eine neue historische Phase. Die Europäische Währungsunion wird den Europäischen Binnenmarkt vollenden. Neue Märkte für internationale Dienstleistungen werden entstehen.

Durch den Euro wird ein einheitlicher europäischer Kapitalmarkt geschaffen, der hinsichtlich der Tiefe, Liquidität und Verfügbarkeit neuer Instrumente zahlreiche neue Chancen eröffnet. Die Kapitalbeschaffung wird erleichtert. Dies wird die Internationalisierung der Finanzdienstleister vorantreiben.

Vor dem Hintergrund der Globalisierung der Weltwirtschaft müssen sich auch die deutschen Dienstleistungsunternehmen neu positionieren.

Deutsche Dienstleistungsunternehmen bringen zwar mittlerweile viele hochwertige und innovative Dienstleistungen hervor. Aber sie beschränken sich zum Teil noch zu sehr auf die Inlandsmärkte.

Dabei verfügt die deutsche Exportwirtschaft über hervorragende Möglichkeiten, auch mit innovativen Dienstleistungen im Ausland erfolgreich zu sein. Dies bezieht sich sowohl auf den Export von Dienstleistungen an sich, als auch auf die Anreicherung materieller Exportgüter mit Dienstleistungskomponenten.

Heute werden von der deutschen Wirtschaft immer seltener nur einzelne Produkte wie Stahl, Chemikalien, Kraftwerke, Automobile, Flugzeuge etc. in andere Länder geliefert. Vielmehr erwartet der Kunde ein komplettes Systemangebot. Dies kann neben der Planung, der Erstellung und dem Transport auch die Wartung, die Schulung, den Betrieb der Anlage oder die Finanzierung beinhalten.

Interessante Wachstumspotentiale bestehen beispielsweise im Bereich von BOT („Built – Operate – Transfer") beim Flughafenmanagement, bei Telekommunikationsnetzen, Energieversorgung und ähnlichen Infrastruktur-Projekten. Auf vielen Auslandsmärkten – zum Beispiel in Südostasien – operieren wir mit diesen neuen Formen des integrierten Exports von Waren und Dienstleistungen mit großem Erfolg.

Kombinierbare Dienstleistungen sind heute zu unverzichtbaren Komplementärgütern geworden. Im Mittelpunkt der Nachfrage bleibt dabei jedoch das hochwertige industrielle Gut. Daher darf die Entwicklung des Dienstleistungssektors keinesfalls auf Kosten einer zukunftsorientierten und international wettbewerbsfähigen Industriestruktur gehen. Denn hochwertige Dienstleistungen sind auf einen leistungsfähigen und innovativen industriellen Kern angewiesen.

Dienstleistungen und Industrie sind kein Widerspruch! Dies zeigt sich insbesondere bei Betrachtung der internationalen Dimension. Die Tatsache, daß Deutschland weltweit pro Kopf die meisten Exporte absetzt, ist auf das größtenteils exzellente Betreiber-Know-how zurückzuführen, das in der heimischen Wirtschaft entsteht. Um es klar zu sagen: Die deutsche Volkswirtschaft hätte mit dem ausschließlichen Export von Blaupausen auf dem Weltmarkt keine Überlebenschance!

Es ist richtig: Wir entwickeln uns unaufhaltsam zu einer Wissens- und Dienstleistungsgesellschaft. Aber das heißt nicht, daß wir die Bedeutung der Industrie verleugnen sollten.

Es ist die intelligente Kombination von Industrie und Dienstleistungen, der die Zukunft gehört. Und da haben wir in Deutschland einiges zu bieten. Ich denke an Telematik, an Internet-on-wheels, an Fuhrparkmanagement, Contract Hire und vieles mehr.

debis

Solche Systemlösungen haben große Chancen auf den Exportmärkten. Daimler-Benz und debis haben kürzlich in einem gemeinsamen Projekt mit der Tokioter Polizei das erste dynamische Navigationssystem der Welt in Betrieb genommen. Und das in einem High-Tech-Land wie Japan, das zudem selbst unglaublich kundenorientiert ist.

Die debis AG versucht, solche Chancen mit innovativen Dienstleistungsangeboten aktiv zu nutzen.

Die debis AG ist 1990, im ersten Geschäftsjahr, mit einem Umsatz von 4,2 Milliarden DM gestartet. Seitdem wurde jährlich ein durchschnittliches Wachstum von rund 20 % erreicht, und 1997 wurden 15,5 Milliarden DM erwirtschaftet. Die Mitarbeiterzahl stieg seit Gründung von debis von weniger als 4000 auf heute rund 17000 an.

In den vergangenen Jahren ist unser Auslandsumsatz jeweils schneller gewachsen als der Inlandsumsatz. In diesem Jahr wird sich debis vollends zum globalen Dienstleister entwickeln. Denn von den rund 18 Milliarden DM Umsatz, die debis 1998 erwirtschaften will, werden über die Hälfte – also mehr als neun Milliarden DM – auf Auslandsmärkten erzielt. Heute ist debis bereits an über 150 Standorten in mehr als 30 Ländern der Welt vertreten.

Überall dort ist debis mit innovativen Dienstleistungen am Markt.

- Seit dem vergangenen Jahr bietet debis beispielsweise europaweit ein modernes Fuhrparkmanagement für PKW-Flotten aller Fabrikate an. Dieses umfaßt die Dienstleistungskomponenten Leasing, Beratung, Beschaffung, Verwaltung und Controlling eines Fuhrparks.
- Die internationalen debis Leasing und Finanzierungsgesellschaften bieten ihr Know-how namhaften Unternehmen aus unterschiedlichen Investitionsgüterbranchen an. Mit Hilfe von Vertriebspartnerschaften oder Vendorprogrammen können auch mittelständische Produktionsunternehmen erfolgreich Absatzfinanzierungsinstrumente auf den internationalen Märkten einsetzen. Dabei profitieren die Partner – sei es in Deutschland, sei es in den USA oder Großbritannien – von der internationalen Präsenz von debis.
- Auch der Bereich IT Services – das debis Systemhaus – ist international orientiert. Vor wenigen Wochen wurde die debis IT Services CIS Ltd. mit Sitz in Moskau und St. Petersburg gegründet. Ziel ist die Nutzung der Potentiale im russischen Markt für Dienstleistungen in der Informationstechnologie.
- In Mittel- und Osteuropa liegen noch große Entwicklungspotentiale – trotz der gegenwärtigen Krise in Rußland: debis und DASA werden die schlüsselfertige Errichtung einer Glasfaserstrecke für breitbandige Kommunikation von Moskau nach Frankfurt/Oder mit einem Investitionsvolumen von 90 Millionen US-Dollar betreuen.
- Schon seit September 1997 ist der Geschäftsbereich debis Handel im Landwirtschaftsbereich mit einem Kooperationsprojekt in der russischen Region Orjol mit einem Volumen von 115 Millionen DM tätig. debis International Trading (dIT) wird modernste deutsche Landwirtschaftsmaschinen, Logistik- und Serviceausrüstungen liefern, die Refinanzierung erfolgt aus den Ertragszuwächsen beim Weizenanbau sowie durch Minimierung der Nachernteverluste.
- Ein anderes Beispiel stammt aus dem Bereich der Telekommunikation. Es wird demnächst möglich sein, mit demselben Handy von jedem beliebigen Ort der Welt aus zu telefonieren. Die letzten weißen Flecken im globalen Telekommunikationsnetz werden demnächst mit Hilfe von Satelliten des Iridiums-Projekts geschlossen. Das debis Rechenzentrum München wird in diesem Projekt das Billing übernehmen und die Abrechnung für Kunden in Deutschland, in zwanzig weiteren europäischen Ländern und in Israel abwickeln.

Diese und andere Beispiele zeigen, daß man mit innovativen Dienstleistungen auf den internationalen Märkten erfolgreich sein kann. Sie ermutigen debis, diesen Weg fortzusetzen.

Die Fusion von Daimler-Benz und Chrysler wird der Globalisierung von debis einen weiteren Schub versetzen. Die debis AG wird vor allem das Geschäft bei den Finanzdienstleistungen und den IT-Services weiter ausbauen und internationalisieren. Der Globalisierungskurs wird konsequent weitergeführt.

Der Beirat „Dienstleistung 2000plus" und die Handlungsempfehlungen

Diese Tagung trägt den treffenden Untertitel: „Herausforderungen des internationalen Wettbewerbs".

Der internationale Wettbewerb fordert uns heraus, das ist richtig. Aber wenn wir uns richtig aufstellen, bietet er uns auch einmalige Chancen und neue Perspektiven. Die Frage lautet also, ob Deutschland ausreichend gewappnet ist, um den Veränderungen des weltwirtschaftlichen und nationalen Umfeldes erfolgreich begegnen zu können.

Zur Beantwortung dieser Frage haben die 1995 ins Leben gerufene Initiative „Dienstleistungen für das 21. Jahrhundert" sowie das Forschungsprojekt „Dienstleistung 2000plus" entscheidende Beiträge geleistet. Dies hat auch der Beirat des Forschungsprojekts „Dienstleistung 2000plus" so gesehen.

Herr Minister Rüttgers hatte den Beirat Ende 1995 einberufen, um dieses Forschungsprojekt zu unterstützen. Der Beirat bestand aus 18 Personen, darunter Vertreter bedeutender Dienstleistungsunternehmen, der Wissenschaft, von Verbänden und Gewerkschaften. Daneben wurde ein internationaler Beirat berufen. Ich hatte die Ehre, den Vorsitz des nationalen Beirats übertragen zu bekommen. Vorsitzender des internationalen Beirats war Prof. John Diebold.

Aufgabe der Beiräte war es, das Team von Prof. Bullinger vom Fraunhofer-Institut für Arbeitswirtschaft und Organisation zu unterstützen und diesem beratend zur Seite zu stehen.

Der Beirat hat sich im Verlaufe seiner Tätigkeit dazu entschieden, aus Erkenntnissen und Einsichten des Forschungsvorhabens ganz konkrete Handlungsempfehlungen zu machen. Diese Handlungsempfehlungen sind in einer Broschüre aufgeführt, die Herrn Minister Rüttgers übergeben und der Öffentlichkeit vorgestellt wurde.

Wichtig war für den Beirat, daß die vorliegenden Handlungsempfehlungen nicht wirkungslos verpuffen. Es sollte kein abstrakter Maßnahmekatalog entstehen, gegen den niemand etwas einzuwenden hat, von dem sich jedoch auch keiner so richtig angesprochen fühlen muß. Daher hat sich der Beirat entschlossen, die Empfehlungen den Akteuren in der Politik, in privaten und öffentlichen Unternehmen, in intermediären Instanzen und Wissenschaftseinrichtungen usw. direkt zuzuordnen. Die Broschüre wurde an die jeweiligen Zielgruppen sowie an ca. 2000 Multiplikatoren in Wirtschaft, Wissenschaft, Verwaltung und Politik verschickt.

Um es nochmals hervorzuheben: Die Handlungserfordernisse existieren nicht nur auf Seiten der Politik! Alle wirtschaftspolitischen Akteure, ja alle gesellschaftlichen Gruppen müssen ihren Teil dazu beitragen, daß in Deutschland Barrieren weggeräumt werden, die der Entwicklung der Dienstleistungsgesellschaft entgegenstehen. In Deutschland muß endlich ein positives Klima für Dienstleistungen entstehen!

Der dringendste Handlungsbedarf

Bei den folgenden Punkten besteht dringender Handlungsbedarf:

Dringender Handlungsbedarf bei Bildung und Qualifikation

Der Beirat sieht noch erhebliche Entwicklungspotentiale im Bereich der hochwertigen Dienstleistungen. Diese können nur von hochqualifizierten und hervorragend ausgebildeten Mitarbeitern erbracht werden.

Notwendig ist eine umfassende Bildungsreform, die die Menschen für die entstehende Wissensgesellschaft qualifiziert. Um die Potentiale der Wissensgesellschaft nutzen zu können, werden umfangreiche Bildungs- und Qualifizierungsangebote und weitere geeignete Berufsbilder für die Dienstleistungsbranchen benötigt.

Es ist zu begrüßen, daß das BMBF in einer beispiellos kurzen Zeit neue Berufsausbildungen geschaffen hat. Wie richtig und notwendig diese Entscheidung war, zeigt die große Nachfrage nach den neuen Ausbildungsberufen, die seit Sommer 1997 existieren. Allein in den vier neuen Informations- und Kommunikations-Berufen wurden im ersten Halbjahr 1998 bereit über 5000 neue Verträge abgeschlossen. Besonders groß war das Interesse der jugendlichen Schulabgänger am Beruf des Fachinformatikers und des IT-System-Elektronikers. Auch die Anfang August neu entstandenen Dienstleistungsberufe werden mit Sicherheit gut angenommen werden.

Aber es muß weitergehen: Für die Dienstleistungsbranche müssen weitere Berufsbilder entstehen. Einiges ist bereits in Vorbereitung: Perspektiven besitzt zum Beispiel eine Ausbildung zum Telekommunikationswirt, zum Medieninformatiker, zur Leasingfachkraft oder zum Call-Center-Mitarbeiter.

Neue, hochqualifizierte Arbeitsplätze sind in den Bereichen Multimedia-Design, Netzwerk-Entwicklung, Systemintegration, Software-Anwendungen, Call-Center, Unternehmens- und DV-Beratung zu erwarten. Das sind erfolgversprechende, neue Berufe.

In der Bundesrepublik Deutschland muß bedarfsgerechter ausgebildet werden! In der IT-Branche kann man zur Zeit sehr gut sehen, daß Angebot und Nachfrage nach qualifizierten Fach- und Führungskräften zum Teil weit auseinander liegen. Dies spürt man bei debis jeden Tag.

Bei debitel – dem Telekommunikations-Joint-venture von debis und Metro – herrscht heute ein eklatanter Mangel an Ingenieuren und Programmierern. Vor allem qualifizierte Softwareentwickler sind kaum zu bekommen. debitel kann aktuell über 200 Stellen mangels qualifizierten Fachpersonals nicht besetzen.

Vom Fachkräftemangel ist nicht nur debitel oder das debis Systemhaus betroffen. Die Informationstechnikbranche benötigt jährlich rund 20000 Informatiker. Von den 11000 Studienplätzen eines Jahrganges sind aber nur 6000 bis 7000 besetzt und dies mit eher sinkender Tendenz. Der Konkurrenzkampf um die Besten – hochqualifizierte Mitarbeiterinnen und Mitarbeiter mit Persönlichkeit – hat begonnen.

Zudem müssen in den Branchen, die einem starken technologischen Wandel unterworfen sind, die Lehr- und Ausbildungszeiten verkürzt werden. Denn Ausbildungszeiten, die länger sind als die Halbwertszeit des später beruflich einsetzbaren Wissens, gehen am Markt vorbei.

Abbau bestehender Regulierungen und Förderung von Existenzgründern

In Sachen Deregulierung ist Deutschland ein ganzes Stück weitergekommen – gerade im Bereich der Telekommunikation. Dennoch ist in Deutschland eine ganze

Reihe von Dienstleistungsmärkten weiterhin Regulierungen unterworfen. Dies gilt für zahlreiche sogenannte freie Berufe und technische Dienstleistungen sowie für große Teile des Handwerkes. Die unterschiedlichsten Marktzugangsbeschränkungen, Preis- und Qualitätskontrollen verhindern das Entstehen neuer Dienstleistungsangebote und die Entfaltung eines vollständigen Wettbewerbs.

Manche Dienstleister dürfen nicht für sich werben oder dürfen vom Staat festgesetzte Preise nicht unterbieten. Es werden formale Qualifikationsanforderungen aufgestellt, die in Wahrheit dazu dienen, Außenseiterkonkurrenz abzuwehren.

Diese Regulierungen behindern vor allem Existenzgründer. Diese sind ganz besonders darauf angewiesen, mit innovativen Angeboten und auffälligen Werbemaßnahmen in den Markt zu kommen.

Wir benötigen mehr Existenzgründungen in Deutschland. Und Dienstleistungen bieten sich für Existenzgründungen geradezu an: Viele Dienstleistungen benötigen einen relativ geringen Kapitaleinsatz und sind stark personenorientiert. Zudem bietet das Entstehen einer modernen Netzwerkstruktur von Industrie und unternehmensnahen Dienstleistern Existenzgründern neue Chancen.

Der Wandel zur Dienstleistungsgesellschaft kennzeichnet auch das Gründungsgeschehen. Neun von zehn Existenzgründungen finden heute im Dienstleistungssektor statt.

Diesen Trend gilt es zu verstärken. Existenzgründer sind Motor des wirtschaftlichen Strukturwandels und schaffen Arbeitsplätze. Im Durchschnitt schafft ein Selbständiger mit einer erfolgreichen Neugründung rund drei neue Arbeitsplätze.

Weil Existenzgründer kreative und dynamische Impulsgeber für die moderne Wirtschaft des 21. Jahrhunderts sind, muß ihre Förderung eine vorrangige Aufgabe von Wirtschaft und Gesellschaft sein.

Dringender Handlungsbedarf bei der dienstleistungsgerechten Gestaltung der Arbeitswelt

Die Dienstleistungsgesellschaft verlangt veränderte Formen der Arbeit. Informations- und Wissensarbeit werden zur dominierenden Form der Erwerbsarbeit. Arbeitszeit und -ort werden immer mehr von den Bedürfnissen des Kunden bestimmt. Flexibilität wird zu einem absoluten Muß. Dafür sind dienstleistungsgerechte Arbeitsbedingungen notwendig.

Die debis AG will neue Wege in der Tariflandschaft einschlagen. Die debis AG und die IG Metall haben, wie Sie wissen, einen innovativen und wegweisenden Tarifvertrag vereinbart, der die Flexibilisierungserfordernisse der Dienstleistungswirtschaft berücksichtigt. Darin wurden flexible und mitarbeiterfreundliche Arbeitszeiten, anforderungs- und leistungsbezogene Entgelte sowie ein fester Anspruch auf Qualifizierungsmaßnahmen vereinbart. Im einzelnen heißt das:

1. Attraktive dienstleistungsorientierte Vergütungssystematik

- Angemessene Beteiligung am Unternehmenserfolg
- Jahreszielgehälter für alle Mitarbeiter
- Neun Vergütungsgruppen mit dienstleistungsspezifischen Tätigkeitsbeispielen

2. Flexible Arbeitszeit

- Projekt- und aufgabenbezogene Arbeitszeitbudgets
- Langzeit-/Lebensarbeitszeitkonten zur Verwendung für Qualifikationsmaßnahmen, Blockfreizeit und vorzeitigen Ruhestand
- Differenzierte Arbeitszeit nach Lebensalter, 40 Stunden für Neueinsteiger

3. Qualifizierung

- Qualifikationsanspruch in Höhe von 25 Tage über einen Zeitraum von 5 Jahren

Wir wollen diesen Vertrag in Kürze unterzeichnen. Er soll bereits ab dem 1. Januar 1999 in Kraft treten.

Dringender Handlungsbedarf in der Forschung über Dienstleistungen

Dies betrifft zum einen die Statistik. Es ist dringlich geboten, die noch vorhandenen Wissenslücken, die über den Sektor „Sonstige Dienstleistungen" bestehen, zu schließen. Kein anderer Wirtschaftssektor in Deutschland kann eine vergleichbare Dynamik vorweisen. Hier fanden 1997 fast 1,5 Millionen mehr Menschen einen Job als noch im Jahr 1991. Zum Sektor „Sonstige Dienstleistungen" gehören Branchen wie Datenverarbeitung, Leasing oder Unternehmensberatung.

Nach wie vor ist die empirische Basis über den Dienstleistungssektor sehr dünn. Sie wird in keiner Weise der quantitativen und qualitativen Bedeutung von Dienstleistungen für die deutsche Wirtschaft gerecht. Der „Sachverständigenrat zur Begutachtung der gesamtwirtschaftlichen Entwicklung" („Fünf Weise") hat es als schweres Versäumnis bezeichnet, daß keine hinreichende statistische Basis für diesen Sektor existiert. Der Rat urteilt ferner, daß der vorliegende Gesetzentwurf zur Einführung einer Dienstleistungsstatistik den qualitativen Erfordernissen nicht gerecht wird, die an die amtliche Statistik gestellt werden müssen.

Zum anderen müssen wir die Forschung im Dienstleistungssektor fördern, um Innovationen zu stimulieren.

Dienstleistungsunternehmen sind nach Angaben der OECD die hauptsächlichen Anwender technologischer Innovationen. In einigen Dienstleistungsbranchen ist die Innovationsneigung jedoch noch zu gering, um auf Dauer im internationalen Wettbewerb bestehen zu können. Durch den Euro und die weitere europäische Integration werden ausländische Dienstleister nach Deutschland kommen. Die einheimischen Dienstleistungsunternehmen können dem Wettbewerbsdruck nur durch die Entwicklung innovativer Dienstleistungsangebote begegnen.

Da Innovationen der Schlüssel für eine zukunftsfähige Volkswirtschaft sind, sollte sich die Forschungsförderung künftig verstärkt den Innovationen im Dienstleistungsbereich zuwenden. Im Unterschied zu einem Industrieprodukt zeigt sich der Erfolg einer innovativen Dienstleistung aber nicht in der Entwicklung, sondern erst im Zuge der Leistungserstellung beim und mit dem Kunden.

Daher sollte die Forschungs- und Technologiepolitik nicht nur den Entstehungsprozeß, sondern auch den Anwendungs- und Diffusionsprozeß neuer Technologien im Dienstleistungssektor fördern.

Dringender Handlungsbedarf im internationalen Wettbewerb

Die deutsche Wirtschaft weist Defizite im internationalen Dienstleistungshandel auf. Auch bei der generellen Dienstleistungsentwicklung hat Deutschland im Vergleich zu anderen Volkswirtschaften noch Rückstände aufzuholen.

Warum sind beispielsweise die USA hier so viel weiter als Deutschland? Warum erwirtschaften sie mit zukunftsgerichteten und innovativen Dienstleistungen hohe Exportüberschüsse?

Diese Fähigkeit liegt sicherlich nicht in den Genen der Amerikaner. Mit einem gründlichen Benchmarking sollten die Gründe hierfür erforscht werden. Wichtig ist, daß dazu geeignete adäquate volks- und betriebswirtschaftliche, sozioökonomische und arbeitsorientierte Kriterien entwickelt werden.

Ziel eines internationalen Benchmarking von Dienstleistungen muß es sein, sich nicht nur am höchsten Standard zu messen, sondern ihn jeweils auch übertreffen zu wollen. Daher ist die Förderung entsprechender Forschungsvorhaben durch das BMBF, die jetzt angelaufen sind, sehr zu begrüßen.

Die Rahmenbedingungen für die Produktion elektronischer Dienstleistungen müssen stimmen

Die bestehenden Hemmnisse für die Weiterentwicklung der modernen Informationsgesellschaft müssen durch die Schaffung der institutionellen und rechtlichen Rahmenbedingungen für die elektronische Dienstleistungsproduktion beseitigt werden. Das von der Bundesregierung verabschiedete Multimediagesetz ist dazu ein Schritt in die richtige Richtung.

Allerdings wird es im Rahmen eines immer enger zusammenwachsenden Weltmarktes darauf ankommen, hier supranationale Regelungen beispielsweise im Bereich des Internets zu finden. Die jüngst von den Mitgliedern der WTO beschlossene Freistellung des internationalen elektronischen Dienstleistungshandels von Zöllen und Abgaben zwischen den Mitgliedsländern ist in diesem Zusammenhang sehr zu begrüßen und muß zu einer dauerhaften Übereinkunft werden.

Die Möglichkeiten des elektronischen Geschäftsverkehrs – des Electronic Commerce – lassen sich jedoch aufgrund von unbefriedigenden Regeln heute erst bedingt ausnutzen. Dies ist bedauerlich, da bereits für die kommenden Jahre mit einem enormen Wachstum in diesem Geschäftsfeld zu rechnen ist.

Von daher unterstütze ich nachdrücklich die von der Europäischen Kommission geforderte stärkere internationale Koordinierung zur Entwicklung grenzüberschreitender Lösungen. Hierzu zählen auch Fragen der Besteuerung. Durch die neuen elektronischen Transaktionsformen sind die bisherigen Regelungen der internationalen Besteuerung nicht mehr ohne weiteres anwendbar.

Die Anwendung des Territorialitätsprinzips und die Tatsache, daß Leistungen des Electronic Commerce „unkörperlich" erbracht werden, stellen das bisherige Steuerrecht vor neue Herausforderungen.

Sondersteuern – wie etwa eine „Bit-Steuer" – oder Zölle auf den Handel mit Dienstleistungen im Internet zu erheben, wäre mit Sicherheit ein Hemmnis ersten Ranges. Damit würden die Chancen, die die Informationsgesellschaft bietet, blockiert und nicht gefördert.

Wenn es zu einem raschen Wachstum in diesem Bereich kommen soll, müssen auch einheitliche Regelungen hinsichtlich der Sicherheit und rechtlichen Verbindlichkeit für Geschäfte gefunden werden, die über elektronische Medien abgewickelt werden. Hier bleibt – auch auf der Seite der Politik – in den kommenden Jahren noch viel zu leisten, damit sich die derzeit hohen Erwartungen an das Marktpotential des elektronischen Geschäftsverkehrs erfüllen.

Schließlich existieren vor allem bei kleineren und mittleren Unternehmen noch erhebliche Potentiale bei der Verbreitung des elektronischen Geschäftsverkehrs. Eine rasche Diffusion in diesem Bereich sichert auch nachhaltig Beschäftigung in Deutschland und schafft neue zukunftssichere Arbeitsplätze.

Schlußbemerkungen

Die Menschen in Deutschland stehen an der Schwelle zum 21. Jahrhundert vor einer Fülle von Aufgaben, die ihre ganze Kraft und Aufmerksamkeit erfordern. Dies kann nur gelingen, indem wir uns den weltweiten Herausforderungen stellen. Wir müssen den Strukturwandel der deutschen Wirtschaft hin zu einer globalen Informations- und Netzwerkgesellschaft als Chance begreifen.

Mit innovativen Dienstleistungen erobern wir den globalen Markt!

Die neue Bundesregierung hat die Aufgabe, den bestehenden Reformstau rasch aufzulösen, damit die richtigen Signale an die Menschen und die Wirtschaft in diesem Lande ausgesendet werden.

Neben der unerläßlichen Steuerreform und der Reform der Alterssicherungssysteme muß sie sich auch intensiv für die weitere Ausgestaltung der institutionellen und rechtlichen Rahmenbedingungen für die Informationsgesellschaft einsetzen. Hierdurch kann sie das notwendige Vertrauen schaffen, das die Wirtschaft braucht.

Wenn diese Voraussetzungen geschaffen sind, ist die Wirtschaft, sind Daimler-Benz und debis bereit, weitere Investitionen zu tätigen, um einen entsprechenden Beitrag zu einer nachhaltigen Standort- und Beschäftigungssicherung in Deutschland zu leisten.

Wir alle sollten im Rückblick auf unsere Leistungen deshalb mit Selbstvertrauen in die Zukunft schauen. Gemeinsam können wir den Weg in die globale Dienstleistungsgesellschaft des 21. Jahrhunderts meistern.

In einer immer enger vernetzten Welt ist Internationalität ein entscheidender Erfolgsfaktor für ein erfolgreiches Dienstleistungsunternehmen. Gleichzeitig wächst bei unseren Kunden durch die Globalisierung ihrer Geschäftsaktivitäten auch der Bedarf an hochwertigen internationalen Dienstleistungen, was Dienstleistungsunternehmen in Deutschland enorme Möglichkeiten eröffnet.

Hier liegen die wichtigsten Wachstumsfelder der zukünftigen Dienstleistungsgesellschaft.

Lassen Sie uns die Chancen aktiv nutzen!

Keeping Customers for Life – Designing Services that Delight Customers

Rohit Ramaswamy

Introduction

The object of this paper is to illustrate how to use a systematic methodology to develop successful services that consistently and reliably satisfy customers. The popular service quality literature has traditionally emphasized the intangible and unmeasurable nature of services, and stories have been told and retold about exemplary service being delivered through the heroic efforts of individuals. This paradigm emphasizes the *delivery* aspects of the service over the *planning* aspects.

In reality, however, planning is critical to ensuring the quality of a service. The effort of individuals alone is not enough to deliver high quality service profitably to a large number of customers. This can only be achieved through a careful and systematic *service design.* This involves analyzing customer satisfaction and costs to determine the *optimal* combination of processes, technology and people that will provide a level of service performance that results in a competitive level of satisfaction at an acceptable cost. Moreover, this level of performance must be replicated in every transaction by *every* individual who provides the service. Service design therefore establishes the infrastructure for the core processes of the service to perform reliably at the *aggregate level* (i.e. across all customers).

Service design is the primary focus of this paper. However, for completeness, we must also describe how the *delivery* side contributes to customer loyalty. Customers expect predictable performance from their services; yet they also expect to be treated as individuals during the service transaction. In addition to designing the service therefore, it is necessary to create a service culture in the organization that provides individualized, customized service at the transaction level. Some aspects of the service culture can be treated as part of service design, for example, appropriate hiring and training of employees; other aspects may be highly transaction or organization specific, and cannot easily be controlled. Our scope here will concentrate on the controllable aspects; however, it is important to keep in mind that other factors will influence the customers' service experience, and that these factors represent additional opportunities to delight customers and build loyalty.

Why Service Design?

The objective of service design is to create successful services, but we must first define what a successful service is. Clearly, from a company's point of view, a successful service should be competitive in the market place. Recent research (see, for example, Reichfeld, 1995; Heskett, Sasser and Schlesinger 1997) has shown that companies remain competitive by creating and maintaining *customer loyalty*.

How can a company create and maintain this loyalty? Authors such as Gale (1994) have shown that leading edge service companies create loyal customers by strategically maximizing the *value* they provide to their customers. Value is the customers' evaluation of the benefits received from the service compared to what they pay for it. Specifically, according to Zeithaml (1988), value has four attributes:

- It is an evaluation of utility
- It is based upon what is given and what is received
- It involves a quality/price trade-off
- The comparisons are based on a norm, which may vary by individual, or customer segment.

Companies that wish to maximize value must develop a clear understanding of the trade-offs made by the customers, and must determine the norms against which customers evaluate service performance. They must then design their services to meet these standards.

Service Design – Definition and Concepts

What is service design? For the purposes of this paper, we define service design as follows:

"a systematic engineering methodology for companies to develop, manage and

maintain a competitive advantage by offering exceptional, customer delighting quality of service"

Note the words "systematic engineering methodology". This implies that service design does not result from an arbitrary procedure. Rather, it involves a careful and methodical approach to creating services that are successful in the marketplace. Specifically, our approach to service design involves the following key principles:

a it is based on design requirements generated from customer needs

b it is intended to deliver a pre-defined level of performance to achieve strategic competitive objectives.

c it follows a design process that ensures that the service will perform at the required level prior to implementation.

The service design process typically ends after the service has been implemented for the first time. Clearly, the service cannot be forgotten at this stage. In order to

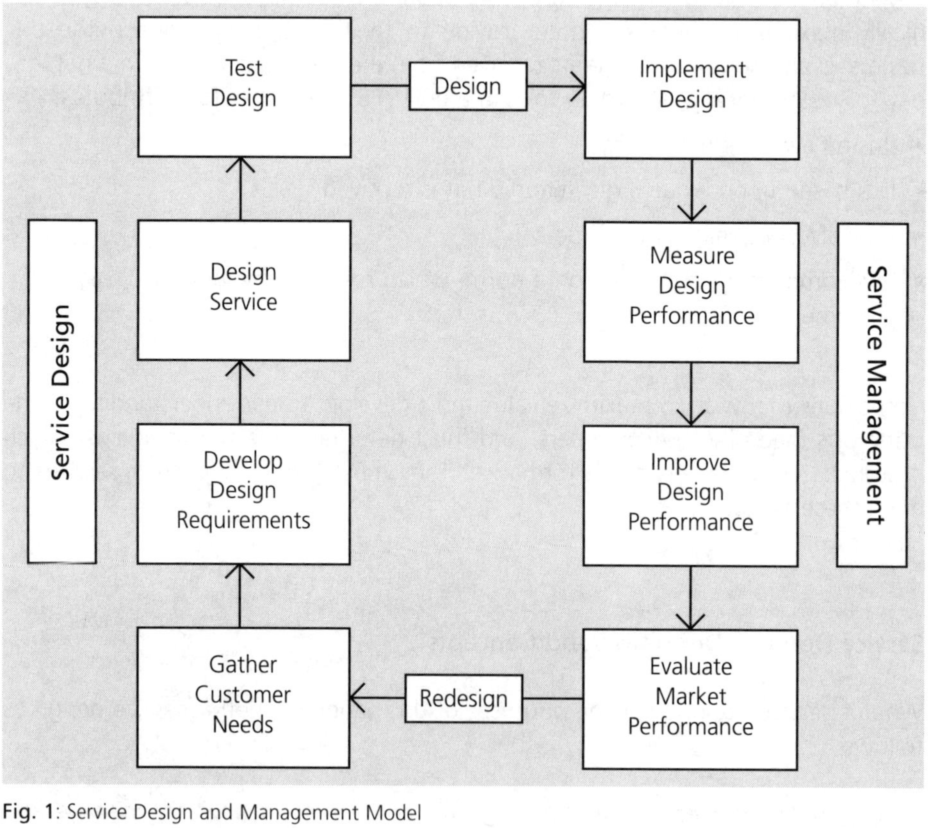

Fig. 1: Service Design and Management Model

ensure that the service continues to deliver the design level of performance over its life, it needs to be measured, monitored and improved as necessary. We call this set of activities *service management.* Specifically, service management involves:

- tracking the performance of the service relative to the pre-defined level to which it was designed.
- analyzing and correcting deviations in performance from the pre-defined level.
- evaluating the impact of service performance on the customer (is the customer still satisfied? are strategic objectives still being met?)

Service design and service management are two sides of the same coin. The relationship between these two sets of activities is shown in Figure 1. The four blocks on the left side of Figure 1 represent the service design activities and the four blocks on the right side the service management activities. As shown in this figure, service management ensures that the service that is designed is performing as required. But service management also provides the basis for identifying when service design is required – when the monitoring and measuring activities indicate that the market has changed, and that customers are no longer satisfied with the service as is, then it is time to redesign the service.

In this paper, we will focus only on the design activities shown in Figure 1, i.e. the four blocks on the left side of the figure. This is because a good design is a pre-requisite for good management. Moreover, systematic design methods and design tools are not widely used in service industries, as is evident from the following quote from de Brentani (1993):

"... companies tend to use a hit-or-miss approach when planning new services where: ideas are generated and defined in a haphazard fashion, limited customer research is carried out in planning the design, service designs often lack creativity and precision and do not incorporate the appropriate technology, testing for fail points is rarely done, and market launch is often characterized by trial and error."

There are four design activities on the left side of Figure 1:

- Gather customer needs
- Develop design requirements
- Design service
- Test service

In the following sections, we will describe each of these activities in greater detail.

Design Step 1 – Gathering Customer Needs

In order to develop a service that satisfies customers, it is critical that the requirements for the service be generated from the *voice of the customer*. This voice represents the *explicit* and *implicit* needs that the customers expect the service to satisfy. Explicit needs are those that are stated by the customers, and can be collected through traditional data collection methods such as interviews, focus groups or surveys. Implicit needs are those that are not articulated by customers, either because they are not aware of them, or because they are so obvious that customers believe that they do not need to be stated. Implicit needs can be collected through observations of the way in which customers interact with the service.

It is important to note that very often, needs are expressed in plain, non-technical language by customers. It is the design team's responsibility to translate these needs into technical design terms. The following are some examples of needs from various service industries:

Telecommunications: "I want my service installed on time"
Financial Services: "I want error-free loan processing"
Customer Service: "I want the right answer from the first person I speak with"
Hotel Check-in: "I want the check-in clerk to be polite and friendly"

A useful way of characterizing needs is by using the *Kano Model*, named after Dr. Noriaki Kano, and shown in Figure 2. The horizontal axis in this figure represents the performance of the service, with better performance from left to right. The ver-

Fig. 2:
The Kano Model

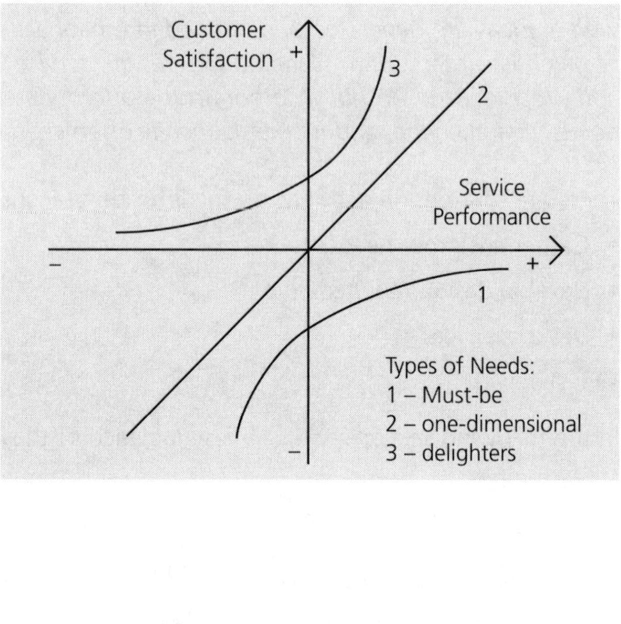

tical axis represents the satisfaction of the customers' with the performance, with satisfaction increasing from bottom to top.

Three types of needs are identified in this model. The first type, depicted by curve 1, is the *must-be* needs. Good performance on these needs does not guarantee satisfaction; yet poor performance will cause severe dissatisfaction. The second type, depicted by curve 2, is the *one-dimensional* needs, or *satisfiers.* Better performance on these needs results in increased satisfaction, but on a linear scale. The third type of need, depicted by curve 3, is the *delighters.* These are needs that customers did not know existed, or did not expect to be satisfied. Even moderate performance on these needs results in satisfied customers; good performance causes a non-linear increase in customer satisfaction.

What can we learn from the Kano model? The idea is that all needs are not equal, and it is important to understand how to prioritize the needs. We will not describe prioritization methods in this paper in detail, but will leave the reader with the following key points:

- Must-be needs must be met in order for the service to stay in business.
- One-dimensional needs must be met as best as possible.
- Delighters are a source of competitive advantage, and any attempt to meet them must be considered.

It is also important to remember that must-be needs and delighters may not be articulated by he customers. Also, the needs tend to shift downwards over time – delighters become one-dimensional and one-dimensional needs become must-be needs. Continuous innovation is needed in order to maintain a competitive edge.

Design Step 2 – Develop Design Requirements

Once the needs have been collected, they need to be converted to *design requirements.* These requirements are the "voice of the design team" and represent the voice of the customers translated into technical terms. These requirements are quantitative measures of what the service needs to provide in order to meet or exceed the needs of its customers. At this stage, these requirements must be *solution free* , i.e. they should not be specific to a particular technology (in this case, we use the term technology broadly to refer to process, IT and organizational systems). Rather, they must represent the performance level that any technology selected for the design must meet.

Design requirements are typically characterized by a *measure* and a *target.* Measures answer the question: *how can I quantitatively determine if my service is meeting the customers' needs?* Targets answer the question: *how well should my service perform in order to meet the needs?* The development of design measures and the setting of targets are critical steps in the design process, since these represent the parameters that determine whether the design performs adequately or not. They must therefore be developed with care and thought. Some examples of design requirements generated from needs for different services are shown below:

Telecommunications
NEED: "I want my service installed when promised "
MEASURE: % of service orders successfully installed by the promised date
TARGET: 98%

Financial Services
NEED: "I want error-free loan processing"
MEASURE: % of loan requests processed with no errors
TARGET: 98%

Customer Service
NEED: "I want the right answer from the first person I speak with".
MEASURES: 1) Average number of transfers before customer receives correct answer
2) % of completed transactions in which customer receives correct answer without a transfer.
TARGETS: 1) <0.02 (implying that even in cases where a transfer is needed, no more than one transfer should take place).
2) 98%

Note that in each example above, the design requirements translate the verbal, non-technical voice of the customer into a technical specification that the design team can control. Also note from the third example that multiple measures may exist for each need. Finally, note that no mention is made of a *solution* when specifying the above requirements – all designs will have to meet the measures defined above.

For a service with many needs and multiple measures for each need, the number of design requirements may quickly get out of control. It is usually adequate to concentrate on the few, most important design requirements. Intuitively, it is obvious that the most important design requirements are those that satisfy the most important needs. A formal matrix tool that helps to establish the relationship between

Lunch Preparation – QFD Example

	Design Requirements								
Needs	Weight of portion	% Nutrition requirements met	Blind folded jury taste test rating	Ingredient cost	Time to prepare	Number of ingredient measurements	Number of dishes used	Solubility of ingredients in soap and water	**Importance of needs**
Fills us up	9	1	1						5.00
Is nutricious	1	9		1					3.40
Tastes good	0	0	9	1					3.30
Easy to make				1	9	9			3.70
Easy to clean up							9	3	2.00
Sticks with us	9			1					4.00
Does not cost much	3			9					1.00
Does not make a mess									2.30
Importance of requirements	87	36	35	23	33	40	39	6	

Fig. 3: QFD Matrix for Lunch Preparation

needs and design requirements is Quality Function Deployment (QFD). An example of a QFD matrix is shown in Figure 3.

Figure 3 shows how a QFD matrix can be used to design a lunch. The voices of the customers are entered in the rows of the matrix (fills us up, is nutritious, tastes good etc.). The design requirements are entered in the columns of the matrix. The central cells of the matrix are the correlations between the specifications and the needs. The convention used is to assign a value of 9 for a high correlation, 3 for a medium correlation, 1 for a weak correlation and 0 for no correlation. The correlation between a given design requirement and a need is established by discussing the following question: "If we design a service that will meet the design requirement, to what extent will it satisfy the need"? For example, in Figure 3, consider the first row and the first column. Clearly, the weight of a lunch portion has a strong impact on the need to feel full after the lunch. The appropriate cell is therefore given a value of 9.

After all scores have been assigned, QFD uses the importance of the needs (see Design Step 1 above) to perform a simple matrix multiplication to calculate the importance of the design requirements. This helps to identify the most critical requirements for the design. For more information on QFD, refer to Ramaswamy (1996), Clausing (1994) or Cohen (1995).

Design Step 3 – Design the Service

In this step, we generate and evaluate solutions to meet the design requirements, and select a few candidate solutions that appear to profitably satisfy the requirements. Once again, in this step, we proceed systematically and carefully, slowly adding detail to the process. A successful design process is a systematic approach that starts with the creation of an idea and achieves fruition through the addition of successive layers of detail.

The first question to be answered here is: *what are the elements of service design*? Are we designing the *features* of the service? Or are we designing the *processes* by which the service is delivered? Or is it the *information system* that supports the service? Or the *organization*? The answer is that is our definition of service design encompasses *all* these elements. In our definition, service design is a multidimensional activity that includes the design of all the elements that impact the service. This is shown pictorially in Figure 4.

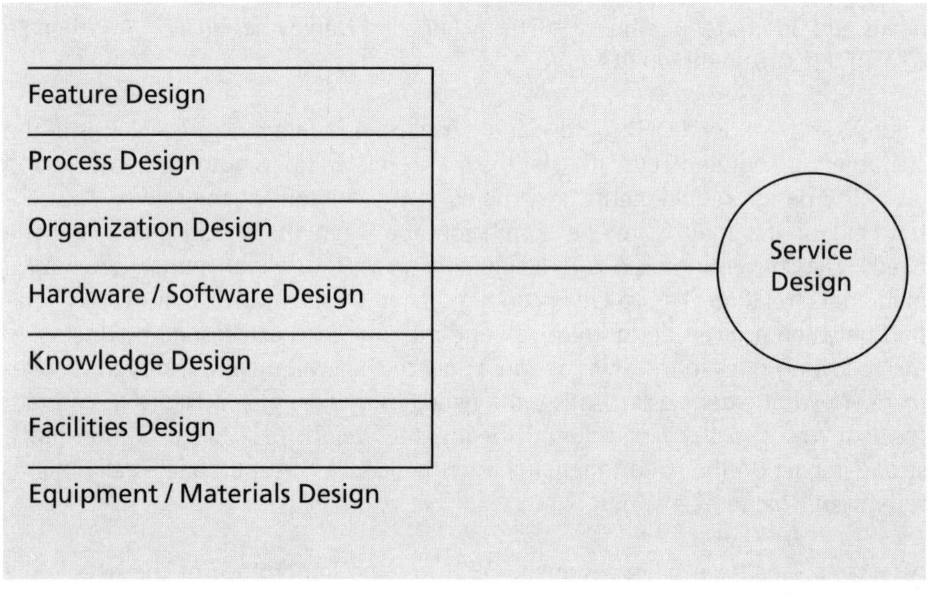

Fig. 4: Service Design Elements

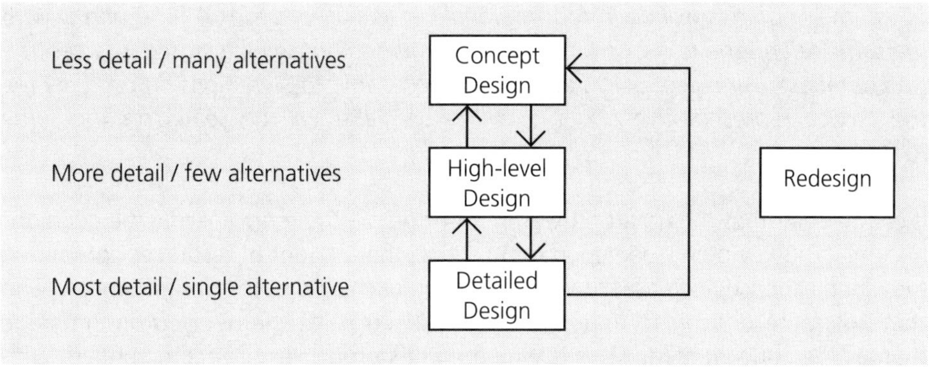

Fig. 5: Designing the service-levels of detail

The levels of detail that we follow as we design the service are shown in Figure 5. We begin with *concept design* where we generate a large number of ideas, but we do not describe each idea in great detail. We analyze and evaluate the concepts, discarding those that appear infeasible, until we are left with a few alternatives that are worthy of further study. We study these alternatives during the *high level design* stage, analyzing them in a little more detail, and testing them to see if they are capable of satisfying the design requirements. Based on this evaluation, we select a very small number (one or two) alternatives, and develop them in more detail. This is the *detailed design* stage.

We will illustrate the typical amount of detail at the concept, high-level and detailed design stages through a customer service example. Consider the design of a customer service inquiry process that is required to answer two types of questions: general information about the service and specific questions about the bill. For this process, a concept could be described as follows:

"One stop shopping – the customer should be able to get answers to both types of questions by calling a single telephone number"

The high-level design for this concept could be described as follows:

"The general information calls will be processed by a customer service representative. The billing inquiries will be processed by a specialist. An automated call distributor will send the calls to the appropriate person based on customer input. Under normal call volumes, no customer should wait for more than four rings. Information to answer both question types will be stored in a common database."

The detailed design based on this high-level design could be described as:

"Customer inquiries will be in four regional centers at locations A, B, C and D with the same telephone number. Information for all regions will be stored in a centralized database using product X, and will be accessible to all regions. In each center, the service representative and the billing specialist will be seated in the same room."

It can be seen that the greater the amount of detail, the more specific the decisions become. The key point to keep in mind is that the amount of resources committed (time and expense) increases as we go through each step of the design process, and that it is more difficult to undo the effects of errors at the detailed design stage than at the concept stage. This is why a multi-step process is recommended, with evaluation and testing at each step. We will now talk about testing in greater detail.

Design Step 4 – Test the Design

Though we describe the testing step after the design steps in this paper, it is important to remember that testing takes place at each stage of the design process. In some cases, testing may merely take the form of validation. For example, the customer needs and the design requirements should be validated with customers before design solutions are generated. However, by the time we are doing concept design, more formal testing of the design is required.

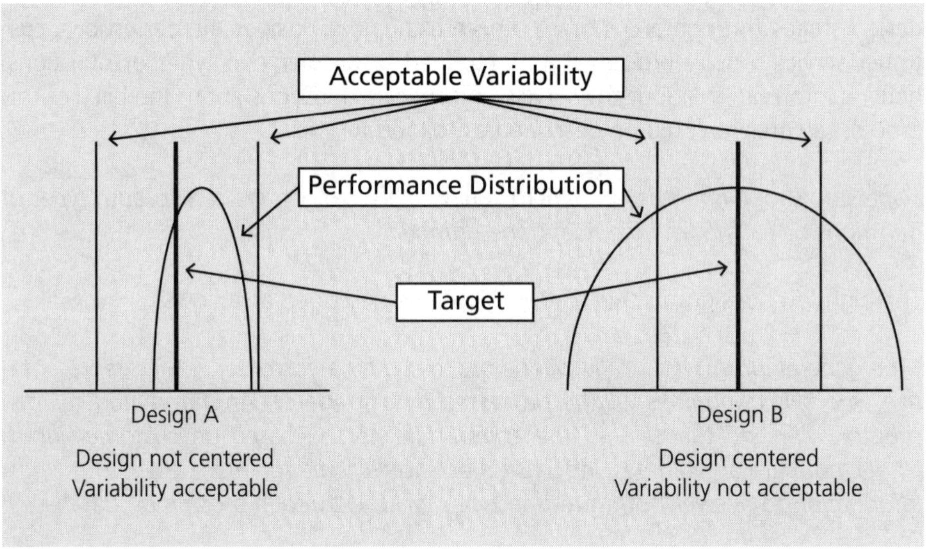

Fig. 6: Testing designs

During design, the focus of our tests is to attempt to *predict* the performance of the service when it is in operation. Obviously, the prediction will be less detailed during concept design, and more detailed as we do the high-level and detailed designs. The prediction during concept design may therefore be less quantitative than during the other design stages. We must predict both the *average* performance values and the *variability* of performance. Specifically, during testing, we must attempt to answer the following questions:

- *Does the predicted performance meet the target design requirements?*
- *Is the predicted variability of performance between acceptable limits?*

Figure 6 shows examples of two designs whose performance is unacceptable for different reasons. In each of the designs, marked Design A and Design B, the thick line represents the desired target performance value. The thin lines represent the minimum and maximum acceptable performance values ("specification limits") for each design. The curve represents the „spread: or variability in performance. In Design A (the diagram on the left), the performance variability is between the specification limits, but the average performance (i.e. the center of the curve) is not centered around the target. It therefore needs to be redesigned to shift the average performance value. In Design B (the diagram on the right), the average performance is centered around the target, but the variability is too high. For some transactions, the performance may be outside the specification limits tolerated by the customers.

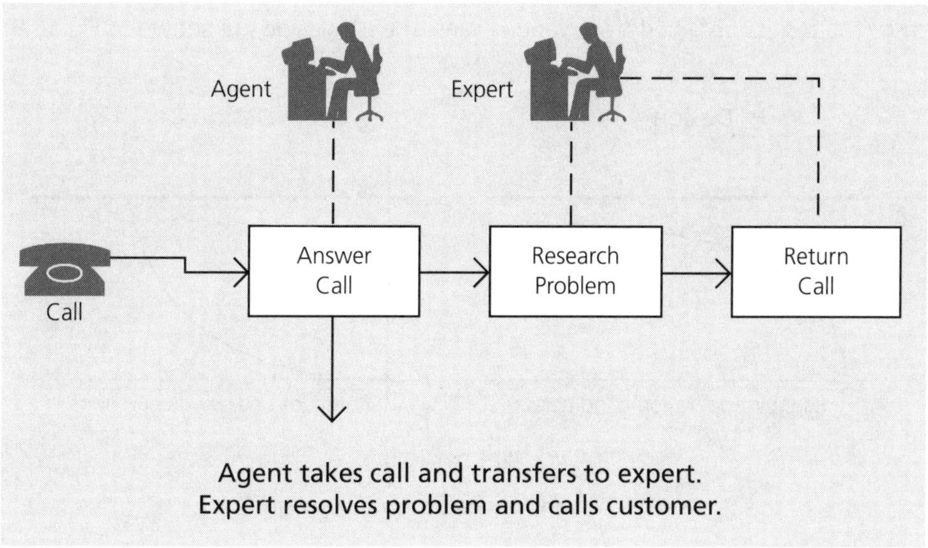

Fig. 7: Help desk simulation example

Tools such as simulation and FMEA (Failure Modes and Effects Analysis) can be used to test designs. Figure 7 shows an example of a simulation model of a help desk, where a customer calls in to ask for help. Two types of resources are available at the help desk: *agents,* who answer the telephone and *experts*, who resolve the problem and close the call with the customer. Consider the following need from a customer of the help desk: *I need quick problem resolution.* As described in Design Step 2, this need should be translated into a requirement with an associated measure and target. Suppose the chosen measure is: "*Time from when customer calls to when customer agrees that the problem has been satisfactorily resolved*" (called the "problem resolution cycle time"), and the target is *20 minutes or less.*

Once the design requirement has been specified, Design Step 3 involves the generation and evaluation of design solutions. Suppose two candidate solutions, *Design A* and *Design B* are available. We now need to test to determine which is the more acceptable design. As mentioned earlier, we should look at both the average performance and the variability of performance.

What would contribute to the variability of the help desk operation described above? Clearly, a variety of factors can influence the time taken to resolve an inquiry. Some examples of the factors are the number of calls received, the type of calls, the number of agents and experts at the help desk, the experience level of the personnel and so on. We call these the *operating conditions* of the service. The simulation involves running the model shown in Figure 7 across a variety of operating conditions and predicting the problem resolution cycle time for each case. The results obtained from various runs of each design are shown in Figure 8.

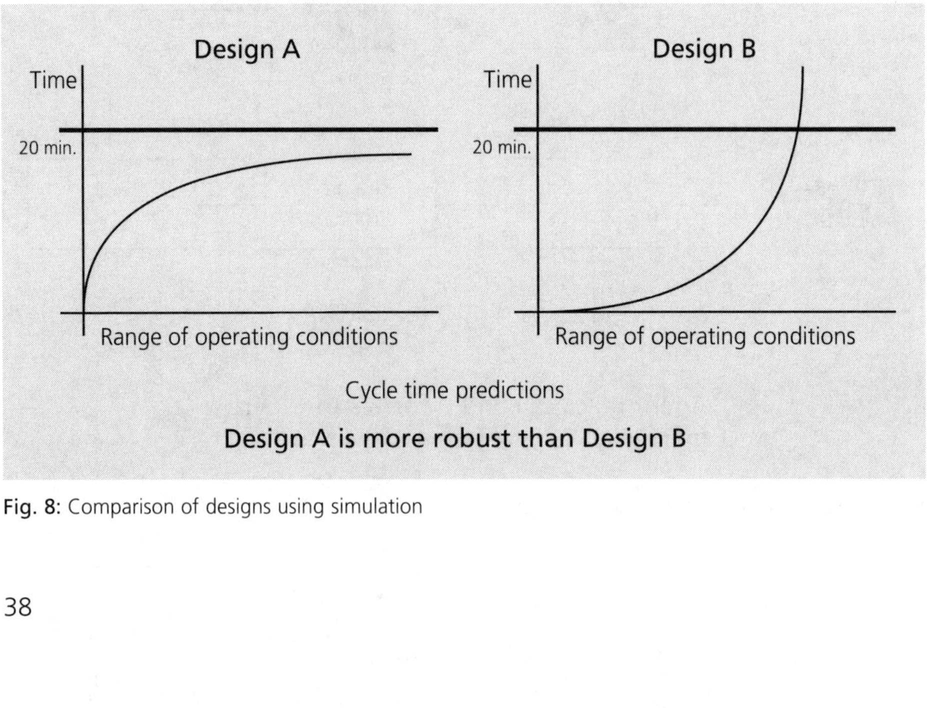

Fig. 8: Comparison of designs using simulation

What do we see from Figure 8? In each graph, the horizontal axis represents the operating characteristics and the vertical axis represents the problem resolution cycle time. The system becomes more stressed as we move from left to right along the horizontal axis, resulting in an increase in cycle time. But there is a marked difference between designs A and B. In design A, the cycle time stays below 20 minutes across the entire range of operating conditions. In design B, the cycle time increases non-linearly as the system becomes more stressed. Clearly, Design A is the superior design, and is referred to as more "robust". The objective of the testing process is to create designs that are as robust as possible.

Through testing, we are able to anticipate the performance of a design before it is implemented, and therefore have the ability to make any necessary changes before irrevocable investments of time and resources have been made. This is the last step in the service design methodology. By the time testing is complete, the design team should be convinced that the selected design will meet the design requirements under the anticipated range of operating conditions. The design is now ready for implementation.

Conclusion

In this paper, we have presented a systematic methodology for designing services that will perform reliably and satisfy customers. As we close, we must reiterate two points that we mentioned earlier. The first is that design alone, without the appropriate service culture, will not create the blend of consistency and customization that makes a service unique. The second is that even the best designs will fail to perform adequately over time if the service is not monitored and improved. If these two points are adequately considered, the service design methodology can create services that will allow any service company to be the undisputed best in its industry.

References

Clausing, Don P. (1994). Total Quality Development: *A Step-by-Step Guide to World-Class Concurrent Engineering*. ASME Press, New York.

Cohen, Lou (1995). *Quality Function Deployment: How to Make QFD Work for You*. Addison-Wesley Publishing Company, Reading, MA.

de Brentani, Ulrike (1993). "The new product process in financial services: Strategy for success", *International Journal of Bank Marketing*, 11(3), 15–22.

Gale, Bradley, T. (1994). *Managing Customer Value: Creating Quality and Service that Customers Can See*, Free Press, New York.

Heskett, J.L., W.E. Sasser and L.A. Schlesinger (1997). *The Service Profit Chain.* Free Press, New York.

Ramaswamy, Rohit (1996). *Design and Management of Service Processes.* Addison-Wesley, Boston.

Zeithaml, Valarie A. (1988). „Consumer perceptions of price, quality and value: A means-end model and synthesis of evidence." *Journal of Marketing,* 52, 2–22.

L'emploi par les services

Jean-François Trogrlic

Je tiens à vous remercier de m'avoir invité à participer à des travaux, qui revêtent aujourd'hui une importance particulière. En effet, dans nos économies européennes dont la performance est indiscutable et sera même amplifiée par la dynamique que va impulser la mise en place de l'Euro, un problème central demeure: le chômage.

Beaucoup d'énergie est dépensée, beaucoup de moyens sont mis en oeuvre pour le combattre sans que des résultats significatifs soient enregistrés. Parmi ces moyens, la recherche d'un développement de l'emploi dans les services constitue une piste particulièrement importante. Elle se heurte pourtant à de nombreux obstacles de différente nature:

- des obstacles culturels liés au modèle industriel de développement de nos sociétés ou à des représentations sur le partage des rôles entre les hommes et les femmes, par exemple;
- des obstacles liés à la difficulté qu'il y a d'organiser de manière durable l'offre des services nouveaux ainsi que de rendre pérennes les modalités de satisfaction de la demande,
- des obstacles liés à la difficulté de définir de nouveaux métiers, avec les qualifications et les statuts correspondants, mais aussi la difficulté de cerner avec précision les nouveaux secteurs dont ces métiers relèvent.

Ces obstacles sont sans doute amplifiés par les difficultés pour assurer dans de bonnes conditions la représentation ainsi que la défense des salariés de ces secteurs. Le mouvement syndical est donc lui aussi interpellé quant à ses modalités d'organisation et de structuration pour mieux prendre en compte ces catégories nouvelles de salariés et leurs problèmes spécifiques.

Ce sont ces questions que je voudrais m'efforcer de traiter devant vous, en partant du point où je suis: celui d'un engagement actif dans le syndicalisme français et européen.

Les services prennent une part croissante dans l'emploi et dans l'économie européenne. Ils représentent aujourd'hui les deux tiers de l'emploi comme de la valeur ajoutée dans l'économie européenne, alors que cette part était encore inférieure à 50% en 1970. Même si ces chiffres ne sont pas homogènes d'un pays à l'autre, on peut affirmer que ce sont les services qui, aujourd'hui, enregistrent les créations d'emplois et qui, demain, porteront encore plus la dynamique de l'emploi.

Pourtant, il faut noter un paradoxe:

D'une manière générale, les services sont et seront de plus en plus au coeur de la dynamique économique et sociale de nos sociétés et en même temps ils ne sont pas encore reconnus avec la place qui devrait être la leur dans la théorie économique et l'analyse sociale et l'on n'a pas encore pris la mesure des enjeux qu'ils représentent pour nos sociétés.

L'observation statistique, et l'analyse – globale ou sectorielle – des services se font encore trop avec les outils et les concepts de l'économie industrielle.

Les services, en tant que secteur d'activité, sont un regroupement fourre-tout, résiduel où l'on a rangé tout ce qui ne rentrait pas dans les activités agricoles et industrielles. Il a bien fallu découper des sous-secteurs, mais qui relèvent plus d'une approche empirique que d'une théorie analytique.

Les services ont été – et sont encore bien souvent – considérés comme improductifs, dans une conception héritée du monde industriel où seul le travail créateur de biens était considéré comme productif.

Cette conception se retrouve dans une version plus moderne chez tous ceux qui considèrent que seule l'industrie entraîne le reste de l'économie ou que seule l'industrie est stratégique en termes de croissance, de commerce extérieur et de compétitivité.

Les services seraient le signe d'une économie au stade de la maturité, ils seraient donc responsables de la croissance faible.

Beaucoup d'activités de service ont une image dévalorisée et ne sont pas traitées au même niveau que les activités industrielles. En France, les services – notamment aux personnes – sont souvent considérés de manière péjorative, comme des activités pouvant aller jusqu'à mettre en cause la dignité au travail de ceux et celles qui les exercent. Les qualificatifs n'ont pas manqué pour marquer le discrédit de ces tâches: «petits boulots», «activités serviles». Ces qualificatifs ont en commun de résumer à eux seuls la hiérarchie implicite qui s'est installée dans les têtes avec les modèles développés par la société industrielle. Les tâches nobles relèvent de la production industrielle, le reste, emplois de fonctionnaires compris, relevant de secteurs non productifs de la société. Et le syndicalisme a trop souvent intégré, consciemment ou non, cette hiérarchie en allant même, quelquefois, jusqu'à la reproduire dans ses propres rangs.

Un autre signal de cette difficulté à saisir les évolutions liées à ce transfert d'activités est que nous ne savons pas encore donner un nom à la société dans laquelle nous vivons:

Ainsi, nous continuons à parler des économies industrielles développées, ce qui en termes de production ou d'emplois ne correspond plus à la réalité, ou bien nous parlons de sociétés postindustrielles, ce qui conceptuellement n'est guère plus satisfaisant.

En fin de compte, les services obligent à repenser nos outils d'analyse et nos concepts:

Par exemple, la notion de la productivité et sa mesure, aussi bien parce qu'il n'est pas toujours évident de définir "l'output", le produit de l'activité de services, mais parce qu'il n'est pas davantage évident de définir le travail, "l'input", notamment dans les activités de conception ou à fort contenu intellectuel, ou dans les services relationnels.

En particulier, dans ces situations, il y a de grandes difficultés à mesurer le travail uniquement par un quantum de temps, saisi par un indice de présence. Et la notion traditionnelle de durée du travail, mesurée jusqu'à la minute, se trouve ainsi mise en question et suppose que soient créés d'autres outils de mesure davantage liés aux résultats des recherches ou travaux théoriques dans une masse de temps plus large et plus flexible qu'un horaire de travail mesuré à la journée ou à la semaine.

Ces lacunes ou ces retards de l'analyse économique, on les retrouve, peut-être encore plus accentués dans le domaine de la sociologie, tout particulièrement dans la sociologie du travail ou la sociologie des organisations.

Dans le cas de la France, la sociologie du travail est essentiellement une sociologie du travail ouvrier et des grandes entreprises industrielles. Il n'existe rien d'équivalent pour «les grands magasins», les chaînes hôtelières, ou un centre commercial à ce que l'on peut trouver pour la sidérurgie, la pétrochimie ou l'automobile. Seuls les chemins de fer ont peut-être bénéficié d'une attention équivalente. A travers cette difficulté, on devine le poids de la question ouvrière telle qu'elle a été façonnée par l'activité industrielle. Pourtant, lorsque l'on y regarde de près, on doit constater que cette question se déplace progressivement aussi vers le secteur des services, notamment ceux qui mobilisent des emplois à faible niveau de qualification. Ces activités sont donc partie prenante de la rédéfinition des catégories: ouvriers spécialisés, ouvriers professionnels, qui dans l'industrie ont été au coeur des systèmes de représentation, de l'évolution des statuts et des qualifications.

Pour faire face à ces nouvelles questions, il y a donc une urgence à développer un programme international, au moins européen, de recherches multidisciplinaires pour approfondir nos connaissances sur les services, les dynamiques économiques de leurs développements, les logiques sociales, les réalités de travail et d'emploi, etc.

Au final, il sera pertinent de s'interroger de savoir si la distinction entre les biens et les services a ou aura encore longtemps un sens, notamment dans la mesure où, de plus en plus, les biens contiendront une part croissante de services, dans la mesure où , de plus en plus, des services seront associés à l'utilisation de ces biens.

Les services occuperont une place croissante dans la demande et la consommation des ménages. Notamment la santé, l'éducation et la formation, la culture et les loisirs, les transports, etc.

Or, beaucoup de ces activités et de la demande sont au croisement, à l'intersection du marchand et du non-marchand (avec des découpages différents selon les pays et notamment entre l'Europe et les Etats-Unis, découpages qui renvoient à des réponses socio-politiques différentes que chaque pays a apportées en fonction de son histoire):

Quels agencements pour le marchand et le non-marchand? Quels services seront fournis gratuitement par l'Etat ou les collectivités? Quels services seront payants? Quels mécanismes d'aide ou de compensation permettront un accès plus large?

Où passe et passera la frontière ou le mixage entre les deux par exemple pour la santé? l'éducation et la formation?

Quelles conséquences cela aura-t-il sur l'avenir des services publics, sur leur modernisation et leur efficacité, sur leur financement, et donc sur les prélèvements obligatoires?

Ces questions sont d'ores et déjà posées lorsque l'on considère les différences de situation entre pays de l'Europe des Quinze. Elles nécessiteront des réponses coordonnées au niveau de l'Union européenne qui doit les traiter de manière plus large que sous le seul angle du respect de la concurrence.

Je voudrais, avant de terminer, évoquer plus précisément trois grandes séries de problèmes liées au développement des services: les gains de productivité; les formes d'emploi; la durée du travail.

Les services et les gains de productivité

La dynamique de l'économie industrielle a reposé sur une forte croissance des gains de productivité redistribués soit sous forme de salaires et de revenus, soit sous la forme de baisse des prix, et donc permettant une croissance de la demande.

Quelles sont les perspectives de gains de productivité, selon les différents types de services? Si la réponse paraît évidente pour les services de haute qualité en direction des entreprises, elle est plus difficile à traiter pour les services aux particuliers liés à l'entretien domestique ou à des besoins de protection de l'environnement dans la cité par exemple. La recherche des gains de productivité peut, à son tour, devenir, dans ces derniers secteurs, une cause de mutation importante de l'emploi. Par exemple, en France, aujourd'hui, des activités de recyclage des déchets ménagers pris en charge par des associations de ré-insertion de chômeurs de longue durée, mal qualifiés, peuvent se trouver complètement changées si de grandes entreprises de services spécialisés, voire même des entreprises du secteur public les prennent en charge. En particulier, dans ces hypothèses, la nature des personnes employées changera complètement en même temps que changera un des objectifs fondamentaux de l'entreprise: devenue banale quant à sa définition et au besoin de résultats, elle ne laissera plus de place au souci de ré-insertion qui animait ceux qui, auparavant, occupaient le même créneau. A contrario, on peut estimer qu'en réfléchissant aux segments industrialisables ou à des innovations d'organisation, de production permettant des baisses de prix et donc une croissance de la demande, un service important peut être rendu au développement de l'emploi.

Dans le même ordre d'idées, la question du coût du travail se trouve elle aussi posée dans une gamme d'appréciations complètement différente selon la nature des services. Revenant aux règles simples du marché pour toutes les fournitures de service liées au fonctionnement des entreprises et à la production industrielle, la question trouve une tout autre acuité pour ce qui est du développement des services aux personnes. Faut-il, pour les développer, subventionner l'emploi? Si oui, sous quelles formes? La forme utilisée, en France, consistant en des incitations fiscales, a joué un rôle important dans le développement du recours à l'emploi par les particuliers pour ces activités. Elle a comme inconvénient de favoriser les plus favorisés, ceux qui paient déjà l'impôt sur le revenu, ce qui n'est le cas en France que pour un ménage sur deux. Ceux qui ne le paient pas, par exemple les ménages avec enfants où les deux conjoints travaillent pour le salaire minimum ont souvent eux aussi autant, sinon plus de besoin de recourir à ces services. Pourtant, ils ne bénéficient pour cela d'aucune incitation. Ainsi, on le voit, le risque de voir se creuser de nouvelles inégalités existe si l'on ne réfléchit pas à la gamme de l'ensemble des situations des familles concernées par le recours à ces services.

Si la solvabilisation de la demande devient une importante question, la réponse à la structuration de l'offre de services devient primordiale si l'on veut développer des services aux particuliers et donc ce que l'on nomme «des emplois de proximité». Laisser croire que chacun pourra offrir ses services, directement sur le marché du travail relève de l'illusion. La structuration de l'offre des services par les collectivités publiques ou le réseau associatif est donc une condition déterminante du développement de ces emplois. On a aussi, en France, des exemples réussis du développement de ces activités par le biais du réseau des oeuvres sociales gérées par les comités d'entreprises.

Les services et les formes d'emploi

Beaucoup plus que l'industrie, parce qu'elle a trouvé de manière contractuelle les règlements nécessaires à son développement, le développement des services introduit de nouvelles définitions en matière de formes d'emploi. Cela n'aurait rien d'extraordinaire si, traditionnellement, dans sa culture industrielle, le syndicalisme n'avait pas à juste titre combattu, pour les éradiquer ces formes d'emploi.

Ainsi fleurissent dans les services les formes d'emploi dites «a-typiques»: emploi à temps partiel, souvent contraint; emplois précaires nécessitant des formes de mobilité accrues.

Ces formes ne sont-elles que le résultat de la volonté de payer le moins cher possible les salariés exerçant ces activités? Pas toujours, elles sont même souvent complètement liées à des contraintes résultant du besoin même qui a été à l'origine de ces services.

Alors faut-il condamner ces activités – et donc des emplois potentiels – au prétexte qu'elles se déroulent dans des formes atypiques et, quelquefois, exagérément contraignantes pour les salariés qui les exercent? Nous ne le pensons pas. Un effort d'organisation et de structuration doit permettre d'inventer dans de bonnes conditions, des formes nouvelles de contrats de travail intégrant par exemple des activités multiples (et non pas un seul métier) ou des employeurs eux aussi multiples. C'est là un formidable défi pour le syndicalisme.

Les services et la durée du travail

La consommation de services demande du temps disponible et influence donc la demande de réduction de la durée du travail pour ceux qui en sont demandeurs.

Par ailleurs, le travail dans les services oblige à sortir des formes normalisées ou tayloriennes de la durée du travail: horaires atypiques, saisonniers, etc.

Là, comme en matière d'organisation, les services peuvent être un lieu d'innovations en matière de temps de travail, d'organisation du travail.

En conclusion, je voudrais insister sur le fait que dans les services, c'est l'avenir de l'emploi et du travail qui est posé.

Et au-delà des questions quantitatives, ce sont les formes même de la société de demain qui se dessinent.

Les services sont-ils porteurs d'une dualisation accrue de la société? Vont-ils être source d'une nouvelle inégalité entre ceux qui ont les moyens de se les payer et les autres?

Ou bien seront-ils le siège d'un certain nombre d'innovations sociales et économiques permettant l'émergence de nouvelles formes d'économie (l'économie solidaire), de nouvelles relations sociales? Les définitions publiques de la notion de service sauront-elles intégrer ces problématiques nouvelles, en faisant le pari qu'elles peuvent être, comme l'histoire de l'évolution des salariés du travail industriel l'a montré, l'occasion de définitions nouvelles elles aussi bénéfiques à des salariés qui n'ont plus lèur place dans l'industrie; qu'elles peuvent être aussi à la source d'une re-définition, par extension, des missions de service public; qu'elles peuvent être, enfin, à la base d'un approfondissement du projet de société des pays industrialisés.

Les services posent un défi au syndicalisme d'origine industrielle, ouvrier et masculin. Pour prendre en compte les nouvelles définitions du travail et les nouveaux types de salariés qui se développent avec les services, il doit se transformer profondément, renouveler ses conceptions, trouver de nouvelles réponses s'il entend être un acteur des changements en cours et contribuer aux choix de société à venir.

Entwicklung innovativer Dienstleistungen

Hans-Jörg Bullinger[1]

Abstract

In der Diskussion über Wachstum und Beschäftigung werden Dienstleistungen zunehmend zum Schlüsselbegriff. Viele Unternehmen erkennen dabei die Notwendigkeit, durch innovative Dienstleistungen sowohl bestehende Kunden enger an das Unternehmen zu binden, als auch gänzlich neue Kundengruppen und Märkte zu erschließen. Was ihnen jedoch meist fehlt, sind entsprechende Voraussetzungen, um neue Dienstleistungen gezielt zu entwickeln und am Markt zu positionieren. Im folgenden werden daher eine erste Systematisierung der Dienstleistungsentwicklung vorgestellt und Ansatzpunkte aufgezeigt, wie Entwicklungs- und Kreativitätsprozesse in Unternehmen gestaltet werden können.

Einleitung

Professionelles Management von Dienstleistungen wird in allen Branchen zu einem entscheidenden Wettbewerbsfaktor. Traditionelle Dienstleister, aber auch Unternehmen mit einem bisher eher geringen Dienstleistungsanteil – beispielsweise im Maschinen- und Anlagenbau – müssen zunehmend diffizilere Kundenbedürfnisse befriedigen und erweitern ihr Angebot um neue Dienstleistungen. Insbesondere erkennen viele Unternehmen die Möglichkeit, mit Hilfe innovativer Dienstleistungen die eigene Wettbewerbsposition nicht nur zu sichern und auszubauen, sondern auch gänzlich neue Geschäftsfelder zu erschließen. Gleichzeitig sehen sie sich mit dem Problem konfrontiert, daß vor allem für die Entwicklung komplexer und pro-

[1] Der Beitrag entstand unter Mitwirkung von Dr. Klaus-Peter Fähnrich, Walter Ganz, Sibylle Hermann und Thomas Meiren.

fessionell zu erbringender Dienstleistungen systematische Vorgehensweisen und Methoden fehlen. Viele neue Dienstleistungen entstehen noch zu oft ad-hoc aus Einzelprojekten. In den Unternehmen ist ein eigenes Innovations- und Entwicklungsmanagement für Dienstleistungen – und damit auch die Voraussetzung für die effiziente und erfolgreiche Positionierung neuer Dienstleistungen am Markt – bisher nur in Ausnahmefällen vorhanden.

Zahlreiche amerikanische, aber auch immer mehr europäische Unternehmen machen dagegen vor, wie systematisch und kundenorientiert entwickelte Dienstleistungen zum Schlüssel für den Erfolg werden. Es geht allerdings nicht darum, jedes beliebige Anliegen des Kunden „um jeden Preis" zu erfüllen – das ist falsch verstandene Kunden- und Serviceorientierung. „Dienen" und „Verdienen" muß in ein optimales Verhältnis gesetzt werden, und gleichzeitig dürfen auch die Ansprüche der eigenen Mitarbeiter nicht vernachlässigt werden. Aber gerade die Optimierung dieses Dreiecks aus Unternehmenszielen, Kunden- und Mitarbeiteransprüchen fällt vielen deutschen Unternehmen schwer. Hier waren die vergangenen Jahre vor allem durch Rationalisierungs- und Optimierungsmaßnahmen geprägt: „Lean Management" und „Business Process Reengineering" waren die Schlagworte und Kostenreduzierung, Effizienzsteigerung sowie Konzentration auf die Kernkompetenzen die damit einhergehenden Maßnahmen. Nur wenige Unternehmen haben frühzeitig erkannt, daß angesichts der zunehmenden Globalisierung die entscheidenden Wettbewerbsvorteile in der Zukunft nicht mehr allein durch Technologievorsprünge, Kostenführerschaft oder Produktqualität erzielt werden können. Vielmehr wird gerade die Differenzierung über innovative Dienstleistungen zu einem Alleinstellungsmerkmal gegenüber Wettbewerbern und damit zu einer erfolgversprechenden Strategie zur Erschließung neuer Marktpotentiale. Ergebnisse aus der vom Bundesministerium für Bildung und Forschung (BMBF) geförderten Initiative „Dienstleistungen für das 21. Jahrhundert" zeigen darüber hinaus deutlich auf, daß Dienstleistungen in Deutschland noch nicht in voller Breite als kundenorientierte Produkte gesehen, entwickelt, gemanagt und vermarktet werden. Mittlerweile stehen jedoch erste Ansätze zur Verfügung, wie die Entwicklung von Dienstleistungen und die damit verbundenen Prozesse von der ersten Idee bis zur Umsetzung am Markt ganzheitlich gestaltet werden können.

Ausgangssituationen für die Entwicklung von Dienstleistungen

Wenn von der Entwicklung von Dienstleistungen die Rede ist, so wird darunter in der Regel die Neuentwicklung von Dienstleistung verstanden. Diese stellt zwar die klassische Ausgangssituation dar, es sind im weiteren Sinne jedoch auch zusätzliche

Ausgangssituationen in die Diskussion mit einzubeziehen. Die folgende Aufzählung gibt einen Überblick (vgl. DIN-Fachbericht 1998):

- Neuentwicklung von Dienstleistungen:
  Hierunter ist die erstmalige Entwicklung von neuen Dienstleistungen zu verstehen, die wiederum in zwei Kategorien gegliedert werden kann: Zum einen gehören dazu innovative Dienstleistungen, die einen Neuigkeitsgrad für den gesamten Markt haben und zum anderen aber auch Dienstleistungen, die lediglich für das Unternehmen neu sind (also bereits in ähnlicher Form am Markt angeboten werden).
- Hybride Dienstleistungen:
  Ausgangspunkt der angebotenen Dienstleistung sind bereits existierende materielle Produkte, d. h. die Dienstleistung wird hier in Ergänzung zu Sachgütern angeboten. Hybride Dienstleistungen haben insbesondere im Bereich der Investitionsgüterindustrie eine hohe Bedeutung und werden dort zunehmend als Differenzierungsmerkmale gegenüber Wettbewerbern eingesetzt.
- Dienstleistungsbündelung:
  Werden Dienstleistungen aus einzelnen Teildienstleistungen zu einer neuen Dienstleistung zusammengesetzt, so spricht man von Dienstleistungsbündeln. Diese werden vor allem dazu eingesetzt, um Kundenbedürfnisse nicht nur punktuell zu befriedigen. Verbunden sind damit oftmals auch Kooperationen mit anderen Dienstleistungsorganisationen.
- Reverse Engineering und Reengineering von Dienstleistungen:
  Auch bereits vorhandene Dienstleistungen können Gegenstand der Dienstleistungsentwicklung sein. Hierbei kann es entweder das Ziel sein, eine existierende Dienstleistung neu zu spezifizieren (Reverse Engineering) oder komplett neu zu entwickeln (Reengineering).

Die Aufstellung zeigt, daß es eine Reihe von Anknüpfungspunkten gibt, um sich mit Fragestellungen der Dienstleistungsentwicklung zu beschäftigen. Das Spektrum ist dabei ähnlich breit wie bei der Entwicklung von Sachgütern, allerdings sind viele Problemstellungen deutlich anders gelagert.

Problemfelder bei der Entwicklung von Dienstleistungen

In der Praxis treffen Unternehmen, die sich mit der Entwicklung von Dienstleistungen auseinandersetzen, auf eine Vielzahl an Schwierigkeiten. Dabei lassen sich vor allem die folgenden charakteristischen Problemfelder identifizieren:

- Mangel an geeigneten Vorgehensweisen, Methoden und Werkzeugen,
- hohe Komplexität bei der Kopplung an Hard- und Software,
- fehlendes Innovationsmanagement,
- fehlende organisatorische Strukturen,
- mangelnde Verfügbarkeit der notwendigen Qualifikationen.

Der *Mangel an Vorgehensweisen, Methoden und Werkzeugen* resultiert vor allem aus dem immateriellen Charakter von Dienstleistungen. Dadurch lassen sich Dienstleistungen im Gegensatz zu Sachgütern für eine Entwicklungsphase wesentlich schwieriger operationalisieren, und der Umgang mit dem Entwicklungsobjekt Dienstleistung setzt ein wesentlich höheres Abstraktionsvermögen voraus. Dennoch gibt es heute bereits eine Reihe von Instrumentarien aus dem Bereich der klassischen Produktentwicklung, des Software Engineering und der Prozeßmodellierung, die sich auf die Entwicklung von Dienstleistungen sinnvoll übertragen lassen, und die erfolgreich in der Praxis eingesetzt werden. Darüber hinaus kommen auch erste dienstleistungsspezifische Methoden wie die aus den USA stammenden Verfahren des „Blue Printing" oder des „Service Mapping" zur Anwendung.

Ein weiteres Problemfeld bei der Entwicklung von Dienstleistungen entsteht durch die *hohe Komplexität bei der Kopplung an Hard- und Software*. Zu nennen sind hier beispielsweise die enge Anbindung von Dienstleistungen an Sachgüter („hybride Produkte"), wie zum Beispiel die Ferndiagnose und Fernwartung von Maschinen innerhalb der Investitionsgüterindustrie. Aber auch die zunehmende informationstechnische Unterstützung vieler Dienstleistungen, wie dies etwa bei Call Centern, Help Desks und Online-Dienstleistungen der Fall ist, führt zu einer Komplexität, die mit einfachen erfahrungsbasierten Methoden nicht mehr ohne weiteres zu bewältigen ist. Erforderlich sind hier Vorgehensweisen, die ein integriertes Co-Engineering von Hardware, Software und Dienstleistungen ermöglichen.

Weiterhin ist für viele Unternehmen ein *fehlendes Innovationsmanagement* für Dienstleistungen charakteristisch. Es existieren kaum geregelte Innovationsprozesse, wie Ideen und Anregungen für neue Dienstleistungen systematisch gesammelt, bewertet und in marktfähige Dienstleistungsprodukte überführt werden. Vielmehr entstehen Dienstleistungen oft noch aus Einzelinitiativen heraus und werden ohne Berücksichtigung von Markt- und Unternehmensanforderungen quasi „ad-hoc" entwickelt. Auch ein Life-Cycle-Management, das sich mit der Frage beschäftigt, wann bereits angebotene Dienstleistungen weiterentwickelt bzw. gänzlich abgelöst werden müssen, ist derzeit nur in wenigen Unternehmen anzutreffen.

Außerdem sind bei vielen Unternehmen *fehlende organisatorische Strukturen* zur Entwicklung von Dienstleistungen zu beobachten. Während nahezu jeder Hersteller von Sachgütern über einen FuE-Bereich zur Entwicklung seiner Produkte verfügt, löst die Frage nach einer Organisationseinheit für die Entwicklung von Dienstleistungen eher Erstaunen aus. Untersuchungen zeigen, daß nur in einem kleinen Teil der Unternehmen diesbezüglich organisatorische Verantwortlichkeiten festgelegt sind, und wenn, dann oftmals mit einer sehr breiten Streuung über das gesamte Unternehmen, d. h. die Zuständigkeiten liegen beispielsweise bei der Geschäftsführung, in Marketingabteilungen oder im Produktmanagement und sind meist nicht eindeutig geregelt (vgl. Jaschinski 1998).

Erschwerend kommt eine *mangelnde Verfügbarkeit der notwendigen Qualifikationen* für die Entwicklung von Dienstleistungen hinzu. Weder im Unternehmen noch am Markt sind Spezialisten verfügbar, die sich schwerpunktmäßig mit der Entwicklung von Dienstleistungen auseinandersetzen. Dies ist vor allem dadurch bedingt, daß in Deutschland die klassischen Ausbildungsgänge der Ingenieurwissenschaften und der Betriebswirtschaftslehre noch immer sehr stark produktionsorientiert geprägt sind, und dienstleistungsspezifische Themenstellungen weitgehend vernachlässigt werden.

Zusammenfassend läßt sich erkennen, daß Beschäftigung mit der Thematik der Dienstleistungsentwicklung mit einer Vielzahl von Problemstellungen behaftet ist. Im folgenden werden deshalb einige Ansatzpunkte aufgezeigt, die zur Systematisierung der Dienstleistungsentwicklung beitragen, und es wird mit Service Engineering eine Fachdisziplin vorgestellt, die sich mit der Entwicklung und Gestaltung von Dienstleistungen beschäftigt.

Systematisierung der Dienstleistungsentwicklung

In den letzten Jahren hat sich die Beschäftigung mit Dienstleistungen stark auf Themen wie Dienstleistungsmanagement und Dienstleistungsmarketing fokussiert, während Entwicklung und Design von Dienstleistungen weitgehend vernachlässigt wurden. Allerdings haben gerade in jüngster Zeit viele Unternehmen – nicht zuletzt aufgrund des zunehmenden Wettbewerbsdrucks – damit begonnen, ihr Dienstleistungsangebot neu zu überdenken. Sie wollen es nicht mehr akzeptieren, Dienstleistungen als etwas „Mystisches" zu betrachten, dessen Markterfolg einzig durch unterstützende Marketingaktivitäten oder durch außerordentliche Anstrengungen der Mitarbeiter zu erreichen ist. Vielmehr wollen sie ihre Dienstleistungen greifbar, entwickelbar und reproduzierbar gestalten. Dienstleistungen werden damit immer mehr als „Produkte" aufgefaßt.

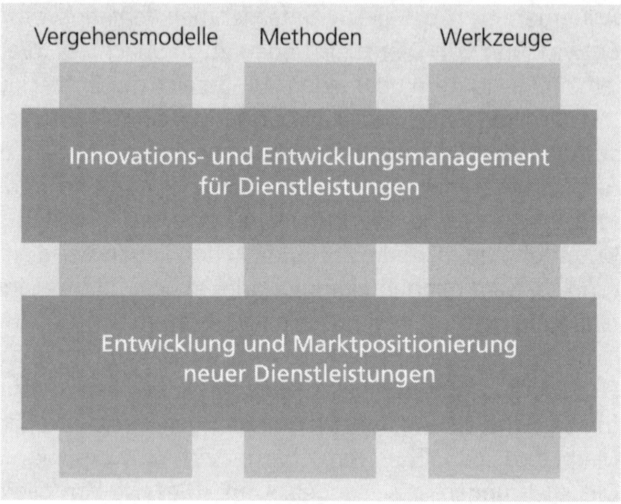

Abb. 1:
Betrachtungsebenen des Service Engineering

Service Engineering

Service Engineering ist nun die Disziplin, die sich mit der Entwicklung und Gestaltung von Dienstleistungsprodukten unter Verwendung geeigneter Vorgehensmodelle, Methoden und Werkzeuge befaßt. Dabei werden sowohl die Entwicklung und Marktpositionierung neuer Dienstleistungen untersucht, als auch Fragestellungen des Innovations- und Entwicklungsmanagement betrachtet.

Im Vergleich zur klassischen Produktentwicklung entstehen bei der Entwicklung von Dienstleistungen neue Schwerpunkte, insbesondere weil bei Dienstleistungen die Interaktion zwischen Kunden und Mitarbeitern eine entscheidende Rolle spielt. Deshalb müssen eine Reihe von Themenstellungen bei der Dienstleistungsentwicklung stärker fokussiert werden als bei der Entwicklung von Sachgütern:

- das Design der Kundenschnittstelle und der Kundeninteraktion,
- die Gestaltung der Dienstleistungsprozesse,
- die Auswahl und Qualifikation der Mitarbeiter,
- die optimale Unterstützung der Mitarbeiter im „Front Office" (d.h. der Mitarbeiter mit Kundenkontakt).

Eine Lösung solcher Entwicklungsaufgaben kann nur in einem interdisziplinären Ansatz erfolgen. Aus diesem Grund sind bei der Entwicklung von Dienstleistungen Erkenntnisse aus verschiedenen Fachdisziplinen, wie vor allem aus den Ingenieurwissenschaften, der Betriebswirtschaftslehre, dem Industrial Engineering sowie der Entwicklung und Gestaltung soziotechnischer Systeme zu integrieren.

Dienstleistungen als Entwicklungsobjekt

Im folgenden wird ein Ansatz vorgestellt, der eine Systematisierung des Entwicklungsobjektes Dienstleistung vornimmt und insbesondere die Frage klärt, welche Aufgaben im Rahmen der Entwicklung von Dienstleistungen zu verfolgen sind. Als Ausgangspunkt diente eine Analyse gängiger Definitionen des Begriffes Dienstleistung, wobei sich konstitutive Definitionen am geeignetsten erwiesen. Demnach werden Dienstleistungen vorherrschend als Leistungen definiert,

- bei denen ein Potential existiert, welches die Fähigkeit und Bereitschaft zur Erbringung einer Leistung umfaßt *(Potential-Dimension)*,
- in deren Prozesse externe Faktoren integriert werden, an denen oder mit denen die Leistung erbracht wird *(Prozeß-Dimension)*,
- deren Ergebnisse bestimmte materielle und immaterielle Wirkungen an den externen Faktoren darstellen *(Ergebnis-Dimension)*.

Darüber hinaus wird in vielen Begriffsklärungen immer wieder darauf hingewiesen, daß es sich bei Dienstleistungen um „vermarktbare" oder „marktfähige" Leistungen handelt, also Leistungen,

- die für interne oder externe Kunden bestimmt sind, und die bei Inanspruchnahme einen Mehrwert für den Nachfrager erzeugen *(Markt-Dimension)*.

Durch diese Betrachtung ergeben sich nun vier Dimensionen, die in der Entwicklung von Dienstleistungen zu betrachten sind. Insbesondere müssen am Ende des Entwicklungsprozesses Modelle bzw. Konzepte zu jeder einzelnen Dimension bereitgestellt werden, d. h. es entstehen als Ergebnis der Dienstleistungsentwicklung Ressourcenkonzepte, Prozeßmodelle, Produktmodelle und Marketingkonzepte. Abbildung 2 verdeutlicht den Zusammenhang.

Mit der Bezeichnung *Ressourcenkonzepte* sind Entwicklungsergebnisse subsummiert, die sich mit der Potentialdimension von Dienstleistungen befassen. Dies sind beispielsweise Humanressourcenkonzepte, die Infrastruktur zur Erbringung der Dienstleistung und die Unterstützung von Dienstleistungen durch geeignete Informations- und Kommunikationstechnik. Insbesondere der Analyse der Kunden-Mitarbeiter-Interaktion ist dabei besondere Beachtung zu schenken, um bereits frühzeitig Maßnahmen für die Auswahl und Qualifizierung geeigneter Mitarbeiter für die Dienstleistungserbringung treffen zu können.

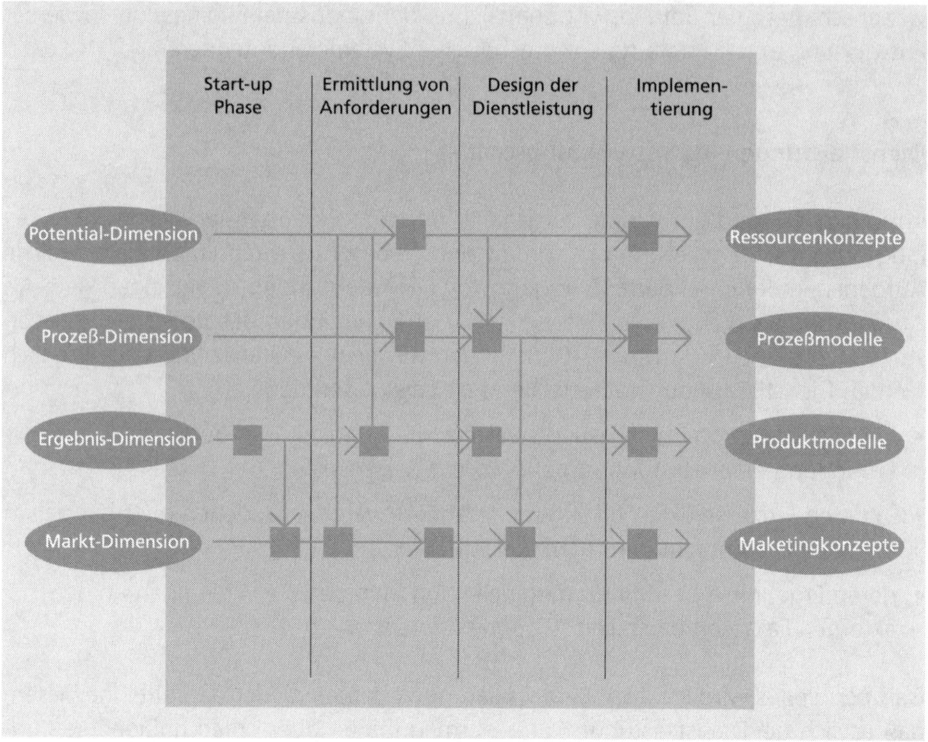

Abb. 2: Entwicklungsprozeß für Dienstleistungen

Eine weitere Entwicklungsaufgabe besteht in der Bereitstellung von *Prozeßmodellen* für die Erbringung der neu entwickelten Dienstleistung. Dabei werden die Prozesse dokumentiert mit dem Ziel, bereits frühzeitig Transparenz zu schaffen und schon im Vorfeld Schnittstellen und Durchlaufzeiten zu reduzieren. Des weiteren ermöglichen Prozeßmodelle erste Kostensimulationen (sofern sich Prozeßkosten für die Durchführung einzelner Aktivitäten abschätzen lassen) und bilden damit die Basis für eine kostenseitige Kalkulation von Dienstleistungen. Zur Modellierung von Prozessen sind bereits eine Reihe von Methoden und Werkzeugen verfügbar, wie beispielsweise das aus den USA stammende Blue Printing. Abbildung 3 skizziert die wesentlichen Elemente dieser Methode.

Im Rahmen des Blue Printing wird der Erbringungsprozeß von Dienstleistungen modelliert. Charakteristisch ist eine Unterscheidung in Prozeßschritte, die direkt vom Kunden wahrgenommen werden und in unterstützende Aktivitäten, die zwar für die Dienstleistungserbringung notwendig sind, aber nicht direkt vom Kunden wahrgenommen werden. Die Trennung dieser beiden Bereiche erfolgt über eine sogenannte Sichtbarkeitslinie (engl. „line of visibility"). Darüber hinaus läßt sich der vom Kunden

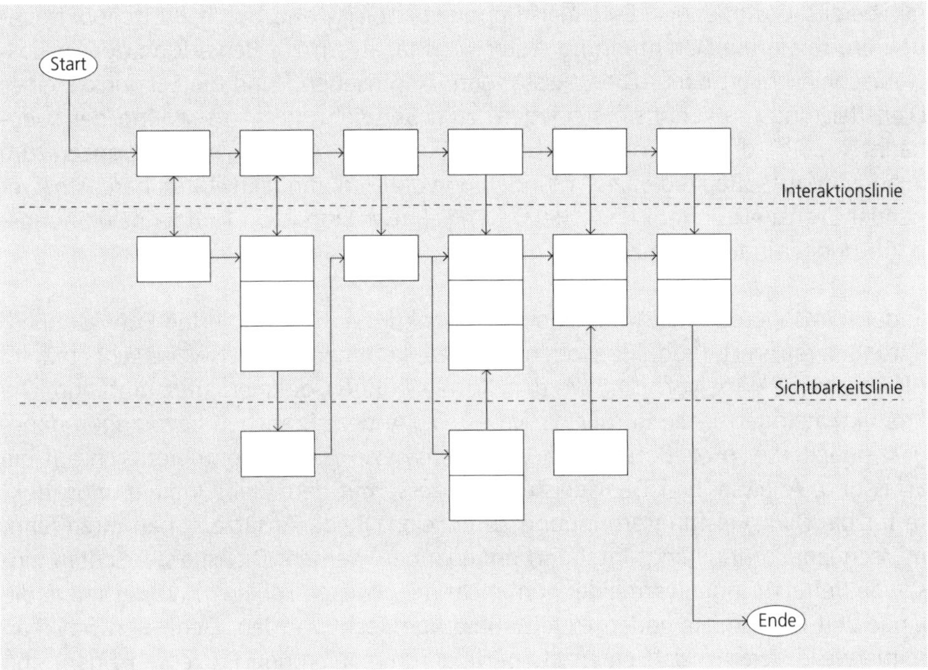

Abb. 3: Prozeßmodellierung durch Blue Printing

wahrgenommene Prozeß durch eine zusätzliche Interaktionslinie in Aktivitäten unterteilen, die vom Kunden selbst ausgeführt werden, und in Aktivitäten, an denen zwar der Kunde beteiligt ist, die aber von den Mitarbeitern ausgeführt werden. Diese Unterscheidungen sind insbesondere für eine kundenorientierte Entwicklung von Dienstleistungen von großer Wichtigkeit, da hier in einem sehr frühen Stadium eine Konzentration auf die Gestaltung der Kundenschnittstelle erfolgen kann.

Neben Prozeßmodellen sind in der Dienstleistungsentwicklung auch *Produktmodelle* bereitzustellen. Hier muß insbesondere eine Definition der Leistungsinhalte und Leistungsergebnisse erfolgen. Sowohl für externe als auch interne Zwecke sind dabei Qualitätsstandards und Service Levels festzulegen. Bei komplexeren Dienstleistungen bietet sich zusätzlich eine Strukturierung der Dienstleistung in Teildienstleistungen an. Letztlich setzt dies aber einen modularen Aufbau eines Dienstleistungsangebotes voraus, der vor allem dann anzustreben ist, wenn Dienstleistungen als Pakete angeboten werden, d.h. entsprechend den spezifischen Kundenbedürfnissen und -erwartungen gebündelt werden müssen.

Bereits in der Entwicklungsphase – und nicht erst danach – sollte auch die Erarbeitung von *Marketingkonzepten* erfolgen. Dies bedeutet zu Beginn die Abstimmung mit bereits bestehenden Dienstleistungen, beispielsweise durch Portfoliobetrachtungen, sowie die Durchführung erster Marktanalysen zur Bewertung der Erfolgswahrscheinlichkeit neuer Dienstleistungen. Anschließend sind die Eckpunkte eines Dienstleistungsmarketings festzulegen, zum Beispiel unter Anwendung der sogenannten „3R", d. h. der Fokussierung auf „Referrals" (Arbeiten mit Referenzen zum Imageaufbau), „Related Sales" (Bündelung von Marketingaktivitäten bereits bestehender Dienstleistungen) und „Retention" (Entwicklung von Kundengewinnungs- und Kundenbindungskonzepten).

In der Praxis werden meist nur singuläre Aspekte der hier skizzierten Entwicklungsaufgaben realisiert. Produktbezogene Ansätze kommen beispielsweise sehr stark im öffentlichen Sektor vor. Hier werden Kernleistungen definiert und umfangreiche Produktkataloge für die Bürger bereitgestellt. Andere Branchen bevorzugen dagegen eine stärker prozeßorientierte Vorgehensweise. Sie konzentrieren sich auf die Erfassung, Analyse ihrer Dienstleistungsprozesse mit dem Ziel, Optimierungseffekte für die Dienstleistungserbringung zu erzielen. Beide Ansätze haben ihren Sinn, müssen jedoch unbedingt integriert angegangen werden. Dienstleister sollten einseitige Betrachtungen vermeiden, um nicht die gleichen Fehler zu wiederholen, die lange Zeit in produzierenden Unternehmen gemacht wurden. Denn dort hat man mittlerweile gelernt, daß einerseits perfekt funktionierende Prozesse keinen Sinn machen ohne wettbewerbsfähige Produkte, und andererseits erfolgreiche Produkte immer auch effiziente Prozesse bedingen. Diese Erkenntnis muß insbesondere dann berücksichtigt werden, wenn es darum geht, neue Dienstleistungen zu entwickeln und am Markt zu positionieren. Die Entwicklungsphase ist dabei so zu gestalten, daß als Ergebnis sowohl Produkt- und Prozeßmodelle als auch Ressourcen- und Marketingkonzepte bereitgestellt werden.

Kreativität als Voraussetzung für die Entwicklung innovativer Dienstleistungen

Kreativität und Wissen sind die wesentlichen Rohstoffe, aus denen neue Dienstleistungen entstehen. Wie das Beispiel innovativer Dienstleister deutlich macht, darf Kreativität kein singuläres Ereignis bleiben. Für einen nachhaltigen Wettbewerbserfolg ist es notwendig, eine Organisation zu schaffen, die den gesamten Prozeß des Kreativitätsmanagements unterstützt. Doch wie geht das? Was macht ein Unternehmen zu einem kreativen Unternehmen? Zur Beantwortung dieser Frage wurde in der Prioritären Erstmaßnahme „Wettbewerbsfaktor Kreativität" ein Steckbrief entwickelt (Ganz, Hermann 1998), der nachfolgend kurz skizziert werden soll (vgl. Abbildung 4).

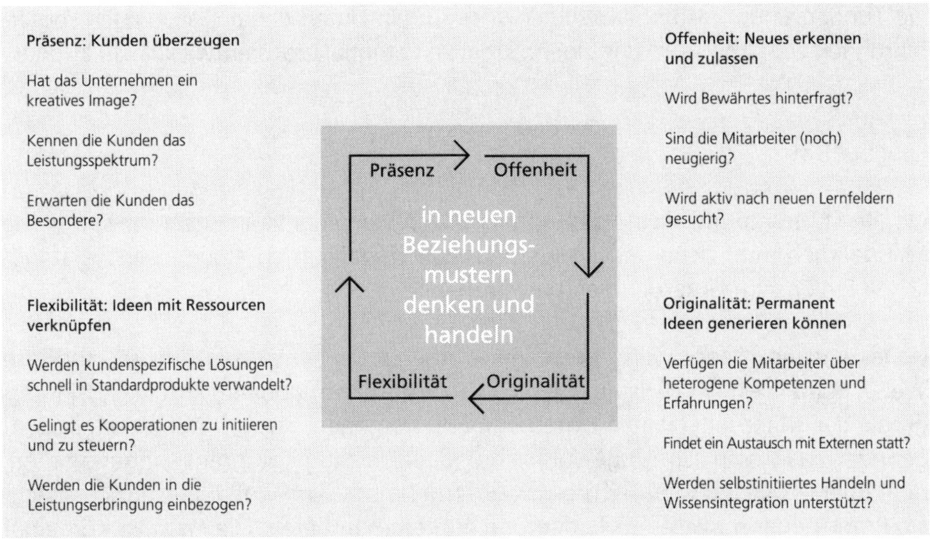

Abb. 4: Steckbrief eines kreativen Unternehmens

Kreative Unternehmen zeichnen sich vor allem durch ihre Fähigkeit aus, in neuen Beziehungsmustern zu denken und zu handeln – sei es in bezug auf Produkte, interne Ressourcen oder externe Partner (Bullinger et al., 1997). Diese Fähigkeit zeigt sich im wesentlichen in vier Eigenschaften: Offenheit, Originalität, Flexibilität und Präsenz.

Offenheit

Unternehmerische Kreativität setzt Neugier voraus und die Bereitschaft, das Unternehmen neu zu erfinden. Die in der Vergangenheit erfolgreichen Vorgehensweisen und die oft impliziten Grundüberzeugungen müssen hierzu immer wieder auf den Prüfstand gestellt werden.

Bei High-tech-Dienstleistungen, im Medienbereich oder in der Werbewirtschaft gehört Offenheit für Neues zum Selbstverständnis. Neue Ideen, ungewöhnliche Lösungen, innovative Ansätze werden nicht nur geschätzt, sondern geradezu erwartet. Dies sieht in eher traditionellen Dienstleistungsbereichen (Finanzdienstleistungen, personenbezogene Dienste, teilweise bei industriellen Dienstleistungen) anders aus. Gefragt ist hier in der Regel eher die Verfeinerung und Optimierung des Bestehenden als eine tatsächliche Erneuerung. Solange der Markt nicht gravierende Änderungen fordert, gehen nur wenige dieser Unternehmen das Thema Kreativität aktiv an. Damit ist jedoch die Gefahr verbunden, daß einschneidende Veränderungen in der Unternehmensumwelt nicht rechtzeitig erkannt werden. Je konservativer die Kunden sind, umso notwendiger ist es für ein Unternehmen, aktiv nach Lernerfahrungen zu suchen, um das eigene kreative Potential weiterentwickeln zu können.

Originalität

Offenheit für Impulse alleine genügt nicht. Durch geeignete arbeitsorganisatorische Maßnahmen muß sichergestellt werden, daß Kreativität zu einem selbstverständlichen Ereignis im Unternehmen wird (Amabile, 1998).

Neues entsteht dann, wenn bestehendes (heterogenes) Wissen auf unorthodoxe Weise kombiniert wird. Ist die Qualifikationsstruktur und der Erfahrungshintergrund der Mitarbeiter eines Unternehmens homogen, ist die Wahrscheinlichkeit geringer, daß wirklich ungewöhnliche Ideen erzeugt werden. Angenommen, heterogenes Wissen ist innerhalb des Unternehmens vorhanden, besteht das nächste Problem darin, dieses zu finden und zu kommunizieren. Die kreative Kombination von Wissen erfordert eine zumindest partielle Wissensintegration, also die Bildung von Meta-Wissen, das eine Brücke zwischen unterschiedlichen Wissens- und Erfahrungshintergründen schlagen kann. Wissensintegration und das selbstinitiierte kreative Handeln der Mitarbeiter muß durch Unternehmenskultur, Anreizsysteme und Technologien gefördert werden (Ganz, Hermann; im Druck).

Flexibilität

Ein zentrales Problem vieler Unternehmen liegt darin, Ideen mit Ressourcen zu verknüpfen. Finanzielle und personelle Restriktionen behindern nicht selten die Realisierung erfolgversprechender Dienstleistungsideen.

Oft genug sind die Ressourcen fest an die laufenden Arbeitsaufträge gebunden; Wissenstransfer und -integrationsprozesse sind nicht schnell genug, oder es sind Kompetenzen erforderlich, die innerhalb des eigenen Unternehmens nicht gefunden werden können. In neuen Beziehungsmustern denken und handeln kann deshalb auch bedeuten, die eigene Flexibilität durch den Aufbau inner- und zwischenbetrieblicher Kooperationen zu erhöhen.

Zur Flexibilität gehört weiterhin, die zur Umsetzung neuer Ideen erforderlichen finanziellen Ressourcen bereitzustellen. Finanziell läßt sich Kreativität auf Dauer nur dann durchhalten, wenn innovative (kundenspezifische) Lösungen rasch in Standardprodukte verwandelt werden. Kreative Unternehmen sind deshalb darauf angewiesen, geeignete Instrumente zu entwickeln, mit denen sich Ideen bewerten und auswählen lassen. Sie sind gezwungen, effiziente Prozesse aufzubauen, um aus Einzellösungen „Massengüter" zu machen.

Präsenz

Kreativität bedeutet viertens, zu einem kreativen Partner der Kunden zu werden; zu einem Partner, der nicht nur Problemlösungen anbietet, sondern die Kunden in ihrer Entwicklung unterstützt.

Für Unternehmen, die dafür bekannt sind, ein qualitativ hochwertiges, jedoch eng umgrenztes Leistungsangebot zu bieten, ist es nicht leicht, ein kreativeres Image aufzubauen. Auf dem Weg zu einem kreative(re)n Unternehmen müssen die Kundenbeziehungen deshalb oft völlig neu gestaltet werden. Kreative Unternehmen entwickeln einen besonderen Dialog mit ihren Kunden. Sie zeigen Präsenz, indem sie ihre kreativen Stärken immer wieder unter Beweis stellen und nicht nur Problemlösungen anbieten, sondern die Kunden in ihrer Entwicklung unterstützen.

Letztendlich hängt die Kreativität eines Unternehmens davon ab, inwieweit es alle vier Eigenschaften: Offenheit, Originalität, Flexibilität und Präsenz verwirklichen kann. Es macht daher wenig Sinn, sich blind auf die Auswahl kreativer Mitarbeiter oder die Einführung von KVP-Programmen zu verlegen. Eine gründliche und selbstkritische Analyse der vier von uns skizzierten Eigenschaften wird in jedem Unternehmen zu einem anderen Profil von Stärken und Schwächen im Umgang mit der betrieblichen Kreativität führen und damit auch unterschiedliche Ansatzpunkte für Gestaltungsmaßnahmen erkennen lassen.

Im Rahmen der Prioritären Erstmaßnahme „Wettbewerbsfaktor Kreativität" wurde das Instrument der CreativityCards entwickelt und prototypisch erprobt, das eine solche Analyse unterstützt und eine Orientierungshilfe für die Konzeption eines auf die spezifischen Bedürfnisse des Unternehmens ausgerichteten Programms kreativitätsförderlicher Maßnahmen gibt.

Trends und Perspektiven

In der Beschäftigung mit der Entwicklung von Dienstleistungen lassen sich eine Reihe von Bereichen identifizieren, in denen bisher nur unzureichendes Know-how verfügbar ist, und die zukünftig verstärkter Anstrengungen bedürfen. Die wichtigsten Themenfelder werden im folgenden kurz erläutert.

Vorgehensmodelle, Methoden und Werkzeuge

Eine Vielzahl von Fallstudien zur Entwicklung von Dienstleistungen hat gezeigt, daß eine systematische Dienstleistungsentwicklung geeignete Vorgehensweisen, Methoden und Werkzeuge benötigt. Bisher wurden für die Entwicklung von Dienstleistungen vor allem einfache Phasenmodelle bereitgestellt. Ähnlich wie im Systems Engineering oder Software Engineering bildet ein Phasenmodell jedoch nur den Ausgangspunkt für Arbeiten hin zu flexiblen, adaptierbaren und konfigurierbaren Prozeßmodellen, die zum Beispiel auch häufig vorkommende Projekttypen – sogenannte Standardprojekttypen – in Form von „Makros" beinhalten können. Zur Entwicklung dieser flexiblen Prozeßmodelle müssen Dienstleistungsprodukte klassifiziert und auf entsprechende Projekttypen bei der Entwicklung abgebildet werden. Ebenso müssen die zu entwickelnden Prozeßmodelle Schnittstellen zu allen relevanten vorgeordneten Prozessen sowie auch neben- und nachgeordneten Prozessen enthalten.

Die Vorgehensmodelle müssen mit detaillierten Methoden und Werkzeugen „gefüllt" werden, sowohl phasenspezifisch als auch phasenübergreifend. Dazu ist noch stärker als bisher zu untersuchen, welche Ergebnisse aus anderen Disziplinen herangezogen werden können, und wie diese gegebenenfalls angepaßt werden müssen. Es ist aber insbesondere auch die Entwicklung dienstleistungsspezifischer Methoden notwendig, die keine Analogie zu anderen Disziplinen haben. Weiterhin sind Methoden zur parallelen Entwicklung von informationstechnischen Unterstützungssystemen für die Dienstleistung (im Sinne eines „Simultaneous Engineering") zu schaffen. Anzustreben ist hier die Entwicklung von Komponenten-Bibliotheken für sogenannte „Service Objects" mit Standardschnittstellen, um die Voraussetzungen für den Austausch von Service-Komponenten und die Bildung von Wertschöpfungsketten in der Dienstleistungsentwicklung zu schaffen.

Innovations- und Entwicklungsmanagement für Dienstleistungen

Vorgehensmodelle, Methoden und Werkzeuge müssen in den organisatorischen Rahmen eines Unternehmens eingebunden werden. Hierzu gibt es bisher in der Praxis kaum durchgängige und schlüssige Ansätze, die den besonderen Anforderungen der Dienstleistungsentwicklung gerecht werden. Dies äußert sich beispielsweise in einer mangelnden Zuordnung von Ressourcen und Zuständigkeiten zu Vorhaben der Dienstleistungsentwicklung. Folglich werden zum Beispiel Entwicklungskosten nur fragmenthaft erfaßt, das Entwicklungsergebnis bleibt häufig relativ abstrakt und entzieht sich damit einer fundierten Überprüfung im Sinne eines Entwicklungscontrollings. Wichtige Forschungsfragen sind hier: Welche Unternehmensfunktionen sind in den Entwicklungsprozeß einzubeziehen, und welche aufbauorganisatorischen Konzepte eignen sich? Wie sind die Informationsflüsse und die Kommunikationsstrukturen zu gestalten? Welche Kenngrößen und Managementmethoden eignen sich für die Planung und Steuerung des Dienstleistungsentwicklungsprozesses?

Standardisierung von Dienstleistungen

Um Dienstleistungen zukünftig in gleicher Form wie materielle Produkte entwickeln, bündeln oder auch „handeln" zu können, muß ein allgemein anerkanntes und fundiertes Verständnis des Betrachtungsgegenstandes „Dienstleistung" erzielt, sowie Methoden und Hilfsmittel zur entsprechenden Operationalisierung des Entwicklungsobjektes „Dienstleistung" bereitgestellt werden. Dies gewinnt insbesondere dann große Bedeutung, wenn Normen und Standards oder auch rechtliche Aspekte wie Produkthaftung, Produktinformation für den Verbraucher oder Patentrecht für Dienstleistungen entwickelt bzw. auf sie angewandt werden sollen. Forschungsfragen, die hier gelöst werden müssen, sind zum Beispiel: Welche Strukturelemente von Dienstleistungen lassen sich identifizieren und für die Dienstleistungsentwicklung operationalisieren? Welche Methoden und Werkzeuge lassen sich für Beschreibung und Kommunikation von Dienstleistungen intern und extern anwenden? Wie läßt sich national und international ein einheitliches Verständnis über Begriffe aus dem Bereich der Dienstleistungen erzielen?

Qualifizierung

Die Etablierung eines Berufsbilds „Dienstleistungsingenieur" und seine Unterstützung auf verschiedenen Ebenen der Aus- und Weiterbildung würde nachhaltig die deutsche Wirtschaft bzw. deutsche Unternehmen befähigen, systematisch erfolgreiche Dienstleistungen zu entwickeln. Es ist durchaus eine Analogie zum industriellen Bereich zu erwarten, wo die langjährige technologische Führungsposition Deutschlands z. B. im Anlagen- und Maschinenbau auch durch die breite Verfügbarkeit und Verankerung entsprechender Berufsbilder und Qualifikationen gestützt wurde, während die starke Wettbewerbsposition vieler Dienstleister aus den USA sicherlich auch auf ein großes Angebot von dienstleistungsrelevanten Studiengängen an Universitäten bzw. Business Schools zurückzuführen ist. Die Entwicklung von Qualifikationen und Berufsbildern sollte sich auf Aus- sowie Weiterbildung erstrecken, und zwar für akademische Bildungsgänge ebenso wie für den Bereich der beruflichen Aus- und Weiterbildung.

Ausblick

In den nächsten Jahren ist damit zu rechnen, daß durch die zunehmende „Industrialisierung" von Dienstleistungen der effizienten Entwicklung und Gestaltung von Dienstleistungen eine erhöhte Bedeutung zukommt. Hier sind durchaus Parallelen zur Software erlaubt, die genau wie Dienstleistungen einen immateriellen Charakter aufweist. So wurde beispielsweise die Entwicklung von Software lange Zeit eher als „Kunst" denn als Produktentwicklung betrachtet, bis schließlich Unternehmen wie Microsoft und SAP – nicht zuletzt dank methodischer Vorgehensweisen des Software Engineering – vorgemacht haben, daß Software sehr wohl als Produkt aufzufassen ist, und daß sich durch systematische Entwicklung und Produktisierung marktbeherrschende Stellungen erzielen lassen.

Diese Erkenntnis über den Zusammenhang von systematischer Entwicklung und Markterfolg mag für einen Großteil der Dienstleistungsunternehmen neu sein, wird sich in Zukunft jedoch immer mehr durchsetzen. Weiterhelfen werden hierbei neben einer sinnvollen Übertragung und Weiterentwicklung von Know-how aus den klassischen Ingenieurdisziplinen, die seit jeher eine traditionelle Stärke Deutschlands bilden, insbesondere auch erste Ansätze zum Engineering und Design von Dienstleistungen.

Literatur

Bullinger, H.-J. (Hrsg.): Dienstleistung 2000plus – Zukunftsreport Dienstleistungen in Deutschland. IRB Verlag, Stuttgart 1998.

Bullinger, H.-J. (Hrsg.): Dienstleistungen für das 21. Jahrhundert – Gestaltung des Wandels und Aufbruch in die Zukunft. Schäffer Poeschel Verlag, Stuttgart 1997.

Bullinger, H.-J. (Hrsg.): Dienstleistung der Zukunft – Märkte, Unternehmen und Infrastrukturen im Wandel. Gabler Verlag, Stuttgart 1995.

Bullinger, H.-J., Ganz, W. und Hermann, S.: Kreativität als Leitbild für Unternehmen der Zukunft. In: Office Management (1997) 10, S. 12–16.

DIN-Fachbericht 75: Service Engineering – Entwicklungsbegleitende Normung für Dienstleistungen. Beuth Verlag, Berlin 1998.

Fähnrich, K.-P.: Service Engineering – Perspektiven einer noch jungen Fachdisziplin. In: IM Information Management&Consulting, Sonderheft Service Engineering (1998), S. 37–39.

Fähnrich, K.-P. und Meiren, T.: Service Engineering. In: Offene Systeme (1998) 3, S.145–151

Ganz, W. und Hermann, S.: Wissensintegrative und koordinative Dienstleistungen – Erfolgsfaktoren für einen nachhaltigen Wettbewerbsvorsprung. Thesen und Fragestellungen einer neuen Forschungsinitiative. IRB-Verlag, Stuttgart: im Druck.

Ganz, W. und Hermann, S.: Kreativität – ein Wettbewerbsfaktor. In: Dienstleistungsinnovationen – Chancen und Trends für Unternehmen, Risch, W. und Schrick, G. (Hrsg.). RKW-Verlag, Eschborn 1998.

Gogoll, A.: Untersuchung der Einsatzmöglichkeiten industrieller Qualitätstechniken im Dienstleistungsbereich. IPK, Berlin 1995.

Haischer, M.: Dienstleistungsqualität – Herausforderung im Service Management. In: HMD – Theorie und Praxis der Wirtschaftsinformatik 33 (1996) 187, S. 35–48.

Hofmann, H. und Meiren, T.: Service Engineering in der Investitionsgüterindustrie am Beispiel der Siemens ElectroCom GmbH&Co. und deren Service-Bereich. In: IM Information Management&Consulting, Sonderheft Service Engineering (1998), S. 79–84.

Jaschinski, C.: Qualitätsorientiertes Redesign von Dienstleistungen. Shaker Verlag, Aachen 1998.

Mager, B.: Service Design – Die Formen der Dienstleistung. In: absatzwirtschaft (1998) 5, S. 32–34.

Ramaswamy, R.: Design and Management of Service Processes. Addisson-Wesley, Massachusetts 1996.

Schwarz, W.: Methodisches Konstruieren als Mittel zur Gestaltung von Dienstleistungen. IPK, Berlin 1998.

Sontow, K., Korpiun, R. und Jaschinski, C.: Industrielle Dienstleistungen – Neue Ertragschancen für den Maschinen- und Anlagenbau. FIR, Aachen 1997.

II. Neue Märkte – Wachstumschancen durch Dienstleistungen

1. Exportschlager Dienstleistungen

Exportschlager Dienstleistungen

Frank Stille

Themenstellung und Akteure dieses Forums sind eng mit der Prioritären Erstmaßnahme „Dienstleistungs-Headquarter Deutschland" verbunden; einige Abschlußberichte liegen zur Einsichtnahme aus, die Publikation eines Endberichts ist in Vorbereitung. Besonders freuen wir uns, daß wir zusätzlich Prof. Daniels als „unbeteiligten" Dritten für einen Beitrag zu diesem Forum gewinnen konnten.

„Exportschlager Dienstleistungen" ist mehr Wunsch als Wirklichkeit. Die *Wirklichkeit* ist allerdings nicht auf einen einfachen Nenner zu bringen. Auf den ersten Blick sieht die deutsche Position bei DL-Exporten nicht gut aus.

Tab. 1: Anteil der Dienstleistungs-Exporte am Gesamtexport (in %).

	1986	**1996**
D	14,0	14,6
F	26,3	24,5
UK	25,8	22,8
JAP	10,1	14,5
USA	28,8	26,6

Quelle: IMF

Die Tabelle basiert auf den Daten des Internationalen Währungsfonds (International Monetary Fund, IMF). Prof. Daniels hat ebenfalls darauf hingewiesen, daß die IMF-Daten Schwachstellen aufweisen; u. a. fehlen Länder, bestimmte Transaktionen werden nicht erfaßt, andererseits sind Faktoreinkommen enthalten. Insgesamt ist zu vermuten, daß die IMF-Daten den Dienstleistungshandel unterschätzen.

Gleichwohl läßt die Tabelle einige Schlußfolgerungen zu:

- Wie in Japan ist in Deutschland der niedrige Anteil der Dienstleistungen am Gesamtexport Spiegelbild eines hohen Anteils von Produkten des verarbeitenden Gewerbes. In Japan ist der Anteil von Dienstleistungs-Exporten allerdings stärker gestiegen als in Deutschland, während er in den Ländern mit hohem Anteil leicht gesunken ist.

- Schwächen in der Einbindung Deutschlands in die internationale Arbeitsteilung zeigen sich bei
  - der Vergabe von Patenten und Lizenzen, wobei allerdings das Problem der Gewinntransfers von multinationalen Unternehmen zu berücksichtigen ist,
  - persönlichen und kulturellen DL (z. B. Filmwirtschaft),
  - Finanzdienstleistungen.

Die Bedeutung der Dienstleistungsausfuhr wird bei einer Beschränkung auf die unmittelbare Ausfuhr erheblich unterschätzt. Weit größere Bedeutung haben Dienstleistungen als Vorleistungen in der Warenausfuhr. Aufgrund von Input-Output-Rechnungen läßt sich zeigen, daß der Anteil der Dienstleistungen, die als Vorleistungen in der Ausfuhr enthalten sind,

40 % der Wertschöpfung,

35 % der Beschäftigung und

30 % der Bruttoproduktion ausmachen.

Hinzu kommt, daß auch in der Warenproduktion viele Beschäftigte Dienstleistungsfunktionen ausüben. Nach Ergebnissen des sozio-oekonomischen Panels (SOEP) üben mehr als zwei Drittel der Erwerbstätigen Dienstleistungs-Tätigkeiten aus.

Daß Dienstleistungen eigenständigere Exportschlager sein sollten, ist ein berechtigter und dringender Wunsch:

- Hochentwickelte Dienstleistungen sind für die Aufrechterhaltung komparativer Wettbewerbsstärken der deutschen Warenexporte unverzichtbar.
- Die Bedingungen für Dienstleistungsexporte haben sich geändert: Die Möglichkeiten der IuK-Technik und des Transports haben den Charakter von Dienstleistungen verändert (Lager- und Transportierbarkeit von Dienstleistungen) und damit die Handelbarkeit sowie die Internationalisierungsfähigkeit von Dienstleistungen erhöht (Direktinvestitionen, Kooperationen und Partnerschaften). Hinzu kommt die eingeleitete Liberalisierung des Dienstleistungshandels.
- Der Konkurrenz-, Import- und Rationalisierungsdruck bei Dienstleistungen hat ebenfalls zugenommen; insbesondere sind davon gering Qualifizierte betroffen. Insofern ist es trügerisch, von einem automatischen Beschäftigungszuwachs in allen Dienstleistungsbereichen auszugehen.

- Eine wettbewerbsfähige Dienstleistungswirtschaft mit zunehmender Exportorientierung ist unverzichtbar. Auch in der Dienstleistungswirtschaft muß die zukunftsorientierte Ausnutzung von Innovations-, Qualitäts- und Kompetenzvorsprüngen und der Trend zu einem höherwertigen wissensintensiven Wirtschaftsprofil fortgesetzt werden. Einem solchen Entwicklungsmuster kann sich die Bundesrepublik aufgrund hoher Einkommen und Produktionskosten nicht entziehen. Anzustreben ist eine Struktur des Dienstleistungssektors, die ein hohes Wertschöpfungs- und Beschäftigungswachstum ermöglicht, qualifzierte Arbeitsplätze bietet, Wettbewerbsvorteile ausschöpft bzw. neue erschließt sowie Servicefunktionen für andere Wirtschaftsbereiche optimal wahrnimmt.

Die folgenden Referate können nur einen kleinen Ausschnitt aus dem sehr heterogenen DL-Spektrum präsentieren; sie beleuchten vor allem die Rolle der Partnerschaften von KMU zur Stärkung ihrer Wettbewerbs- und Internationalisierungsfähigkeit.

Going Global: Export von Dienstleistungen in globalen Partnerschaften

Joachim Niemeier

Aus der Perspektive eines Multimedia-Unternehmens sind beim Export von Dienstleistungen in globalen Partnerschaften verschiedene Marktstrategien möglich: „Roll-Out-Konzepte", „Global Service Offering", „Community Building" und „Mass Customization".

Die erste Strategie baut auf sogenannten „Roll-Out-Konzepten" auf. Am Praxisbeispiel von multimedialen Stadtinformationssystemen kann der geschäftliche Ansatz für Roll-Out-Konzepte erläutert werden. Stellen Sie sich vor, in einer bestimmten Stadt würde es ein großes Stadtinformationssystem geben, in dem eine Fülle von regionalen Informationen aus den Tageszeitungen, von den Verkehrsbetrieben und aus dem Unterhaltungsbereich (Kino, Theater, usw.) zusammenfließen. Eine solche Lösung zu entwickeln und zu betreiben ist eine typische Aufgabe, die man in Form eines Projektes realisieren kann. Zunächst wird man sich überlegen, wie das Thema seitens der technischen Infrastruktur gelöst werden kann, und welche Anwendungen für den Nutzer sinnvoll sind. In der Produktionsphase wird ein ganzes Team benötigt, das die Inhalte aufbereitet und ständig aktualisiert. Die Inhalte, die „Contents" für ein Stadtinformationssystem stammen in der Regel von einer Vielzahl von Zulieferern. Sie müssen digitalisiert und in eine Anwendung eingebunden, verwaltet und später natürlich auch wieder gelöscht werden. Das ist zunächst einmal eine rein projektorientierte Tätigkeit, die kundenindividuell realisiert werden kann. Aber was ist notwendig, wenn jetzt nicht nur eine Stadt, ein Unternehmen oder eine Region solche Content-Dienstleistungen benötigt, sondern eine Vielzahl an kundenindividuellen Lösungen in unterschiedlichen Regionen zu realisieren ist? Der ursprüngliche Standort eines Entwicklungsteams verliert dann zunehmend an Bedeutung. Das Wissen über die notwendigen Strukturen und Prozesse zum Aufbau und Betrieb eines Stadtinformationssystems wird dagegen von der Bedeutung her zunehmen. Hier werden dann Roll-Out-Konzepte eine zentrale Rolle spielen. Dazu ist ein umfassendes Konzept für ein Content Center zu entwickeln, das als eine Art „Blaupause" dienen kann und „exportfähig" ist. Das Vorgehen dazu kann mit der Planung einer Fabrik in der „klassischen Welt" verglichen werden. Zu einer erfolgreichen Planung ist eine große Menge von Gestaltungs- und Technologiewissen notwendig, aber auch fundierte Kenntnisse darüber, wie man Verfahrensabläufe gestaltet und optimiert. In einem Content Center ist es, vergleichbar mit der Anlaufphase in einer Fabrik, notwendig, daß ein Team von Experten mit den späteren Mitarbeitern zusammenarbeitet und die Produktionsabläufe und Verfahren systematisch weiterentwickelt.

Für den Aufbau der Kompetenz ist es wichtig, zunächst einmal einige Lösungen projektorientiert zu realisieren. Im nächsten Schritt muß dann aber diese Kompetenz so aufbereitet werden, daß man diese systematisch in eine Art Multimedia-Engineering-Dienstleistungen weiterentwickeln kann. Ein solches Konzept kann dann als Dienstleistungspaket in einem globalen Rahmen angeboten werden.

Ein zweiter Ansatzpunkt bei internationalen Multimedia-Dienstleistungen ist das Thema „Global Service Offering". Dabei stellt man schnell fest, daß der Begriff Export aus Unternehmenssicht problematisch ist. In der Multimedia- und Telekommunikationswelt denkt man nämlich nicht in Regionen. Ich bin sicher, daß wir von einem Teil unserer Zulieferer aus dem Technologie-Bereich nicht wissen, in welcher Region der Welt sie angesiedelt sind. Die Produkte werden über das Internet angeboten, das gesamte Marketing und der Vertrieb werden darüber abgewickelt, die komplette Kundenbetreuung darüber realisiert.

Ein dritter Ansatzpunkt ist das Thema des sogenannten „Community Building". Auch bei Communities erkennt man nicht unbedingt, woher die Teilnehmer einer Community kommen. Solange man ein aktiver Teilnehmer einer Community ist, spielt das auch keine Rolle. Es entsteht eine Plattform für die Kooperationen, für die professionellen Interessen und für geschäftliche Aktivitäten – unabhängig von der regionalen Frage.

Der vierte Ansatzpunkt ist „Mass Customization". Gerade in dem Bereich der Multimedia- und der Internet-Dienstleistungen wünschen die Kunden eine individuelle Lösung, die vollkommen auf sie zugeschnitten ist. Es ist aus Sicht der Softwareproduktion aber nicht wirtschaftlich, für jeden Kunden ein Unikat zu entwickeln. Also wird man Lösungen entwickeln müssen, die einerseits auf bestimmten Standard-Funktionalitäten beruhen, aber gleichzeitig die Möglichkeit anbieten, in einem bestimmten Rahmen kundenindividuelle Anpassungen vorzunehmen.

Die vorgestellten Marktstrategien müssen vor dem Hintergrund einer entstehenden Internet-Ökonomie gesehen werden. Zentrales Merkmal der Internet-Ökonomie ist, wie es Ted Lewis ausdrückt, das Phänomen der „Friction Free Economy". Im Internet-Zeitalter entwickeln sich Produkte, Dienstleistungen und Services in einem ganz anderen Schrittempo als bislang im wirtschaftlichen Umfeld bekannt. Im Unterschied zum Agrar-Zeitalter und dem industriellen Zeitalter laufen im post-industriellen Zeitalter die Geschäftsprozesse quasi „reibungslos" („friction-free") über die Kommunikationsnetze ab. Die Geschwindigkeit jedes Zeitalters ist abhängig von der dominierenden Technologie, und das ist im Moment das Internet. Im Internet-Zeitalter kann man schon bei einer Spanne von drei bis fünf Jahren von einer epochalen Generation sprechen.

Ein zweiter Trend wird genauso bestimmend für die Internet-Ökonomie werden. Bislang zielten die Unternehmen darauf ab, ein umfassendes, komplexes Produktkonzept zu entwickeln und auf den Markt zu bringen. Wenn man sich dagegen anschaut, wie in der Internet-Ökonomie Lösungen entstehen, dann sind häufig eine Vielzahl von Produkten, Dienstleistungen und Services von unterschiedlichen Anbietern die Basis für ein komplexes Angebot an den Kunden. Das kann auch eines der wirtschaftlichen Erfolgsgeheimnisse des Silicon Valley sein: viele kleine Unternehmen, von denen sich jeder auf ein kleines Lösungssegment konzentriert, und das dazu dienen kann, in Kooperation mit anderen Unternehmen ein umfassendes Angebot zu entwickeln. Die Unternehmen konzentrieren sich auf einen Schwerpunkt, entsprechend ihrer Kernkompetenz.

Da Produkte, Dienstleistungen und Services stark fragmentiert sind, ist eine andere Art der Zusammenarbeit erforderlich. Es reicht nicht mehr aus, in Wertschöpfungsketten zu denken, nach denen jedes Unternehmen seine eigene Wertschöpfungskette hat, und diese relativ lose mit der Wertschöpfungskette des vor- oder nachgelagerten Unternehmens in Form von einem Kunden-Lieferanten-Verhältnis verbunden ist. Um in der Internet-Welt die Komplexität, die Geschwindigkeit und Dynamik zu beherrschen, sind sehr viel stärker integrierte Kooperationsmuster und Partnerschaftsmodelle notwendig, um eine langfristige Stabilität zu ermöglichen.

Internationale Engineering-Partnerschaften

Peter Haaks

Das Ingenieurunternehmen Fichtner ist mit seinem Stammhaus in Stuttgart und über 25 Tochter- und Beteiligungsunternehmen seit über 75 Jahren auf dem Weltmarkt präsent.

Wir bieten die klassischen Ingenieurplanungsleistungen sowie Unternehmensberatungsleistungen an. Das Leistungsspektrum umfaßt die Erarbeitung von Studien, Konzepten, Projektvorbereitungen sowie die komplette Palette der Ingenieurplanungsschritte von der Vorplanung, der Verfahrens-/Technologieauswahl über die Erstellung der Spezifikationen bis hin zur Überwachung der Projektausführung auf der Baustelle.

Querschnittsfunktionen wie Projektmanagement, Privatisierungsberatung und gutachterliche Stellungnahmen gehören ebenso dazu wie die Ausbildung z. B. von Betriebspersonal in Kraftwerken.

Das Leistungsspektrum von Fichtner bezieht sich auf die vier Geschäftsfelder Energie- und Umwelttechnik, Infrastruktur und Informationstechnologie. Im Geschäftsfeld Energietechnik umfaßt dies die Arbeitsgebiete Erzeugung, Transport, Anwendung von Energie und die Erarbeitung von Grundsatzstudien für die oben genannten Arbeitsgebiete.

Unser Haus ist seit Jahren auf internationales Geschäft ausgerichtet. Mit Tochter-Beteiligungsgesellschaften und lokalen Projektbüros sind wir in allen für uns wichtigen Marktregionen präsent. Die Vertriebsorganisation wird aus fünf Vertriebsressorts gebildet, die eine regionale Struktur besitzen. Den Vertriebsressorts sind die jeweiligen Vertriebsnetze zugeordnet. Vertriebsnetze bedeuten hier lokale und internationale Partner, Vor-Ort-Büros, Niederlassungen sowie Töchter und Beteiligungen.

Anhand der nachfolgend dargestellten Beispiele aus den Regionen Südwest- und Südosteuropa, Mittelosteuropa, Osteuropa, Zentralasien und Asien wird aufgezeigt, wie das Haus Fichtner mit seiner Struktur internationale Projekte erfolgreich bearbeitet.

Italien

So entschieden 1996 vier Hauptaspekte, daß Fichtner mit der projekttechnischen Realisierung für ein neues Werk in Italien zur Produktion von Getrieben für die Automobilindustrie beauftragt wurde:

- Fach- und Methodenkompetenz
- Markt- und Sprachkenntnis
- Ressourcenverfügbarkeit für ein großes Investitionsvorhaben eines deutschen Kunden
- großes Ingenieurhaus als Hauptverantwortungsträger für die Planung und Ausführungsüberwachung

Gemäß dem Rahmenterminplan für das neue Werk in Italien wurde die Vor- und Genehmigungsplanung in drei Monaten abgeschlossen. Nach fünf Monaten Projektlaufzeit erfolgte der erste Spatenstich, nach 16 Monaten wurden die ersten Fertigungsanlagen geliefert. Die Abnahme und Inbetriebnahme der Fertigung begann nach 20 Monaten. Seit August 1998 erfolgt die erste Serienfertigung. In der Investitionssumme von umgerechnet 400 Mio. DM sind Kosten für Grunderwerb, Fertigungshalle, Verwaltungsgebäude, Forschungs- und Entwicklungszentrum sowie für eine Kantine und ein Schulungszentrum enthalten. Das Werk wird im Jahr 2001 in der Endausbaustufe ca. 800 deutsche und italienische Mitarbeiter beschäftigen und jährlich rund 600 000 Frontantriebsgetriebe herstellen.

Kroatien

Mit technischem Know-how von Fichtner im Bereich der Stromübertragung und -verteilung wurden 1994 die Folgen des Krieges an der Energieinfrastruktur im ehemaligen Jugoslawien behoben. Der Wiederaufbau von Stromverteilungsnetzwerken wurde mit Entsendung von Fachleuten aus dem Stammhaus nach Kroatien und mit der Unterstützung von lokalen Ingenieuren bewerkstelligt. Hierbei war der

Know-how-Transfer von Fichtner-Experten zum Personal des kroatischen Energieversorgungsunternehmens im Rahmen von Trainingsprogrammen von großer Bedeutung.

Die Rehabilitierungsmaßnahmen umfaßten einen finanziellen Aufwand von ca. 48 Mio. US-Dollar. Als sogenannter „banker's engineer" erarbeiteten Fichtner-Ingenieure und Ökonomen 1997–1998 für Finanzierungsbanken einen „due dilligence report" für die Erweiterung und partielle Fertigstellung eines Kohlekraftwerkes im kroatischen Plomin. Der Exportschlager „Dienstleistungen" bildete hier das Zurverfügungstellen von technischem Kraftwerks-Know-how für die Banken, um die Machbarkeit eines derartigen Projektes zu untermauern.

Tschechien/Slowakei

Im Rahmen eines von der Europäischen Kommission finanzierten Beratungsprojektes führten Fichtner-Energieexperten in der Zeit von 1992–1993 in 16 Industriebetrieben der Papier- und Glasindustrie Audits zur effizienten Energienutzung durch.

Die besonderen Merkmale des Projektes lagen in der hohen Vor-Ort-Präsenz der Fichtner-Experten (80%), um gemeinsam mit lokalen Subkontraktoren das Industrie- und Handelsministerium in Prag sowie das Wirtschaftsministerium in Bratislava zu beraten. Es wurde eine Schwachstellenanalyse durchgeführt mit anschließender Definition von kurz-, mittel- und langfristigen Maßnahmen. Exportschlager im Sinne von Dienstleistungsexport stellte auch in diesem Projekt der Know-how-Transfer über Trainingsaktivitäten dar.

Rußland

Als Partner eines internationalen Konsortiums beriet Fichtner im Zeitraum von 1995 bis 1997 im Auftrag der Europäischen Kommission die Regionalverwaltung in Novosibirsk zum einen und ein regionales Energieversorgungsunternehmen zum anderen. Beratungsschwerpunkt waren Energieeinsparung und Umweltschutz. Zur Ausführung der Leistungen wurde ein Büro vor Ort mit Langzeit- und Kurzzeitfachkräften besetzt. Hinzu kamen lokale Subkontraktoren als Counterparts zu den EU-Experten des Konsortiums. Eines der wesentlichen Merkmale in diesem Projekt war der Aufbau und Probebetrieb eines Energieberatungszentrums in Novosibirsk.

Das Projekt wurde als eines der erfolgreichen Beratungsprojekte, ausgeführt durch ein westeuropäisches Konsortium, von der Europäischen Union prämiert.

Kirgistan

Ingenieurdienstleistungen im Zusammenhang mit der Rehabilitierung eines ca. 200km langen Teilstückes der Seidenstraße in Zentralasien stellt eines der herausragenden Beispiele dar, wie deutsche Dienstleistungen, intelligent gebündelt, erfolgreich ins Ausland transportiert werden können. „Winning point" für die Vergabe des Projektes war u.a. die Besetzung des Teams mit hochqualifizierten Baufachleuten und Projektmanagern, die in vielen Situationen auch als „Grenzgänger" übergeordnete oder fachfremde Aufgaben erfolgreich meistern.

Die Sicherung der Verteilung des Stroms auch in ländliche Gebiete stand bei einem weiteren Projekt in Kirgistan im Vordergrund. Hier wurden für die kirgisische JSC Kyrgyzenergo Ingenieurleistungen für eine neue Stromübertragungsleitung von Frunzeskaja nach Kemin erbracht. Marktpräsenz, Erfahrung und Bekanntheitsgrad beim Kunden sowie fachtechnisches Know-how aus über 70 Jahren Fichtner-Historie stellten die „Winning points" in diesem Projekt dar.

Asien/Singapur

Insgesamt fünf Müllverbrennungsanlagen hat Fichtner bisher in Singapur im Zeitraum von 1974 bis heute geplant. Durchsatzleistungen von bis zu 1 Mio. t pro Jahr stellen hohe Anforderungen an die zu „exportierende" Dienstleistung. Um den Kundenanforderungen gerecht zu werden, wurde frühzeitig eine Fichtner-Asia-Niederlassung gegründet und mit qualifiziertem Personal so aufgebaut, daß heute diese Projekte mit hoher lokaler Wertschöpfung bearbeitet werden. Lediglich Kurzzeitentsendungen von Fichtner-Stuttgart-Ingenieuren und die Projektsteuerung erfolgt aus Deutschland.

Erfolgsfaktor bei allen beschriebenen Projekten ist das Design exportgeeigneter Dienstleistungspakete und vernetzter Vertriebsmodelle für international plazierbare Dienstleistungen.

Die oben dargestellten Beispiele zeigen das Erfordernis von fallweise zusammengestellten Dienstleistungspaketen für verschiedene Realitäten im internationalen

Geschäft. Voraussetzung dafür sind vernetzte Vertriebsmodelle, die zeitnah, effizient und flexibel auf Markterfordernisse zu reagieren in der Lage sind. Nur mit derartigen Voraussetzungen lassen sich Dienstleistungen in wichtigen und hart umworbenen Marktregionen erfolgreich plazieren.

Regionale Dienstleister als Enabler für exportorientierte Unternehmen – eine Fallstudie

Georg Rainer Hofmann, Olaf Reubold

Einführung/Schilderung des Case

Die MiTek Industries GmbH aus Dietzenbach (bei Frankfurt am Main) ist Teil eines weltweit tätigen Firmenverbundes, welcher Produkte und Dienstleistungen für Holzbausysteme herstellt und distribuiert.

Das Dienstleistungsspektrum der MiTek Industries GmbH erstreckt sich von der Distribution von Bauelementen (z. B.: Holzverbinder) und Maschinen (zur Holzverarbeitung) über die Erstellung unterstützender Softwareprodukte (z. B.: Konstruktionssoftware) bis hin zur fachkundigen Beratung mittels eines eigenen Service-Teams.

Obwohl Produkte und Dienstleistungen für den Bereich Holzbau distribuiert werden, liegt die Zielgruppe der MiTek Industries GmbH nicht im Endkundenbereich (z. B.: Bauherren). Um eine höhere Marktdurchdringung zu erreichen, ist man vielmehr auf die katalysatorische Wirkung von kompetenten Emittenten angewiesen. Dies sind in der Holzbaubranche zum einen Architekten und Planungsbüros, welche entsprechende Realisierungen auf Grundlage von Holzbausystemen planen und zum anderen Holzbaubetriebe, welche für die fachmännische Umsetzung vor Ort sorgen.

Das Zuständigkeitsgebiet der MiTek Industries GmbH umfaßt Deutschland, Österreich und die Schweiz, sowie große Teile Osteuropas (Slowenien, Kroatien, Jugoslawien, Bosnien und Herzegowina, Mazedonien, Griechenland und Türkei).

Konzeption des Internet-Projektes

Durch die inflationäre Entwicklung des Internets speziell in den Jahren 1995 und 1996 wurde auch für die MiTek Industries GmbH die Thematik, Geschäftsprozesse mittels Internet-Technologien zu unterstützen, zu einem Hauptthema in 1997.

Aufgrund der Zugehörigkeit zu dem weltweiten Unternehmensverbund MiTek Industries konnte man Anfang 1997 schon auf erste Realisierungsstufen in anderen Ländern (USA und Australien) zurückgreifen. Eine Adaption von dort bereits realisierten Komponenten schied jedoch aufgrund des extrem unterschiedlichen Zielmarktes aus.

Zusammenfassend entschloß man sich, ein eigenes Internet-basiertes System zu entwickeln, welches auf die eigene Unternehmensstruktur und den angepeilten Zielmarkt zugeschnitten ist.

Im Vorfeld der eigentlichen Realisierung stand eine Bestandsaufnahme von internen und externen Prozessen, die durch Internet-basierte Mechanismen unterstützt, bzw. ersetzt werden könnten. Aus dieser Bestandsaufnahme resultierten klare Zielvorgaben an das zu realisierende Gesamtsystem und ermöglichten gleichzeitig eine Grobspezifikation der Leistungsmerkmale des Systems. Im einzelnen stellten sich die Zielvorgaben wie folgt dar:

Tab. 1: Zielvorgaben

Prozeßbeschreibung	**Zielvorgabe**
Interne Kommunikation	Email als internes Kommunikationsmedium etablieren, Reduktion von alternativen Kommunikationstechniken **Kostenreduktion, Zeitreduktion**
Kommunikation mit der Vetrtriebsmannschaft	Email als Kommunikationsmedium etablieren, Email zur Verteilung von elektronischen Dokumenten verwenden, **Kostenreduktion, Zeitreduktion**
Kommunikation mit Kunden	Verlagerung von Geschäftsprozessen (z. B.: Bestellung) ins Internet, Erweiterung des Servicespektrums **Kostenreduktion, Zeitreduktion, Servicemaximierung**
Bereitstellung von Informationen	Rund-um-die-Uhr-Verfügbarkeit, hohe Informationstiefe **Servicemaximierung**
Interner Datentransfer	**Kostenreduktion, Zeitreduktion**

Fortsetzung nächste Seite

Externer Datentransfer mit Kunden	**Kostenreduktion, Zeitreduktion, Servicemaximierung**
Vertrieb	Informationen für Emittenten, bzw. Vertriebspartner, Distributionskanal für Stammkunden **Kostenreduktion, Zeitreduktion, Servicemaximierung**
Support/Service	Bereitstellung von Special-Services, Kooperationen mit externen Partnern **Servicemaximierung, Abheben von Marktpartnern, Erhöhung der Kundenbindung**

Die aus diesen Zielvorgaben resultierende Grobspezifikation stellt folgende Mindestanforderungen an das Gesamtsystem:

1. Intern muß die Möglichkeit zum Empfangen und Versenden von Email vorhanden sein.
2. Vertriebspartner und Außendienstmitarbeiter müssen mobil die Möglichkeit zum Empfangen und Versenden von Email haben.
3. Bestimmte Kundenkreise müssen die Möglichkeit zum Empfangen und Versenden von Email haben.
4. Es wird ein externer Internet-Rechner benötigt, der im WWW Firmeninformationen und Serviceleistungen zur Verfügung stellt. [1]
5. Es werden spezielle Features innerhalb des Internet-Rechners benötigt, welche die Einrichtung geschützter Bereiche ermöglichen (Intranet/Extranet)
6. Die gesamte zu verbreitende Information muß in entsprechenden Formaten zur Verfügung gestellt werden.
7. Für die Einführung des Systems ist ein interner Schulungsaufwand notwendig.
8. Für die Einführung des Systems ist ein Marketingaufwand notwendig (Anzeigen, Mailing, etc.).
9. Für die Wartung und Aktualisierung des Systems sind langfristig sowohl externe als auch interne Ressourcen einzuplanen.

[1] Die Entscheidung, den Internet-Rechner extern zu betreiben, resultiert aus der Tatsache, daß intern bisher keine Serveradministration rund um die Uhr stattfindet.

Voraussetzungen im Unternehmen

Hardwarevoraussetzungen

Innerhalb der MiTek Industries GmbH sind unterschiedliche Abteilungen mit den evaluierten Geschäftsprozessen betraut, wodurch es notwendig wurde, diese Abteilungen mit der entsprechenden Hard- und Software auszustatten, um am Internet zu partizipieren. Hierzu boten sich zwei unterschiedliche Ansätze:

1. Kopplung des gesamten LAN mit dem Internet
2. Einzelplatzlösungen mittels Modem oder ISDN-Karte

Im ersten Schritt wurde auf eine Umstrukturierung des gesamten LAN verzichtet und die Möglichkeit von Einzelplatzlösungen gewählt. Zwei Gründe gaben hierbei den Ausschlag:

1. Die Kopplung des LAN mit dem Internet erfordert die Umstellung der bisher verwendeten internen Netzwerkprotokolle und die Verwendung von Sicherheitssoftware (Firewall).
2. Die Kostenstruktur von Einzelplatzlösungen ist für den punktuellen Einstieg in das Medium Internet im Vergleich zur LAN-Kopplung wesentlich niedriger (ISDN-Karte + Zugangssoftware für ca. 200 DM pro Arbeitsplatz).

Mittelfristig kann die Kopplung des LAN mit dem Internet sich als die kostengünstigere, da leichter administrierbare Variante herausstellen, wobei dieser Aspekt momentan schlecht abzuschätzen ist.

Die mobil tätigen Außendienst- und Vertriebsmitarbeiter wurden mit entsprechenden Modem- bzw. ISDN-Karten inkl. Zugangssoftware für ihre Laptops ausgestattet (Kosten pro Laptop ca. 400 DM).

Um speziellen Kundenkreisen die Möglichkeit zur Nutzung der neuen Geschäftsprozesse im Internet zu eröffnen, bietet der MiTek-Außendienst als Serviceleistung die Installation von entsprechender Hardware und Zugangssoftware inkl. eines Mitarbeitertrainings beim Kunden vor Ort an.

Zugang zum Internet

Als Zugangsprovider für die MiTek Industries GmbH wurde T-Online aufgrund seiner deutschlandweiten Verfügbarkeit gewählt. Dies ist insbesondere für die mobil tätigen Außendienst- und Vertriebsmitarbeiter von entscheidender Bedeutung, da aufgrund der deutschlandweit einheitlichen Infrastruktur von T-Online keine Neukonfiguration an der Zugangssoftware notwendig ist.[2]

Externe Dienstleister

Für die Bereiche Aufbau und Betrieb des WWW-Servers sowie Erstellung der notwendigen Informationen im Internet-Format wurde auf einen externen Internet-Dienstleister zurückgegriffen. In diesen Bereichen wird es nicht für sinnvoll angesehen, eigenes Know-how aufzubauen. Die Kommunikation zwischen externem Dienstleister und der MiTek Industries GmbH geschieht über zwei unterschiedliche Wege:

Alle Themen, die den Bereich Marketing betreffen, werden von einer externen Werbeagentur, welche die MiTek Industries GmbH in allen Belangen des Marketings berät, koordiniert und vorkonzipiert, um ein einheitliches Bild der MiTek Industries GmbH in allen Medien zu gewährleisten. Die Werbeagentur liefert dem Internet-Dienstleister die betreffenden Materialien inkl. eines Grobkonzeptes zur mediengerechten Umsetzung im Internet.

Alle Themen, die interne Geschäftsprozesse betreffen, werden entweder über die Geschäftsleitung oder direkt über die entsprechenden Fachabteilungen der MiTek Industries GmbH zum Internet-Dienstleister kommuniziert.

Erwähnenswert ist, daß die Kommunikation zwischen externem Dienstleister, externer Werbeagentur und der MiTek Industries GmbH mittlerweile zu 80% via Email und elektronischem Datentransfer und zu knapp 20% per Telefon und Post abgewickelt wird. Der persönliche Kontakt ist nur noch punktuell notwendig.

Dieser Umstand kann im Hinblick auf die Wahl von externen Partnern durchaus einen Einfluß haben, insofern als daß ein Outsourcing-Partner nicht notwendigerweise vor Ort gefunden werden muß.

Gleichzeitig bedeutet die Wahl eines externen Dienstleisters, daß diesem Einblick in entscheidende Prozesse und Unternehmensinformationen gegeben werden muß. Unter Umständen wird der externe Dienstleister ganze Geschäftsprozesse (wie z. B. das Bestellwesen) als externe Dienstleistung führen. Dies bedeutet, daß der Dienst-

[2] Die Kosten bei T-Online belaufen sich auf DM 3,– pro Stunde (Stand 6–98)

leister im Internet-Umfeld quasi die Rolle eines Unternehmensberaters einnimmt und somit ein entsprechendes Vertrauensverhältnis zwischen Kunde und Dienstleister hergestellt werden muß. Dies geschieht auf unterster Stufe durch entsprechende Konkurrenzausschluß- und Geheimhaltungsverträge zwischen externem Dienstleister und dem Kunden.

Implementation und Einführung

Die Planung des Systems begann im März 1997. Bereits im Mai 1997 wurde das System mit seinen Hauptbestandteilen eingeführt und seitdem sukzessive erweitert. Die Hauptbestandteile des Systems (siehe unter http://www.mitek.de) stellen sich wie folgt dar:

1. Unternehmens- und Produktinformation

Auf ca. 50 Informationsseiten wird das gesamte Produktspektrum detailliert beschrieben, wobei spezielle Zusammenstellungen der Gesamtinformation für die angepeilten Zielgruppen (Architekten, Planungsbüros, Bauherren, etc.) eine einfache und intuitive Navigation erlauben.

2. Support/Service

Um sich von Marktpartnern abzuheben, wurden bestimmte Services in das Online-Angebot integriert, die bis dato nicht oder zumindest nicht mit dem im Internet möglichen Funktionsumfang verfügbar sind. Diese Services sind im einzelnen:

- Fachwörterbuch für den Bereich Holzbau in 8 Sprachen
- Fachliteratur für den Bereich Holzbau zum sofortigen Ausdruck oder zur kostenfreien Bestellung via Email.
- Nationale und internationale Zulassungen für bestimmte Holzverbinderprodukte zum Ausdruck oder Download (Diese Zulassungen sind unerläßlich für bestimmte Bauanträge).
- Präsentation von Verbänden/Gütergemeinschaften der Holzbauindustrie.
- Links zu Homepages von Kunden und strategischen Allianzpartnern (CoBranding)

3. Online-Bestellung

Bestimmte Produktbereiche wurden im Internet online-bestellbar zur Verfügung gestellt. Durch ein entsprechendes Rabattmodell bei Online-Bestellungen ist es gelungen, einen Großteil des Bestellwesens auf das Medium Internet zu verlagern (80 % der Bestellungen im April 1998). Mit diesem Rabattmodell wurde erreicht, daß ein Großteil der Stammkunden das Medium Internet im eigenen Unternehmen einführte, und damit auch losgelöst vom eigentlichen Bestellvorgang die Möglichkeit zur Kundenkommunikation geschaffen wurde.

Operational bedeutet die Verlagerung von postalischen oder Fax-Bestellungen eine Steigerung der Effizienz, da alle Daten zeitnah elektronisch zur Verfügung stehen. Zusätzlich sind Preis- oder Produktänderungen jederzeit möglich, da die Information im Internet jederzeit aktualisiert werden kann. Außerdem ist die Distribution von aktuellen Preis- und Produktlisten an die Stammklientel nicht mehr notwendig.

4. Extranet

Die Stammklientel der MiTek Industries GmbH in bezug auf Online-Bestellungen sind die Realisierungspartner von Holzbauten jeder Art, also Holzbauunternehmen im gesamten Zuständigkeitsgebiet. Jedes dieser Holzbauunternehmen erhält kostenfrei die Möglichkeit, sich per Adreßeintrag und Firmenlogo unter dem Informationssystem der MiTek Industries GmbH zu präsentieren. Damit wird das Informationssystem der MiTek Industries GmbH gleichzeitig zur Homepage der Stammklientel (CoBranding).

Als weitere Servicekomponente werden in paßwortgeschützten Bereichen innerhalb des Informationssystems der MiTek Industries GmbH exklusive Services (z. B.: Statische Berechnungen mittels Java-Applets oder Softwareregistrierung) bereitgehalten, die lediglich registrierten Partnern zur Verfügung stehen und gegen geringe Gebühren zusätzlichen Profit generieren.

Erkenntnisse und Erfolgsfaktoren

Der Erfolg bei der Einführung Internet-basierter Geschäftsprozesse ist auf die genaue Kenntnis der angepeilten Zielgruppe zurückzuführen.

Die primäre Zielgruppe der MiTek Industries GmbH ist überschaubar (ca. 200 Holzbau-Betriebe in Deutschland; ca. 200 weitere im gesamten Zuständigkeitsbereich), und die Geschäftsprozesse laufen zwischen bekannten Geschäftspartnern ab. Dieses Business-to-Business-Szenario benötigt keine Mechanismen wie Validitäts- und Plausibilitätsprüfungen oder spezielle Zahlungsmodule, wie sie beispielsweise in einem Business-to-Consumer-Szenario notwendig wären.

Die Verlagerung von Geschäftsprozessen im Business-to-Business-Umfeld hat hohe Erfolgsaussichten, wenn gezielt auf die angepeilte Zielgruppe eingegangen wird.

Marketing

Die Zielgruppe genau zu kennen, ist ein hinreichendes, aber kein ausreichendes Kriterium für den Erfolg des Systems:

Zumindest muß die Zielgruppe über die neuen Möglichkeiten, welche die MiTek Industries GmbH anbietet, informiert werden. Dies geschah per Mailing an den gesamten Kundenstamm und mittels Anzeigen in verschiedenen Fachorganen der Branche.

Außerdem waren in einigen Firmen interne Umstellungen notwendig (z. B.: Internetanschluß), um die neuen Services nutzen zu können. Hier war das eingangs zitierte Rabattmodell ein notwendiges Instrument, um den materiellen Anreiz zu schaffen (das Rabattmodell spart i.d.R. die Kosten für Modem und Internet-Zugang schon bei einer Bestellung ein).

Services im Internet müssen in klassischen Medien vermarktet werden.

Die Einführung von neuen Geschäftsprozessen im Internet-Umfeld verlangen auf der Kundenseite einen deutlichen Mehrwert, um akzeptiert zu werden.

Return of Investment

Die komplette Einführung und Umsetzung hat nach vorläufigen Berechnungen (Stand Juni 1998) bereits den Break Even erreicht und wird bei weiterer Reduzierung von klassischen Marketing-Aktivitäten (Printmedien, Messen, Videos, etc.), den Return of Investment um ca. 0,5 % erhöhen.

Interne Produktivitätssteigerungen bringen zusätzliche Fixkostenreduzierungen, respektive Kapazitätserweiterungen bei vorhandenem Personal.

From Global to Local: Export of Services or Servicing Exports?

Peter W. Daniels[1]

Introduction

It has been suggested that "... it is clear that traditional economic models are replete with assumptions about the nature and interaction of the economic sectors" ... and ... "Far from being derivative or parasitical, the service sector is a vital force in stimulating and facilitating economic growth" (Riddle, 1986). This was a fairly outspoken view in relation to the status of services in approaches to economic development and policy making during the mid-1980s. It has since been replaced by a more open-minded approach to the role of services at any scale, ranging from the global to the local. While this is to be welcomed it seems important to get the export role of services into perspective. Depending on the level (global to local) at which their contribution is assessed, it is important to recognise that services have a direct and an indirect part to play in export activity. It is becoming clear that there is a vital and dynamic synergy between services and manufacturing, especially at the local or regional scale, that underlines the dual role of services in facilitating economic growth and development.

Service exports and foreign direct investment: a global perspective

During the last decade the increasing share of services in national exports and in world trade more generally has been evident (Daniels, 1993; Daniels and Lever, 1996). It is part of a wider shift in the world economy from one based on manufacturing to one based on goods and services. This has been a powerful engine for economic growth. World exports of commercial services had an estimated value of $US1000 bill. in 1993 (Table 1). The share of commercial services[2] in total world exports has increased slightly from 19 per cent in 1970 to 21 per cent in 1992.

Table 1: Leading Exporters and Importers of Commercial Services, 1992

Country	Exports		Imports		
	Services[2] (US$)	Share (%)	Services (US$)	Share (%)	Balance (US$)
United States	162.3	12.9	107.7	13.6	54.6
France	102.3	7.1	84.2	6.7	18.1
United Kingdom	55.1	5.2	47.0	5.5	8.1
Netherlands	36.1	3.7	35.7	3.5	0.4
Belgium-Luxembourg	35.0[3]	3.3	33.0[3]	3.3	0.2
China	9.1	2.0	9.2	1.9	-0.1
Italy	65.2	5.1	67.2	5.3	-2.0
Canada	15.9	3.2	27.2	3.2	-11.3
Germany	64.4	10.4	111.9	10.7	-47.5
Japan	49.6	8.2	97.6	6.8	-48.0
Total	**595**	**61.1**	**620.7**	**60.5**	
World total	**1000**	**100**	**988**	**100**	

Notes: [1] Agricultural and mining products, manufactures.
[2] Commercial services: includes transportation, travel and other private services and income.
[3] Estimated by GATT.

Source: (General Agreement on Tariffs and Trade, 1993) Extracted from Table I.4 and Table I.6, p.3–5.

By 1994 global trade in services was valued in excess of $1 trillion dollars or about 22 per cent of all trade in goods and services. The value of US service exports, for example now exceeds the value of imports and this helps to compensate for a trade deficit in goods (Fig. 1) (see also US Department of Commerce International Trade Administration, 1997). Some categories of services make only a very modest contribution to the overall trade surplus for US services but most striking is the growth of the balance of trade in private services since the mid 1980s (Fig. 2). These include

[1] Professor P W Daniels, Director, Service Sector Research Unit, University of Birmingham, Edgbaston, Birmingham B15 2TT, UK (Tel: 44 (0)121 414 5537; Fax: 44 (0)121 414 5528; e-mail: p.w.daniels@bham.ac.uk.

[2] Commercial services are defined as transportation, travel and other private services and income. Balance of payments statistics (compiled by the International Monetary Fund) are currently the only source of comparable data on international service transactions. The statistics significantly underestimate services trade because: i) a number of important economies are not members of the IMF, ii) many service transactions are not recorded, especially those using electronic media and which are between the affiliates etc. of multinational firms, iii) some countries do not provide statistics of certain service items, iv) statistics are sometimes reported on a net basis i.e. exports minus imports, and v) transactions may be misclassified, for example, as trade in merchandise rather than in services (see GATT, 1993 for full details).

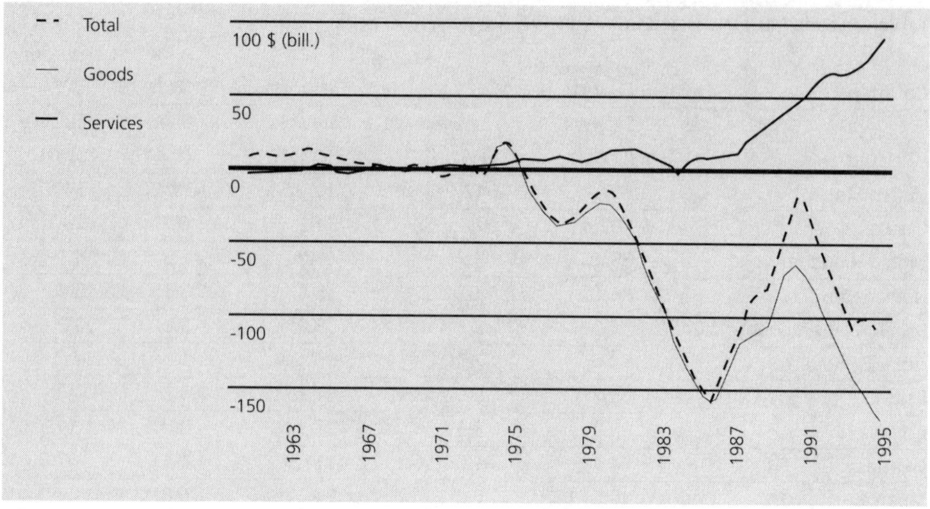

Fig. 1: Balance of trade in goods and services: US, 1960–96

telecommunications, financial services, information services, commercial, professional and technical services and transportation (including port and freight services). A $60 billion surplus on trade in private services in 1994 helped to offset 36 per cent of the deficit in US goods trade. The important point is that, in contrast to the surplus from royalties and licence fees, the surplus in private services trade reflects the way in which many of companies involved must be engaged in some form of production overseas. This is the case even if they can also serve those markets at "arms length" from their offices and facilities in the US. Thus, world foreign direct investment (fdi) by services was valued at $210 billion in 1994 and this represents around 60 per cent of the all fdi (primary, manufacturing, services).

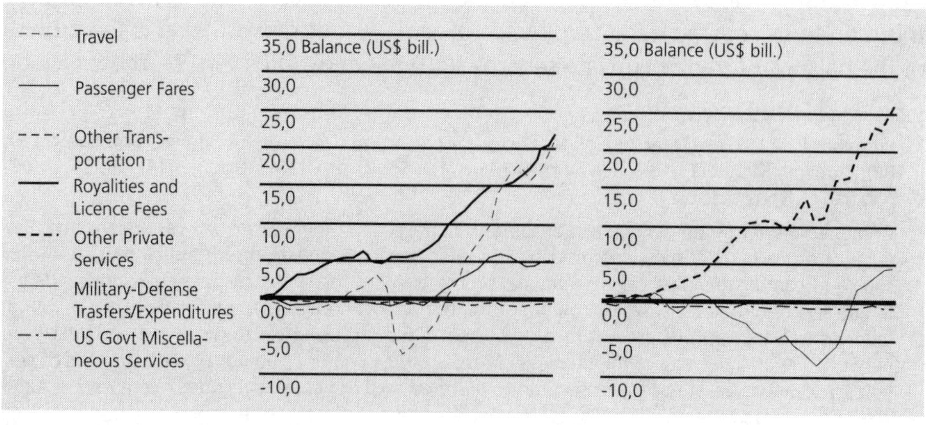

Fig. 2: Trade in services, by major sectors: US, 1970–96

Services and foreign direct investment

As a general rule trade and FDI these should not be viewed as substitutes since most service firms do not exclusively pursue one or the other. The balance will depend on the needs of individual companies at particular times in their corporate development, the kinds of service that they provide and the requirements placed on them in different national markets. World-wide FDI increased dramatically in the late 1980s (OECD, 1994; UNCTAD, 1995). This coincided with the growing international ambitions of service firms in one nation to serve markets or clients in another nation, integrating their operations across borders by trading intermediate goods and services (Dunning, 1981, 1993; Cantwell, 1991; McCulloch, 1996). Indeed, the structural and dynamic characteristics of the world economy are increasingly a function of FDI and its close links with financial flows, technology transfer and international trade. This is most clear for activities such as downstream services (where FDI in dealer networks and after-sales services is often necessary to promote sales) and financial services (where the overseas activities of home-country clients often prompt FDI by the service provider). The sectoral composition of total outward FDI has been shifting towards services (Fig. 3). The average share was in the range 35–45 per cent in the mid-1970s, increasing to an average of around 50 per cent in 1990 and as high as 67 per cent in the case of Japan.

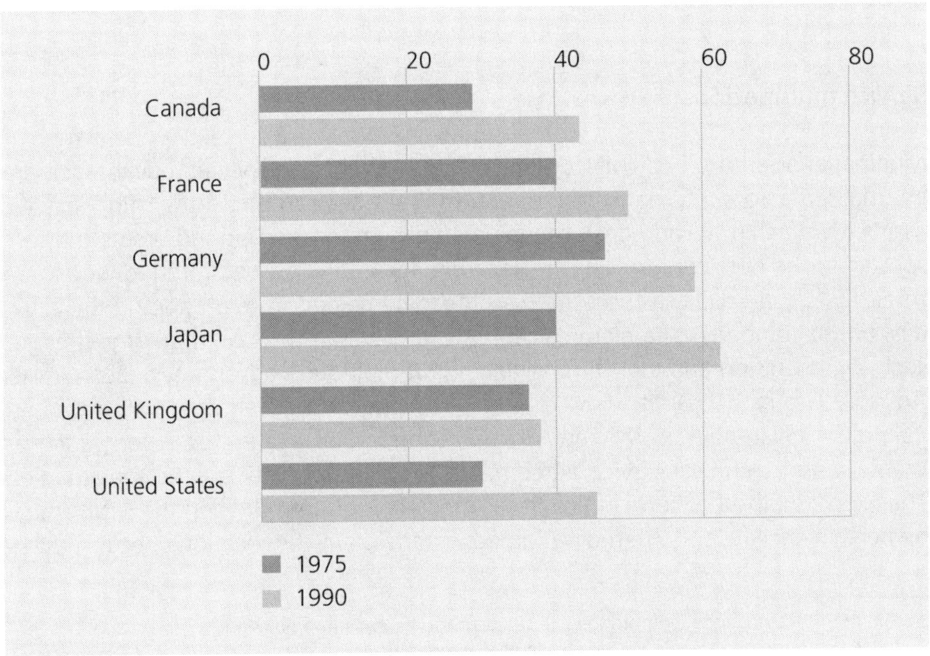

Fig. 3: Trends in service share (%) of outward FDI: selected countries, 1975 and 1990

Service exports and FDI are an attempt to create or to exploit opportunities for growth in markets outside the home country. Whether or not individual service firms engage in production outside the home country will depend on whether there are firm-specific advantages from some form of representation in the target market. These advantages should be great enough to outweigh the competitive advantage of the indigenous producers that are likely to be much more familiar with local market attributes. A combination of ownership specific advantages, internalisation opportunities and locational considerations will shape the firm-specific advantages (Dunning, 1981, 1993; Enderwick and (ed), 1989; UNCTC, 1992). These are primarily to do with the production skills and knowledges (tangible and intangible) that are assumed to be unique to firms of a particular nationality, ownership or, possibly, industry sectors. If production techniques and knowledges are uniformly distributed across national borders, the location of service production will simply depend on differences in factor costs, tariffs, transportation costs, and the size of markets. Such factors can make it advantageous to locate production in the market being served rather than exporting to them. Locational advantages are mainly of two kinds. First, those based on efficiency considerations linked to reductions in production and transport costs that can be achieved in some places relative to others. Second, those related to the strategic behaviour of the (mainly) service multinationals (MNEs) in search of market power and control over prices (Buiges and Jacquemin, 1992; UN Transnational Corporations and Management Division, 1993).

Service multinationals

Multinational enterprises (MNEs)[3] are created when firm-specific advantages are internalised across international boundaries. They seek to utilise their firm-specific assets (ownership advantages) in conjunction with location-bound assets that are specific to the host country specific (location advantages). The preferred way to do this is by FDI, especially if there are benefits to be gained from organising the activities of the company on a hierarchical basis rather than through market exchanges such as franchising and inter-firm alliances (internalisation advantages) (Economists Advisory Group, 1998). If an MNE only has ownership advantages without internalisation advantages it will tend to use contractual resource transfers, such as licensing and technical service agreements, in order to enter an overseas market. The export method of servicing overseas markets is preferred when the MNE enjoys ownership-specific and internalisation advantages, but the location-specific advan-

[3] The term "transnational corporation" (TNC) may also be encountered. An MNE has operations in several countries whereas a TNC simply implies operations in at least two countries. All MNEs are therefore TNCs but not all TNCs are MNEs. The term MNE will be used throughout this paper.

tages of supplying those markets favour the home country. Direct investment is the main instrument to capture a foreign market if the MNE has the will and capacity to simultaneously exploit ownership and internalisation advantages from a foreign location. Clearly, FDI is much less an option for smaller and medium-sized service firms (SMEs); these are more dependent on export transactions managed from their home country or via agents in the overseas market. The latter makes it difficult to maintain control over the ownership of specialist knowledge or on the quality of delivery. As a result a substantial proportion of cross-border services exports is "managed" by MNEs.

The growth of export activity by services has not resulted in an even landscape of production, even if technological advances suggest that this is possible (Petri, 1994). Geography remains important in so far as there is considerable variation in, for example, national government support for domestic service enterprises, regulation of service markets or adoption of the terms agreed in bi-lateral or multi-lateral trade negotiations. At the same time it is important not to overlook the importance of its home base to the success of the export function of services. Multinational service firms may be leading the way but they are not stateless in the sense of being indifferent as between countries or not having a home nation (O'Hmae, 1990; Reich, 1992). Successful service MNEs depend a great deal on the experience and successes that they have achieved to a high level in their home markets (Hymer, 1976; Porter, 1990). Over time, it is these home-built (and tested) advantages that are combined with those obtained from locating particular operations in other nations that provide the foundation for effective overseas investment. Thus, in spite of the increasing geographical reach of their operations, the majority of service MNEs continue to derive a large proportion of their competitive advantages from the location-bound assets of their home country (Stopford and Strange, 1991).

As to where FDI by service MNEs is located, it is increasingly influenced by the availability of created assets (human skills and innovative capacity) in the production process. This reflects the tendency for specialist, knowledge and human resource intensive services to be at the forefront of trade and FDI. Finance services, consulting, business and professional services are all tradable and are largely embodied in the people who provide them. They can be provided by transferring staff from home to overseas locations or by a combination of transfers and local recruitment in the overseas location (Beaverstock, 1990). The availability and cost of complementary support assets, many of which are supplied either directly or indirectly by governments and located in close proximity to each other (city centres, science parks, industrial districts) may also determine where the investments are ultimately made (Eaton, Lipsey and Safarian, 1994). Put another way, the availability of clusters of educated and well-trained manpower, technological capacity and a good transportation and communications network have become the critical location attractions of the late 20th century, especially for high technology or information/knowledge intensive sectors such as many of the service industries. The size of a country is less important as demand variable than its location in relation to other national markets. Indeed, it has been noted that the trend for firms to invest directly for market access will grow as product and service differentiation continues and as the service sector expands (Thomsen and Woolcock, 1993).

It is clear that many knowledge and information processing services (often referred to as producer services) as well as more "basic" services such as transportation or insurance are vital inputs to the performance of economies at local, national and international level. They provide both the essential infrastructures for production and export trade and provide an important source for ideas and innovation leading to improvements in the competitiveness of individual firms or sectors as well as national economies. All the indications are that trade in services will expand although whether its overall share of trade will change is uncertain (see for example, American Foreign Service Association, 1995). The principal driver for this growth is a combination of deregulation of many services (such as telecommunications or financial services) in national markets, harmonisation of cross-border transactions or human mobility within trade blocs such as the EU or the NAFTA and the liberalisation of services trade following the Uruguay Round. The latter led to three sets of understandings that are now monitored and steered by the World Trade Organisation (WTO). These are: the General Agreement on Trade in Services (GATS), Annexes to the GATS relating to rules for liberalising trade in individual service industries; and Schedules of Specific Commitments that list sectors in which countries will make GATS commitments on market access and national treatment.[4]

Services and Exports: A Local/Regional Perspective

All this activity has raised the profile of services and their export potential but, relative to exports of merchandise goods, the value of cross-border services trade is relatively small and is growing only slowly. It is also the case that the laws of competitive advantage make it difficult for most economies to use the export of services

[4] A Global Services Network was formed in April 1998 following a conference on services trade liberalization held at Ditchley Park, UK. This will take the lead in building support for liberalization of world trade in services in the next major round for services negotiations due to begin in 2000. Private sector, academic and public officials acting in their personal capacity from Australia, Canada, Costa Rica, the EU Commission, France, Hong Konh China, Ireland, Japan, the UK and the US were involved, along with advisers from the WTO, OECD and UNCTAD.

as a key component for economic growth. The US is a strong advocate of greater trade liberalisation in services because of its dominant position in the existing pattern and the consequent ability of its service producers to gain from more open arrangements elsewhere. For many other countries the longstanding antipathy towards services as an instrument for economic growth continues to exert an influence on official thinking about the merits of goods versus services exports.

There is also a significant volume of evidence showing that the basic role of services in economic development is not confined to the international arena. This is reviewed by Illeris (1989, 1996) who concludes that the empirical evidence from surveys in the US, Denmark, the Netherlands, Canada, UK and France indicates that a growing proportion of producer services are generating turnover (35 per cent and rising) from clients more than 50–100 km distant. This contradicts the assumption that services are essentially non-basic activities that exist to fulfil demand (whether for final or intermediate consumption) generated within a locality (usually a city or sub-region). If such basic services (for example, market research, some kinds of financial service, bank back offices, wholesaling, transport and tourism [which includes business tourism] grow they will contribute to the growth of the local or sub-regional economy. It has even been suggested that the basic role of services in the local economy may actually be more valuable than manufacturing. Salaries comprise a much larger proportion of their (local) expenditure with a larger share of manufacturing firm expenditure "leaking" to other places for the purchase of raw materials or components (see for example, Beyers, Alvine and Johnsen, 1985; Keeble and Wood, 1991; Porterfield and Pulver, 1991).

A services-goods continuum?

There is also another very important transformation taking place that suggests that the pursuit of service exports, whether from cities or regions within a country or cross border, is to miss the point. The distinction between goods and services is becoming fuzzy as many products now include both goods and services components. Some authors therefore prefer to speak of a goods-service continuum[5]. Production of goods has always relied on some services but while this may in the past have been confined to administration, book-keeping, it now embraces research and development, marketing, advertising, design or brand management. In addition, there are not only symbolic analysts, there are also symbolic goods (designer clothes, cars, houses, and mobile phones) many of which are sold with service contracts or extended warranties. In addition, the trend during the last 10-15 years towards outsourcing to independent service providers is now being re-evaluated by manufacturing companies (Bryson and Daniels, P W, 1998b). For example, the downstream added value (customisation, management, servicing, upgrading) of their products is being acquired by other companies. They are traditionally less concerned with the relationship marketing that allows service companies to build on initial sales either in the form of later sales or feedback from clients that is used for product innovation which might subsequently lead to further sales to the same set of clients. By more explicitly incorporating service company-type client relationships into their relationships with clients manufacturing firms are helping to breakdown the distinction between the manufactured and service component of a product.

The implications of this process are that the boundaries between service and manufacturing activities are disappearing. By extension, this will involve a re-conceptualisation of the way in which social scientists specify boundaries between economic activities. Indeed, the terms "service" and "manufacturing" (or secondary and tertiary) may actually be holding back our understanding of contemporary economic growth and the contribution of services. Separate service and manufacturing companies are being replaced with manufacturing/service companies or conglomerates:

- Competition in the field of manufactured products requires a company's client base to be utilised as fully as possible. By including service-driven relationships profits can be more reliably sustained
- Manufactured products are simultaneously more complicated and reliable and therefore have longer life expectancy. Service relationships will compensate for this and help to foster long-term client relationships.

---

[5] Illeris (1996, 17–18) for example, has identified borderline cases between secondary and service activities:
Public utilities: considered secondary in European official statistics; service in US official statistics. Because they are a high capital intensity activity, Illeris favours the European classification.
Transport and communications activities: conform to definitions of service activities but high capital intensity and high labour productivity suggest they should be in the secondary sector (Fisher, Fuchs took the same view).
Construction: normally assigned to secondary sector – but near market location (high transport costs) led Clark to classify it as a service activity.
Repair activities: work on goods and type of labour same as secondary but otherwise have same characteristics as services. ISIC now includes them with the latter.
Leasing and letting activities: Little difference between purchasing and hiring? The goods or objects are used in the same way – the service is in the flexibility of access, financing.
Goods-producing "cerebral" or creative activities: Paintings, sculptures, prototypes. Information content is the source of "value" rather than possession of the physical object. Grouped with services.
Information transmission (media) services: Printing, publishing and related activities are classified as manufacturing while films, records, videotapes etc. are grouped with services. In Illeris's words "This is completely illogical". If the emphasis is on the information content (present in all these activities) then the "goods content" is less important than the services content.

- The PE ratio (a measure of the relationship between perceptions concerning the future profitability of a company and its share price) for manufacturing companies tends to be lower at present for manufacturing companies than service companies. This has encouraged manufacturing companies to diversify into services or service-related activities.

There is then a complex set of relationships (interdependence) between the two sectors of the economy. Knowledge knows no boundaries and the complexity, and dynamic nature, of the manufacturing/service interrelationship makes the artificial division of these two economic sectors unsustainable. Indeed, the "demand for manufactured goods – both in terms of type of good and their quantity – depends upon what is happening in the service sector" (Riddle, 1986) and the "service sector is, in truth, the facilitative milieu in which other productive activities become possible" (Riddle, 1986)[6]. More recently, Chelsom has observed that "..the manufacturing and service sectors interact and are interdependent. Both are part of a wider system – the UK economy –, which cannot maximise its potential as long as the manufacturing and service sectors are regarded as separate. Policies for overall economic success and greater social harmony should be based on this holistic view rather than an "either/or" perspective" (Chelsom, 1998)[7].

Servicing exports: the case of business services and SMEs

For all these reasons it is important not to overlook the crucial and often indirect contribution to exports performed by services at local and sub-regional level (Kirn, 1987; Daniels, 1989; Illeris, 1994). The innovative capacity and competitiveness of manufacturing and service SMEs requires the specialist advice available from business services such as marketing, computer services or design consultants. Such firms are either not aware or unable to afford the cost of accessing such services through national or even international markets. Local supply is important and if it is lacking, all but those firms that can afford to internalise production or to use more distant suppliers will suffer from reduced competitive capacity and export potential. Even if locally-available business services are of a more generalised nature

6 See also (Williams, 1997).

7 This increased integration has a downside. With companies outsourcing as many facets of their operations as possible in order to focus on the one product or service that they do best, there have been many opportunities for business services such as EDS, the Capita Group of Rentokil Initial in the UK to take over entire divisions of industrial companies. Manufacturing functions have therefore been redistributed rather than lost. Thus, it has been estimated that over the last decade the impact of a decline in manufacturing output on the service sector has doubled (Mortishead and Buckley, 1998).

and lower quality than those available in core regions such as the South East or London, it is important to nurture and encourage improvements by encouraging local SMEs and large companies to use them (O'Farrell, 1990). While there is merit in this argument, relatively little is known about how SMEs actually use the kind of advice provided by external business service providers (Bryson and Daniels, P W, 1998a). The relationship between SME owner-managers and external expertise is especially important given the limited management (time) resources of most SME owner-managers and the dependence of large UK companies on SMEs in their supply chain. In the majority of cases sophisticated client use of external business service expertise has a direct impact on performance (Bryson, 1997) and success at the local level is, at least in part, dependent on effective and efficient use of the available business service expertise.

In the UK, mechanisms for making available this expertise and the quality of the advice it provides have centred on the Business Link initiative[8]. A postal survey and intensive interviews with SMEs in three UK regions (London, West Midlands [includes Birmingham] and Cumbria) shows the complex interrelationships between client firms and the business services that supply expertise, information and knowledge. This arises in part because the survey shows that SMEs are weakest in those management areas that involve interaction with external organisations and individuals, especially the use and management of external expertise. The implementation of policies and initiatives such as Business Link designed to improve, and/or subsidise, the access of SMEs to external business services will be undermined unless resources are directed at overcoming this management deficiency. Second only to the use of external advisors, the use of advertising and promotional methods (an activity with an "export" impact) was a major overall management weakness amongst the survey firms. It is therefore not surprising that 29 per cent of the respondents have used private sector (business service) external advisors for marketing (advertising and public relations) and 25 per cent for market research and intelligence. The most used (35 per cent of firms) external advice, on information technology and computerised systems, also offers the potential for improving export performance.

The localisation of the support role performed by business services is confirmed in this study (Table 2). Almost half of the external advisers used by the SMEs were

---

[8] The Business Link initiative provides a single point of entry ("one-stop shop") for SMEs to a wide, and integrated, range of advice, support, and information services. Established by the Department of Trade and Industry in 1992, a national network of independent business-support centres was in place by the end of 1996 (90 partnerships providing 260 outlets) with national branding, operating at a local level e.g Birmingham. Although open to all firms, Business Link is particularly targeted at businesses with growth potential in the 10-250 employee size range (Bryson and Daniels, W, 1998).

Table 2: Location of advisers used by SMEs in selected UK regions, by type of advice, 1997

Type of advice	Local (within 20 miles of the client)	Located in same Region	Elsewhere in UK	Total	% Local
Business planning	21	11	10	42	**50**
Organisation change and development	12	7	11	30	**40**
Market research	12	13	14	39	**31**
Finance & administrative systems	22	13	8	43	**51**
Personnel management and/or recruitment	23	13	7	43	**54**
Production and services management	2	1	2	5	**40**
Marketing (including advertising and public relations)	21	13	12	46	**46**
Information technology and computerised systems	29	13	13	55	**53**
Financial management	12	8	5	25	**48**
Legal issues	34	20	20	74	**46**
Environmental issues	4	4	6	14	**29**
Other	10	4	7	22	**50**
Total	**202**	**120**	**115**	**438**	**46**

Source: (Bryson and Daniels, P W, 1998a).

located within 20 miles of their clients and almost three-quarters were located in the same region (i.e. London, West Midlands, or Cumbria). While large companies are able to search for the best advice, irrespective of location, it is clear that the majority of SMEs will search locally. Cost has already been mentioned, but there is also an imperfect market in the ways in which clients identify potential business service suppliers. Previous direct experience or recommendation to use tends to reinforce local sourcing; personal contacts and weak ties with friends and business acquaintances were used by 64 per cent of the respondents to identify their most recently used external adviser. For most SME owner-managers the majority of these networks will be centred on the local area.

The ultimate test is whether the indirect role of business services as local and regional sources of support for the export of manufactured goods or other services has a measurable impact. The jury remains out on policies that attempt to provide SMEs with access to forms of indirect assistance (Storey, 1994). As one of a possible range of factors that determine the ability of an SME to compete more successfully as a result of improved productivity, for example, it is difficult to isolate the contribution made by bought-in business service advice. Raised levels of export activity or links with larger firms that have significant export activity may be the consequence of a well run and informed SME management team or owner-manager. Better managed SMEs appear to be more receptive to outside expertise, but it is precisely these companies which would in any event grow without assistance. If employment change is used as a surrogate measure, the mean growth rate of the 113 firms using the advice provided by external business services is 76 per cent compared with 27.6 per cent for the 23 companies that had not used external advisers (Bryson and Daniels, P W, 1998a)[9].

Service Exports or Servicing Exports?: a Birmingham perspective

Whichever approach is encouraged, cities cannot be complacent about creating about retaining and/or enhancing the direct or indirect contribution of services to economic development. Birmingham has over 60,000 employed in professional and business support activities in the city. It has the largest concentration of such skills outside London. Most are the fastest growing sectors in the city and are forecast to continue to grow during the next decade. Most of the "Big 6" accountants, for example, have their largest offices outside London in the city which also has some of biggest law practices in the UK. Over 30 foreign banks have offices in Birmingham, there is a well-established insurance industry and a large stock of office and other commercial property. International property consultants also have offices in the city.

Yet, Birmingham is finding it difficult to reconfigure its economy in the image of London or other major cities at the forefront of the post-industrial revolution. Historically, the Birmingham economy has been based on manufacturing (Austin Rover [now part of BMW], GKN, Cadbury, Lucas and others). Most of these continue to be important to the city but instead of relying on local or regional professional and business service advisors, they both operate and seek services globally. Thus, following a merger with Lloyds Bank in 1996, the major regional office of the Trustee Savings Bank in the city was closed. It was surplus to requirements. A number of highly prestigious merchant banks have closed their branches in Birmingham in

[9] A two sample t-test with unequal variance rejects the null hypothesis that the use of external advisers is not associated with employment growth.

recent years. The banking and insurance sector is undergoing major restructuring with significant downsizing and rationalisation. A number of banks have moved from the city centre to business parks elsewhere in the city or outside. Merger activity and skill mobility is causing the legal profession to reorganise – this includes relocation. Birmingham continues to have a negative image and is close enough to London to be serviced from there.

Policy makers and trade associations have recently come to recognise that the professional and business services in Birmingham must learn to adapt to the changing requirements of its local clients and customers (Birmingham City 2000, 1990; Government Office for the West Midlands, 1996). The majority will be SMEs but some are international firms who happen to have local operations. Both the city and its tradable services must position themselves to compete on a global basis, using new strategies and marketing objectives. This will require the training and attraction of much more specialist skills and human resources and, in so doing add to the indirect contribution of certain services in the city, such as the universities, to the export function of its industries. Other necessary enhancements such as improving the ICT infrastructure, developing knowledge and information networks that will support and facilitate the production of goods/services, sharing best practice, and public/private partnerships for the international marketing and promotion of the City and its region all point to a key (if indirect) role for business and professional services.

Conclusion

At one level, while the export of services that have become increasingly tradable in the wake of the information technology revolution is an option it is not readily available to all. At the international level some nations are more advanced and better prepared, in regulatory or infrastructure terms for example, to capitalise on global developments in service trade and FDI. Their position is consolidated by service MNEs that have their origins and headquarters primarily rooted in the same group of countries[10]. There are also substantial internal service transaction flows between the establishments within these MNEs that are difficult to measure but probably contribute to an under-estimation of the real volume and value of international service exports and imports. At the same time the growth of service exports as a share of all international trade has been quite modest and suggests that some nations, and

[10] For example, according to the data published in Fortune (1997) almost 300 of the top 500 companies in the world are service companies and the majority of these are controlled from the US, Japan, France, Germany and the UK.

certainly localities and sub-regions within them, need to examine the potential of certain services to act as indirect sources of export activity.

It is suggested that as the distinction between manufacturing and services is becoming more blurred it is necessary to adopt a more integrated approach to export activity. Research in the UK has shown that as localities and regions have become more exposed to international competition their SMEs in manufacturing and in services can usefully turn to business and professional services as sources of advice and innovation to help make them more competitive. These specialised services then become embodied in the goods or services exported to markets elsewhere in the country or beyond. Supplier-client links are dominated by local interaction so that it become vital for cities like Birmingham that are experiencing substantial restructuring from manufacturing to services to adopt SME-friendly policies and initiatives. This means protecting and preferably enhancing the skills and training infrastructure, diversifying and maintaining the quality of local business services, and ensuring that manufacturing and other users of these services are receptive to the expertise that they have to offer and willing to share good practice.

Acknowledgements

Part of this paper is based on research supported by a grant from the Economic and Social Science Research Council (ESRC) and from the NatWest Charitable Trust. The principal investigator is Dr J R Bryson, SSRU, Birmingham. Any views expressed do not necessarily reflect those of the sponsoring organisations.

References

American Foreign Services Association (1995) *World Trade in Services* (Highlights of a Conference at the US Department of State, Washington, D.C.). Washington, D.C.: AFSA.

Beaverstock J V (1990) New international labour markets: the case of managerial labour migration within large chartered accountancy firms. *Area*, 22,151–158.

Beyers W B, Alvine M J, and Johnsen E G (1985) *The Service Economy: export of services in the Puget Sound Region*. Seattle: Central Puget Sound Economic Development District.

Birmingham City 2000 (1990) *A Survey of Birmingham as a Centre for Professional and Financial Services*. City Action Team: Birmingham.

Bryson J R (1997) Business Service Firms, Service Space and the Management of Change. *Entrepreneurship and Regional Development 9*, 93–111.

Bryson J R and Daniels P W Small firms, Business Link and the Management of Change and Innovation. Working papers on Services, Space, Society, No. 3. Service Sector Research Unit, University of Birmingham, in association with Department of Geographical Sciences, University of Bristol.

Bryson J R and Daniels P W (1998b) Understanding the rise and role of service activities and employment in the global economy: an introduction to the academic literature. In *Service Industries in the Global Economy: Volume 1, Service Theories and Service Employment*, (eds. Bryson J R and Daniels P W) Cheltenham: Elgar.

Bryson J R and Daniels W (1998) Business link, strong ties and the walls of silence. *Environment and Planning C: Government and Policy 16*, 265–280.

Buiges P and Jacquemin A (1992) Foreign direct investment and exports to the European Community. In *Japanese multinationals in Europe*, (eds. in E D J and Mason M D O M) Oxford: Oxford University Press.

Cantwell J (1991) A survey of theories of international production, in *The Nature of Transnational Firms* (eds. Pitelis, C N and Sugden, R) London: Routledge.

Chelsom J (1998). *The Times* 14 March.

Daniels P W (1989) Moving out of metropolitan economic crisis: the role of tertiary industries. in Papers de Seminari, 32. Barcelona: Centre de'Estudis de Planifacio.

Daniels, P W (1993) *Services in the World Economy*. Oxford: Blackwell.

Daniels, P W and Lever, W R (1996) (eds.) *The Global Economy in Transition*. Harlow: Longman,

Dunning J H (1981) *International Production and the Multinational Enterprise*. London: Allen and Unwin.

Dunning J H (1993) *The Globalisation of Business: The challenge of the 1990s*. London: Routledge.

Eaton B C, Lipsey R G, and Safarian A E (1994) The theory of multinational plant location in a regional trading area. In *Multinationals in North America*, (ed. Eden L) Calgary: University of Calgary Press.

Economists Advisory Group Foreign Direct Investment: Impact on Trade and Investment. The Single Market Review, Subseries IV: Volume 1. Luxembourg: Office for Official Publications of the European Communities.

Enderwick P and (ed) (1989) *Multinational Service Firms*. London: Routledge.

General Agreement on Tariffs and Trade (1993) International Trade 1993: Statistics. Geneva: GATT.

Government Office for the West Midlands (1996) *Working to Win: A framework for competitiveness in the West Midlands*. Birmingham: Government Office for the West Midlands.

Hymer S H (1976) *The International Operations of National Firms: A Study of Direct Foreign Investment*. Cambridge Mass.: The MIT Press.

Illeris S (1989) *Services and Regions in Europe*. Aldershot: Gower.

Illeris S (1994) Proximity between service producers and service users. *Tijdschrift voor Economische en Sociale Geografie 85*, 294–302.

Illeris S (1996) *The Service Economy: A geographical approach*. Chichester: Wiley.

Keeble D B J and Wood P A (1991) Small firms Business Services Growth and Regional Development in the United Kingdom Some Empirical Findings. *Regional Studies 25*, 439–457.

Kirn T J (1987) Growth and change in the service sector of the U.S.: a spatial perspective. *Annals Association of American Geographers 77*, 353–372.

McCulloch R (1996) New perspectives on foreign direct investment. In *Foreign Direct Investment*, (ed. Froot K) Chicago: University of Chicago Press.

Mortishead C and Buckley C (1998) Can sterling remain blameless as the dole queue grows? *The Times* 12 August, 25.

OECD (1994) *International Direct Investment Statitistics Yearbook*. OECD: Paris.

O'Farrell P (1990) N.; Hitchens D. M.W. N. Research policy and review 32. Research services and regional development a review of some major conceptual policy and research issues. *Env Plann A 22*, 1141–1154.

O'Hmae K (1990) *The Borderless World*. New York: Harper.

Petri P A (1994) The regional clustering of FDI & trade. *Transnational Corporations*, 3,1–24.

Porter M E (1990) *the Competitive Advantages of Nations*. New York: The Free Press.

Porterfield S L and Pulver G C (1991) Exports, impacts and location of service producers. *International Regional Science Review 14*, 41–59.

Reich R (1992) *The Work of Nations: Preparing ourselves for 21st century capitalism*. New York: Vintage Books.

Riddle D I (1986) *Service-led Growth: the role of the service sector in world development*. New York: Praeger.

Stopford J M and Strange S (1991) *Rival States, Rival Firms: Competition for world market shares*. Cambridge: Cambridge University Press.

Storey D J (1994) *Understanding the Small Business Sector*. London: Routledge.

Thomsen S and Woolcock S (1993) *Direct Investment and European Integration: competition among firms and governments*. London: Pinter.

UNCTAD (1995) *World Investment Report.* New York: UNCTAD.

UNCTC (1992) *The Determinants of Foreign Direct Investment: A survey of the evidence*. New York: United Nations.

UN Transnational Corporations and Management Division (1993) *Transnationalisation of Service Industries: An empirical analysis of the determinants of foreign direct investment by transnational service corporations*. New York: United Nations Department of Economic and Social Development.

Williams C C (1997) *Consumer Services and Economic Development.* London: Routledge.

II. Neue Märkte – Wachstumschancen durch Dienstleistungen

2.
Multimediale Dienstleistungen

Multimediale Dienstleistungen

Norbert Szyperski

Multimediale Dienstleistungen gewinnen im wirtschaftlichen Geschehen schon jetzt zunehmend an Bedeutung. Es ist davon auszugehen, daß innovativen Mediendiensten im kommenden Jahrhundert sowohl in vielen Wachstumsbranchen als auch im gesamten Wirtschaftsalltag eine noch wichtigere Rolle zukommt. Diese Entwicklung vollzieht sich vor allem vor dem Hintergrund sich stetig verbessernder technischer Bedingungen. So können zum einen unimediale Repräsentationsformen, wie z. B. Printmedien, durch Digitalisierung in komplexere multimediale Darbietungsformen umgewandelt bzw. integriert werden. Zum anderen wachsen Computer, Netze und Endgeräte zu immer leistungsfähigeren technischen Plattformen zusammen, die neue Wege für die Distribution, den Empfang und die Verwendung multimedialer Inhalte eröffnen. Die verbesserte Telekommunikationsinfrastruktur – insbesondere die deutlich gesteigerten Nutzungsmöglichkeiten des Internets – ermöglicht es Dienstleistungsunternehmen sowie dem produzierenden Gewerbe, ihr Angebot in multimedialer Form zu präsentieren und zu vermarkten.

Im Zuge dieser Entwicklung weitet sich das angebotene Spektrum multimedialer Dienstleistungen beständig aus. Schon heute reicht es von der individuellen Auswahl und Nutzung von Informations- und Unterhaltungsprogrammen über die interaktive Kaufabwicklung von Produkten im business-to-business und business-to-consumer-Sektor auf sog. elektronischen Märkten bis hin zu neuen Lösungen im Bereich der Unternehmungskommunikation wie z. B. Virtuelle Lernwelten oder Business TV.

Nicht erkennbar ist in diesem Zusammenhang der oftmals vorhergesagte Trend, die neu hinzutretenden Kommunikationsmittel könnten die traditionellen Medien verdrängen. Vielmehr ist davon auszugehen, daß der überwiegende Anteil der Medien, die sich bis zum heutigen Zeitpunkt herausgebildet haben, auch im Zuge sich neu entwickelnder Kommunikationslösungen ihre Bedeutung behalten und unter Umständen sogar stärker als bisher genutzt werden. Ein gutes Beispiel dafür ist die deutsche Kinoindustrie, der im Zuge der massenhaften Verbreitung des „Heimkinos" Fernsehen und dem vermehrten Aufkommen von Videorekordern in den Haushalten gleich zweimal fälschlicherweise erhebliche Umsatzeinbußen vorausgesagt wurden. Statt dessen weiß man heute, daß Fernsehen und Video einen positiven Einfluß auf die Nutzungshäufigkeit des Kinoangebotes hatten, und daß die gute Wirtschaftslage der Film- und Fernsehindustrie mit den entsprechend positiven Beschäftigungseffekten auch auf diese Entwicklung zurückgeführt werden kann.

Mit dem Aufkommen neuer multimedialer Dienstleistungen steht also kein grundlegender Umbruch der Medienkultur, sondern der Übergang zu einem erweiterten Pool an Kommunikationslösungen – und der damit verbundenen Steigerung der Handhabungsmöglichkeiten im Medienmix – im Mittelpunkt der Diskussion. Im Zuge gestiegener Individualisierungstendenzen im Konsumgüterbereich besteht auch im medialen Dienstleistungssektor die Tendenz, Angebote stärker auf die spezifischen Interessen des Verwenders zuzuschneiden und den Nutzer unter Hinzunahme interaktiver Elemente in den Kommunikationsprozeß zu integrieren. Insbesondere die klassischen Massenmedien werden sich in Zukunft so noch individueller gestalten. Neue Technologien bieten aber auch die Möglichkeit, die Angebote sogenannter Individualmedien einfacher zu vervielfältigen und leichter zu verbreiten – und zwar auf nationaler wie internationaler Ebene. Es kann darum durchaus von einem Entwicklungstrend der Integration der Medien durch die Kombination alternativer Darstellungsformen gesprochen werden. Die stärkere Betonung der Interaktivität in allen Medien führt darüber hinaus dazu, daß durch den Rollenwechsel zwischen Sender und Empfänger auch das klassische Anbieter/Nachfrager-Prinzip nur in Momentaufnahmen seine Gültigkeit besitzt. Vor allem für die traditionellen Printmedien mit ihren einseitigen Kommunikationsorientierungen stellen diese Entwicklungen einen Anlaß zum Umdenken dar.

Vor dem Hintergrund der skizzierten Entwicklungen, die in zunehmendem Maße globale Dimensionen gewinnen, bietet sich der deutschen Medien- und Dienstleistungsbranche die Möglichkeit, ihr Angebotsvolumen zu steigern und somit wertvolle Impulse für eine Zunahme der Beschäftigung zu liefern. Ein besonderer Stellenwert ist in diesem Zusammenhang der Überlegung einzuräumen, wie multimediale Dienstleistungen zu exportierfähigen Wirtschaftsgütern werden können. Keinesfalls dürfen die Fehler begangen werden, die in der Vergangenheit im Bereich der klassischen Dienstleistungen gemacht worden sind. Infolge einer zu sehr nach innen gekehrten Kirchturmpolitik tauchen in vielen Wirtschaftszweigen, wie z.B. im Bereich der Unternehmungsberatung oder der Wirtschaftsprüfung, unter den global agierenden Unternehmungen nur vereinzelt deutsche Anbieter auf. Auch im traditionellen Sektor der Mediendienstleistungen erfolgt die Ausrichtung an den Erfordernissen des globalen Marktes nur schrittweise. So gelingt es beispielsweise einigen Programmanbietern der Fernsehindustrie erst nach und nach, mit Hilfe einer Umstellung von regionalem Denken auf eine international ausgerichtete Marketingorientierung, Formate herzustellen, die internationalen Ansprüchen genügen und zu einer steigenden globalen Nachfrage führen.

Neben der Kenntnis der jeweiligen lokalen Märkte, der Bildung von Allianzen mit Anbietern in ausländischen Märkten und der Verlagerung von Wertschöpfungsteilen in die jeweiligen Länder ist dabei eine konsequente Ausrichtung der Bildungspolitik notwendig. Es muß Klarheit darüber herrschen, welche Erwartungen man an die zukünftigen Arbeitskräfte in der Multimediabranche richtet. Erst unter dieser Voraussetzung wird ein zielgerichtetes Ausbildungsangebot möglich, das den Akteuren die internationale Ausrichtung ihrer Tätigkeit verdeutlicht und das entsprechend qualifizierende Wissen vermittelt.

Insgesamt sind von der Konsolidierung und Verbreitung multimedialer Dienstleistungen grundsätzlich nachhaltige Impulse für die Entfaltung der deutschen Dienstleistungswirtschaft zu erwarten. Vor dem Hintergrund der oben skizzierten Zusammenhänge stellten sich im Rahmen der Vorträge und Diskussionen dementsprechend u. a. folgende Fragen:

- Welche Vor- und Nachteile weisen elektronische Marktplätze im Konsumgüterbereich aus Sicht des Endverbrauchers und der mittelständischen Unternehmung auf?
- Welche Entwicklungspotentiale bieten Virtuelle Lernwelten und Business TV im Rahmen der Aus- und Weiterbildung und der Business Communication?
- Welche Chancen und Risiken beinhalten multimediale Dienstleistungen für angestammte Verlage und Druckereien?

Trotz der unbestreitbar zunehmenden Bedeutung des elektronischen Handels, z. B. via Internet, sowie angesichts allgemein steigender Umsatzzahlen der virtuellen Anbieter beschränkt sich der Kreis der anbietenden Marktakteure bisher überwiegend auf in der Regel unabhängig voneinander handelnde, umsatzstarke Unternehmungen. Kleine und mittelgroße Unternehmungen (KMU) hingegen tauchen auf dem Internetmarktplatz noch relativ selten und – falls doch – als Anbieter traditioneller Versandhandelsgüter auf. In zunehmendem Maße bilden sich jedoch seit einiger Zeit elektronische Marktplätze heraus, die es KMU aller Branchen ermöglichen, ihre Produkte oder Dienstleistungen über das Internet multimedial anzubieten und zu vertreiben. Das Spannungsfeld „Globalisierung und Regionalisierung" wird durch die Ausweitung der Kommunikationsnetze und die zunehmende Kommunikationsdichte konstruktiv nutzbar. Dabei können KMU in regionalen Anbieterverbünden ihre Angebote im Stil von städtischen Einkaufspassagen, den umfassenden Bedürfnissen der Konsumenten entsprechend, gemeinsam offerieren. Diese virtuellen Einkaufszentren erleichtern dem Konsumenten den Produkt- und Preisvergleich unterschiedlicher Anbieter. Neben der damit möglichen Verringerung der Suchkosten kann der Kunde durch den bequemen Einkauf von zu Hause aus zudem seine Wegekosten senken. Ein Beispiel für einen solchen elektronischen Marktplatz ist die „Electronic Mall Bodensee", die ihren Online-Kunden neben den Informationsrubriken „News & Medien", „Freizeit & Tourismus", „Städte & Institutionen", „Forschung & Technologie", „Beruf & Bildung" und „Business" ein „Shopping Center" anbietet, das den Bewohnern der Bodenseeregion die Möglichkeit bietet, grenzüberschreitend Produktinformationen einzuholen und in ca. 130 virtuellen Geschäften einzukaufen, wobei die einzelnen Kaufvorgänge am Ende einer Session mit einer einmaligen Kreditkartenbuchung abgegolten werden können.

Innovative multimediale Lösungen finden sich auch im Bereich der unternehmungsinternen Kommunikation. So haben sich z. B. „Virtuelle Lernwelten" als tragfähiges Konzept der innerbetrieblichen Aus- und Weiterbildung erwiesen. Virtuelle Lernwelten sind Aus- und Weiterbildungsangebote, die multimedial, interaktiv und online im weiteren Sinne, d. h. entweder auf CD-ROM oder über ein Datennetz verfügbar sind. In der Regel erhält der Mitarbeiter von seinem Arbeitsplatz aus über ein Intranet direkten Zugriff auf die Lernangebote. Durch die Verknüpfung mit dem Internet können zudem unternehmungsexterne Aus- und Weiterbildungsinhalte nutzbar gemacht werden. Dezentralisiertes Wissen wird auf diesem Wege zentralisiert, die generelle Medienkompetenz der Mitarbeiter steigt.

Als innovative Dienstleistung im Bereich der Business Communication findet Business Television in deutschen Unternehmungen zunehmend Verbreitung. Business Television ist ein Sammelname für die Nutzung der Fernsehtechnik im geschäftlichen Umfeld. Einzelne Sendungen zur Information der Mitarbeiter über zentrale Ereignisse (Messen, Unternehmungsveränderungen, Krisen, o. ä.) können mittels einer handelsüblichen Parabolantenne empfangen, von dort weitergeleitet und auf einer Leinwand, einem Fernsehgerät oder an einem multimediafähigen PC visualisiert werden. Die einzelnen Sendungen können gezielt an ausgewählte Mitarbeitergruppen adressiert werden. Seinen vollen Wirkungsgrad erreicht Business TV durch die Möglichkeit der Interaktivität. Entsprechend haben nahezu alle bisher in Deutschland praktizierenden Anwender – wenn auch mit Hilfe unterschiedlicher Instrumente – einen Rückkanal in ihr BTV-System integriert. Zur Realisierung von Interaktivität können neben Fax, E-mail oder Telefon z. B. auch Videokonferenzsysteme eingesetzt werden. Damit wird der in- und externen Kommunikation der Unternehmungen und anderer Organisationen ein ergänzendes Medium angeboten, dessen Nutzung zu einem neuen Medienmix führen wird.

Vor dem Hintergrund der globalen Verbreitung multimedialer Dienstleistungen ist auch die Handlungssituation der Anbieter von Printmedien zu betrachten, deren Zukunftschancen vor allem in der Ausweitung bzw. Erneuerung ihres Angebotsspektrums liegen. Die Tatsache, daß Modernisierungsmaßnahmen traditionell eher mit neuen maschinellen Lösungen durchgeführt wurden, anstatt Wissen und Medienkompetenz des Personals zu verbessern, sowie die Struktur der Branche, die zu über 70 % aus KMU besteht, behindern die Einführung und Erprobung neuer Angebotsformen.

Andererseits besitzen Unternehmungen der Druckindustrie gute Voraussetzungen, um den Markt der multimedialen Dienstleistungsanbieter mitgestalten zu können. Zum einen kennt der traditionelle Anbieter der Druckindustrie viele Kunden, die nun auch zu Nachfragern multimedialer Dienstleistungen werden. Zum anderen verfügt er über die Möglichkeit, dem Kunden Medienmixlösungen anbieten zu können, die Wirkungssynergien erzeugen, indem sie multimediale Darbietungsformen mit klassischen Druckerzeugnissen kombinieren. Die Umsetzung dieser Potentiale setzt jedoch wiederum einen relativ hohen Aufwand von Seiten der Unternehmungen voraus. Nicht zuletzt werden routinierte Handlungsabläufe neuem Pioniergeist, vor allem in der Gewinnung von Erkenntnissen über die Kundenbedürfnisse von morgen, weichen müssen.

Wege zu einer neuen Business Communication

Marion Friese, Peter Kerckhoff

Veränderungen im unternehmerischen Umfeld und deren Auswirkungen auf die betriebliche Kommunikation

Globalisierung, technologischer Wandel, zunehmender Zeitwettbewerb etc. stellen komplexe und dynamische Entwicklungen dar, die Unternehmen bei der Sicherung ihrer Wettbewerbsposition vor große Herausforderungen stellen. Die aus Unternehmenssicht tiefgreifenden Veränderungen im Unternehmensumfeld haben aber auch zu weitreichenden Einschnitten innerhalb der Organisationen geführt.

- Unternehmensteile werden von heute auf morgen akquiriert, enge Kooperationen in Form von Strategischen Allianzen mit Partnern, die noch vor kurzem zu den stärksten Wettbewerbern zählten, werden initiiert, Großunternehmen fusionieren und entwickeln sich zu Global Playern. Mit der Konsequenz, daß unterschiedliche Unternehmenskulturen aufeinanderprallen und harmonisch angeglichen werden müssen.
- Intensiver Zeitwettbewerb führt dazu, daß unternehmensinterne Prozesse neu definiert und verkürzt werden, sich der Druck auf die Unternehmen erhöht. Rationalisierungsprogramme werden initiiert, Hierarchien und Kontrollinstanzen werden abgebaut sowie Arbeitsabläufe neu strukturiert und parallelisiert.
- Die von den Unternehmen angebotenen Leistungen ähneln sich immer mehr und nähern sich einem relativ hohen Qualitätsniveau. Damit das Unternehmen in der Lage ist, Kosteneinsparungspotentiale zu realisieren, um im Preiswettbewerb zu bestehen, verlangt dies einerseits nach einer Standardisierung der Produkte und Dienstleistungen, andererseits muß das Leistungsangebot des Unternehmens individualisiert und emotionalisiert offeriert werden, um einen USP zu schaffen, der eine Differenzierung von der Konkurrenz ermöglicht. Dieses Spannungsfeld bewältigt nur das Unternehmen, das kreativ und flexibel ist, und das sich nicht scheut, neue Aufgaben zu definieren.

- Diese Entwicklungen zeigen auch, daß die Art der Zusammenarbeit im Unternehmen Veränderungen unterworfen ist. Dezentralisierung, Hierarchieabbau, Teamarbeit, Flexibilisierung der Arbeit, Arbeit in Netzwerken mit entsprechendem Netzwerkmanagement sind die Konsequenz.
- Durch die Veränderungen der unternehmensinternen und -externen Rahmenbedingungen kommt es für die Unternehmen häufiger als früher zu sehr überraschenden, z. T. negativen oder katastrophalen Entwicklungen, die sofortiges Krisenmanagement erfordern. Diese Krisen können nur von den Unternehmen gemeistert werden, denen aufgrund ihres positiven Images bereits ein hoher Goodwill entgegengebracht wird, und die in hohem Ausmaß Glaubwürdigkeit signalisieren. In diesem Zusammenhang ist jedoch von der Unternehmensleitung umfassende Information sämtlicher Anspruchsgruppen notwendig, und zwar verbunden mit kurzen Reaktionszeiten. Dies gilt insbesondere für die eigenen Mitarbeiter.

Solche Situationen führen dazu, daß Mitarbeiter Schwierigkeiten haben, sich mit ihrem Unternehmen zu identifizieren und zu erkennen, welche Zukunftsperspektiven sich dem Unternehmen bieten, bzw. in welche Richtung sich das Unternehmen weiterentwickelt. Unklar bleibt ihnen weiterhin, welchen Sinn und welchen Stellenwert die Arbeit eines einzelnen Mitarbeiters hat. Bei den Mitarbeitern entwickelt sich ein riesiges *Informations- und Kommunikationsbedürfnis*. Interner Unternehmenskommunikation kommt in diesem Zusammenhang die Aufgabe zu, den Mitarbeiter mit solchen Fragestellungen nicht alleine zu lassen und dafür zu sorgen, daß die Identifikation mit dem Unternehmen und die Motivation, sich für die Unternehmensaufgabe zu engagieren, nicht verloren geht. Unternehmen, die unter diesen schwierigen Wettbewerbsbedingungen erfolgreich agieren, haben erkannt, daß Kommunikation der Unternehmensvision, der Strategien und Ziele ein entscheidender Erfolgsfaktor ist. Für die meisten Unternehmen gewinnt in diesem Zusammenhang das Management der zur Verfügung stehenden Informationen und die Kommunikation mit allen relevanten Anspruchsgruppen, insbesondere aber die Kommunikation innerhalb des Unternehmens an Bedeutung. *Optimale Informationsversorgung* der Mitarbeiter und *offene Unternehmenskommunikation* über Hierarchiestufen hinweg stellen wichtige *Erfolgsfaktoren* der Zukunft dar.

Der Einsatz moderner Medien im Rahmen der Business Communication

Medieneinsatz und Mediennutzung im Unternehmen

In den letzten Jahren sind enorme Entwicklungssprünge im Bereich der sogenannten TIME-Industrien (Telekommunikation, Informationstechnologie, Medien und Elektronik) zu verzeichnen. Völlig neue Möglichkeiten der Informationsbeschaffung und innovative Kommunikationsinstrumente sind in den letzten Jahren entstanden.[1]

Den Unternehmen steht eine Vielfalt unterschiedlichster Medien zur Wissensvermittlung, zur Veränderung von Einstellungen und damit auch von Verhalten und zur Gestaltung und Steuerung von Prozessen zur Verfügung.

Aufgrund dieser neuen Informations- und Kommunikationstechnologien müßte es eigentlich zu einer besseren Information und Kommunikation in den Unternehmen kommen. Statt dessen ist trotz des heterogenen Spektrums an Informationsmedien und Kommunikationsinstrumenten, das von Firmenzeitschriften, Broschüren, Notizen, Umläufen, Mailings über Internet, Intranet bis hin zu TV etc. reicht, festzustellen, daß sich viele Mitarbeiter schlecht informiert fühlen und ihnen weitestgehend der Überblick über Zusammenhänge, Prozesse und Strukturen in ihren Unterneh-

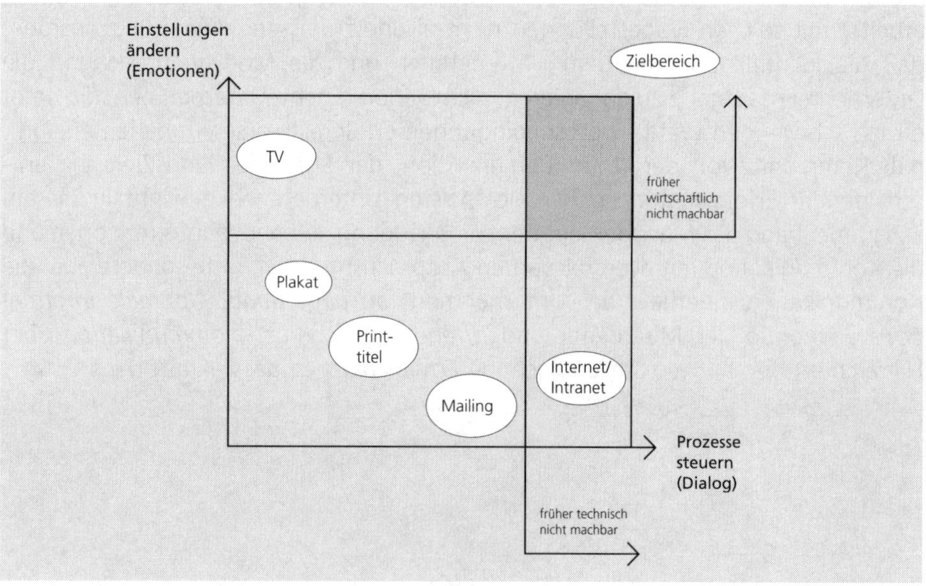

Abb. 1: Medieneinsatz im Unternehmen

men fehlt. Unterschiedliche Gründe können für diesen Zustand als Erklärung herangezogen werden:

- Die Mitarbeiter kennen sich insbesondere mit den neuen Medien nur unzureichend aus. Sie verlieren den Überblick.
- Die einzelnen Medien existieren relativ unkoordiniert nebeneinander. Es fehlen oft Querverweise oder eine sinnvolle Abstimmung und Aufgabenverteilung im Rahmen des Media-Mix.
- Das Überangebot an Medien und Informationen überfordert die Mitarbeiter.
- Die meisten neuen Medien erfordern eine aktive Nutzung durch den Mitarbeiter selbst. Das ist vielen Mitarbeitern zu mühsam.[2]

Allerdings lassen sich neben den Mitarbeitern noch weitere Ursachen für Defizite in der internen Unternehmenskommunikation identifizieren:

- Es fehlt eine klare *Kommunikationsstrategie*, die auf die Realisierung der Kommunikationsziele und damit der Unternehmensziele ausgerichtet ist, die sich an genau definierten Zielgruppen orientiert und einen sinnvollen Rahmen für den Einsatz möglicher Kommunikationsinstrumente bietet.
- Die hohe Bedeutung des Bereichs Unternehmenskommunikation verlangt eine entsprechende *Eingliederung in der Organisationsstruktur* respektive in der Hierarchie des Unternehmens. Ein Mandat auf Vorstandsebene erscheint sinnvoll.
- Viele Kommunikationsprojekte werden von Technikern gemanagt, die diese zu sehr aus *technischer* und weniger aus *kommunikationsstrategischer Perspektive* angehen.

Optimierung der Business Communication

Es gibt in der Unternehmenspraxis jedoch einige Beispiele, die belegen, daß Unternehmen erfolgversprechende Ansätze gefunden haben, ihre Business Communication erfolgreich zu gestalten:

Beispiel Großbank: Als Konsequenz aus einer drastischen Krise, in der sich das Unternehmen Anfang der 90er Jahre befand, hat die Unternehmensleitung ein umfassendes Restrukturierungsprogramm eingeleitet, von dem insbesondere auch der Bereich Unternehmenskommunikation betroffen war.

1 Vgl. Gruninger-Hermann/Willems (1998), S. 69.

2 Vgl. Bellieno (1998), S. 12.

Beispiel Automobil: Nach einer aufsehenerregenden Fusion ist es einem Automobilhersteller gelungen, die weltweiten Kommunikationsaktivitäten nach einheitlichem Standard durchzuführen.

Beispiel Markenartikler: Ein führendes europäisches Markenartikelunternehmen hat ein europäisches TV/Intranet-Konzept für unterschiedliche unternehmensinterne Zielgruppen entwickelt.

Analysiert man diese Fälle im Detail, so kristallisieren sich folgende Punkte zur Gestaltung eines erfolgreichen Business Communication heraus:

1. Abstimmung auf Unternehmensstrategie
D. h. die Kommunikationsstrategie sollte sich aus der Unternehmensstrategie ableiten lassen und mit dieser in Einklang stehen

2. Integration von interner und externer Kommunikation
Interne und externe Kommunikationsaktivitäten dürfen nicht isoliert betrachtet werden, sondern sollten sich unter einem Kommunikationsdach harmonisch vereinigen. Ideal ist es, wenn die Aktivitäten sich ergänzen und aufeinander abgestimmt sind.

3. Organisatorische Bündelung
An einer Stelle im Unternehmen, die relativ hoch in der Unternehmenshierarchie angesiedelt ist, sollten sämtliche Kommunikationsaktivitäten zusammenlaufen, koordiniert werden.

4. Flexibler Content
Der Inhalt sollte zielgruppenadäquat gestaltet sein. Wichtig ist in diesem Zusammenhang auch, daß der Inhalt und das eingesetzte Kommunikationsmedium zueinander passen bzw. der Inhalt dann auch medienspezifisch aufbereitet wird.

5. Interaktion
Die Qualität der Kommunikation wird in der Regel erhöht, wenn Kommunikation nicht einseitig, sondern zweiseitig verläuft, d. h. dem Empfänger einer Botschaft auch die Möglichkeit eingeräumt wird, Feedback zu geben. Bei Instrumenten, die eigentlich auf einseitige Kommunikation ausgelegt sind, ist nach kreativen und praktikablen Wegen zu suchen, eine Interaktion zwischen den am Kommunikationsprozeß beteiligten Personen herbeizuführen.

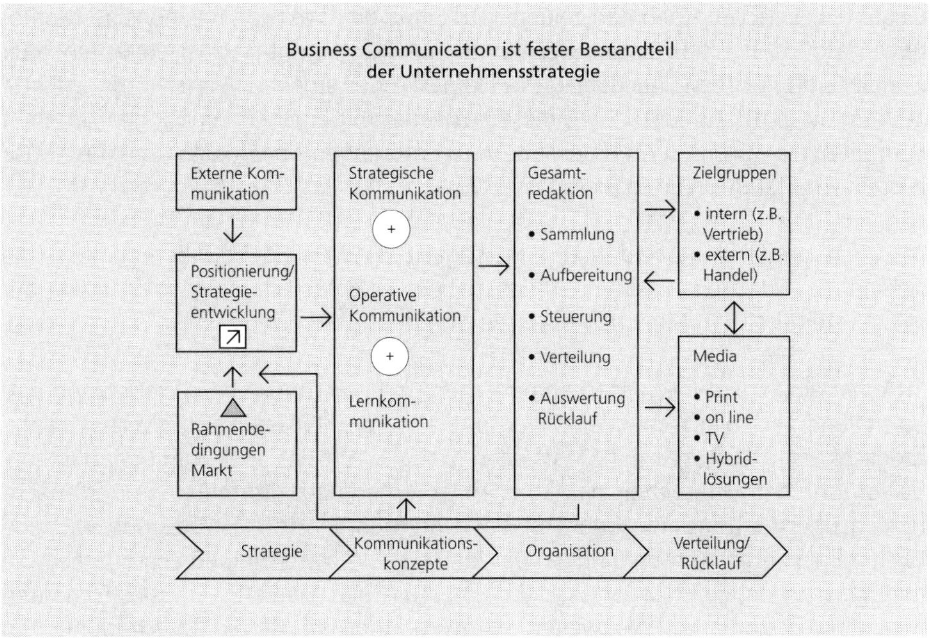

Abb. 2: Business Communication als fester Bestandteil der Unternehmensstrategie

Business TV als neues Instrument der Unternehmenskommunikation

Definition und Kennzeichnung von Business TV

Business TV läßt sich als verschlüsseltes, digitales Firmenfernsehen für geschlossene Nutzerkreise via Satellit und Intranet definieren.[3]

Dabei richtet sich Business TV je nach unternehmerischer und kommunikativer Zielsetzung an unterschiedliche Adressatenkreise. Als unternehmensinterne Zielgruppen kommen zum einen pauschal alle Mitarbeiter eines Unternehmens in Frage, zum anderen ermöglicht die digitale Technik, daß nur einem speziell definierten Nutzerkreis der Zugang zu einzelnen Business TV-Programmen gewährt wird. In Frage kommen dann z. B. eigene Sendungen für Führungskräfte, für Mitarbeiter in bestimmten Funktionsbereichen, für Mitarbeiter in bestimmten Regionen oder Werken etc. Aber Business TV muß nicht an den Unternehmensgrenzen enden. Im

[3] Vgl. CLT-UFA/Bertelsmann (1998), S. 9.

Gegenteil: viele Unternehmen zeigen – im Sinne eines aktiven Relationship-Marketing – großes Interesse daran, den kommunikativen Kontakt zu Lieferanten oder Händlern als vor- bzw. nachgelagerte Elemente der eigenen Wertschöpfungskette zu intensivieren, und versuchen, diese entweder mit eigenen Sendungen oder mit Formaten, die auch unternehmensintern zu empfangen sind, in den Kreis ihrer Business TV-Empfänger zu integrieren.

Als Weiterentwicklung sind in Zukunft sogar Business TV-Sendungen denkbar, die sich an die Zielgruppe Endkunden richten, wie es derzeit in einem Pilotprojekt der Hypo Vereinsbank in München praktiziert wird.

In Abhängigkeit von der unternehmerischen und kommunikativen Zielsetzung einerseits und der zu erreichenden Zielgruppe andererseits lassen sich diverse Einsatzmöglichkeiten für Business TV feststellen. Dabei reicht das Spektrum über die reine Versorgung der Mitarbeiter mit aktuellen Unternehmensinformationen und -nachrichten über Beiträge, in denen für das Unternehmen interessante und wichtige Thematiken intensiver behandelt werden, bis hin zu Schulungssendungen, die alternativ zu dem bisherigen Angebot an Aus- und Weiterbildungsinstrumenten zum Einsatz kommen. Als weiteres Anwendungsfeld ist die Übertragung von Events, sei es die Bilanzpressekonferenz, die Betriebsratsvollversammlung, aber auch Veranstaltungen, bei denen das Unternehmen als Hauptsponsor oder Teilnehmer in Erscheinung tritt, denkbar.

Um eine erfolgreiche Implementierung von Business TV im Unternehmen zu erreichen, ist es notwendig, daß dieses neue Kommunikationsinstrument unter das Dach der *Corporate Communications* integriert wird. Business TV kann dabei aufgrund seines vielfältigen Einsatzspektrums helfen, den Informationsfluß im Unternehmen besser zu systematisieren und zu strukturieren. Es kann einerseits als Push-Medium, andererseits auch als Pull-Medium eingesetzt werden und so dazu beitragen, daß sich die Wirkung anderer Medien entscheidend verbessert. Während die Medien in diesem Fall komplementäre Nutzung erfahren, lassen sich durch den Einsatz von Business TV andere Medien, insbesondere Printmedien, komplett einsparen bzw. in Umfang, Frequenz und Auflage erheblich reduzieren. Es kommt zu einer Substitution dieser Medien durch Business TV.

Nutzen von Business TV

Die Vorteile von Business TV gegenüber anderen Kommunikationsinstrumenten lassen sich für die einzelnen Anwendungsfelder unterschiedlich beschreiben.

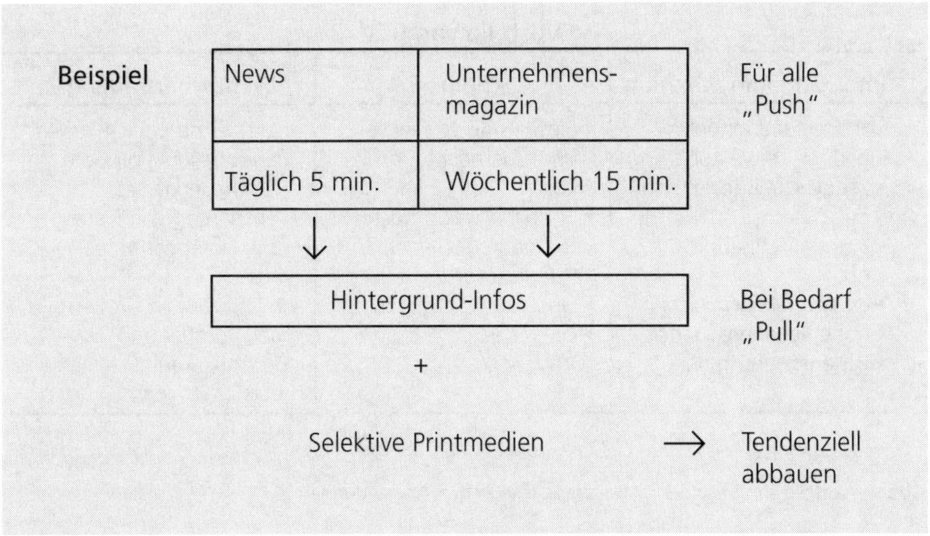

Abb. 3: Komplementäre und substitutive Auswirkungen auf den Medien-Mix durch den Einsatz von Business TV

Im Rahmen der *internen Kommunikation* weist Business TV durch die Kombination von Bild und Ton anderen Medien gegenüber eine klare Überlegenheit auf. Mit Business TV ist man in der Lage, schnell und aktuell einen großen Teil der anvisierten Zielgruppe zu erreichen. Sondersendungen über nicht zu erwartende Ereignisse lassen sich ohne große Zeitverzögerung realisieren. Die Mitarbeiter können zeitgleich informiert werden, was eine simultane Anhebung des Informationsniveaus der Mitarbeiter zur Folge hat. Business TV wirkt auf die Zuschauer authentisch und ehrlich. Damit erhöht sich die Glaubwürdigkeit des Mediums, was gleichzeitig die Chance vergrößert, bei den Zielgruppen gewollte Verhaltens- und Einstellungsänderungen herbeizuführen. Unterstützt wird dieser Effekt noch dadurch, daß Business TV in viel stärkerem Ausmaß als andere Medien eine Emotionalisierung der Rezipienten herbeiführen kann. In bezug auf die Wissensvermittlung bietet Business TV durch die Kombination von Bild und Ton die höchste Behaltenschance (50 % gegenüber 10 % bei Printmedien oder sonstigen monosensorischen Medien). Die digitale Technik macht es möglich, daß innerhalb eines definierten Nutzerkreises eine Differenzierung nach unterschiedlichen Zielgruppen vorgenommen werden kann. So läßt sich die Gruppe der Mitarbeiter weiter differenzieren nach bestimmten Hierarchiestufen (z. B. spezielle Sendungen für Führungskräfte), nach Standorten (z. B. spezielle Sendungen für Werk xy).

Bei *Schulungs- oder Trainingsanwendungen* kann ein beliebig großer Teilnehmerkreis vom besten Trainer geschult werden. Damit steigt die Qualität des Lernens bei

Vorteile von BTV		
Interne Kommunikation	**Schulung**	**Event-Übertragung**
• schnell und aktuell • geringe Zeitverzögerung • zeitgleiche Information der ZG • authentisch, ehrlich und objektiv • emotionalisiert ZG • hohe Behaltenschance • Differenzierung der ZG	• Einsparung von Reise- und Übernachtungskosten • Einsparung von Kosten für mehrere Trainer, Schulungsorte etc. • Opportunitätskosten • Zeitvorteile	• zeitgleiche Erreichbarkeit eines beliebig großen Zuschauerkreises • Einsparung von Reise- und Übernachtungskosten • Einsparungen für Personal, Verpflegung, Technik, Räumlichkeiten etc.

Abb. 4: Vorteile von Business TV bei unterschiedlichen Anwendungen

gleichzeitiger Einsparung von Kosten und Zeit.[4] Es entfallen Kosten für mehrere Trainer und Schulungsorte, Reise- und Übernachtungskosten für die Seminarteilnehmer. Streng genommen sind auch die Opportunitätskosten, die durch den Arbeitsausfall des an einer Schulung teilnehmenden Mitarbeiters zu berücksichtigen. Die insbesondere beim Training essentielle Interaktion zwischen Trainer und zu schulenden Personen ist heute aufgrund der Technik über Rückkanal, Onetouch-System, Telefon, E-mail etc. gegeben.

Ähnliche Vorteile gelten auch für eine Übertragung von *Events* via Business TV. Ein beliebig großer Zuschauerkreis ist zeitgleich zu erreichen. Auf Mehrfachveranstaltungen kann verzichtet werden. Dies führt zu entsprechenden Einsparungen für Personal, Verpflegung, Technik, Räumlichkeiten etc. Für die an solchen Events teilnehmenden Personen entfallen Reise- und Übernachtungskosten.

Projektmanagement bei der Einführung von BTV

Phasen des Projektmanagements

Die *Implementierung* von Business TV stellt für nahezu alle Unternehmen ein Vorhaben dar, das durch relative *Neuartigkeit* und eine hohe *Komplexität* gekennzeichnet ist – Merkmale, die normalerweise zur Definition von Projekten herangezogen werden. Die relative Neuartigkeit resultiert daraus, daß die meisten Unternehmen – wie bereits oben angedeutet – keinerlei Erfahrung im Umgang mit dem Medium besitzen. Von hoher Komplexität kann deshalb gesprochen werden, weil die Einführung von Business TV nicht nur sämtliche Mitarbeiter im Unternehmen betrifft, sondern unterschiedlichste Funktionsbereiche und Abteilungen diverser Hierarchiestufen als Kommunikatoren im Unternehmen auftreten, und die deshalb von der Projektleitung in das Projekt zu integrieren sind. Außerdem sind nicht nur inhaltliche Fragestellungen zu lösen, sondern auch technische Aspekte zu berücksichtigen. Daher bietet es sich an, bei der Bewältigung dieser Herausforderung, sich dem Projektmanagement als Problemlösungstechnik zu bedienen. Zur Unterstützung dieser Art von Projekten erscheint es darüber hinaus sinnvoll, die Dienstleistungen und das Knowhow eines externen Providers in Anspruch zu nehmen.

Dabei läßt sich das Projektmanagement in vier unterschiedliche Phasen gliedern: Analysephase, Phase der Konzepterstellung, Pilotierungsphase sowie die Phase des Regelbetriebs.

Im Rahmen der *Analysephase* geht es darum, gemeinsam mit dem Unternehmen bzw. mit den vom Unternehmen eingesetzten Projektverantwortlichen, die Informationen zu erheben, die notwendig sind, um ein sinnvolles Business TV-Konzept zu erstellen. In erster Linie gilt es zu eruieren, welche Vorstellungen im Unternehmen über den Anspruch und Zweck von Business TV vorherrschen, und welche potentiellen Einsatzfelder, Zielgruppen und Inhalte für Business TV geeignet sind. Darüber hinaus sind Informationen über Unternehmensphilosophie, -ziele, -strategie etc. zu beschaffen. Auch eine detaillierte Analyse der Unternehmenskommunikation, technische Rahmenbedingungen und organisatorische Gegebenheiten zählen zu den Aufgabenbereichen in dieser Phase.

Als Tools werden ergänzend zur Background-Recherche Einzelinterviews sowie schriftliche Befragungen eingesetzt sowie Workshops durchgeführt.

Auf Basis der in der Analysephase ermittelten Informationen wird eine Kommunikationsstrategie entwickelt, die der oben geforderten Integration in den Media-Mix des Unternehmens Rechnung trägt, sowie ein BTV-Konzept, das maßgeschneidert die unternehmensspezifischen Besonderheiten und Bedingungen berücksichtigt. Ein genauer Projekt- bzw. Zeitplan sowie Anregungen dazu, welche Maßnahmen geeignet erscheinen, um mögliche Bedenken bei den von Business TV betroffenen Personen abzubauen und die Akzeptanz des neuen Mediums bei allen beteiligten Zielgruppen zu erhöhen, runden das *Konzept* ab. In dieser Phase zählt es ebenfalls zu den Aufgaben des Projektmanagements, Unterstützungsleistungen bei einer

[4] Vgl. zum Lernen mit Business TV: Behrens/Leidig (1998), S. 14ff.

möglichen Vorstandsvorlage anzubieten und die Herstellung eines Prototyps zur besseren Visualisierungsfähigkeit des neuen Mediums zu offerieren.

Ist die Entscheidung für die Einführung von Business TV gefallen, dann schließt sich daran eine Phase der Konzeptdetaillierung und des Ressourcenaufbaus an. Business TV sollte nicht ohne eine gründliche Testphase eingeführt werden. Deshalb ist dem Regelbetrieb die sogenannte *Pilotierungsphase* vorangeschaltet. Sie umfaßt zum einen die *inhaltliche Implementierung*, d.h. die ganz konkrete Programmplanung, auf deren Basis die Produktion durchgeführt wird. Zum anderen geht es um die *technische Implementierung*, d.h. den Aufbau der technischen Infrastruktur. Parallel dazu laufen die Maßnahmen an, die dazu dienen, das neue Kommunikationsinstrument bei internen und externen Zielgruppen zu vermarkten.

Ist die Phase der Pilotierung erfolgreich abgeschlossen, dann steht der Einführung von Business TV im *Regelbetrieb* nichts mehr im Wege. Da die Pilotierung für die meisten Unternehmen eine Art Probebetrieb darstellt, wird oftmals nur ein Teil des Business TV-Gesamtkonzepts in die Tat umgesetzt. Mit der Aufnahme des Regelbetriebs kommt es daher im Laufe der Zeit zu einer *Ausweitung* in bezug auf die in das Konzept integrierten *Zielgruppen* und/oder zu einer Expansion der *Programminhalte.*

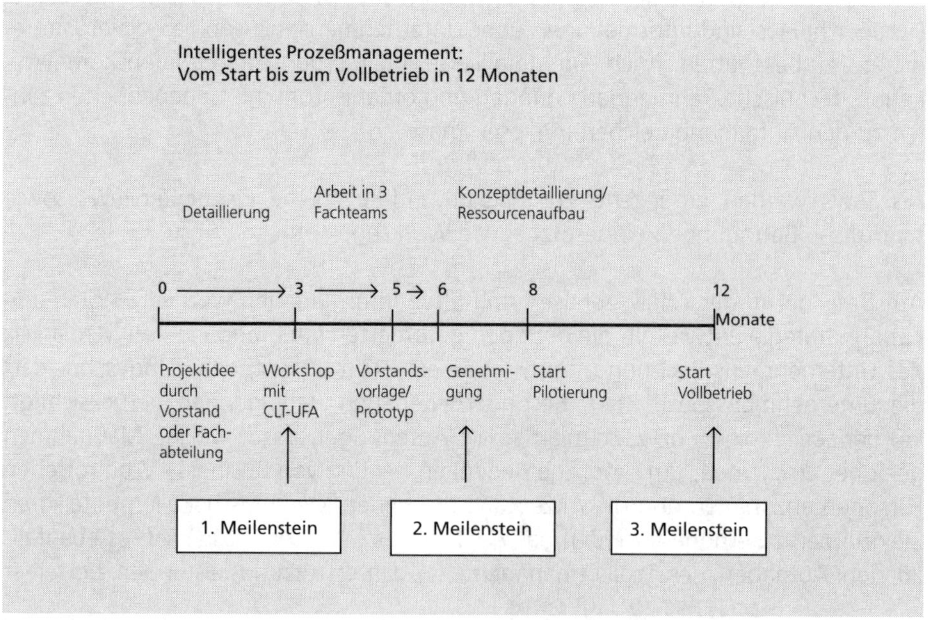

Abb. 5: Intelligentes Prozeßmanagement: Vom Start bis zum Vollbetrieb in 12 Monaten

Erfolgsfaktoren des Projektmanagements

Betrachtet man die realisierten und die angedachten Business TV-Projekte in Deutschland der letzten Jahre, so ist auffällig, daß die meisten Business TV-Projekte nicht erst im Vollbetrieb, sondern bereits in der Vorphase scheitern. Obwohl Anfang 1997 zwanzig deutsche Business TV-Projekte in ernsthafter Planung waren, wurden lediglich zwei davon umgesetzt. Der Rest wurde entweder durch fehlende Projektmanagement-Kompetenz verzögert (3), durch falsche Provider-Auswahl verhindert (4), auf Vorstandsanweisung mehrfach überarbeitet (5) oder in Warteschleife unter Beobachtung gestellt (6).

Die Risiken für die Verzögerung oder Nichteinführung liegen in den drei Bereichen Vorstand, Projektmanagement oder Provider. Der Vorstand wird sich nur für die Einführung von BTV begeistern, wenn ihm der Nutzen verdeutlicht wird und eine klare Kommunikationsstrategie vorliegt. Dem designierten Projektleiter im Unternehmen mangelt es in der Regel an Erfahrung auf diesem für ihn neuen Gebiet, und er ist oftmals unsicher, wie er das Projekt handhaben soll. Wenn er dann noch an den falschen Provider gerät, ist das frühzeitige Scheitern des Projektes fast vorprogrammiert. Zur Vermeidung dieses Fiaskos sollte man folgende Regeln beachten:

- Strategie und Nutzen für BTV klären und intern deutlich kommunizieren.
- Kompetente und anerkannte Projektleitung aus dem richtigen Bereich definieren (z. B. Unternehmenskommunikation).
- Vorstand als internen Champion finden und halten!
- Den Betriebsrat integrieren.
- Kompetentes Team einsetzen (aus Marketing/Vertrieb, Personal, Organisation, Controlling).
- Feedback der Zuschauer einholen.
- Straffes Zeitmanagement durchführen.
- Sendevolumen: Vom Kleinen ins Große wachsen.
- Roll out sorgfältig planen.
- Professionellen BTV Provider frühzeitig als Partner auswählen.[5]

[5] Vgl. Bellieno (1998), S. 13.

Fazit

Die Einführung von Business TV stellt eine strategische Entscheidung dar, die weitreichende Konsequenzen für das Unternehmen mit sich bringt. Unternehmen sollten begreifen, daß die Mitarbeiter die wertvollsten Kommunikationskunden sind. Sie verdienen ein hervorragendes Produkt. Ein solches bietet sich den Unternehmen mit Business TV. Denn Kommunikation über Business TV erreicht die Mitarbeiter direkt und wirkungsvoll. Diese sind besser informiert. Besser informierte Mitarbeiter sind motivierter und produktiver, was sich in einer besseren Anpassungsfähigkeit der Unternehmen an geänderte Wettbewerbsbedingungen und in einem höheren Zielerreichungsgrad der Unternehmensziele äußert. Unternehmen mit einem gut gemachten Business TV sind wettbewerbsfähiger! Effektive interne und externe Kommunikation wird zu einem entscheidenden Wettbewerbsvorteil.

Literatur

Behrens, Ulrike/Leidig, Ute (1998), Lernen mit Business TV: Ein Beitrag zur mediendidaktischen Fundierung, in: Personalführung 10/98, S. 14–17.

Bellieno, Ulrich (1998), Kommunikation ist der Anfang, in: Office-Management, 7/98, S. 12–14.

CLT-UFA/Bertelsmann (1998), Präsentationsunterlagen infovision, Hamburg 1998.

Grunninger-Hermann, Christian/Willems, Andrea (1998), Der Einsatz von Unternehmensfernsehen (Business TV) bei Verbundgruppen, in: Mitteilungen des Instituts für Handelsforschung an der Universität zu Köln, hrsg. von Lothar Müller-Hagedorn, 49. Jg., 4/1998, S. 69–74.

Virtuelle Lernwelten

Wilfried Pohl

Virtuelle Lernwelten – eine Annäherung

Wissen und die Fähigkeit zum problemorientierten, innovativen Umgang mit Wissen sind längst zum unternehmerischen Erfolgsfaktor moderner Industrie- und Dienstleistungsgesellschaften avanciert. Nach Industrie- und Dienstleistungszeitalter stehen wir heute an der Schwelle zum *Informationszeitalter,* in dem das Wissen neben Boden, Kapital und Arbeit zur vierten Produktivkraft geworden ist. Der Haupteffekt ist eine fundamentale Umorientierung von materiellen zu informationellen und intellektuellen Ressourcen als Grundlagen des Wirtschaftens und der Gesellschaft.[1]

Zusätzlich steigt der Umfang an Wissen, das der Einzelne im Laufe seines beruflichen Werdegangs benötigt. Die Konsequenz immer kürzer werdender Innovationszyklen ist eine drastisch sinkende Halbwertszeit des erlernten Wissens und damit die Anforderung nach dynamischer Orientierung der Lehrenden, nach aktiver Beteiligung der Lernenden, sowie nach eigenverantwortlichem Lernen. Wissenserwerb ist heute lebenslang notwendig *(„lifelong learning"),* aber auch punktuell, bei plötzlichem Bedarf, zu realisieren *(„learning and knowledge on demand").*[2] Das industrielle Just-in-Time-Paradigma wird folgerichtig auf Aus- und Weiterbildungs- sowie Innovationsprozesse erweitert.

Wer aber Wissen zur rechten Zeit zum rechten Ort befördern will, muß die Vorstellung von den bestehenden Organisationsstrukturen zum Wissenserwerb komplett ablegen und neue Lernkonzepte praktikabel machen. Speziell die betriebliche Aus- und Weiterbildung muß sich am akuten Bedarf orientieren und unterliegt dennoch

[1] Vgl. z.B. Thiedeke, U. (1997), Besch, F. (1997)

[2] Vgl. Kortzfleisch, H. von, et al. (1998a)

betriebsinternem Problem- und Zeitdruck. Nur dezentrale Konzepte zum Lernen am (oder nahe am) Arbeitsplatz mit hoher Eigenverantwortung des Lernenden, sowie die Förderung einer Wissenskultur, die Kommunikation statt Konservierung des Wissens zum Ziel hat, können den heutigen Anforderungen an innovative Bildungssysteme gerecht werden.[3]

Dem Erwerb und der Förderung von Medienkompetenz kommt dabei eine besondere Bedeutung zu. Medienkompetenz ist in Beruf und Alltag gleichermaßen relevant, sie muß insofern zum Bestandteil allgemeiner und beruflicher Bildung werden. Neue Anwendungsformen wie Videokonferenzen oder Chatten, wie das zeitlich asynchrone oder räumlich verteilte Bearbeiten von Dokumenten, wie Teleprozesse mit Banken, Versicherungen, Reisebüros oder Weiterbildungsinstitutionen, wie das Navigieren in virtuellen Informationsräumen oder Cyberwelten im Internet und zunehmend innerbetrieblich in Intranets, erfordern neue Fähigkeiten: Verlangt sind Medienentwicklungs- und vor allem Mediennutzungskompetenz einer breiten Bevölkerungsschicht.

Eine Lösung scheint bei vertretbarem Aufwand derzeit vor allem durch die Entwicklung, Verfügbarmachung und Nutzung spezieller computergestützter Lernsysteme, sogenannter *computer based trainings (CBT)* realisierbar.[4] Die *Virtuellen Lernwelten* bilden eine Untergruppe dieser Lernsysteme und zeichnen sich durch folgende Eigenschaften aus:

- Sie werden in *digitaler* Form auf bzw. über entsprechende Medien angeboten,
- Sie zeichnen sich durch *Multimedialität* und/oder *Hypermedialität* (Informationsvernetzung) aus,
- Sie unterstützen *Interaktivität* zwischen dem Lernenden und dem System und/oder einer Person (z. B. Tutor oder Trainer) und/oder weiteren Lernenden, entweder vor Ort oder (virtuell) im Netz,
- Sie sind *online*, d. h. für den Nutzer direkt verfügbar, entweder auf seinem Rechner vor Ort (typisch: CD-ROM) oder über das Netz beziehbar bzw. nutzbar.

Das Spektrum Virtueller Lernwelten reicht vor dem Hintergrund der verschiedenen jeweils in ihnen verwirklichten Lehr- und Lernstrategien von Tutoriellen Unterweisungen und Übungsprogrammen *(„Drill and Practices")* über Simulationen und Experimentierumgebungen, bis hin zu Planspielen und Hypermedia-Systemen. Sie sind darüber hinaus aktuellen Trends unterworfen. Konzepte wie Lernkonferenzsysteme, Tele- oder Selbst-Lernverfahren, Lernen mittels spezieller Computerspiele

3 Vgl. Einem, C. von, et al. (1998), Heller, U. et al. (1998)

4 Vgl. Kortzfleisch, H. von, et al. (1997)

(*„Edutainment"*), intelligente, *wissensbasierte* Lernsysteme sowie Lernen in *virtuellen Mikrowelten* erfreuen sich gegenwärtig einer besonderen Beachtung.

Das PEM-Projekt „DeMeS"

Im Rahmen der Initiative „Dienstleistungen für das 21. Jahrhundert" des Bundesministeriums für Bildung, Wissenschaft, Forschung und Technologie wurde 1997 das Forschungsprojekt „Development Of Media Services" DeMeS ins Leben gerufen. Die generelle Zielsetzung des Verbundvorhabens besteht darin, Konzepte, Instrumentarien und Handlungsempfehlungen zu erarbeiten, die zur Belebung der nationalen Mediendienste sowie zur Stärkung der internationalen Wettbewerbsfähigkeit der deutschen Medienanbieter erforderlich sind, um positive Beschäftigungseffekte zu erzielen.

Die Forschungs- und Entwicklungsaktivitäten sind auf fünf Arbeitsmodule verteilt und werden von insgesamt 21 Projektpartnern aus Wissenschaft und Praxis durchgeführt. Das Modul „Mediensysteme für Aus- und Weiterbildung zur Förderung und Entwicklung von Medienkompetenz", kurz: Forum Virtuelle Lernwelten, analysiert Chancen und Nutzen neuer Medientechnologien für die Neuorientierung der betrieblichen Aus- und Weiterbildung. Das Projektteam bildeten die Universität Gesamthochschule Kassel, die GMD Forschungszentrum Informationstechnik GmbH Darmstadt, die Gesellschaft für Management-Beratung, Informationssysteme und Technologie mbH in Essen und die RWE Aktiengesellschaft in Essen.[5]

Das Forum Virtuelle Lernwelten

Verschiedene Untersuchungen haben gezeigt, daß die Bereitschaft zum Beschreiten neuer Wege im Bereich Aus- und Weiterbildung durchaus vorhanden ist. Behindert wird die Schaffung neuer Lernstrukturen jedoch durch die erheblichen Informationsdefizite auf Seiten der Entscheidungsträger.

An dieser Stelle setzt das elektronische *Forum Virtuelle Lernwelten* (Lernforum) an. Es verfolgt das primäre Ziel, Lernsystementwicklern und potentiellen Nutzern, insbesondere auch in klein- und mittelständischen Unternehmen, eine Informations- und Kommunikationsplattform zu bieten. Das Lernforum eröffnet einen struktu-

[5] Adressen und Ansprechpartner im Anhang

rierten, effektiven und effizienten Zugang zum bestehenden Angebotsspektrum der Virtuellen Lernwelten und gibt dem Anwender die Chance, vom erheblichen Potential, das im Einsatz dieser Technik zur betrieblichen Aus- und Weiterbildung steckt, zu profitieren. Auch sehr spezifische Themen, wie beispielsweise Hinweise, Tips und rechtliche Grundlagen zur Existenzgründung, können selektiert werden und stehen unmittelbar zur Verfügung. Die Hauptaufgabe des Lernforum ist somit die Schaffung von Angebotstransparenz, verbunden mit einer komfortablen Nutzungs- oder Bestellmöglichkeit. Erfüllt werden diese Funktionsanforderungen durch:

- eine breite, umfassende Erhebung, konsistente Beschreibung und Erfassung vorhandener Virtueller Lernwelten in einer Datenbank
- komfortable Recherchierbarkeit im Gesamtangebot der erfaßten Virtuellen Lernwelten mit geführter Suche und Beratungsfunktionalität
- Bereitstellung von Hyperlinkzugängen zu Virtuellen Lernwelten, zu ihren Entwicklern und Betreibern sowie zu erfahrenen Nutzern
- Einrichtung von Kommunikations- und Konferenzsystemen für Erfahrungsaustausch, Hilfe, Feedback-Auswertung etc. und durch Etablierung sicherer Markt- und Abrechnungssysteme für Tausch und Kauf

Voraussetzung für die konsistente Erfassung und die neutrale Gegenüberstellung verschiedener Produkte ist die Definition einer standardisierten Beschreibungssprache[6], in die auch Ergebnisse einer durchgeführten Expertenbefragung eingeflossen sind. Sie bildet die Grundlage zur Zertifizierung Virtueller Lernwelten und trägt damit auch zur Qualitätssicherung bei. Sie umfaßt zunächst die gängigen technischen und betriebsrelevanten Kriterien, wie Systemvoraussetzungen, Nutzungsbedingungen oder Lieferumfang. Der besondere Schwerpunkt liegt jedoch bei der Berücksichtigung pädagogisch-didaktischer Aspekte. Die Umsetzung der Lerninhalte mit interaktiven Übungsprogrammen, Simulationen oder Planspielen wird ebenso klassifiziert, wie das Angebot tutorieller Unterstützung, oder die Möglichkeiten zur Individualisierung des Online-Lernens.

Die Beschreibungskriterien umfassen die einschlägigen Minimalbeschreibungen, die im Rahmen internationaler Standardisierungsbemühungen (z.B. „Dublin Core") derzeit erarbeitet oder von bundesdeutschen Bildungsservern eingesetzt werden.

Auf Basis der Beschreibungskriterien wurde eine flexible Datenbankstruktur geschaffen, die mit Internetanbindung (http://www.lernforum.de) und verschiedenen Suchfunktionalitäten für Anbieter und Nutzer die Voraussetzung für einen ein-

[6] Vgl. Heller, U., et al. (1997)

Abb. 1:
Funktionen und Effekte des Lernforums

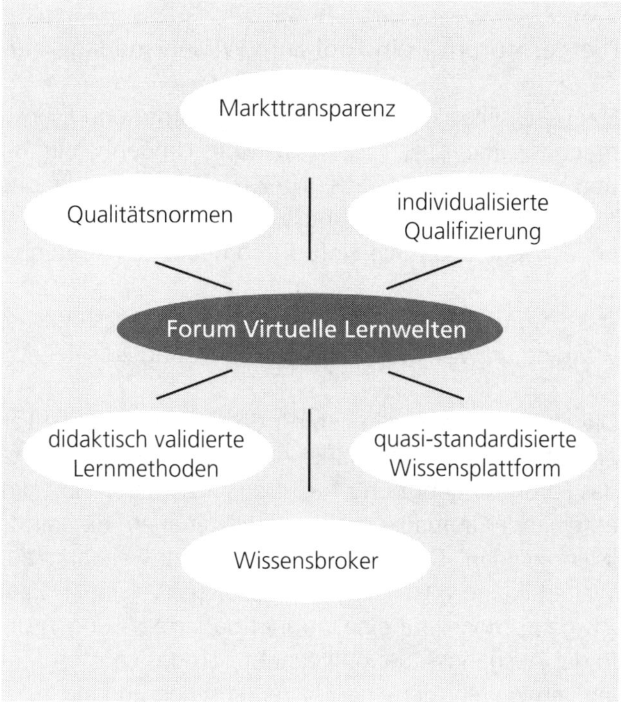

fachen Zugang zu den Mediensystemen eröffnet. Sowohl aus Sicht der Hersteller als auch der Anwender wurden Nutzungsszenarien erarbeitet, die anschließend in der Internet-Lösung realisiert wurden. Mechanismen zur Volltext- oder Stichwortsuche und zur Datenpflege und Administration sind ebenso implementiert wie ein Beratungsassistent und unterschiedliche Kommunikationsmöglichkeiten.

Damit kann das Lernforum als Plattform für virtuelle Entwicklungsteams genutzt werden, deren Mitglieder ihr jeweiliges Fachwissen in verschiedene Entwicklungsprozesse einbringen. Lernmodule mehrerer Hersteller lassen sich miteinander verbinden und zu neuen Produkten zusammenfassen, wodurch die intelligente Mehrfachnutzung einzelner Komponenten gefördert wird. Als Konsequenz ist eine Verbesserung der Produkte und eine Verringerung von Entwicklungskosten und -zeiten zu erwarten.

Die deutlich verbesserte Markttransparenz, die durch das Lernforum geschaffen wird, fördert über die stärkere Konkurrenz zwischen den Anbietern die stetige Verbesserung der Qualität der Lehrinhalte. Mehrfachentwicklungen werden vermieden und Themenbereiche aufgedeckt, für die noch keine Lehrinhalte zur Verfügung stehen. Neue Geschäftsideen und Wertschöpfungsketten sind die Folge.

Das Lernforum – ein Tool zum Wissensmanagement

Der gesellschaftliche Wandel von Industrie- und Dienstleistungszeitalter zum Informationszeitalter setzt grundsätzliches Umdenken im Bereich der betrieblichen Aus- und Weiterbildung voraus. Die zukünftige Informationsgesellschaft stellt die bestehenden klassischen Bildungssysteme zur Diskussion und fordert das Beschreiten neuer Wege durch die Einführung neuer Lernstrategien und -systeme.

Das Forum Virtuelle Lernwelten stellt ein wesentliches Werkzeug dar, diese notwendige Entwicklung konsequent in Gang zu setzen.

Die strategische Positionierung des Forum Virtuelle Lernwelten ergibt sich aus der angestrebten Rolle im Markt, d.h. der Art und Weise, wie und mit welchen Inhalten das Forum Angebot und Nachfrage zusammenführt. Im wesentlichen existieren vier aufeinander aufbauende Nutzungsszenarien, die mit dem Lernforum sukzessiv realisiert werden. Dabei ist der Fokus stets verstärkt auf die betriebliche Aus- und Weiterbildung ausgerichtet. Jede dieser Versionen kann zudem als Referenz- oder Ausgangsmodell für eine Intranet-basierte Lösung in Unternehmen genutzt werden. In der Ausgangssituation versteht sich das Lernforum als *Zugangsserver* zu Virtuellen Lernwelten, der einen systematischen Zugang zu – vorher entsprechend klassi-

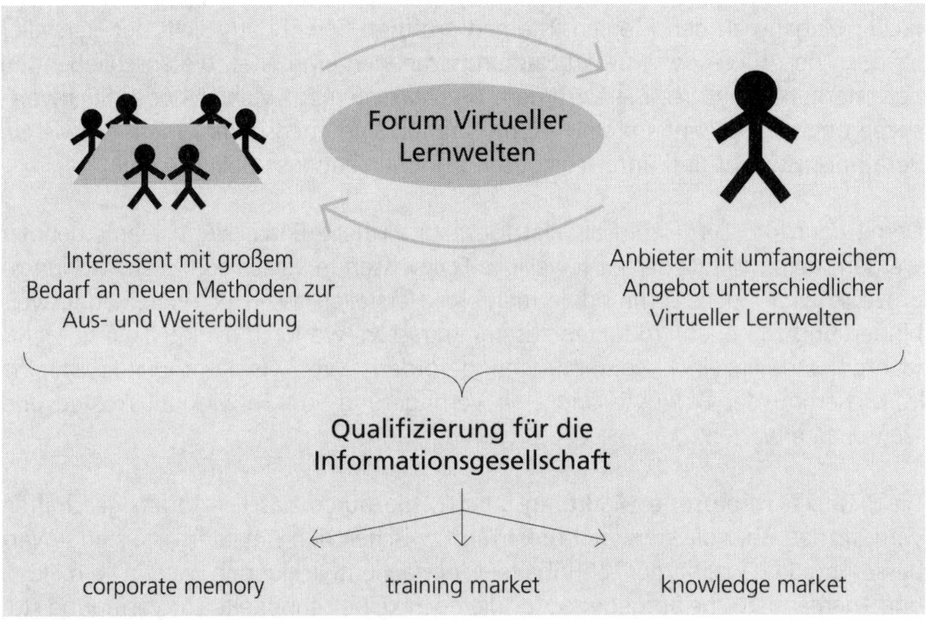

Abb. 2: Das Lernforum als Bindeglied zwischen Interessent und Anbieter

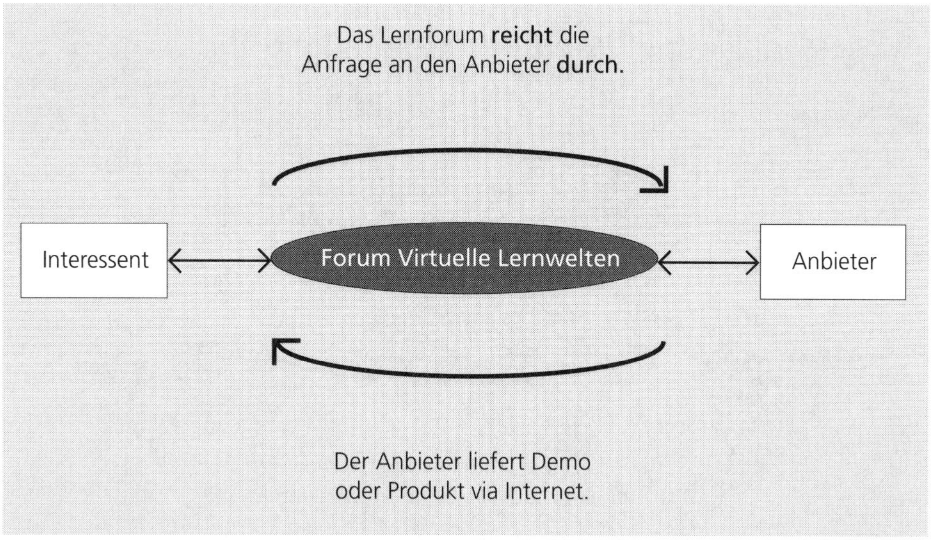

Abb. 3 a: Die verschiedenen Entwicklungsstufen des Lernforum

fizierten – Virtuellen Lernwelten eröffnet, d. h. zwischen einer potentiellen Nachfrage und dem bestehenden Angebot als Informationsdrehscheibe *durchreichend* vermittelt. Neben Suchfunktionalitäten bietet der Zugangsserver Hilfen, Verwaltungsunterstützung sowie Kommunikations- und Kooperationsfunktionalitäten.

Nach und nach wird sich das Lernforum zum *Broker* entwickeln, d. h. das Forum führt zusätzlich (das beste) bestehende Angebot und die entsprechende Nachfrage *vermittelnd* zusammen.

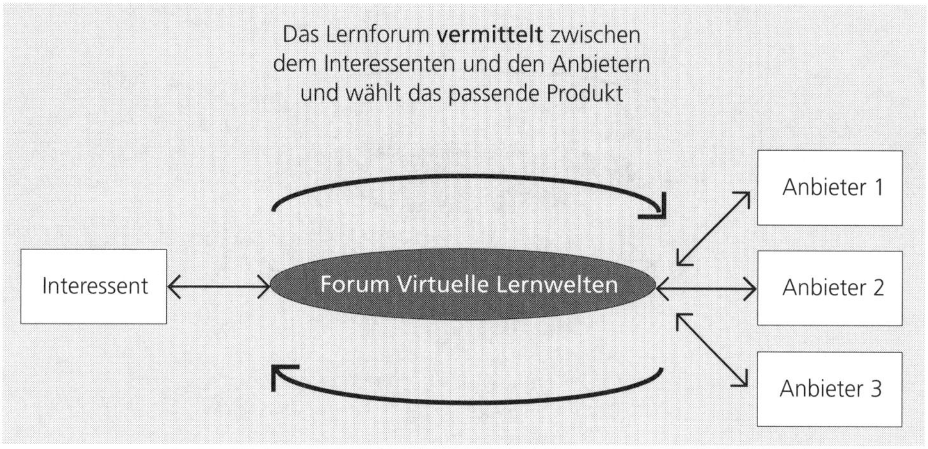

Abb. 3 b: Die verschiedenen Entwicklungsstufen des Lernforum

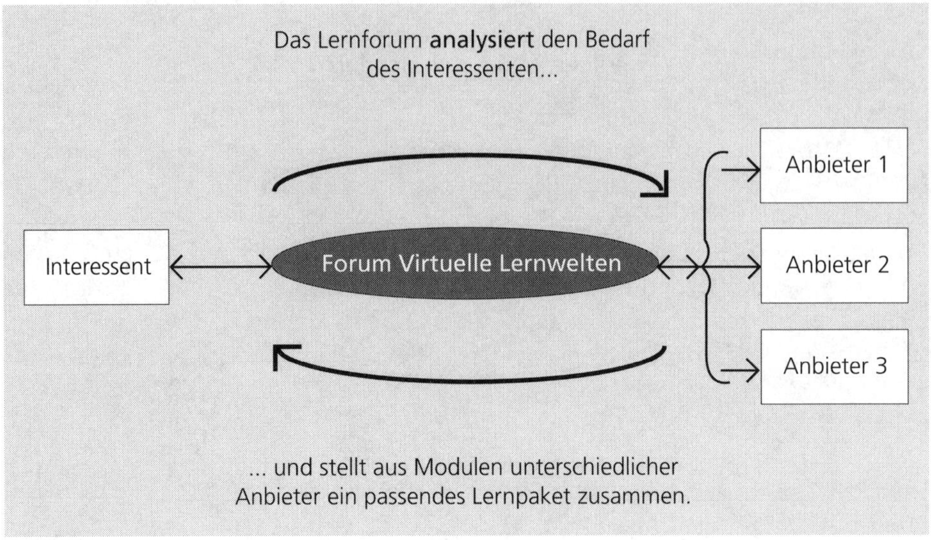

Abb. 3 c: Die verschiedenen Entwicklungsstufen des Lernforum

In einem dritten Schritt übernimmt das Lernforum *Consultant*-Funktion. Zusammen mit dem Interessenten wird der individuelle Bedarf an Weiterbildungsmaßnahmen verifiziert und eine Auswahl an spezifischen Lernmodulen – auch unterschiedlicher Hersteller – zusammengestellt.

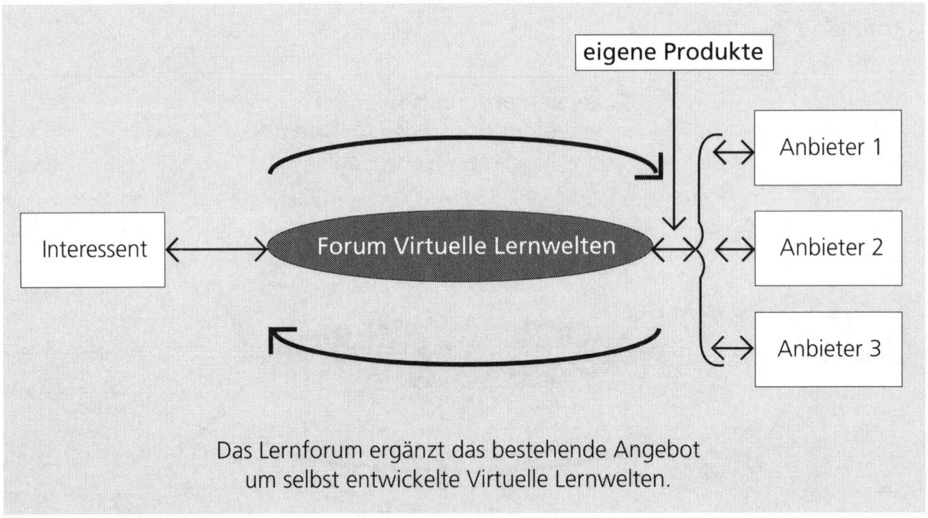

Abb. 3 d: Die verschiedenen Entwicklungsstufen des Lernforum

In der höchsten Evolutionsstufe wird das Lernforum selber zum *Content-Provider*, um bestimmten Anforderungen durch Eigenentwicklungen gerecht zu werden. Die Kompetenz am Markt virtueller Lernwelten stellt dabei sicher, daß dieser Weg nur dann beschritten wird, wenn nicht ein adäquates Produkt anderer Hersteller verfügbar ist, und zusätzlich ein größerer Bedarf zu erwarten ist. Die Ressourcen zur Eigenentwicklung können so möglichst effektiv genutzt werden.

Unter angebots- und nachfragespezifischen Gesichtspunkten stellen Kenntnisse und Erfahrungen, die zur innovativen Entwicklung und Nutzung neuer Medienangebote befähigen, eine ganz entscheidende Voraussetzung für die Verbesserung der Wettbewerbsposition auf globalen Medienmärkten dar, wodurch nicht zuletzt positive Beschäftigungseffekte induziert werden – Medienkompetenz wird zum Standortfaktor.[7]

Praxisbeispiel RWE-Konzern

RWE – die Zukunftsgruppe. Mit diesem Slogan tritt die RWE AG seit einiger Zeit nach außen und nach innen auf. Der RWE-Konzern zählt zur Spitzengruppe deutscher Industrieunternehmen. 145 467 Mitarbeiter erwirtschafteten weltweit einen Jahresumsatz von rund 73 Mrd. DM und einen Jahresüberschuß von rund 1,4 Mrd. DM. Als konzernleitende Holding koordiniert und führt die RWE AG die sieben Unternehmensbereiche Energie, Bergbau und Rohstoffe, Mineralöl und Chemie, Umweltdienstleistungen, Maschinen-, Anlagen- und Gerätebau, Telekommunikation sowie Bau. Die 1898 in Essen gegründete RWE hat sich im Laufe der Jahre nicht nur zum größten deutschen Energieversorgungsunternehmen, sondern zu einem umfassenden Anbieter von Infrastrukturdienstleistungen weiterentwickelt. Jüngstes Feld ist die Telekommunikation. Die stetige Ausweitung der Aktivitäten über das Stammgeschäft Stromversorgung hinaus führte 1990 zur Neuordnung der Konzernstruktur. Dies war die Geburtsstunde der RWE AG als strategische, wertsteigernde Management-Holding. Nach den großen Aquisitionen der letzten Jahre ist die Geschäftspolitik gekennzeichnet durch die Neuausrichtung bestehender Geschäftsfelder, die Erschließung zukunftsträchtiger Wachstumsmärkte, den Ausbau der Aktivitäten im Ausland und konsequentes Portfoliomanagement.

Die dezentrale Struktur des Konzerns, die weitgehend autarken Führungsgesellschaften sowie die große Anzahl kleiner Organisationsstrukturen und Standorte erfordern aktive Maßnahmen in den Bereichen Wissens- und Informationsma-

[7] Vgl. Bullinger, H.-J. (1997)

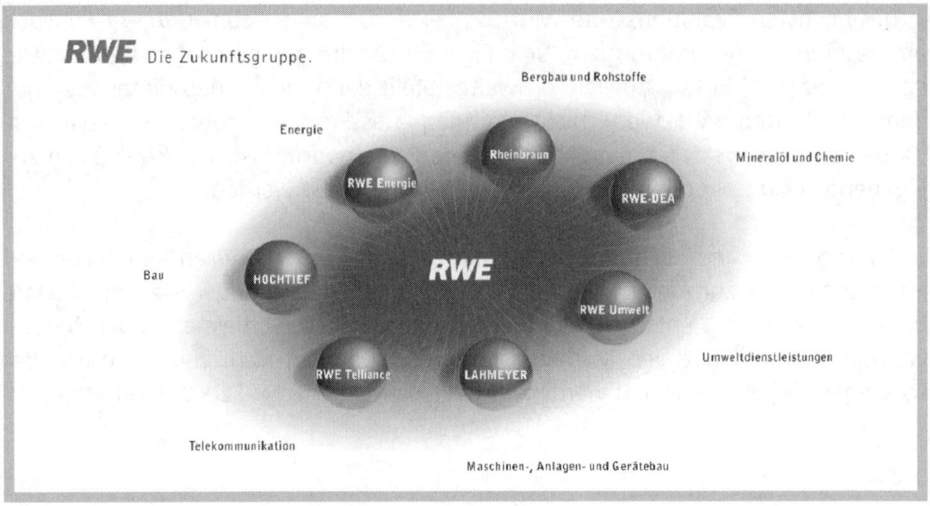

Abb. 4: RWE – Die Zukunftsgruppe

nagement. Voraussetzung dafür ist eine offene Führungskultur, die auch im Konzernleitbild verankert ist. Der folgende Auszug verdeutlicht, daß Weitergabe, Speicherung, Reflexion und Nutzung des vorhandenen Wissens zu einem wesentlichen Bestandteil der Unternehmenskultur des RWE-Konzerns geworden ist.

- *„Lebenslanges Lernen und ständigen Wandel verstehen wir als Herausforderung. Wir werden uns fortlaufend weiter qualifizieren und fortbilden."*
- *„Die Kräfte und Stärken in unseren diversifizierten Geschäftsfeldern werden wir vermehrt bündeln und Wissen, Können sowie Erfahrung – auch aus unseren*

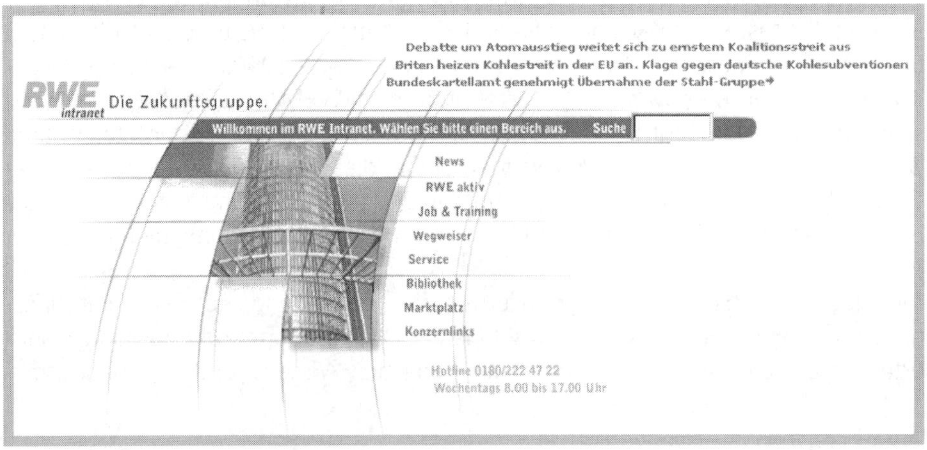

Abb. 5: Die Startseite des RWE-Intranets

Abb. 6 a: Suchmaske und Trefferliste des Bereiches Weiterbildung

Aktivitäten in Forschung und Entwicklung – zunehmend übergreifend nutzen. Gemeinsam wollen wir eine Kultur der konzerninternen Zusammenarbeit schaffen und pflegen."[8]

Die Etablierung eines konzernweiten Intranets stellt eine folgerichtige Konsequenz dieses Leitbildes dar. Die Intranet-Technologie hat dabei den entscheidenen Vorteil, daß ein spezifischer Medien-Mix zusammengestellt werden kann, der von einfachen Textseiten und Office-Dokumenten bis hin zu Multimedia-Dateien und Video-Animationen reicht. Datenräume werden begehbar, an der Grenze zwischen realer und virtueller Welt wird der Benutzer mehr und mehr vom Zuschauer zum Akteur. Als Folge der gegenseitigen Vernetzung spielt es dabei keine Rolle mehr, ob es sich um (konzern-)interne Inhalte handelt, oder ob entsprechende Links zu externen Informationen bereitgestellt werden.

Prototypisch wurde dieses Szenario bereits für den Bereich Weiterbildung realisiert. Virtuelle Lernwelten sind im Themenkreis „Job und Training" in das Lehrangebot des Intranets integriert. Um eine Liste dieser Lehrangebote zu erhalten, kann beispielsweise nach dem Schlagwort „online" gesucht werden.

[8] Aus dem Leitbild des RWE-Konzerns

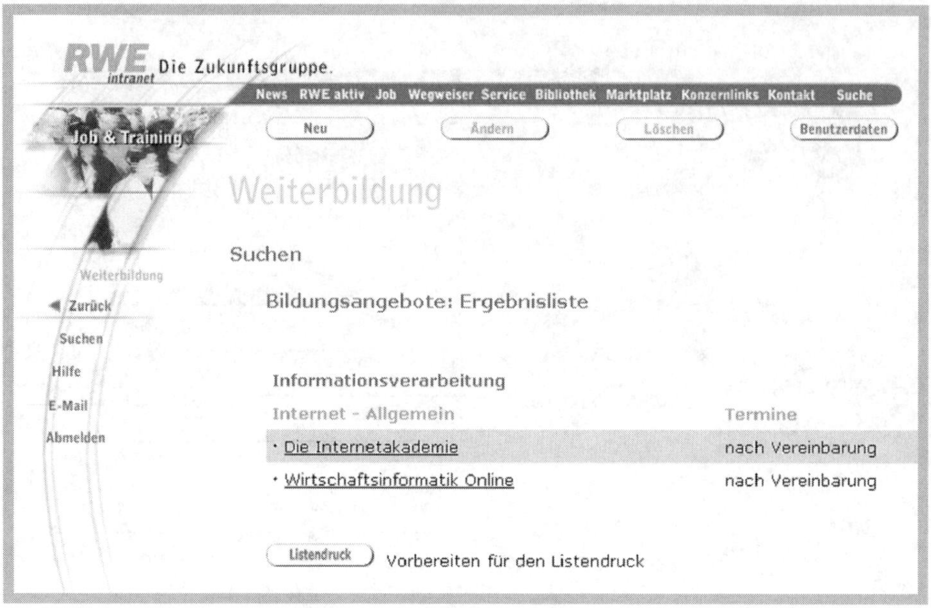

Abb. 6 b: Suchmaske und Trefferliste des Bereiches Weiterbildung

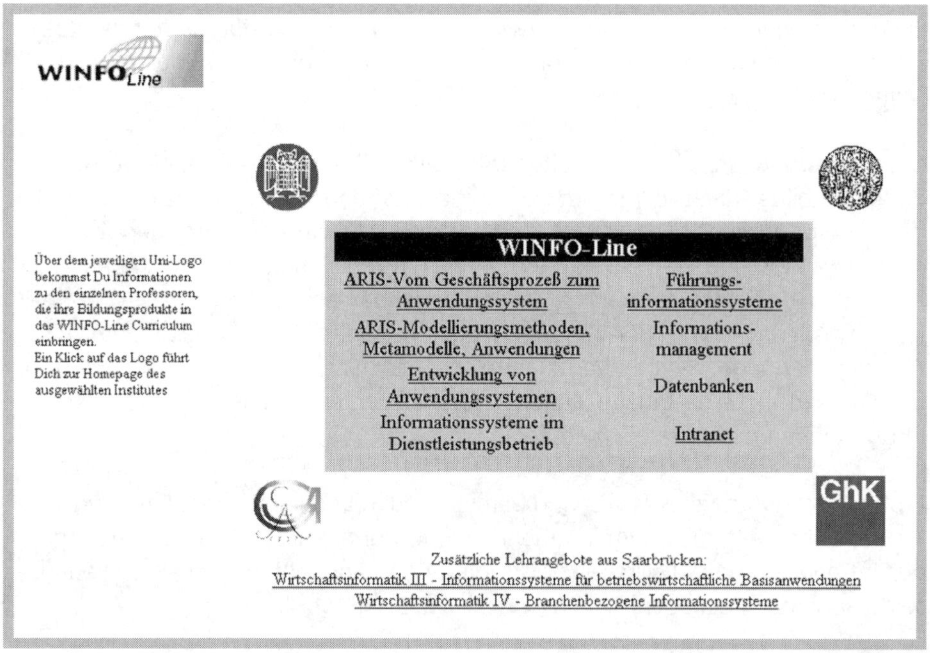

Abb. 7: Startseite des WINFOLine-Projektes

In der Detailansicht des virtuellen Seminars „Die Internet-Akademie" sind Links zu unterschiedlichen Online-Bildungsangeboten verschiedener Universitäten zu finden. Zusätzlich gelangt man zum Forum Virtuelle Lernwelten und kann dort eine weitere Internet-Recherche durchführen. Über das Stichwort „ARIS" erhält man dann beispielsweise über das Institut für Wirtschaftswissenschaften der Universität des Saarlandes Zugang zum WINFOLine-Projekt.
Das Verbundprojekt Wirtschaftsinformatik Online ist eine Kooperation der Universitäten Saarbrücken, Göttingen, Kassel und Leipzig und hat zum Ziel, über das Internet den virtuellen Studiengang Wirtschaftsinformatik anzubieten. Im Rahmen der Initiative BIG Bildungswege in der Informationsgesellschaft wird dieses Projekt von der Bertelsmann Stiftung gefördert.[9]

Multimediale Online-Lernmethoden werden zukünftig im Rahmen verschiedener Qualifizierungsprojekte des RWE-Konzerns zunehmend an Bedeutung gewinnen.

Literatur

Besch, Friedrich (1997): Bildungsinnovation durch Medien. In: Initiative: BIG – Bildungswege in der Informationsgesellschaft, Hrsg.: Bertelsmann-Stiftung; Heinz-Nixdorf-Stiftung, 1997.

Bullinger, H.-J. (Hrsg., 1997): Dienstleistungen für das 21. Jahrhundert, Stuttgart, 1997.

Einem, C. von, Erichsen, H.-U., Geissler, K.-H., Rosenberger, S., Scholz, K. (1998): Wissensgesellschaft, Bildungsperspektiven in einer Welt der Umbrüche, Zukunfts- u. Kulturwerkstätte, 1998.

Fischer, R. (1996): Medienkompetenz im Informationszeitalter, 1. Fachtagung des Forums Medienpädagogik der BLM, 1996.

Heller, U., Kortzfleisch, H. v., Winand, U. (1997): Entwicklung einer Beschreibungssprache für Virtuelle Lernwelten. Arbeitsbericht Nr. 18, Wirtschaftsinformatik, Universität Gh Kassel, 1997.

Heller, U., Kortzfleisch, H. v., Winand, U. (1998): Medienkompetenz, eine erste Annäherung. Arbeitsbericht Nr. 19, Wirtschaftsinformatik, Universität Gh Kassel, 1998.

9 Adressen und Ansprechpartner zu WINFOLine im Anhang

Kortzfleisch, H. v., Winand, U. (1997): Kooperieren und Lernen im Intranet. In: IM Information Management, 1997.

Kortzfleisch, H. v., Heller, U., Winand, U. (1998a): Electronic Learning and Teaching Commerce via Education Servers in Germany. In: EM8, Nr. 2, 1998.

Kortzfleisch, H. v., Winand, U. (1998b): Virtuelle Lernwelten zur Förderung und Entwicklung von Medienkompetenz. In: Electronic Office V, 1998.

Thiedeke, U. (1997): Medien, Kommunikation und Komplexität : Vorstudien zur Informationsgesellschaft, 1997.

Adressen der DeMeS-Projektpartner:

Universität Gh Kassel, Nora-Platiel-Straße 4, 34127 Kassel
http://wirtschaft.uni-kassel.de

GMD Forschungszentrum Informationstechnik GmbH, Dolivostraße 15
64293 Darmstadt
http://www.darmstadt.gmd.de

MIT-Beratung, Gesellschaft für Management-Beratung, Informationssysteme und Technologie mbH, Lysegang 11, 45139 Essen
http://www.mit-beratung.de

RWE Aktiengesellschaft, Opernplatz 1, 45128 Essen
http://www.rwe.de

Informationen zum WINFOLine-Projekt erhalten Sie unter:
Bertelsmann Stiftung, Bereich Medien, Claus-Bertelsmann-Straße 256
33311 Gütersloh
http://www.winfoline.de

Vom Druckbogen zur Kommunikationslösung: Entwicklung eines Dienstleistungsportfolios in der Medienindustrie

Ulrich Stetter

Ausgangssituation

Der Süddeutsche Zeitungsdienst in Aalen, eine Druckerei und Verlagsgesellschaft mit ca. 430 Mitarbeitern und Aktivitäten in den Bereichen Regionale Tageszeitungen und Anzeigenblätter, Katalog- und Zeitschriftendruck sowie Dienstleistungen im Medienbereich, hat schon früh die Bedeutung der elektronischen Medien erkannt. Es wurde bereits in den 80er Jahren das EDV-Know-how gesammelt und in einem eigenen Tochterunternehmen konzentriert.

Mit der Entwicklung in der Druckvorstufe hin zum „Computersatz" und weiter zur elektronischen Ganzseite (diese Entwicklung dauert an) wurden erste Möglichkeiten der datenbankgestützten Produktion aufgegriffen.

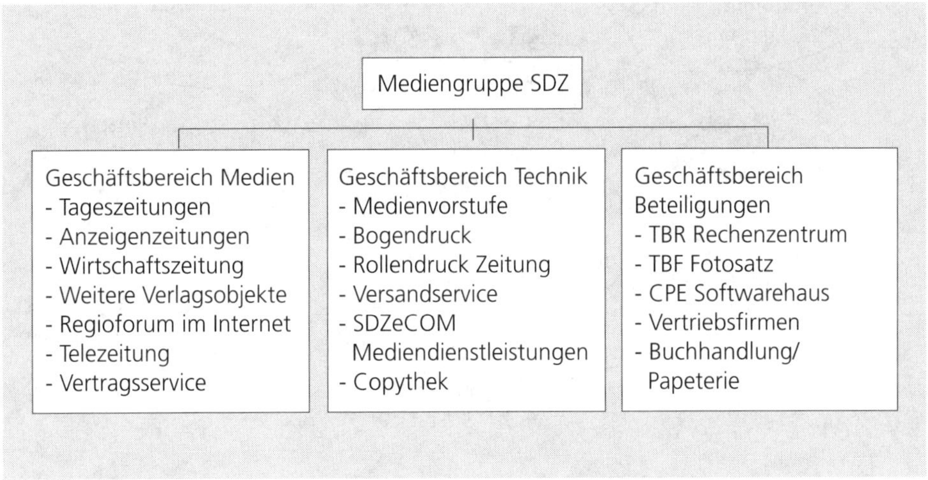

Abb. 1: Unternehmensstruktur

Es folgte eine Eigenentwicklung namens Q-Base mit der Möglichkeit, Dokumentendaten aus dem Layoutprogramm QuarkXPress in eine Datenbank zu übernehmen und auch aus der Datenbank wieder in Dokumente zu stellen. Die Ansätze waren alle technikorientiert und vernachlässigten zum Teil die Sicht des Kunden. Aus diesem Grund war der Vertrieb dieser Produkte schwierig.

Mit dem Aufkommen der elektronischen Medien wurden beim SDZ erste Pilotprojekte durchgeführt, eine POI-Anwendung für den Eigenbedarf erstellt sowie ein elektronischer Katalog zusammen mit einem Kunden aufgebaut. Die Projekte waren, nach entsprechender Schulung, technisch relativ problemlos durchzuführen; als großer Vorteil erwies sich die frühe Strukturierung des eigenen Rechenzentrums und somit die Möglichkeiten des Zugriffs auf umfassendes EDV-Know-how, die in der Druckbranche in dieser Form und in diesem Umfang meist nicht gegeben sind.

Nach dem Einstieg wurde erkannt, daß der Druckindustrie keine Kompetenz im Bereich der elektronischen Medien zugesprochen wird, und daß sich deshalb reine Druckereien schwer tun, an entsprechende Aufträge zu kommen. Meist handelt es sich nur um Zusatzaufträge von Stammkunden aus dem Druckereibereich. Das Gewinnen von zusätzlichen Kunden für andere als Druckmedien ist schwierig.

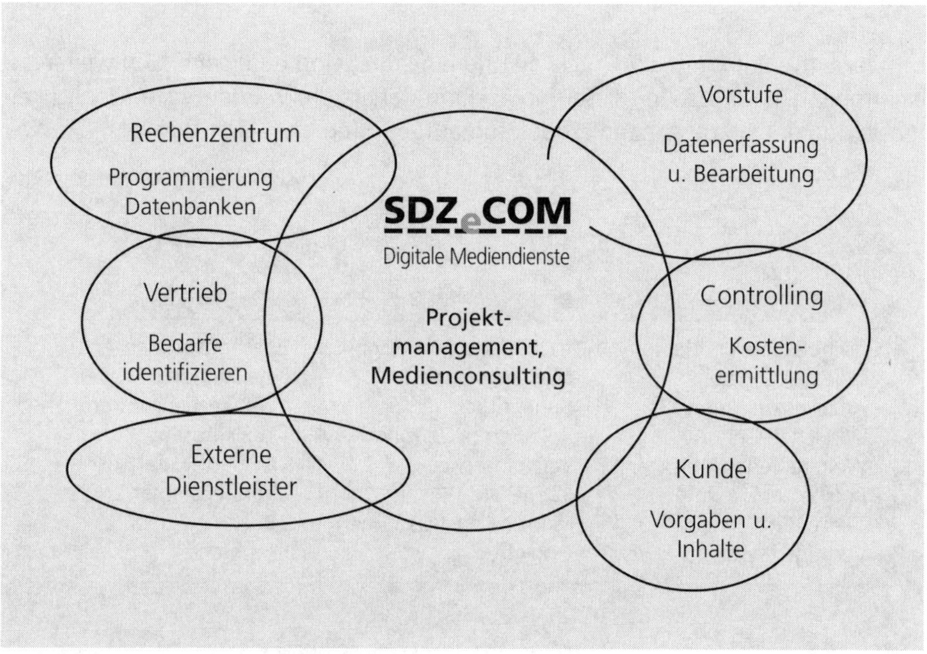

Abb. 2: SDZeCOM als virtuelles Unternehmen

Das Problem wurde in der Branche viel diskutiert, einige führende Unternehmen haben sich zur Gründung von Tochterfirmen entschlossen, beim SDZ wurde ein Geschäftsbereich namens SDZeCOM – Digitale Mediendienste gegründet, eine rechtliche Trennung vom Gesamtunternehmen war und ist nicht vorgesehen. SDZeCOM besteht im wesentlichen aus Vertrieb und Projektleitung, der Zugriff auf die notwendige Personalkapazität und spezielles Know-how erfolgt projektspezifisch und über Hierarchiegrenzen hinweg (man könnte hier auch von einem virtuellen Unternehmen sprechen). SDZeCOM bestand seit einem Jahr, als wir mit dem Verbundprojekt DeMeS begonnen haben.

Die Ansätze des Teilprojektes in DeMeS

Die offenen Fragen zum Zeitpunkt der Projektdefinition waren nicht auf technischer Seite zu finden. Natürlich hat die vorhandene Datenbank noch nicht optimal mit jedem Ausgabemedium funktioniert, es handelt sich aber hierbei um Detailfragen, die es wohl immer geben wird, und die auch meist irgendwie gelöst werden können. Die wichtigste Frage war, warum sinnvolle Produkte wie ein elektronischer Katalog oder eine datenbankgestützte Katalogproduktion so schwer an den Mann zu bringen waren, warum von zahlreichen formulierten Produkten nur in wenigen Teilbereichen wirklich Aufträge verkauft werden konnten.

Somit war klar, daß sich eine Forschungsaufgabe – auch aufgrund der Relevanz für Unternehmen, die ähnliche Schritte noch vor sich haben – auf die Angebotspalette und den Vertriebsweg konzentrieren mußte.

Zentrum aller Überlegungen mußte der Kunde sein. Es wurde deshalb begonnen, Gespräche mit Kunden oder Interessenten zu protokollieren, um die wichtigsten Fragestellungen und die Überlegungen der Kunden zu strukturieren. Festzustellen war, daß im Gespräch mit den Kunden, ergänzt durch Angaben aus dem eigenen Haus und durch Gespräche mit den anderen Druckereien im Verbundprojekt, klare Wünsche des Kunden abzuleiten sind und diese im wesentlichen aus Problemen der Praxis resultieren.

Im Rahmen der Untersuchungen wurde klar, daß die Sicht des Kunden eine andere ist, und daß dieser mit produktionstechnischen Verbesserungen in der Regel nicht zu locken ist. Es wurde bewußt, daß durch Kundenorientierung andere Prioritäten vorgegeben sind als durch eine nach innen orientierte, technologieorientierte Sichtweise.

Die weitere Vorgehensweise

Auf Basis des vorhandenen Portfolios und unter Erweiterung der Wissensbasis wurde ein neues Portfolio geschaffen (s. Abb. 3).

Sehr positiv war, daß sich zur Thematik Dienstleistung Impulse aus der Parallel-PEM „Service-Engineering – Marktführerschaft durch Leistungsbündelung und kundenorientiertes Service-Engineering" ergaben. Die Kontakte wurden hier intensiviert und ergaben zusätzliche Aspekte in bezug auf die Planung von Dienstleistungen.

Das neu entwickelte Dienstleistungsportfolio läßt sich in sieben Dienstleistungsbereiche untergliedern. Diese sind: Medien-Consulting, Datenerfassung, Datenlogistik, Datenaufbereitung, Datenbank-Programmierung, Multimedia-Programmierung, Multimedia-Publishing. Jede Dienstleistung wird durch ein klar definiertes Endprodukt abgeschlossen, dadurch wird auch eine Abgrenzung möglich, und es ist auch denkbar, nur einzelne Blöcke aus diesem Portfolio anzubieten. Außerdem läßt sich dem Kunden aufgrund der Darstellungsform wesentlich einfacher der Ablauf einer Produktion erläutern, die verschiedenen Möglichkeiten der Zusammenarbeit und die Basis einer Produktion, nämlich das Feinpflichtenheft als Ergebnis des Medien-Consulting. Wesentlich ist auch die Erkenntnis, daß es im Einzelfall auch sinnvoll sein kann, daß nur ein Medienconsulting durchgeführt wird, wobei man dann zu dem Ergebnis kommt, daß sich eine Ausweitung des Medienmix in diesem speziellen Fall bei den derzeitigen technischen Restriktionen nicht

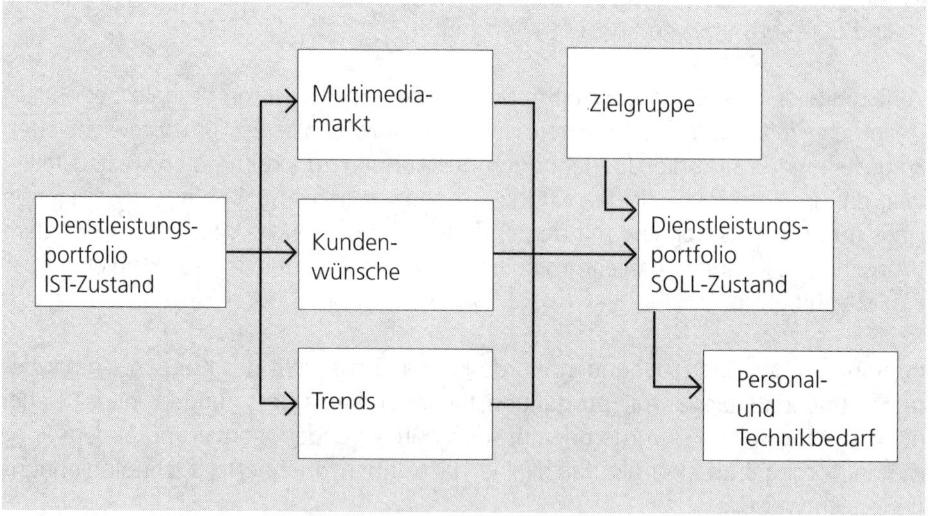

Abb. 3: Die Vorgehensweise im Überblick

Abb. 4:
Das neue Dienstleistungsportfolio von SDZeCOM

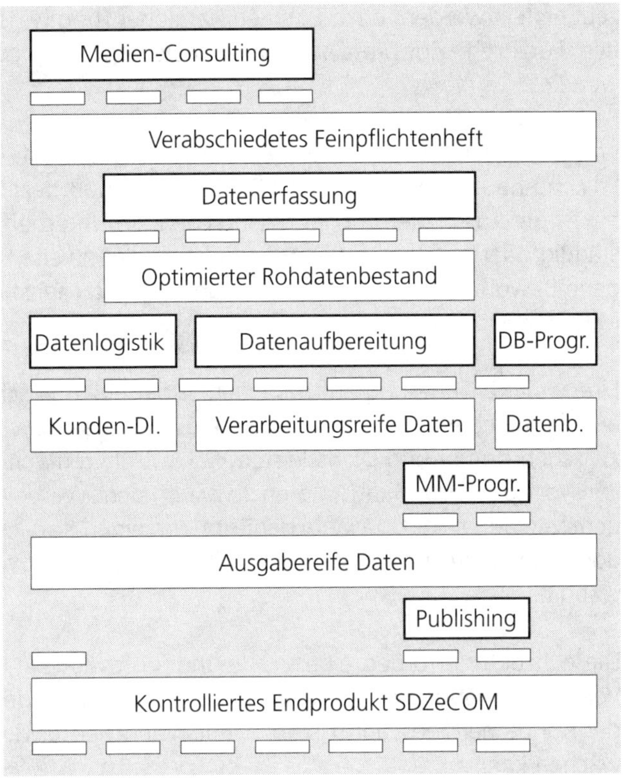

lohnt. Für SDZeCOM ist diese Beratung ein Auftrag wie jeder andere, für den Kunden ist eine solche Vorgehensweise ebenfalls von großem Vorteil.

Im Rahmen der Arbeit am neuen Portfolio wurde festgestellt, wie schwer es für ein Unternehmen aus dem produzierenden Gewerbe ist, sich von Produkten zu lösen und in Dienstleistungen zu denken. Fieberhaft wurde immer wieder versucht, faßbare Produkte zu formulieren und in produzierten Mengen zu denken. Erst durch intensive Beschäftigung mit der Thematik kann man sich von den traditionellen Vorstellungen lösen, wobei ich davon ausgehe, daß dieser Prozeß noch nicht abgeschlossen ist. Alle Mitarbeiter im Projekt müssen sich über ihre Leistung im klaren werden, müssen den Wert dieser Leistung erkennen und schätzen lernen. Nur so ist es möglich, dem Kunden gegenüber den erbrachten Mehrwert auch darstellen zu können.

Dies wird durch eine Tradition in der Druckindustrie zusätzlich erschwert. Angebote werden grundsätzlich kostenlos abgegeben. Dies war sicher berechtigt, als Angebote noch reine Preislisten oder Stücklisten waren. Heute muß aber ein Konzept erstellt werden, um z. B. einen Katalogauftrag wirtschaftlich abwickeln zu können. Für solche Konzepte sind umfangreiches Know-how und große Erfahrung notwendig.

Im Bereich der elektronischen Medien umfaßt der Aufwand für die Konzeption und Pflichtenhefte 60 % oder mehr. Dieser Wert muß bezahlt werden; ein Schritt dorthin ist die Ausgliederung der entsprechenden Unternehmensteile (ob rechtlich selbständig oder nicht ist dabei ohne Belang), der zweite Schritt ist die eben beschriebene Bewußtwerdung von Wertschöpfung und Dienstleistung bei allen beteiligten Mitarbeitern.

Eine weitere Neuerung auf dem Gebiet der elektronischen Medien (und bald auch auf dem Gebiet aller Medienprodukte?) ist die Ausweitung der Zusammenarbeit zwischen Kunde und Dienstleister. Wo in früheren Zeiten der einmalige Austausch von Vorlagen und Manuskripten zwischen dem Werbeleiter des Auftraggebers und dem Verkäufer der Druckerei genügte, um einen Katalogauftrag in Gang zu setzen, dort sind heute umfangreiche Gespräche zwischen verschiedenen Partnern notwendig.

Diese Struktur erfordert eine straffe und professionelle Projektleitung und vor allem Vertrauen, wenn der Dienstleister in die Datenbank des Kunden greifen darf, und der Kunde per Fernzugriff beim Mediendienstleister den Stand der Arbeiten überwachen kann.

Abb. 5:
Schnittstellen zwischen Kunde und Dienstleister

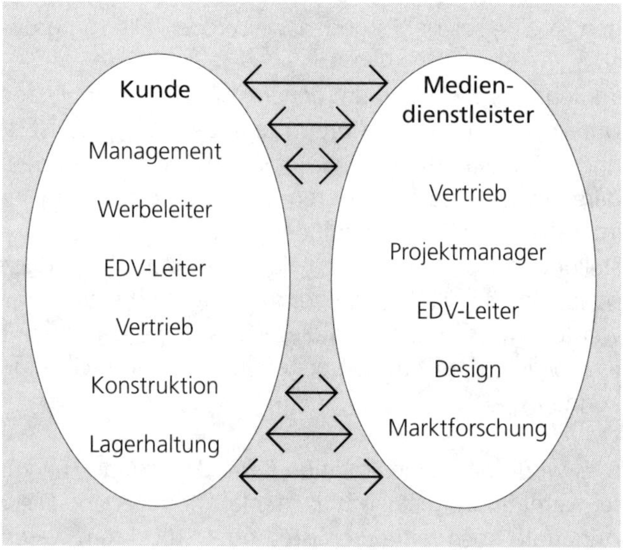

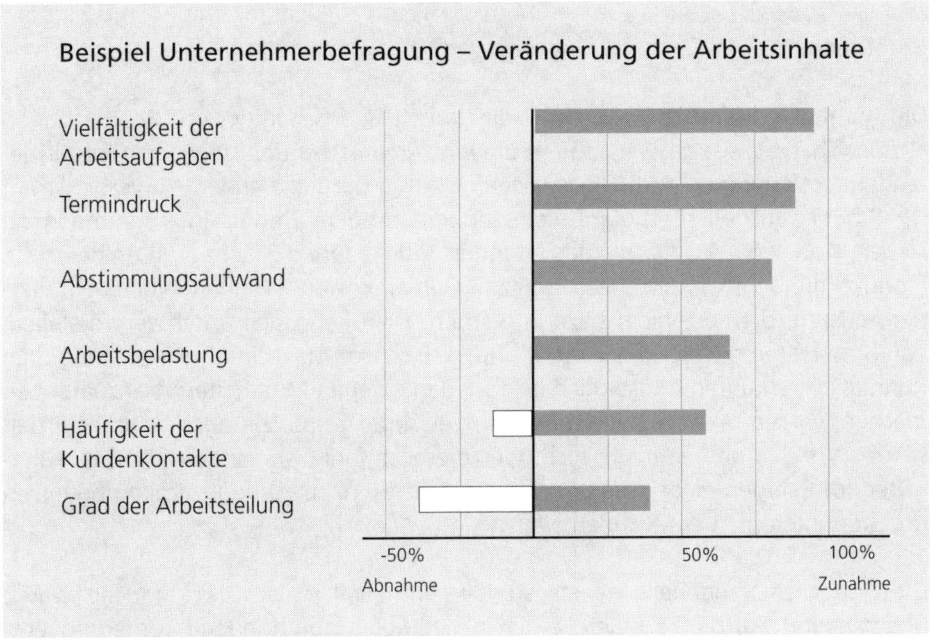

Abb. 6: Unternehmerbefragung in der Druckindustrie – Veränderung der Arbeitsinhalte

Des weiteren ist festzustellen, daß sich weder die Ausbildung noch die Kenntnisse der Fachkräfte am Dienstleistungsgedanken orientieren. Befragt man Fachkräfte z. B. in der Druckvorstufe bezüglich ihrer Kenntnisse und Fähigkeiten, so werden nur technisches Wissen und der Umgang mit Software genannt. Soziale Kompetenz, die Fähigkeit zum Umgang mit dem Kunden und die Notwendigkeiten zur Teambildung werden völlig vernachlässigt.

Auf der einen Seite werden also immer mehr Stellen im Medienunternehmen mit dem Kunden Kontakt haben, auf der anderen Seite sind die meisten Mitarbeiter auf diesen Kontakt in keinster Weise vorbereitet.

Es besteht also ein erheblicher Nachholbedarf bezüglich der Mitarbeiterweiterbildung, hier sollten betriebsübergreifende Seminare angeboten werden, und es muß auch geprüft werden, inwiefern sich im Ausbildungsrahmen die notwendigen Fähigkeiten unterbringen lassen.

Ergebnisse

Die wichtigste Erkenntnis aus der Projektarbeit und der intensiven Beschäftigung mit der Thematik ist das Wissen um die Problematik des Übergangs vom produzierenden Unternehmen zum Dienstleister. Alles im produzierenden Gewerbe ist auf das Produkt ausgerichtet; nur Tätigkeiten, die mit dem Produkt in Zusammenhang stehen, sind „von Wert". Alle begleitenden Tätigkeiten, die nicht unmittelbar in ein Produkt münden, werden sozusagen zu „Gemeinkosten", Dinge die gemacht werden müssen, die aber nicht bezahlt werden. Man kann sich unschwer vorstellen, daß Mitarbeiter, die dieser Meinung sind, sich schwer tun, eine Dienstleistung dem Kunden zu verkaufen. Wesentlich ist also, den eigenen Mitarbeitern transparent zu machen, wo sie tatsächlich Leistungen erzeugen. Sie müssen auch verstehen, daß sie den Kunden unterstützen, nicht weil dieser unfähig ist, sondern weil die Tätigkeiten im Rahmen einer Katalogproduktion sicher nicht zu den Kernkompetenzen und Kerninteressen des Kunden zählen.

Die bisher entstandenen Dienstleistungen im Bereich der Druckbranche waren überwiegend Zufalls-„Produkte", die in der Regel auf Kundenanforderung entstanden sind, sich unter Umständen auch nicht etablierten oder dem Markt nicht genügend erläutert werden konnten. Es sollte deshalb der Gedanke vom Service-Engineering aufgegriffen werden, der in der gleichnamigen PEM untersucht wurde. Ziel muß es sein, Dienstleistungen wie Produkte ingenieursmäßig zu entwickeln, zu implementieren, zu vertreiben und deren Weiterentwicklung sicherzustellen. Das folgende Schaubild zeigt die Vorgehensweise.

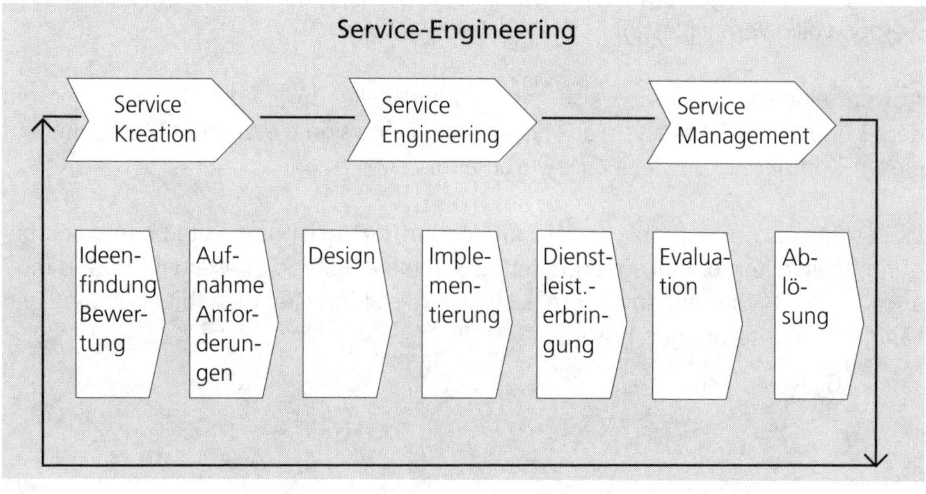

Abb. 7: Vorgehensweise beim Service-Engineering

Nur durch Service-Engineering ist es möglich, den Anforderungen der Kunden zuvorzukommen und eine gezielte Leistungsentwicklung zu betreiben, ohne daß diese ungeordnet und unter dem Druck einer aktuellen Kundenanforderung abläuft.

Wesentlich ist, daß die Veränderungen, die wir im Bereich der elektronischen Medien vor eineinhalb Jahren untersucht haben, nun auch vermehrt in der traditionellen Druckvorstufe auftreten. Beratung bleibt nicht länger eine Dienstleistung, die sich auf elektronische Medien beschränkt, sondern sie wird auch bei der Herstellung eines gedruckten Kataloges und/oder einer Zeitschrift notwendig. Und sie kann nicht mehr kostenfrei sein, da sie umfassend, qualifiziert und dauerhaft erfolgen muß. Der Kunde, der eine solche Beratung erfahren hat, kann deren Wert erkennen und wird auch bereit sein, dafür zu bezahlen. Zusätzlich erhöht die Beratung die Kundenbindung erheblich. Dies alles bedingt interne und externe Transparenz, ein rechtzeitiges Erkennen der Problematik auch in Unternehmen, die sich nicht mit den neuen Medien beschäftigen, sondern heute noch der Meinung sind, daß sie sich weiterhin in den gewohnten, traditionellen Bahnen bewegen.

II. Neue Märkte – Wachstumschancen durch Dienstleistungen

3. Dienstleistungen als Zukunftsmarkt für das Handwerk

Dienstleistungen als Zukunftsmarkt für das Handwerk

Gerold B. Hantsch

Visionen

Alle Wirtschaftsbereiche stehen derzeit vor der großen Herausforderung, den gesellschaftlichen Wandel zu einer dienstleistungsorientierten Gesellschaft aktiv mitzugestalten. Gefordert ist also auch das Handwerk, verstärkt auf neue Dienstleistungsfelder zu setzen. Die Diversifikation dieser neuen Aufgabenbereiche ist nicht risikofrei, gleichzeitig ist sie aber eine große Chance, am wachsenden Dienstleistungsmarkt zu partizipieren.

Bei allen Aktivitäten sollten Visionen ein Wegbegleiter sein:

- In zehn Jahren werden 50 % aller Handwerksbetriebe über Dienstleistungsnetzwerke kooperieren.
- Verändertes Umweltbewußtsein führt zu neuen handwerklichen Dienstleistungen im Umweltsektor.
- Hohe Spezialisierung und verstärkte Kooperation bei handwerklichen Dienstleistungen senken den Wettbewerbsdruck.
- Die Nutzung von I&K-Technologien durch die Allgemeinheit führt zu einer Steigerung der Nachfrage nach Dienstleistungen.
- Durch zunehmende Überalterung der Gesellschaft wird es zu einer Nachfragesteigerung bei Dienstleistungen kommen, die im häuslichen Umfeld erbracht werden.
- Die Selbständigkeit von Akademikern im Handwerk ist keine Ausnahme.

Initiative „Dienstleistungen für das 21. Jahrhundert"

In den vergangenen Jahren hat sich das Thema Dienstleistungen zu einem zentralen Punkt in der Diskussion um den Standort Deutschland entwickelt. Das Bundesministerium für Bildung, Wissenschaft, Forschung und Technologie (BMBF) hat mit der Initiative „Dienstleistungen für das 21. Jahrhundert" dieses Thema aufgegriffen. Ziel ist es, die Innovations- und Zukunftspotentiale des Dienstleistungssektors in Deutschland zu mobilisieren, um die Stellung der Unternehmen im internationalen Wettbewerb zu stärken und die Anzahl und Qualität der Arbeitsplätze zu erhöhen. Innovation ist dabei ein vielschichtiger Begriff, der unterschiedliche Aspekte umfaßt. Im Zentrum stehen die klassischen Faktoren von Organisation, Qualifikation, Gesundheit und Technik. Diese Faktoren müssen vor dem Hintergrund der programmatischen Zuspitzung der Innovationsorientierung betrachtet werden.

In der vom BMBF 1995 initiierten Dienstleistungsoffensive „Dienstleistung 2000+" wurden Analysen und Bewertungen des nationalen und internationalen Standes der Wissenschaft durchgeführt sowie Trends und Zukunftsszenarien aufgezeigt. Weiterhin wurden Forschungs- und Handlungsempfehlungen zu folgenden Themenbereichen formuliert:

- zum Erhalt und Ausbau qualitativ hochwertiger profit- und nonprofitorientierter Dienstleistungen in einer hoch arbeitsteiligen, im internationalen Wettbewerb stehenden Wirtschaft,
- zur Verbesserung der Kooperation von Produktion und Dienstleistung,
- zur ganzheitlichen Gestaltung qualitativ hochwertiger Arbeit im Dienstleistungsbereich,
- zur Unterstützung moderner, nachhaltiger Wirtschaftskonzepte durch ganzheitlich gestaltete Dienstleistungen und
- zur Entwicklung zukunftsorientierter Qualifikations- und Qualifizierungskonzepte.

Ziel dieser Forschungs- und Handlungsempfehlungen ist es,

- die Probleme der Arbeits- und Beschäftigungspolitik zu bewältigen,
- die Innovationsfähigkeit kleiner und mittlerer Dienstleistungsunternehmen zu verbessern,
- die Wirkungen neuer Arbeits- und Organisationsformen auf die sozialen Systeme sowie die berufliche Bildung abzuschätzen und zu gestalten.

Die Untersuchungen waren Aufgabe von zwölf Arbeitskreisen aus Vertretern unterschiedlicher Bereiche: Politik und öffentliche Hand, Dienstleister aller Art, sowohl private Unternehmen als auch öffentliche Verwaltungen und profit- bzw. nonprofitorientierte Organisationen, wie z.B. Kammern und Verbände. Angesprochen waren darüber hinaus all diejenigen, die den Dienstleistungsbereich unterstützen, wie Hersteller und Anbieter von Technik, Berater, Forscher, Institutionen der Aus- und Weiterbildung sowie Vertreter des Arbeits- und Gesundheitsschutzes.

Die Arbeitskreise traten von Anfang 1995 bis Ende 1996 mehrfach zusammen und verständigten sich auf Eckpunkte eines gemeinsamen, ganzheitlichen Leitbildes als Ausgangspunkt für die weiteren Arbeiten. Zwölf Leitsätze standen dabei im Mittelpunkt:

- Erhalt und Verbesserung des Lebens- und Wirtschaftsstandortes
- Zukunftsfähiges und nachhaltiges Wirtschaften
- Einbindung in globale Kooperationen
- Schaffen attraktiver Arbeitsplätze für unterschiedliche Qualifikationen
- Stabilisierung von Beschäftigung und sozialer Sicherheit
- Kreative und persönlichkeitsfördernde Arbeitsgestaltung
- Sozial und ökologisch orientierte Technikgestaltung
- Innovations- und Anpassungsfähigkeit des Bildungssystems
- Verbesserung der Kunden- und Nutzerorientierung
- Weiterentwicklung und Sicherung der offenen Gesellschaft
- Unterstützung vernetzter vertikaler und horizontaler Kooperationen
- Verbesserung von Handlungsfähigkeit und Partizipationschancen

Als Ergebnis der Arbeit dieser zwölf Arbeitskreise wurden sechs Forschungsfelder definiert, denen insgesamt dreizehn sogenannte „Prioritäre Erste Maßnahmen" (PEM) zugeordnet wurden. Diese PEM hatten die Aufgabe, den Forschungs- und Handlungsbedarf in den einzelnen Themenfeldern weiter zu konkretisieren.

Innerhalb des Forschungsfeldes 3 „Innovation und Kreativität der Dienstleistungs-Organisation" war mit der PEM 8 „Handwerk als Leitbild für Dienstleistungsorientierung in innovativen KMU" speziell der kleinbetriebliche Sektor Gegenstand der Betrachtung.

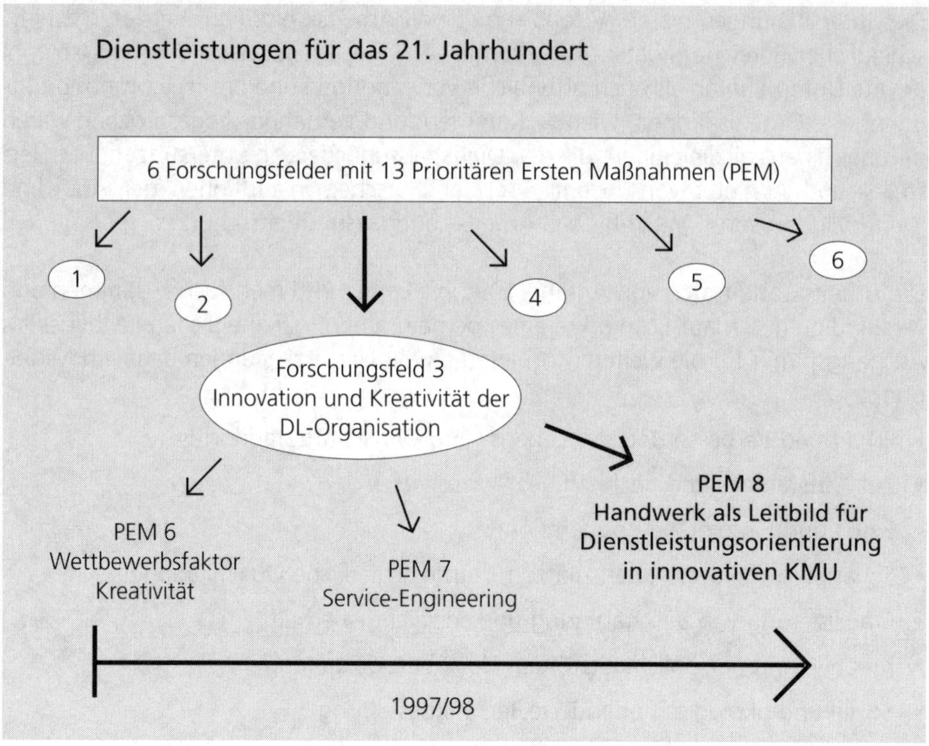

Abb. 1: Entwicklung vom Forschungsfeld 3 zur Prioritären Ersten Maßnahme 8

Handwerk als Leitbild für Dienstleistungsorientierung in innovativen KMU

Das Handwerk ist neben der Industrie der größte und vielfältigste Wirtschaftszweig in Deutschland. Es hat etwa gleich viele Beschäftigte wie die Industrie und leistet zur Wertschöpfung unserer Volkswirtschaft einen bedeutenden Beitrag. Externe Einflußfaktoren, wie Veränderungen wirtschaftlicher Rahmenbedingungen, technische Innovationen oder demographische Entwicklungen, machen für das Handwerk neue Strategien und Vorgehensweisen erforderlich, um auch künftig im Wettbewerb mit in- und ausländischen Anbietern bestehen zu können.

Auf der Anbieterseite sieht sich das Handwerk einer zunehmenden Konkurrenz durch Großanbieter ausgesetzt, die verstärkt in bisher traditionell handwerkliche Marktsegmente eindringen. Auf der Nachfrageseite steigen die Ansprüche der Kunden. Sie verlangen vermehrt nach vollständigen Problemlösungen, möglichst aus einer Hand. Beides zusammen erfordert ein aktives Marketing und das Angebot „komplexer Produkte", die in der Regel Kombinationen aus Produkten und Dienstleistungen darstellen.

Komplette Problemlösungen können kleine Unternehmen oft nur in Zusammenarbeit erbringen. Die zusätzlichen Marktchancen, die sich durch Kooperationen zwischen kleinen und mittleren Unternehmen bieten und neue Dienstleistungen ermöglichen, sind bisher nur unzureichend wahrgenommen und genutzt worden. Zwischenbetriebliche Kooperationen sind Organisationsformen, die Synergie-Effekte nutzen. Diese Kooperationen müssen „lernende Organisationen" sein, die sich flexibel an die sich wandelnden Umfeldbedingungen anpassen. Das ist besonders wichtig, wenn die Unternehmensverbünde nicht nur bestehende Leistungen integrieren, sondern zusätzlich neue Tätigkeitsfelder erschließen sollen.

All diesen Anforderungen steht die Schwierigkeit der Betriebe gegenüber, innovative Dienstleistungen marktfähig zu entwickeln und kundengerecht anzubieten, sich insgesamt „dienstleistungsorientiert" zu verhalten.

Das Institut für Technik der Betriebsführung (itb) hat sich zusammen mit anderen Forschungsinstituten, Handwerkskammern, Fachverbänden, dem Zentralverband des Deutschen Handwerks, dem Bundesinstitut für Berufliche Bildung (BIBB), Unternehmensberatern, Ingenieurbüros und einer Vielzahl kleiner Unternehmen die Aufgabe gestellt, im Rahmen dieses Verbundprojektes die Dienstleistungsfähigkeit des deutschen Handwerks zu verbessern.

Ziel des Projektes war die Identifizierung neuer Handlungsfelder im Dienstleistungsbereich, um in kleinen und mittleren Unternehmen die Beschäftigung zu sichern bzw. auszuweiten. Dazu sollten Modellvorstellungen entwickelt werden, die Möglichkeiten sowohl für handwerkliche als auch für nicht-handwerkliche Unternehmen aufzeigen. Als Projektergebnis sollte der Forschungs- und Entwicklungsbedarf definiert werden, der zur Erschließung der ausgemachten Handlungsfelder erforderlich ist (siehe dazu auch das nächste Kapitel).

Im Mittelpunkt der Untersuchung stand der erweiterte Kundennutzen, zu dem z.B. ein diversifiziertes Leistungsangebot, eine komplette Problemlösung sowie größere Fachkompetenz beitragen können. Zur Verbesserung des Kundennutzens sind häufig zusätzliche, sogenannte sekundäre Dienstleistungen, wie ein bewußtes Kooperations- und Innovationsmanagement erforderlich, die ihrerseits den Einsatz moderner Informations- und Kommunikationstechniken sowie neue Organisationsformen und Unternehmensführungs-Qualifikationen voraussetzen. So können z.B. handwerksspezifische Kooperationsformen zu neuen Geschäftsfeldern eigenständiger

Unternehmen führen, die sich auf die Funktion der Organisation bzw. der Moderation spezialisieren, oder aber im Sinne eines begleitenden Coachings das Dienstleistungsangebot von Kammern und Verbänden erweitern.

Im Rahmen des Projektes sollten in sechs Teilprojekten anhand von Beispielen notwendige Rahmenbedingungen und Erfolgschancen für die Realisierung neuer Dienstleistungsformen bei Handwerksbetrieben ermittelt werden. Durch vergleichende Untersuchungen sollten weiterhin effiziente Formen der Ausgründung von handwerklichen und nicht-handwerklichen Unternehmen aus größeren Unternehmenseinheiten identifiziert werden. Von besonderem Interesse waren Erfolgsfaktoren von Existenzgründungs- und Betriebsübernahmeprozessen im Handwerk und von Akademikern sowie mögliche und bestimmende Informationsdienstleistungen zu ihrer Unterstützung. Übergeordnet sollten Finanzierungsalternativen zur Realisierung innovativer primärer und sekundärer Dienstleistungen aufgezeigt werden.

Das itb koordinierte diese sechs Teilprojekte, von denen sich vier mit neuen Dienstleistungen in bestehenden Handwerksunternehmen beschäftigten, während sich zwei weitere Teilprojekte in erster Linie auf den Entstehungsprozeß kleiner und mittlerer Unternehmen konzentrieren. Die ausführliche Darstellung der Projektarbeit ist in dem Abschlußbericht nachzulesen.

Das Forum 3 „Dienstleistungen als Zukunftsmarkt für das Handwerk" der Tagung „Dienstleistungen – Innovation für Wachstum und Beschäftigung" konzentrierte sich darauf, wie sich der Handwerker erfolgreich zum Dienstleister entwickeln kann. Folgende Punkte sind dabei zu beachtet:

- Notwendige Investitionen durch neue Dienstleistungen in zusätzlichen Kundensegmenten rentabel gestalten.
- Kunden durch komplettes Problemlösungsangebot und umfassende Betreuung binden.
- Kooperationen und Netzwerke ermöglichen bisher nicht angebotene Leistungen und eröffnen so neue Marktpotentiale.

An Praxisbeispielen soll dies verdeutlicht werden.

Innovative Dienstleistungen im Zahntechnikerhandwerk

Seit einigen Jahren hält die Lasertechnologie Einzug in das Zahntechnikerhandwerk. Dabei handelt es sich um eine Zukunftstechnologie, die am Anfang ihrer Entwicklung steht, eine sehr hohe Investition voraussetzt und eine sehr lange, kostenintensive Einarbeitung der Mitarbeiter nach sich zieht. Ein Detallabor alleine kann eine Laseranlage nicht optimal wirtschaftlich nutzen. Dazu trägt auch die augenblicklich ungünstige Situation auf dem Dentalmarkt bei. Der Laborinhaber muß sich also nach anderen Einsatzfeldern als Dienstleistungsangebot außerhalb der Dentalbranche umsehen.

Hochinteressante neue Anwendungsgebiete wurden u.a. gefunden bei Werkzeugmachern, Spritzgutfirmen, Modellbauern für mechanische Modelle, Mechatronikern, Medizintechnikern, Schreibwarenhändlern sowie bei der Schmuckindustrie. Wesentlich ist hierbei ein professionelles Marketing in diesen neuen Kundengruppen.

Strategien eines Kfz-Dienstleisters

Ausgangssituation ist die Veränderungen im Kfz-Handel und im Kfz-Handwerk: Zunehmender Druck bei den Entwicklungskosten, den Fertigungskosten, den Vertriebskosten. Eine Kompensation des rückläufigen Reparatur- und Wartungsgeschäftes der letzten Jahre kann durch neue Geschäftsfelder oder den Ausbau traditioneller Felder erreicht werden, um den Ertrag und die Beschäftigung zu sichern.

Neue öko-effiziente Dienstleistungen können eine Marktchance und Entwicklungsperspektive sein, so z.B. zeitwertgerechte Reparaturen an älteren Fahrzeugen, für die allerdings die kurzfristige Verfügbarkeit von gebrauchten Ersatzteilen in gesicherter Qualität Voraussetzung ist, oder die Funktion von Autohäusern als Fachmärkte für Mobilität. Weitere Möglichkeiten liegen in der Bildung von Kooperationen und Allianzen zur Umsetzung bzw. zum Angebot dieser neuen Dienstleistungen. Dies kann auch in Zusammenarbeit mit Fachhochschulen, Kammern und Innungen geschehen.

Die Forschungspolitik sollte die Handels- und Handwerksbetriebe stärker als Partner eines Mobilitätsmanagements bei der Entwicklung von Strategiekonzepten einbeziehen. Gleichzeitig muß die Bereitschaft der Betriebe und Verbände vorhanden sein, sich den Herausforderungen und Chancen zum Thema Mobilität zu stellen.

Kunden begeistern – Kundenbindung durch innovative Dienstleistungen

Die Situation in dieser Branche ist geprägt durch verschärften Wettbewerb, durch den Umschwung vom Verkäufer- zum Käufermarkt und zunehmend homogenen Produkten. Ziel des Unternehmens muß es sein, die Kundenzufriedenheit in das

Zentrum der geschäftlichen Aktivitäten zu stellen und damit Kundenwünsche in Unternehmensleistungen umzusetzen. Es gilt „anders als die Wettbewerber zu sein". So können bestehende Arbeitsplätze gesichert und neue geschaffen werden.

Es gibt eine Anzahl von Bewältigungsstrategien, mit denen den veränderten Bedingungen entgegengetreten werden kann. Dies ist sowohl in Großunternehmen (z.B. Fusionen, strategische Netzwerke) als auch speziell im Mittelstand (z.B. andersartiges Leistungsangebot) möglich. Wichtig ist, das Image des Unternehmens zu verbessern, die Kundenbindung zu erhöhen und Begeisterung für die Wünsche und Belange des Kunden bei der Geschäftsleitung und allen Mitarbeitern zu wecken.

Komplexe Dienstleistungen bei der Wärmelieferung

Die Situation in den Sanitär-Heizung-Klima-Handwerken ist u. a. geprägt durch veraltete Heizungsanlagen in Gebäuden, die aus diversen Gründen nicht saniert werden. Dies führt u. a. zu nur wenigen Aufträge für die Heizungsbaubranche. Die darüber hinaus notwendige Berücksichtigung der Energieoptimierung von Gebäuden bei Neubau, Gebäudesanierung und Modernisierung bietet die Chance, ein neues Dienstleistungspaket, die Wärmelieferung, zu entwickeln. Dieses Angebot kommt auch den Bedürfnissen der Kunden nach geringem Kapitaleinsatz und hoher Bequemlichkeit und Betriebssicherheit entgegen.

Die meisten Heizungsbaubetriebe können in der Regel die technischen, vertraglichen und finanziellen Anforderungen eines „idealen" Wärmelieferanten nicht abdecken. Eine Lösung ist, Kooperations- und Organisationsmodelle unter Beteiligung weiterer ergänzender Gewerke aufzubauen. Dabei sind die im Handwerk bestehenden Hemmnisse und Vorbehalte zu überwinden.

Forschungs- und Entwicklungsbedarf

Im Rahmen des Projektes „Handwerk als Leitbild für Dienstleistungsorientierung in innovativen KMU" wurde ermittelt, wo die zukünftigen Arbeitsschwerpunkte im Bereich Forschung und Entwicklung liegen sollten, um die Dienstleistungsorientierung zu fördern.

- Intensivierung eines Angebotes sekundärer Dienstleistungen für Handwerks- und Mikro-Unternehmen (z.B. technische, betriebswirtschaftliche, juristische Beratungsleistungen, Coaching)

- Entwicklung und Angebot zielgerichteter zeitgemäßer fachübergreifender Qualifizierungsmaßnahmen auch mittels neuer Medien
- Unterstützung der Verbreitung moderner Informations- und Koordinierungsstellen für innovative Handwerksunternehmen zur Beschäftigungssicherung und -intensivierung
- Aufbau eines (virtuellen) Netzes von Informations- und Koordinierungsstellen für innovative Handwerksunternehmen zur Beschäftigungssicherung und -intensivierung

Die Formulierung einer Vielzahl weiterer Forschungs- und Entwicklungsbedarfe sowie Handlungsempfehlungen (auch auf Teilprojektebene) bildeten die Grundlage für die Entwicklung eines Förderkonzeptes zur „Stimulierung der Entwicklun innovativer Dienstleistungen im Handwerk", welches im Jahr 1999 umgesetzt wird.

Neues Förderkonzept des BMBF

Das Bundesministerium für Bildung, Wissenschaft, Forschung und Technologie (BMBF) beabsichtigt im Rahmen des Handlungs- und Förderkonzeptes „Dienstleistungen für das 21. Jahrhundert" die *Entwicklung innovativer Dienstleistungen im Handwerk* zu fördern.

Gefördert werden soll die Ausarbeitung eines Konzeptes („Geschäftsplan"), das die Erweiterung des Angebotsspektrums von Handwerksunternehmen um Dienstleistungen zum Gegenstand hat. Diese Dienstleistung muß innovativ sein, d.h. sie muß deutlich über derzeit übliche und mögliche Serviceangebote hinausgehen. Des Weiteren soll sie später auch für andere Handwerksunternehmen vorbildlich sein („Modellösung"). Der zu entwickelnde Geschäftsplan sollte Aussagen über die Chancen und Risiken des neuen Geschäftsfeldes enthalten. Positiv bewertet wird insbesondere die Entwicklung von Modellen gewerkeübergreifender innovativer Dienstleistungen zwischen mehreren Betrieben des Handwerks oder zwischen Handwerks- und anderen Betrieben (Kooperationsverbünde). Neben der Stärkung von Rentabilität und Qualität soll die neue Geschäftsidee auch zu einer Verbesserung qualifizierter Beschäftigung beitragen. Grenzübergreifende internationale Zusammenarbeit wird ebenfalls positiv bewertet.

Die Maßnahme soll durch das Deutsche Handwerksinstitut (DHI) begleitet werden. Der ZDH, Handwerkskammern und Fachverbände leisten Unterstützung.

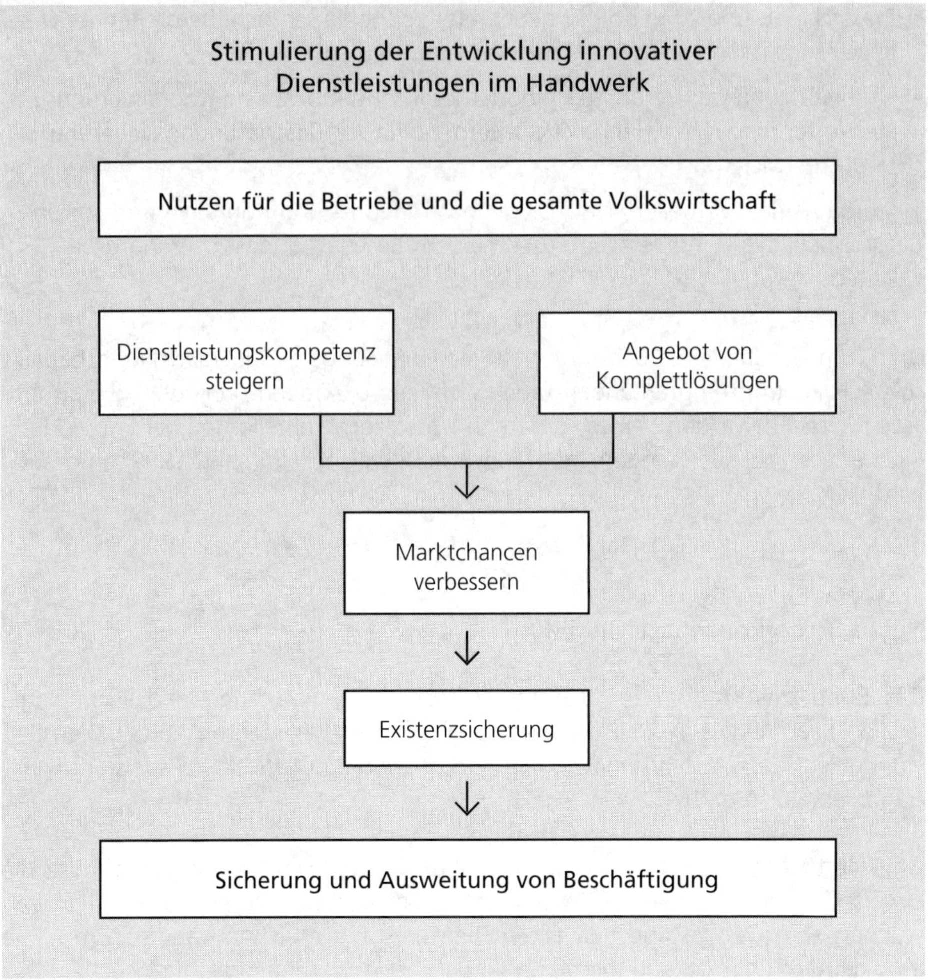

Abb. 2: Nutzen des Förderkonzepts „Stimulierung der Entwicklung innovativer Dienstleistungen im Handwerk"

Auf der Basis einer Ideenskizzen werden bis zu 100 Handwerksunternehmen ausgewählt, die eine Festbetragsförderung von je DM 35 000,– erhalten. Dieser Betrag kann zur Deckung eines Teils der entstehenden Personal- oder Verwaltungskosten oder für Beratungskosten von bis zu DM 30 000,– verwendet werden. Näheres ist den Förderrichtlinien zu entnehmen. Für die Projektdauer ist etwa ein Jahr vorgesehen. Die Ideenskizzen müssen bis zum 29. Januar 1999 eingereicht werden.

Von diesem Förderkonzept soll ein Nutzen für die Betriebe sowie für die gesamte Volkswirtschaft ausgehen.

Aufgaben der Begleitforschung, die das itb übernehmen wird, werden sein, die Erfolgsfaktoren der Betriebsvorhaben zu identifizieren, modellhafte Umsetzung der entwickelten Geschäftspläne zu unterstützen, Quintessenzen abzuleiten und weitere Verbreitung zu gewährleisten.

Literatur

Bullinger, H.-J.: Dienstleistungsmärkte im Wandel – Herausforderung und Perspektiven, in: Bullinger, Hans-Jörg (Hrsg.): a.a.O.

Bullinger, H.-J: Dienstleistung 2000plus. Band 4: Kreative Organisationen und Wertschöpfungskette. Stuttgart 1997

Möller, K.: Handwerk als Leitbild für Dienstleistungsorientierung in innovativen KMU, in: Volkholz, Volker; Schrick, Gerhard (Hrsg.): Dienstleistungen im 21. Jahrhundert. Eine öffentliche Diskussion. Eschborn 1996

Neue Dienstleistungen durch neue Technologien am Beispiel des Lasereinsatzes in der Zahntechnik

Jürgen Mehlert

In der Bundesrepublik Deutschland gibt es ca. 7800 Dentallaboratorien mit ca. 80000 Angestellten. Von bundesweit ca. 42500 Zahnarztpraxen haben knapp 6000 ein angegliedertes Praxislabor. Die derzeitigen wirtschaftlichen Rahmenbedingungen für ein zahntechnisches Labor sind äußerst ungünstig. Die Kassen zahlen den Patienten seit dem 1.1.1998 einen Festzuschuß für Zahnersatz und die damit verbundenen zahnärztlichen Leistungen. Bis Ende 1997 bekam der Patient 45–55 % von seiner gesetzlichen Krankenkasse erstattet.

Die technische Entwicklung in der Zahntechnik bleibt aber nicht stehen, sondern bringt immer neue Materialien, Verfahrenstechniken und Geräte auf den Markt. Mit dem Aufkommen des für die Zahntechnik neuen Werkstoffes Titan, wurde die Lasertechnologie eingeführt. Die vorherrschenden Fügetechniken Löten und Kleben kommen seit Jahrzehnten bei der Neuanfertigung und Reparatur in der Zahntechnik zur Anwendung.

Titan läßt sich nicht löten, so daß ein Titananwender notgedrungen zur teuren Titangußanlage und nicht umhin kommt, in ein Laserschweißgerät zu investieren. Diese relativ teure Technologie setzt eine hohe Investitionsbereitschaft voraus und zieht eine intensive Einarbeitungszeit nach sich. Ein Dentallabor, kleiner und mittlerer Größe, kann nicht alleine mit zahntechnischen Arbeiten diese Laseranlage wirtschaftlich ausnutzen, um ein „return of investment" zu erhalten. Das verstärkt sich, wie schon angesprochen, durch die augenblickliche, angespannte Lage auf dem gesamten Dentalmarkt. Inzwischen sind im gesamten Bundesgebiet ca. 2000 Lasereinheiten aufgestellt. Die Möglichkeit, sich jetzt noch einen Technologievorsprung herauszuarbeiten, ist sehr groß (carpe diem).

Die erste Kontaktaufnahme ergibt sich oft über einen Goldschmied oder Schmuckdesigner. Einige wenige verfügen schon über einen eigenen Laser und stellen völlig neue Schmuckkollektionen her, die man bis dahin gar nicht oder nur unter sehr großen Mühen hatte herstellen können. Andere, die die hohen Einstiegskosten scheuen, könnten Lohnaufträge an das Dentallabor vergeben oder sich selber stundenweise an den Laser im Labor setzen. Es gibt hier viele Gelegenheiten einer beidseitigen, gewinnbringenden Kooperation. Hier bieten sich viele Schweißarbeiten im Bereich der Schlösser, Federringe und Brisuren an. Auch das Heftschweißen von Halbschalen (Hohlware) und das Fassen von Edelsteinen läßt sich sehr gut mit dem Laser realisieren. Probleme kann es eigentlich nur aufgrund der hohen Wärmeleitfähigkeit bei Silber und Kupfer geben. Chromnickelstähle sind problemlos schweißbar. Auch die Schmuckindustrie hat Bedarf an Laserschweißungen bei Halbfertigteilen und Rohlingen in Form von Lohnarbeit.

Ein großes Betätigungsfeld findet sich im Bereich Spritzgußformenbau. Mit dem Handarbeitsplatzlaser lassen sich an vielen Formen Reparatur- und Änderungsarbeiten durchführen. Hier zeigt die Größe der Bearbeitungskammer deutlich das Machbare auf. Größere Formen müssen dann in Laserfachbetrieben mit großen Anlagen bearbeitet werden. Die Spritzgußfirmen sparen durch die Lasertechnologie sehr viel Geld und Zeit, teure Änderungsarbeiten oder daraus resultierende Neuanfertigungen entfallen. Die Spritzgußmaschinen sind schon nach wenigen Stunden wieder einsatzbereit. Es gibt in Deutschland ca. 2 500 Kunststoffspritzgußfirmen als mögliche Kunden. Technisch ist das Reparieren von Spritzgußformen keine Hürde, sofern entsprechende Zulegmetalle verwendet werden. Die anschließende Oberflächenbearbeitung geschieht wieder beim Formenbauer.

Im professionellen Modellbau (mechanische Modelle) steht als Fügetechnik neben dem Verschrauben das Hartlöten ganz oben an. Teile, an denen sehr umfangreich gelötet wird, verziehen sich aufgrund der großen Wärmeeinwirkung. Anschließendes Richten ist zeit- und daher auch kostenintensiv. Die Lasertechnologie kann hier helfen. Die Grenzen legt auch hier wieder die Größe und Zugänglichkeit der Schweißkammer fest.

Teile aus der Vorfertigung lassen sich aber bestens bearbeiten. Bei einigen Firmen läßt sich vielleicht auch die Feingußtechnik als zusätzliche Dienstleistung mit ins Spiel bringen.

Ein durchaus interessantes Aufgabengebiet haben Sammler von altem mechanischem Spielzeug zu bieten. Zum Beispiel die Eisenbahnen mit den unterschiedlichsten Spurweiten aus den Jahren 1894–1945 erzielen auf Börsen und Auktionen hohe Preise. An sehr vielen Teilen ist Reparaturbedarf. Viele Unkundige haben sich mit Lötzinn und Kleber versucht. Dabei wurde auch sehr häufig die Lackierung in Mitleidenschaft gezogen. Beides ist für leidenschaftliche Sammler fast indiskutabel und mindert den Wert um ein Vielfaches. „Tin-plate"-Spielzeug läßt sich mit viel

Übung sehr gut laserschweißen und das ohne negative Auswirkung auf die oft sehr schöne Farbgestaltung.

Resümee

Für einen Laborinhaber bieten sich sehr gute Chancen, seinen Dentallaser und eingearbeitete Mitarbeiter wirtschaftlich einzusetzen, wenn er sich in anderen Bereichen umsieht. Kooperationen mit Kollegen, anderen Gewerken und auch Fortbildungseinrichtungen sind möglich. Viele neue Einsatzgebiete ergeben sich oft erst im Gespräch. Eine intensive Einarbeitung und genaue Kenntnisse über die zu verschweißenden Materialien, sowie der metallurgischen Vorgänge in der Schweißzone sind eine wichtige Voraussetzung für dieses neue interessante Betätigungsfeld. Das nötige handwerkliche Geschick wird beim Zahntechniker vorausgesetzt, er lernt ja mit den verschiedensten Materialien und Technologien umzugehen. Intensive Gespräche, Demos und Probearbeiten bringen einem Dentallabor ein zusätzliches Standbein bei zur Zeit sinkenden Umsätzen. Service und Kundennähe wird von Haus aus mitgebracht.

Strategien von Automobilbetrieben in Zukunftsmärkten

Werner Pieper

Sehr geehrter Herr Enning, sehr geehrter Herr Dr. Hantsch, meine Damen und Herren,

in den nächsten 4 Jahren ändert sich in Automobilbetrieben mehr als in den letzten vier Jahrzehnten! Änderungen, die jeden Betrieb betreffen! Welche Schlußfolgerungen sind zu ziehen in dieser komplexen Situation des Strukturwandels und Strategiewandels?

Der Strukturwandel oder alles ist in Bewegung!

Das klassische Autohaus der Vergangenheit und seine Veränderungen

Diese Veränderung trifft auch und gerade das Handwerk, den Servicebereich! Man bedenke: 1995 beschäftigten etwa 57000 selbständige Unternehmen im Kfz-Handwerk etwa 430000 Menschen, d.h. 7% des Gesamthandwerks! Die deutsche Automobilindustrie beschäftigte 1997 etwa 630000 Menschen, davon etwa 380000 für den Export! D.h. daß die Zahl von Beschäftigten im Kfz-Handwerk die Zahl der Beschäftigten in der Automobilindustrie bezogen auf den Inlandsabsatz übersteigt!

Indessen: Die Lopez-Veränderungen der Automobilindustrie oder die Fusion Daimler-Benz&Chrysler vollziehen sich unter großer öffentlicher Aufmerksamkeit; die Veränderungen in den Automobilbetrieben vollziehen sich dagegen eher „im stillen"!

Das innovative Autohaus der Zukunft

Mehr als ein Autohaus oder anders gesagt: Ein Fachmarkt für Mobilität oder ein Fachmarkt Auto&Mehr!

In Anbetracht dessen ist es richtig und wichtig, daß das BMBF sich mit dem Projekt „Dienstleistung als Zukunftsmarkt" auch und gerade um neue Dienstleistungen für Automobilbetriebe und insbesondere für das Handwerk kümmert.

Was ist die Sicht der Automobilindustrie

Der globale Zwang zur Kostenreduktion und Kostendegression in der Autoindustrie berührte zunächst die Entwicklungskosten, dann die Fertigungskosten, nunmehr die Vertriebskosten, d.h. konkret jetzt auch das Vertriebsnetz. Die Absicht der Automobilindustrie, die Vertriebskosten von 35 % auf 20 % an den Gesamtkosten zu reduzieren, hat drastische Wirkungen für die fabrikategebundenen Handels- und Handwerksbetriebe.

Was ist die Sicht der Kfz-, Handels- und Handwerksbetriebe?

Welche Trends vollziehen sich im Strukturwandel und fordern den Strategiewandel zu mehr Dienstleistungen?

Kfz-, Handels- und Handwerksbetriebe: Das sind fabrikate-gebundene Betriebe mit dem Schwerpunkt auf Handel und Handwerk und nicht-fabrikategebundene Betriebe (z.B. ATU oder Stinnes) mit dem Schwerpunkt auf Handwerk und Dienstleistungen.

Änderungen im Neuwagenbereich: Eine Europa-Überproduktion von 30 % führt zu einem Überangebot mit der Folge von Ertragsdruck – trotz eines Bestandszuwachses nach der bewährten Shell-Bestandsprognose von etwa 40 Mio. Fahrzeuge in Deutschland auf etwa 50 Mio. Fahrzeuge im Jahre 2010.

Änderungen im Gebrauchtwagenbereich: Ein Wachstumsmarkt á la USA mit einem erwarteten Rückgang der Verkäufe Privat an Privat (Risiken!) und einem Zuwachs beim Kfz-Handel mit entsprechenden Volumen- und Ertragschancen.

Änderungen im Handwerksbereich von Service&Teile: Durch immer bessere Automobile vollzieht sich eine Reduktion der Servicestunden und ein notwendiger Abbau von Servicekapazitäten in einer Größenordnung von bis zu 40 % bis zum Jahre 2008, wenn keine Substitutionseffekte stattfinden.

Diese Substitutionseffekte müssen via Dienstleistungen als Zukunftsmärkte gefunden werden. Sonst drohen Arbeitsplatzverluste!

Klassische und innovative Dienstleistungen

Man halte sich vor Augen, daß Automobilbetriebe im Regelfall über erhebliche Kundenpotentiale verfügen. Potentiale, die sich für den Einzelbetrieb oder für Kooperationsbetriebe via Direktmarketing bis hin zu Call-Center-Lösungen nutzen lassen.

Klassisch: Finanzierung & Leasing; aber beim Full-Service Leasing haben die meisten Betriebe das Ende ihrer Möglichkeiten erreicht!

Innovativ: Versicherungen der Auto-, Sach-, Lebensversicherungen nach dem Muster der Nürnberger Versicherungen oder Garanta bis hin zur LV-Hypothekenfinanzierung oder die Autotouristik oder der Kauf eines Autos mit Innenstadt-Parkplatz oder die kombinierte Mobilität von Auto & Bahn & Bus & Flug & Fahrrad & Car-Sharing oder ... was auch immer Zusatzfrequenz und Zusatzertrag bringt und in der Kompetenz der Mitarbeiter der Automobilbetriebe die notwendige oder gewünschte Kundenbegeisterung auslöst!

Was Handel und Handwerk an klassischen Produkten insbesondere von Service & Teile in Folge immer besserer Autos verlieren, müssen sie in der Tat in Zukunft durch neue Dienstleistungen substituieren.

Zitat: Hans-Ulrich Sachs, Vorstandsvorsitzender der Schwabengarage-Holding AG Stuttgart: „Die Automobilbetriebe müssen aus sich selbst heraus durch Schaffung neuer Dienstleistungen ein Geschäft generieren. Damit läßt sich auch das Kerngeschäft – und hier speziell das Geschäft der handwerklichen Bereiche – nachhaltig stärken."

Was bedeutet in dieser Situation für das Kfz-Handwerk und den Kfz-Handel, daß das BMBF sich in seiner Dienstleistungs-Initiative der Frage nach „Öko-effizienten Dienstleistungen für das Kfz-Gewerbe" zugewandt hat?

- Diese Initiative zeigt konkrete Entwicklungsperspektiven für den Handel und das Handwerk, denn die öko-effizienten Dienstleistungen dieses Projektes passen genau in die Trendrichtung, die die Branche in ihrem Strukturwandel benötigt.
- Öko-effiziente Dienstleistungen, d.h. durch Dienstleistungen einen gleichbleibenden Kundennutzen bei geringem Material- und Energieinput erzielen!

Was abstrakt klingt, ist für das Kfz-Handwerk von Bedeutung! Wenn die *kurzfristige Verfügbarkeit von gebrauchten Ersatzteilen* in geprüfter Qualität gewährleistet werden kann, dann sind zeitwertgerechte Reparaturen auch für ältere Fahrzeuge möglich; dann können Primärressourcen gespart werden, und Handwerksbetriebe eine wichtige Unterstützung finden, an den Schwarzmarkt verlorene Zielgruppen älterer Automobile zurückzugewinnen mit der Folge von Ertrags-, Beschäftigungs- und Steuereffekten! Unterstellt ist dabei, daß die Preisdifferenz zwischen den Neuteilen und den Gebrauchtteilen hinreichend groß ist!

Wenn Autohäuser sich zu „Fachmärkten für Mobilität" entwickeln und nicht nur Automobile verkaufen, sondern Mobilität im umfassenden Sinne – zum Beispiel KM-Leasing, Poolleasing, Car-Sharing –, dann können sie zur Effizienzverbesserung des Individualverkehrs beitragen und über den eigenen Kundenfrequenzzuwachs sog. Umwegrentabilitäten realisieren. Sie können im Konzept von Auto&Mehr als Fachmärkte für Mobilität mit ihrem dezentralen Standortangebot sehr wahrscheinlich Kundenwünsche erreichen, die durch öffentliche Verkehrsunternehmen oder zu eng gefaßte Car-Sharing-Organisationen nicht erreicht werden können. In der Diskussion ist ein Konzept der Automobilbetriebe mit den Verbänden, mit den Kammern, den Innungen, den Fachhochschulen; ein Innovationsmanagement, das über den Tellerrand hinweg schaut.

Wie würde eine Dienstleistung wie das KM-Leasing in einem Fachmarkt für Mobilität abgewickelt werden?

KM-Leasing ist eine wohnungsnahe Kurzzeitmiete, eine telematisch unterstützte Weiterentwicklung des Car-Sharing! Nur eben ohne Sharing – ohne die gemeinschaftliche Nutzung des Gemeinschafteigentums der Gleichgesinnten. Die Autos gehören den „Fachmärkten für Mobilität", werden von diesen gewartet und gepflegt. Die Fachmärkte haben Fahrzeugstationen – auf dem Autohaus-Gelände oder bei Tankstellen oder in Parkhäusern oder auf Parkplätzen etc.; diese Stationen sollen als *Maxime nur 3 bis 5 Minuten* von der Wohnung oder dem Arbeitsplatz des Kunden entfernt sein. Der Kunde kann diese Autos via Telefon oder Internet jederzeit buchen. Er braucht, als beim Fachmarkt für Mobilität registrierter Kunde, keinen Schalter aufzusuchen, er hat eine Chip-Card, mit der die Wegfahrsperre des Autos entsichert wird. Ein Bordcomputer überträgt die gefahrenen Kilometer und Stunden.

Einmal je Monat wird abgerechnet. Der Kunde kauft im voraus sog. KM-Pakete, z.B. 1000 km für DM 670,00 oder 5000 km für DM 3350,00 inkl. Benzin, Vollkasko, Wartung und Steuern. Wer pro Auto und pro Jahr nicht mehr als 7000 km fährt, für den ist das KM-Leasing eine interessante Alternative zum Zweit-, Dritt-, oder Viertauto.

Was bringt das KM-Leasing den Autohäusern als Fachmarkt für Mobililtät?

Im Endbericht zum Projekt „Öko-effiziente Dienstleistungen" gibt es eine konkrete Berechnung. Wenn es gelingt, aus über 40 Mio. Führerscheinbesitzern nur eine 1 Mio. Anwender/Nutzer zu gewinnen, dann entstehen Erlöse von etwa 2 Mrd. DM, denen Kosten von etwa 1,7 Mrd. DM bei den Autohäusern gegenüberstehen. Die Differenz ist Gewinn vor Steuern! Die direkten Beschäftigungseffekte bei den Automobilbetrieben rechnen sich auf mehr als 5000 Arbeitsplätze, die entweder neu entstehen, oder durch dieses Programm gesichert werden. *Wenn darüber hinaus* die Umwegrentabilitäten über die zusätzliche Kundenbindung und die erhöhte Kundenfrequenz gerechnet werden, dann ergibt sich ein weiterer Zuwachs im Hinblick auf den Gewinn vor Steuern und die Beschäftigung.

Die Frage stellt sich, ob in der Folge des KM-Leasing Arbeitsplätze in der Autoindustrie verloren gehen? Selbst wenn man annimmt, daß rund 13% der 1 Mio. Anwender/Nutzer ganz auf ihr Auto verzichten oder es abschaffen – was schon eine steile Annahme ist –, dann betragen die direkten negativen Beschäftigungseffekte in der Autoindustrie nur rund die Hälfte der positiven direkten Effekte für Kfz-Handel und Kfz-Handwerk.

Aber auch für das Leitprojekt „Mobilität in Ballungsräumen" gilt: Die Verkehrspolitik und die Forschungspolitik schauen im Regelfall nur auf die Großen – die Industrie, die Bahn, die ÖPNV-Betriebe! Die vielen Handels- und Handwerksbetriebe werden bisher als Partner eines Mobilitätsmanagements nicht ausreichend in ein Strategiekonzept integriert.

Es gilt aber auch einzugestehen: Die Verbände und die Betriebe haben sich dieses Themas aus eigener Sicht bisher nicht hinreichend angenommen. Beides muß sich ändern: Die Forschungspolitik darf die Autohäuser oder Handels- und Handwerksbetriebe beim Thema Mobilität und auch sonst nicht vergessen, und eben diese Betriebe und Verbände müssen sich diesen Herausforderungen und ihren Chancen stellen!

Für einige der Automobilbetriebe, die sich an dem BMBF-Projekt der öko-effizienten Dienstleistungen beteiligt haben oder beteiligen wollen, kann ich sagen: Für beide Bereiche – die zeitwertgerechte Reparatur und die Fachmärkte für Mobilität – sollte in Modellversuchen mit kooperationswilligen Betrieben erprobt werden, wie mit dem Konzept zusammenhängende Markt- und Organisationsprobleme im Sinne der Zielsetzung des Projekts gemeistert werden können.

Dienstleistungen als Zukunftsmarkt für das Handwerk: Dieses Ziel gilt es zu realisieren!

Meine Damen und Herren, als Unternehmer ist man oft skeptisch, was mit den vielen Forschungsmilliarden –finanziert aus Steuergeldern – geschieht. Durch das Projekt „Dienstleistungen als Zukunftsmarkt für das Handwerk" oder auch das Projekt öko-effizienter Dienstleistungen habe ich erlebt, daß solche Forschungsprojekte konkrete, aber nicht minder visionäre Resultate für den Kfz-Handel und das Kfz-Handwerk haben können.

Ich kann nur unterstreichen: Ein solches Projekt muß im Modellversuch getestet und mit aller Wahrscheinlichkeit realisiert werden. Das Ministerium befindet sich hier auf einem guten Wege! Sie sollten diesen Weg weiter beschreiten, zusammen mit Handwerk, Handel, Verbänden und Institutionen mit dem Ziel besserer öffentlicher und betrieblicher Effekte für Beschäftigung, Umwelt und Gewinn.

Wärmelieferung – Dienstleistung des SHK-Handwerks

Uwe Otto

Das SHK- Handwerk auf dem Weg zur erfolgreichen Energiedienstleistungsbranche

Die Branchen rund um die Immobilie sind in Bewegung. Die Dienstleistungen, die in ihrer Gesamtheit als Facility-Management oder besser Systemleistungen rund um die Immobilie bezeichnet werden, zeigen zunehmend Auswirkungen auf die traditionellen Branchenmuster. Bereits heute ist abzusehen, daß dieser erst vor wenigen Jahren begonnene Strukturwandel – weg vom traditionellen Handwerk hin zum gebäudetechnischen Dienstleister – in absehbarer Zeit von enormer wirtschaftlicher Bedeutung sein wird. U. a. scheinen 30 % der Handwerksbetriebe in ihrer Existenz bedroht.[1]

In Zeiten, in denen Märkte wegen rückläufiger Neubau- und Sanierungstätigkeiten enger werden, die Konkurrenz wegen der steigenden Marktmacht von GU und GÜ und kapitalkräftigen Gebäudemanagementdienstleistern größer wird und die Preise wegen einem Überangebot am Gebäude tätiger Handwerksbetriebe fallen, muß sich auch das SHK-Handwerk verstärkt nach neuen Märkten umsehen. Dabei ist zu berücksichtigen, daß die Kunden anspruchsvoller werden, zunehmend Dienstleistungen aus einer Hand erwarten (Systemlösungen) und weniger bereit bzw. in der Lage sind, einen höheren Preis für Qualität zu bezahlen. Die Lösung liegt in ganzheitlichen Produkt- und Dienstleistungsangeboten, die eine höhere Wertschöpfung und einen höheren Kundennutzen als bisher beinhalten, dies bei zumindest gleichen Kosten. Die Dienstleistung der Wärmelieferung ist ein solches, zukunftsträchtiges Marktsegment, gerade für das SHK-Handwerk.

1 Staudt, Prof. Dr. Erich: Wird das Handwerk noch gebraucht? Vortrag anläßlich der Fachtagung „Gebäudebewirtschaftung, Wärmelieferung – Wo bleibt das Handwerk?" des Fachverbandes SHK NRW im August 1998 in Düsseldorf

Abb. 1:
Die Tätigkeit des Heizungsbauers – heute und zukünftig (Prinzip der Wärmelieferung)

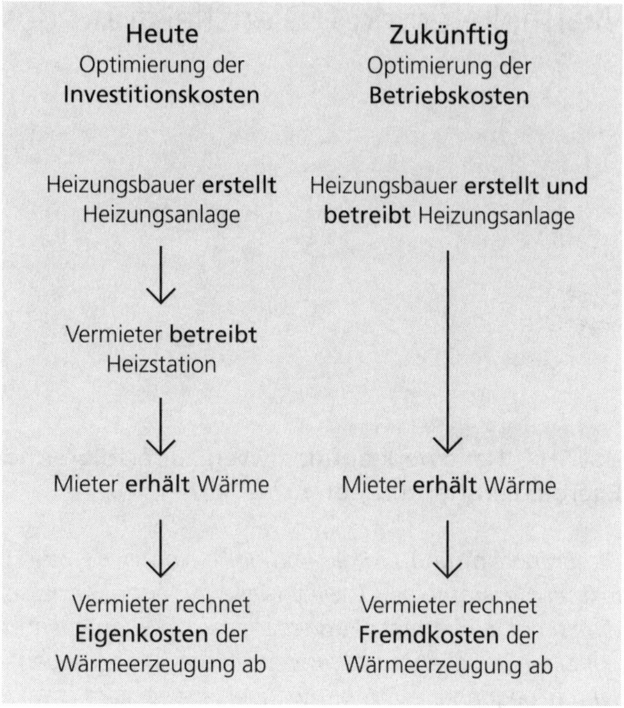

Klimaschutz ist eine zentrale Aufgabe der Energiepolitik. Eine ihrer wichtigsten Forderungen ist die umweltgerechte, in erster Linie effiziente Nutzung der eingesetzten Primär- und Sekundärenergien in allen energieumsetzenden Bereichen der Gesellschaft. Der Aspekt der Energieeinsparung nimmt dabei wesentlichen Raum ein. Maßgeblichen Anteil am Energiebedarf der Bevölkerung haben nach wie vor Raumwärmeerzeugung und Warmwasserbereitung. Obgleich die Heizungstechnik einen kaum noch zu verbessernden technischen Stand erreicht hat und die rechtlichen Anforderungen an den Wärmeschutz mehrfach gestiegen sind, bleiben die Energieeinsparpotentiale auf der Gebäude-/Nutzerseite vielfach ungenutzt. Hinter den Fassaden zahlreicher Bauten arbeiten Heizungsanlagen, die schon lange nicht mehr dem Stand der Technik entsprechen.

Über 5 Mio. Feuerungsanlagen in Deutschland vor dem „umwelttechnischen Aus", da bis zum Jahr 2005 auf Beschluß des Gesetzgebers die CO_2-Emissionen um 25 % gesenkt werden sollen. Eigentlich eine grandiose staatliche Unterstützung für dringend benötigtes Wachstum in der Heizungsbaubranche. Aus zahlreichen Gründen werden die erforderlichen Investitionen und der damit verbundene Aufschwung in der Heizungsbaubranche aber noch lange auf sich warten lassen, sollten sich diverse Rahmenbedingungen nicht ändern. Denn Gebäudeeigentümer

- bekommen für notwendige Ersatzinvestitionen keine besonderen steuerlichen Anreize mehr,
- dürfen Neuinvestitionen in bestehende heizungstechnische Anlagen wegen gesetzlicher Vorschriften nicht auf Mieter umlegen (nur Betriebs- und Wartungskosten sind umlagefähig),
- haben z.T. nicht die notwendigen finanziellen oder aber zumindest
- keinen finanziellen Vorteil durch die erzielte Energieeinsparung bzw. Kostensenkung.

Die Konsequenz daraus ist, daß bei unabwendbaren Investitionen in die Heizungstechnik häufig gespart und der technische Fortschritt auf Kosten der Umwelt nur halbherzig genutzt wird.

Im Neubausektor ist man primär darum bemüht, ausschließlich die Baukosten so niedrig wie möglich zu halten und vergißt, daß wirtschaftliches Bauen auch niedrige Betriebs-, Nutzungs- und Wartungskosten sicherstellen muß. Dies erfordert eine betriebswirtschaftliche und damit energetische Gesamtkostenoptimierung über

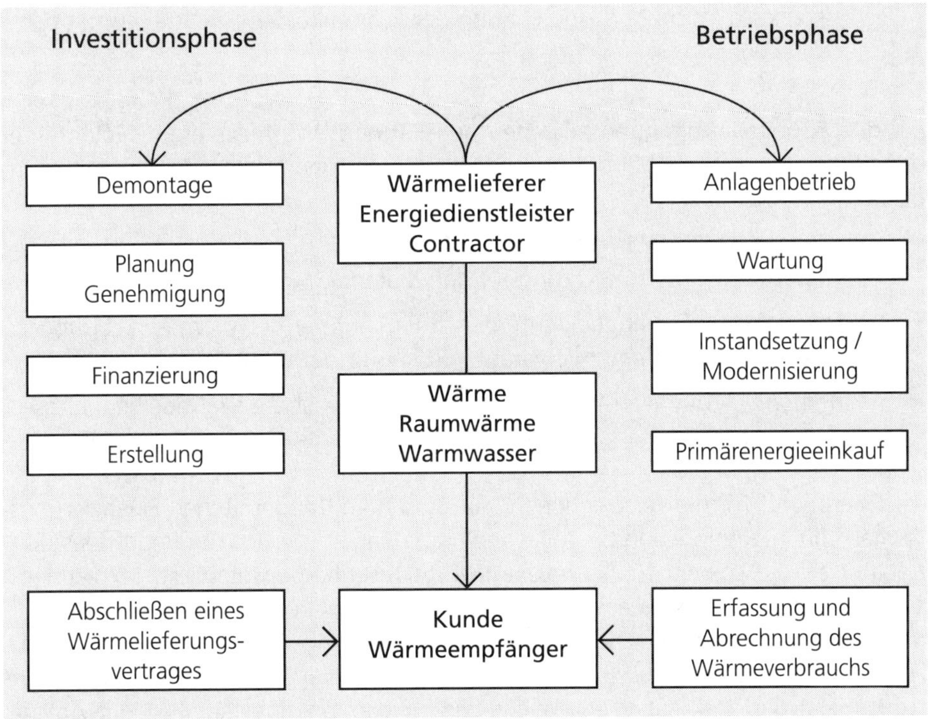

Abb. 2: Umfang der Komplettdienstleistung „Wärme"

den gesamten Lebenszyklus eines Gebäudes bereits während des Planungsprozesses, die auch heute noch lange nicht der Regelfall ist. Auch bei der Gebäudesanierung und Modernisierung steht die Energieoptimierung meist an zweiter Stelle.

An dieser Stelle setzt die Wärmelieferung an. Anstelle zahlreicher Einzelleistungen, wie Wärmeerzeuger mit Zubehör, regelmäßige Wartung und Reparaturen sowie Brennstoff, kauft der Kunde die *Komplettleistung „Wärme"*. Diese Dienstleistung umfaßt je nach gewünschtem Umfang:

- die Demontage der alten Heizungsanlage und bauliche Instandsetzung der Heizräume;
- die Planung, Installation und evtl. Finanzierung der neuen Wärmeerzeugungsanlage;
- die Erneuerung bzw. Neuinstallation des kompletten Sekundärnetzes bis hin zum Einsatz von Einzelraumtemperaturregelsystemen;
- die Betriebsführung einschließlich Einregulierung der Anlage auf wirtschaftlichen Betrieb, Fernüberwachung, Wartung, Instandhaltung und notwendiger Anlagenänderungen;
- die Kostenkalkulation und Abrechnung der Wärmekosten unmittelbar mit den Nutzern.

Für die Vertragsbeziehungen zwischen den Partnern Wärmelieferant, Eigentümer des zu versorgenden Gebäudes und gegebenenfalls den Mietern existieren zumindest drei Grundmodelle:

- *Eigentümermodell* – Wärmelieferant ist Eigentümer der Wärmeerzeugungsanlage und besitzt die Verantwortung für den laufenden Betrieb;
- *Betreibermodell* – Gebäudeeigentümer ist Eigentümer der Wärmeerzeugungsanlage. Der Wärmelieferant ist verantwortlich für deren Betrieb;
- *Leasingmodell* – der Wärmelieferant mietet oder least die Wärmeerzeugungsanlage von einem Dritten und betreibt diese (Variante des Eigentümermodells).

Als Oberbegriff für die verschiedenen, auf dem Markt angebotenen Finanzierungsformen von Investitionen in Energiewandlungsanlagen hat sich der Begriff des *Contracting* als die Lösung für komplexe Investitionsaufgaben etabliert. Im Vergleich zum herkömmlichen Erbauer der Energiewandlungsanlage (hier der Heizungsbauer) garantiert der *Contractor* (z. B. eine Energiedienstleistungsgesellschaft partnerschaftlich zusammengesetzt aus EVU/GVU oder Stadtwerke, Finanzdienstleister, Handwerk, Hersteller und Planer etc.) nicht nur für die Funktionsfähigkeit der Anlage, sondern auch für deren wirtschaftlichen, und damit umweltfreundlichen Betrieb.

Hinsichtlich der Finanzierung der Heizungsanlage sind die gängigsten Modelle das:

- *Versorgungs-Contracting* – hier steht die Belieferung des Auftraggebers mit Wärme zu einem vertraglich festgelegten Wärmepreis im Vordergrund. Die Investition und der Betrieb der Heizungsanlage finanzieren sich über die Differenz zwischen dem vertraglich festgelegten Wärmepreis und den tatsächlichen Wärmegestehungskosten. Arbeitet die Anlage unwirtschaftlicher als ursprünglich angenommen, übernimmt der Contractor die Differenz.
- *Einspar-Contracting* – hier wird die Reduzierung des Energieverbrauchs vertraglich zugesichert. Die Investition und der Betrieb der Anlage finanzieren sich je nach Vertrag voll oder teilweise aus den eingesparten Energiekosten. Erreicht der Wärmelieferant nicht die garantierte Verbrauchsreduzierung, wird auch hier die Differenz vom Contractor übernommen.

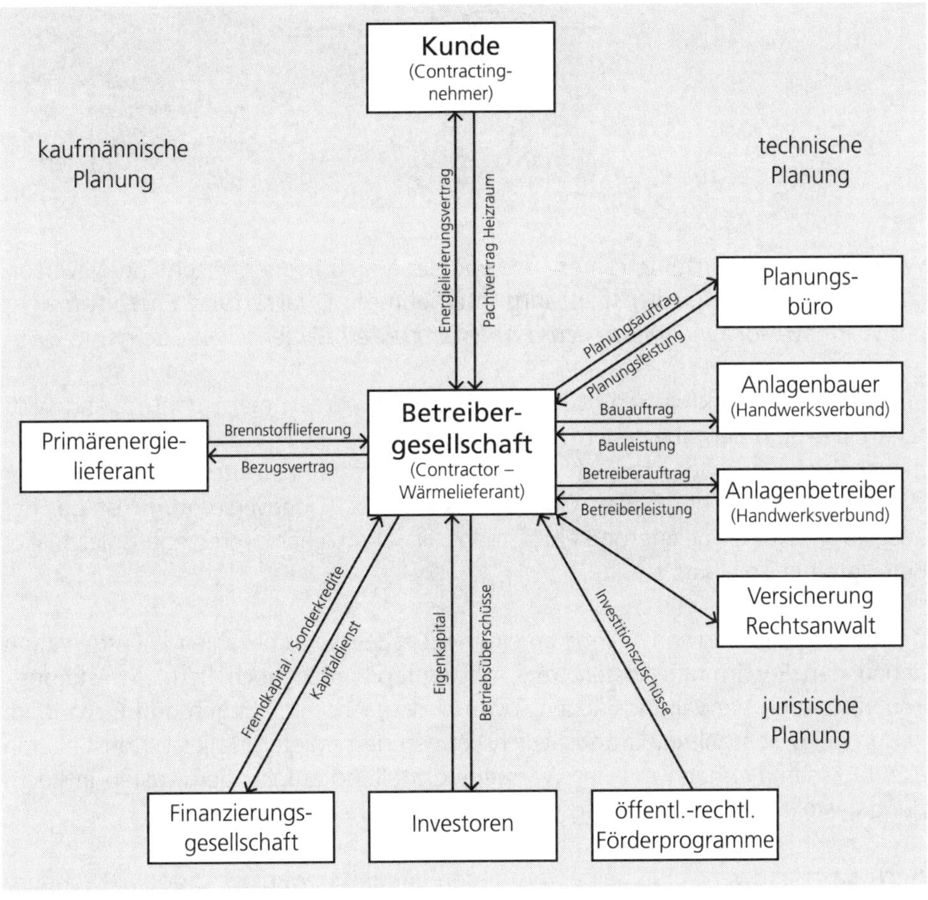

Abb. 3: Leistungsbeziehungen in einem Contracting-Vorhaben

Abb. 4:
Interessenausgleich bei der Wärmelieferung

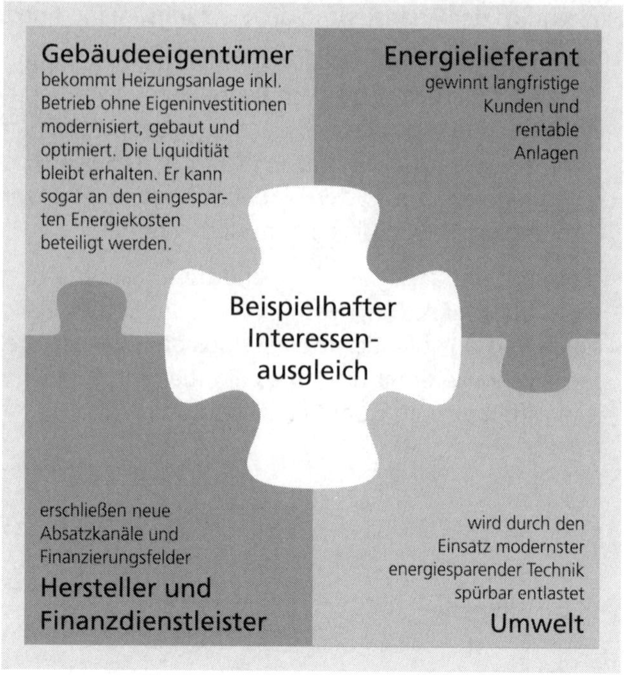

Wärmelieferungskonzepte führen weg von der angebotsorientierten Energieversorgung hin zum Energiedienstleistungsunternehmen: *Qualität und Energieeffizienz der Wärmeversorgung werden zum Kriterium unternehmerischen Erfolgs.*

In einer freien Marktwirtschaft investieren Unternehmen meist dann, wenn wirtschaftliche Vorteile, aber auch andere Nutzen für die Erreichung der Unternehmensziele zu erwarten sind. Im Gegensatz zur einseitigen Interessenlage bei der Wärmeversorgung durch den Gebäudeeigentümer (Eigenversorgung) ist bei der ausgelagerten Wärmelieferung ein betriebswirtschaftlicher Interessenausgleich aller Beteiligten beispielhaft erfüllt.

Das für die Lieferung von Wärme an einen Dienstleister zu bezahlende Entgelt kann neben den Erwärmungskosten im „Arbeitspreis" auch noch Bau-, Investitions-, Reparatur- und Verwaltungskosten sowie Zinsen, Abschreibungen und Gewinn im „Grundpreis" enthalten. Grundsätzlich können dem Mieter in dieser Konstellation alle im Zusammenhang mit der Wärmebereitstellung anfallenden Kosten in Rechnung gestellt werden, abhängig von der vertraglichen Vereinbarung.

Auch das Handwerk muß seine Leistungen zukünftig weniger produkt-, sondern service- und dienstleistungsorientiert, sprich: „kundenorientiert" vermarkten. Für die Komplettdienstleistung „Wärme" kommt in erster Linie der Heizungsbauer in Betracht. Er ist seit eh und je Energiedienstleister und somit auch für die Wärmelieferung bzw. das Energie-Contracting ein bestens geeigneter Dienstleistungspartner. Warum?

90% der Aufgaben, die beim Verkauf von Wärme anfallen, sind Bau und Betrieb der Heizungsanlage, ureigenste Tätigkeitsfelder der Heizungsbaubranche. Hierunter fallen u. a.:

- Analyse des Wärmebedarfs,
- (*Angebot über Heizungsanlage und Auftragsabschluß fallen beim Wärmeverkauf weg*),
- Technische Planung auf der Basis modernster Heizungstechnik,
- Installation inkl. Koordinierung der anderen Gewerke,
- Rund-um-die-Uhr-Betrieb inkl. Ferndiagnose bzgl. der Betriebszustände,
- Reparatur und Wartung, Störungsbeseitigung und 24h-Notdienst.

Nur 10% sind zusätzliche, primär organisatorische und verwaltungstechnische Aufgaben, u. a.:

- Werbung und Akquisition von Wärmelieferungsaufträgen,
- Juristische und kaufmännische Planung der Wärmelieferung,
- Erstellen von Angeboten über den Jahresgrund-, Service-, Arbeits- und Meßpreis,
- Abschließen von Wärmelieferungsverträgen mit Leistungsumfang und Wärmepreis,
- Finanzierung und Risikoabsicherung,
- Brennstoffeinkauf und
- Erfassen und Abrechnen der Wärmeverbrauchskosten.

Dieses Meinungsbild vertritt auch der Zentralverband Sanitär Heizung Klima (ZVSHK), der dem SHK- bzw. dem Heizungsbauer-Handwerk den Eintritt in diesen Markt als Betreiber, Leasingnehmer oder Eigentümer von Wärmelieferungsanlagen durch zahlreiche Hilfen erleichtern möchte. Branchenschätzungen zufolge ist in den nächsten 3–5 Jahren allein in Berlin mit der Sanierung von mehr als 50 000 Wohnungen zu rechnen, wobei sich der weitaus größte Teil dieser Investitionstätigkeit auf energierelevante Faktoren bezieht. Der Wärmelieferungsmarkt in der BRD wird vom ZVSHK für die nächsten 2 Jahre auf ca. 3 Mrd. DM geschätzt.

Mittlerweile haben zahlreiche Gruppierungen die Chancen im Wärmelieferungsmarkt erkannt:

- Energie- bzw. Gasversorgungsunternehmen, die im Zeichen liberalisierter Energiemärkte auf Kundenbindung durch Energiedienstleistung setzen, gründen eigene Management- und Dienstleistungstochterunternehmen zur Umsetzung von Energieeinsparcontractingvorhaben.
- Gebäudedienstleister übernehmen im Rahmen des Facility-Management zunehmend auch die Planung, Finanzierung, Realisierung und Betreuung der Energieanlagen von Gebäuden.
- Anlagenhersteller, die bislang als Generalunternehmer gesamte Bauvorhaben abgewickelt haben, wenden sich zunehmend auch dem Energiemanagement und dem Anlagencontracting zu.
- Auch Ingenieur- und Planungsbüros mit eigenen Ausführungsfirmen und
- Brennstofflieferanten, Energieagenturen und Finanzdienstleister bedienen diesen Markt.

Energiedienstleister	Industrie / Gewerbe	Öffentliche Einrichtungen	Wohnungswirtschaft
Energiewirtschaft (EVU, GVU, Brennstoffhandel)	✗	✓	✗
Gebäudemanagement-dienstleister (FM)	✗	✓	
Anlagen- und Komponentenhersteller	✗	✓	
Ingenieur- und Planungsbüros	✗	✗	✗
Finanzdienstleister / Energieagenturen	✓	✗	
Heizungsbauer-Handwerksbetrieb	✓	✓	✗

(Gegenwärtige Wettbewerbssituation im Wärmelieferungsmarkt)
(✗ primäres Geschäftsfeld ✓ sekundäres Geschäftsfeld)

Abb. 5: Gegenwärtige Wettbewerbssituation im Wärmelieferungsmarkt

Handwerksbetriebe sind hier meist als *Subunternehmer* tätig, um die zur Wärmelieferung benötigte Heizungsanlage zu bauen und plötzlich auftretende Störungen zu beseitigen. *Mehr Fachkompetenz wird dem Handwerk in der Wärmelieferung nur in seltenen Fällen zugetraut.* Wie sieht er nun aus, der ideale Wärmelieferant? Idealtypisch läßt er sich wie folgt umschreiben:

- Er hat die beste Beratung und liefert alles aus einer Hand,
- bietet den günstigsten Wärmepreis und legt seine Kalkulation offen,
- rechnet direkt mit den Kunden ab und geht niemals in Konkurs,
- hat einen schnellen 24h-Notdienst,
- reagiert flexibel auf veränderte Leistungsanforderungen,
- entlastet die Umwelt durch den Einsatz energiesparender Technologien,
- überläßt die Anlage nach Ablauf des Vertrages in einem technisch optimalen Zustand,
- bietet maximalen Kundennutzen und hat auch sonst keine Fehler etc..

Welche Chancen hat nun das Heizungsbauer-Handwerk, diesem Idealtyp eines Wärmelieferanten in wesentlichen Punkten zu entsprechen, vorausgesetzt, es hat die eigenen Bedenken gegen die Wärmelieferung ausgeräumt und sich weitgehend Klarheit über die Risiken verschafft? Grundvoraussetzung für den Erfolg ist die Identifikation des Heizungsbauers mit der Wärmelieferung.

Wärmelieferung ist in erster Linie nicht Technik, sondern Dienstleistung. Dies stellt den Handwerksbetrieb vor eine ganz besondere Herausforderung. Er muß sich auf den Weg vom traditionellen Handwerksbetrieb zum Dienstleistungsunternehmen begeben und Kundenbindung zukünftig wesentlich mehr am Kundennutzen seiner Dienstleistungen festmachen, *nicht nur am Preis,* wie es in der Branche allgemeiner Usus ist. Für die Dienstleistung der Wärmelieferung hat dies zur Konsequenz, will er erfolgreich sein, daß er

- für jeden Kunden, jedes Gebäude ein maßgeschneidertes Leistungspaket im Angebot hat,
- diese, unterstützt durch entsprechendes Marketing, aktiv verkauft,
- regelmäßig den Kapitalmarkt sondiert,
- die benötigte Primärenergie einkauft,
- in der Lage ist, Energieverbrauchsmengen transparent zu erfassen und abzurechnen,
- die Kapazitäten hat, die Dienstleistung zu verwalten,

- gewohnt ist, langfristige Geschäfts- und Kundenbeziehungen einzugehen und
- die entsprechende Kundenstruktur und das Umfeld mit geeigneten Objekten besitzt.

Die Wärmelieferung ist ein Markt für das Heizungsbauer-Handwerk, insbesondere für diejenigen Betriebe, die im Stande sind, die o. g. Kriterien zu erfüllen und den geforderten ganzheitlichen Service zu bieten. Die aufgezeigte Vielfalt an notwendigen Kompetenzen und Teilleistungen für den effizienten, wirtschaftlich tragfähigen Verkauf von Wärme können allerdings die meisten Heizungsbauer-Handwerksbetriebe nicht im Alleingang abdecken. Sie verfügen im Regelfall zwar über eine hervorragende fachliche Kompetenz, meist aber nicht über die notwendigen Planungs-, System- und Managementkompetenzen und die geforderte Finanzstärke. Gleichzeitig müssen die Risiken aus der langfristigen Bindung, der Gewährleistung, der Versorgungssicherheit und der Unterversorgung für den durchschnittlichen Betrieb mit ca. 9 Beschäftigten minimiert werden.

Eine Lösung sind Kooperations- und Organisationsmodelle, unter Beteiligung sich ergänzender Gewerke und notwendigen Sekundärdienstleistern. Es gilt, die Kräfte und das Kapital der Betriebe zu bündeln, um den Wärmelieferungsmarkt kundengerecht bedienen zu können. Der intensive Verbund mehrerer Handwerksbetriebe (gewerkeübergreifend und aus derselben Branche) ermöglicht es, Kompetenzen, Qualifikationsprofile und Erfahrungswissen zu bündeln, so die Chancen bei der Auftragsvergabe zu steigern und Qualität, Kundennutzen und Kundenzufriedenheit bei der Ausführung zu garantieren – günstiger Wärmepreis, hohe Versorgungssicherheit etc.. Gerade durch eine stetige intensive Zusammenarbeit werden Leistungsreserven freigesetzt und ein Know-how-Zuwachs erzielt, der im Alleingang kaum erreicht werden kann.

Unter Einbeziehung von Planungsbüros und Anlagenbauer, Brennstofflieferanten und Finanzdienstleister, Juristen und Versicherungen kann sich ein Zusammenschluß von Handwerksbetrieben evtl. unter der Schirmherrschaft eines Handwerksverbandes im Wärmelieferungsmarkt kompetenter behaupten als der einzelne Betrieb bisher – ähnlich der Nahwärme Düsseldorf GmbH, der Südwärme GmbH & Co. KG oder anderen Wärmelieferungsverbünden. Entscheidend für das Funktionieren ist der faire partnerschaftliche Umgang und die gleichwertige Integration der beteiligten Einzelunternehmen. Alle Beteiligten müssen sich als Team verstehen. Jeder muß am Erfolg partizipieren, selbstverständlich auch am Mißerfolg.

Eine weitere Möglichkeit bieten ARGE-/Partnerschaftsmodelle (Akquisitions- und Bietergemeinschaften) mit bestehenden Energiedienstleistern. Da deren Kernkom-

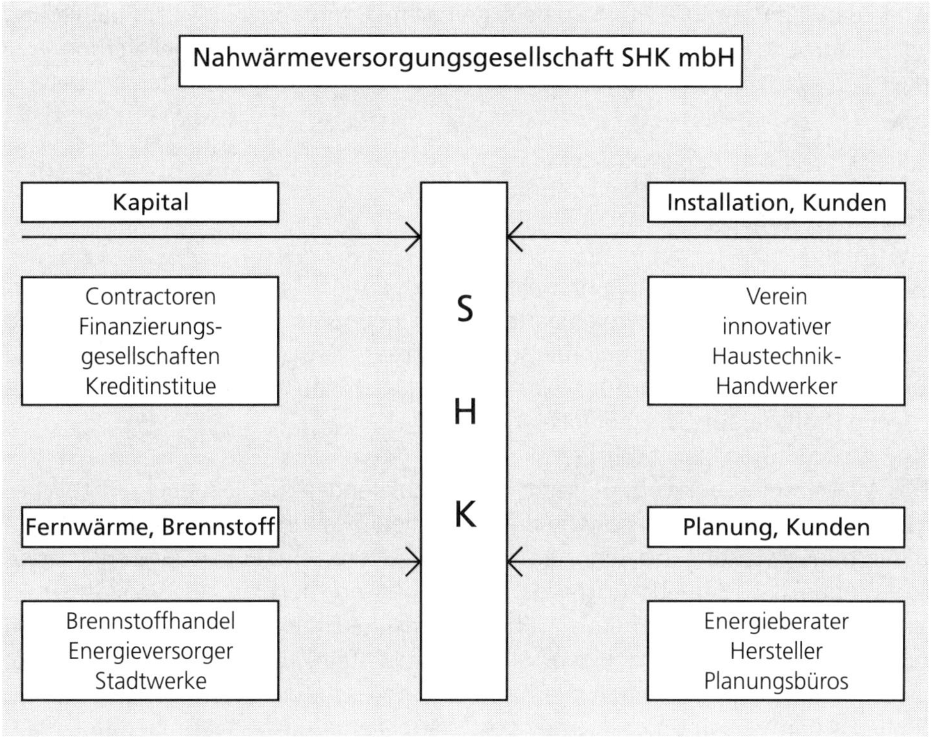

Abb. 6: Nahwärmeversorgungs-Gesellschaft SHK mbH

petenzen meist auf der kaufmännischen Seite liegen, sind sie in der Regel ohnehin auf die Unterstützung des ausführenden, regional ansässigen Handwerks angewiesen. Mit einer derartigen Verbundlösung lassen sich die oft nicht unerheblichen vorvertraglichen Aufwendungen senken und ebenso eine Stärkung der Wettbewerbsposition bei gleichzeitig stabilen Wärmepreisen herbeiführen.

Leider werden die Vorteile intensiver Kooperationen von der Mehrzahl der Betriebsinhaber im Handwerk nur ansatzweise gesehen. Vereinzelte Bemühungen, existierende Kooperationsmodelle umzusetzen, werden wegen der damit einhergehenden betriebswirtschaftlichen Veränderungen bereits im Keim erstickt. Geht es um Kooperation, steht unmittelbar die Frage nach der Autonomie des Meisters im Raum und inwieweit die betriebswirtschaftliche Selbständigkeit gefährdet ist. Oft wird die Freiheit unternehmerischen Handelns über die Effektivität des Unternehmens gestellt.

Hier gilt es anzuknüpfen, mit Überzeugungskraft aufklärend tätig zu werden, dem Handwerk geeignete Kooperationswege aufzuzeigen, für deren Umsetzung notwendige Hilfen anzubieten und bereits gemachte Erfahrungen mit der Realisierung von Handwerkskooperationen im Zusammenhang mit der Wärmelieferung z.B. über den Weg der Qualifizierungseinrichtungen des Handwerks weiterzugeben.

Zusammenfassung

Wärmelieferung, Contracting bzw. Energiesparpartnerschaften sind mit die beherrschenden Themen des Energiemarktes in den neunziger Jahren. Mittlerweile sind auch die Handwerksorganisationen sehr um dieses Thema bemüht. Sie sehen diese Dienstleistung als Chance für viele Handwerksbetriebe und verwenden entsprechende Kraft darauf, sie zu etablieren

Das Wärmelieferungskonzept setzt beim anbietenden Betrieb aber erhebliches „Know-how" voraus, das sich von der sorgfältigen Planung über eine ausgeklügelte Vertragsgestaltung bis hin zur laufenden Überwachung zur Gewährleistung eines optimalen Betriebs erstreckt. Doch nicht nur technisches Know-how ist gefragt, sondern auch Kenntnisse über langfristige Finanzierungsmodelle und ein guter Kontakt zur Hausbank müssen vorhanden sein. Ebenso ist es notwendig, einen leistungsfähigen Kundendienst vorzuhalten, um die Verantwortung für die Betriebs- und Versorgungssicherheit von Wärmelieferungsanlagen über einen langen Zeitraum erfolgreich übernehmen zu können.

Von einem durchschnittlichen Heizungsbauer-Handwerksbetrieb sind diese Randbedingungen nur unzureichend zu erfüllen. Dies ist mit ein Grund, warum sich das Konzept der Wärmelieferung im Handwerk nur zögerlich durchsetzen kann. Die Umsetzung geeigneter Kooperationsmodelle mit den notwendigen Partnern ist ein Weg, um vermehrt Akzeptanz für dieses Thema im Handwerk zu schaffen und die unternehmerischen Chancen zu erhöhen. Einige SHK-Handwerksbetriebe aus Berlin und Brandenburg haben diesen Ansatz bereits aufgegriffen und sind dabei, sich nach geeigneten Modellen und Partnern umzusehen, bzw. bestehende Modelle ihren Bedürfnissen entsprechend anzupassen. Es wird nicht mehr lange dauern, bis auch in Berlin und Umgebung Wärmelieferung zum selbstverständlichen Dienstleistungsangebot des Heizungsbauer-Handwerks gehört. Dies setzt allerdings voraus, daß die Energiedienstleistung in den Reihen des Handwerks nachgefragt wird, und der Kunde nicht in überzogenem Maße an den eingesparten Energiekosten beteiligt sein möchte. Ebenso sind Rahmenbedingungen zu schaffen, die es dem Heizungsbauer-Handwerk bzw. den Energiedienstleistungsverbünden ermöglichen, die Wärmelieferung im Vergleich zur Energieeigenversorgung durch den Gebäudeeigentümer kostenneutral anzubieten. Die Entlastung, sich nicht mehr um die Wärmeversorgung seiner Immobilie kümmern zu müssen, sollte hinsichtlich des zusätzlichen Kundennutzen und der Kundenzufriedenheit durch die Wärmelieferung ausreichend sein. Ebenso sind die Finanzdienstleister gefordert, einen Teil des Risikos der Wärmelieferung zu übernehmen, denn auch sie möchten daran verdienen.

Stabile partnerschaftliche Kooperationsstrukturen sind unstrittig mit die wichtigste Voraussetzung für zukünftigen Erfolg im Handwerk. Sie ermöglichen, daß auf der einen Seite Kernkompetenzen ausgebaut und auf der anderen Seite trotzdem Komplettdienstleistungen angeboten werden können. Sie ermöglichen die Marktmacht des Handwerks zu steigern, das erreichte Lohnniveau bei konstanter Wertschöpfung zu halten und dabei die Stundenverrechnungssätze evtl. zu senken.

In Richtung Kooperation hat das Berliner und Brandenburger SHK-Handwerk mit der Gründung einer eigenen Dienstleistungsgemeinschaft bereits einen wichtigen Schritt in die Zukunft getan. Dieses partnerschaftliche Leistungsbündnis dient dazu, handwerksgerechte Strukturen aufzubauen, die es ermöglichen, Komplettdienstleistungen rund um das Gebäude aus einer Hand anzubieten, die in ihrem Umfang bis zum Gebäude- bzw. Facility-Management reichen können.

Die Dienstleistungsgemeinschaft und das Marktsegment der Wärmelieferung sind Beispiele für die Dienstleistungszukunft des SHK-Handwerks. Unerläßlich sind weitere Aufgabenfelder, die ein hohes Problemlösungs- und Dienstleistungs- und damit ein hohes Wertschöpfungs-Potential besitzen. Basierend auf dieser Forderung leitet sich für eine erfolgreiche Bewältigung der Strukturkrise des SHK-Handwerks folgender F&E-Bedarf ab. Dringend benötigt werden:

- F&E-Moderatoren für den Aufbau eines handwerksgerechten Innovationsmanagements;
- Leitfäden für die Gründung und die Weiterentwicklung von Dienstleistungsgemeinschaften im Handwerk als Selbsthilfeeinrichtung bzw. Kooperations- und Kommunikationsplattformen der Branche;
- Kompetenz-, Qualifizierungs- und Trainingszentren einschließlich Vorhaltung benötigter Sekundärdienstleistungen, z. B. durch Aufrüsten der überbetrieblichen Ausbildungsstätten;
- Arbeitsbeschaffungseinrichtungen durch professionelle Angebotsbüros, z. B. durch Aufrüsten der Innungen und Fachverbände mit kompetenten Akquisitoren/Kalkulatoren;
- Neue Konzepte für die Aus- und Weiterbildung, die das Kundennutzen- und Kooperationsdenken vermitteln und die Basis für ganzheitliche Dienstleistungen schaffen;

- Neue Ausbildungsmodelle zur Sicherung eines qualifizierten motivierten Nachwuchses.

Auch in den Segmenten der Wärmelieferung und des Gebäudemanagements zeichnet sich noch ein erhebliches F&E-Potential ab, damit das SHK-Handwerk diese erfolgreich bedienen kann. Insbesondere dreht es sich um die Entwicklung von:

- Qualitätsstandards für Contracting einschließlich neuer Finanzierungsinstrumente, handwerksgerechter Modelle zur Kalkulation der Wärme-, Arbeits- und Meßpreise und Instrumente zur Sicherstellung der Vergleichbarkeit der Angebote etc.;
- Leitfäden für die Umsetzung geeigneter Kooperationsformen zwischen Banken, Anlagenherstellern, Planern, EVU etc.;
- neuen Qualifizierungsmodellen, z. B. Nachplanen bereits realisierter Contractingprojekte;
- handwerksgerechten Marketingkonzepten unter Berücksichtigung von Bewertungsmodellen von Energieversorgungslösungen;
- vertrauensbildender Maßnahmen für Contractinglösungen auf der Seite der Gebäudeeigentümer und der Mieter – zur effizienteren Akquisition von Neukunden;
- standardisierten und ausgereiften Wärmelieferungsmodulen (z. B. BHKW's) in abgestuften Leistungseinheiten einschließlich der standardisierten rechtssicheren Vertragswerke;
- Leitfäden für den Aufbau regionaler Notrufeinrichtungen des Handwerks für alle Notdienst- und Serviceprobleme der Gebäudetechnik, zentral erreichbar unter einer Telefonnummer;
- Leitfäden für den Aufbau einer Organisationszentrale/eines Unternehmenskonzeptes zur Steuerung einer Gewerkeverbund AG (Aktiengesellschaft des Handwerks) für das Anbieten sämtlicher Dienste rund um die Immobilie aus einer Handwerkshand
- ...

Der aufgezeigte exemplarische F&E-Bedarf macht deutlich, daß es für die SHK-Branche noch viel zu tun gibt. Die Dienstleistungsgemeinschaft des SHK-Handwerks Berlin-Brandenburg wünscht dabei gutes Gelingen.

Kundenbindung durch innovative Dienstleistungen

Anne Drahovszky

Ausgangsüberlegungen

Unternehmen können sich heute nur noch durch konsequente Kundenorientierung auf ihrem Markt behaupten, der gekennzeichnet ist durch z. B. immer schärfer werdenden Wettbewerb oder Homogenität und Austauschbarkeit der Produkte. Hierzu sind mittelständische Betriebe im Gegensatz zu Großunternehmen in besonderer Weise in der Lage, da sie noch in direktem Kontakt zu ihren Kunden stehen: Sie kennen deren spezielle Lebensverhältnisse und Bedürfnisse, auf die sie differenziert eingehen können. In diesem Sinne können mittelständische Betriebe durch zielgerichtete innovative Dienstleistungen ihren Platz im dynamischen Marktgeschehen sichern.

Eine besondere Rolle kommt dabei dem Mitarbeiter zu: Er stellt die Brücke zwischen Betrieb und Kunde dar. Damit ist Mitarbeitereinbindung eine Grundvoraussetzung für kundenorientiertes Management.

Der Kunde im Mittelpunkt

Ein Kunde ist nur dann auch wirklich König, wenn auf seine Bedürfnisse proaktiv eingegangen wird, d. h. wenn man ihm entgegengeht und seine individuellen Kundenwünsche in Unternehmensleistungen umsetzt. Schlußendlich trägt dies auch zur Schaffung bzw. Sicherung von Arbeitsplätzen bei.

Kundenzufriedenheit muß also uneingeschränkt im Zentrum aller geschäftlichen Aktivität, sämtlicher Unternehmenssubsysteme wie z. B. Strategie, Unternehmenskultur oder Organisation und den nötigen Instrumenten verstanden werden.

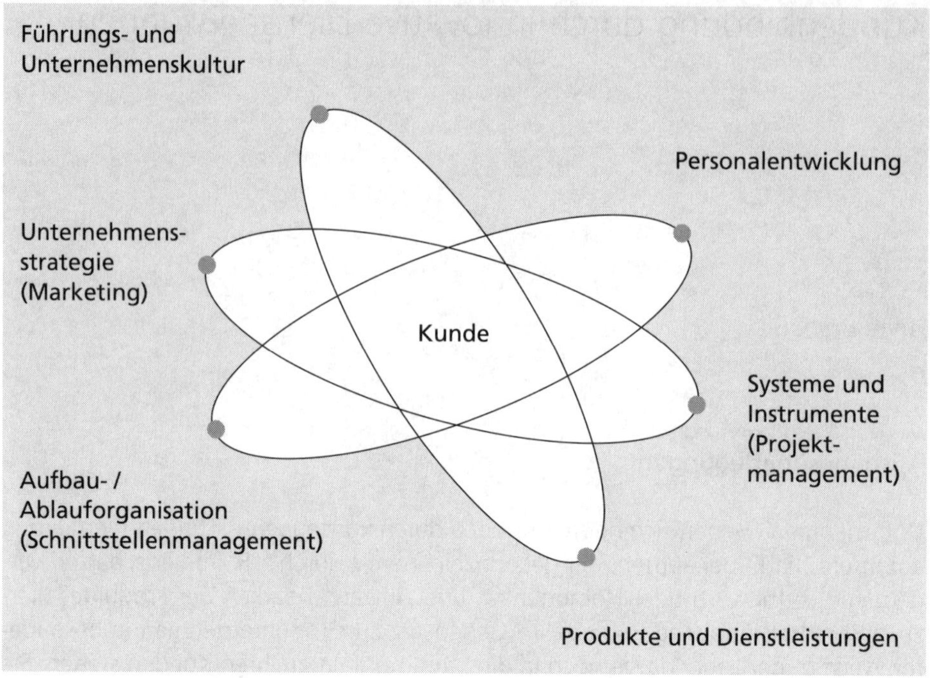

Abb. 1: Der Kunde im Mittelpunkt

Diese Überzeugung muß der Chef mit seinen Mitarbeitern teilen: Motivation und Integration aller Mitarbeiter, Führung durch Visionen und Wertvorstellungen und vor allem Steuerung und Kontrolle der Zielerreichung bei der Umsetzung sind ein absolutes Muß. Unternehmensführung und -kultur vermitteln dabei, daß Veränderungen keine Bedrohung, sondern vielmehr eine Herausforderung darstellen.

Kundenorientierung ist hauptsächlich eine Frage der Einstellung und des Verhaltens der Mitarbeiter. Hier stehen gerade Personalentwicklung und -führung vor einer enormen Aufgabe. Damit kommt dem Entlohnungssystem – was u. a. das Entgelt für ein Team, ein Provisions- und Prämiensystem unter Berücksichtigung der Kundenzufriedenheit und des Außendiensterfolges betrifft – besondere Bedeutung zu.

Nähe zum Kunden impliziert jedoch nicht nur die Optimierung des eigentlichen Betriebs und der Werkstatt, sondern geht über dessen Grenzen hinaus. Aktive Kundenansprache bedeutet Aufbau und Steuerung eines Außendienstes, der begeisternd die Geschäftsideen nach außen vertritt, den Bekanntheitsgrad steigert, Beziehungen aufbaut und Neukunden ins Autohaus holt. Wer auf den Kunden wartet, hat verloren. Nur über Nähe können dessen Wünsche auch in Unternehmensleistungen umgesetzt werden.

Ein immenses Verbesserungspotential gerade in der Kfz-Branche steckt im Umgang mit der Kontaktgruppe „Frauen" und das in doppelter Hinsicht: als Kundin, aber auch als Mitarbeiterin. Kundinnen haben andere Anforderungen an einen Kfz-Betrieb als Männer. Deshalb sollte mindestens ein Meister im Betrieb speziell dafür ausgewählt und unterwiesen sein, auf Fragen von Kundinnen adäquat einzugehen und auf die leider immer wieder anzutreffende Überheblichkeit von „Fachmännern" zu verzichten. Spezielle Kurse für Kundinnen (wie z. B. Pannenkurse) schaffen zusätzliche Sicherheit und Unabhängigkeit.

Um spezifischen Anforderungen von Kundinnen genügen zu können, sollte verstärkt wert auf den Einsatz von Mitarbeiterinnen gelegt werden. Prinzipiell sollten ihnen alle Bereiche des Kfz-Betriebs offenstehen: Verwaltung und Verkauf ebenso wie der technische Bereich (Werkstatt).

Chancen für den Mittelstand

Viele Großunternehmen sind Wissenskönige, aber Umsetzungszwerge: Geprägt durch schwerfällige Konzernstrukturen, Langwierigkeit von Entscheidungs- und Umsetzungprozessen, Bürokratisierung, Zentralisierung und Anonymität gleichen sie einem Tanker. Dagegen sieht sich der Mittelstand eher als Schnellboot: Überschaubare Organisationseinheiten, potentielle Entscheidungsschnelligkeit, persönliche Kundenbindung und Strukturen, die marktnah, kundenindividuell, sehr flexibel und vor Ort operieren, liefern einen klaren Nutzenvorteil.

Gerade kleinere Unternehmen brechen aus der Gleichförmigkeit, aus der Flut der Ähnlichkeiten, der Ununterscheidbarkeit austauschbarer Produkte und Dienstleistung aus und wählen Strategien weg vom nackten Produkt und von der standardisierten Dienstleistung hin zu einer vom Kunden wahrnehmbaren Andersartigkeit des Leistungsangebots im Vergleich zur Konkurrenz: neue Zielgruppen werden erreicht und ein überraschungsbuntes Alternativenangebot geschaffen.

Strategische Netzwerke

Der mittelständische (Kfz-)Betrieb wäre überfordert, wenn er aus eigenen Mitteln auf die Fülle der unterschiedlichen Kundenbedürfnisse eingehen wollte. Der Aufbau von strategischen Netzwerken oder Zusammenarbeit auf Grundlage loser Kooperationen (bspw. durch bewegliche Verträge) innerhalb des eigenen Stadtteils oder der Region ermöglicht es den einzelnen Partnern, auf verschiedenste Anforderungen ihrer Kunden mit entsprechenden Dienstleistungen zu reagieren.

Kontakte reichen u.a. von Institutionen wie TÜV, DEKRA über Schulen (vor allem Berufsschulen) bis hin zu sozialen Einrichtungen im Stadtteil.

Konkrete Strategien für die Kfz-Branche

Absolute Priorität hat der Imageaufbau. Als längerfristiger Prozeß muß er unbedingt parallel zu allgemeinen Geschäftsabläufen betrieben werden. Ziel ist hierbei, das Autohaus als Problemlösungs- und Innovationszentrum in den Köpfen der Kunden und Mitarbeiter zu etablieren. Verwirklicht wird dies durch den Aufbau neuer Geschäftsfelder, das Herausstellen der eigenen Einzigartigkeit, pressewirksames Auftreten, Ansprechen neuer unterschiedlicher Zielgruppen sowie Schaffung eines reichhaltigen Alternativangebots für Neu- und Stammkunden, denn *„nichts ist unmöglich"*.

Berücksichtigt man, daß ein Neukunde 100%igen Aufwand bedeutet, ein Stammkunde jedoch bloß 15%, legt dies nahe, daß Kundenbindung und Kundenbegeisterung viel preiswerter ist, als die Gewinnung von Neukunden und damit auch oberste Pflicht.

Aber genau was läßt anders sein als andere? Exemplarisch zu nennen sind *Kfz-bezogene Serviceleistungen* wie:

- eine Kundenzeitung,
- ein Mailingsystem, das nicht nur an TÜV-Termine oder Garantieablauf erinnert, sondern auch besonderen Anlässen wie Geburtstagen Rechnung trägt,
- Erste-Hilfe-Kurse unter dem Zeichen des Roten Kreuzes,
- Kinderverkehrsunterricht mit Hilfe der Polizei,
- Übungsfahrten mit Wohnanhängern zur Urlaubsvorbereitung unter Leitung von TÜV oder DEKRA,
- ein Hol-Bringservice,
- günstigere Tarife für Frauen oder auch
- eine komplette Unfallabwicklung (Leihwagen, Finanzierungsfragen).

Modernes Kundenmanagement macht aber hier noch nicht halt. Ein vielschichtiges Angebot gerade von *Kfz-unabhängigen Leistungen* wie:

- Vorträge, off-road-Veranstaltungen,
- Modenschauen, Kinovorstellungen für den eigenen Kundenkreis,
- Unterstützung verschiedener Vereine,
- Zusammenarbeit mit Reisebüros,
- Sicherheitstraining für Frauen oder
- Veranstaltungen für junge Künstler

ergänzen die herkömmlichen Aufgabengebiete eines Autohauses.

An diesen verschiedenen Unternehmensleistungen erkennt der Kunde, daß er verstanden und ernst genommen wird: Seine Wünsche werden erkannt und umgesetzt. Es entsteht eine Beziehung zwischen Kunde und Kfz-Betrieb, die für beide Seiten nur Vorteile in sich birgt.

II. Neue Märkte – Wachstumschancen durch Dienstleistungen

4.
Privathaushalte und neue Dienste

Privathaushalte und neue Dienste

Claudia Weinkopf

Wenn es um unausgeschöpfte Beschäftigungspotentiale im Dienstleistungssektor geht, wird häufig u. a. der Bereich haushaltsbezogener Dienstleistungen genannt. Die Begründungen dafür sind vielfältig. Zum einen liegen die Beschäftigungsanteile haushaltsbezogener Dienstleistungen in Deutschland im internationalen Vergleich eher niedrig. Zum anderen scheint jedoch auch in Deutschland ein großer und weiter steigender Bedarf an solchen Dienstleistungen zu bestehen – u. a. aufgrund der zunehmenden Frauenerwerbstätigkeit und der steigenden Zahl von Alleinerziehenden, während gleichzeitig sowohl öffentliche als auch private Angebote für unterstützende Dienste in Deutschland sowohl quantitativ als auch qualitativ gegenüber anderen Ländern wie etwa Frankreich zurückbleiben. Hinzu kommt der aufgrund der demographischen Entwicklung wachsende Anteil Älterer in der Bevölkerung, der sowohl die Nachfrage nach Unterstützung im Haushalt als auch nach pflegerischen Dienstleistungen begünstigt.

Potentiale für neue Dienste, die sich auf die Nachfrage privater Haushalte orientieren, bestehen jedoch nicht nur in den eher traditionellen Bereichen von Kinderbetreuung, Unterstützung bei der Haushaltsführung und -reinigung sowie Altenpflege, sondern auch im weiten Bereich von Diensten, die durch die fortschreitende Entwicklung und Ausweitung neuer Technologien überhaupt erst ermöglicht werden. Insbesondere Online-Angebote, z. B. in den Bereichen Informationsbeschaffung, Kontoführung, Einkaufen, Lernen, Unterhaltung u. ä., sind in diesem Zusammenhang von Bedeutung.

Neben den genannten Entwicklungen und Trends, die für eine steigende Nachfrage von Privathaushalten nach Dienstleistungen sprechen, sind jedoch auch einige Faktoren zu identifizieren, die diese Entwicklung eher hemmen. Hierbei spielt das teilweise schlechte Ansehen insbesondere von haushaltsbezogenen Dienstleistungen in der Gesellschaft eine Rolle, aber auch eine eher unterentwickelte „Dienstleistungsmentalität" insgesamt. Die Bereitschaft zur Inanspruchnahme von und die Zahlungsbereitschaft für Dienstleistungen scheinen in Deutschland geringer zu sein als in einigen anderen Ländern. Im Vergleich zu Ländern wie den USA, wo der hohe Dienstleistungsanteil vor allem auf privatwirtschaftlichen Angeboten beruht, und Schweden, wo ein vergleichsweise großes Angebot an Dienstleistungen öffentlich bereitgestellt wird, dominiert in Deutschland eine „Selbstbedienungskultur" gepaart mit Eigenarbeit, insbesondere im Bereich haushaltsbezogener Dienstleistungen. Dies wird auch durch eher an der traditionellen Arbeitsteilung zwischen Männern und Frauen angelehnte Regelungen im Steuerrecht und im sozialen Sicherungssystem gefördert bzw. konserviert. Diese Probleme müssen bei der Diskussion über Möglichkeiten zur Ausweitung der Beschäftigung im Dienstleistungsbereich mitbedacht werden.

Jenseits dieser eher gesellschaftspolitischen Überlegungen bestehen jedoch eine Reihe von Ansatzpunkten zur quantitativen Ausweitung und qualitativen Verbesserung des breiten Spektrums von Dienstleistungen für private Haushalte – z. B.:

- stärkere Kundenorientierung
- Entwicklung zielgruppenspezifischer Angebote
- Aufgreifen neuer Bedürfnisse
- Entwicklung von „Dienstleistungspaketen" aus einer Hand oder in Kooperation mehrerer Anbieter
- Erhöhung der fachlichen und sozialen Kompetenzen der Beschäftigten
- kostengünstige Angebote
- Kombination privater und öffentlicher Finanzierung bzw. Versicherungsleistungen
- öffentliche Anschubfinanzierung für die Entwicklung neuer Dienste

Die im Forum vorgestellten und diskutierten Ansätze haben sowohl das breite Spektrum von Diensten für private Haushalte aufgegriffen als auch die bestehenden Möglichkeiten der Ausweitung und Qualitätssteigerung der jeweils in den Mittelpunkt gestellten speziellen Dienstleistungen und Angebote thematisiert:

Frau *Dr. Eva Schulze* vom *Berliner Institut für Sozialforschung* stellte ausgewählte erste Ergebnisse aus einem laufenden Projekt zum Thema „Innovative Dienste für den Privathaushalt", das vom Bundesministerium für Bildung, Wissenschaft, Forschung und Technologie gefördert wird, vor. Dabei wurde einerseits nochmals unterstrichen, wie breit das Spektrum möglicher Dienstleistungen für Privathaushalte ist. Andererseits wurde anhand verschiedener Haushaltstypen gezeigt, daß bei der Entwicklung und Ausgestaltung von Dienstleistungsangeboten die jeweiligen individuellen Bedürfnisse und Präferenzen Berücksichtigung finden müssen. Dabei spielen sowohl die Motive, warum eine Dienstleistung in Anspruch genommen wird, eine Rolle, als auch die Frage, ob ein eher leistungsorientierter oder ein eher personenorientierter Bedarf besteht. Nicht zuletzt ist zu unterscheiden zwischen einer eher aufgeschlossenen und einer eher skeptischen Haltung gegenüber der Inanspruchnahme von Diensten.

Frau *Dr. Heidrun Hogan* vom *Privatinstitut Hogan* in Berlin berichtete von ihren Erfahrungen mit einer Dienstleistungsagentur, die professionelle haushaltsbezogene Dienstleistungen in den Bereichen Haushaltsführung und hauswirtschaftliche Versorgung, Betreuung von Kindern und älteren Menschen, Unterstützung bei der privaten Korrespondenz sowie Organisation von privaten Festen erbringt. Sie machte deutlich, daß einerseits eine große Nachfrage nach solchen Diensten besteht, andererseits aber die Zahlungsbereitschaft teilweise noch relativ gering ist. Dies ist u.a. zurückzuführen auf das geringe Ansehen solcher Tätigkeiten, aber auch auf die Konkurrenz durch Eigen- und Schwarzarbeit. Um sich in diesem Bereich am Markt durchzusetzen, bedarf es einer hohen Qualität der Dienstleistungen und einer guten Qualifikation der Beschäftigten. Dieser Anforderung wird durch eine umfassende Ausbildung Rechnung getragen. Hilfreich wäre außerdem, wenn die bestehende steuerliche Förderung von Haushaltshilfen auf professionelle Angebote ausgedehnt würde.

Frau *Anja Zschemisch* vom *Ambulanten Pflegedienst David & Zschemisch* in Hamburg berichtete einerseits von ihren Erfahrungen als Anbieterin im Pflegebereich und stellte andererseits Ergebnisse einer international vergleichenden Studie über die Strukturen und Rahmenbedingungen der Altenpflege vor. Sie machte deutlich, daß bislang die private Zahlungsbereitschaft für Pflege- und andere unterstützende Dienstleistungen in Deutschland über die Leistungen der Pflegeversicherung hinaus eher gering sei, aber nach ihrer Einschätzung zukünftig durch qualitativ hochwertige und innovative Angebote zu steigern sei.

Herr Prof. *Norbert Mundorf* von der *University of Rhode Island, USA,* stellte den aktuellen Stand und die zukünftige Entwicklung der Inanspruchnahme von Angeboten für private Haushalte im Bereich der Informations- und Kommunikationstechnologien in den Mittelpunkt seines Beitrags. Er machte auf der Basis der wesentlich stärkeren Inanspruchnahme solcher Dienste in den USA deutlich, welche unterschiedlichen Angebote z.B. in den Bereichen Unterhaltung, Teleshopping, Telebanking, Telelearning, Telearbeit, Medizin und Gesundheitsförderung möglich sind, und wie die Inanspruchnahme gefördert werden könnte. Wichtige Aspekte sind hierbei einerseits hochwertige Angebote und andererseits die Kosten, die in Deutschland deutlich höher liegen als in den USA. Am Beispiel der Telearbeit wurde deutlich gemacht, welchen Einfluß gesellschaftliche Einstellungen der Unternehmen und Beschäftigten und die Strukturen auf dem Arbeitsmarkt haben.

Hausmanager als neues Berufsbild

Heidrun Hogan

Wünschen Sie einen Hausmanager, einen Privatsekretär, einen Butler?

Für diese Frage erntet man zumeist ungläubiges Lächeln, Belehrungen ob der sozialen Unmoral eines solchen Ansinnens – wenig später zugleich aber auch vorsichtiges Nachfragen.

Zu Beginn des 21. Jahrhunderts hat sich in den Industrieländern ein neuer Lebensanspruch entwickelt: Freizeit, Bildung, Kulturgenuß, Arbeit mit herausfordernden Möglichkeiten an die Persönlichkeitsentwicklung, bewußter Umgang mit der Zeit. Zeit ist unwiederbringlich. Geht sie vorbei, ist sie verloren.

Bewußter Umgang mit der Zeit ist seit jeher die Quelle der Dienstleistung: Schreiben, Nachrichten übermitteln, schnelles Bewegen, rationelles Organisieren der persönlichen Lebensumstände. Keine Sekretärin, kein Telefon, kein Taxi, kein Reisebüro sind heute aus unserem Leben wegzudenken. Der Mensch zivilisiert sich durch rationellste und elegante Gestaltung seines Lebens.

Im *öffentlichen* Bereich haben wir uns daran gewöhnt – an die Sekretärin als die Dienstleisterin des Chefs, den Friseur als Dienstleister für das Outfit, die Telekom (und nun auch andere) als Dienstleister der Kommunikation, den Rechtsanwalt als Helfer meines Rechtsanspruchs, den Arzt als Dienstleister an meiner Gesundheit – an jeden auf seine Weise, zum Teil von lebenserhaltender, existentieller Bedeutung.

Ganz anders im *privaten* Bereich. Hier scheint es obsolet, unschicklich, unmoralisch, mit einem persönlichen Manager, Hausmanager, Butler – wie immer man es nennen mag – das persönliche Leben rationeller zu gestalten. Das Image einer Haushaltshilfe ist in Deutschland negativ belastet – nicht ganz ohne Schuld durch Privilegien und schlechte Traditionen vergangener Zeiten im Umgang mit dem Dienstmädchen, und erst recht nicht frei von der wirklichen Unmoral entwürdigender Schwarzarbeit in dieser Branche. In anderen Ländern – England, Schweiz, USA – geht man damit viel natürlicher um – legal, professionell und mit einem angemessenen Preis.

Das PRIVATINSTITUT HOGAN gründete vor eineinhalb Jahren die Agentur INHAUS mit dem Ziel, hauswirtschaftliche Dienstleistungen Privathaushalten anzubieten, professionell auszuführen und marktgerecht – ökonomisch und kundenorientiert – zu gestalten – mit einem vielseitigen Angebot:

- Haushaltsführung und hauswirtschaftliche Versorgung – mit umweltfreundlichen Verfahren, nach den Prinzipien der Wirtschaftlichkeit und den Regeln einer gesunden Ernährung
- Betreuung von Familienangehörigen und anderen Personen – Kinder, Senioren, Kranke, Behinderte – mit Sachverstand und psychologischem Feingefühl
- Private Sekretärsarbeit zur Erledigung von Schriftverkehr und Recherchen, zur Bewältigung aufwendiger Behördensachen
- Gestalten von Festen und Feiern, Begleitung und Unterhaltung für gesellige Stunden – mit Stil und kulturellem Anspruch

Es folgte damit dem Wunsch privater Haushalte und von Einzelpersonen nach einem geordneten Leben im privaten Bereich und schuf damit gleichzeitig Arbeitsplätze. Als ein durch den Berliner Senat gefördertes Modellprojekt wurde in relativ kurzer Zeit ein Team von 16 Mitarbeitern aufgebaut, das nach dem Reglement einer Vermittlungsagentur arbeitet. INHAUS beschäftigt bei sich Hausmanager – festangestellt oder auf der Basis der Selbständigkeit bzw. auf Honorarbasis mit monatlicher Einkommensgarantie – in jedem Falle in abgesicherter, sozialversicherungspflichtiger Beschäftigung.

Die Förderphase ist bereits vorbei, seit Januar agiert INHAUS auf dem freien Markt. Die Agentur arbeitet weitgehend kostendeckend und wird – fast einzigartig – *ohne öffentliche Fördermittel* in dieser Branche wettbewerbsfähig. Auf einer internationalen Tagung in Paris zu diesem Thema im vergangenen Jahr war in Europa kein anderes Unternehmen oder Projekt bekannt, das die wirtschaftliche Selbständigkeit erreicht hat. Die von INHAUS dort vorgestellten Ergebnisse – hinsichtlich der Kürze der Anlaufphase, des Qualifizierungsanspruchs der Beschäftigten sowie des Stundenvolumens der in den Haushalten geleisteten Arbeit – lagen über dem Niveau vergleichbarer Projekte und Unternehmungen.

Der Bedarf an Dienstleistungen in privaten Haushalten ist außerordentlich komplex und je nach Haushaltsstruktur sehr unterschiedlich. Es gibt ihn in *allen* Stadtteilen und Bezirken von Berlin und in Haushalten *unterschiedlichster sozialer* Strukturen. Haushaltsreinigung und Kinderbetreuung werden vorrangig gewünscht.

Hauswirtschaftliche Dienstleistungen in Anspruch zu nehmen, ist heute kein Privileg mehr für Besserverdienende. Alleinerziehende und junge Eltern erwerben damit die Möglichkeit, beruflich tätig zu sein, ohne die Familienpflichten vernachlässigen zu müssen, oder sie organisieren sich dadurch Bedingungen, mit dem Beruf verbundene Lebensansprüche besser zu realisieren. Ältere wiederum verbinden damit die Erwartung, den Anspruch an eine geordnete Haushaltsführung nicht aufgeben zu müssen, wenn die körperlichen Kräfte nachlassen. Typisch für Familien (z. B. 4 Personen/Eltern mit Kindern) ist das gesamte Dienstleistungs*paket* von Haushaltsführung und Kinder*betreuung*, die vom Kunden oft auch als Kinder*erziehung* verstanden wird. Sie verlangt anspruchsvolle pädagogische Fähigkeiten.

Die bei INHAUS beschäftigten Hausmanager arbeiten effektiv (ohne Wegezeiten) ca. 30 Stunden pro Woche und liegen in ihrem Durchschnittsverdienst über dem Level der von Haushalten *direkt* (z. B. über Anzeigen) angefragten Haushaltshilfen. Der Preis je Stunde haushaltsnaher Dienstleistungen ist in Abhängigkeit von der Art und vom Umfang der Leistung sehr unterschiedlich. Im allgemeinen bewegt er sich zwischen 23 und 30 DM. Der Haushalt erwartet Zuverlässigkeit, Professionalität und Individualität der Leistung. Mit der Dienstleistung kauft sich der Kunde in der Regel Freizeit. Zeit ist kostbar geworden, Zeit als Lebenswert ist es wert, das verfügbare Familienbudget umzuverteilen.

Arbeitslosen ist es wert, mit dem Einstieg in diese neue Branche beruflich wieder aktiv zu sein. Besonders für Ältere ist es die Chance für den beruflichen Wiedereinstieg – mit der Perspektive einer gesicherten Altersvorsorge. Eine Tätigkeit als Hausmanager ist in der Weise attraktiv, wie sie mit den persönlichen Neigungen übereinstimmt und aus der Arbeitslosigkeit herausführt.

Die Hausmanager verfügen über die gesamte Breite an hauswirtschaftlichen Fähigkeiten. Fachliche und soziale Kompetenz sind gleichermaßen von Bedeutung. Menschliche Reife, Zuverlässigkeit und Vertrauenswürdigkeit gehören zu den wesentlichen Kriterien der Personalauswahl. Wichtige soziale Eigenschaften sind Verantwortungsbewußtsein, Selbständigkeit, Freude am Umgang mit Menschen, gute Umgangsformen und Freundlichkeit. Hausmanager müssen sich sowohl durch gute Kommunikationsfähigkeiten, zugleich aber auch durch Zurückhaltung und Diskretion auszeichnen.

Von Vorteil ist, daß das PRIVATINSTITUT HOGAN die Arbeit der Vermittlungsagentur INHAUS mit der Ausbildung von qualifiziertem Hauspersonal verbindet. Durch die Agentur INHAUS verfügt das PRIVATINSTITUT HOGAN über Erfahrungen in der Vermittlung von Dienstleistungen für private Haushalte, kennt den Bedarf und die Qualifikationsanforderungen von Hausmanagern und ist so in der Lage, ein direkt am Markt orientiertes Ausbildungskonzept zu entwickeln. Erstmalig in Deutschland findet am Institut eine Butler-Ausbildung statt – Butler/Privatsekretär/Personal Manager nicht als unterwürfiger Diener einer vergangenen Welt, sondern als eine souveräne Persönlichkeit mit hervorragenden Eigenschaften der Organisierung privater und hauswirtschaftlicher Angelegenheiten – so ist das Ziel der Ausbildung.

Der moderne Butler ist ein Manager für den Haushalt und seine Angehörigen, Sekretär und Privatassistent im Beruf. Sein Tätigkeitsbereich ist vielseitig und herausfordernd. Die wichtigste Voraussetzung für Bewerber ist ein hohes Anspruchsniveau an die eigene Persönlichkeit hinsichtlich Zuverlässigkeit, Verantwortungsbewußtsein und Freude am Dienst für Andere. Die Ausbildung dauert 12 bis 18 Monate. Wesentliche Inhalte sind:

- Soziale Kompetenz
- Guter Sprachstil und Ausdruck/Geschäftsdeutsch/Englisch für Internationale Haushalte
- Management für private Haushalte
- Hauswirtschaft
- Betreuung von Familienangehörigen
- Private Sekretärsarbeit
- Gästebetreuung
- Gartennutzung und Blumenpflege/Umgang mit Haustieren
- Anwendung moderner Kommunikationstechnologien
- Selbstmanagement auf dem Arbeitsmarkt/Rechtsgrundlagen für eine Tätigkeit in Privathaushalten

Die Teilnehmer von arbeitsamts- oder senatsgeförderten Kursen erwerben dabei gleichzeitig die Voraussetzungen für den Berufsabschluß als Hauswirtschafter bzw. Hauswirtschafterin. Zahlreiche Arbeitslose erschließen sich auf diese Weise nicht nur ein *neues*, sondern auch ein *anspruchsvolles* Beschäftigungsfeld mit großen Chancen für die *Zukunft*.

Im Unterschied zum früheren Dienstmädchen gestaltet sich heute die Tätigkeit eines Hausmanagers der Agentur INHAUS auf Grundlagen, die ihm materielle, juristische und moralische Souveränität und Eigenständigkeit gewähren. Vertrags- und

Verhandlungsgegenstand in der Beziehung zwischen dem Auftraggeber (der Haushalt) und dem Auftragnehmer (die Agentur) ist nicht der Mensch, sondern die *Leistung*.

Der Vorteil einer Vermittlungsagentur besteht darin, daß der Haushalt professionelle Qualität, Absicherung im Schadensfall und Ersatz bei Krankheit des Hausmanagers oder bei Unzufriedenheit mit der Leistung erwarten kann. Für den Hausmanager ist die Anbindung an eine Vermittlungsagentur dadurch attraktiv, daß er das Risiko einer stabilen Auftragslage und erfolglosen Kundenakquise minimiert.

Die Entwicklung und Umsetzung des Konzepts, haushaltsnahe Dienstleistungen zu einem Wirtschaftssektor für sozial abgesicherte und vor allem auch dauerhafte Beschäftigungsverhältnisse zu gestalten, sich dabei einen Markt zu erschließen, der bislang von niedrig bezahlter Schwarzarbeit dominiert war, Strategien zur Akquise der Haushalte zu entwickeln, Arbeitslose auf diesen neuen Markt vorzubereiten und ihnen die Beschäftigung auf dem 1. Arbeitsmarkt zu gewährleisten, ist eine Innovation. Am PRIVATINSTITUT HOGAN entstand ein Know-how zur Legalisierung und Professionalisierung dieser Dienstleistungen, einschließlich die Neuentwicklun von Ausbildungs- und Beschäftigungsprofilen der in diesem Bereich tätigen Hausmanager. Das Institut hat auf diese Weise beigetragen, daß sich die Dienstleistungen für Privathaushalte zu einer neuen Branche der privaten Wirtschaft entwickeln konnten.

Für die Hausmanager- und Butler-Ausbildung erhielt das PRIVATINSTITUT HOGAN den Förderpreis 1998 des Bundesministers für Bildung, Wissenschaft, Forschung und Technologie zum Innovationstransfer „Neue Unternehmen, Märkte und Berufe". Neben dieser Ehre haben wir damit auch zur Entwicklung neuer Berufs- und Beschäftigungsfelder eine neue Verantwortung erhalten. Wir erkennen, daß bei der Entwicklung eines Berufsbildes „Hausmanager/Butler" hinsichtlich der Gestaltung der Inhalte, der Methoden, Prüfungsabläufe und der Bestimmung der Voraussetzungen von Auszubildenden weiterhin Neuland zu beschreiten ist. Wir schlagen vor, dazu ein Modellprojekt zu starten mit dem Ziel, ein bundesweit anerkanntes Berufsbild zu entwickeln und in einer ersten beruflichen Ausbildung zu testen. Das PRIVATINSTITUT HOGAN bietet an, unter Nutzung seiner bereits vorhandenen Erfahrungen dem Bundesminister für Bildung, Wissenschaft, Forschung und Technologie dabei ein Partner zu sein, dieses Berufsbild in einer beruflichen Erstausbildung und Umschulung einzuführen und als eine für alle Bundesländer beispielhafte Lösung zu gestalten.

Pflege im internationalen Wettbewerb

Anja Zschemisch, Monika Sonnenberg

Pflege im internationalen Wettbewerb ist im Hinblick auf das vereinte Europa ein Thema, mit dem man sich in Deutschland noch etwas schwer tut; wobei es in Deutschland nicht um den Wettbewerb geht, sondern vielmehr um die Akzeptanz, Pflege als Dienstleistung zu etablieren. In meinem Vortag möchte ich Ihnen aufzeigen: *Was ist ambulante Pflege?*

Durch die Unzufriedenheit mit ihrer Rolle im Gesundheitswesen, bemühte sich eine kleine, aber ständig wachsende Zahl von beruflich Pflegenden, ihr traditionelles Recht selbständig zu praktizieren. Sie bauten ihren Aufgabenbereich außerhalb des Krankenhausbereiches aus und bieten eine Vielzahl von Dienstleistungen an. Dabei konzentrieren sie sich vorwiegend auf die Bereiche der Gesundheitsförderung, der Krankheits- und Unfallverhütung, der Rehabilitation und der unterstützenden Maßnahmen. Diese selbständigen Pflegenden bieten Qualität und eine effektive Pflege, die sich auf Ergebnisse der Pflegeforschung stützt.

Sieht man die Entwicklung der ambulanten Dienstleistung, fällt den nationalen Pflegeverbänden eine wichtige Rolle zu. Insbesondere sind sie mitverantwortlich für die Kontrolle und Bewertung der Ergebnisse, und zwar im Hinblick auf die Auswirkung, auf die Klienten/innen und auf das pflegerische Verständnis von Wohlergehen.

Selbständige sind Personen, die die volle Verantwortung übernehmen und das ganze Risiko tragen, wenn sie einzigartige Möglichkeiten entdecken oder schaffen können, um ihre persönlichen Talente, Fähigkeiten und ihre Energie einzusetzen. Sie bedienen sich außerdem einer strategischen Planung, um diese Möglichkeiten in eine vermarktbare Dienstleistung oder ein marktfähiges Produkt zu verwandeln.

Für den deutschsprachigen Bereich wurde das englische „entrepreneur" mit „Selbständige" übersetzt, da dieser Begriff sowohl UnternehmerInnen als auch FreiberuflerInnen einschließt.

Selbständig Pflegende sind InhaberInnen eines Geschäftes, das Pflegedienstleistungen wie direkte Pflege, Verwaltung und Beratung, Bildungsmaßnahmen und Forschung anbietet. Die selbständige Pflegekraft ist den KlientInnen und Kostenträgern, für die sie oder in deren Auftrag sie Pflegedienstleistungen zur Verfügung stellt, verantwortlich.

Angesichts der Vielfältigkeit des heutigen Gesundheitswesens bieten sich diverse Bereiche an, die folgende Produkte und/oder Dienstleistungen anbieten können:

- Pflegedienstleistungen
- Gesundheitsprodukte und -geräte, deren Entwicklung, Beurteilung und Verkauf
- Beratung, Vermittlung und Organisation von pflegeübergreifender Dienstleistung
- Veröffentlichungen aus dem Gesundheitsbereich

In diesem Zusammenhang ist die besondere Ausprägung des jeweiligen Gesundheitssystems einer der wichtigsten Faktoren. Dabei sind insbesondere die herrschende Finanzpolitik und die Tatsache, ob die Gesundheitsversorgung eine öffentliche, eine private oder eine gemischte Aufgabe ist, von großer Bedeutung. Die Entwicklung, die Praxismöglichkeiten und die Regulierung pflegerischer Selbstständiger werden immer von der ökonomischen Infrastruktur und der jeweiligen nationalen, regionalen und/oder lokalen Politik abhängig sein.

Hintergrund

Die Selbständigkeit von Pflegenden gibt es seit Anfang des Jahrhunderts. Bis zum Zweiten Weltkrieg gab es sogar sehr zahlreiche selbständige Pflegende. Erst nach Ende des Zweiten Weltkrieges führten neue soziale und wirtschaftliche Entwicklungen dazu, daß Pflegende zunehmend in öffentlichen Einrichtungen angestellt wurden. Daß seit einigen Jahrzehnten erneut über die Selbständigkeit von Pflegenden nachgedacht wird, ist auf die nachfolgend genannten wichtigsten sozialen und ökonomischen Entwicklungen zurückzuführen:

- der weltweite Trend zu Privatisierung
- Infrastrukturen für selbständiges Unternehmertum, z. B. Informationsnetzwerke, Gesetzgebung, öffentlicher Erwartungsdruck
- ein wachsendes Bewußtsein der VerbraucherInnen und entsprechend veränderte Ansprüche, auch im Gesundheitswesen

- das neue Selbstbewußtsein der Frauen, mehr Möglichkeiten für Frauen
- eine chronische Unzufriedenheit der beruflich Pflegenden aufgrund ihres geringen gesellschaftlichen Ansehens, schlechteren Arbeitsbedingungen, unzureichender Entscheidungsbefugnis und ihrer Unfähigkeit, ihr Wissen und ihre Kenntnisse in die Praxis umzusetzen
- die zunehmende Versorgung von PatientInnen mit hohem Pflegebedarf außerhalb der Krankenhäuser
- veränderter Versorgungsbedarf, den das Gesundheitswesen nicht ausreichend befriedigen konnte, z. B. durch ältere Menschen, Aids-Kranke, chronisch Kranke und die gemeindenahe Versorgung psychiatrischer PatientInnen
- signifikante Fortschritte im Pflegewissen

Dienstleistungen und Arbeitsumfeld

- PflegepraktikerIn: Begutachtung, direkte Pflege, Gesundheitspflege, Pflege von Sterbenden, Pflege chronisch Kranker, Fachpflege (Stoma, Diabetes etc.), Arbeitsschutz, Gesundheitsfürsorge in der Schule
- Unterrichtende: Gesundheitsförderung (Streßreduzierung, Ernährung), Präventionsprogramme in allen Bereichen, Weiterbildungsprogramme, Vorträge für Laien/ PatientInnen
- BeraterIn: Managementberatung, Beratung zum Arbeitsschutz, Personalberatung, Beratung und Unterstützung
- TherapeutIn: Psychotherapie, Atemtherapie
- ForscherIn: Projekte zur Verbesserung der Gesundheitsvorsorge, pflegewissenschaftliche Themen
- PartnerIn.: gemeinsame Verantwortung, verstärkte kreative Ansätze in der Gesundheitsvorsorge
- ArbeitgeberIn: Anbieter von Gesundheitsdiensten, Überwachung der Qualitätssicherung, Handel mit Materialien und/oder Geräten, Entwicklung von Gesundheitsprodukten, -techniken, -verfahren, Planung des Einsatzes von Ressourcen, Management und Entwicklung, Gestaltung des Arbeitsumfeldes.

Zu dieser Auflistung muß angemerkt werden – sie ist nicht abschließend und vollständig -, daß selbständige Pflegende sich ursprünglich auf das Angebot von Grundpflege in Krankenhäusern oder zu Hause spezialisiert hatten. Heute hingegen gibt es unter den neu entstandenen unabhängigen Praxen von Pflegenden in den Industrieländern nur noch wenige, die sich allein mit der Heilung von Krankheiten beschäftigen.

Strukturen im Gesundheitswesen

Deutschland unterscheidet sich von den Niederlanden und Frankreich durch ein ausgeprägtes hohes Niveau des staatlich subventionierten Sozialversicherungssystems. 93 % der Bevölkerung in Deutschland sind aufgrund der Rahmenbedingungen in einer gesetzlichen Krankenversicherung Mitglied, 7 % der Bevölkerung sind Mitglied einer privaten Krankenversicherung. In Deutschland haben wir in der Bevölkerung den sogenannten Vollkaskoanspruch, die Bereitschaft, über die vorhandenen Kostenstrukturen einen Anteil an Eigenfinanzierung zu leisten, ist sehr gering.

Niederlande

Vereinfacht gesprochen ist das System der Gesundheitsversorgung in den Niederlanden zweigeteilt in den stationären und in den ambulanten Teil. Der stationäre Teil umfaßt Krankenhäuser und psychiatrische Anstalten und Pflegeheime. Der ambulante Teil umfaßt hauptsächlich Hausärzte, Zahnärzte, Hebammen, Krankenpflegekräfte und Einrichtungen für Wohlfahrtspflege.

Die Finanzierung des Aufenthaltes in Pflegeheimen und Anstalten, also ein wichtiger Teil der stationären Versorgung, geschieht über eine Art Volksversicherung, die AWBZ (Allgemeines Gesetz für Besondere Krankheitskosten). Dieses Gesetz beinhaltet, daß jeder für diese Kosten versichert ist, unabhängig davon, ob Beiträge bezahlt werden oder nicht. Seit 1989 wird sowohl die häusliche Pflege als auch die Familienpflege von der AWBZ bezahlt. Es muß aber vom Kunden ein Zuschuß geleistet werden, der im Bereich Familienpflege bis zu 250 Gulden je nach Einkommen pro Woche liegt, für die häusliche Krankenpflege bezahlt der Kunde 50 Gulden Mitgliedsbeitrag pro Jahr.

Frankreich

Es ist den Franzosen nicht gelungen, ein einheitliches Versorgungssystem zu etablieren. Berufsgruppen wie z. B. Agrarwesen, Transportwesen und Militär haben ihr eigenes Versorgungssystem; dies ist zwar analog zum staatlichen Versorgungssystem, der Unterschied liegt hier in der Verwaltung.

Man unterscheidet 2 Bereiche:

1. Die Grundversorgung: Sie beinhaltet die Krankenversicherung, die Invalidität, die Altersversicherung, die Familienfürsorge. Sie obliegt der staatl. Regulierung bzw. den einzelnen Berufsgruppen.
2. Die Zusatzversicherung: Sie ist keine freiwillige Leistung, jeder muß für sie bezahlen. Was die Grundversorgung nicht abdeckt, wird durch die Zusatzversicherung geregelt.

Sie sehen selbst, es ist ein sehr komplexes Thema und würde sicher mehr Zeit in Anspruch nehmen, wenn man es noch genauer darlegen wollte.

Wettbewerb?

Pflege im internationalen Wettbewerb kann man nur dann miteinander in Verbindung bringen, wenn man die gleichen Zugangsvoraussetzungen und Marktbedingungen hat. Aufgrund der dargelegten unterschiedlichen Strukturen der Gesundheitssysteme kann ein Vergleich so nicht stattfinden.

In Frankreich und den Niederlanden ist im Vergleich zu Deutschland lediglich das persönliche Budget festgelegt. In Deutschland sind Budget und Leistung festgelegt.

Fazit

Die Erfahrungen aus den Niederlanden und Frankreich zeigen, daß häusliche Versorgung in vielen Fällen möglich ist. Obwohl noch nicht ganz deutlich ist, wo die Grenze liegt, versucht man immer mehr, die Versorgung in die häusliche Situation zu verlagern. Das hat nicht nur Folgen für den Patienten und seine Angehörigen, sondern auch zum Beispiel für Krankenpflegerinnen, die sich daran gewöhnen müssen, daß ihr Beruf in Zukunft immer mehr eine ambulante (und nicht mehr eine stationäre) Tätigkeit sein wird. Die Konzipierung der häuslichen Versorgung beinhaltet auch eine neue Auffassung, nach der die Pflegebedürftigen jetzt Kunden sind, die selbst darüber entscheiden, wo sie sich ihre Pflege (am besten oder am billigsten) einkaufen.

Tab. 1: Home Care in Germany, in the Netherlandes and in France

	Home care in Germany Home nursing	**Home care in Netherlands**	**Home care in France**
Funding	Sozial Stations of private non-profit welfare associations are funded by: • state taxes (10–20 %) • private insurance companies (5 %) • health insurance funds (65 %) • out-of-pocket payment (10 %) • umbrella organisations (10 %)	Largely paid for by the AWBZ, and for the rest by clients' co-payments and membership fees.	The organisation is allowed a certain number of clients and receives a lump sum from the Health Insurance Fund.
Organisations	Private non-profit welfare organisations: • Gemeindekrankenpflegestationen • Sozialstationen (Social Stations) Growing number of for-profit providers (Amb. Pflegedienste)	Regular home care: • 12 Regional Cross Associations (home nursing) • 43 Home Help organisations (home help services) • 53 Integrated home care organisations (home nursing and home help service Private home care organisations (the largest is Netw. intermediary organisations).	About one third of the organisations for home nursing are established and run by the minicipality, the other two third are not for profit private associations.
Competition	There is competition between non-profit organisations and for-profit organisations, but also within these groups.	Competition exists between non-profit and for profit organisations, although on small scale (for persons with a care allowance, for emergency care and for rich people), because for-profit organisations are working outside the range of the money available for care in kind.	There is no competition in home nursing.
Services	Grundpflege: • basic needs including ADL-activities Behandlungspflege: • specialises, technical nursing procedures	• hygienic and other personal care • technical nursing care • education for persons in need of care • psychosocial activities • evaluation of care	• Hygienic and other personal care • psycho-social help • encouraging help from family members • medical and nursing care

	Home care in Germany Home nursing	Home care in Netherlands	Home care in France
Professionals	• generalist nurse (Krankenschwester): 3 years; • community nurse (Gemeindeschwester): 3 years + 1 additional year; • nurse for children (Kinderkrankenschwester): 2–3 years; • nurses for the elderly (Altenpflegerin): 2–3 years; • auxilliary nurse (Krankenpflegehelferin): 1 year	• community nurses (4 years training, o 3,5 years in-service with additional training): • auxiliary community nurses (2 years in service + 6 months course).	Nurse (training: 36 months course) Auxilliary nurse (training: 1 year)
Access	Referral by a physician is only needed for Behandlungspflege. The assessment is done by a physician, using standardised forms.	No referral is needed. In Regional Cross organisations the assement is done by a community nurse. In home care organisations the assessment is done by a special assessment team. There are no standardised forms.[1]	Referral by a GP or hospital physician. A nurse assesses the client using a standardises scale.
User payments	No co-payments for Behandlungspflege and short-term home care (health insurance scheme).	Membership fees and means-tested co-payments.	Health Insurance reimburses most part of costs. Complementary insurance pays rest of costs.

[1] Per 1 January 1998 the municipal authorities must create a seperate body to carry out the assessment needs, in order for assessment of needs and care provision to be separate.

Quelle: Home care and care allowances in the European Union
von: Sylvia Weikers und Marja Pijl

Information Technologies in the Home: Current and Future Trends

Norbert Mundorf

We utilize services to make our lives easier, more enjoyable, and safer. Typically we think of them as functions performed by others outside or inside the home. Technological changes allow us to achieve some of these goals through technologies and substitute or complement services performed by others. The following discusses some changes related to home information technologies at the interface of home, work, and transactions that affect our lives now and in the future, as well as factors that influence technology adoption in the home.

Changes in Home Information Technology

The role of information technologies in the home has changed considerably since the 1980s. We are exposed to new technologies outside the home (work, school, shopping, banks etc.), and are thus more familiar with such technologies. This has coincided with tremendous developments in software and hardware. There has been a major shift from single-purpose, dedicated stand-alone appliances to multi-purpose, networked machines.

- In the 1980s, PCs in the home were used primarily as job-oriented work-at-home technologies (70 % of use; Venkatesh,1996)
- Computers as standalone units had limited usefulness, which might explain the faster adoption rate of the VCR (attachment to TV) or the answering machine (attachment to phone).
- 75 % accounted for male adults, while other appliances were mainly used by females (Venkatesh, 1996).
- Computer vendors and software developers had little understanding of household needs, and consumers did not believe that computers would play a major role in daily life.

- The 1990s brought about the emergence of terms such as multimedia, interactivity etc., and software that is easier to use and more useful in addressing household needs.
- Children and teenagers are growing up with computers and are "computer literate" at an early age. The gender bias in computer use has been minimized. The core focus of technology development and marketing has shifted from businesses to private homes.

In PC households the PC is used on average about 30 hours a week (PC Use, 1998), of which most is spent on entertainment software (32 %, includes edutainment), followed by word processing (22 %), business/finance (19 %), Internet/online uses (16 %), and reference (5 %). This mix illustrates the varied users and usage situations within different areas of the household.

The share of homes with Personal Computers has experienced a steady growth since 1981, when it started at 1 %, to 20 % in 1986 and 25 % in 1988. After some apparent stagnation, it rose again to 30 % in 1993 and 37 % in 1995 (from Grant & Meadows, 1998, p. 302). PC shipments rose by 14 % to 25 million in 1996 and are projected to reach 60 million units in 2002 (Grant & Meadows, 1998, p. 303). By comparison, (1981–1996) VCR penetration rose from 1.1 % to 88 % (p. 300).

While adoption of Home-IT is influenced by supply-side driven developments in hardware, software, networking, and pricing, demand-side variables, in particular social and family dynamics are also pivotal in this process. Venkatesh argues: "We cannot assume that what the technology can do in the household is the same as what the household wants to do with the technology (p. 53)."

Convergence of Entertainment and Information Technologies

The enhanced competition provided by the Telecommunications Act of 1996 has precipitated a gold rush of potential hardware and software providers exploring the potential of a wide array of new digital services in the home. Internet users on average spend considerably less time online than the typical American spends watching television. For 59 percent of households with teenage children, purchase of a computer did not affect the amount of television viewed; however, viewing did decrease for 34 percent of the sample (Web vs. TV, 1997).

Convergence of technologies has a critical impact on home computing as well as information and entertainment (Mundorf, Kolbe & Brenner, 1997). While analogue technologies generally coincide with a one-on-one relationship of applications and appliances, digital technologies have made it possible to perform multiple functions with the same piece of equipment. On the supply side, this has increased the overlap between the telecommunications, television, and consumer electronics industry. The same appliance can be used for work-at-home, children's entertainment, and on-line shopping or banking. For content providers, this means that information or education is increasingly packaged with entertainment (Dholakia, Mundorf & Dholakia, 1996). Conversely, to recover investments into expensive technology, suppliers will have to add utility functions to technologies that were meant to be entertaining, as the typical household entertainment budget is limited.

The driving force for a second wave of convergence appears to be the computer software industry, in particular Microsoft, which recently invested $ 1 billion in cable systems owner Comcast, purchased WebTV for $ 425 million, and started MSNBC, a joint venture with the NBC television network (Is digital convergence for real?, 1997). Also, Microsoft has recently proposed a combination settop box/cable modem (Bill Gates the cable guy, 1997). This trend targets the market of non-PC households, which still make up more than 60 % of households in the U.S. and a far greater percentage worldwide. Companies such as Gateway 2000 sell monitors suitable for computer and television. Finally, digital television sets will presumably be compatible with different sources of digital input.

Video delivery will increasingly involve home computing devices, such as combination PC-TV or Web-TV (Watch TV from your PC, 1997).

Even though convergence is technically feasible, it has been limited due to lifestyle preferences and other factors (Stipp, 1998). There has been much speculation as to the content of advanced interactive services. Because of the high visibility of movies, the great public interest in this type of content, and their easy availability, Movies-on-Demand has been the offering of choice (McConville, 1997; Virtual Pause, 1997). Music videos, news, and special interest programming also have received attention of programmers. VoD may also cater to special sports, music, or other events at a premium price (pay-per-view charges currently reach $ 30). Interactive game channels are added to some systems. In-home gambling has strong economic appeal; regulatory barriers prevail, however. Participants in the Orlando trial enjoyed watching regular television programs they missed during the week, as well as newscasts tailored to individual preferences (Time Warner is pulling the plug ..., 1997). R-rated erotica have a considerable audience in late-night pay-per-view. For satellite, PPV revenues for adult fare outpaced those for regular movies

($210 vs. $202 million in 1996) and are expected to reach $665 million in 2006 (Dempsey, 1997).

Service and Work Applications

Often marketers bet on the wrong application made possible by a technology, and the system lacks the flexibility to adjust quickly to the actual demand. E-mail has emerged as a primary use of screen-based information services, while providers were betting on electronic news, travel bookings, and other services which are available more easily and less expensively through traditional channels.

Entertainment applications alone may not generate sufficient added revenue to justify implementation of costly interactive systems (Orme, 1996). Existing technologies and distribution systems adequately provide entertainment services to an increasingly segmented audience. The small viewership for new cable channels, for instance, indicates that there is little added demand for this type of service. Private information needs are well served by TV, radio, newspapers, special interest magazines, and telephone services. However, the combination with business and work applications (telework, telebanking, teleshopping, telemedicine, and distance learning) has greater revenue potential and may present a more realistic venue.

The same pipe can be used to transmit different types of content, possibly resulting in a better return on investment. Revenues may be considerable, if funds come from other sources than the limited household entertainment budget. Households may be able to reallocate part of their transportation budget to telework. Companies pay for some of the costs of teleshopping, which will partially replace conventional shopping and direct marketing. Home banking, telemedicine, and distance learning can lead to additional savings and convenience, and in turn reallocation of resources. Social benefits can be realized through improved access to education, health care, and employment opportunities for the physically challenged or those in remote locations.

Home shopping

The market for catalog shopping has grown rapidly in the 1980s due to increasing numbers of double-income families, the growth in direct marketing and specialty catalogues, and an improved infrastructure of toll-free phone numbers, voice mail, and computerized order processing. The growth of TV shopping has been slowed by small selection, the limited demographic appeal of TV shopping, and by the inconvenience of being able to purchase only products currently advertised.

In order for electronic shopping to capture significant market share from catalog or even from in-store shopping, interactive technology that is user friendly, affordable, and permits easy access to desired goods and comparative pricing information has to be available. Even then only certain demographic and psychographic segments will prefer this transactional mode. Dual-income households with children are prime targets due to their lack of time, active purchasing behavior, and age- and education-related technology acceptance. Attitudes towards technology mediate use of electronic shopping.

Initially Internet shopping was primarily a medium for computers, computer parts, and software. Soon other durable, standardized, easily shipped goods gained popularity, in particular books [Amazon.com] and music CDs. Companies that traditionally sell through catalogues (e.g. LL Bean) utilize the Internet as an additional sales and marketing channel. Automobile dealers also increasingly use the Internet to sell to specific target segments. Also, a market for used products emerged, especially cars and computers, but also antiques and many other items.

While electronic commerce still accounts for only about 1 % of the U.S. economy (Krantz, 1998), it is experiencing tremendous growth as evidenced by the stock-market performance of search engines (now called portals) like Yahoo! and Excite or online bookseller Amazon.com. Currently, most of the Internet trading is business-to-business, which this year will be $ 15.6 billion, compared to $ 6.1 billion in online consumer sales (Krantz, 1998). An example for the scope of business-to-business transactions is Boeing buying computers online from Dell.

Based on recent estimates (Krantz, 1998), Travel bookings account for the largest amount of funds spent online by private consumers ($ 2.1 billion), followed by PC hardware ($ 1.8 billion), groceries ($ 270 million), gifts/flowers ($ 219 million), books ($ 216 million), PC software ($ 173 million), tickets ($ 127 million), music ($ 81 million), and clothing ($ 71). These figures do not reflect directly the number of transactions, as the top three categories account for larger transactions than the latter. This explains why 6 of the 10 most popular shopping sites sell books (amazon.com, barnesandnoble.com), music (columbiahouse.com, cdnow.com, musicblvd. com), and greeting cards (bluemountainarts.com).

Net-based grocery purchases (e.g. Peapod.com) indicate that there is considerable potential for time-saving activities. Online grocery shopping involves a local merchant, whereas most online purchases utilize some degree of disintermediation, realizing savings and/or profits by eliminating steps in the retail chain that tend to add cost to a product. One example is travel bookings; most U.S. airlines have recently cut in half the commissions they pay to travel agents for bookings. At the same time they have increased their online presence – be it directly or through online travel Websites. Computer companies such as Dell have had significant success selling online and thus being able to pass on savings to consumers and business clients. Dell sells $5 million of computers a day on its Websites, claiming significant efficiencies and profit advantage (Krantz, 1998). Others such as outdoor clothing retailer Eddie Bauer, substitute and complement store and telephone sales through the Web.

Other Websites emphasize convenience and time saving over money saving features. In an – albeit superficial – analysis by Time magazine (Virtual shopping..., 1998) many offerings e.g. travel, music, cars, wine, were not necessarily cheaper, while books in particular provided significant savings. In this analysis online shopping beat "the old way" for travel and books, and tied for music, while traditional venues were judged to be superior for perfume, cars, and wine.

Saving time and the need for travel is important for many segments of the population. Dual income families might be drawn to online grocery shopping, while those living in outlying areas may be drawn to buying books or clothing online rather than driving two hours to the nearest large bookstore. In contrast, singles or older adults may look towards conventional shopping as a social experience or a way to overcome boredom. Even consumers with busy schedules and an active social life find distraction and enjoyment in shopping. Individual differences mediate predispositions towards Internet shopping.

The Internet supplements and provides services at great convenience and quality. It allows customers to find sometimes hard-to-find information and retrieve information for use and repair manuals. Many Websites, however, leave much to be desired in terms of user friendliness and depth of information available. Also, services, which were traditionally ordered via the telephone (pizza and other food deliveries) are in some cases complemented by Web-based order capabilities, which facilitates display of visual information.

Many investors see the Web as more of an advertising medium than a purchasing channel. In a highly segmented universe, search engines (Yahoo!, Excite, Infoseek as well as highly popular Websites (ESPN Sportszone; Sports Illustrated) can serve both as mass advertising venues and as increasingly targeted advertising channels. Disney's purchase of Infoseek shows that major players in conventional media industries take the potential of the Web as a competing medium seriously.

New information technologies have long held the promise of individualization, interactivity, and instant gratification independent of time and space restrictions. Much of this potential was not realized, because a critical mass of buyers and providers was missing. The Web has brought this promise into close range. It can address many household shopping needs, and thus bring the service economy in more tangible reach. However, currently access to the Web is still limited, and many Websites leave much to be desired as far as their user friendliness, responsiveness, and range of services is concerned.

Telebanking

Conventional banking is very inefficient both for banks, due to the high cost of transactions, and the customer, because of the time and inconvenience involved in writing checks, going to the bank, etc.. The enormous success of automatic teller machines is compelling evidence of the great demand for convenient electronic banking. However, user friendliness and security are essential. In addition, banks tend to be conservative and may be resistant to change. Customers may also be skeptical because of recent problems related to computerized trading and break-ins by hackers. As with other technologies, adoption is positively related to income and education, and inversely related to age. While early electronic banking systems utilized proprietary networks and software, many banks are now offering Internet based banking along with the more traditional options.

Even more so than for Teleshopping, security is an issue for Telebanking. During the past two years, software and hardware developments towards greater payment and transaction security have been successful technically. In particular SSL (Secure Socket Layer) and recently SET (Secure Electronic Transaction) systems have made great strides towards making Web transactions as secure, if not more so, than conventional transactions. However, user perceptions of security on the Web are often negatively affected by tales of hackers and security flaws. In a recent study we found doubts about Web security are found across demographic segments, but by the same token, many Web users felt quite safe. However, perceived Web security is a critical issue in increasing the acceptance of Web-based transactions, and Web providers need to address these concerns on their Web sites clearly.

Distance learning

Because of the increasing competition in the global economy, continuing education is a growing concern. Employees have to improve their job skills and increasingly have to acquire a new set of skills to change jobs. Education is valued more highly than in the past. Finally, the cost of college education is skyrocketing. Distance learning can help address these concerns.

The widespread availability of computers in schools and homes (Levy, 1995) and of satellite and videoconferencing have led to the prospect of interactive distance learning accessible to considerable parts of the population (Wallis, 1995). Interactive evening or weekend courses make it easier for employees to improve their skills without the inconvenience of additional travel. Distance learning can improve the quality of and save cost for college education by linking small colleges or remote branch campuses to the educational opportunities provided by research universities. In 1996, 1.3 million students took one or more distance learning courses. Growth projections are considerable. More than 50 percent of U.S. colleges and universities offered distance learning. Nine institutions currently offer degree programs entirely at a distance (Goldberg, 1998).

Information technologies provide students greater involvement and control. Distance education uses synchronous (e.g. videoconferencing) and asynchronous (e-mail; WWW) delivery systems. The advantage of synchronous instruction is that interaction is done in real time, and is thus more similar to convential instruction. Asynchronous instruction is more flexible in that students do not need to be together in the same location at the same time while still encouraging a sense of community. Testing problems and one-sided emphasis on written exchange are possible disadvantages.

The University of Rhode Island, for instance, offers a range of distance learning courses. Initially, they were mainly targeted to part-time students with full-time jobs. Recently, email courses during the summer have attracted considerable numbers of out-of-state full-time students. Many students submit their assignments and comments from home. Another format has been video-conferencing courses which are taught at the rural main campus and transmitted to the urban Continuing Education campus. Highly specialized courses (e.g. nursing) are even transmitted to a network of regional universities.

Electronically delivered courses are often also a matter of projecting the image of a "high-tech" institution. However, training of instructors and quality control are key concerns. Rather than replacing the current educational system, distance learning is expected to complement it.

Work-at-home

Telework has experienced considerable growth in the United States as a result of technological and social changes. Quite a few companies (e.g. AT&T) offer telecommuting options often to mid-level, non-unionized workers. Most telework is not part of a formal company telecommuting setup, but as part-time, contract-work, or a small home business arrangement. Increasingly, "knowledge workers", who leave their companies set up a small home-based business and frequently work for their former employer. There are approximately 35 million home offices in the U.S. (Clark, 1997).

Garhammer and Mundorf (1997) point out a number of factors why telework has gained acceptance in the U.S. far more rapidly than in Germany:

1. Greater distance between home and work since most U.S. employees live in their own home in suburban areas.
2. Far more teleworkers are independent (small business, consultants). "Starting your own business" is considered a desirable goal for many Americans. Large companies avoid health insurance and other overhead.
3. Faster adoption of technology in private households. Part of the reason was the reluctance to employ household help, in spite of higher female employment, which Garhammer and Mundorf (1997) attribute to a more egalitarian culture.
4. The more open culture of communication, which has lead to the earlier diffusion of the telephone for private use in the U.S., and might also be one reason for faster adoption of the Internet.

In the Garhammer and Mundorf (1997) pilot study, the ranking of perceived advantages differed between the U.S. and Germany: No commute (89 % U.S. vs. 69 % Germany), flexible work hours (61 % vs. 89 %), closer ties between family and work (21 % vs. 69 %) and being always within reach for children (21 % vs. 50 %). For disadvantages, notably the lack of separation between work and private live did not seem to bother Americans (5 %), while it was perceived as the main drawback of telework for Germans (40 %). Not getting out of the house was a problem only for

Germans (30 %), who were also more bothered by interruptions (25 %) than Americans (10 %). In fact, 48 % of the Americans felt that telework provided an environment free of interruptions and that their work was more productive (38 %). Some of the disadvantages about which only Americans were interviewed, included reduced visibility (43 %), lack of social contacts (38 %), while limited access to information was seen as a problem only by 14 %.

Diffusion of Internet access, ownership of personal computers in private homes along with increased computer literacy, traffic congestion and lack of qualified workers in key areas is likely to increase the proportion of telework. The impact of this trend on family life and culture is yet to be determined.

Telemedicine and Internet-based Health Promotion

Cost of health care is rising dramatically. Telemedicine provides access to specialists, limiting the need for offices visits, and by making medical information quickly available. The need to control health care costs and to reach underserved and remote groups is encouraging increased reliance on computers and telecommunications in medicine (Donovan, 1995).

Telemedicine utilizes a range of technologies from "low-tech" telephone to "high-tech" video conferencing, data transmittal and remote surgery. Even low-tech interventions have great potential especially in medication compliance and prevention. For instance, transmission of glucose levels from patients to physicians lead to significant decreases for diabetics; similar findings are reported for diet education programs and treatment compliance (Huffman, 1998).

Incentives for telemedicine are greater where access to physicians and specialists is limited, for routine transactions which do not necessarily require the physical presence of the patient, or even in cases with considerable security risk (e.g. prisons). Asian and Middle Eastern countries are adopting telemedicine and might leapfrog developments in Western countries (Larkin, 1997).

The Internet holds great promise for health promotion. The author is involved in a stage-based smoking cessation system utilizing Prochaska's Transtheoretical Model. It permits targeting of people at different stages of readiness to change risk behavior. An expert system collects data including the stage of change, temptations for risky behavior, and suitable processes of change. An individualized report gives the subject feedback and recommendations. This combines the public health approach, designed to reach a large number of people at low per-person cost, and the individualized clinic approach, in which small numbers of individuals are treated at fairly high cost. This system has been very successful in trials using mailed questionnaires and feedback as well as stand-alone laptop computers in high schools. Linking the expert system to a Website will permit thousands of users to access it at low incremental cost. Such an approach may improve health behavior independent of user location. It also permits great convenience and privacy as it can be used at home or at work. In the future such a system may be connected with "virtual support groups" thus giving especially teenage users support from their peers.

Adoption of telemedicine has tremendous potential, but realizing it requires considerable training and a shift in attitudes by providers and users of these services. It has the potential to improve health services to the home, and significantly improve the effectiveness and reach of health promotion campaigns.

Smart House Technology

Smart house technology typically is developed for high-end or special needs homes. Some of these technologies filter down into existing and mid-level new homes. A key problem is rewiring and networking of existing homes, which can be prohibitively expensive. Trials using the built-in electrical wiring to enable communication between appliances, and from appliances to a central control unit are still fraught with problems, mainly due to interference. Popular smart house features are often built into stand-alone appliances.

The emphasis on various aspects of smart house technology has shifted during the past decade. While labor-saving, remote control and energy saving features are still of interest to developers and home owners, the primary interest – at least in the U.S. – is in multimedia entertainment, luxury features, as well as security. One development is the trend towards home movie theaters with large screens, surround sound, and virtual reality and 3-dimensional features, such as (optional) seats that move with the natural disasters on screen (Time Digital, June/July 1998). The corresponding trend is towards availability of audio (and often video) in all rooms of the house, which can be centrally controlled, but also individualized. An extreme example is Bill Gates' house, where visitors enter musical and other preferences at the door, which are then reflected in the ambience of a room which the visitor enters. The emphasis on multimedia is a result of the availability of software, hardware, and systems that are able to appeal to a multitude of senses along with the availability of movies with surround sound, VR-type games, as well as a large variety of digital music sources. In addition, miniaturization has made it possible to have high quality video and audio in the smallest spaces, such as the sauna, whirlpool, and every other room of the house. Lifestyle changes such as longer work hours, work-at-home, shorter vacations, the move of upscale households away from urban centers have lead to a greater focus on in-home and family based entertainment.

Luxury features of smart homes are generally less time-saving in nature than catering to the indulgence of the owner. Examples are induction-cooking surfaces which allow precise temperature control, a toilet with a remote flusher, the ability to heat the garage, start the car, or turn on a spotlight on top of a lakeside home via voice activation.

The emphasis on household labor-saving devices is limited. This coincides with earlier research by Meyer/Schulze and others indicating that the adoption of innovations in the realms which were traditionally considered women's responsibilities is far slower than adoption of entertainment technologies, which often cater to teenagers or male members of the household.

Another key issue is the concern about the added complexity that the invasion of the home by the computer will bring. While the computer in the workplace is a necessity, it has entered the private home much more slowly in the U.S. and even more so elsewhere. In spite of its great potential, the PC is far from being user friendly to the population at large. While the telephone, TV, or microwave are ready to use within seconds, using a PC – especially if it needs to be customized – can still be a challenge. Norman (1998) points out that the PC is still a somewhat foreign appliance in most households, and it is far from being the center of activity. He argues that rather than a household of interconnected PCs, which could be a prescription for endless error messages, the information appliance may be more suitable: a small, self-sufficient appliance, which can interface with other household appliances without the need for central programming, expertise, and headaches.

Conclusion

In the 1980s, only three segments of household life were prominent in PC use: work/employment, children's games, and word processing. Currently, most areas of the household's social space are targeted for use of Information Technologies, including food management, household maintenance/finance, leisure/entertainment, family communication, work and family development (Venkatesh, 1996).

Information technologies are being utilized in virtually all of these areas: for instance, home shopping and banking, entertainment, social and family communication, work, and education. We are still in the middle of a process which is likely to lead to an increasing penetration of our daily life with information technologies. The challenge remains to make such technologies user friendly and to make daily life simpler and more fulfilled. In addition, there is considerable need for household labor-saving technologies in the areas of cleaning, cooking, and laundry in light of increasing female employment, longer work hours, and aging demographics.

References

Bill Gates the cable guy (1997, June 23), Business Week, 22–24.

Clark, K. (1997, Nov. 24). Home is where the work is. Fortune, 219.

Dempsey, J. (1997, August 18), Satellite PPV rates skyrocketing, Variety, 24.

Dholakia, R. R., Mundorf, N., and Dholakia, N. (1996). New Infotainment Technologies in the Home: Demand-side Perspectives. Erlbaum Publishers, Hillsdale, NJ.

Donovan, W. J. (1995, March 12) Three trailblazers fill gaps in health care with technology, Providence Sunday Journal, A 17.

Feeley, J. (1997, August), Wideband Web, Direct Video, 42–48.

Garhammer, M. & Mundorf, N. (1997). Teleheimarbeit und Telecommuting: ein deutsch-amerikanischer Vergleich über soziale Auswirkungen einer neuen Arbeitsform. Zeitschrift für Arbeitswissenschaft. 232–239.

Grant, A.E., & Meadows, J.H. (1998). Communication Technology Update. Boston: Focal Press.

Goldberg, D. (1998, April) Learning From a Distance. The Washington Post, R04–R08.

Huffman, G.B. (1998, Feb. 1). Long-distance medicine by way of telecommunications. American Family Physician, 537–8.

Is digital convergence for real? (1997, June 23), Business Week, 42f.

Krantz, M. (1998, July 20, 1998). Click till you drop. Timein, 34–39.

Larkin, M. (1997, August 30). Telemedicine finds its place in the real world. The Lancet, 646.

McConville, J. (1997, September 29), Bloomberg: Internet's future is TV on demand, Electronic Media, 1, 20.

Mundorf, N., Kolbe, L., and Brenner, W. (1997), Convergence of media, machines, and messages, Convergence, 111–120.

Norman, D. A. (1998, June/July). The Forecast. Time Digital, 50–53.

Orme, P. (1996). Strategies for broadband communications, in: Dholakia, R. R., Mundorf, N., and Dholakia, N. (Ed.). New infotainment technologies in the home: Demand-side perspectives, Mahwah, NJ: Erlbaum, 59–74.

PC Use (Aug. 6, 1998). USA Today, D1.

Stipp, H. (1998, July). Should TV marry PC? American Demographics, 16–21.

Time Warner is pulling the plug on a visionary foray into Interactive TV, (1997, May 11), Providence Journal, A17.

Venkatesh, A. (1996). Computers and other interactive technologies for the home. Communications of the ACM, Vol. 39, No. 12, 47–54.

Virtual pause.(1997, August), Direct satellite, 28.

Virtual shopping: Is it better than the real thing? (1998, July 20). Time, p.36.

Wallis, C. (1995, Spring), The Learning Revolution, Time Magazine Special Issue: Welcome to Cyberspace, 49–51.

Watch TV from Your PC (1997, July), PC Computing, 308, 310.

Web vs. TV, (1997, September), The Web Magazine, 34–40.

Anforderungen der Privathaushalte an Dienstleistungen

Sibylle Meyer, Eva Schulze, Uta Böhm, Bernd Fischer

Einleitung

In der gegenwärtigen Diskussion über den Dienstleistungsstandort Bundesrepublik Deutschland spielen Dienstleistungen für Privathaushalte eine immer bedeutendere Rolle. Die angestrebte Beschäftigungsoffensive im Haushalt zielt jedoch weitgehend auf die Schaffung staatlich subventionierter Arbeitsplätze. Die bislang verfolgten Konzeptionen beschränken sich vorwiegend auf traditionelle, wenig qualifizierte Tätigkeiten (Putzhilfen, Babysitting, Einkaufshilfen etc.) und deren staatliche Unterstützung durch Steuererleichterungen bzw. Dienstleistungsschecks oder staatliche Subventionierung von Dienstleistungsagenturen[1]. Wir gehen jedoch davon aus, daß auf Grundlage profunder Kenntnisse über die Anforderungen der Privathaushalte auch Dienstleistungen entwickelt werden können, die am Markt bestehen können.

Die Möglichkeiten der neuen IuK-Technologien für die Entwicklung solcher innovativer Dienstleistungen wurden bislang unzureichend beachtet und konnten von daher auch nicht in Innovationskonzepte überführt werden. Demgegenüber kann u. E. den aktuellen und zukünftigen Anforderungen der privaten Haushalte gerade durch die Anwendung der IuK-Technologien in innovativen Dienstleistungskonzepten entsprochen werden.[2]

Dazu ist es notwendig, den potentiellen Nutzer von Dienstleistungen in den Mittelpunkt des Interesses zu rücken. Erst die genauere Kenntnis dessen, welche Anforderungen er an zukünftige Dienstleistungen stellen wird, kann darüber Aufschluß geben, wie mit Hilfe neuer Technik Services entwickelt werden können, die sich am tatsächlichen Bedarf orientieren und damit marktfähig sein können. Die Nutzer

[1] Z. B. Finger 1997; Friedrich-Ebert-Stiftung 1997; Zukunft im Zentrum 1996.
[2] Vgl. auch Hartmann/Scharfenorth 1996; Bullinger 1997; Mangold 1998; Bievert u.a. 1994.

allerdings sind nicht als singuläre Individuen zu betrachten, sondern ihre Handlungen können nur im jeweiligen sozialen Kontext verstanden werden. Erst die Analyse ihrer Anforderungen in ihren jeweiligen alltäglichen Umwelten kann zu einem validen Anforderungsprofil führen.

Der direkte soziale Kontext, aus dem sich die Alltagsanforderungen von Personen erschließen, ist der Haushaltstyp, in welchem sie leben. Dies bestätigte sich in zahlreichen Studien, die das BIS in den vergangenen Jahren durchgeführt hat.[3]

Bislang liegt für die Bundesrepublik Deutschland noch keine profunde Anforderungsanalyse der Privathaushalte in Richtung innovativer Dienstleistungen vor[4]. Unsere Diskussionen mit und die Beratung von verschiedenen Industrieunternehmen im Technologie-, Konsumgüter- und Dienstleistungsbereich zeigen, daß die Bedürfnisse der Privathaushalte viel zu wenig bekannt sind.

Im folgenden soll aus dem laufenden Projekt „Innovative Dienstleistungen für den Privathaushalt" (gefördert vom Bundesministerium für Bildung, Wissenschaft, Forschung und Technologie) berichtet werden. Dieses Projekt zielt neben einer Anforderungsanalyse auf die Entwicklung marktfähiger Dienstleistungsangebote, die nicht einer dauerhaften staatlichen Arbeitsplatzsubvention bzw. dauernder Stützung durch staatliche Beschäftigungsprogramme bedürfen. Im Zentrum der Untersuchung stehen außerdem Dienstleistungen, die den gegenwärtigen Stand der Informations- und Kommunikationstechnik nutzen, um neuartige Angebote für den Haushalt zu realisieren.[5]

Wir gehen von der These aus, daß die geringe Bereitschaft der Haushalte, Dienstleistungen einzuwerben, durch das mangelnde Angebot an attraktiven Dienstleistungen für den Haushalt begründet ist. Dienste, die an den Alltagszwängen ansetzen, die Bedürfnisse der Haushalte adäquat befriedigen und den Anforderungen spezifischer Haushaltstypen nachkommen, sind in Deutschland unterentwickelt.

---

[3] Z. B. Meyer/Schulze 1994, 1993; Meyer/Schulze/Müller 1997; außerdem aktuelle BIS-Studien: „Technikfolgen für Familien in den neuen Bundesländern. Längsschnittanalysen und zukünftige Entwicklungen" (BMBF, Bonn); „Smart Home für Privathaushalte. Technikgenese, -akzeptanz und -folgen" (BMBF, Bonn).

[4] Beispiel eines wenig ergiebigen Versuchs: Ministerium für Wirtschaft und Mittelstand, Technologie und Verkehr des Landes Nordrhein-Westfalen 1997.

[5] Auch dazu führt das BIS gegenwärtig verschiedene Projekte durch: „Berlin-Service: Dienstleistungen für Privathaushalte" (Zukunft im Zentrum gGmbH, Berlin); „Bildtelefone für Berliner Senioren" (Deutsche Telekom AG/T-Berkom GmbH, Berlin), „T-View Infodienst für Berliner Senioren" (Deutsche Telekom AG/T-Berkom GmbH, Berlin), „Online Dienste für Senioren. Telematik in Wohnung und Wohnumfeld" (Wüstenrot Stiftung Deutscher Eigenheimverein, Ludwigsburg), „Teletherapie. Telematik in der neurologischen Rehabilitation". (T-Berkom GmbH, Berlin)

Gerade die Entwicklung eines modern organisierten Dienstleistungsangebotes, insbesondere wenn diese Dienstleistungen das gegenwärtige Niveau der Informations- und Kommunikationstechnik nutzen, könnten jedoch zu wichtigen Beschäftigungsimpulsen führen.

Basis der folgenden Ausführungen ist der erste Teil der Untersuchung, der sich mit der Analyse der Anforderungen von Privathaushalten an Dienstleistungen befaßt. Die daraus resultierenden Ergebnisse sollten die Grundlage bilden für jede weitere Überlegung zur Entwicklung innovativer Dienstleistungen.

Zunächst wird dazu das Konzept der Studie kurz erläutert und die Differenzierung nach Haushaltstypen sowie die untersuchten Alltagsbereiche vorgestellt. In den darauffolgenden Abschnitten werden die ersten Ergebnisse spezifiziert, indem die Alltagsstrukturen nach den Haushaltstypen und die Anforderungen nach den Alltagsbereichen sowohl haushaltsübergreifend als auch haushaltsspezifisch analysiert werden.

Konzept der durchgeführten Analysen

Die im Projekt vorgenommenen Analysen von qualitativen Befragungsdaten[6] zielen auf die Bewertung von Anforderungen an innovative Dienstleistungen für den Privathaushalt. *Die Anforderungen privater Haushalte an Dienstleistungen,* so unsere Ausgangshypothese, *differieren aufgrund unterschiedlicher Alltagsbewältigung in Abhängigkeit vom Haushaltstyp.*

Da die Anforderungen der unterschiedlichen Haushaltstypen aufwendig zu untersuchen sind, kann eine empirisch ausgerichtete Untersuchung nicht alle statistisch vorhandenen Haushaltskonstellationen abdecken, sondern muß inhaltlich und forschungspragmatisch begründete Eingrenzungen vornehmen. Auf Basis unserer bisherigen Forschungsergebnisse liegt der Untersuchung der Anforderungen eine Einteilung in sechs Haushaltstypen zugrunde:[7]

Tab. 1: Differenzierung nach Haushaltstypen

Einpersonenhaushalte	Singles (jüngere Alleinlebende, erwerbstätig)
	Senioren (Personen über 60 Jahre, nicht erwerbstätig)
Paarhaushalte	Dual Career Paare (beide erwerbstätig, ohne Kinder)
	Empty Nest Paare (Kinder aus dem Haus, erwerbstätig)
Familienhaushalte	traditionelle Familien (Frau nicht erwerbstätig, Kinder)
	Dual Career Familien (beide erwerbstätig, Kinder)

Die von uns erstellte Anforderungsanalyse folgt dem von uns entwickelten alltagstheoretischen Forschungsansatz. Dieser Ansatz geht davon aus, daß die Ansatzpunkte sowohl für innovative Technologien als auch Dienstleistungen im Alltagsleben der verschiedenen Haushaltstypen zu verorten sind. Das BIS hat diesen Ansatz verschiedenen vom BMBF geförderten Studien[8] zugrunde gelegt und konnte zeigen, daß die spezifischen Möglichkeiten und Zwänge des Alltagslebens als entscheidende Eckdaten der Anforderungen an neue Dienste anzusehen sind. Dabei fokussiert das Projekt auf sieben zentrale Alltagsbereiche.

Tab. 2: Untersuchungsbereiche innerhalb des Privathaushalts

Hausarbeit/Alltagsorganisation	Versorgung/Pflege/Betreuung
Information/Kommunikation	Sicherheit
Bildung/Ausbildung	Unterhaltung/Freizeit
Mobilität	

Die den BIS-Daten zugrunde gelegte Erhebungsmethode der qualitativen Interviews ist für die Erarbeitung der Bedarfs- und Anforderungsprofile besonders geeignet, da sie eine angemessene Berücksichtigung der Perspektive der Betroffenen und die Einbeziehung der alltagsweltlichen Faktoren erlaubt. Die vorliegende Datenbasis des BIS über Privathaushalte besteht darüber hinaus nicht nur aus Querschnittdaten, sondern ebenfalls aus Längsschnittdaten (retrospektive biographische Interviews mit Haushalten unterschiedlicher Heiratskohorten). Die Kombination von qualitativen Querschnitt- und Längsschnittaussagen verbessert die Prognostizierbarkeit von Verhaltensmustern und Intentionen der Haushalte. Dies scheint uns für die Validität der Anforderungsanalyse wesentlich.

Alltagsstruktur nach Haushaltstypen

Als entscheidend für den Unterstützungsbedarf privater Haushalte wurde vor allem die im Haushalt lebende Personenzahl, der Erwerbsstatus (Anzahl der berufstätigen und nicht berufstätigen Personen) sowie das Vorhandensein bzw. nicht Vorhandensein von Kindern im Haushalt angenommen. Die angeführten Merkmale beeinflus-

---

6 Die Grundgesamtheit der analysierten Daten bezieht sich auf ein Sample von N=200, das sich über alle beschriebenen Haushaltstypen erstreckt.

7 Nicht untersucht werden z.B. Alleinerziehende, Wohngemeinschaften, Auszubildenden- und Studentenhaushalte, Mehrgenerationenhaushalte usw. Strukturen dieser Haushalte können jedoch teilweise, dies zeigen vorangegangene Untersuchungen, durch die ausgewählten Haushalte erschlossen werden. Vgl. z.B. Meyer/Schulze 1990; 1989.

8 Siehe Studien in Anmerkung 3.

sen, wie die Untersuchung bestätigte, in starkem Maße die Alltagsstrukturierung und die Organisationsanforderungen der Haushalte. Aus ihnen resultieren haushaltsspezifische Alltagsprobleme und Bedarfe. Die innerhalb der Studie betrachteten Haushaltstypen Singles, Senioren, Dual-Career-Paare, Emty-Nest-Paare, Dual-Career-Familien sowie traditionelle Familien werden daher im folgenden bezüglich ihrer Alltagsbewältigung charakterisiert.

Singlehaushalte

Der Tagesablauf in Singlehaushalten ist durch einen verhältnismäßig geringen Strukturierungs- und Organisationsbedarf gekennzeichnet. Die Alleinlebenden müssen sich innerhalb des Haushaltes nicht mit anderen Personen arrangieren und sind zeitlich relativ ungebunden. Der Alltag verläuft teilstrukturiert bis unstrukturiert, wobei die Berufstätigkeit das den Alltag strukturierende Element darstellt. Die Freizeit unterliegt kaum regelmäßigen Verpflichtungen und wird flexibel gestaltet. In Singlehaushalten spielt Flexibilität eine wichtige Rolle. Recht variable Arbeitszeiten bei starkem beruflichem Engagement und vergleichsweise variable Tagesabläufe sind die Regel. Die Hausarbeit spielt im Alltag der Singles eine untergeordnete Rolle. Innerhalb des Einpersonenhaushaltes fällt wenig Hausarbeit an, und diese wird meist unregelmäßig nebenher erledigt. Viele Singles kochen selten für sich allein, man geht gern auswärts gemeinsam mit anderen Personen essen. Da man viel unterwegs und selten zu Hause ist, wird dem Haushalt keine wesentliche Bedeutung beigemessen. Wesentlicher sind demgegenüber die Erwerbstätigkeit sowie der Freizeitbereich. Die Pflege sozialer Kontakte wird von Singles als sehr wichtig empfunden. Regelmäßige Treffen mit Freunden, Bekannten, Arbeitskollegen und Familienangehörigen sind Schwerpunkt der Alltagsgestaltung. Mobilität stellt, vor allem auch hinsichtlich des Aufrechterhaltens sozialer Beziehungen, einen zentralen Wert dar. Wichtig im Alltag von Singles ist die Kommunikationstechnik. Fernseher, Computer und Telefon dienen der Unterhaltung und stellen Medien dar, mit deren Hilfe soziale Beziehungen aufrechterhalten werden.

Seniorenhaushalte

Kinderbetreuung und Erwerbstätigkeit stellen für diesen Haushaltstyp keine Pflichten mehr dar. Der Alltag von Einpersonen-Seniorenhaushalten verläuft zum Teil geringer strukturiert als der Alltag innerhalb der übrigen betrachteten Haushaltstypen, da hier Arbeitszeiten und Kinder als Alltagsdeterminanten wegfallen. Dennoch ist bei einem Großteil ein sehr planvolles, regelmäßiges Vorgehen zu erkennen. Einerseits werden gewohnte alltagsstrukturierende Routinen beibehalten, wobei bestimmten Erledigungen mehr Zeit eingeräumt wird als früher, andererseits wird einem regelmäßigen Tagesablauf auch eine Bedeutung als Mittel zur Selbstdisziplinierung beigemessen und stellt von daher einen Wert an sich dar. Eine stark strukturierte Alltagsgestaltung entsteht zum Teil aber auch dann, wenn noch stundenweise einer Nebenbeschäftigung nachgegangen wird, die gering bezahlt oder ehrenamtlich erledigt wird. Ansonsten haben Senioren keine regelmäßigen Pflichten und können ihren Alltag eher spontan bewältigen. Sie können sich bei Alltagserledigungen nach ihren spontanen Wünschen und Bedürfnissen, dem Wetter und der Tageszeit richten. Sie sind bestrebt, Erledigungen in Zeiten zu tätigen, in denen mit weniger Andrang gerechnet werden muß, d.h. beispielsweise vormittags einzukaufen und zum Frisör zu gehen oder wochentags Ausstellungen und Museen zu besuchen. Wesentlich für alleinlebende Senioren sind soziale Kontakte zu Familienmitgliedern, langjährigen Freunden und Bekannten, die gepflegt und aufrechterhalten werden. Freizeitinteressen und Hobbys kann aufgrund ausreichender zeitlicher Ressourcen verstärkt nachgegangen werden. Die befragten Senioren sind recht aktiv und haben subjektiv das Gefühl, wenig Zeit zu haben.

Empty-Nest-Haushalte

Dieser Familientyp zeichnet sich dadurch aus, daß die bereits erwachsenen Kinder aus dem elterlichen Haushalt ausgezogen sind, und die Eltern nun wieder allein leben. Damit entfällt die Kinderbetreuung als Ordnungsprinzip des Alltags. Das strukturierende Element ist die Berufstätigkeit und die Abstimmung des Tagesablaufs mit dem Partner. Der Tagesablauf orientiert sich an den Arbeitszeiten beider berufstätiger Personen. Darüber hinaus wird er strukturiert durch gemeinsame Mahlzeiten und Unternehmungen. In Empty-Nest-Haushalten ist der alltägliche Organisations- und Hausarbeitsaufwand durch den Auszug der Kinder geringer geworden, was als Entlastung empfunden wird. Es kann von einer Phase der Entstrukturierung gesprochen werden. Die nach der Arbeitszeit verbleibende Tageszeit ist gestaltungsoffener als zuvor. Die Bedürfnisse richten sich daher stärker darauf, wieder bestimmten Interessen und Freizeitaktivitäten nachzugehen, für welche während des Familienlebens weniger Zeit zur Verfügung stand. Dennoch wird an vielen früheren Alltagsroutinen festgehalten. Sozialen Kontakten wird viel Wert beigemessen. Vor allem der regelmäßige Kontakt zu den in eigenen Haushalten lebenden Kindern und Enkeln, aber auch zu anderen Familienangehörigen, Freunden und Bekannten spielt eine große Rolle.

Dual-Career-Paare

Strukturierendes Element des Alltags von Dual-Career-Paaren ist die Berufstätigkeit beider Partner sowie die gegenseitige Abstimmung der Tagesabläufe. Der Alltag verläuft überwiegend teilstrukturiert, häufig auch stark strukturiert. Aufgrund ausgeprägten beruflichen Engagements und tagsüber langer Abwesenheit von zu Hause, bleibt wenig Zeit für Hausarbeit sowie für Erledigungen. An der Hausarbeit beteiligen sich überwiegend beide Partner relativ gleichberechtigt. Auf gerechte Arbeitsverteilung wird Wert gelegt. Begrenzte Ladenöffnungszeiten sowie Termine, die tagsüber wahrgenommen werden müssen (Arzttermine, Handwerker, Liefertermine, Behördengänge) stellen für das berufstätige Paar ein wesentliches Problem im Alltag dar. Die Absprachen zwischen den Partnern verlaufen meist regelmäßig und problemlos. Soziale Beziehungen zu Familienangehörigen, Freunden und Bekannten spielen ebenso wie die Freizeitgestaltung eine große Rolle. Die Alltagsgestaltung von Dual-Career-Paaren gleicht eher der in Single-Haushalten als der von Dual-Career-Familien.

Dual-Career-Familien

Bei diesem Haushaltstyp besteht aufgrund der Berufstätigkeit beider Partner und dem Vorhandensein von Kindern im Haushalt eine starke Notwendigkeit an Strukturierung. Der Alltag muß gut organisiert sein, er verläuft stark strukturiert. Gleichzeitig verlangt die Organisation des Haushaltes Flexibilität. Die unterschiedlichen Bedürfnisse der Familienmitglieder müssen berücksichtigt werden, und die Möglichkeit, kurzfristig auf Änderungen einzugehen, muß gewahrt bleiben. Berufstätigkeit, Kinderbetreuung und Hausarbeit sowie auch die Kommunikation der Familienmitglieder untereinander müssen geplant und aufeinander abgestimmt werden. Die alltägliche Hausarbeit wird nach einem klassischen Arbeitsteilungsmodell bewältigt: Überwiegend übernehmen die Frauen die Hausarbeit und die Kinderbetreuung. Um ihren häuslichen Pflichten gerecht werden zu können, sind sie beruflich zeitlich in geringerem Maße beschäftigt als ihre Männer. Wichtigster sozialer Bezugsrahmen ist die Familie. Die Freizeitgestaltung findet zu bestimmten, bewußt eingeplanten Zeiten abends und am Wochenende statt. Soziale Beziehungen außerhalb der Familie werden vor allem zu Familien, die ebenfalls Kinder haben, gesucht. Durch die Kinder unterliegt die alltägliche Lebensführung einem Ordnungsprinzip, welches sich stark an deren Bedürfnissen orientiert. Der objektive alltägliche Organisations- und Arbeitsaufwand ist bei diesem Haushaltstyp verglichen mit den anderen am umfangreichsten.

Traditionelle Familien

Der traditionelle Familienhaushalt ist gekennzeichnet durch die Erwerbstätigkeit lediglich eines Ehepartners. Die nicht berufstätige Ehepartnerin (Hausfrau) ist unmittelbar für die Alltagsorganisation, die Hausarbeit und die Kinderbetreuung zuständig. Der berufstätige Ehemann übernimmt kaum Haushaltspflichten. Er widmet sich überwiegend der Berufstätigkeit. Der Alltag in traditionellen Haushalten verläuft aufgrund des Vorhandenseins von Kindern sowie der Berufstätigkeit eines Ehepartners stark strukturiert und organisiert. Der Hausarbeit, dem privaten Familienleben und der Kindererziehung wird große Bedeutung beigemessen und viel Zeit gewidmet. Die Pflege sozialer Kontakte außerhalb des Haushaltes ist vor allem für die nicht erwerbstätige Hausfrau wesentlich. Die Freizeitgestaltung erfolgt überwiegend innerfamilial sowie gemeinsam mit Familien, die ebenfalls Kinder haben. Der alltägliche Arbeits- und Organisationsaufwand ist aufgrund des Vorhandenseins von Kindern im Haushalt recht hoch. Aufgrund der Tatsache, daß eine Person „hauptberuflich" für die Belange des Haushaltes zuständig ist, gestaltet sich die Belastung jedoch vergleichsweise geringer als in Dual-Career-Familien.

Zusammengefaßt ergibt sich für die Alltagsstrukturen und den daraus resultierenden Bedarf der Haushalte folgende Tabelle.

Tab. 3: Alltagsstrukturen, Organisations- und Dienstleistungsbedarf

	Alltag	Organisationsbedarf	Unterstützungsbedarf	Alltagsbereiche mit stärkstem Dienstleistungsbedarf
Single	unstrukturiert	gering	gering	Information/Kommunikation Unterhaltung/Freizeit Mobilität
Senioren	restrukturiert	mittel	hoch	Unterhaltung/Freizeit Versorgung/Pflege/Betreuung
Dual-Career-Haushalte	teilstrukturiert	mittel	hoch	Hausarbeit/Alltagsorganisation/Unterhaltung/Freizeit
Empty-Nest	entstrukturiert	gering	gering	Hausarbeit/Alltagsorganisation/Information/Kommunikation/Unterhaltung/Freizeit
Dual-Career-Haushalte+Kids	strukturiert	hoch	hoch	Hausarbeit/Alltagsorganisation/Information/Kommunikation/Mobilität
Trad. Haushalte	strukturiert	hoch	mittel-gering	Hausarbeit/Alltagsorganisation/Information/Kommunikation

Anforderungen an Dienstleistungen nach Alltagsbereichen und Haushaltstypen

Ein Ergebnis unserer empirischen Untersuchung ist, daß die Anforderungen an Dienstleistungen in Privathaushalten nicht homogen sind, sondern vielmehr in Abhängigkeit vom Haushaltstyp variieren. Weiterhin wird deutlich, daß diese Anforderungen hinsichtlich verschiedener Alltags- bzw. Dienstleistungsbereiche spezifiziert werden müssen.

Im folgenden werden zunächst die ermittelten Anforderungen nach den untersuchten sieben Alltagsbereichen betrachtet. Dabei ist zu unterscheiden zwischen haushaltsübergreifenden Anforderungen und haushaltsspezifischen Anforderungen. Unter haushaltsübergreifenden Anforderungen werden Notwendigkeiten von Unterstützungsleistungen gefaßt, die relativ unabhängig vom Haushaltstyp bei einem großen Teil der Befragten anzutreffen sind. Unter haushaltsspezifischen Anforderungen wird demgegenüber auf Leistungen eingegangen, die für konkrete Haushaltstypen aufgrund ihrer spezifischen Lebenssituation in besonderem Maße relevant sind.

Hausarbeit/Alltagsorganisation

Haushaltsübergreifende Anforderungen:
Der Bereich „Hausarbeit und Alltagsorganisation" ist der Alltagsbereich, für den sich die meisten Anforderungen feststellen lassen: bei allen untersuchten Haushaltstypen zeigt sich das Interesse an entsprechenden Erleichterungen, Technologien und Dienstleistungen. Unliebsame Tätigkeiten, zu denen im Alltag häufig die Zeit fehlt, sind u.a. Reinigungsarbeiten. Darüber hinausgehendes Interesse besteht an Diensten für *diskontinuierliche* sowie *außergewöhnliche Hilfen* (wie z.B. Hecke schneiden, Möbel restaurieren, Silber putzen), für die flexibel nutzbare Dienste notwendig wären.

Aufgrund unflexibler Ladenöffnungszeiten, Zeitmangel sowie gesundheitlicher Beeinträchtigungen stellt auch das Einkaufen von Lebensmitteln für viele Haushalte ein Problem dar. Für schwere Einkäufe, wie z.B. Getränke, besteht bei nahezu allen betrachteten Haushalten Hilfsbedarf. Auch die Zubereitung von Mahlzeiten wird oft als zeitaufwendig empfunden. Die Bereitschaft, hier Hilfe in Anspruch zu nehmen, ist gegenwärtig bereits verbreitet: Pizza- und andere Lieferservices, Essen auf Rädern, Restaurantbesuch, Cateringservice usw. Die Art und Häufigkeit, in der in diesem Bereich Dienstleistungen in Anspruch genommen werden, variiert allerdings stark nach dem jeweiligen Haushaltstyp sowie den Einkommensverhältnissen.

Auf Reparatur- und Wartungsdienste (Kundendienste) sind nahezu alle Haushalte angewiesen. Dies betrifft insbesondere die Haushalts-Großgeräte. Auch hier stellt sich das Problem der mangelnden Zeitflexibilität dieser Kundendienste.

Haushaltsspezifische Anforderungen:
Bei *Singles* ist eine große Palette haushaltsbezogener Dienstleistungsanforderungen anzutreffen. Aufgrund ihrer flexiblen Tagesstruktur sind Singles besonders interessiert an Zeitersparnis und Unabhängigkeit von Öffnungszeiten. Dies stellt besondere Anforderungen beim Einkaufen, bei der Zubereitung von Mahlzeiten („Für eine Person kochen lohnt nicht"), bei der Erledigung von individuellen Aufträgen usw. Im Vordergrund steht die Erledigung von Arbeiten zu einem bestimmten Zeitpunkt, häufig in Abwesenheit der beauftragenden Person. Die prinzipielle Bereitschaft, Dienstleistungen zu nutzen, ist, so zeigen unsere Befragungsergebnisse, grundsätzlich vorhanden. Quantitativ ist jedoch die tatsächliche Nachfrage nach Diensten eher gering. Insbesondere sehen die meisten Singles keinen Unterstützungsbedarf bei der Hausarbeit, da der Umfang der täglichen Hausarbeit relativ gering ist. Außerdem müssen sich Singles mit niemandem absprechen und sind nicht für andere Personen verantwortlich. Eine regelmäßige Haushaltsführung ist also nicht zwingend notwendig. Vielmehr könnten „on-demand"-Dienste, also diskontinuierlich abrufbare, flexibel nutzbare Dienste zur Übernahme von Erledigungen und Besorgungen unterschiedlichster Art hier auf ein potentielles Interesse stoßen. Insbesondere für diese Art der Dienstleistung im Haushaltsbereich liegen noch kaum adäquate Angebote vor, innovative Organisationsformen wären erst zu entwickeln.
Die Anforderungen der *Seniorenhaushalte* an Unterstützung und Hilfe bei der Hausarbeit sind quantitativ größer, und der Bedarf ist kontinuierlicher als in Singlehaushalten. Allerdings ist bei älteren Personen die Akzeptanz, Dienstleistungen zu beanspruchen, eher gering, da die eigene Verrichtung von Tätigkeiten Selbstbestätigung der selbständigen Lebensführung ist. Die Akzeptanz steigt gegenüber solchen Hilfen, die aufgrund eingeschränkter Mobilität und Körperkräfte notwendig werden. Generell möchten Senioren aber Arbeiten ungern an „anonyme Dienstleister" weitergeben, vielmehr ist der persönliche Kontakt und das Vertrauen zu der dienstleistenden Person wichtig. Gewünscht werden feste Bezugspersonen, die verschiedene Tätigkeiten im Haushalt übernehmen (keine spezialisierten Dienste für unterschiedliche Tätigkeiten) oder gemeinsam mit dem Senioren ausführen (kochen, einkaufen, putzen etc.).

Die Dienstleistungsanforderungen von *Dual-Career-Paaren* sind denen von Singles vergleichbar: Flexibilität, Zeitersparnis und Unabhängigkeit von Öffnungszeiten sind von zentraler Bedeutung. Im Unterschied zu Singlehaushalten ist der Bedarf hier aber insgesamt höher. Er betrifft nicht nur diskontinuierliche Tätigkeiten, sondern auch kontinuierlich zu erbringende Leistungen (z. B. Reinigungsarbeiten). Der gegenseitige Abstimmungsbedarf stellt Anforderungen an einen Mindeststandard von Alltagsstruktur und Ordnung. Die Auslagerung von Tätigkeiten wie Reinigung, waschen, bügeln usw., evt. in Verbindung mit Hol- und Bringdiensten kann hierbei ebenfalls Entlastung schaffen.

Bei *Empty-Nest-Familien* sind die Anforderungen aus zwei Gründen relativ gering. Erstens hat sich mit dem Auszug der Kinder/des Kindes der Arbeitsumfang verringert, die Erledigung der Hausarbeit wird also meist als leichter empfunden als vorher. Zweitens handelt es sich dabei um ältere Personen, die es gewohnt sind, sämtliche Arbeiten selbst zu erledigen und die – im Gegensatz zu Senioren – körperlich problemlos in der Lage dazu sind. Im Bereich der Hausarbeit werden dennoch eingeübte Praktiken aus der Zeit des Familienlebens übernommen, z. B. werden Putzhilfen beibehalten. D. h. hier existiert eine zusätzliche Entlastung. Darüber hinausgehende Entlastungsbedürfnisse, die als Anforderung des Haushaltstyps selbst entstehen, sind kaum zu erwarten.

Die verbleibenden beiden Haushaltstypen, *Dual-Career-Familien* und *traditionelle Familien*, vereint das Merkmal, Kinder zu haben. Entsprechend wird der auch für Dual-Career-Paare festgestellte Bedarf nach kontinuierlicher und diskontinuierlicher Unterstützung bei der Hausarbeit und Alltagsorganisation erweitert durch die Anforderungen, die die Kinder an den Haushalt stellen. Dies betrifft vor allem Bring-, Hol- und Betreuungsdienste. Die angebotenen Leistungen der Betreuungseinrichtungen, insbesondere deren Öffnungszeiten sowie Betriebsferien, entsprechen bisher nicht den Anforderungen berufstätiger Eltern. Zeitliche Flexibilität sowie die Möglichkeit der Betreuung in Kombination mit bildenden Angeboten werden nachgefragt.

Dual-Career-Familien können als Schnittmenge der Haushaltstypen Dual-Career-Paare und traditionelle Familien gesehen werden. Einerseits haben sie wenig Zeit und Interesse, nach Feierabend noch sämtliche anfallenden Arbeiten zu erledigen (ähnlich Dual-Career-Paaren), andererseits haben sie aufgrund der Kinder einen erhöhten Organisations- und Strukturierungsbedarf (ähnlich traditionellen Familien). Als besonders problematisch stellt sich die Synchronisation der verschiedenen Anforderungen der Familienmitglieder dar. Objektiv besteht hier deshalb der höchste Bedarf an unterstützenden Dienstleistungen. Flexible Nutzungsmöglichkeiten, einfacher und schneller Zugang und dennoch ein hohes Maß an Vertrauen sind Anforderungen, die eine wesentliche Rolle bei der Inanspruchnahme von Dienstleistungen spielen. Aufgrund unserer früheren Untersuchungen lassen sich diese Anforderungen auch für alleinerziehende Mütter und Väter annehmen, da sie in gewisser Weise einen Sondertypus der Dual-Career-Familien darstellen. Jedoch sind die finanziellen Möglichkeiten, in Dienstleistungen zu investieren, aufgrund der eingeschränkten Einkommensverhältnisse der meisten Einelternfamilien sehr begrenzt.

Die Dienstleistungsanforderungen der *traditionellen Familien* sind demgegenüber quantitativ geringer und insofern am ehesten mit dem der Empty-Nest-Haushalte vergleichbar. Bei den traditionellen Haushalten ist üblicherweise die Hausfrau für den Haushalt zuständig. Die Konsultation von Dienstleistungen würde die Kompetenz in ihrem originären Aufgabenfeld in Frage stellen. Unterstützung kann durch Kinderbetreuung, Hol- und Bringdienste für die Kinder sowie Erleichterungen beim Einkauf erfolgen.

Information/Kommunikation

Haushaltsübergreifende Anforderungen:
Die zentrale Anforderung, die bei der überwiegenden Zahl der Haushalte an Dienste in diesem Bereich besteht, steht in einem engen Zusammenhang mit dem Wunsch nach Zeitersparnis und betrifft eine rationelle Informationsbeschaffung. Viele für die eigene Alltagsorganisation hilfreichen Informationen fehlen, oder es fehlt die Zeit, sie zu recherchieren. Die Anforderungen wären ein leichterer *Informationszugang* und individuelle *Informationsselektion*. Gleichzeitig besteht jedoch die Befürchtung, durch eine (nicht selbst vorgenommene) Selektion nicht umfassend informiert zu sein. Ein Informationsdefizit ist auch beim Zugang zu Dienstleistungen zu verzeichnen.

Auch ein *Beratungsbedarf* ist bei fast allen befragten Haushaltstypen vorfindbar. Die Themenbereiche, zu denen Beratung erforderlich ist, sind vielfältig. Sie differieren nach Haushaltssituation. Beratungsbedarf besteht insbesondere bei nichtalltäglichen Vorkommnissen, wie z.B. Erkrankung, Wechsel des Wohnortes, beruflicher Umorientierung etc.

Ein Interesse an der Förderung vorhandener *Kommunikation* bzw. dem Aufbau neuer Kommunikationsmöglichkeiten besteht zwar in den meisten Haushalten, jedoch scheint die Alltagsrelevanz eher nachrangig, bzw. die Kommunikationspraxis wird als ausreichend und befriedigend empfunden. Die jeweiligen Kommunikationsinteressen gestalten sich haushaltsspezifisch, wobei mit zunehmender Zahl der Haushaltsmitglieder die Häufigkeit außerfamiliärer Kommunikation sinkt, gleichzeitig aber auch das Interesse und die Notwendigkeit dazu weniger wird.

Haushaltsspezifische Anforderungen:
Singles stellen relativ hohe Anforderungen an Information und Kommunikation. Meist besteht Interesse an unterschiedlichsten Informationsangeboten, sowohl im Freizeitbereich als auch im beruflichen Bereich. Oft besteht das Gefühl, nicht alles zu erfahren, was von Interesse sein könnte. Die Kommunikation spielt eine wichti-

ge Rolle im Alltag, meist sind Häufigkeit und Intensität relativ hoch. Die Anforderungen betreffen weniger eine Verstärkung der Kommunikation als eine Verbesserung. Sie reichen dabei von komfortablerer Nutzung klassischer Telekommunikationsmittel bis zu einem erweiterten Angebot von Providerdiensten.

In *Seniorenhaushalten* beziehen sich die Anforderungen an Kommunikation vor allem auf den Kontakt mit Familienangehörigen, besonders auf erwachsene Kinder. Aber auch Freunde und Bekannte spielen eine wichtige Rolle. Das Informationsinteresse richtet sich vor allem auf Verbraucherberatung und Informationen zu Kultur- und Stadtgeschehen. Die Nutzung neuer Medien spielt dabei keine Rolle, im Gegenteil: Sollten Informationsdienste oder Beratung in Anspruch genommen werden, ist in jedem Fall das gewohnte Telefon das bevorzugte Medium.

Dual-Career-Paare zeigen Anforderungen, die eher den von Singles ähneln. Der quantitative Umfang des Interesses ist aber meist geringer, da der Austausch mit dem Partner eine zentrale Rolle im privaten Alltag spielt.

Empty-Nest-Paare lassen sich demgegenüber wiederum mit den Seniorenhaushalten vergleichen, wobei auch hier zwei Unterschiede auszumachen sind. Der quantitative Umfang des Interesses ist auch hier meist geringer, da der Austausch mit dem Partner eine zentrale Rolle im privaten Alltag spielt, und durch die berufliche Eingebundenheit weniger Zeit zur Verfügung steht.

In *Dual-Career-Familien und traditionellen Haushalten* besteht vor allem ein Informationsinteresse zu Aktivitäten und Angeboten für Kinder und Familien. Hier sind allerdings nicht die schnelle und flexible Zugänglichkeit der Informationen, sondern die Qualität und das Vertrauen entscheidende Kriterien.

Bildung/Ausbildung

Haushaltsübergreifende Anforderungen:
Bildungsangebote, die sich auf berufliche sowie private Interessen beziehen, sind prinzipiell für alle Haushaltstypen relevant. Als unumgänglich stellen sich bei der Inanspruchnahme von Bildungsangeboten der persönliche Kontakt zu einer lehrenden Person und einer Lerngruppe dar. Es bedarf der näheren Untersuchung, inwieweit diese Kontakte auch virtuell sein könnten. Die Inhalte der gewünschten Angebote selbst variieren breit nach persönlichen Interessen und beruflichen Schwerpunkten und sind haushaltstypenunspezifisch. Dennoch lassen sich unterschiedliche Schwerpunkte hinsichtlich des Bedarfs erkennen.

Haushaltsspezifische Anforderungen:
Bei berufstätigen jüngeren Personen, insbesondere bei *Singles* und *Dual-Career-Paaren* spielt die berufliche Qualifikation eine bedeutende Rolle. D. h. Bildungsangebote werden gemäß deren Bedeutung für die beruflichen Ziele nachgefragt. Auch bei den *Dual-Career-Familien* und den *traditionellen Familien* spielt die berufliche Qualifikation eine Rolle. Bei den beiden letztgenannten Typen kommt jedoch als mindestens ebenso bedeutsam das Interesse an kinderspezifischen Lern- und Info/Edutainment-Angeboten hinzu. Auch Unterstützungs- und Beratungsangebote zu Kinderpflege und Erziehung werden angesprochen.

Bei *Senioren* und *Empty-Nest-Paaren* spielt die berufliche Weiterbildung lediglich eine nachrangige bzw. keine Rolle mehr, im Zentrum stehen Interessen bzw. Hobbys. Die soziale Funktion von Bildung innerhalb von Lerngruppen spielt für ältere Menschen eine wesentliche Rolle. Teledienste wären hier insbesondere als Ergänzung denkbar.

Ein besonderer Bedarf ergibt sich für Hausfrauen in *traditionellen Familien*. Einerseits spielen hier Angebote zur Interessenvertiefung eine Rolle, wie bei den Senioren oder Empty-Nest-Paaren, andererseits können hier aber auch Bildungsangebote zum beruflichen Neu- oder Wiedereinstieg von Bedeutung sein.

Unterhaltung/Freizeit

Haushaltsübergreifende Anforderungen:
Ein grundsätzlicher Bedarf an individuellen, zeitlich flexibel wahrnehmbaren Freizeitangeboten besteht bei sämtlichen Haushaltstypen. Unterhaltungs- und Freizeitangebote werden vor allem in ihrer kommunikationsfördernden Wirkung wahrgenommen. Kultur, Gesundheit, Sport, Tourismus sind wesentliche Bereiche.

Haushaltsspezifische Anforderungen:
Die Haushaltstypen unterscheiden sich hier vor allem durch das Kriterium „Kinder im Haushalt", aber auch danach, ob es sich um Einpersonenhaushalte oder Paarhaushalte handelt.

In *Einpersonenhaushalten* besteht im Freizeitbereich in besonders starkem Maße das Bedürfnis, Freizeitaktivitäten als Kommunikationsmöglichkeiten zu nutzen, um neue Kontakte zu knüpfen und bestehende zu pflegen. Insbesondere Singles stellen sehr hohe Anforderungen an eine abwechslungsreiche und ausgefüllte Freizeitgestaltung. Spezifische Anforderungen hinsichtlich der Freizeitgestaltung weisen Seniorenhaushalte auf, in denen für den Unterhaltungs- und Freizeitbereich zeitlich und z. T. auch finanziell recht umfangreiche Ressourcen verfügbar sind, die Mobilität jedoch mitunter beschränkt ist.

Auch in *Paarhaushalten*, in denen keine Kinder (mehr) leben, spielen soziale Kontakte in der Freizeit eine bedeutende Rolle.

In *Familien* besteht hingegen weniger Bedarf nach neuen Kontakten, als vielmehr nach intra- und interfamilialer Freizeitgestaltung, die für Kinder *und* Eltern gleichermaßen ansprechend ist. Weiterhin ist bei diesem Familientyp ein Bedarf an kinderspezifischen Freizeitangeboten auszumachen, welche unterhaltenden und gleichzeitig bildenden Charakter besitzen. Sowohl in öffentlichen Freizeiteinrichtungen wie auch zu Hause werden hohe Anforderungen an entsprechende Lösungen gestellt. Eventuell wäre auch hier eine technikgestützte Vermittlung denkbar.

Versorgung/Pflege/Betreuung

Haushaltsübergreifende Anforderungen:
Die Vereinfachung routinemäßiger ärztlicher Versorgung ist ein Bedürfnis, welches bei allen Haushaltstypen festzustellen ist. Dieses Bedürfnis bezieht sich vorwiegend auf die Vermeidung langer Wartezeiten sowie das Zurücklegen langer Wege. Dahinter verbirgt sich das allgemeine Bedürfnis nach Zeitersparnis sowie Zeitflexibilität, welches besonders bei Berufstätigen ausgeprägt ist. Das wichtigste Kriterium bei der Wahl und Inanspruchnahme ärztlicher Versorgung ist jedoch das Vertrauen in die fachliche Kompetenz. Hier spielt die Vermittlung durch Empfehlung eine wichtige Rolle.

Haushaltsspezifische Anforderungen:
Bei *Seniorenhaushalten* ist – altersbedingt – der umfangreichste Bedarf an Versorgung, Pflege und Betreuung zu erkennen. Der geringste Bedarf besteht bei *Singlehaushalten.*

Haushalte, in denen Kinder leben, zeigen ein besonderes Bedürfnis nach Inanspruchnahme medizinischer Betreuung zu Hause.

Ein besonders sensibler Bereich ist die Betreuung von pflegebedürftigen Familienangehörigen, welche vor allem in *Emty-Nest-Haushalten* eine Rolle spielt. Ist hier Unterstützung nötig, spielt Vertrauen in fachliche und soziale Kompetenz eine zentrale Rolle. Deshalb ist ein Zugang zu den entsprechenden Diensten davon abhängig, wie dieses Vertrauen hergestellt werden kann.

Sicherheit

Haushaltsübergreifende Anforderungen:
Nur wenige Haushalte zeigen ein besonderes Bedürfnis nach Sicherung der Wohnung gegen Vandalismus, Einbruch und Diebstahl. Das Vertrauen in technische Hilfen (Alarmanlagen, Bewegungsmelder, Wechselsprechanlagen) stellt sich dabei als geringer heraus, als das Vertrauen in Sicherheitspersonal, durch welches man sowohl die Sicherheit der Wohnung als auch die Sicherheit der eigenen Person als gewährleistet sieht. Grundsätzlich besteht jedoch auch die Angst vor Überwachung und sozialer Kontrolle. Ähnlich wie bei Pflegepersonal spielt hier das Vertrauen in Integrität eine wichtige Rolle.

Generell ist eine Nachfrage nach Wartungsarbeiten an der Haushaltstechnik zu verzeichnen. Dies betrifft z. B. Reparaturarbeiten an technischen Geräten (z. B. Waschmaschine, Herd, Heizung), welche aufgrund fehlender Kompetenz nicht selbst ausgeführt werden können.

Haushaltsspezifische Anforderungen:
Alleinlebende (*Singles*) sowie ältere Personen (*Empty-Nest-Paare sowie Senioren*) weisen ein Interesse an Sicherheit der eigenen Person außerhalb der Wohnung auf. In Haushalten, in denen Kinder leben (*Dual-Career-Familien, traditionelle Haushalte*), bezieht sich das Bedürfnis nach Sicherheit vor allem auf die Kinder. Dies betrifft sowohl die Wohnung (Sicherheit von Geräten und vor Unfällen) als auch das Wohnumfeld (Schulweg, Transport am Nachmittag etc.).

Bei Familienhaushalten mit Kindern, Seniorenhaushalten sowie Empty-Nest-Haushalten besteht zusätzlich ein Bedarf nach Sicherung der Wohnung bei Abwesenheit. Spezifisch für Familienhaushalte mit Kindern ist diesbezüglich, daß die Sicherung der Wohnung vor allem auch dann eine Rolle spielt, wenn die Kinder allein zu Hause sind.

Eine besondere Rolle spielt auch das Sicherheitsbedürfnis von Frauen, insbesondere nachts, allein und außerhalb der Wohnung.

Mobilität

Haushaltsübergreifende Anforderungen:
Das Bedürfnis nach individueller, flexibler und schneller Fortbewegung besteht innerhalb sämtlicher Haushaltstypen. Die Untersuchungsergebnisse geben wenig Hinweise auf *neue zusätzliche* Anforderungen. Die artikulierten Bedürfnisse richten

sich vorwiegend auf die Verbesserung bestehender, bereits genutzter Mobilitätsmöglichkeiten.

Haushaltsspezifische Anforderungen:
Senioren, die häufig ausschließlich öffentliche Verkehrsmittel nutzen, wünschen sich häufig eine Erleichterung bei der Nutzung des ÖPNVs (Ein- und Ausstieg, Fahrstühle, Anschlußmöglichkeiten zwischen verschiedenen Verkehrsmitteln etc.).

Berufstätige benötigen insbesondere individuelle, flexible und schnelle Fortbewegungsmöglichkeiten zum Erreichen ihres Arbeitsplatzes.

Haushalte, in denen Kinder leben, weisen einen Bedarf an speziellen Transportmöglichkeiten für Kinder auf, durch welche diese sicher z. B. zu Freizeitaktivitäten oder zur Schule gebracht bzw. abgeholt werden. Bei Familienhaushalten mit Kindern besteht weiterhin ein Bedarf an kinder- bzw. familienorientierten Nutzungsmöglichkeiten der öffentlichen Verkehrsmittel.

Zusammenfassung

Zunächst wird anhand der Untersuchung deutlich, daß unterschiedliche Haushaltstypen unterschiedliche Alltags- und Organisationsstrukturen aufweisen, woraus sich verschiedene Anforderungen an potentielle Dienstleistungen ergeben. Die Anforderungen der jeweiligen Haushaltstypen variieren nach den unterschiedlichen Alltagsbereichen, in denen jeweils Unterstützungsleistungen erforderlich sind oder vorstellbar wären. Über alle Haushaltstypen hinweg lassen sich drei grundlegende Anforderungen an Dienstleistungen herausstellen:

1. *Flexibilität*, d. h. vor allem zeitlich variable Nutzungsmöglichkeiten nach den individuellen Bedürfnissen des Haushaltes
2. *positive soziale Beziehung (Vertrauen)*, d. h. angenehmes Verhältnis zwischen Kunden und Dienstleistungsanbietern, welches aus Kundensicht mit Vertrauen in die Seriosität und die Leistungsqualität einhergeht
3. *leichte Zugänglichkeit*, d. h. Transparenz der Leistungen und Angebote sowie schnelle, komfortable Erreichbarkeit des Dienstleisters

Zu unterscheiden sind darüberhinaus grundsätzlich *zwei Ziele* der Haushalte, Dienstleistungen einzuwerben. Zum einen soll Zeit gespart werden, d. h. die Dienstleistung wird aus Zeitmangel oder aus dem Unwillen heraus, für bestimmte Tätigkeiten Zeit aufzuwenden, beauftragt. Zum anderen werden Tätigkeiten an Dienstleister abgegeben, wenn sie ohne Hilfe nicht ausführbar wären, sei es aus Gründen mangelnder körperlicher Belastbarkeit oder aufgrund fehlender Kompetenz.

Die drei grundlegenden haushaltsübergreifenden Anforderungen weisen bereits auf die Grenzen und Möglichkeiten des Einsatzes von IuK-Technologie bei der Bereitstellung von Dienstleistungen für den Privathaushalt hin.

Der Forderung nach Flexibilität können potentielle Anbieter nur durch innovative Formen der Organisation gerecht werden. Ziele müssen dabei sein: Mobilisierung von Planungskapazitäten, Elastizität von Verfügungszeiträumen (z. B. Verlängerung der Servicezeiten), kurzfristige Abrufbarkeit und optimale Auslastung der Ressourcen. Hier kann der innovative Einsatz von IuK-Technologie sicher eine entscheidende Rolle spielen.

Die große Bedeutung des sozialen Kontakts scheint dem Einsatz von Technik zunächst entgegen zu stehen. Hinter dem Bedürfnis nach sozialem Kontakt steht der Wunsch nach Vertrauen in Integrität und Kompetenz. Hier wären Lösungen nötig, wie dieses Vertrauen „online" hergestellt werden könnte. Kann dies ermöglicht werden, z. B. durch Garantien, Kennenlernangebote, Referenzen und andere „vertrauensbildende Maßnahmen", wäre damit ein entscheidender Schritt hin zu einem anforderungsorientierten Angebot getan.

Beim erleichterten Zugang zu Dienstleistungen liegt u. E. eines der größten Potentiale des Einsatzes von IuK-Technologien. Der Einsatz und die Kopplung unterschiedlicher Kommunikationsmedien (Internet, Telefon/Bildtelefon/Screenfon, TV) ist ebenso denkbar, wie die Verbesserung von Informations-, Such- und Vermittlungsdiensten.

Die dargestellten Überlegungen müssen die Grundlage bei der Entwicklung innovativer Dienstleistungen bilden. Dennoch bleibt weiter zu beachten, daß die letztendliche Nachfrage nicht ausschließlich von haushaltsspezifischen Anforderungen abhängt, sondern hierbei ebenso subjektive Dispositionen eine erhebliche Rolle spielen. Dazu gehört u. a. die Dienstleistungsakzeptanz der Haushaltsmitglieder, d. h. die Einstellung, die Bedürfniswahrnehmung, die bisherige Nutzungspraxis und die Art der bevorzugten Unterstützungsleistung. Erst bei einer positiven Dienstleistungsakzeptanz können die objektiven Anforderungen der Haushalte bei entsprechenden Angeboten auch zu konkreter Nachfrage führen. Dieser Problematik widmet sich der weiterführende Teil der Untersuchung, in dem aus dem beschriebenen Sample ausgewählte Haushalte weitergehend intensiv befragt wurden.

Literatur

Bievert, Bernd; Monse, Kurt; Gatzke, Monika; Reimers, Kai (1994): Digitaler Dienst am Kunden. Informationstechniken an der „Kundenschnittstelle". Berlin

Bullinger, Hans-Jörg (Hg.) (1997): Dienstleistungen für des 21. Jahrhundert. Gestaltung des Wandels und Aufbruch in die Zukunft. Stuttgart

Finger, Dirk (1997): Dienstleistungsschecks in Europa – ein Modell für Deutschland. Wissenschaftszentrum Berlin für Sozialforschung. Berlin

Friedrich-Ebert-Stiftung (Hg.) (1997): Zusätzliche Arbeitsplätze in privaten Haushalten durch Dienstleistungsschecks und -agenturen. Tagungsband. Bonn

Hartmann, Anja; Karin Scharfenorth (Hg.) (1996): Neue Medien – bessere Dienstleistungen. Wissenschaftszentrum Nordrhein-Westfalen. Gelsenkirchen

Mangold, Klaus (Hg.) (1998): Die Welt der Dienstleistung. Perspektiven für Arbeit und Gesellschaft im 21. Jahrhundert. Wiesbaden

Meyer, Sibylle; Schulze, Eva (1994): Alles Automatisch. Technikfolgen für Familien. Berlin

Meyer, Sibylle; Schulze, Eva (Hg.) (1993): Technisiertes Familienleben. Blick zurück und nach vorn. Berlin

Meyer, Sibylle; Schulze, Eva (1989): Balancen des Glücks. Neue Lebensformen: Paare ohne Trauschein, Alleinerziehende und Singles, München

Meyer, Sibylle; Schulze, Eva (1990): Zur Lebenssituation junger Familien, in: Deutsches Institut für Wirtschaftsforschung, Einkommensverhältnisse junger Familien in der Bundesrepublik Deutschland. Gutachten im Auftrag des Bundesministeriums für Jugend, Familie, Frauen und Gesundheit, Berlin, S. 13–47

Meyer, Sibylle; Schulze, Eva; Müller, Petra (1997): Das Intelligente Haus – selbständige Lebensführung im Alter. Möglichkeiten und Grenzen vernetzter Technik im Haushalt alter Menschen. Frankfurt/M., New York

Ministerium für Wirtschaft und Mittelstand, Technologie und Verkehr des Landes Nordrhein-Westfalen (Hg.) (1997): Dienstleistungen für private Haushalte in Nordrhein-Westfalen. Düsseldorf

Zukunft im Zentrum gGmbH (Hg.) (1996): Dienstleistungen in privaten Haushalten. Innovative Wege zu mehr Beschäftigung nach dem Vorbild des französischen Dienstleistungsschecks. Tagungsband. Berlin

II. Neue Märkte – Wachstumschancen durch Dienstleistungen

5. Öko-effiziente Dienstleistungen – Chancen für zukunftsfähiges Wirtschaften

Öko-intelligente Dienstleistungen – Chancen für zukunftsfähiges Wirtschaften

Willy Bierter

Wenn wir eine *zukunftsfähige Wirtschaft* erreichen wollen, müssen wir an der Inputseite ansetzen, also bei den Ressourcen- und Energieströmen, die in das Wirtschaftssystem hineinfließen. Die Herausforderung ist, *menschlichen Wohlstand* zu schaffen, der *mit wesentlich weniger Material- und Energieverbrauch* verbunden ist. Dazu müssen *die enormen, technisch bedingten Stoff- und Energieumsätze drastisch reduziert werden*. In Deutschland werden 80 Tonnen an festem Material pro Kopf und Jahr sowie 600 Tonnen Wasser verbraucht [1]. Das ist nicht zukunftsfähig.

Es müssen also *die Ressourcenproduktivitäten* von Verfahren, Produkten und Dienstleistungen *deutlich gesteigert werden*, soll die Natur unter unserem jetzigen „Wohlstand" nicht zusammenbrechen. Prof. Friedrich Schmidt-Bleek geht davon aus, daß die Industriestaaten bis zum Jahr 2050 ihren Rohstoffverbrauch um größenordnungsmäßig einen *Faktor 10* senken müssen, um zukunftsfähig zu sein.[2]

Was heißt, die Ressourcenproduktivität steigern, konkret? *Wir müssen aus einem Produkt, aus einem Kilogramm Material und aus einer Kilowattstunde Energie so viel Dienstleistungen wie möglich herausholen*.

Deshalb rücken *Strategien eines zukunftsfähigen Wirtschaftens* die Nutzung ins Zentrum des Wirtschaftens, der zentrale Wertbezug ist der *Nutzungswert, die Dienste oder der Service, den ein Produkt während seiner Lebensdauer erfüllt*. Es gilt, *über seinen gesamten Lebenszyklus (also „von der Wiege bis zur nächsten Wiege"), mit möglichst wenig Rohstoffen und Energie möglichst schadstofffrei während möglichst langer Zeit einen hohen Nutzen zu stiften*. Eine wahre Herkulesaufgabe. Doch dazu gibt es bereits heute viele technisch-organisatorisch praktikable und teilweise schon heute profitable Wege, wie eine ganze Reihe von proaktiven Unternehmen anschaulich illustriert.[3]

Um besser zu verstehen, was mit öko-effizienten – oder besser öko-intelligenten – Dienstleistungen gemeint ist, ist es notwendig, einen Blick auf die Produkte zu werfen und zu fragen: *Was leisten uns eigentlich Produkte?* [4]

Die Antwort auf diese Frage lautet normalerweise: Produkte befriedigen unsere Bedürfnisse, deshalb erwerben wir sie. Doch das ist ein Kurzschluß. Wir befriedigen unsere Bedürfnisse nicht durch die Produkte selber. *Vielmehr leistet jedes Produkt uns „Dienste", bringt uns einen Nutzen, arbeitet als „Dienstleistungserfüllungsmaschine".*

Produkte brauchen wir eigentlich nur, wenn wir sie auch gebrauchen. Gebrauchen heißt, Nutzen ziehen oder Dienstleistungen abrufen. Insofern kaufen wir nicht Produkte, sondern legen uns „Dienstleistungserfüllungsmaschinen" zu. Das gilt für eine Dusche ebenso wie für die Waschmaschine, die Verpackung, den Schlagbohrer oder den Kühlschrank. Im Vordergrund steht also primär die *Leistung* (oder *Problemlösung*) eines Produktes, die eine bestimmte von uns gewünschte *Funktion* erfüllt – beispielsweise „schmutzige Wäsche waschen", „Staub beseitigen", „ein Loch in die Wand bohren" oder „von A nach B gelangen". *Es sind also die Funktionen – und nicht die Produkte selber –, die auf die Befriedigung menschlicher Bedürfnisse zielen.* Wie dies konkret geschieht, ist von einer sozialen Kultur zur anderen verschieden.

Um Dienstleistungen dienstbar zu machen, muß man die geeigneten Produkte jedoch nicht unbedingt besitzen. Zum Beispiel kaufen sich nicht viele Menschen ein Flugzeug für den nächsten Urlaub. Den Schlagbohrer aber bekommen viele heute schon zu Weihnachten, obschon sie ihn nur selten brauchen. Wenn jeder Vierte in Deutschland ein solches Gerät besäße, dann wären mehr als 100 000 Tonnen hochwertiges Material hierfür eingefroren und mehrere Millionen Tonnen Umwelt verbraucht. Bei in der Praxis durchschnittlich nur sehr gering abgefragten Diensten des Schlagbohrers, wäre der Umweltverbrauch pro in Anspruch genommener Service-Einheit extrem hoch, mithin die Ressourcenproduktivität miserabel. Deshalb muß man den Schlagbohrer auch nicht unbedingt kaufen und besitzen, man kann ihn auch ausleihen. Das gilt noch für viele andere Produkte und den Service, den wir aus ihnen in Anspruch nehmen wollen. Deshalb kann es sowohl für den Nutzer als auch das Unternehmen profitabel sein, nicht primär das Produkt, sondern seine Nutzung (eine Dienstleistung) zu kaufen bzw. zu verkaufen, und damit aus dem Faktor Zeit einen finanziellen Nutzen zu ziehen. Auf der Nutzerseite impliziert dies eine mehr ergebnis- als eigentumsbezogene Beziehung zu den Produkten. Damit erhalten Leihen, Mieten, Leasen, Poolen usw. eine große Bedeutung.

Produkte und Dienstleistungen, aber auch Verfahren, Stoffe und Infrastrukturen unter dem Aspekt der Funktionen zu sehen, die sie erfüllen, kommt einem *Gestalt-*

wandel der Wahrnehmung gleich. Mit der Brille der *ökologischen Funktionsorientierung* ist es möglich,

1. ihr unterschiedliches Dienstleistungsvermögen zusammen mit dem jeweiligen Energie- und Materialaufwand bzw. ihre human- und ökotoxikologischen Risikopotentiale pro Service-Einheit zu vergleichen (so läßt sich beispielsweise die Dienstleistung Straßenbahnfahrt mit jener einer Autofahrt vergleichen), und
2. lassen sich damit systematisch alternative Möglichkeiten aufzeigen und untersuchen, ob und wie eine gegebene Funktion (pro Service-Einheit) mit weniger Stoff- und Energieeinsatz und durch eine Verminderung der human- und ökotoxikologischen Risikopotentiale erfüllt werden kann, womöglich verbunden mit ökonomischen Geländegewinnen.

Dies ist umweltpolitisch von großer Bedeutung, weil es aus der simplen und fruchtlosen Alternative „Kaufen oder Verzichten" herausführt und zur Suche nach Möglichkeiten animiert, die aufzeigen, wie vergleichbare Dienstleistungen (Funktionserfüllungen) mit wesentlich weniger Energie- und Materialaufwand bereitgestellt werden können. Bei dieser Suche steht am Anfang nicht die Frage im Vordergrund, wie ein Produkt ökologischer aussehen könnte. Die Frage so stellen heißt, sie falsch stellen. *Vielmehr geht es vorrangig um die Suche nach den Dienstleistungsbündeln, nach den ökologisch und ökonomisch wirksamsten Problemlösungen zur Erfüllung einer bestimmten Funktion.* Das erfordert ein miteinander verwobenes und aufeinander bezogenes

- *Denken in Produkten, Verfahren, Stoffen und Infrastrukturen* (z. B. ökologisch verträgliche materielle Güter),
- *ein Denken in Funktionen* (Dienstleistungen), *das die Verbindung zu Problemlösungen* (im Verkehrsbereich z. B. an kurzen Wegen) *herstellt*, und
- *ein Denken in Sinnbezügen, das die Verbindung zu Bedürfnissen sucht* (im Verkehrsbereich z. B. Mobilität bzw. Zugänglichkeit).

Es geht also um die Befriedigung menschlicher Bedürfnisse mittels organisatorischer, technischer und sozialer Innovationen, die zum Ziel haben, *über den gesamten Lebenszyklus unserer Produkte, Prozesse und Infrastrukturen mit möglichst wenig Rohstoffen und Energie möglichst schadstofffrei während möglichst langer Zeit einen hohen Nutzen zu stiften.*

Im Vordergrund steht die Entwicklung von *öko-intelligenten Produkten und Dienstleistungen* [5].

Öko-intelligente Produkte und Dienstleistungen

- *Öko-intelligente Produkte* sind:
  Gegenstände, Geräte, Maschinen, Gebäude und Infrastrukturen, die bei marktgängigen Preisen und bei lebenszyklusweiter Minimierung von Material, Energie, Flächenbedarf, Abfall, Transport, Verpackung und gefährlichen Stoffen möglichst lange und möglichst viele (verschiedene) Nutzen (Dienstleistungen) erbringen.
- Eine *öko-intelligente Dienstleistung* ist:
  die Befriedigung eines definierten Bedarfes – oder eines Bedarfsbündels – zu marktgängigen Preisen mittels öko-intelligenter Produkte (Produkte als „Dienstleistungserfüllungsmaschinen").

Schließlich stellt sich noch die Zauberfrage: Läßt sich der uns vertraute Wohlstand mit viel weniger Ressourceninput gestalten? Antwort ist: Ja, das kann man – die Beispiele vieler proaktiver Unternehmen sind beredte Beispiele dafür. Die nächste Frage ist: Paßt das in die soziale Marktwirtschaft? Die Antwort lautet: Aber ja, und sie würde davon – bei geeigneten Rahmenbedingungen – auch noch profitieren. Und dann natürlich die Frage: Was passiert mit der Arbeitslosigkeit, wenn wir unsere Wirtschaft radikal dematerialisieren? Soweit man das heute abschätzen kann, sieht das gut aus.

Nachhaltigkeit wird hauptsächlich auf dem Markt errungen. Ressourcenproduktivität hat mit der Wettbewerbsfähigkeit von Unternehmen, aber auch von Regionen und Ländern zu tun. Produkte, Dienstleistungen und Verfahren müssen einem Unternehmen Wettbewerbsvorteile und Wertschöpfung bringen, mit anderen Worten, ökologische Qualität muß Hand in Hand mit ökonomischer Prosperität gehen. Proaktive Unternehmen haben dies begriffen.

Die Entwicklung von Geschäftsstrategien, welche gezielt öko-intelligente Produkte, Herstellungsverfahren oder Dienstleistungen fördern, wird sich in Zukunft positiv auf die Wertschöpfung von Unternehmen auswirken. Wenn das Verlangen nach solchen Produkten und Dienstleistungen im Markt weiter wächst, werden Firmen, die diese Chancen heute nicht nutzen, sich morgen mit Wettbewerbsnachteilen konfrontiert sehen.

Doch erfolgreiche Erfindungen erfordern langfristige Trend-Visionen für die Dinge, welche die zukünftige Welt prägen werden.

Daß der Virus „Nachhaltigkeit" sich nicht schnell ausbreitet, hat vor allem mit dem größten und schlimmsten blinden Flecken vieler Unternehmensführer zu tun: Sie sind immer noch der Meinung, daß „Nachhaltigkeit" so etwas wie eine neue Form von Religion, eine Verirrung der menschlichen Seele sei. Sie sehen „Nachhaltigkeit" nicht als einen neuen Wert, den die Gesellschaft einfordern wird, und erfolgreiche Unternehmen auf transformierten Märkten mit Leben erfüllen.

Um es nochmals mit aller Deutlichkeit zu betonen: Die so dringend in Gang zu bringende drastische Steigerung der Energie- und Ressourcenproduktivität ist primär eine Angelegenheit von Marktprozessen. Michael Porter, der führende internationale Wettbewerbsfähigkeits-Guru, bringt es auf den Punkt: Es gibt *starke Verknüpfungen zwischen Umweltschutz, Ressourcenproduktivität, Innovation und Wettbewerbsfähigkeit* [6]. Mit anderen Worten: ökologische Engpässe und Beschränkungen treiben Innovationprozesse an, mit dem Ergebnis höherer Ressourcenproduktivitäten und verbesserter Öko-Effizienzen. Allerdings müssen dafür die richtigen Rahmenbedingungen gesetzt werden, u. a. müssen die Ressourcenpreise endlich anfangen, die ökologische Wahrheit zu sagen, und Subventionen, die eindeutig nicht-nachhaltige Entwicklungen fördern, gestrichen werden.

Literatur

[1] A. Adriaanse et al.: „Resource Flows: The Material Basis of Industrial Economies", World Resources Institute, Washington D. C., USA/Wuppertal-Institute, FRG/Netherlands Ministry of Housing, Spatial Planning and Environment, The Hague/National Institute for Environmental Studies, Tsukuba/Japan, WRI Publications, P. O. Box 4852, Hampden Station, Baltimore, Maryland 21211, April 1997

[2] F. Schmidt-Bleek (mit W. Bierter): „Das MIPS-Konzept. Weniger Naturverbrauch–mehr Lebensqualität durch Faktor 10", München 1998; The International Factor 10 Club's 1997 Statement to Government and Business Leaders: „A ten-fold leap in energy and resource efficiency", Factor 10 Club, Wuppertal-Institut für Klima, Umwelt & Energie, 1997

[3] Siehe u. a.: C. Fussler: „Driving Eco-Innovation", London 1996; W. R. Stahel: „Handbuch Abfall 1. Allgemeine Kreislauf- und Rückstandswirtschaft. Intelligente Produktionsweisen und Nutzungskonzepte", 2 Bände, hrsg. von der Landesanstalt für Umweltschutz Baden-Württemberg, Karlsruhe 1995; E. U. v. Weizsäcker et al.: „Faktor Vier. Doppelter Wohlstand – halbierter Naturverbrauch", München 1995

[4] W. Bierter: „Öko-effiziente Dienstleistungen und zukunftsfähige Produkte", in: H.-J. Bullinger (Hrsg.): „Dienstleistungen für das 21. Jahrhundert. Gestaltung des Wandels und Aufbruch in die Zukunft", Stuttgart 1997, S. 557–586

[5] W. Bierter/W. R. Stahel/F. Schmidt-Bleek: „Öko-intelligente Produkte, Dienstleistungen und Arbeit", Wuppertal Spezial 2, Wuppertal-Institut für Klima, Umwelt & Energie 1996

[6] M. E. Porter/C. van der Linde: „Green and Competitive: Ending the Stalemate", Harvard Business Review, September–October 1995, S. 120–134

Wettbewerbsvorteile durch neue öko-effiziente Dienstleistungen in der Wohnungswirtschaft (Teil 1)

Gerhard Rohde

Kurzporträt: Spar- und Bauverein Solingen eG, Gemeinnützige Wohnungsgenossenschaft – gegr. 1897

Daten und Fakten zum Bilanzstichtag 31. Dezember 1997

Bilanzsumme	Mio. DM	252,50
Anlagevermögen	Mio. DM	203,60
Eigenkapital	Mio. DM	67,60
Bilanzgewinn	Mio. DM	1,05
Umsatzerlöse	Mio. DM	50,20
Instandhaltungsvolumen	Mio. DM	14,00
Modernisierungen	Mio. DM	5,70
Anzahl der Wohneinheiten		7334
Anzahl der Mitglieder		16253
• davon WohnungsnutzerInnen ca.		9000
Geschäftsanteile (DM 900)	Anzahl	34804
Geschäftsguthaben	Mio. DM	31,00
Sparkonten	Anzahl	12996
Spareinlagen	Mio. DM	49,80
Vermietungen 1997		611
ø- Nettokaltmiete – preisfreie WE	DM/qm/mtl.	6,79
ø- Nettokaltmiete – öffentl. gef. WE	DM/qm/mtl.	6,63

Wettbewerbsvorteile in der Wohnungswirtschaft Strategische Neuausrichtung der Spar- und Bauverein Solingen eG

Die Spar- und Bauverein Solingen eG, seit 1990 steuerbefreite Vermietungsgenossenschaft, verfügt als über 100 Jahre alte Wohnungsgenossenschaft über eine lange wohnungswirtschaftliche Tradition. Diese war in der Vergangenheit stets von Veränderungen und Reformen geprägt, die sich letztendlich immer wieder aus dem jeweiligen gesellschaftlichen Kontext ergeben haben. Dies ist auch heute so. Von unseren Mitgliedern/Kunden wird eine moderne, effiziente Unternehmensführung erwartet. Sie zu bewirken, ist gegenwärtig Gegenstand eines umfassenden Reformprozesses, bei dem der Wandel zu einem kundenorientierten und zunehmend öko-effizienten Dienstleistungsunternehmen im Vordergrund steht.

Die Wohnungswirtschaft im allgemeinen wie auch der Spar- und Bauverein im besonderen wendet sich seit einiger Zeit verstärkt Fragestellungen zu, die die Vorstellungen von ökologischer, ökonomischer, kultureller und sozialer Nachhaltigkeit aufgreifen und umzusetzen suchen.

Doch bevor auf einige Facetten öko-effizenter Dienstleistungen aus den z. Zt. bei der SBV eG diskutierten und z. T. bereits praktizierten Beispiele näher eingegangen werden soll, sind vorab noch ein paar allgemeine Anmerkungen zum Thema geltend zu machen:

Anmerkungen zur Nachhaltigkeit

Wir alle wissen, daß heute und noch mehr in Zukunft unsere Lebensbedingungen in immer stärkerem Maße von weltweiten, globalen Zusammenhängen bestimmt sein werden.

Täglich bekommen wir den Mißbrauch der Lebenselemente – Erde, Wasser, Luft etc. – zu spüren. Hierzu gehört die Veränderung des Weltklimas, mit der zunehmenden Erwärmung der Atmosphäre genauso, wie die Belastung der Luft durch Kohlendioxid und andere Treibgase, die Verschmutzung und Verknappung des Wassers sowie die Anreicherung der Böden mit Giften und sonstigen Schadstoffen. Die Folgen kennen wir alle. Tagtäglich verfolgen wir die zunehmenden weltweiten Katastrophenberichte in unseren Medien. Die Zunahme von Flutkatastrophen, Waldsterben, Trockenperioden, Epidemien, Allergieerkrankungen etc. sind nur einige Beispiele, die deutlich machen, daß es ein individuelles Sich

Entziehen aus dieser Konfliktsituation nicht geben wird und zwar weder für arm noch reich.

Vor diesem, uns allen bekannten Hintergrund, müssen wir uns darüber im klaren sein, daß zur Überwindung der globalen ökologischen Probleme auch weitreichende Veränderungen unserer Lebens- und Wirtschaftsweisen erforderlich sind.

Insofern ist es ausdrücklich zu begrüßen, daß das Thema der Tagung „Dienstleistungen – Innovation für Wachstum und Beschäftigung" nicht nur (allerdings doch fast ausschließlich) unter rein wirtschaftlichen Effizienzgesichtspunkten zu beurteilen ist, sondern speziell in dem Forum 5 „Öko-effiziente Dienstleistungen – Chancen für zukunftsfähiges Wirtschaften" die Frage nach der Ressourcenproduktivität gestellt wird. Diese Frage wird in Zukunft sehr ernst und vorrangig zu behandeln sein und darf nicht nur selektiv mit „vermarktungsfähigen" Einzelinhalten ausgestaltet werden.

Der inzwischen zum Modebegriff avancierte Begriff der Nachhaltigkeit – der ja auch ein bißchen mit dem Begriff der „Öko-Effizienz" einhergeht – ist zu hinterfragen, wobei es darauf ankommen wird, den Begriff bzw. die damit gemeinten Inhalte zu operationalisieren.

Was heißt es z. B. konkret,

- den Ressourcenverbrauch erneuerbarer Ressourcen (Energie, Materie, Fauna, Flora) auf die natürliche Erneuerungsrate zu begrenzen?
- den Ressourcenverbrauch nicht erneuerbarer Ressourcen auf die Rate der Substituierbarkeit durch erneuerbare Ressourcen zu begrenzen?
- die Belastungen von Umweltmedien (Luft, Wasser, Boden, Klima, Fauna, Flora) auf die Rate der Substitution bzw. der Abbaubarkeit zu begrenzen?

Eine solche Beschreibung ist zwar grundsätzlich möglich, eine konkrete Operationalisierung jedoch schwierig. Vor allem fehlen notwendige zusammenhängende Kenntnisse über die Verfügbarkeit von Ressourcen – und zwar sowohl global wie lokal – über deren Erneuerungsrate und Substitutionsrate. Es fehlen umfassende Ökobilanzen und Effizienzanalysen im ganzheitlichen Kontext.

Hier muß die Wissenschaft noch mehr Unterstützung für die Praxis liefern. Das vom Wuppertaler Institut für Klima, Umwelt, Energie entwickelte MIPS-System (MIPS = Materialinput pro Serviceeinheit) könnte hier interessante Hilfestellungen, gerade unter Einbeziehung neuer Dienstleistungsangebote auch für die Wohnungswirtschaft, bieten.

Nun ist es nicht ursächliche Aufgabe der Wohnungswirtschaft, sich vor allem wissenschaftlich im Detail mit dem Thema zu Bewertung und Einsatzmöglichkeiten von öko-effizienten Dienstleistungen zu beschäftigen, gleichwohl wird es darauf ankommen, deutlich zu machen, daß die Operationalisierung öko-effizienter Dienstleistungen noch am Beginn einer Entwicklung zur Steigerung der Ressourcenproduktivität steht, und gleichzeitig die Gefahr besteht, als bloßes Label für viele Inhalte – auch für Mogelpackungen – zu verkümmern. Auch wir beim Spar- und Bauverein müssen aufpassen, daß wir dieser Gefahr nicht unterliegen.

Beispielsweise wird auch bei der SBV eG das gerade neu initiierte Projekt car-sharing, im Verbund mit den Wuppertaler Stadtwerken, unterstützt. Ob dieses Projekt jedoch tatsächlich einen Beitrag zur Öko-Effizienz darstellt, bleibt noch abzuwarten. Es muß überprüft werden, ob car-sharing tatsächlich zur Reduzierung der privaten Pkw-Fahrten führt, oder ob hiermit lediglich ein Angebot zur zusätzlichen Mobilität (2. bzw. 3. Wagen) geschaffen wird und möglicherweise sogar vorrangig in Konkurrenz zum ÖPNV steht.

Öko-Effizienz im Bereich Bauen und Wohnen

Doch nun doch noch ein wenig zurück zur Praxis, wobei hier auch nur partiell auf 2 Beispiele eingegangen werden soll. In dem anschließenden Beitrag von Herrn Wolfram Püschel werden dann weitere beispielhafte Ansätze im Rahmen des seit Jahresbeginn bei der SBV eG im Aufbau befindlichen neuen Geschäftsfeldes „wohnbegleitende Dienstleistungen" nähere Konkretisierungen erfolgen und diese unter öko-effizienten Gesichtspunkten bewertet.

Beim Spar- und Bauverein Solingen eG wurden einige der als öko-effizient eingestuften Dienstleistungen bereits eingeführt oder befinden sich noch in der Erprobungsphase.

Ein Schwerpunkt liegt natürlich im Infrastruktur- und Gebäudemanagement, insbesondere in der ökologisch ausgerichteten Modernisierung der Wohnungsbestände. Handlungsfelder sind hier beispielsweise: Wasser- und Energieeinsparung (Wassersparamaturen, Regenwassernutzung, Flächenentsiegelung, Brennwerttechnik, Blockheizkraftwerke, etc.), Rückbau und ökologische Abfallbehandlung (Kompostierung), Verwendung umweltfreundlicher Baustoffe, naturnahe Grün- und Freiraumgestaltung und umweltfreundlicher Baustellenbetrieb. Einige rechtliche und steuerpolitische, aber auch betriebsbedingte Rahmenbedingungen stehen hier noch umfangreicheren und zielgenaueren Investitionen, die eine übergreifende Realisierung des technisch machbaren ermöglichen würden, entgegen.

Im Rahmen unseres Reformprozesses sollen diese gebäudeorientierten Maßnahmen stärker konzeptionell vorbereitet werden. Hierzu wurde ein neues Team zur produktbezogenen Steuerung und Entwicklung gebildet. Dieses Team hat die vorrangige Aufgabe, unseren Wohnungsbestand unter Nachhaltigkeitsgesichtspunkten zu überprüfen. Daraus sind strategische Mittel- und Langfristkonzepte zu entwickeln, durch die unser Produkt „Wohnen" auch langfristig vermarktungsfähig bleibt. Zu erarbeiten sind hier nicht nur Konzepte im Sinne eines rein gebäudebezogenen facility-managements, sondern es gilt das Produkt „Wohnen" unter ganzheitlichen Gesichtspunkten zu betrachten, d.h. unter Einbeziehung von technischen, wirtschaftlichen, sozialen und kulturellen Austauschprozessen. Hierbei haben wir in der Organisationsform der Genossenschaft, die nicht unter dem Primat eines share-holder values steht, gute Voraussetzungen zur Erreichung dieses Zieles.

Stichwortartig können hier nur einige konkrete Aspekte benannt werden, die in solchen Konzepten zu berücksichtigen sind. Dieses sind u.a.

- die Berücksichtigung gesellschaftlicher Veränderungen, insbesondere sozialer Spannungen – hier wurde das Projekt „Integratives Wohnen" gebildet –, die Beteiligungsformen bei Modernisierungen und Neubauplanungen,
- die infrastrukturelle Ausstattung unserer Siedlungen mit Sozialeinrichtungen (Kindertagesstätte, Kultureinrichtungen (z.B. Puppentheater), Gaststätten, Nachbarschaftstreffs etc.)
- die neuzeitliche Ausstattung unserer Wohnungen zur Nutzung von Multimedia-Modulen (z.B. durch Berater für Formen wohnbezogener Arbeitsplätze),
- der Einsatz sog. Wohndienstleister zur effizienteren Ausführung von Kleinreparaturen und zur Unterstützung von Eigeninitiativen vor Ort usw. usw.

In allen diesen Bereichen bestehen u.E. gute Ansätze nicht nur zur Erhöhung der Wettbewerbsfähigkeit, sondern auch unter dem Aspekt von zusätzlichen Beschäftigungseffekten, sowohl innerhalb der Genossenschaft wie auch mit externen Kooperationspartnern.

Neubausiedlung

Zum Schluß sollen noch ein paar Anmerkungen zum geplanten Neubauprojekt „Börkhauser Feld" in Solingen gemacht werden. Hier ist eine Neubausiedlung mit ca. 350 Wohneinheiten einschließlich entsprechender Infrastruktureinrichtungen (Kindergarten, Nachbarschaftstreff) und Möglichkeiten zur Schaffung wohnungsbezogener Arbeitsplätze beabsichtigt.

Dieses Projekt wurde initiiert auf der Grundlage eines sehr breit angelegten Beteiligungsprozesses unter dem Leitgedanken, ein Modell zu entwickeln, welches

- kostensparendes und ökologisches Wohnen
- in einem Quartier der kurzen Wege sowie
- ein Zusammenleben nach genossenschaftlichen Prinzipien

ermöglichen und fördern soll.

Neben der Beachtung technischer Maßnahmen zum Thema Wärme/Energie, Wasser (z. B. Brauch- und Regenwassernutzung), Abfall (z. B. Beratung zur frühzeitigen Abfallvermeidung beim Einkauf etc.), sowie Kostenreduktionen durch Selbsthilfeleistungen, auch unter dem Aspekt der langfristigen Betreuung bei Unterhaltungsmaßnahmen und Instandhaltungsleistungen, wurden auch originelle Ansätze von Selbsthilfemaßnahmen erörtert, wie z. B. die selbstorganisierte Altkleider- und Altgeräteentsorgung bzw. Nutzungsverlängerung durch Tauschbörsen oder die Einrichtung eines selbstverwalteten gemeinsamen Geräte- bzw. Fuhrparks für Garten- und Reparaturarbeiten.

Berücksichtigt werden sollen auch Versorgungseinrichtungen zur Deckung des täglichen Bedarfs, Angebote im öffentlichen Personennahverkehr, die Einbeziehung des Fahrrades, das car-sharing-Modell etc. Diskutiert wurden auch Vorschläge für den Bereich Freizeit, Bildung und Kultur, die wiederum alle auch unter dem Anspruch der Öko-Effizenz behandelt wurden. Letztendlich hat sich bei diesen Diskussionen gezeigt, daß die Bereitschaft zur Veränderung der individuellen Lebensweise grundsätzlich vorhanden ist. Dies setzt allerdings einen breiten partizipatorischen Moderationsprozeß voraus, um die vielschichtigen Facetten neuer öko-effizienter Dienstleistungen auf eine breite Akzeptanz zu stellen.

Das Projekt „Börkhauser Feld" soll innerhalb der nächsten Jahre realisiert werden. Gleichzeitig sollen natürlich auch die Erfahrungen, die aus den Diskussionen zu dem Neubauprojekt gewonnen werden, auf die bestehenden Siedlungen ausgeweitet werden. Und natürlich kann man sich die Frage stellen, ob durch qualitative Nachverdichtungs- und Ergänzungskonzepte in den bestehenden Siedlungen des Spar- und Bauvereins Solingen nicht eine höhere Öko-Effizienz erzielbar wäre, als durch die Realisierung eines Neubauprojektes „auf der grüne Wiese". Auch beim Spar- und Bauverein Solingen wird die zukünftige Entwicklung einem stetigen Veränderungsprozeß unterworfen sein, der flexibel, partizipatorisch und nicht zuletzt öko-effizient mit dem Ziel einer erhöhten und nachhaltigen Ressourcenproduktivität zu steuern sein wird.

Wettbewerbsvorteile durch neue öko-effiziente Dienstleistungen in der Wohnungswirtschaft (Teil 2)

Wolfram H. Püschel

In „Mit Goethe durch das Jahr 1998" heißt es heute (31.8.1998):

Wie's aber in der Welt zugeht
Eigentlich niemand recht versteht,
Und auch bis auf den heutigen Tag
Niemand gerne verstehen mag.
Gehabe du dich mit Verstand
Wie dir eben der Tag zur Hand;
Denk immer: Ist's gegangen bis jetzt,
So wird es auch wohl gehen zuletzt.

Paßt dieses Goethe-Wort bei verständiger Auslegung zum Thema?

Öko-Effizienz stand praktisch an der Wiege der meisten Wohnungsgenossenschaften, die im Verlaufe von jetzt über 150 Jahren entstanden. Als die „kleinen Leute", die Arbeiterschaft daran gingen, dem Wohnungselend des aufkommenden Industriezeitalters in genossenschaftlicher Selbsthilfe zu begegnen, ging es ihnen vor allem um gesunde Wohnverhältnisse zu bezahlbaren Mieten, also um ökologische und ökonomische Effekte. Das knappe, überhaupt nur gemeinschaftlich aufzubringende Kapital, vielfach ergänzt um die sogenannte Muskelhypothek, ließ die Genossenschaftsmitglieder von Anfang an möglichst sparsame Wohn- und Siedlungskonzepte entwickeln und umsetzen.

Die erfolgreich bewältigte ökonomische Dimension spiegelt sich bis heute darin, daß Wohnen bei Genossenschaften als ein Synonym für preiswertes Wohnen gilt.

Daß es seit jeher auch eine ökologisch bedeutsame Dimension im genossenschaftlichen Wohnungsbau und Wohnen gibt, läßt die Diskussion unserer Zeit um Nachhaltigkeit und Zukunftsfähigkeit, die heutige Auseinandersetzung mit der Öko-Effizienz erst so richtig bewußt werden:

Vergleichsweise bescheidene Wohnungsgrößen wurden überwiegend im Geschoßwohnungsbau und damit nicht nur kostengünstig, sondern auch unter geringerem Einsatz von Fläche und Baustoffen realisiert.

Für die bei der Wohnungsnutzung gelegentlich empfundene Enge gab und gibt es zum Ausgleich Dienste und Einrichtungen, die das Postulat der Öko-Effizienz erfüllen:

- Bei Bedarf anzumietende Besucherwohnungen ersetzen das fehlende Gästezimmer in der Wohnung.
- Ein Genossenschaftshaus mit großem Versammlungsraum, Gemeinschaftsräume in einzelnen Häusern, Nachbarschaftstreffs in verschiedenen Siedlungen, ein verpachtetes Gasthaus – alle diese preiswert nutzbaren Gemeinschaftseinrichtungen ersetzen mehr als das fehlende große Wohnzimmer oder den früheren Salon, wenn es zu feiern gilt.
- Waschhäuser in zwei der elf Siedlungsbereiche ersparen die individuelle Maschinenausstattung. Durch einen anzugliedernden Wäschehol- und -bringedienst soll ihr Wirkungskreis noch erweitert, ihr Wirkungsgrad weiter erhöht werden.
- Mit der Bereitstellung von Stellplätzen für CarSharing-Fahrzeuge in ihren Siedlungen verfolgt die Genossenschaft das Ziel, eine Nutzung der Auto-Mobilität wirtschaftlicher, aber auch auf das notwendige Maß beschränkt zu ermöglichen.
- Nicht zuletzt die hohen Kosten für die individuelle (Auto-)Mobilität und die damit verbundenen Umweltbelastungen, aber auch der Verlust an Lebensqualität beim Berufspendler haben dem städtebaulichen Leitbild vom „Leben, Wohnen und Arbeiten im Quartier der kurzen Wege" neuen Auftrieb gegeben. Die in jüngster Zeit eingetretene Entspannung auf dem Wohnungsmarkt erlaubt es, bei der Wohnungsvergabe (Vermietung) auch das Kriterium größerer Nähe von Wohnung zu Arbeitsstätte zu berücksichtigen.
- Die rasante Entwicklung im Multimediabereich wird die Genossenschaft den Raum und/oder die Technik für den wohnungsnahen oder sogar wohnungsintegrierten PC-Arbeitsplatz anbieten lassen (müssen).
- Einen wichtigen öko-effizienten Beitrag leistet der Spar- und Bauverein schließlich mit dem Bemühen, insbesondere seinem hohen Anteil älterer, aber auch behinderter Mitglieder, gestützt auf vielfältige technische Vorkehrungen und

persönliche Dienstleistungen zur Bewältigung des Alltags wie Reinigungs- und Besorgungsdienste, Vermittlung sozialer und pflegerischer Leistungen, Umzugsdienst u. a.m. das lebenslange Wohnen bei Genossenschaften zu ermöglichen. So wird der Bedarf an aufwendigen Sondereinrichtungen reduziert, die sonst verfügbar sein müßten. Selbstverständlich ist, daß derartige Dienstleistungen wiederum unter Beachtung öko-effizienter Kriterien, wie beispielsweise kurze, Mobilitätskosten sparende Wege, organisiert und angeboten werden.

Der Spar- und Bauverein ist sich dessen bewußt – und seine über 16 000 Genossenschaftsmitglieder erwarten dies auch zunehmend –, daß er auf dem Weg der Optimierung und des Ausbaus des Bestehenden sowie der Entwicklung neuer Dienstleistungen Ökonomie und Ökologie gleichermaßen berücksichtigen muß, um nicht nur wettbewerbs-, sondern auch zukunftsfähig zu sein.

Es ist zu früh, den Umfang der mit der Entwicklung, der Vermittlung und der Erbringung neuer, zusätzlicher Leistungen zweifelsfrei einhergehenden Beschäftigungseffekte bereits zu quantifizieren.

Die Genossenschaft wird sie auf jeden Fall nutzen, ihren eigenen arbeitslosen oder einkommensschwachen Mitgliedern eine Chance zu geben.

Seine Grenze findet jedes dieser Dienstleistungsangebote, so notwendig und so öko-effizient es auch ist, bei der Zahlungsfähigkeit, also der Kaufkraft der Mitglieder und/oder möglicher anderer Kostenträger.

Die Tatsache, daß bei einem beachtlichen Teil unserer Mitgliedschaft mit dem Einkommen kein oder kaum noch ein Auskommen ist, dürfen wir jedenfalls nicht außer achtlassen. Daß das Thema Öko-Effizienz neben der ökologischen und der ökonomischen auch eine vielschichtige soziale Dimension zu berücksichtigen hat, ist jedenfalls ein notwendiger, wenn hier auch nicht weiter zu behandelnder Hinweis.

Beschäftigung und Wettbewerbsfähigkeit durch öko-effiziente Dienstleistungen

Ergebnisse aus dem BMBF-Verbundprojekt „Öko-effiziente Dienstleistungen als strategischer Wettbewerbsfaktor – Beiträge zur Entwicklung einer nachhaltigen Wirtschaft"

Friedrich Hinterberger, Christa Liedtke, Arno Vogel

Alle reden von Innovationen als Grundvoraussetzung wirtschaftlichen Erfolgs, alle suchen das Neue, aber wo läßt es sich finden? Das Leitbild der „öko-effizienten Dienstleistungen" kann hier neue Wege weisen. Viele Unternehmen haben das längst erkannt. Nötig ist ein effektiverer Umgang mit Rohstoffen und Energie, mehr Recycling und eine Verlängerung der Lebensdauer von Produkten. Das neue Zauberwort heißt „Dematerialisierung". Immer geht es darum, möglichst viel Nutzen aus möglichst wenig Material herauszuholen. Nicht die üblichen Verdächtigen (Umweltschützer unterschiedlicher *Couleur*), sondern die Unternehmen selbst bestätigen immer mehr, daß für sie die umfassende Reduktion von Stoffströmen attraktiv ist – weil es auch wirtschaftlich Vorteile bringt. Hier gilt eben nicht „Umweltschutz = Kosten". Erst in zweiter Linie geht es hier um Umweltschutz: Entscheidend ist ein neues Produktivitätsverständnis.

Warum sind öko-effiziente Dienstleistungen erforderlich?

In der Diskussion um „sustainable development" gewinnt die Betrachtung von Stoffströmen und ihrer Wirkungszusammenhänge immer mehr an Bedeutung. Nicht die Verfügbarkeit von natürlichen Ressourcen begrenzt die wirtschaftliche Entwicklung von morgen, sondern die ökologischen Folgen der gegenwärtig sehr geringen Ressourcenproduktivität[1]. Manfred Wirth von DOW Chemical Europe faßte die daraus resultierende Entwicklung perspektivisch für das Jahr 2025 folgendermaßen zusammen: „Bis zum Jahr 2025 wird die Weltbevölkerung wahrscheinlich die 8-Milliarden-Grenze überschritten haben. ... Wir werden natürlich eine reichste Milliarde haben, daneben eine enorm vergrößerte Bevölkerung, die in

[1] Vgl. Schmidt-Bleek, F.: Wieviel Umwelt braucht der Mensch? MIPS – Das Maß für ökologisches Wirtschaften. Basel 1994, S.48

Armut lebt. Darüber hinaus werden Hungersnöte zu sozialen Unruhen und zu Revolutionen führen. Wir würden, wenn wir nichts ändern, ein Szenario erreichen, das wir auf gar keinen Fall akzeptieren können".[2] Mit anderen Worten muß der Trend gesamtwirtschaftlich steigender Ressourcenverbräuche bei möglichst konstanter Wohlstandsschaffung umgekehrt werden. Das derzeitige Wohlstandsniveau, geschaffen durch die Verfügbarkeit über Produkte und Dienstleistungen, sollte mit einem wesentlich geringeren Einsatz an Material, Energie und Fläche erreicht werden – und das auch noch kosteneffizient.

Der Ressourcenverbrauch entwickelter Länder ist derzeit so hoch, als hätten wir vier Erdkugeln, von denen wir leben könnten. Als erstes globales Umweltziel wird daher eine Halbierung der weltweit vom Menschen induzierten Stoffströme angestrebt.[3] Sie ist keine wissenschaftlich genau spezifizierbare Größe, sondern sich am Vorsorgeprinzip orientierende Vorgabe, die den Menschen helfen soll, die Ökosysteme funktionsfähig als Lebensgrundlage zu erhalten und dabei Wohlstand zu sichern und zu schaffen. Da z.Z. etwa 20 % der Menschheit – die Menschen der sogenannten Industrieländer – deutlich mehr als 80 % der Weltressourcen für ihre Wohlstandsbeschaffung in Anspruch nimmt, müssen diese langfristig die Ressourcenproduktivität ihrer Wirtschaft um durchschnittlich einen Faktor 10 erhöhen, wenn dem Rest der Menschheit ein gerechter Zugriff auf natürliche Ressourcen eingeräumt werden soll.[4] Andere Wege liegen in Suffizienz- und Konsistenzstrategien. Die Erhöhung der Ressourcenproduktivität und die absolute Verringerung des Ressourcenverbrauchs um 90 % bedeutet aber nicht, daß jede einzelne Produktion und jede angebotene Dienstleistung auf ein Zehntel dematerialisiert werden muß. Eine solche Zieldefinition bezieht sich immer auf das ganze System, umfaßt lebenszyklusweit sämtliche Wertschöpfungsketten (von der „Wiege jeden Produktes bis zur Bahre bzw. seiner Wiege").

Technische Effizienzsteigerungen allein können das angestrebte nachhaltige Wirtschaften nicht sichern. Wirtschaftliche Rahmenbedingungen sowie die Bereitschaft zum Wandel der Konsumstrukturen hin zu funktionsorientierter Bedürfnisbefriedigung („besser" und „anders" statt „mehr") sind weitere wichtige Voraussetzun-

---

[2] Wirth, M.: Öko-Effizienz als Herausforderung an die Industrie. In: Schmidt-Bleek, F.; Tischner, U.; Merten, T. (Hrsg.) Öko-intelligentes Produzieren und Konsumieren – ein Workshop im Rahmen des Verbundprojektes Technologiebedarf im 21. Jahrhundert des Wissenschaftszentrums NRW. Wuppertal 1997, S.139

[3] Vgl. auch Bundesministerium für Umwelt, Naturschutz und Reaktorsicherheit (BMU) (Hrsg.): Nachhaltige Entwicklung in Deutschland. Entwurf eines umweltpolitischen Schwerpunktprogramms. Bonn 1998

[4] Vgl. Schmidt-Bleek, F.: Das MIPS-Konzept: weniger Naturverbrauch – mehr Lebensqualität durch Faktor 10. München 1998

gen. Der damit einhergehende ökologische Strukturwandel führt zu neuen öko-intelligenten Prozessen, Gütern und Infrastrukturen, die mit weit weniger Aufwand an Energie, Fläche und Material die erforderlichen Dienstleistungsbedarfe decken. In diesem Zusammenhang werden drei Idealtypen von ökologischen Dienstleistungskonzepten unterschieden:

Produktorientierte ökologische Dienstleistungen sind zusätzliche Leistungen, die vom Produzenten ergänzend zu einem Sachgut angeboten werden, so z.B. Anwendungsberatungen, Wartungs- und Entsorgungsleistungen (Rücknahmegarantien, Recyclingservice etc.).

Nutzungsorientierte ökologische Dienstleistungen haben nicht die Sachleistung (das Trägermedium) als Verkaufsgegenstand, sondern den dadurch vermittelten Nutzen. Zu diesem Bereich zählen alle Angebote von Leasing, Sharing und Pooling.

Bedürfnisorientierte ökologische Dienstleistungen vermitteln zwischen bestimmten Bedürfnisfeldern (z.B. Mobilität) und verschiedenen Alternativen zu deren Befriedigung. Dies geschieht bereits in ersten Vorhaben des Contractings und Facility-Managements.

Vor einigen Wochen fand im österreichischen Klagenfurt mit großem Erfolg die erste internationale *Faktor 4+*-Messe statt mit mehr als 100 Ausstellern aus sieben Ländern, bei der zahlreiche Innovationen von waschbaren Stoffwindeln mit Einlagen zum Wegwerfen bis hin zu superdämmenden Holzfenstern präsentiert wurden. Insbesondere Unternehmen aus Asien zeigten, welche Potentiale sie in der Dematerialisierung sehen. Sie sparen dadurch Kosten beim Einkauf, in der Produktion und bei der Entsorgung. Noch wichtiger aber ist: Neue, ökologisch effiziente Produkte und Dienstleistungen bringen Wettbewerbsvorteile.

Ergebnisse der PEM 4 – „Öko-effiziente Dienstleistungen als strategischer Wettbewerbsfaktor"

Das im Rahmen der Initiative „Dienstleistungen für das 21. Jahrhundert" des BMBF durchgeführte Projekt, das vom Wuppertal Institut für Klima, Umwelt, Energie (WI) in Zusammenarbeit mit dem Institut für Zukunftsstudien und Technologiebewertung (IZT) und dem Rheinisch-Westfälischen Institut für Wirtschaftsforschung (RWI) koordiniert wurde, diente vornehmlich dazu, innerhalb eines Jahres Potentiale für Ökonomie, Ökologie und Beschäftigung öko-effizienter Dienstleistungen abzuschätzen.

Dabei wurde in zwei Wirtschaftsbereichen ein zentraler Forschungsbedarf an der Schnittstelle von Anpassungsdruck, Strukturwandel und „nachhaltiger Wirtschaft" bearbeitet. Der Bereich „Wohnen/Versorgung" wurde aufgrund seiner hohen Ressourcen- und Emissionsintensität ausgewählt; beim Bereich „Kfz/Mobilität" war die volkswirtschaftliche Bedeutung und der massive Strukturwandel ausschlaggebend. In beiden Bausteinen wurden bereits bestehende Dienstleistungsinitiativen untersucht, Erweiterungen und Verknüpfungen von Dienstleistungen gefunden und z. T. auch neue Dienstleistungskonzepte entwickelt. Über 60 Unternehmen und Institutionen aus den Bereichen „Wohnen/Versorgung" und „Kfz/Mobilität" waren am Projekt beteiligt.

Ein zentrales Ergebnis unseres Projekts ist die durchweg bestätigte Aussage von Unternehmen aller untersuchten Wirtschaftsbereiche, daß neue öko-effiziente Dienstleistungen konkrete Marktchancen besitzen. Als notwendig wird jedoch eine weitere Veränderung des Dienstleistungsverständnisses gesehen. Man müsse wegkommen von der sachgut-orientierten Dienstleistung hin zu Dienstleistungen, die stärker an den Kundennutzenkategorien „Funktion", „Kosten" und „Erlebnis" ansetzen und dabei den Ressourceneinsatz vermindern. Das Wuppertal Institut arbeitet derzeit an einem Projekt „Umwelt und Lebenswelt. Wie Kinder gestalten und gebrauchen. MIPS für Kids". In diesem Projekt sollen pädagogisch-psychologische Kenntnisse gewonnen werden, wie Kindern und Eltern ein Indikator zur Berechnung des Umweltverbrauchs vermittelt werden kann. Aus den Kenntnissen heraus sollen u. a. neue Konzepte der Umweltpädagogik aber auch der Vermarktung öko-effizienter Produkte und Dienstleistungen entwickelt werden können. Dies scheint für die Zukunft nachhaltiger Konsum- und Lebensweise von elementarer Bedeutung zu sein.

Öko-effiziente Dienstleistungen werden in den drei genannten Branchen als mögliche Anpassungsstrategien an wirtschaftlichen Wandel gesehen. In allen Teilmärkten werden zunehmende Konkurrenzsituationen festgestellt bzw. für die kommenden Jahre erwartet. Für Unternehmen werden deshalb First-Mover-Vorteile eine Rolle spielen. Insbesondere für kleine und mittelständische Unternehmen gehen jedoch von den Unsicherheiten über die Reaktion der Marktgegenseite sowie von den konkreten betrieblichen Umsetzungsschwierigkeiten gravierende Probleme aus, die Dienstleistungsinnovationen erheblich bremsen können. Fehler werden schnell existenzbedrohend.

Neue Dienstleistungskonzepte im Bereich „Kfz/Mobilität"

Aufgrund des erheblichen Anpassungsdrucks im Kfz-Handel und Kfz-Handwerk denken vor allem mittlere und große Handwerks- und Handelsunternehmen über neue Dienstleistungen nach. Kleinere Unternehmen sind hier eher zurückhaltend; sie haben spezifische Probleme, ihr Dienstleistungsspektrum auszuweiten. Trotz der berechtigten Skepsis sind aus Sicht der beteiligten Kfz-Handwerksbetriebe insbesondere zwei öko-effiziente Dienstleistungsbereiche von besonderem Interesse: Zeitwertgerechte Reparatur mit Alt- und Gebrauchtteilen (Aufbau funktionierender logistischer Netzwerke für Gebrauchtteile) sowie neue Mobilitätsdienstleistungen (Kilometer-Leasing, Car-Sharing, Car-Pooling, Pool-Leasing, Öko-Fahrtraining etc.) im Sinne eines „Autohauses als Fachmarkt für Mobilität". In beiden Bereichen werden von den meisten der beteiligten Unternehmen Marktchancen gesehen, wobei die zeitwertgerechte Reparatur mit Alt- und Gebrauchtteilen für den durchschnittlichen Handwerksbetrieb im Moment noch näher liegt als die Vision vom „Autohaus als Fachmarkt für Mobilität". Auch beim Car-Sharing- und Taxi-Gewerbe wurden Innovationen diskutiert (vgl. Beitrag von Herrn Vonarburg in diesem Forum).

Aufbau von Kfz-Altteilenetzwerken – Voraussetzung für zeitwertgerechte Reparatur

Im Rahmen des Projekts konnte das Fraunhofer Institut für Materialfluß und Logistik (IML) in Dortmund als Koordinator dieses Projektteils folgende Feststellungen treffen:

Die Verwertung von Altautos befindet sich – unter dem Eindruck der Altauto-Verordnung – in einem tiefgreifenden Strukturwandel. Wegen der geringen Erlöse aus der stofflichen Verwertung verstärken die Verwerterbetriebe das Hochwertrecycling (Demontage und Vertrieb hochwertiger Altteile), wodurch die Grundlage für die Wiederverwendung der Altteile zur zeitwertgerechten Reparatur geschaffen wird. So wird in der zeitwertgerechten Reparatur ein neues, attraktives Dienstleistungsangebot für die Werkstätten gesehen, von dem auch das Kfz-Handwerk als Reparaturdienstleister unmittelbar profitiert. Auch die Zulieferer erwägen am neu entstehenden Markt durch Aufbereitung (bzw. in Kooperation mit Aufbereitern), Aufarbeitung und Vermarktung von Altteilen zu partizipieren.

Unbedingte Voraussetzung für die Etablierung des Zukunftmarktes „zeitwertgerechte Reparatur" ist die Verfügbarkeit (Quantität) und gesicherte Qualität der gebrauchten Teile in den Werkstätten – bei betriebswirtschaftlich interessanten Konditionen. Erreicht werden kann dies durch die Erweiterung des Angebotes industriell aufgearbeiteter Produkte mit den Qualitätsstandards eines „Quasi-Neuteils" (Austauscherzeugnisfertigung). Lösungsansatz des neuen Dienstleistungskonzeptes ist ein Altteilenetzwerk, das Verwertungsunternehmen, Aufbereiter, Händler, Logistikdienstleister und Werkstätten sowohl physisch als auch informatorisch miteinander verknüpft und enge Kooperationen ermöglicht. Durch die Substitution von Neuteilen durch gebrauchte Teile sind Öko-Effizienz-Potentiale, d.h. Resourceneinsparungen grundsätzlich gegeben. Die Öko-Effizienz wird aber insbesondere durch die logistische Effizienz der Verwertungskette bestimmt, die es zu optimieren gilt.

Autohäuser als „Fachmärkte für Mobilität"

Nach Erkenntnissen, die das Rheinisch-Westfälische Institut für Wirtschaftsforschung (RWI) gesammelt hat, kann ein „Autohaus als Fachmarkt für Mobilität" als neuer Betriebstyp von Kfz-Handel und -Handwerk – ergänzend zum bereits bestehenden Service – innovative Dienstleistungen rund um das Bedürfnisfeld Mobilität anbieten, wie z.B. Kilometerleasing als Weiterentwicklung des Car-Sharing, Pool-Leasing, Car-Pooling, Mobilitätsberatung etc. Um betriebswirtschaftlich rentabel zu sein, sollte es dabei zu regionalen, markenübergreifenden Kooperationen verschiedener Autohäuser kommen. Notwendig ist außerdem eine unterstützende Infrastruktur in Form einer outgesourcten „Mobilitätsverbundsgesellschaft" zur Abwicklung der Dienstleistungsvermittlung und -organisation. Die beteiligten Autohäuser und Werkstätten würden Autos in einen Fahrzeugpool einbringen und bestimmte Standorte betreuen.

Mit diesem neuen Konzept können erhebliche Verbesserungen in Richtung einer nachhaltigen Wirtschaft möglich sein: Über die Autohäuser kann eine Kundenklientel für neue Mobilitätsdienstleistungen angesprochen werden, die über andere Anbieter (ÖPNV-Betriebe, Car-Sharing-Organisationen) allein nicht erreicht wird. Markt- und Wettbewerbschancen dieses neuen Autohaus-Betriebstyps sind daher als gut zu bezeichnen, in der Summe sind auch positive Beschäftigungseffekte zu vermuten. Ökonomische Sicherheit bieten z.B. die Erträge aus den Kurzzeitvermietungen, das Einbringen der Kilometerleasing-Flotte in den Gebrauchtwagenhandel und umgekehrt der Fahrzeuge aus dem Gebrauchtwagenvorrat in die Fahrzeugflotte. Die Pflege und Instandhaltung der Fahrzeugflotte kann beim Ausgleich von Belastungstälern der Werkstätten helfen. Der Aufbau sogenannter „Verwertungskaskaden" ist denkbar und betriebswirtschaftlich interessant. Mehrfachnutzung und -besetzung der Pkw und eine effektive Streckenplanung auch in Kombination mit öffentlichen Verkehrsmitteln spart darüber hinaus mit Mobilität verbundene Ressourcenverbräuche.

Neue Dienstleistungskonzepte in den Bereichen „Wohnen" und „Versorgung"

Im Baustein „Wohnen/Versorgung" wurden in Zusammenarbeit mit Wohnungsunternehmen und Entwicklungsgesellschaften Modelle für mobile Wohndienstleister und quartiersbezogene Dienstleistungsagenturen entwickelt (vgl. auch den Beitrag von Püschel und Rohde in diesem Forum). Dabei wurden Vorteile für Wohnungsunternehmen, Anwohner, Handwerksbetriebe und sonstige Serviceanbieter sowie positive Wirkungen auf Beschäftigung und Umwelt sichtbar. Mit den Unternehmen der Wasserversorgungswirtschaft wurden ebenfalls spezifische öko-effiziente und rentable Dienstleistungen analysiert. Für die Energieversorgungsunternehmen wird eine breite Palette von Energiedienstleistungen wie z. B. Contractingprogramme, Direktwärmeservice und Dienstleistungen im Bereich regenerativer Energien zu einem zentralen Geschäftsfeld werden (vgl. Beitrag von Herrn Hoffmann in diesem Forum).

„Wohndienstleister für Technik und Umweltberatung"

Bei dem Neubau oder der Modernisierung von Wohnungen werden immer mehr Techniken zur Einsparung von Heizenergie, Wasser sowie Abfall eingesetzt. Sobald die Maßnahmen abgeschlossen sind, und die Nutzer vielleicht noch eine kurze Einweisung erhalten konnten, müssen sich die Planer und Techniker mangels finanzieller Möglichkeiten von ihrem Werk trennen, verbunden mit der Hoffnung, daß auch „alles gut gehen möge". Die in den letzten Jahren gemachten Erfahrungen auch seitens der Wohnungsunternehmen zeigen hingegen die Probleme auf. Die erhofften Einsparungen werden in der Regel nicht erreicht, auch die Einsparmöglichkeiten bei den Nebenkosten werden nicht ausgeschöpft. Das Fehlverhalten der Mieter bei der Lüftung der Wohnungen führt oft zu Feuchteschäden an den Außenwandinnenseiten. Der Handlungsdruck in Richtung einer gezielten Betreuung der betroffenen Nutzer wird weiter zunehmen. Diese Betreuung in Form individueller Beratungen und Informationsveranstaltungen wird wettbewerbsfähig, wenn Vermieter und Staat eigene Vorteile deutlicher erkennen und ihre entsprechenden Ausgaben sinnvoll umlegen können. Vor dem Hintergrund konkurrierender Anbieter haben Wohnungsunternehmen wie z. B. die SAGA in Hamburg oder die Bassmann Bau AG bereits sogenannte Concierge-Konzepte eingeführt, um den Kontakt zum Mieter zu verbessern und die Attraktivität des Wohnens zu steigern. Der Wohndienstleister kümmert sich nicht nur um die Instandhaltung und Kontrolle des Gebäudes, sondern auch um wohnungsspezifische Belange des Mieters. In Anlehnung an diese Beratung werden dann auch Dienstleistungen wie „Durchführung oder Vermittlung technisch-handwerklicher Arbeiten" oder „Wohnungstausch-Service" (s. folgender Abschnitt) angeboten. Gerade die Handwerksleistungen erfordern häufig weite Anfahrtswege, die über Kooperationsvereinbarungen vermieden werden könnten. Mit diesen Dienstleistungen können die Beziehungen zwischen Mieter und Vermieter bzw. zwischen Mietern gestärkt werden, so daß auch soziale Ziele erreicht werden. Interessant wird sein, die realen Potentiale von Ressourceneinsparungen und Beschäftigung zu messen.

Wohnungstausch-Service

Die Nutzung nicht an den Bedarf angepaßter Wohnungen verursacht vor allem bei älteren Singlehaushalten einen hohen passiven, d. h. ungewollten Wohnflächenverbrauch. Eine Repräsentativbefragung der Schader Stiftung hat ergeben, daß 2,7 Millionen 1- und 2-Personen-Haushalte in der Altersgruppe über 55 Jahre ihre Wohnung als zu groß empfinden.[5] Der Wohnungstausch-Service erfüllt alle drei Zielbereiche einer nachhaltigen Entwicklung. Dadurch, daß er dem Bedürfnis nach einer optimalen Wohnung in einer gewünschten Umgebung Rechnung trägt, kommt er einer wichtigen sozialen Aufgabe nach. Zweitens stärkt der Service die Kundenbindung der Unternehmen und führt aufgrund der Notwendigkeit intensiver persönlicher Kontakte zur Sicherung von Arbeitsplätzen. Drittens ermöglicht die Dienstleistung eine deutliche Erhöhung der Ressourcenproduktivität des Bedarfsfeldes Wohnen, die im folgenden beispielhaft aufgeschlüsselt wird:

Die Berechnung der Ressourceneinsparung durch Umzüge in kleinere Wohnungen läßt sich anhand der eingesparten Wohnfläche ermitteln. Aus den gesammelten Daten von 5 Wohnungsunternehmen und einer Kommune ergibt sich tendenziell eine durchschnittliche Einsparung von etwa 16,7 m^2 Wohnfläche pro getätigtem Wohnungstauschvorgang.[6]

Tab. 1: Zahlen zum Wohnungstausch[7]

Träger der Maßnahme	**Anzahl der Umzüge p.a.**	**gewonnene Gesamtfläche**	**Ø Wohnflächengewinn**
Wohnungsbaugesellschaft Lörrach	15	396 m^2	26,4 m^2
Mülheimer Wohnungsbau eG	27	521 m^2	19,3 m^2
SAGA Hamburg	317	3640 m^2	11,5 m^2
Städtische Wohnberatung Hagen	114	2790 m^2	24,5 m^2
Allbau Essen	37	929 m^2	25,1 m^2
VeboWAG Bonn	52	1084 m^2	20,9 m^2
Durchschnittswert			**16,7 m^2**

Der Wert ist nicht repräsentativ, nimmt man die SAGA aus der Rechnung heraus, liegt der Durchschnittswert bei etwa 23,4 m².

Welche Ressourceneinsparung ließe sich in etwa erzielen, wenn alle deutschen Wohnungsunternehmen die Dienstleistung Wohnungstausch anbieten würden? Stellt man bei diesen 5 Wohnungsunternehmen, die einen Wohnungstausch professionell anbieten, die durch die Dienstleistung initiierte Anzahl der Umzüge der Gesamtzahl der Wohnungen gegenüber, so läßt sich unter den derzeitigen Rahmenbedingungen, bei allen Unsicherheitsfaktoren, eine durchschnittliche außerordentliche Umzugsrate von 0,35 % pro Jahr feststellen. Bezogen auf den gesamten Wohnungsbestand der dem Bundesverband GdW angeschlossenen Wohnungsanbieter (Stand 31.12.96: 7 037 000 Wohnungen) ergäbe dies ein anzunehmendes Potential von knapp 25 000 Wohnungswechseln mit 413 500 m² eingesparter Wohnfläche.

Nach dem am Wuppertal Institut entwickelten MIPS-Konzept kann der entsprechende Ressourcenverbrauch bestimmt werden. MIPS steht für „Materialinput pro Serviceeinheit". Mit dem Berechnungskonzept wird der produktlinienweite Ressourceninput (MI) in den Kategorien Material (biotisch, abiotisch), Wasser, Luft und Bodenbewegungen in Bezug zu einer bestimmten Serviceeinheit (S – hier: ein m² nutzbare Wohnfläche) ermittelt. In einer Berechnung nach dem MIPS-Konzept werden alle lebenszyklusweiten Ressourceninputs berücksichtigt. In diesem Fall ergibt der genannte Wohnflächengewinn von 413 500 m² folgende Ressourceneinsparungen: ca. 660 000 t abiotisches Material, 2 Mio. t Wasser und 33 000 t Luft.

Zudem würde durch den Bezug kleinerer Wohnungen der Energieverbrauch während der Nutzung reduziert, pro m² Wohnfläche und Jahr geht man z. B. bei einem nach der Wärmeschutzverordnung von 1995 errichteten Gebäude von einem Verbrauch von ca. 100 kWh oder 10 Liter Heizöl aus. Dies ergibt für das genannte Tauschvolumen einen Wert von über 4 Mio. Litern, der bei den einmal umgezogenen Haushalten Jahr für Jahr eingespart werden kann. Zusätzlich werden erhebliche Flächenversiegelungen und die hiermit verbundenen Material- und Energieaufwendungen vermieden.

---

[5] Schader Stiftung (Hrsg.): Neue Wohnungen auch im Alter: Folgerungen aus dem demographischen Wandel für Wohnungspolitik und Wohnungswirtschaft. Darmstadt 1997

[6] Wohnungsbaugesellschaft Lörrach, SAGA Hamburg aus: Schader Stiftung (Hrsg.): Neue Wohnungen auch im Alter. Folgerungen aus dem demographischen Wandel für die Wohnungspolitik und Wohnungswirtschaft. oder: Umzugswünsche und Umzugsmöglichkeiten älterer Menschen. Werkstattbericht. Darmstadt 1997, S. 100.

[7] Aus: Schader Stiftung 1997, S.100 sowie eig. Ermittlungen (für die VeBoWAG wurden die für sechs Monate vorhandenen Werte hochgerechnet)

Eine rechnerische Alternative läge in der Betrachtung der verstärkten Nutzung des frei werdenden Wohnraums, ausgedrückt in der Anzahl an Personen, die in diese Wohnungen neu einziehen im Vergleich zur bisherigen Belegung der Wohnungen. Bei Allbau z. B. nutzen im Durchschnitt 3,8 Personen eine freigewordene Wohnung gegenüber 1,5 Personen vor dem Tausch. Dies entspricht einem Faktor 2,5 der Nutzungserhöhung.

Beschäftigungspotentiale

Die Bedeutung für die Beschäftigung ist bei diesen Dienstleistungen sehr unterschiedlich. Insgesamt sind keine „Beschäftigungswunder" zu erwarten. Im Kfz-Handel und -Handwerk wird aber erhofft, daß neue Dienstleistungen einen dramatischen Abbau der Beschäftigtenzahl der Branche zum Teil auffangen können. Für die Dienstleistung „Kilometerleasing" im Rahmen des Konzepts „Autohäuser als Fachmärkte für Mobilität" wird in allen anzunehmenden Fällen mit insgesamt zunehmender Beschäftigung in der Kfz-Branche gerechnet. Selbst wenn jeder achte Pkw-Besitzer auf ein eigenes Auto verzichten würde, würden die Beschäftigungszuwächse im Kfz-Handel und -Handwerk mehr als doppelt so hoch wie die Verluste im Bereich der deutschen Automobilindustrie sein (vgl. Tab. 2).

Auch in den Bereichen „Wohnen" und „Versorgung" sind die zu erwartenden Beschäftigungswirkungen deutlich positiv, aber zurückhaltend. Sollten die für die Wohnungswirtschaft konzipierten Innovationen auf die erhoffte Nachfrage treffen, so würden je nach Größe der einzelnen Wohnungsunternehmen ein oder mehrere Arbeitsplätze in den Bereichen Handwerk und Verwaltung geschaffen. Es wird erwartet, daß auch die angeschlossenen Handwerksbetriebe und andere Serviceanbieter wie z. B. Notrufdienste und Lieferdienste von der Vermittlungsagentur eines Wohnungsunternehmens profitieren und sich mittelfristig vergrößern würden. Für das Sanitär-Heizung-Klima-Handwerk lassen die beschriebenen Dienstleistungen ebenfalls positive Beschäftigungseffekte im versicherungspflichtigen Bereich erwarten. Die neuen Installations-, Abrechnungs- und Beratungsleistungen der Wasserwirtschaft gelten in gleicher Weise für die Energiewirtschaft und werden zu gleichartigen Effekten führen. Eine genaue Quantifizierung der Beschäftigungseffekte kann nach den derzeitigen Erkenntnissen nicht aufgestellt werden.

Die derzeitige Situation bezüglich der Verbreitung öko-effizienter Dienstleistungen ist nicht einfach. Nach Einschätzung der befragten Unternehmen können die untersuchten öko-effizienten Dienstleistungen am Markt durchaus erfolgreich sein. Warum, so könnte man provokant fragen, wurden sie dann nicht schon längst

Tab. 2: Beschäftigungseffekte des Konzepts „Autohäuser als Fachmärkte für Mobilität" im Bereich des Kfz-Handels und des Kfz-Handwerks und im Bereich der deutschen Automobilindustrie im zehnten Jahr (Quelle: Eigene Berechnungen des RWI)

Annahmen	Szenarien 216 000 Nutzer im zehnten Jahr (jährliche lineare Wachstumsrate von 100 % in den ersten fünf Jahren und 55% in den folgenden fünf Jahren)	Szenarien 1 Mio. Nutzer im zehnten Jahr (jährliche Wachstumsrate von 100 %)
vorsichtige strukturelle Annahme: • Nutzer fahren ca. 1 000 km • Auslastungsgrad der Fahrzeuge: 46 % • Preis: DM 0,76/km • 3% der Neunutzer verzichten auf ein eigenes Auto	**Szenario 1** • + 626 in Autohäusern/ Werkstätten • + 62 in MVG-Zentralen • - 81 in der Industrie	**Szenario 2** • + 2 788 in Autohäusern/ Werkstätten • + 285 in MVG-Zentralen • - 527 in der Industrie
weitergehende strukturelle Annahme: • Nutzer fahren ca. 3 000 km • Preis: DM 0,60/km • 12,5% der Neunutzer verzichten auf ein eigenes Auto	**Szenario 3** • + 1 093 in Autohäusern/ Werkstätten • + 76 in MVG-Zentralen • - 338 in der Industrie	**Szenario 4** • + 4 909 in Autohäusern/ Werkstätten • + 351 in MVG-Zentralen • - 2 198 in der Industrie

umgesetzt? Marktpotentiale und Innovationschancen werden nicht automatisch realisiert, nur weil sie erkannt oder erahnt werden. Der Schritt der Ingangsetzung von Innovationen ist nicht selbstverständlich und geschieht nicht automatisch. Viele Innovationen werden nicht realisiert, obwohl sie „sinnvoll" wären, und viele Innovationen scheitern und werden gar nicht erst als Innovationen bekannt oder offensichtlich. Das hat nichts mit Marktversagen im engeren Sinne zu tun, sondern ist eine Folge der mit dem Neuen einhergehenden Unsicherheit.

Die Wahrnehmung der Innovationschancen, die notwendige Koordination der Innovationsakteure und die Bereitstellung der infrastrukturellen Voraussetzungen für das Innovationsverhalten sind das Ergebnis eines Lernprozesses im Markt. Dieser kann durch Politik und intermediäre Institutionen zwar nur begrenzt angestoßen werden, Einflußmöglichkeiten sind jedoch erkennbar. Garantien für den Erfolg einer solchen Innovationsstimulierung kann es jedoch nicht geben. Die Einflußmöglichkeiten liegen vor allem in der Gestaltung geeigneter Rahmenbedingungen für die genannten prioritären Dienstleistungsinnovationen.

Für beide Bereiche sollten nun in Modellversuchen mit interessierten Unternehmen zusammenhängende Umsetzungs- und Markteinführungsprobleme evaluiert werden.

Mobility CarSharing Schweiz – ein Portrait

Christian Vonarburg

Das Unternehmen: starkes Wachstum: CarSharing boomt

Ein Jahr Mobility CarSharing Schweiz: Noch kein Grund zum Feiern. Aber ein guter Grund, Wesen und Wirken eines erfolgreichen, ökologisch ökonomisch wie ökologisch ökonomisch zukunftsträchtigen Unternehmens vorzustellen.

Offiziell gegründet worden ist Mobility CarSharing Schweiz am 13. Mai 1997. Mobility ist jedoch nicht aus dem Nichts entstanden. Mit den Genossenschaften ATG (Autoteilet Schweiz und ShareCom) sowie deren Tochtergesellschaft Car Sharing Company (CSC) schlossen sich zwei bestandene CarSharing-Anbieterinnen zusammen. Was 1987 im Kleinen und als Idee einiger Idealisten begann, ist spätestens seit der Fusion ein gesamtschweizerisch operierendes Unternehmen. Die Genossenschaft Mobility ist in Zürich eingetragen, der geschäftliche Hauptsitz befindet sich in Luzern. Mobility führt aber auch Geschäftsstellen in Genf und Zürich und beschäftigt heute rund über 60 Mitarbeiterinnen und Mitarbeiter.

Die Zahlen belegen es eindrücklich: 1987, im Gründungsjahr des genossenschaftlichen CarSharing in der Schweiz, teilten sich knapp 30 CarSharing-TeilnehmerInnen gerade mal zwei Fahrzeuge. Seither und spätestens seit dem Zusammenschluß der Branche zu Mobility sind Angebot und Zahl der NutzerInnen förmlich explodiert: Wurden 1993 noch etwas mehr als 3000 CarSharer gezählt, nutzen heute bereits 18000, bald 22000 Menschen unsere Dienstleistungen. Und ein Ende des Wachstums ist vorläufig nicht abzusehen.

Das Angebot: Auto auf Abruf

Mobility ist das führende Unternehmen für CarSharing in Europa. 40 Prozent aller CarSharing-KundInnen auf dem Kontinent wohnen in der Schweiz und sind Mobility-KundInnen. Denn in keinem anderen europäischen Land ist die CarSharing-Idee konsequenter verwirklicht. Statt die persönliche Mobilität mit einem eigenen Auto zu befriedigen, benutzen unsere Kundinnen und Kunden dabei das Auto auf Abruf. Ohne einen eigenen Wagen zu besitzen, sind sie automobil, wann und wo sie wollen. Denn Mobility bietet ihren KundInnen einen einfachen, günstigen und bequemen Zugang zu einer großen Palette unterschiedlicher Fahrzeuge in unmittelbarer Nähe des Wohnortes an.

Mobility ist überall – und jederzeit. Heute warten an 600 Standorten in 300 Gemeinden in der Schweiz über 9 800 Mobility-Autos darauf, genutzt zu werden – ab einer Stunde nach der Reservation (Zugriffswahrscheinlichkeit über 93 %; die Autos müssen mindestens eine Stunde lang reserviert werden und können sofort abgeholt werden). Dank dem dezentralen bereits sehr dichten Standortnetz sind heute für über die Hälfte der Schweizer Bevölkerung die Mobility-Fahrzeuge gut erreichbar.

Das Angebot reicht zudem weit über die Schweiz hinaus: Mobility ist Gründungsmitglied des ECS European CarSharing (europäischer Dachverband für CarSharing), das eine flächendeckende Erschließung des CarSharing-Angebotes auf dem Kontinent anstrebt. Bereits heute können unsere Mobility-KundInnen in über 40 europäischen Städten Autos benutzen.

Der Service: Reservation und Beratung rund um die Uhr

Mobility-Autos können während 365 Tagen im Jahr und 24 Stunden pro Tag gebucht werden. Das zweisprachige (deutsch und französisch) Reservationssystem ist dabei denkbar einfach. Es funktioniert dreigleisig und bietet wahlweise drei Möglichkeiten: Die meisten KundInnen nutzen das automatische Reservationssystem. Oder sie können ihr Fahrzeug über die persönliche, bediente Zentrale reservieren. Zudem bietet Mobility seit kurzem einen dritten Reservationsweg via Internet/Intranet an. Das Buchungssystem beinhaltet dabei neue Reservationen, aber auch Verlängerungen, Verkürzungen oder Annulationen von Buchungen. Auch für Beratungsdienste steht die Reservationszentrale zur Verfügung, bei Unfällen etwa, für die Pannenhilfe oder für andersweitige Auskünfte.

Wer mit Mobility fährt, fährt komfortabel und sicher – und setzt auf Vielfalt: Unsere Mobility-KundInnen verfügen über eine Flotte von Fahrzeugen verschiedensten Typs. Ob Stadtflitzer, Familienkutsche, Transporter: Unser moderner Wagenpark läßt keine Wünsche offen. Zur Wahl stehen fünf Fahrzeugklassen (Klein-, Mittel-, Oberklasse, Transporter, Sparmobile) und 13 verschiedene Wagentypen, die unseren KundInnen genauso viel Komfort wie Sicherheit bieten. Den Zugriff aller NutzerInnen auf alle Fahrzeuge gewährleistet dabei ein persönlicher Schlüssel. Nach der Fahrt werden die relevanten Daten von Hand ins Bordbuch eingetragen – allerdings nicht mehr lange: Geplant ist, die Mobility-Flotte per 1999 mit Bordcomputern auszurüsten, welche die getätigte Reservation elektronisch empfangen und die Fahrdaten an die Abrechnungszentrale weiterleiten. So werden wir unserem Anspruch gerecht, in steter Weiterentwicklung der Dienstleistungen einen hohen sinnvollen Qualitäts- und Sicherheitsstandard zu halten, sowie das Mobility-System für die KundInnen weiter zu vereinfachen. Wer mit Mobility fährt, fährt auch mit Hertz – zuvorderst vor allem dann, wenn ein Auto für mehr als zwei Tage benötigt wird. Das Angebot des Autovermieters Hertz AG ist für Mobility-KundInnen äußerst attraktiv – es ergänzt die Mobility-Kerndienstleistung – bei Automieten ab zwei Tagen zu exklusiven Preisen und ist über die gewohnte Nummer der Reservationszentrale erhältlich. Mit dem Hertz-Angebot befriedigt Mobility in erster Linie die stark gestiegene Nachfrage nach mehrtägigen oder -wöchigen Ferien- und Wochenendfahrten.

Für züri mobil besteht ein ähnliches Abkommen mit Europcar Interrent. Damit fahren Mobility-CarSharer nicht nur Auto, wo und wann sie wollen – sondern auch solange sie wollen.

Das CarSharing: Der Pfeiler der kombinierten Mobilität

Mit dem Auto auf Abruf macht Mobility nicht nur den Individualverkehr öffentlicher. CarSharing sorgt auch dafür, daß der öffentliche Verkehr individueller genutzt wird – getreu der Devise, wonach sich Privatverkehr und öffentlicher Verkehr (ÖV) nicht behindern, sondern einander ergänzen und in der sinnvollen Kombination sämtliche Mobilitätsbedürfnisse der Menschen von heute abdecken sollen. Das ist die kombinierte Mobilität, für die Mobility einsteht – und die wir erfolgreich praktizierten. Mobil zu sein, ist im ausgehenden 20. Jahrhundert alles. Noch besser ist aber, auf zeitgemäße, moderne Weise mobil zu sein. Häufig genügt hierfür das in der Schweiz gut ausgebaute öffentliche Verkehrsnetz. Und doch ist die Fahrt im Auto mitunter unumgänglich – bei Transporten, bei Fahrten außerhalb des ÖV-Streckennetzes oder zu punkto ÖV-Angebot ungünstigen Zeiten.

Mobility wirkt ergänzend zu den ÖV-Anbietern und damit als Katalysator einer Mobilität, bei welcher die Menschen mit allen Mitteln unterwegs sind. Die kombinierte Mobilität ist dann Realität, wenn die Verkehrsteilnehmer auf ihrem Weg von A nach B stets die effizienteste, billigste und einfachste Mobilitätsform nutzen: für die Fahrt vom stadtnahen Vorort in die Stadt das Velo oder den Bus, von einer Großstadt zur anderen den Zug, vom Stadtbahnhof hinaus ins vom ÖV nicht oder zeitlich schlecht erschlossene Dorf auf dem Lande das Mobility-Auto.

Noch ist diese Wegeketten-Mobilität für viele eine Vision. Doch Mobility baut bereits heute Brücken zu den Anbietern des öffentlichen Verkehrs und sorgt dabei mit dem ergänzenden CarSharing-Angebot dafür, daß der ÖV noch attraktiver wird. Erfolgsbeispiel hierfür ist die Kooperation „züri mobil" der Zürcher Verkehrsbetriebe (VBZ), bei welcher neben Mobility auch der Autovermieter Europcar und das Bundesprogramm „Energie 2000" beteiligt sind (innerhalb eines Jahres verzeichnete züri mobil einen Zuwachs von 3000 KundInnen). „züri mobil" ist das Ticket für die kombinierte Mobilität. Wer darauf einsteigt, kann all das nutzen, was die VBZ Züri-Linie, Mobility und Europcar gemeinsam anbieten: CarSharing, CarRental, das unpersönliche SBB-Generalabo und, als Besitzer eines VBZ-Jahresregenbogenabos, die Gratisfahrt in Tram, Bus und Bahn für eine Begleitperson. Das sehr erfolgreiche „züri mobil" – es verzeichnete innerhalb eines Jahres einen Zuwachs von 3000 KundInnen – ist aber beileibe nicht das einzige Projekt, an welchem wir mitwirken. Weitere Kooperationen bestehen auch mit Verkehrsbetrieben anderer Städte, so in Bern, Luzern, St. Gallen, Frauenfeld, Lenzburg und Winterthur. Weitere Marktpartner von Mobility sind: Postautodienst Thurgau-Schaffhausen; Regionale Verkehrsbetriebe Baden-Wettingen; Regionalverkehr Oberaargau, Solothurn, Niederbipp; Betrieb Aarau, Wynental- und Suhrentalbahn. Ab nächstem Herbst wird Mobility zudem mit dem größten ÖV-Anbieter der Schweiz, den SBB, zusammenarbeiten – ein entscheidender Schritt hin zur lückenlosen Vernetzung der Verkehrsmittel.

Projekte wie „züri mobil" werden auch vom Aktionsprogramm „Energie 2000" gefördert. „Energie 2000" ist ein gesamtschweizerisches Bundesprojekt, das mithelfen will, Energieverbrauch und CO_2-Ausstoß zu stabilisieren und erneuerbare Energien zu fördern. Gleichzeitig ist das Aktionsprogramm Wegbereiter von innovativen Lösungen, die betriebswirtschaftlich interessant, volkswirtschaftlich sinnvoll und ökologisch vorbildlich sind. Als eines von acht „Energie 2000"-Ressorts initiiert und fördert das Ressort Treibstoffe konkrete Produkte und Dienstleistungen, welche im Dienste einer möglichst zeitgemäßen Mobilität stehen. Es überrascht daher nicht, daß Mobility CarSharing Schweiz als Vorreiterin der kombinierten Mobilität von „Energie 2000" gefördert wird – ideell, finanziell und bei der Erweiterung des Qualitätsstandards, gegenwärtig etwa bei der Entwicklung eines elektronischen Fahrtenbuchs.

Was von der Mobilitätsform CarSharing zu halten ist, macht Ernst Reinhardt, Leiter des Ressorts Treibstoffe bei „Energie 2000", deutlich: „CarSharing ist heute der modernste, quantitativ bedeutendste Pfeiler einer sehr kunden- wie umweltfreundlichen, aber auch wirtschaftlichen Mobilität."

Die CarSharer brauchen kein Statussymbol

Wer clever ist, setzt auf CarSharing. CarSharer besitzen zwar kein eigenes Auto. Sie benutzen es aber, wann und wo sie wollen, wann und wo sie ein Auto brauchen. Doch der Vorteile sind noch mehr: Weil Mobility-Autos nur dann etwas kosten, wenn sie genutzt werden, sparen CarSharer Geld.

Immer mehr Mobility-NutzerInnen erkennen denn auch die ökonomischen Vorteile, die ihnen das CarSharing bietet. Einerseits sind sie zum Teil ohnehin StammkundInnen des öffentlichen Verkehrs. Und zum anderen ziehen CarSharer bei längerer Mitgliedschaft immer häufiger den kostengünstigeren ÖV (rund 18 Rappen pro Kilometer) den relativ teuren Autofahrten vor: Sie bewerkstelligen lediglich ein Viertel aller Fahrten mit dem CarSharing-Auto. Ein Kostenvergleich zwischen Autobesitz und CarSharing zeigt: Für diese KundInnen kommt die Kombination ÖV und CarSharing bis zu einer jährlichen Fahrleistung von 36000 Kilometern günstiger zu stehen als ein eigenes Auto (75/70 Rappen pro Kilometer).

Gerade aus wirtschaftlicher Sicht ist Mobility aber auch für jene Leute interessant, die den ÖV zwar nutzen, mit ihrem eigenen Auto aber genauso häufig unterwegs sind. Werden das Auto und der öffentliche Verkehr je etwa zur Hälfte eingesetzt, und beträgt die jährliche Fahrleistung weniger als 20000 Kilometer, bringt die Kombination CarSharing/ÖV gegenüber dem eigenen Auto klar finanzielle Vorteile. Zum Vergleich: Im schweizerischen Mittel werden pro Jahr rund 14500 Personenkilometer zurückgelegt. Für jemanden, der im Jahr weniger als 9000 Kilometer im Auto fährt, ist CarSharing selbst dann noch preislich attraktiv, wenn er alle bisherigen Autofahrten mit Mobility-Fahrzeugen erledigt. CarSharing ist somit für die meisten Personen weit kostengünstiger als der Besitz eines eigenen Autos. Im Mittel sparen Mobility-KundInnen pro Jahr rund 3000 Franken an Mobilitätskosten.

Wer clever ist, setzt auf CarSharing. Denn wer CarSharing betreibt, fährt weniger Auto. CarSharer, das zeigt die Erfahrung, benutzen viel häufiger öffentliche Verkehrsmittel. Sie fahren Zug, Bus, Tram und Postauto. Oder sie greifen auf die sparsamsten Verkehrsmittel überhaupt zurück: Sie fahren Velo und gehen zu Fuß. Mit anderen Worten: Sie sind unterwegs mit allen (Verkehrs-)Mitteln. Und sind doch nicht minder mobil als die ausschließlich Automobilen.

Wer clever ist, setzt auf CarSharing: Denn CarSharer helfen mit, Energie zu sparen und Ressourcen zu schonen. Sie leisten damit einen wichtigen Beitrag zum Umweltschutz. Vor allem umweltbewußte Menschen haben das ökologische Argument, das für Mobility spricht, schon lange erkannt: Sie machten in den ersten Jahren des genossenschaftlichen CarSharing den Hauptteil der Kundschaft aus. Diese CarSharer sind mehrheitlich zwischen 30 und 45 Jahre alt, überdurchschnittlich gebildet, wohnen vorwiegend in städtischen Agglomerationen und Kernstädten. Mobility-KundInnen verfügen zudem häufig über ein höheres Einkommen, profitieren also vom CarSharing, obschon sie sich ein eigenes Auto leisten könnten. Der Grund: Für CarSharer ist das Auto kein Statussymbol, sondern ganz einfach ein mitunter nützliches Fortbewegungsmittel.

Fazit: Das Mobility-Angebot richtet sich letztlich an alle, die eine clevere Art von Mobilität befürworten. Eine Mobilität nämlich, die sowohl das eigene Portemonnaie als auch die Umwelt schont.

Kontakt: Christian Vonarburg, Mitglied der Geschäftsleitung, Leiter Marketing
041/4194646 (oder 041/4194680)

Einsparpotentiale, Wirtschaftlichkeit und Nachfragepotentiale öko-effizienter Dienstleistungen

Peter Hoffmann

Sehr geehrte Damen und Herren,

mit meinem Beitrag möchte ich Ihnen aus der Sicht eines kommunalen Dienstleistungsunternehmens zukunftsfähige, öko-effiziente Dienstleistungen vorstellen. Dabei werde ich mich in meinen Ausführungen am Beispiel unseres Unternehmens sowohl auf Energie- als auch Mobilitätsdienstleistungen beziehen.

Gestatten Sie mir zunächst, unser Unternehmen kurz vorzustellen. Die Wuppertaler Stadtwerke AG (WSW) sind ein kommunales Dienstleistungsunternehmen mit einer Vielzahl klassischer und inzwischen auch neuer Dienstleistungen unter einem Dach. Wir versorgen zur Zeit mit rund 3000 Mitarbeiterinnen und Mitarbeitern die Stadt Wuppertal und angrenzende Gebiete mit leitungsgebundenen Energien und betreiben öffentlichen Personennahverkehr. Neben diesen „klassischen" Geschäftsfeldern engagieren wir uns seit einiger Zeit in der Entsorgung, im Autorecycling, in der Parkraumbewirtschaftung und – über Beteiligungen – in der Telekommunikation.

Als „Dienstleister mit Pluspunkt" verstehen wir uns nicht mehr nur als klassisches Stadtwerk. Im Hinblick auf sich ändernde Rahmenbedingungen bei den Energiemärkten, aber auch im öffentlichen Personennahverkehr wollen bzw. müssen wir uns als kundenorientiert arbeitendes Dienstleistungsunternehmen positionieren.

Strom ist nicht gleich Strom. Mit dieser Botschaft, neuen Dienstleistungen und noch stärkerer Kundenorientierung wollen wir die Vorteile eines Energielieferanten „vor Ort" im beginnenden Wettbewerb herausstellen, Kunden halten und – nach Möglichkeit – auch neue Kunden gewinnen.

Eine wichtige Rolle bei unserer strategischen Neuausrichtung spielen Energiedienstleistungen.

Energiedienstleistungsangebot

Mit dem Wärmedirektservice Raumwärme/Warmwasser existiert auf dem Wärmemarkt seit 1995 ein erfolgreiches Angebot. Bis heute sind bereits über 15 000 Verträge abgeschlossen worden. Flankiert wird dieses Geschäftsfeld durch ein Abkommen mit der Stadt, durch das unser Unternehmen über alle Neubauplanungen informiert wird; eine Chance, entsprechende Serviceangebote bereits im Vorfeld mit Bauträgern abzustimmen und ggf. in die weiteren Planungen einfließen zu lassen. Zusätzlich finden Fachveranstaltungen mit Wohnungsbaugesellschaften (WBG) statt.

Ausgangspunkt für den Wärmedirektservice war das schon seit 1992 existierende Angebot zu Planung, Bau und Betrieb von Nahwärmenetzen und BHKW-Anlagen. Zur Zeit sind bereits fünf BHKW-Anlagen in Schwimmbädern, Studentenwohnheimen, Krankenhäusern und Wohnblocks im Einsatz. Die Möglichkeiten zum BHKW-Einsatz im Wohnungsbaubereich sowie auch die anderen Angebote werden kontinuierlich ausgeweitet. So wird derzeit überlegt, im Rahmen des angebotenen Wärmeservices bei dezentraler Warmwasserbereitung wie beim Contracting-Programm zur Substitution von elektrischen Warmwasserbereitern die Umstellung auf zentrale Warmwasserbereitung durch Fernwärme/Nahwärme/Gas zu finanzieren.

Eine weitere Dienstleistung im Wärmemarkt, das Wärme-Einspar-Contracting, wird zur Zeit in zwei Pilotprojekten getestet. Weiterhin existieren Überlegungen, in Zukunft der Wohnungswirtschaft ein Facility-Management anzubieten.

Weitere Dienstleistungsangebote, die sich auch an Besitzer größerer Wohnungsbaubestände richten, sind Energie-Checks und Beratungen zur Substitution von Nachtspeicheröfen durch Umstellung auf Fern- bzw. Nahwärme oder Gas. Die Umstellung von Nachtspeicheröfen wird durch eine Projektgruppe über Marketingaktivitäten und Gespräche mit den WBG forciert.

Energiesparende Bauweisen und umweltschonende Energieanwendungen

Energiesparende Bauweisen und umweltschonende Energieanwendungen sind ein weiterer Schwerpunkt unserer Energiedienstleistungen. Im Mittelpunkt steht die Information und Beratung unserer Kunden im Rahmen der allgemeinen Beratungsleistungen. Zu Demonstrationszwecken wurde 1997 ein Niedrigenergiehaus gebaut. Damit sollen Anstöße zum Bau von Wohngebäuden mit sehr niedrigen Heizenergieverbräuchen gegeben werden. Darüber hinaus wollen wir grundlegende Erfahrungen bei Planung, Bau und Betrieb eines Niedrigenergiehauses gewinnen.

Ergänzend ist vorgesehen, die Beratung von Architekten und WBG zu Dämmaßnahmen sowie passiver und aktiver Solarenergienutzung durch spezielle Vortragsreihen in unserem KundenCenter zu investieren.

Der Bau von Solarthermieanlagen wird über ein Förderprogramm, das auf große Inanspruchnahme stößt, unterstützt. Darüber hinaus sind die Errichtung und der Betrieb von eigenen Solarthermieanlagen auf Liegenschaften von WBG sowie die Errichtung von eigenen Photovoltaik-Anlagen geplant.

Die Photovoltaik hat sich in unserem Versorgungsgebiet äußerst vielversprechend entwickelt. Durch Beratungsleistungen, Bezuschussung und des Baus von Anlagen und Abnahmegarantien im Rahmen eines Förderprogramms konnten bereits über 3 500 m^2 mit einer Leistung von 425 kW installiert werden. Zur Zeit wird über die Errichtung eigener Photovoltaik-Anlagen nachgedacht.

Zur Unterstützung von Verhaltensänderungen sind Schulungs- und Weiterbildungsangebote für verschiedene Zielgruppen (vor allem für Hausmeister) in Vorbereitung.

Kommunikation und Information

Der Erfolg von Energiedienstleistungen wird maßgeblich von Art und Umfang der Kommunikations- und Informationsaktivitäten beeinflußt. Dies gilt sowohl für kommerziell interessante Leistungen im Rahmen des Wärmeservice als auch für die Akzeptanz von Förderprogrammen und Beratungsangeboten.

Kommuniziert werden die Angebote vornehmlich über unser Kundenzentrum, das zentral in der Wuppertaler City gelegen ist. Neben allgemeinen Beratungsleistungen werden dort regelmäßig Vortragsveranstaltungen für verschiedene Zielgruppen veranstaltet. Ausstellungen zu Themenschwerpunkten ergänzen unser Angebot.

Selbstverständlich kommunizieren wir unsere Leistungen auch über Broschüren, Anzeigen, Internet sowie über die Datenbank der Energieagentur NRW. Zum Thema „Biomasse" sind wir darüber hinaus auch in einer entsprechenden IHK-Hotline vertreten.

Innovations- und Entwicklungspotentiale von Energiedienstleistungen

Neben den als Kernaufgabe eines Energiedienstleistungsunternehmens zu bezeichnenden Aufgaben, wie z. B. Förderung von Gas- und Fernwärmeanschlüssen, entwickeln sich die neuen Geschäftsfelder positiv. Dies gilt insbesondere für unseren Wärmedirektservice und das Photovoltaik-Programm.

Unsere neuen Energiedienstleistungen tragen entweder direkt (z. B. Wärmedirektservice) oder indirekt (z. B. durch eine stärkere Kundenbindung, positive Imageeffekte) zu unserem Unternehmensergebnis bei. Sie erzielen unmittelbar positive Ergebnisse bzw. leisten mindestens Kostendeckungsbeiträge im Rahmen unserer insgesamt positiven Umsatz- und Ergebnisentwicklung.

Unsere Energiedienstleistungen werden auf Rentabilität und Optimierungspotentiale evaluiert und entsprechend weiterentwickelt. Insbesondere sollen die Angebote künftig noch stärker auf einzelne Zielgruppen ausgerichtet und profiliert werden. Schwerpunkte werden künftig wärmeversorgungsbezogene Energiedienstleistungen und Angebote im Rahmen des Facility-Managements sein.

Neben den primär kommerziellen Aspekten bei dem Angebot von Energiedienstleistungen stehen natürlich auch ökologische Ziele im Vordergrund. Der unter den bisherigen Rahmenbedingungen (d. h. vor Inkrafttreten des Energiewirtschaftsgesetzes) von der Stadt geförderte Beitrag unseres Unternehmens zur Erreichung des CO_2-Minderungsziels steht durchaus im Einklang mit unserem Unternehmensleitbild und unserer Positionierung als umweltorientiertes Dienstleistungsunternehmen.

In dieser angestrebten Positionierung ist auch das Motiv zu sehen, unsere Dienstleistungsangebote weiterzuentwickeln und uns zur Abgrenzung von künftigen Mitbewerbern künftig noch stärker als lokales Dienstleistungs- und Serviceunternehmen zu profilieren, mit dem Ziel, Kunden zu binden bzw. zu gewinnen.

Beschäftigungswirkung

Die vielfältigen Aufgaben im Rahmen der Energiedienstleistungen werden überwiegend im Unternehmensbereich „Versorgungswirtschaft" erbracht. Zur Zeit sind rund 15 Mitarbeiterinnen und Mitarbeiter hierfür direkt bzw. indirekt tätig. Durch die gut eingeführten EDL konnte die Auslastung vorhandener Personalkapazitäten erhöht, bzw. vereinzelt sogar – trotz starken Stellenabbaus – neue Arbeitsplätze geschaffen werden. Über qualitative Abschätzungen der Beschäftigungseffekte hinaus sind zur Zeit keine konkreten Angaben hierzu möglich. Eine Ausnahme ist der Bereich Energie-Check, für dessen Angebot zwei neue Arbeitsplätze eingerichtet wurden.

Generell sehen wir bei einzelnen Energiedienstleistungen mit guten Marktchancen auch positive Beschäftigungswirkungen. Hinsichtlich der Qualifizierung der bei der EDL eingesetzten Mitarbeiterinnen und Mitarbeiter ist festzuhalten, daß diese keine Zusatzqualifikationen benötigen, so daß aktueller Qualifizierungsbedarf im großen und ganzen nicht besteht. Das bisherige und – noch stärker – künftige Angebot an EDL wird entscheidend von den Rahmenbedingungen auf den Energiemärkten geprägt. Sollten sich diese verschlechtern, mit unmittelbaren Auswirkungen auf das Unternehmensergebnis, müssen einzelne Energiedienstleistungen neu bewertet und ggf. auch eingestellt werden. Hierbei spielt die künftige Wettbewerbssituation und die Marktstrategie zum Kampf um den Kunden „vor Ort" eine zentrale Rolle. Welcher finanzielle Spielraum dabei beispielsweise für Förderprogramme oder Abnahmegarantien künftig bleiben wird, muß heute noch offen bleiben.

Um die Qualität der Dienstleistungen halten und ggf. noch weiter verbessern zu können, ist allerdings eine laufende Weiterbildung der Mitarbeiterinnen und Mitarbeiter erforderlich.

Insgesamt hat sich gezeigt, daß die einzelnen EDL-Angeboten zugeordneten personellen, finanziellen und rechtlichen Hindernisse identifizierbar und überwindbar waren. Das üblicherweise angeführte Argument, daß das Aufwands-/Ertrags-Verhältnis das entscheidende Kriterium für das Angebot von EDL ist, kann pauschal nicht bestätigt werden. Monokausale Begründungen lassen sich angesichts strategischer Interessen nicht anführen. Auch ist es schwer, Erfolge von EDL im Rahmen der Kundenbeziehung bzw. des Imagegewinns zu bewerten.

Die großen Gewinner des EDL-Angebotes sind auf jeden Fall unsere Kunden. Letztendlich profitiert aber auch – mit Ausnahme der Substitution von Nachtspeicheröfen – aus den zuvor genannten Gründen unser Unternehmen von diesen Angeboten.

Daneben profitieren natürlich auch das Handwerk, der Vorlieferant Gas und – zu einem geringen Teil – die Planer von unseren derzeitigen und weiteren geplanten EDL. Netto-Verlierer ist der Vorlieferant Strom aufgrund von Nachfragerückgängen sowie indirekt natürlich auch unser Unternehmen im Hinblick auf die bisher erzielten Margen.

Wo stehen wir nun mit unseren Energiedienstleistungen? Für die Stadt Wuppertal wurde durch Untersuchungen eine CO_2-Reduktion von 3 Mio. t CO_2/Jahr auf 2,13

Mio. t als Ziel formuliert. Durch unsere Aktivitäten hatten wir immerhin (oder gerade erst) bis 1997 eine jährliche Einsparung von 0,087 Mio. t CO_2 (d. h. 3,65 %) pro Jahr erreicht. Unabhängig von allen betriebswirtschaftlichen Aspekten bleibt hier noch eine Menge zu tun.

Mobilitätsdienstleistungen

Ich komme nunmehr zum zweiten Schwerpunkt meiner Ausführungen, den Mobilitätsdienstleistungen. Betrachten wir die Situation im Öffentlichen Personennahverkehr, so müssen wir feststellen, daß unter ökologischen Aspekten eine Verlagerung von Fahrten vom Kraftfahrzeug auf öffentliche Verkehrsmittel nur dann Erfolg hat, wenn es gelingt, individuelle Handlungsalternativen zur Nutzung und Besitz eines Pkw zu ermöglichen und zu vermitteln. Dies kann nur dann gelingen, wenn der gesamte öffentliche Verkehr, bestehend aus Nah- und Fernverkehr, endlich als System verstanden, weiterentwickelt und kommuniziert wird. Hierzu gehören unbedingt differenzierte Angebotsstrukturen, in deren Mittelpunkt selbstverständlich Produkte des konventionellen ÖPNV (SchnellBusse, StadtLinien, Quartierslinien usw.) stehen müssen. Sie bedürfen aber einer konsequenten Ergänzung durch Fahrrad, zu Fuß gehen und verschiedene Formen kollektiver und individueller Pkw-Nutzung im Sinne des Auto-Teilens.

Angesichts solcher komplexer Angebotsstrukturen ist eine umfassende Informations- und Beratungsarbeit zu leisten. Schon heute zeigen Untersuchungen, daß die bestehenden konventionellen Angebote des ÖPNV nicht ausreichend bekannt sind und entsprechende Potentiale nicht erschlossen werden. Durch einen konsequenten Abbau von Informationsdefiziten und eine professionelle Akquisition müssen künftig noch mehr als bisher subjektive Einstellungen in der Bevölkerung verändert und Vorurteile abgebaut werden. Hieraus ist ein neues Aufgabenbild, Mobilitätsberatung, abzuleiten. Ihr Ziel ist es, durch eine individuelle Beratung persönliche Handlungsalternativen aufzuzeigen und letztlich die dahinter stehenden Dienstleistungen auch zu vertreiben. In diesem Zusammenhang haben die WSW, die sich nicht mehr nur als Verkehrsunternehmen, sondern als Mobilitätsdienstleistungsunternehmen verstehen, durch die Einrichtung einer Mobilitätszentrale in 1995 Pionierarbeit geleistet. Unter der Bezeichnung „MobiCenter" wird in der City von Wuppertal ein Informationszentrum neuen Typs betrieben. Dessen Aufgaben sind Information, Beratung, Koordinierung und Vertrieb von Mobilitätsdienstleistungen. Durch eine Kooperation mit der DB AG ist es möglich, nahezu alle ÖPNV-Angebote in Deutschland und im angrenzenden Ausland sowie in Verknüpfung von Nah- und Fernverkehr auch sämtliche Angebote der DB AG zu vermitteln und auch gleich die entsprechenden Tickets zu verkaufen. Neben sechs Mitarbeiterinnen und Mitarbeitern der WSW ist die DB AG mit eigenem Personal und der gesamten Vertriebs- und Informationstechnik im MobiCenter vertreten.

Darüber hinaus kooperieren wir eng mit dem ADFC, dem VCD, ProBahn und der Verbraucherzentrale Wuppertal, indem wir gemeinsame Aktionen starten und den Partnern zu bestimmten Zeiten Beratungsmöglichkeiten in unserem MobiCenter einräumen.

Das MobiCenter ist montags bis freitags von 8.30 bis 19.00 Uhr sowie samstags von 8.30 bis 16.00 Uhr geöffnet. Darüber hinaus ist an den genannten Tagen von 7.00 bis 20.00 Uhr die telefonische Mobilitätsberatung erreichbar.

Gehen wir bei der Mobilitätszentrale davon aus, daß Interessenten von sich aus aktiv auf unsere Zentrale zugehen und sich beraten lassen, so reicht dies künftig beim Kampf um Kunden nicht mehr aus. Wir müssen als Unternehmen mit unseren Mobilitätsdienstleistungen mehr noch als bisher „vor Ort" präsent sein und akquirieren. Wir haben daher in Ergänzung des MobiCenters als erstes deutsches Verkehrsunternehmen Mobilitätsberater ausgebildet und setzen sie vor Ort unter anderem in Haushalten, Schulen, Kindergärten und Firmen zur Beratung ein. Zu ihren Aufgaben gehören neben einer Vermittlung des gesamten Mobilitätsangebotes auch die Akquisition neuer Kunden, die Konzeption und Abwicklung von Sonderverkehren (z.B. für Veranstalter), die Betreuung eines Stadtbezirkes sowie die Kontaktpflege zu den oben genannten Einrichtungen in ihren Gebieten. Darüber hinaus werden Veranstaltungen betreut, Stadtteilberatungen mit dem MobiMobil durchgeführt und die laufenden Kontakte zu den Bezirksvertretungen wahrgenommen.

Mit der Ausbildung der Mobilitätsberater ist ein neues Berufsbild entstanden. Ein entsprechendes Ausbildungsprofil wurde von uns entwickelt und zunächst intern getestet. Aufgrund unserer Erfahrungen können wir nunmehr dieses Ausbildungskonzept gemeinsam mit unseren Partnern von der Forschungsgesellschaft Mobilität in Graz (Österreich) auch anderen Unternehmen anbieten. Damit wird deutlich, daß es gerade auf dem Markt der Mobilität durch neue öko-effiziente Dienstleistungen zu neuen Berufsbildern und damit auch zu beschäftigungswirksamen Dienstleistungen gekommen ist. Wir sind sicher, daß das Berufsbild „Mobilitätsberater" in kurzer Zeit in Deutschland und darüber hinaus etabliert und zum festen Bestandteil lokaler und regionaler Mobilitätsdienstleistungen gehören wird.

Im Hinblick auf künftige Entwicklungen, in deren Mittelpunkt die Modalität und systematische Vernetzung aller Mobilitätsdienstleistungen stehen muß, verstehen wir uns als Mobilitätsdienstleistungsunternehmen. Neben unseren klassischen Produkten im ÖPNV haben wir als erstes deutsches (europäisches?) Verkehrsunternehmen CarSharing als neues Geschäftsfeld eingeführt. Wir dokumentieren damit, daß wir in der Kombination von ÖPNV und Individualverkehr die Möglichkeit zur Entwicklung individueller Mobilitätsangebote sehen. Natürlich wollen wir damit auch Geld verdienen und uns entsprechend positionieren. Ergänzt wird unsere Dienstleistungspalette durch eine Vielzahl ergänzender Serviceangebote (Taxi-Ruf, Fahrradmitnahme, ZustellService).

Insgesamt glauben wir, auch damit für den kommenden Wettbewerb auf dem Markt der Mobilität größer zu sein und in dem Spannungsfeld zwischen unternehmerischen Interessen und ökologischen Zielsetzungen erfolgreich agieren zu können.

Mit einem Nachfragezuwachs von 65 auf 87 Mio. Fahrten pro Jahr zwischen 1990 und 1997, 70000 Zeitkartenkunden bei 400000 Einwohnern in Wuppertal und einem Marktanteil von knapp 30 % bei allen Fahrten und Wegen sowie sinkenden Defiziten im ÖPNV haben wir erste Schritte erfolgreich zurückgelegt. Es liegt an uns, aber auch am Gesetzgeber, durch Schaffung entsprechender Rahmenbedingungen, die ökologisch unbedingt notwendigen Verlagerungen von Verkehr auf den Umweltverbund nachhaltig zu unterstützen und zum Erfolg zu führen.

II. Neue Märkte – Wachstumschancen durch Dienstleistungen

6. Dienstleistung Prävention – Neue Wege für einen kundenorientierten Arbeitsschutz

Dienstleistung Prävention – Neue Wege für einen kundenorientierten Arbeitsschutz

Eugen Müller, Wilfried Coenen

Meine Damen, meine Herren,

allein die Tatsache, daß das Bundesministerium für Bildung, Wissenschaft, Forschung und Technologie bereits den dritten Dienstleistungskongreß durchführt, belegt, daß auch in Deutschland im Dienstleistungssektor ein großes Innovationspotential gesehen wird.

Wir haben vorhin in der Plenarveranstaltung gehört, daß der Dienstleistungsbereich mit seiner Wirtschaftskraft den Produktionssektor überholt hat. Dienstleistung ist zu einem wesentlichen Motor für Fortschritt und Wohlstand geworden.

Kein Wunder also, daß auch Bereiche, in denen Kundenorientierung bisher z.T. noch ein Fremdwort war, sich dieser Entwicklung öffnen und sich auf ihren Dienstleistungscharakter besinnen.

Es ist deshalb auch nicht außergewöhnlich, daß wir uns heute mit dem Bereich Prävention im Rahmen dieses Forums befassen. Unser Thema lautet: „Dienstleistung Prävention – Neue Wege für einen kundenorientierten Arbeitsschutz". Wir alle erhoffen uns von dieser Veranstaltung neue Impulse für mehr Kundenorientierung, mehr Dienstleistung und vor allem mehr Wirtschaftlichkeit und Effizienz im Arbeitsschutz.

Was zwingt uns eigentlich gerade heute zur intensiven Auseinandersetzung mit Fragen der Kundenorientierung, der Wirtschaftlichkeit und der Effizienz im Arbeits- und Gesundheitsschutz?

Es sind mehrere Entwicklungen, die Veränderungen erforderlich machen: An erster Stelle ist der verstärkte Trend zur Globalisierung der wirtschaftlichen Aktivitäten zu nennen. Dieser Trend wurde ermöglicht durch die Verfügbarkeit sehr leistungsfähiger Kommunikations- und Informationsmedien sowie durch Transportmittel und eine Logistik im Transport von Gütern, die praktisch nichts mehr unmöglich erscheinen lassen.

Ich brauche in diesem Zusammenhang nur an eine bekannte europäische Luftfahrtgesellschaft zu erinnern, die ihr gesamtes Rechenzentrum zur Betreuung aller weltweiten Aktivitäten kurzerhand nach Indien verlegt hat, ohne daß spürbare Qualitätseinbußen festzustellen gewesen wären.

Ein anderes, eigentlich recht belangloses Beispiel sind die Rosen, die in Argentinien gepflückt, mit dem Transportflugzeug zum Flughafen Köln/Bonn transportiert und abends in den Restaurants rund um das alte Bonner Rathaus zum Kauf angeboten werden.

Ich möchte mich jetzt nicht über Sinn oder Unsinn, über Chancen und Risiken globaler Wirtschaftsprozesse verbreiten. Was ich mit diesen Beispielen deutlich machen will, ist die bereits weit fortgeschrittene Globalisierung, die sicher unumkehrbar ein Rahmenfaktor unserer Volkswirtschaft ist.

Leistungen werden heute vielfach dort erbracht, wo ein günstiges Preis-/Leistungsverhältnis zu erzielen ist. Dieser globale Wettbewerb ist längst nicht mehr beschränkt auf den Bereich der Konsum- oder Investitionsgüter. Inzwischen stehen auch weite Dienstleistungsbereiche, in denen Expertenwissen vorausgesetzt wird, in einem scharfen weltweiten Wettbewerb. Das gilt für Ingenieurleistungen, EDV-Abwicklung oder Fremdsprachenübersetzung.

Gerade im Sektor der Dienstleistungen hat die rasante Entwicklung der Informationstechnologie ganz erheblich zur heutigen Situation beigetragen, und ich wage die Prognose, daß diese Entwicklung noch lange nicht an ihren Grenzen angekommen ist.

In diesem Wettbewerb werden wir nur dann bestehen, wenn wir Leistungen hinsichtlich Qualität und Preis konkurrenzfähig anbieten können. Wir müssen uns deshalb die Frage stellen, ob wir alles tun, um die Produktion von Gütern oder Dienstleistungen entsprechend zu gestalten und zu entwickeln.

Dies betrifft natürlich auch die Lohnzusatzkosten, zu denen nicht zuletzt – wenn auch als kleiner Bestandteil – die Kosten für die gesetzliche Unfallversicherung zählen und die sicherlich wesentlich höheren Kosten, die der betriebliche Arbeitsschutz im Unternehmen verursacht.

Wir müssen alles unternehmen, diese Kosten in einem vertretbaren Rahmen zu halten. Dies bedeutet nicht, daß wirksame Prävention eingeschränkt werden sollte. Ziel muß es vielmehr sein, daß Präventionsdienstleistungen einen hohen Nutzen für Arbeitnehmer und Betriebe haben, und daß sie in einer vernünftigen Relation zu den damit verbundenen Kosten stehen. Das gilt für alle Anbieter von Präventionsdienstleistungen: für den Staat, die Träger der gesetzlichen Unfallversicherungen, die am Markt operierenden Anbieter solcher Dienstleistungen und für die Betriebe selbst. Denn die finanziellen Aufwendungen sind letztlich von den Betrieben selbst zu tragen.

Natürlich können und dürfen wir uns in einem Bereich, in dem es um Sicherheit und Gesundheit der Beschäftigten geht, nicht ausschließlich vom Kosten-Nutzen-Denken leiten lassen. Die durch Prävention verhüteten Unfälle und Berufskrankheiten und das dadurch ersparte menschliche Leid sind es alleine schon wert, alle Anstrengungen zu unternehmen. Hätten wir heute noch die Unfallhäufigkeit der 60er Jahre, so müßten die Berufsgenossenschaften ca. 8 Mrd. DM jährlich mehr für Renten aufwenden. Das ist ein Ergebnis der Präventionsaktivitäten in- und außerhalb der Betriebe und zeigt auch die hohe ökonomische Komponente der Prävention.

Die stärkere internationale Arbeitsteilung und die damit verbundenen veränderten Rahmenbedingungen für den Wirtschaftsstandort Deutschland haben zu Strukturproblemen in unserer Wirtschaft und auch zu Arbeitsplatzverlusten geführt. Daher muß man – wie immer – auch die andere Seite der Medaille sehen. Arbeitsschutz findet unabhängig von konjunktureller Lage und strukturellem Wandel statt. Aber Arbeitsschutz kann auch nicht isoliert von den ökonomischen Fakten und Rahmenbedingungen behandelt werden. Das heißt: Arbeitsschutzanforderungen müssen neben der Zweckmäßigkeit auch im Hinblick auf mögliche wirtschaftliche Folgewirkungen bewertet werden. Dabei sind die Exportabhängigkeit unserer Wirtschaft und unterschiedliche Niveaus des Arbeitsschutzes Kriterien, die nicht vernachlässigt werden dürfen. Arbeitsschutz ist gleichwohl auch ökonomisch eine Notwendigkeit.

Eines unterscheidet Präventionsdienstleistungen deutlich von vielen anderen Dienstleistungen. Sie sind nicht allein nachfrageorientiert, sondern in erheblichem Maße durch ein umfangreiches Gesetzes- und Regelwerk bestimmt. Jeder sieht ein, daß in diesem Bereich normative Vorgaben unerläßlich sind. Wir können aber darüber sprechen, ob diese Gesetze, Vorschriften, Richtlinien und Merkblätter genügend übersichtlich, für die Betriebe handhabbar sind, oder ob da nicht eine gründliche Straffung angesagt wäre. Wir können auch darüber diskutieren, ob es nicht hier und da auch Wildwuchs und Übertreibungen gibt. Deregulierung ist aus meiner Sicht im Bereich des Arbeitsschutzes ebenso zwingend wie anderswo. Die Berufsgenossenschaften haben mit der Neuordnung ihres Vorschriftenwerks bereits begonnen.

Gestatten Sie mir nun noch einige einleitende Bemerkungen zu den Vorträgen, die für dieses Forum im Programm angekündigt sind:

Zunächst werden erste Ergebnisse der Prioritären Erstmaßnahme – abgekürzt PEM – „Prävention 2000plus, Dienstleistung der Zukunft" vorgestellt. Diese Projektergebnisse zeigen unter anderem Wege auf, wie Prävention effizienter angeboten werden kann. Der Schlüssel liegt einerseits in einer Kultivierung des Dienstleistungscharakters, d. h. der Kundenorientierung auch in diesem Bereich. Dazu sind alle Möglichkeiten, die uns die neuen Kommunikationstechnologien bieten, offensiv zu nutzen. Herr Dr. Karlheinz Meffert, der Leiter des Berufsgenossenschaftlichen Instituts für Arbeitssicherheit, das dieses Projekt koordiniert, wird über Einzelheiten dieser PEM berichten und auch aufzeigen, wo noch weiterer Handlungsbedarf besteht.

Den zweiten Beitrag wird Herr Oleg Cernavin, Geschäftsführer des BC-Verlages, der ebenfalls in diesem Projekt mitarbeitet, geben. Er wird auf die Kernelemente, die Schlüsselinnovationen, eingehen, die in dem Projekt als essentiell für eine kundenorientierte Dienstleistung erkannt wurden.

Ein weiterer Schlüssel zu einer effizienten Prävention liegt in der frühzeitigen Intervention zur Verhütung der Entstehung von Krankheits- und Verschleißprozessen. Dazu wird Herr Prof. Karl Kuhn von der Bundesanstalt für Arbeitsschutz und Arbeitsmedizin (BAuA) in seinem Beitrag über die betriebliche Gesundheitsförderung in Europa referieren. Ein Thema, das angesichts krankheitsbedingter Ausfallzeiten nicht nur von sozialer, sondern auch von hoher ökonomischer Relevanz ist. Gleichzeitig ist das ein Gebiet, in dem weitere potentielle Präventions-Dienstleistungen entstehen können.

Schließlich ist die Schonung der Humanressourcen ein weiterer Schlüssel zu einer effizienten Prävention. Dieser Aspekt gewinnt vor dem Hintergrund der demographischen Entwicklung zunehmend an Bedeutung. Dies gilt nicht nur für den einzelnen Betrieb, der mit dem Problem der Verschiebung der Alterspyramide innerhalb seiner Belegschaft zurecht kommen muß. Es gilt auch in ganz besonderem Maße für die Gesellschaft insgesamt, die darauf angewiesen ist, daß der Generationenvertrag auch zukünftig trägt.

Es muß uns gelingen, die Kompetenz und vor allem die Erfahrung der älteren Mitarbeiter so zu nutzen, daß sie dem Betrieb erhalten werden kann, selbst dann – und das wird sicher niemand verkennen wollen – wenn es mit fortschreitendem Alter zu der einen oder anderen Beeinträchtigung und Verschiebung im Leistungsspektrum kommt.

Ich bin daher sehr gespannt auf den vierten und letzten Beitrag in diesem Forum, den uns Herr Professor Dr. Juhani Ilmarinen vom Finnischen Institut für Arbeitsschutz (FIOH) geben wird.

Meine Damen und Herren, ich hoffe, daß uns die Beiträge dieser Veranstaltung neue Wege aufzeigen werden. Neue Wege, wie wir in Zukunft Prävention so anbieten können, daß sie durch mehr Kundenorientierung effizient und wirtschaftlich wird. Nur so kann Prävention zu einem selbstverständlichen Bestandteil einer guten und erfolgreichen Betriebsführung werden.

Forschungs- und Handlungsfelder innovativer Präventionsdienstleister

Karlheinz Meffert[1]

Einführung

Als die Dienstleistungsinitiative des Bundesministeriums für Bildung, Wissenschaft, Forschung und Technologie (BMBF) 1996 erste Konturen annahm, war das Thema „Prävention" noch nicht mit „an Bord". Damals setzten sich die Spitzenorganisationen beider Sozialpartner, die Bundesvereinigung der Deutschen Arbeitgeberverbände (BDA) und der Deutsche Gewerkschaftsbund (DGB) dafür ein, daß auch die Präventionsdienstleistungen in die Initiative einbezogen wurden. Leitgedanke war, daß Präventionsdienstleistungen im Sinne der Dienstleistungsinitiative über zwei Wege wirksame Anstöße liefern könnten: Einerseits ist im Bereich der Präventionsdienstleistungen noch Entwicklungs- und Beschäftigungspotential zu vermuten, zumindest dann, wenn diese marktgerecht und kundenorientiert angeboten werden. Andererseits kann optimale betriebliche Prävention zweifellos die Wettbewerbsfähigkeit eines Unternehmens stärken und damit auch beitragen, Arbeitsplätze zu sichern[2].

PEM: Prävention 2000plus (Dienstleistung der Zukunft)

Im Februar 1997 startete eine sogenannte „Prioritäre Erstmaßnahme (Abgekürzt : PEM)", die im wesentlichen durch ihren Kurztitel „Prävention 2000plus (Dienstleistung der Zukunft)" bekanntgeworden ist.[3]

---

[1] Berufsgenossenschaftliches Institut für Arbeitssicherheit, Sankt Augustin

[2] Vgl.: Lambert; Meffert; Wilken 1996 sowie Cernavin; Schlütter; Wilken 1997

[3] Vgl.: Wilken; Lambert 1997

Die PEMs wurden seitens des Projektträgers „Arbeit und Technik" als Experimentier- und Einstiegsprojekte gefördert, mit dem erklärten Ziel, zukünftige Forschungs- und Handlungsfelder zu identifizieren, die in einer späteren Hauptförderphase bearbeitet werden sollten. Insofern liegen als Ergebnisse dieser PEM-Phase Arbeiten mit sehr unterschiedlichem Konkretisierungsgrad vor. Die Ergebnisse reichen von weitgehend abgeschlossenen Arbeiten mit Resultaten, die bereits verwendungsfähig sind, bis hin zur Skizze grundlegender Konzepte, die – genau genommen – noch den Beweis ihrer Realisierbarkeit und Marktfähigkeit vor sich haben.

In der Prioritären Erstmaßnahme „Prävention 2000plus (Dienstleistung der Zukunft)" wirkten über 60 verschiedene Partner mit den unterschiedlichsten Interessenlagen und Erfahrungshintergründen mit. Die vier wesentlichen, im Projekt von den Partnern bearbeiteten Themen befaßten sich mit folgenden Fragestellungen:

- Wie ist der zukünftige qualitative und quantitative Bedarf an Präventionsdienstleistungen einzuschätzen? Dabei ist man dieser Frage ganz allgemein, aber auch bezogen auf spezielle neue Präventionsdienstleistungen nachgegangen. Auch die verschiedenen Zielgruppen für Präventionsdienstleistungen wurden – zumindest in einigen Projekten – beleuchtet.
- Welche Basisqualifikationen – im Projekt Schlüsselinnovationen genannt – sind für erfolgreiche Präventionsdienstleistungen notwendig?
- Können Beispiele für erfolgversprechende Ansätze zur Ausbildung neuer Präventionsdienstleistungen ermittelt werden?
- Wie werden derzeit neue Informations- und Kommunikationstechnologien bei den verschiedenen Akteuren des Arbeits- und Gesundheitsschutzes eingesetzt?

Einige ausgewählte Arbeitsergebnisse einzelner Untersuchungen werden im folgenden vorgestellt. Darüber hinaus werden wichtige Forschungs- und Handlungsfelder der Zukunft benannt.[4]

Vor der Darstellung der Einzelthemen sind zwei Punkte zu beachten:

- Das Verständnis von Präventionsdienstleistungen im Sinne dieses Projektes reichte weit über die klassische Betrachtungsweise des gesetzlich geregelten betrieblichen Arbeits- und Gesundheitsschutzes hinaus.

[4] Zur zusammenfassenden Darstellung aller Ergebnisse des Projektes vgl.: Cernavin; Wilken (Hg.) 1998

- Die einzelnen Projektthemen wurden von den verschiedenen Partnern in eigener wissenschaftlicher Verantwortung erarbeitet. Das Berufsgenossenschaftliche Institut für Arbeitssicherheit-BIA hatte eine koordinierende Funktion im Projekt. Insofern werden im folgenden die wichtigen Ergebnisse und Schlußfolgerungen aller Partner stellvertretend für diese vorgestellt.

Bedarf an Präventionsdienstleistungen

Eine der wichtigsten Fragen ist die nach dem Bedarf an Präventionsdienstleistungen. Welches Potential ist hier vorhanden? Unter welchen Voraussetzungen wird aus dem Bedarf reale Nachfrage? Was für Erwartungen hat man an Präventionsdienstleistungen und Präventionsdienstleister?

Da die Klärung des Bedarfs grundsätzliche Bedeutung auch für die Berufsgenossenschaften hat, erfolgte hier eine zusätzliche finanzielle Förderung durch den Hauptverband der gewerblichen Berufsgenossenschaften.

Zwei Institute haben sich mit diesen Fragen aus unterschiedlicher Sicht befaßt: Das Institut der Deutschen Wirtschaft Köln (IW) ging dem Bedarf an Präventionsdienstleistungen aus Unternehmersicht nach,[5] ISA Consult befaßte sich mit dem Bedarf aus Sicht der Beschäftigten.

Vom Institut der Deutschen Wirtschaft Köln wurden knapp 12 000 repräsentativ ausgewählte Unternehmen mit einem Fragebogen angeschrieben, etwa 1 000 wurden zurückgesandt und ausgewertet. Dreiviertel dieser Unternehmen waren den Klein- und Mittelbetrieben zuzurechnen.

Über alle Unternehmen gesehen, können es sich knapp zwei Drittel nicht vorstellen, Präventionsdienstleistungen von außerbetrieblichen Stellen zukünftig verstärkt zu beziehen. Das andere Drittel der Unternehmen kann sich dies sehr wohl vorstellen. Eine Differenzierung der Antworten nach der Betriebsgröße zeigt Abbildung 1.

Mit der Betriebsgröße steigt demnach die Bereitschaft zur Inanspruchnahme externer Präventionsdienstleistungen. An die Inanspruchnahme Externer knüpfen die Betriebe aber gewisse Erwartungen: So nannten 61,2% als Bedingung günstigere Kosten und knapp ein Drittel einen hohen Qualitätsstandard! Dies sind wichtige

[5] Hemmer 1997

Abb. 1:
Bedarf nach externen Präventionsdienstleistern (Quelle IW)

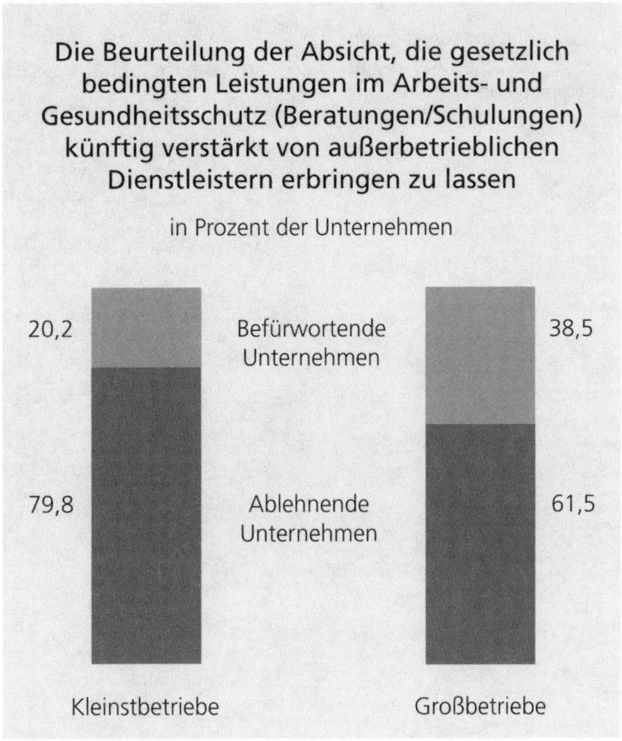

Hinweise, die sich jeder Anbieter von Präventionsdienstleistungen bewußt machen muß, zeigen sie doch, wie schwer es sein wird, erfolgreich in Konkurrenz – zumindest teilweise – zu den innerbetrieblichen Präventionsdienstleistern zu treten. Auch eine andere Schlußfolgerung liegt nahe: Erfolgversprechend für außerbetriebliche Anbieter sind sicherlich Dienstleistungen, die innerbetrieblich nicht oder nicht effizient bereitgestellt werden können, beispielsweise, weil sie Sachkenntnisse, Instrumente oder Kooperationen erfordern, die im Betrieb nicht zur Verfügung stehen.

Welche Bedeutung für einen effektiven Arbeits- und Gesundheitsschutz haben die verschiedenen Präventionsdienstleister aus der Sicht der Unternehmen? Die Abbildung 2 bestätigt sowohl für Kleinstbetriebe wie auch für Großbetriebe die Dominanz der innerbetrieblichen Akteure für den effektiven Arbeits- und Gesundheitsschutz.

Natürlich treten betriebsgrößenspezifische Unterschiede auf; so spielen beispielsweise im Großbetrieb die Sicherheitsbeauftragten eine besondere Rolle, im Kleinstbetrieb die Mitarbeiter/innen. Was die externen Stellen betrifft, ragen bei Kleinbetrieben die Berufsgenossenschaften mit fast 16% der Nennungen heraus.

Abb. 2:
Bedeutung der innerbetrieblichen Akteure für Arbeits- und Gesundheitsschutz (Quelle IW)

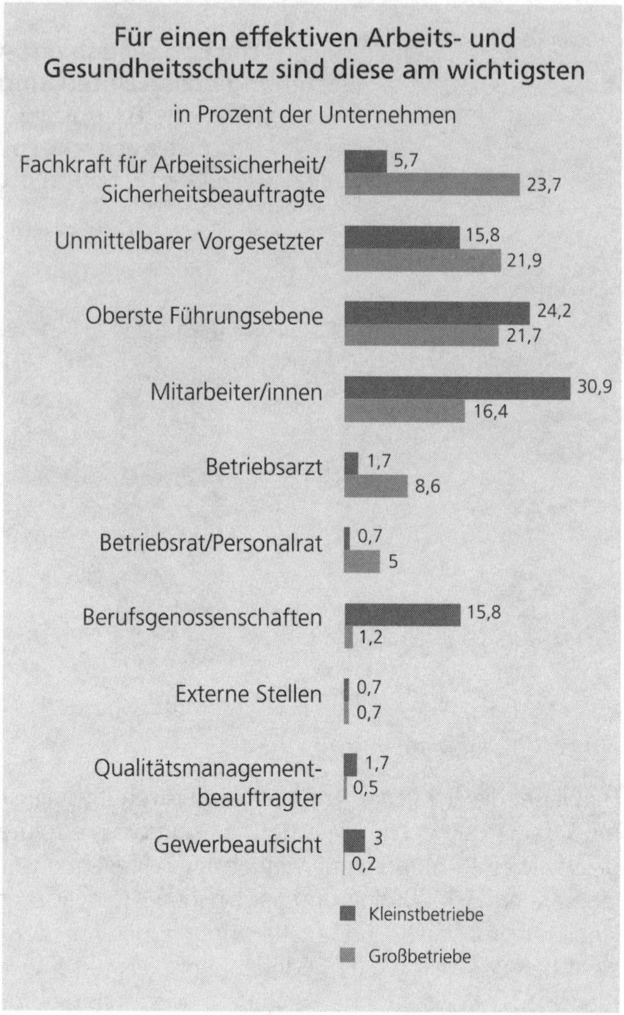

Wie sieht die sicherheitstechnische und arbeitsmedizinische Betreuung der Unternehmen aus? Hier fällt der betriebsgrößenspezifische Unterschied deutlich auf: In Kleinstbetrieben spielen derzeit eigene Fachleute mit 8 % nur eine geringe Rolle. Überbetriebliche Zentren oder freiberufliche Fachkräfte haben mit zusammen 25 % bei Kleinst- und 41 % bei Großbetrieben eine relativ große Bedeutung. Die geringen Zahlen beim Unternehmermodell sind darauf zurückzuführen, daß zum Zeitpunkt der Umfrage diese, von den Berufsgenossenschaften angebotene Alternative gerade erst begann anzulaufen. Bemerkenswert, auch was das Potential für Präventionsdienstleistungen betrifft, ist der Prozentsatz von fast 60 % der Kleinstunternehmen, der noch keinerlei Betreuung hatte.

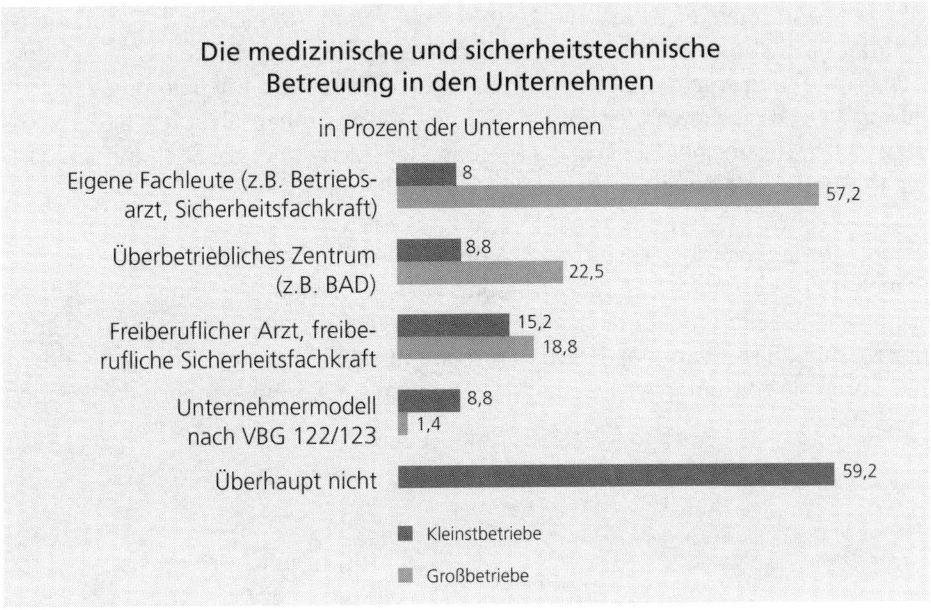

Abb. 3: Sicherheitstechnische und arbeitsmedizinische Betreuung der Unternehmen (Quelle IW)

Abb. 4: Erwartungen an die Leistungen des Arbeits- und Gesundheitsschutzes (Quelle IW)

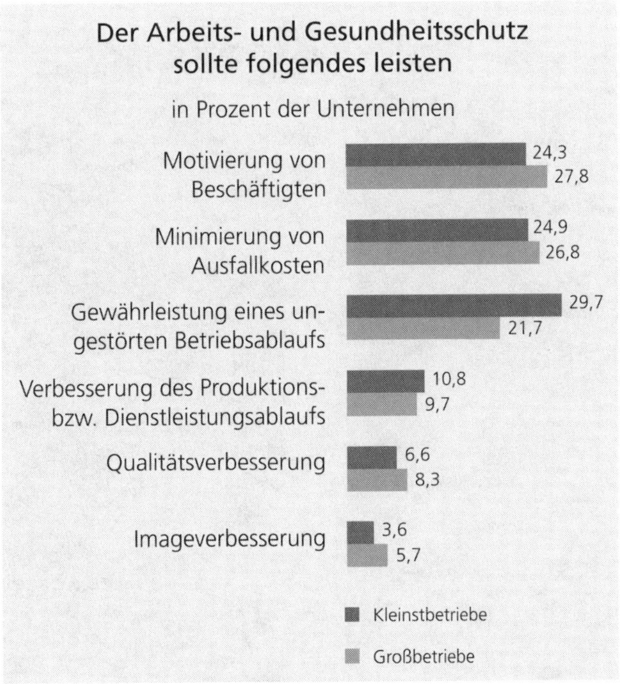

Welche Leistungen erwarten die Unternehmen vom Arbeits- und Gesundheitsschutz? Hier gibt es keine signifikanten betriebsgrößenspezifischen Unterschiede. Ganz vorne rangieren die Motivierung der Beschäftigten, die Minimierung von Ausfallkosten und die Gewährleistung eines ungestörten Betriebsablaufes. Bemerkenswert ist hier aus meiner Sicht, daß alle Parameter solche sind, die auch für den wirtschaftlichen Erfolg eines Unternehmens von Bedeutung sind.

Bereits gezeigt wurde, welche verschiedenen innerbetrieblichen Gruppen alle mit Fragen der Prävention befaßt sind, und welche Bedeutung ihnen aus Unternehmersicht zukommt. Ergänzend hierzu hat ISA Consult herausgearbeitet, daß diese Gruppen (Arbeitgeber, Beschäftigte, Interessenvertretung, betriebliche Experten usw.) alle mit unterschiedlichen Erwartungen an die Präventionsdienstleistung herangehen.

Abb. 5:
Der multiple Kunde
(Quelle ISA Consult)

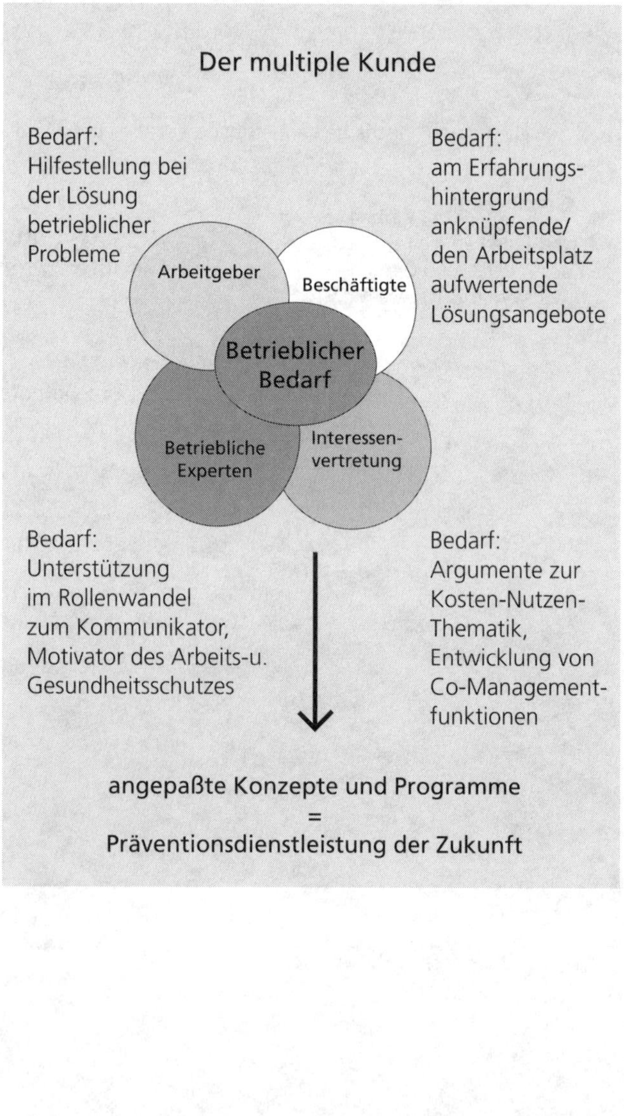

Der Erfolg der Dienstleistung hängt aber davon ab, daß die unterschiedlichen Bedürfnisse des „multiplen Kunden" (vgl. Abbildung 5) berücksichtigt werden. Hierzu sind seitens ISA Consult sowohl erste Ansätze zu einer Kundentypologie entwickelt worden als auch an die „goldene Regel zur Bedarfsermittlung" erinnert worden: *„Zur Problemlösung müssen immer alle Akteure einbezogen werden (Management, Experten und Beschäftigte); dabei muß der Dienstleister zwischen den Akteuren moderieren und ggf. die unterschiedlichen Bedürfnisse auch in die jeweils andere Fachsprache übersetzen, um den Erfolg der Präventionsdienstleistung sicherzustellen."*[6]

Neue Ansätze für Präventionsdienstleistungen

An neu entwickelten Ansätzen von Präventionsdienstleistungen sind im Projekt vor allem folgende Ansätze verfolgt worden:

- Nutzung des Mediums Internet für Präventionsdienstleistungen
- Präventive Rehabilitation als neue Dienstleistung
- Kompetenznetzwerke zur integrierten Betreuung von Klein- und Mittelunternehmen sowie
- Integration der Prävention in Managementsysteme in Großbetrieben

Auch für diese Präventionsdienstleistungen sind jeweils Bedarfsanalysen durchgeführt und Kundenwünsche genauer beschrieben worden. D.h., es liegen jeweils konkrete Beschreibungen der Randbedingungen für den Präventionsdienstleister vor, wie das Angebot zu gestalten ist.

Wie das Beispiel der Berufsförderungswerke mit ihrem Angebot zur *„Präventiven Rehabilitation"* können Präventionsdienstleistungen auch an Punkten ansetzen, an denen das gegliederte Sozialversicherungssystem in Deutschland aufgrund teilweise mangelnder Verzahnung Schwächen aufweist.[7] Konkret ging es um die gezielte Einleitung von Rehabilitationsmaßnahmen im Vorfeld manifestierter Erkrankungen. Die Berufsförderungswerke haben in Bedarfsanalysen die vermutete Nachfrage nach einer solchen unternehmensbezogenen Dienstleistung aufgezeigt und in ein nach Einzelpaketen gegliedertes Angebot umgesetzt.

---

[6] PEM-Abschlußbericht ISA Consult

[7] Vgl.: Riedel 1997

Empfehlungen für Präventionsdienstleister

Aus den bisher durchgeführten Arbeiten ergeben sich bestimmte Empfehlungen für die Präventionsdienstleister, die in acht Punkten zusammengefaßt sind:

1.
Zunächst eine fast triviale Feststellung, wie sie in der Dienstleistungsdebatte generell immer betont wird: Benötigt wird eine *stärkere Kundenorientierung* und eine daraus resultierende *gesteigerte Effizienz*, ohne die sich die Dienstleistung nicht am Markt plazieren läßt.

2.
Um Präventionsdienstleistungen erfolgreich am Markt anbieten zu können, sollten sich alle Präventionsdienstleister die aus den *Schlüsselinnovationen* resultierenden Anforderungen aneignen bzw. umsetzen.

3.
Von den Präventionsdienstleistern werden zunehmend *strategische Neuorientierungen* gefordert, um kundenorientierter arbeiten zu können. Hierzu gehört vor allem die durch die neuen Informations- und Kommunikationstechnolgien möglich gewordene virtuelle Zusammenarbeit z.B. mit Hilfe des Internets. Präventionsdienstleister müssen für diese Art der Zusammenarbeit – wie für alle anderen traditionellen Kooperationen – die Bereitschaft und Fähigkeiten erwerben, ggf. auch mit Wettbewerbern zum Wohle des Kunden zusammenzuarbeiten (Stichwort: Kooperationsmanagement, vgl. den Beitrag von Cernavin in diesem Band). Dies kann beispielsweise auch in Form einer „public-privat-partnership" erfolgen.

4.
Neue Märkte für Präventionsdienstleister eröffnen sich vor allem dann, wenn in die Angebote *andere* für das Unternehmen wichtige *Dienstleistungen integriert* sind, beispielsweise

- Personalberatung
- Beratung zur Arbeitsgestaltung und -ablaufplanung
- Angebote zur betrieblichen Informationsvermittlung (Didaktik) und Motivation

Dieses gilt gleichermaßen für Klein- und Mittelunternehmen wie auch für Großunternehmen, die auf diesem Wege vom Präventionsdienstleister umfassende Hilfestellung für viele betrieblichen Probleme aus einer Hand erhalten können. Unternehmen wünschen immer stärker, nicht durch eine Vielzahl von beratenden

Personen „verwirrt" zu werden, sondern von einem möglichst kompetenten Partner in allen betrieblichen Belangen beraten zu werden.

5.
Zur Bedienung der vielfältigen Bedürfnisse im Feld Prävention bei Klein- und Mittelunternehmen sollten *Kompetenzzentren* entwickelt werden. Dem bereits allerorten erfolgenden Zusammenschluß von Klein- und Mittelunternehmen in Netzwerken müssen auch seitens der Präventionsdienstleister Zusammenschlüsse in Zentren folgen, da unmöglich ein einzelner Dienstleister für alle Fragen und Probleme kompetent sein kann. Hierbei ist es durchaus denkbar, Prävention in die Netzwerke einzubeziehen, die bereits von Klein- und Mittelunternehmen aus den unterschiedlichsten Gründen gebildet wurden. So kann sich der auf den ersten Blick angebotsorientiert geschaffene Markt für die Betreuung von Klein- und Mittelunternehmen in ein kundenorientiertes Präventionsdienstleistungsangebot wandeln.

6.
Neben der Situation in Klein- und Mittelunternehmen ist selbstverständlich auch weiterhin die Entwicklung der Prävention und die Anforderungen an die Dienstleistung in Großunternehmen zu beachten. Hierbei ist vor allem die Frage der *Integration von Arbeitsschutz in Managementsysteme* verfolgt worden. Als Ergebnis ist festzuhalten, daß eine Vielzahl von gut dokumentierten Sicherheits- oder Gesundheitsschutzmanagementsystemen und -methoden vorhanden ist. Diese sind jedoch in Unternehmen häufig unbekannt. Dies hat zur Folge, daß Unternehmen eigenständig neue Lösungen entwickeln, welche häufig lediglich an der Erfüllung rechtlicher Anforderungen oder am QM-System orientiert sind. Ohne neue Methoden und Systeme entwickeln zu wollen, müssen effiziente Auswahl- und Umsetzungsprozeduren sowie Handlungshilfen für den Einführungsprozeß bereitgestellt werden. Diese müssen vor allem auch den Nachweis für die Wirtschaftlichkeit und den Nutzen der Integration von Arbeitsschutz in Managementsysteme enthalten. Hier besteht also ein konkreter Bedarf, für den sich Präventionsdienstleister ausrüsten müssen.

7.
Benötigt werden *unternehmensbezogene Hilfestellungen zu betriebsspezifisch geltenden Auflagen*. Für den Unternehmer ist es meist mühsam herauszufinden, welche Auflagen bspw. beim Betreiben einer Anlage berücksichtigt werden müssen. In Zusammenarbeit mit Industrie- und Handelskammern sowie Handwerkskammern könnten Listen zur Hilfestellung für Unternehmen gewerbszweig- und aufgaben- bzw. anlagenspezifisch zusammengestellt werden. Diese können den Betrieben (vor allem auch bei Neugründungen) einen Überblick über die zu beachtenden Auflagen geben. Diese Listen müßten problemorientiert die jeweils zu beachtenden Auf-

lagen zusammenstellen. Sie sollten nicht den Strukturen der verstreuten Gesetzes- oder Normenvorgaben folgen.

8.

Ein wesentlicher Faktor, der Präventionsdienstleistern neue Möglichkeiten eröffnet, sind die Veränderungen im Bereich moderner *Informations- und Kommunikations-Technologien*. Diese Neuen Medien – insbesondere das Internet – müssen sich die Präventionsdienstleister zum einen für sich selbst, aber auch für ihre Kunden erschließen.[8]

Um die Fragen der Nutzung vor allem der Neuen Medien für die Präventionsdienstleistung hat sich der BC-Verlag gekümmert.[9] Auch hier können aus Zeitgründen nur zwei Ergebnisse exemplarisch herausgegriffen werden. In einer Befragung von Klein- und Mittelunternehmen in Sachsen-Anhalt sowie Fachkräften für Arbeitssicherheit bundesweit wurde festgestellt, daß die Bereitschaft von Betrieben und auch die technische Ausstattung zur Nutzung der Neuen Medien erstaunlich weit fortgeschritten ist:

Abb. 6:
IuK-Technologien in Betrieben mit < 20 Mitarbeitern (Quelle BC Verlag)

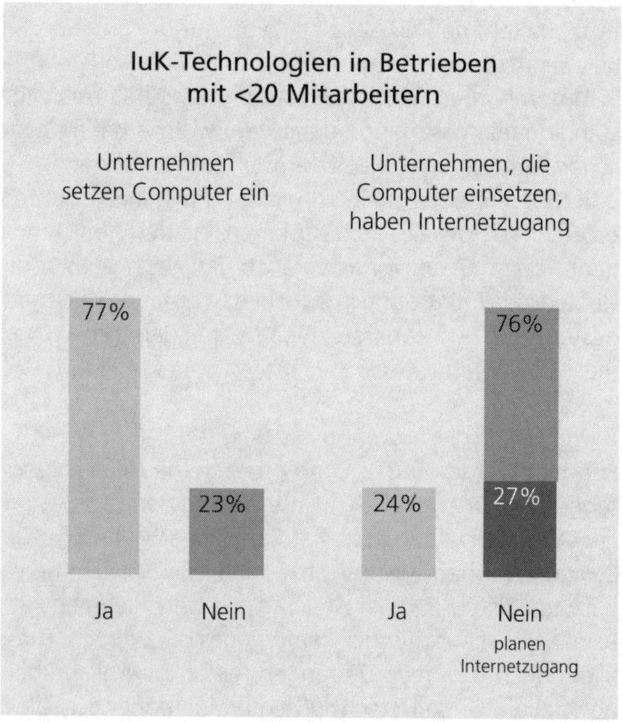

Abb. 7:
IuK-Technologien und Sicherheitsfachkräfte
(Quelle BC Verlag)

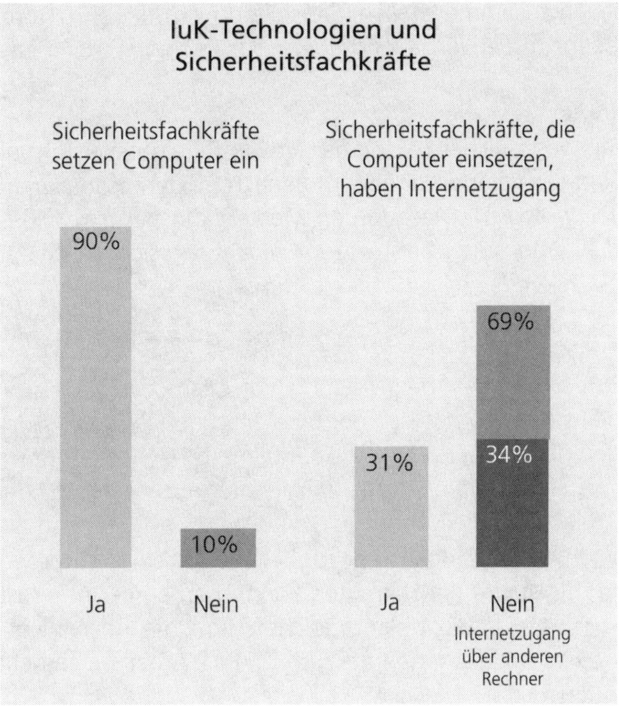

In mehr als zwei Dritteln (77 %) der Kleinunternehmen in Sachsen-Anhalt werden Computer eingesetzt. Von diesen wiederum hat bereits ein Viertel Internetzugang, ein weiteres gutes Viertel plant, ihn einzurichten. Relativ kurzfristig wird also über die Hälfte der Kleinunternehmen in Sachsen-Anhalt Zugang zum Internet bzw. zu einem Online-Dienst haben. Diese Erhebung wird bestätigt durch eine andere, bundesweit durchgeführte Erhebung, wonach, abhängig von der Branche, zwischen 35 % und 65 % der kleineren und mittleren Unternehmen bereits über Internetzugang verfügen.

Ca. 90 % der Sicherheitsfachkräfte nutzen für ihre Tätigkeit einen Computer am eigenen Arbeitsplatz. Ca. 31 % dieser PC sind bereits mit einem Internetzugang bzw. einem Online-Zugang ausgestattet, etwa 69 % haben einen solchen Zugang über andere Rechner.[10]

Dies weist darauf hin, daß Computer auch im Arbeits- und Gesundheitsschutz mittlerweile zum etablierten Arbeits- und Kommunikationsmittel gehören. Dies belegen

[8] Vgl.: Cernavin; Richter 1997
[9] Vgl.: Cernavin; Keller 1998
[10] Vgl.: ebd. sowie Keller 1998

Abb. 8:
praevention-online.de
(Quelle BC Verlag)

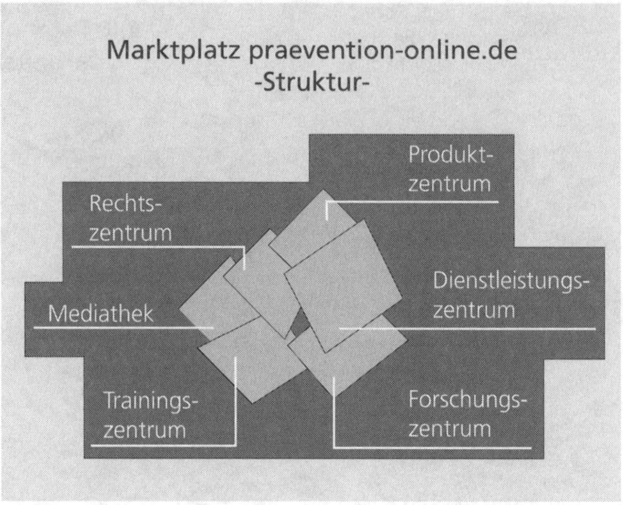

auch die Ergebnisse in bezug auf die Akzeptanz von Multi-Media-Angeboten: Mehr als die Hälfte der befragten Kleinunternehmer und fast acht von zehn Sicherheitsfachkräften, die bislang solche Angebote noch nicht nutzen, sind grundsätzlich bereit, Online-Angebote zum Thema Arbeitssicherheit und Gesundheitsschutz zu nutzen.

Eine Konsequenz hieraus ist, daß im Projekt vom BC-Verlag eine Konzeption für einen *Internet-Marktplatz für Präventionsangebote* entwickelt wurde. Das Konzept des Marktplatzes, genannt „Prävention online", sieht nicht vor, neue Inhalte zu erarbeiten und in das Netz einzustellen. Vielmehr ist an eine Drehscheibe gedacht, die dem Kunden schnellen und direkten Zugang zu den vielen im chaotischen Netz verstreuten weltweiten Informationen zur Prävention bieten soll.

Zusammenfassung und Schluß

Die Arbeiten und Diskussionen in den letzten 18 Monaten haben deutlich gezeigt, daß sich auch die Präventionsdienstleistungen den neuen Herausforderungen stellen müssen. Die Aussichten, diese Dienstleistungen attraktiver und vor allem effizienter und kundennäher zu gestalten, sind gut, wenn die im Projekt identifizierten Randbedingungen beachtet werden.

Literatur

Cernavin, O.; Keller, S.: Prävention und Neue Medien. Eine Untersuchung zur Mediennutzung in Kleinunternehmen und von Sicherheitsfachkräften, BIA-Report 3 1998

Cernavin, O.; Richter, R.: Präventionsdienstleister im Internet, in: Die BG, Dezember/1997

Cernavin, O.; Schlütter, P.; Wilken, U. J.: Die Dienstleistung Prävention – Ein „neues" Handlungsfeld im Arbeits- und Gesundheitsschutz, in: WSI-Mitteilungen, 50/1997, S. 574-580

Cernavin, O.; Wilken, U. J. (Hg.): Dienstleistung Prävention, Universum Verlag Wiesbaden 1998

Hemmer, E.: Arbeits- und Gesundheitsschutz – In vielen Firmen Chefsache, in: iwd, 44 30 Oktober/1997

Keller, S.: Prävention und Medien. Eine Untersuchung zur Mediennutzung von Sicherheitsfachkräften, in: sicher ist sicher, 2/1998

Lambert, J.; Meffert, K.; Wilken, U. J.: Schlüsselinnovationen für Präventionsdienstleistungen der Zukunft im Arbeits- und Gesundheitsschutz, in: Volkholz, V.; Schrick, G. (Hg.): Dienstleistungen im 21. Jahrhundert – Eine öffentliche Diskussion, RKW-Verlag 1996

Riedel, H.-P.: Effiziente Rehabilitation..., in: Bullinger, H.-J. (Hg.): Dienstleistungen für das 21. Jahrhundert, Stuttgart 1997

Wilken, U. J.; Lambert, J.: Die Entwicklung kundenorientierter Präventionsdienstleistungen, in: Die BG, Oktober 1997

Schlüsselinnovationen – Basis für kundenorientierte Dienstleistungen

Oleg Cernavin

Wer heute über die Zukunft der Präventionsdienstleistungen nachdenkt, darf nicht nur die einschneidenden Entwicklungen im Handlungsfeld Sicherheit, Gesundheitsschutz und Gesundheitsförderung im Betrieb im Blick haben. Konzepte zur Modernisierung und Konzepte für neue Präventionsdienstleistungen haben auch die grundlegenden sozialen, technologischen und wirtschaftsstrukturellen Veränderungen in die eigene Weiterentwicklung zu integrieren. Dabei ist die Frage, welche Werkzeuge es gibt, um diese allgemeinen Entwicklungen für die Präventionsdienstleistungen handhabbar zu machen. Als Werkzeuge, die die allgemeinen Entwicklungen für das Feld der Prävention erschließen, wurden in dem Forschungsprojekt „Prävention 2000+ – Dienstleistung der Zukunft" Schlüsselinnovationen herausgearbeitet (vgl. Cernavin, Hamacher, Köchling 1998), die hier in einer groben Struktur vorgestellt werden sollen. Im Projekt wurden diese Schlüsselinnovationen von folgenden Instituten bearbeitet: Systemkonzept (Köln), Gesellschaft für Arbeitsschutz und Humanisierungsforschung – GfAH (Dortmund) und dem BC Verlag (Wiesbaden). Die Zusammenführung der unterschiedlichen Schlüsselinnovationen findet momentan zwischen den drei Instituten statt – die Ergebnisse liegen noch nicht vor. Die folgende Darstellung ist durch den Beobachterstandpunkt des Autors bestimmt, der in den Bereichen Kooperationsmanagement und Wissensmanagement auch auf der Interpretation des Autors basiert. Diese Interpretation ist allerdings von der engen Zusammenarbeit mit den genannten Instituten, vor allem mit Annegret Köchling und Werner Hamacher, beeinflußt. Bevor die Schlüsselinnovationen für das Feld der Prävention vorgestellt werden, sollen im folgenden zunächst einmal die der aktuellen sozialen, technologischen und wirtschaftsstrukturellen Umbrüche skizziert werden, die die Schlüsselinnovationen für das Handlungsfeld Prävention erschließen sollen.

Soziale, technologische und wirtschaftsstrukturelle Umbrüche

Giarini und Liedtke bezeichnen in dem neuen Bericht an den Club of Rome Informatisierung[1] als eine wesentliche technologische Grundentwicklung. Sie sehen weitgehende Auswirkungen der *Informatisierung* auf unseren Lebenszyklus und unsere Lebensverhältnisse. Die Informatisierung ist nach Giarini und Liedtke die dritte große industrielle Entwicklungsphase nach der Mechanisierung und Automatisierung. Sie bezeichnen damit den zunehmenden Einsatz der Informationstechniken und sehen, daß „der Arbeitsplatz der Zukunft durch die Auswirkungen von Kommunikation und Information auf die Arbeitssphäre bestimmt sein" wird (Giarini, Liedtke, 1998, S. 166). Optimisten wie Nicholas Negroponte oder Don Tapscott sehen in diesen Entwicklungen „das Zeitalter der vernetzten Intelligenz", eine Zeit mit „ungeahntem Wohlstand, echter Fairness, demokratischer Gesinnung und sozialer Gerechtigkeit", versehen diese Aussage aber mit dem weisen Zusatz, „wenn wir klug vorgehen" (Tapscott, 1996,S.14). Andere sehen in dieser Entwicklung eher Gefahren, etwa Jeremy Rifkin, der versucht nachzuweisen, daß unter gegebenen wirtschaftlichen Verhältnissen mehr Arbeitsplätze vernichtet als geschaffen werden (Rifkin, 1997, S.127 ff), oder wie Peter Drucker eine neue Zweiklassengesellschaft von denjenigen sich entwickeln sieht, die mit Wissen arbeiten und denjenigen, die Dienste leisten (Drucker, 1993), oder wie Richard Sennett, der das neue Zeitalter als ein Zeitalter der Oberflächlichkeit und der Charakterlosigkeit beschreibt (Sennett, 1998).

Auch wenn noch keiner so recht weiß, wo denn der Zug hingehen wird, so ist doch bei Optimisten wie Skeptikern eines unbestritten: Wir werden Zeuge der explosionsartigen Entwicklung einer neuen Basistechnologie, die tiefgreifende Auswirkungen auf unsere Lebens- und Arbeitsformen haben wird und teilweise schon hat. Wir stehen mitten im Prozeß einer tiefgreifenden sozialen, technologischen und wirtschaftsstrukturellen Entwicklung. Es hat sich eine neue Informations- und Kommunikationstechnologie, die sogenannten IuK-Technologie, herausgebildet, die innerhalb eines Jahrzehnts zu der dominierenden Wirtschaftstechnologie geworden ist. Kapitalstrategien orientieren auf diesen Bereich, und in vielen Ländern sind die Informationstechnologien schon heute Wirtschaftsfaktor Nummer eins.

Eine weitere Tendenz, die durch die neue IuK-Technologie gefördert wird, ist die Dienstleistungsorientierung von Leistungen und Produkten. Die IuK-Technologie

[1] Ein Begriff, der nicht neu ist, sondern schon seit Mitte der achtziger Jahre verwendet wird, vgl. zum Beispiel Ulrich Briefs 1984.

fördert eine Virtualisierung der Arbeitsgegenstände (vgl. Büssing, 1998, S. 200) und eine Informatisierung von Kundenkontakten. Dadurch entsteht eine angebotsinduzierte Bedarfsweckung mit einer zunehmenden Komplexität von Sachgütern und damit verbundenen neuen Angeboten im Dienstleistungsbereich (hybriden Produkten). Die IuK-Technologien sind eine der Ursachen für das Anwachsen der immateriellen Produkte, die im gegenwärtigen Wirtschaftssystem den Vorrang eingenommen haben (Bruhn, 1996, S. 181). Industrielle Produktion ist heute ohne Dienstleistung nicht mehr denkbar (Volkholz, 1996, S.16). Bis zu 80 Prozent der Produktionskosten entfallen heute auf Dienstleistungen (vgl. Giarini, Liedtke, 1998, S. 42, 162).

Die Dienstleistungsorientierung verstärkt wiederum kundenorientierte Strategien (Bruhn, 1997), auch bei den Präventionsdienstleistern (vgl.: Cernavin, Schlütter, Wilken, 1997, S. 851). War schon seit Beginn der achtziger Jahre in der Marketing-Literatur eine konsequente Ausrichtung auf die Kundensituation dominierend, so steigert die IuK-Technologie diese Orientierung noch weiter. Kundenorientierte Dienstleistungskonzepte ermöglichen mit Hilfe der neuen Technologien eine direktere und kontinuierlichere Einbindung der Kunden in die Leistungs- und Produktentwicklung. Durch die Aufhebung von Zeit- und Raumgrenzen ermöglichen die neuen IuK-Technologien auch neue Seviceleistungen und -verfahren – beispielsweise Online-Verfahren zur fernbetreuten Fehlerdiagnose und -beseitigung (Bauer, S., 1996, S. 92).

Der Dienstleistungs- und Informationssektor ist entsprechend auch der einzige Sektor der Volkswirtschaft, in dem das Arbeitsvolumen in den letzten Jahren gestiegen ist – von 17,2 Millionen Stunden im Jahr 1980 auf 21,1 Millionen Stunden 1995 (Sekundärsektor von 20,1 auf 15,4 Millionen Stunden – alle Zahlen für Deutschland West, nach Fraunhofer Institut). Diese Dienstleistungsorientierung bestimmt heute das Angebot jeder Leistung mit. Das gilt für Profit- wie für Non-Profit-Organisationen und Betriebe.

Die Anforderungen von Kunden und Märkten erhöhen den Druck auf Profit- und Non-Profit-Unternehmen im Hinblick auf Flexibilität, Individualität und Zeit. Diese Anforderungen sind nur zu bewältigen, wenn es den Unternehmen gelingt, ihre *Innovationsdynamik* in Bezug auf die Leistungsangebote zu *erhöhen*. Das führt einerseits zur Notwendigkeit der Neustrukturierung und Modularisierung der Abläufe (Dezentralisierung, flache Hierarchien). Daneben entwickeln sich innovative Modelle, die Organisationen helfen, ihre Leistungen zu bündeln und zu vernetzen mit den Kompetenzen anderer Unternehmen und Organisationen. Es entstehen Netzwerke, virtuelle Verbünde, strategische Allianzen mit dem Ziel, Leistungen markt- und kundenorientierter anbieten zu können.

Präventionsdienstleistungen im Umbruch

Die Präventionsdienstleistungen haben sich mit diesen grundlegenden sozialen, technologischen und wirtschaftsstrukturellen Entwicklungen auseinanderzusetzen und sie für ihr Handeln zu nutzen. In den oben skizzierten Entwicklungen werden Potentiale sichtbar, die zu neuen Dienstleistungen im Handlungsfeld der Präventionsdienstleister führen können. Gleichzeitig wird deutlich, daß Qualität und Akzeptanz der Dienstleistungen nur erhalten, ausgebaut und gesichert werden können, wenn die globalen Entwicklungen in die eigenen Konzepte und Handlungsprogramme integriert werden können.

Dies wird um so wichtiger, da das Handlungsfeld der Prävention nicht nur durch die allgemeinen globalen Entwicklungen bestimmt wird, sondern sich selbst im Umbruch befindet. Die Neuverteilung der Kompetenzen zwischen Krankenkassen und Unfallversicherungen, die Ausdehnung der sicherheitstechnischen und arbeitsmedizinischen Betreuung auf Klein- und Mittelbetriebe und erweiterte Präventionsauffassungen, gefördert durch die europäische und nationale Gesetzgebung (Arbeitsschutzgesetz, SGB VII), üben auf alle beteiligten Präventionsdienstleister einen Handlungsdruck aus, dessen Chancen nur durch Nutzung aller Handlungsressourcen ausgeschöpft werden können (vgl. Konstanty,R.; Zwingmann, B., 1997, S.817ff).

Diese Tendenzen wirken sowohl auf Profit- wie auch auf Non-Profit-Akteure im Handlungsfeld Prävention. Für Non-Profit-Akteure (zum Beispiel Arbeitsschutzämter, Berufsgenossenschaften) erhöhen die beschriebenen Tendenzen den Legitimationsdruck, die im gesetzlichen Rahmen notwendigen Non-Profit-Leistungen mit möglichst geringem bürokratischem Aufwand wirkungsvoll zu realisieren. Profit-Dienstleister im Bereich Prävention (zum Beispiel überbetriebliche sicherheitstechnische oder arbeitsmedizinische Dienste) stehen im Marktdruck, die vorgeschriebenen gesetzlichen Leistungen effektiv und mit nachweisbaren Nutzen für die Betriebe umzusetzen und zur Kundenbindung neue Dienstleistungen zusätzlich zu entwickeln und anzubieten. Die vielen Beispiele aus großen Betrieben, Arbeitssicherheitsabteilungen als Profit-Center zu „verselbständigen", belegen den Druck der beschriebenen Tendenzen.

Schlüsselinnovationen für Präventionsdienstleister

Die skizzierten globalen Entwicklungslinien produzieren verallgemeinerbare Innovationskonzepte. Diese Innovationskonzepte beeinflussen alle Abläufe in den Profit- und Non-Profit-Organisationen. Wenn wir im folgenden von Schlüsselinnovationen

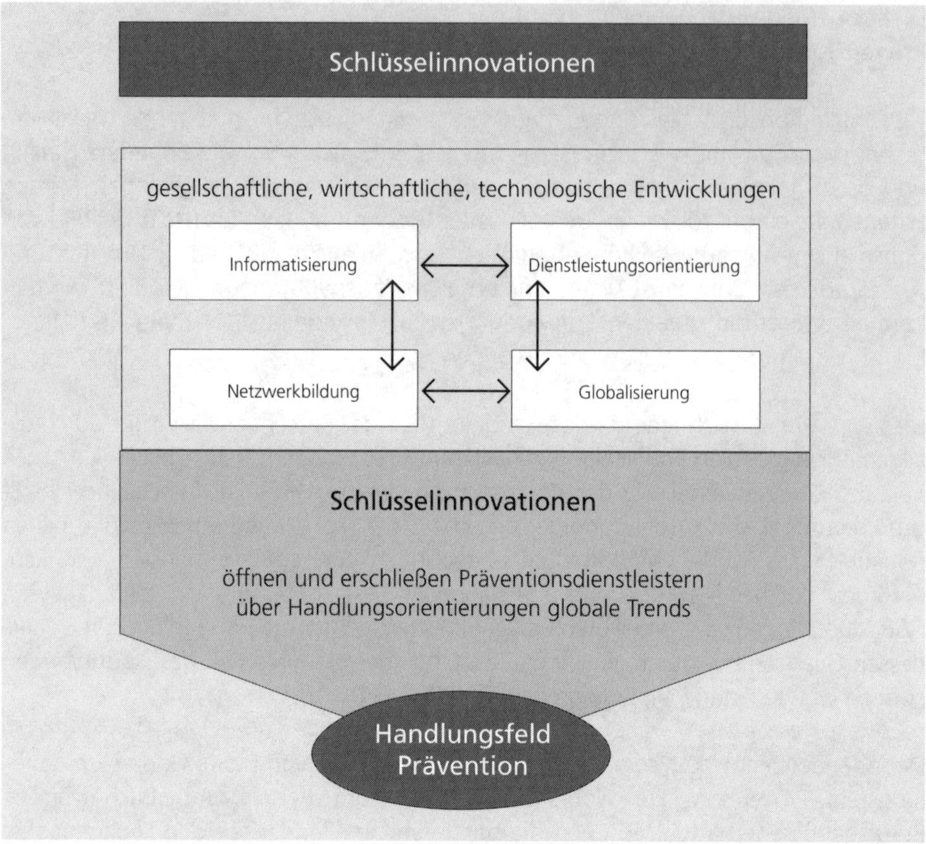

Abb. 1: Schlüsselinnovationen

sprechen, dann verstehen wir darunter diese Innovationskonzepte, die sich aus den globalen Entwicklungstendenzen ergeben. Schlüsselinnovationen sind Konzepte und Methoden, die den Zugang zu Dienstleistungsorientierung und Informatisierung ermöglichen und erleichtern (siehe Abbildung 1). Sie sind die Werkzeuge, die Dienstleistern die Innovationsdynamik erschließen.

Es ist zu beobachten, daß kommerzielle Industrie- und Dienstleistungsunternehmen diese globalen Entwicklungen zunehmend für die eigenen wirtschaftlichen Zwecke ausnutzen, um beschleunigt Produktivitätsfortschritte und Wettbewerbsvorteile zu erzielen. Das Handlungsfeld Prävention steht erst am Anfang dieser Entwicklungen. Um die Innovationskonzepte auch dem Handlungsfeld Prävention besser zu erschließen, wurden im Rahmen des Forschungsprojektes folgende Schlüsselinnovationen (siehe Abbildung 2) aus den globalen Entwicklungstrends abgeleitet:

- Kooperationsmanagement
- Wissensmanagement
- Kunden-Kommunikation
- Mediennutzung

Sie gelten sowohl für Profit- als auch für Non-Profit-Präventionsdienstleister, wenn auch in unterschiedlicher Ausprägung. Die Schlüsselinnovationen Prävention sind Hilfen für den Weg in die Zukunft der Präventionsdienstleister, die als Methoden von den Akteuren jeweils spezifisch angewendet werden können.

Ausgangssituation Schlüsselinnovationen Prävention

Im folgenden sollen die allgemeinen Erfahrungen und Entwicklungen innerhalb der einzelnen Schlüsselinnovationen kurz vorgestellt werden.[2]

Im Zuge der Entwicklung der IuK-Technologie sowie umfassender Reorganisationsprozesse (vgl. Hirsch-Kreinsen, 1996, S. 196f) betrieblicher Strukturen kommt es zu neuen Formen der Kooperation (vgl. Bauer, 1996, S. 103ff), aus denen sich die *Schlüsselinnovation Kooperationsmanagement* ableitet. Folgende Entwicklungen sind zu beobachten:

- Modularisierung von Unternehmensstrukturen nach dem Autarkiemodell oder dem Kooperationsmodell
- Netzwerke von Anbietern unterschiedlicher Kernkompetenzen zur agilen Fertigung

Bei Präventionsdienstleistern sind derartige Kooperationen erst in Ansätzen zu erkennen.

Die *Schlüsselinnovation Wissensmanagement* leitet sich aus Entwicklungen und Schlußfolgerungen ab, die in erster Linie in den USA und Japan gemacht worden sind. In der durch die IuK-Technologie und die Dienstleistungsorientierung geprägten Kundenorientierung wirtschaftlichen Handelns ist es entscheidend, Wissen schnell und gezielt zum Tragen zu bringen und einzigartige Wissensprodukte zu

[2] Umfassende Darstellungen und Ableitungen finden sich in den Berichten der einzelnen Bearbeiter der Schlüsselinnovationen.

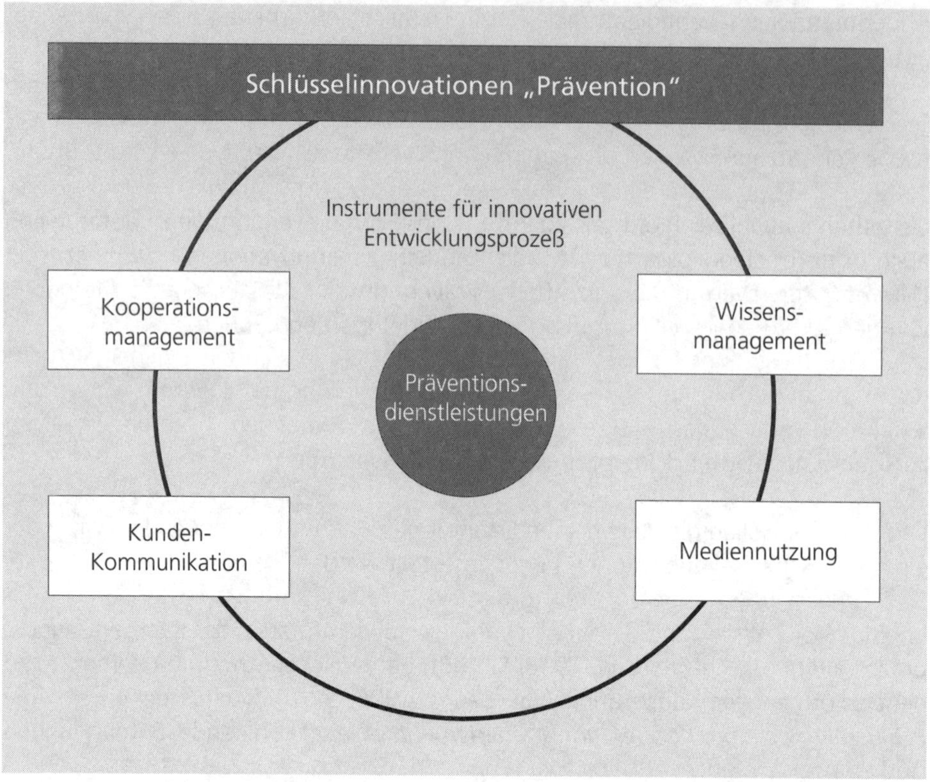

Abb. 2: Schlüsselinnovationen Prävention

entwickeln (vgl. u. a. Peters, 1993, S.517 ff, Steward, 1998, S. 35 ff), die den Kernkompetenzen entsprechen (Prahalad, Hamel, 1991). Vor allem in den USA und in Japan verfolgen innovative Unternehmen derartige Ansätze, um die Vorteile der neuen globalen Entwicklungen für sich nutzen zu können. Derartige Wissensmanagementkonzepte sind bei Präventionsdienstleistern in Deutschland nicht weit verbreitet und finden höchstens in Ansätzen Anwendung.

Die *Schlüsselinnovation Kunden-Kommunikation* leitet sich aus betriebswirtschaftlichen Marketingansätzen ab (vgl. Nieschlag, Dichtl, Hörschgen, 1994, 118 ff; Kotler/ Bliemel, 1995, 76 ff), sowie aus Entwicklungen lernender Organisationen, nach denen die Wahrnehmung der Dienstleistungsqualität aus Kundensicht entscheidend für die Akzeptanz ist (vgl. Nedeß, Friedewald, Strosina, 1996, S. 238). Dabei spielt eine systematische, kontinuierliche Produkt- und Dienstleistungsverbesserung durch rückgekoppelte Kunden-Kommunikation eine immer größere Rolle. Über einen integrierten Kommunikationsprozeß (Bruhn, 1997a, S. 89 ff) wird ein ständiger Kontakt zum Kunden hergestellt, mit dem Ziel eines nachfrageorientierten

Angebotes. Die Präventionsdienstleister in Deutschland arbeiten bisher eher angebots- als nachfrageorientiert.

Die *Schlüsselinnovation Mediennutzung* leitet sich aus dem planmäßigen systematischen Einsatz von Medien im Angebot von Dienstleistungen (vgl. Meffert, Bruhn, 1997, S. 335) ab sowie der sich daraus ergebenden Notwendigkeit der Visualisierung und Imagebildung. Zusätzlicher Handlungsdruck entsteht durch die hohe Diffusion der IuK-Technologie bei Kundengruppen (Cernavin, Keller, 1998), die bei Präventionsdienstleistern nur in Ansätzen genutzt wird.

Die vier Schlüsselinnovationen für das Handlungsfeld Prävention ergeben sich aus der Informatisierung und der Dienstleistungsorientierung der sozialen, technologischen und wirtschaftsstrukturellen Entwicklung. Im folgenden sollen die einzelnen Schlüsselinnovationen etwas genauer dargestellt werden:

Was bedeutet Kooperationsmanagement für Präventionsdienstleister?

Kooperationen (vgl. Picot, Reichwald, Wigand, 1996, S. 279ff) für Präventionsdienstleister ergeben sich aus den Tendenzen der Informatisierung und Dienstleistungsorientierung. Mit losen Kooperationsnetzen oder festen symbiotischen Arrangements (Netzwerke, Joint-ventures, strategische Allianzen, usw.) lassen sich Präventions-Produkte und -Dienstleistungen langfristig effektiv, qualitativ hochwertig und mit der erforderlichen Kundenorientierung realisieren. Diese Entwicklung ist im Handlungsfeld bisher nur verdeckt zu erkennen, da der Handlungsdruck des Marktes durch die traditionelle Sichtweise der Regularienorientierung verdeckt ist. Ein Blick auf die Entwicklungen der Unternehmenskonzepte im freien Markt (Betzl, 1996, S. 38ff) zeigt jedoch, daß dort, wo der Druck der sozialen, technologischen und wirtschaftsstrukturellen Entwicklung und die damit verbundene Tendenz zur effektiven Anpassung der Handlungsstrukturen, zur Dezentralisierung und zur damit verbundenen Notwendigkeit der Herstellung symbiotischer Arrangements führt (Picot, Reichwald, Wigand, 1996, S. 264ff). Diese Tendenzen haben sowohl auf Profit- als auch auf Non-Profit-Anbieter im Präventionsbereich Auswirkungen. Die Schlüsselinnovation Kooperationsmanagement bietet Hilfestellungen an, sich auf diese Entwicklung einzustellen.

Eine der Grundlagen des Kooperationsmanagements ist das Konzept der Kernkompetenzen, wie es von Hamel und Prahalad (vgl. Hamel, Prahalad, 1995, S. 300ff) entwickelt worden ist. Erfolgreich können Präventionsdienstleister nur sein, wenn sie sich auf die wesentlichen technologischen, vertrieblichen und organisato-

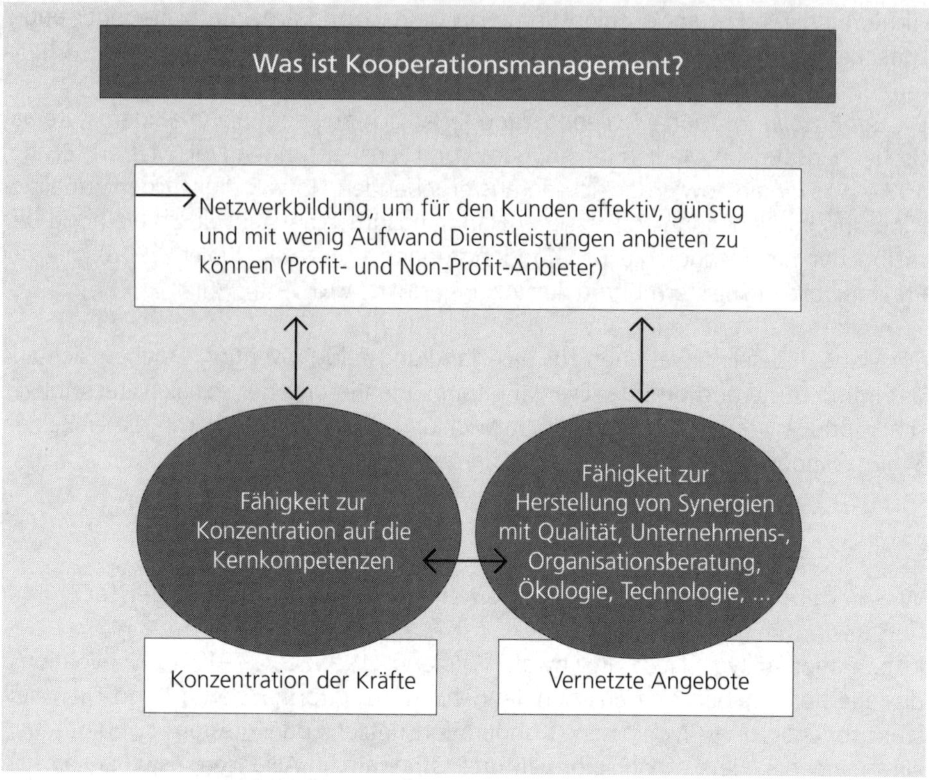

Abb. 3: Was ist Kooperationsmanagement?

rischen Fähigkeiten, auf die unternehmensspezifischen Fähigkeiten besinnen und konzentrieren und in anderen Feldern kooperieren (vgl. Strautmann, 1993). Alle Präventionsdienstleister sollten sich also im eigenen Betrieb in der eigenen Organisation der Frage stellen, was ihre präventiven Kernkompetenzen sind. Die Antwort auf diese Fragen sehen bei einem Profit-Dienstleister anders aus als bei einem Non-Profit-Dienstleister. Beim Non-Profit-Dienstleister gehört zu dieser Frage auch die Frage, welche nichtprofitablen Dienstleistungen für die multiplen Kunden notwendig sind, um das Potential der Prävention möglichst umfassend für die betrieblichen Abläufe nutzen zu können (daraus ergibt sich unter anderem auch die Notwendigkeit, spezifische Dienstleistungen für Dienstleister zu entwickeln und anzubieten, die teilweise über den momentanen gesetzlichen Rahmen hinausgehen, und die eventuell rechtlich-normativ abgesichert werden müßten).

Die durch die sozialen, technologischen und wirtschaftsstrukturellen Entwicklungen erforderliche Konzentration auf die Kernkompetenzen führt zur Beschränkung auf die eigentliche Unternehmens- und Organisationsidee und zur Kooperation mit

Partnern, die Peripheriekompetenzen und Komplementärkompetenzen effektiver abdecken (Picot, Reichweald, Wigand, 1996, S. 265). Daraus ergeben sich für Präventionsdienstleister drei Konsequenzen:

- Das Herausarbeiten der Kernkompetenzen und die Konzentration der Kräfte auf diese Kompetenzen.
- Die Schaffung von organisatorischen Voraussetzungen für diese Konzentration der Kräfte auf die Kernkompetenzen.
- Die Schaffung von symbiotischen Arrangements mit Dritten, die die Komplementär- und Peripheriekompetenzen abdecken können.

Das Potential der Prävention wird dann kundenorientiert entwickelt, wenn es auch Themenfelder vernetzt. Unternehmensberatung, Qualitätsmanagement, Fragen der Ökologie oder der Lebensberatung sind inhaltlich zu integrieren und mit entsprechenden Kooperationspartnern in Netzwerken zu verbinden.

Was bedeutet Wissensmanagement für Präventionsdienstleister?

In enger Verbindung mit dem Konzept der Kernkompetenzen steht die Schlüsselinnovation Wissensmanagement. Grundlage für die durch die Informatisierung und Dienstleistungsorientierung erforderliche Besinnung auf die Kernkompetenzen und die damit verbundene Notwendigkeit symbiotischer Arrangements ist die Frage nach der Effektivierung der eigenen spezifischen Wissensbestände. Die Informatisierung erfordert und ermöglicht systematische und kreative Handhabung globaler Wissensbestände im Themenfeld der Prävention (vgl. Bullinger, 1996, S. 30ff). Eine entscheidende Fähigkeit, um einzigartige Wissensvorsprünge zu erzielen, ist die Fähigkeit, für spezifische Fragestellungen entsprechend den Kernkompetenzen das global verfügbare Wissen systematisch aufzubereiten und zur Verfügung zu haben. Wissen wird zum wichtigsten Aktivposten in jedem Unternehmen (vgl. Drucker, 1993). Die kontinuierliche Erweiterung von Wissensvorsprüngen wird im Wettbewerb zwischen Wissensanbietern immer entscheidender.

Das stellt an Präventionsdienstleister die Anforderung, spezifische Wissensbestände aufzubauen sowie komplementäre und periphere Wissensbestände über Kooperationen zu integrieren. Auch hier stellt sich die Frage für Profit- und Non-Profit-Präventionsdienstleister ähnlich. Die sich durch die sozialen, technologischen und wirtschaftsstrukturellen Entwicklungen ergebende Notwendigkeit nach Konzentration auf einzigartige Wissensbestände stellt Non-Profit-Präventionsdienstleister vor allem vor die Frage, welche spezifischen Wissensbestände nicht durch Profitanbieter effizienter entwickelt werden können. Unter Effizienzkriterien sollten diese Angebote auch Profit-Anbietern überlassen bleiben. Daraus folgt dann die Frage, an welchen Stellen symbiotische Arrangements, Netzwerke und Kooperationen zwischen Non-Profit-Präventionsdienstleistern und Profitanbietern erforderlich sind.

Unter Berücksichtigung der jeweiligen Kernkompetenzen sind an diesen Stellen dann die Ansätze für eine tatsächlich sinnvolle public-private-partnership zu finden. Derartige Partnerschaften sind im Präventionsbereich besonders relevant: Viele Dienstleistungen sind vor allem zu Beginn nicht profitabel, und der hohe Standard der sozialen Absicherung kann nur gehalten und ausgebaut werden, wenn ein bestimmter Teil der Dienstleistungen von Non-Profit-Anbietern abgedeckt wird. Viele sicherheitstechnische Entwicklungen sind beispielsweise nur möglich gewe-

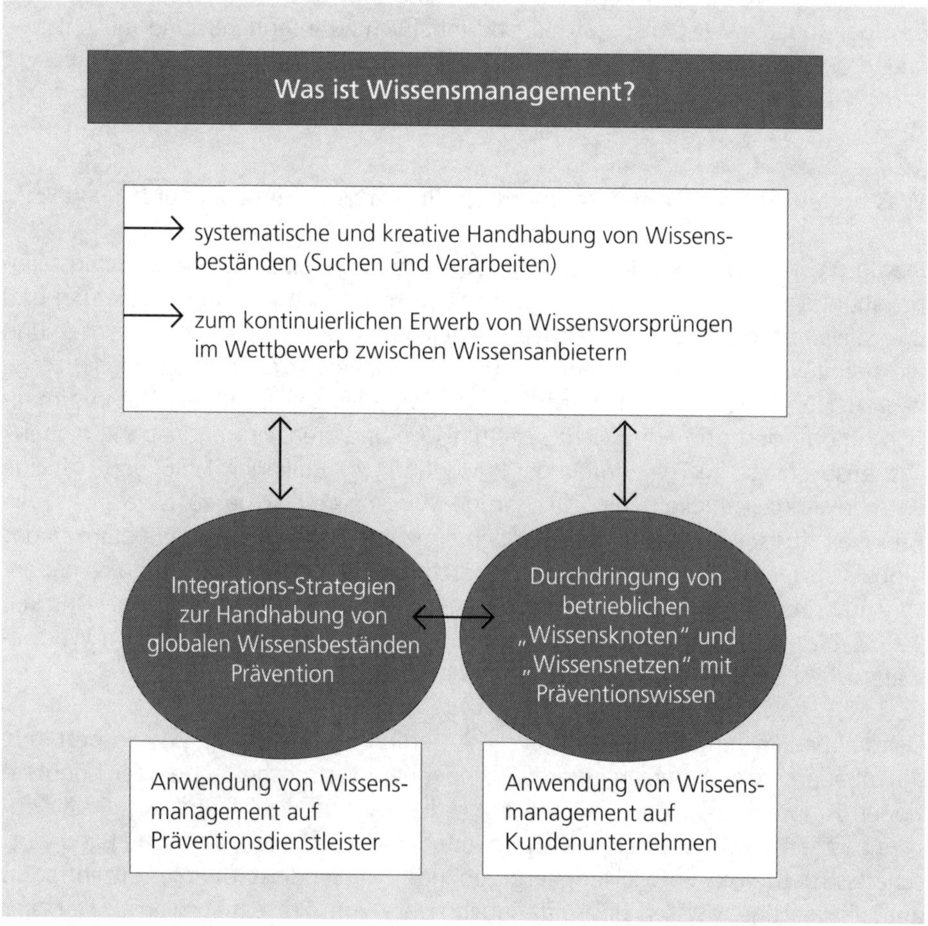

Abb. 4: Was ist Wissensmanagement?

sen, weil Non-Profit-Organisationen entsprechende Studien und Forschungen durchgeführt haben, die Grundlagen für neue Dienstleistungen waren. Diese traditionelle public-private-partnership hat zur Qualitätsverbesserung der Präventionsleistungen beigetragen und könnte ein Modell für andere Felder von Präventionsdienstleistungen sein.

Auch die Vernetzung von Wissensressourcen in symbiotischen Arrangements und Netzwerken wird durch die IuK-Technologie ermöglicht und erfordert spezifische Strategien der Wissensintegration (vgl. Reichwald u.a., 1998, S. 243). Durch eine Entwicklung einzigartiger Wissensbestände, beziehungsweise durch die aufgaben- und prozeßorientierte Integration von Wissensressourcen, lassen sich bestehende Präventionsdienstleistungen stabilisieren und neue Präventionsdienstleistungen entwickeln.

Die Schlüsselinnovation Wissensmanagement beinhaltet aber nicht nur den Aspekt der kontinuierlichen Integration von Wissensbeständen zur Stärkung und Entwicklung von Kernkompetenzen, sondern auch die Integration von präventiven Wissensbeständen in die Wissensknoten und Wissensnetze von multiplen Kunden. Die Forderung der Sozialpartner nach Integration von Sicherheit und Gesundheitsschutz in die Handlungsabläufe der Betriebe kann überhaupt nur gelingen, wenn Präventionswissen tatsächlich zum Bestandteil von integrierten Wissensnetzen in den Betrieben wird. Wie präventive Wissensbestände in die Handlungsabläufe multipler Kunden zu integrieren sind, ist eine Frage, wie es gelingt, die Potentiale der Prävention kundenorientiert aufzubereiten. Die Schlüsselinnovationen Wissensmanagement und Kunden-Kommunikation bedingen sich hier gegenseitig.

Was bedeutet Kunden-Kommunikation für Präventionsdienstleister?

Informatisierung und Dienstleistungsorientierung stellen die Anforderung nach ständiger Innovation der Produkt- und Dienstleistungsangebote (vgl. Tapscott, 1996, S. 83f). Kooperationen und Wissensbestände können nur erfolgreich entwickelt und in einem ständigen Prozeß weiterentwickelt werden, wenn sie auf die Handlungsabläufe beim Kunden orientiert sind. Prävention wird überhaupt erst zur Dienstleistung, wenn es kundenorientierte Handlungsprogramme anbietet, die einen Nutzen für den multiplen Kunden besitzen (Cernavin, Schlütter, Wilken, 1997, S. 854ff). Das bedeutet, daß Präventionsdienstleister genau wissen müssen, welche Handlungsbedingungen beim multiplen Kunden bestehen. Nur dann kann ein innovativer Prozeß in Gang gesetzt werden, in dem benötigte Präventionsdienstleistungen entwickelt werden können.

Die Dienstleistungsorientierung erfordert eine ständig rückgekoppelte Kunden-Kommunikation mit Bereitschaft und Fähigkeit zur ständigen Änderung der Erfolgsdeterminanten (Wildemann, 1997, S.77). Jeder Kundenkontakt ist zu nutzen, um Kenntnisse über die Handlungsbedingungen der multiplen Kunden zu erhalten. Die Kunden sind, so weit es geht, in die Entwicklung der Präventionsdienstleistungen proaktiv einzubinden. Der Handlungsdruck zur ständig rückgekoppelten Kunden-Kommunikation wird durch die Möglichkeiten der IuK-Technologie noch vergrößert. Schlagworte wie „vom Konsum zur Mitarbeit" (Tapscott, 1996, S. 86) oder „vom Monolog zum Dialog" (Martin, 1997) beschreiben die neuen Formen und Möglichkeiten der Kundenbeziehungen durch IuK-Technologie. Die IuK-Technologie bietet die Möglichkeit, den Kunden schon bei der Problemdefinition von Präventionsdienstleistungen einzubinden (Cernavin, 1997, S. 347).

Eine kontinuierliche, rückgekoppelte Kunden-Kommunikation mit ständiger Bereitschaft, innovative Prozesse einzuleiten und Erfolgsdeterminanten anzupassen und zu ändern, ist auch Voraussetzung, um Präventionsdienstleistungen aus der Sicht der Kunden anzubieten. In dieser Frage ist sicherlich ein gewisser Perspektivenwechsel bei vielen Präventionsdienstleistern erforderlich. Bisher herrscht noch zu stark die Sichtweise vor, daß Präventionsleistungen vorgeschrieben sind und deswegen vom Kunden umgesetzt und integriert werden *müssen* (vgl. u. a. Berghöfer, 1998, S. 13; Wienhold, Kliemt, 1998, S. 92). Eine solche Sichtweise hat nichts mit Kundenorientierung zu tun, ist auch kaum als Dienstleistung zu bezeichnen. Präventionsanbieter, die so vorgehen, werden es schwer haben in einer durch Informatisierung und Dienstleistungsorientierung bestimmten Entwicklung. Eine solche Haltung wird auch nicht dazu führen, daß Präventionsangebote zukünftig weniger als Belastung von den Kunden empfunden werden, wie es heute noch häufig der Fall ist. Und mit einer solchen Haltung wird es auch schwer werden, Präventionsleistungen in Handlungsabläufe von Betrieben zu integrieren. Prävention wird nur dann zur Dienstleistung, ist nur dann kundenorientiert und wird nur dann faktisch in betriebliche Abläufe integriert werden – wie es die Sozialpartner fordern -, wenn sie aus dem Blickwinkel des Kunden kommuniziert wird. Es sind Handlungsprogramme zu entwickeln, wie die Präventionsdienstleistungen in die Abläufe integriert werden können (vgl. Cernavin, Schlütter, Wilken, 1997, S, 855). Diese Forderung bedeutet für viele Präventionsanbieter einen Perspektivenwechsel, eröffnet aber gleichzeitig auch ganz neue Handlungsfelder.

Voraussetzung für diesen Perspektivenwechsel sind die genauen Kenntnisse der Situation beim Kunden (Wildemann, 1996, S. 94), die nur durch eine ständige rückgekoppelte Kunden-Kommunikation zu erzielen ist. Nur durch diese ständigen Rückkoppelungen wird es möglich sein, präventive Wissensbestände tatsächlich in Wissensknoten und Wissensnetze der multiplen Kunden zu integrieren.

Dies soll an einem ganz „traditionellen" Beispiel verdeutlicht werden. Es ist die Frage, ob die Diskussion nach Regulierung und Deregulierung überhaupt den Stellenwert besitzt, den sie momentan hat, wenn die Schlüsselinnovation Kunden-Kommunikation von Präventionsdienstleistern ernst genommen wird. Sicherlich gibt es eine übertriebene Regularienflut, aber ist das die entscheidende Frage? Gesetze und Regeln beschreiben zunächst einmal den Konsens aller Beteiligten – der Gesellschaft –, wie in dem zu regelnden Bereich „vernünftig" zu handeln ist. Eine Unfallverhütungsvorschrift oder eine Verordnung ist weder dazu gemacht, den Unternehmer zu ärgern noch den Mitarbeiter zu drangsalieren. Regularien sollen einen störungsfreien, möglichst optimalen Ablauf im Unternehmen garantieren, sie sollen dazu beitragen, daß die Arbeit die Gesundheit des Mitarbeiters nicht beeinträchtigt, und sie sollen helfen, daß der Mitarbeiter sicher und qualitätsbewußt arbeiten kann. Diese Potentiale einer Unfallverhütungsvorschrift oder Verordnung werden allerdings dann kaum für das betriebliche Handeln aktiviert, wenn dem Unternehmer und dem Mitarbeiter gesagt wird: „Du mußt dies so machen, weil es vorgeschrieben ist". Die Schlüsselinnovation Kunden-Kommunikation orientiert

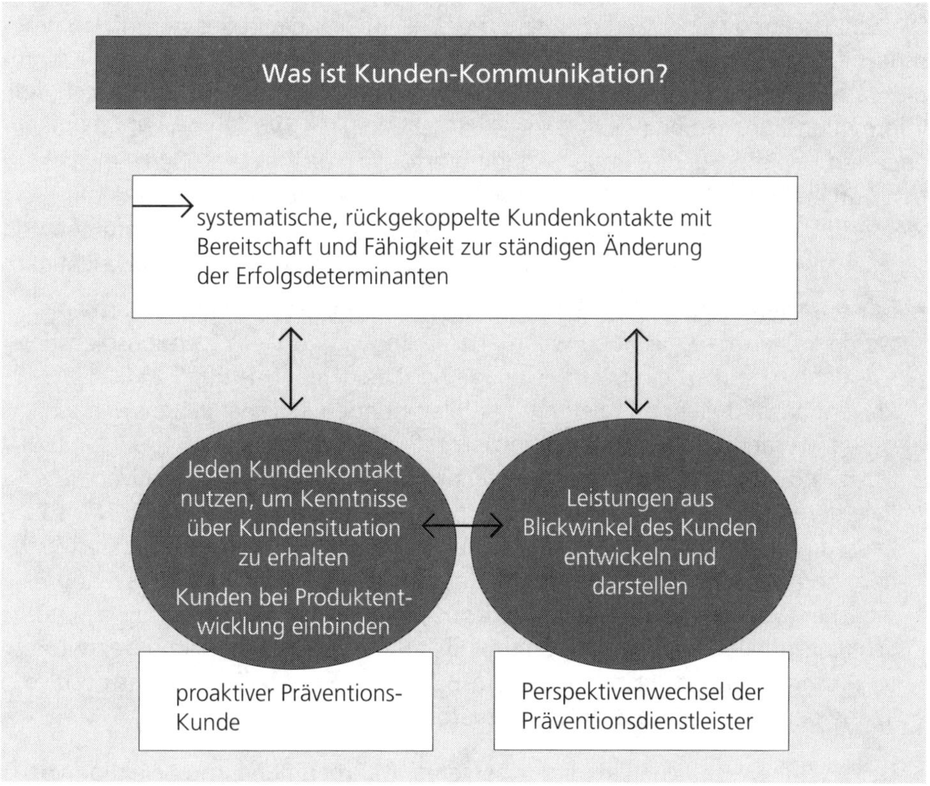

Abb. 5: Was ist Kunden-Kommunikation?

den Präventionsdienstleister darauf, dem Unternehmer und dem Mitarbeiter den tatsächlichen – oben kurz skizzierten – Nutzen der Unfallverhütungsvorschrift und der Verordnung aus der Sicht des Unternehmers und Mitarbeiters – des „Kunden" – aufzuzeigen. Dies wird nur gelingen, wenn der Präventionsdienstleister durch rückgekoppelte Kommunikationsprozesse die Situation beim Kunden tatsächlich kennt. Die Schlüsselinnovation Kunden-Kommunikation wird – so angewendet – dazu beitragen, die tatsächlichen Potentiale von Gesetzen, Vorschriften und Verordnungen viel wirkungsvoller in die betrieblichen Abläufe zu integrieren, und auch die Entwicklung neuer Dienstleistungen fördern. Und vielleicht wird dann sogar von vielen Unternehmern und Mitarbeitern der tatsächliche „Sinn" von Gesetzen und Verordnungen eher als bisher erschlossen, indem die betriebliche Handlungsrelevanz erkannt wird.

Was ist für Präventionsdienstleister unter Mediennutzung zu verstehen?

Die Schlüsselinnovation Mediennutzung erschließt sich direkt aus der Informatisierung und der Dienstleistungsorientierung. Die Informatisierung steigert die Komplexität verfügbarer Mitteilungen und fördert damit die bisher schon bestehende Informationsüberlastung (vgl. Kroeber-Riel, 1993, S. 11). Das führt nicht nur zu veränderten Selektionsbedingungen, sondern erfordert auch eine größere Sorgfalt bei der Aufbereitung der Leistungen, um überhaupt wahrgenommen und selektiert werden zu können. Damit Präventionsdienstleistungen besser wahrgenommen und selektiert werden können, sind zwei wesentliche Bedingungen zu berücksichtigen:

- Das positive Potential der Prävention muß herausgearbeitet und dargestellt werden. Eher akzeptiert und wahrgenommen werden die Präventionsdienstleister dann, wenn sie ein positives Image besitzen (Huber, 1990, S.25 ff). Nur Präventionsmitteilungen, die den multiplen Kunden in seiner Lebenswelt aktivieren, werden den Kommunikationsprozeß einleiten (Cernavin, 1997, S. 350). Dazu sind – wie die empirischen Untersuchungen zeigen – die positiven Potentiale der Prävention stärker herauszuarbeiten und zu kommunizieren. Nur so kann das Image der Präventionsdienstleister insgesamt deutlich verbessert werden, und nur so kann das Vertrauen der multiplen Kunden in die Präventionsdienstleister gesteigert werden (vgl. Kotler, Bliemel, 1995, S. 913 ff). Das in der Schlüsselinnovation „Kunden-Kommunikation und Mediennutzung" entwickelte „Kommunikations-Faktoren-System-Prävention" ermöglicht es, das positive Image der Prävention besser herauszuarbeiten.

- Der zweite wesentliche Faktor zur besseren Wahrnehmung und Selektion von Präventionsdienstleistungen ist eine stärkere Visualisierung der dargestellten

Dienstleistungen. Die Präventionsdienstleister haben die Bild-Rhetorik (vgl. Scott, 1994) in die Codierung ihrer Informationen zu integrieren und eine eigene Bild-Rhetorik zu entwickeln. Dazu sind zumindest Grundkenntnisse der Codierung vor allem im visuellen Bereich erforderlich, in dem eine direktere Ansprache möglich ist (vgl. Kroeber-Riel, 1994, S. 73 ff).

Mediennutzung bedeutet aber nicht nur eine kundenorientierte Codierung der Präventionsinformationen entsprechend den Anforderungen der Informatisierung und Dienstleistungsorientierung. Mediennutzung bedeutet auch die Integration der IuK-Technologie in die Handlungsabläufe der Handlungsstrukturen der Präventionsdienstleister selbst. Nur wenn die Medien der IuK-Technologien (vgl. Pribilla, Reichwald, Goecke, 1996, S. 31 ff) in die Handlungsabläufe integriert sind, sind die Voraussetzungen für symbiotische Arrangements im Kooperationsmanagement und für eine systematische und kreative Handhabung von Wissensbeständen im Wissensmanagement gegeben. Notwendige virtuelle Geschäftsbeziehungen

Abb. 6: Was ist unter Mediennutzung zu verstehen?

sowohl zu den Kunden als auch zwischen den Dienstleistern in Kooperationsnetzwerken sind nur mit umfassend integrierter IuK-Technologie möglich.

Schlüsselinnovationen Prävention integriert anwenden

Die Schlüsselinnovationen reduzieren die Anforderungen der sozialen, technologischen und wirtschaftsstrukturellen Entwicklung auf wesentliche Handlungsorientierungen für Präventionsdienstleister. Die Schlüsselinnovationen leiten sich direkt aus den grundlegenden Tendenzen Informatisierung und Dienstleistungsorientierung ab.

Die Schlüsselinnovationen können nur integrativ angewendet werden. Sie sind als ein Gesamtkonzept zu verstehen. Aus den Schlüsselinnovationen „Prävention" ergeben sich Anforderungen, die in die Handlungskonzepte und -programme von Präventionsdienstleistern zu integrieren sind. Momentan wird ein umfassender Anforderungskatalog „Schlüsselinnovationen Prävention" von Systemkonzept, GfAH und BC Verlag entwickelt. Hier können nur die grundlegenden Anforderungen (siehe Abbildung 7) ohne weitere Spezifizierungen vorgestellt werden:

- Netzwerke entwickeln
- globale Wissensbestände integrieren
- Konzentration auf Kernkompetenzen
- systemisch vernetzt denken
- einzigartige Wissensprodukte anbieten
- Kunden proaktiv einbeziehen
- Leistungen aus Blickwinkel des Kunden entwickeln
- Präventionsimage entwickeln
- Bild-Rhetorik nutzen
- IuK-Technologie integrieren
- Präventionswissen in Wissensnetze der Kunden integrieren

Diese, aus den Schlüsselinnovationen abgeleiteten Anforderungen ermöglichen es, die Chancen der Dienstleistungsorientierung und der Informatisierung für die Entwicklung einer kundenorientierten Präventionsdienstleistung zu nutzen. Die Anforderungen sind als methodische Hilfen und als Werkzeuge zu verstehen, die jeweils handlungs- und anwendungsspezifisch in jeweils spezifische Prozesse der Präventionsdienstleister zu integrieren sind.

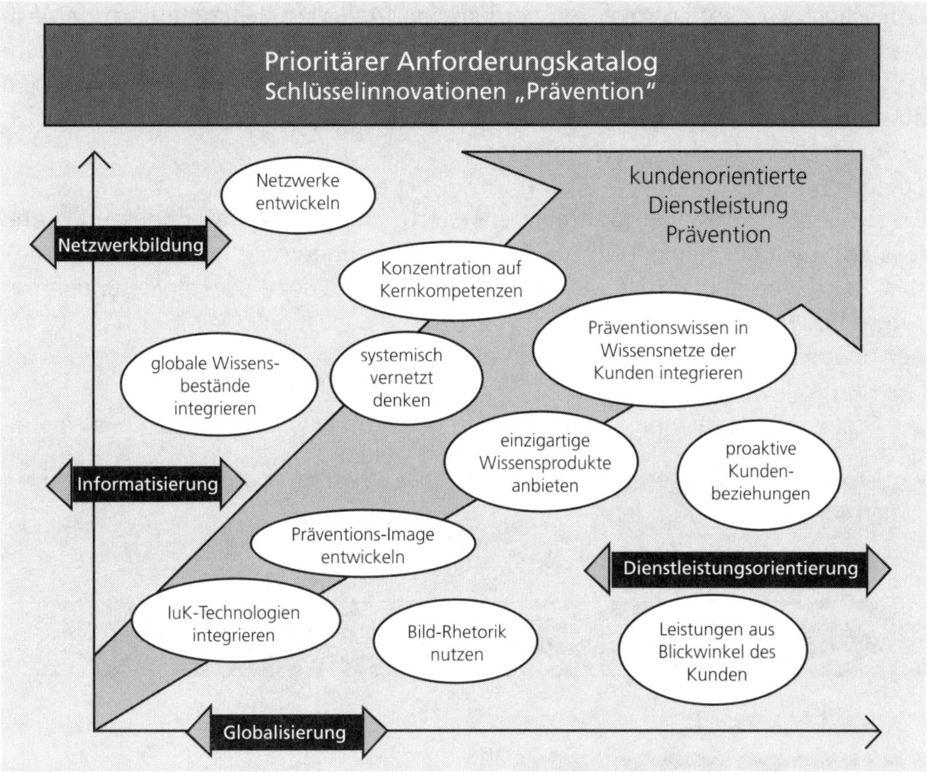

Abb. 7: Prioritärer Anforderungskatalog – Schlüsselinnovationen „Prävention"

Neues Leitbild „Schlüsselinnovationen Präventionsdienstleister"

Die Schlüsselinnovationen „Prävention" tragen dazu bei, daß eine integrative Präventionsauffassung entwickelt wird. Kooperations- und Wissensmanagement, Kunden-Kommunikation und zielgerichtete Mediennutzung werden dazu führen, daß Prävention aus Sichtweise der multiplen Kunden nachfrageorientiert und kundenorientiert entwickelt wird und damit tatsächlich in die Handlungsabläufe der Kunden integriert wird. Kern der Präventionsdienstleistungen werden nach wie vor die klassischen Felder der Sicherheit und des Gesundheitsschutzes bei der Arbeit sowie die Gesundheitsförderung sein. Die Schlüsselinnovationen werden jedoch mit dazu beitragen, daß Prävention eher zum integrierten Bestandteil des Handelns aller betrieblichen Gruppen wird. Prävention wird damit auch sein Feld erweitern. Prävention wird sein positives Potential weiter entwickeln können, wird stärker als bisher auch zur Optimierung von betrieblichen Abläufen beitragen und zur Wellness insgesamt. Mit Hilfe der Schlüsselinnovationen können auch neue Präventionsdienstleistungen angeboten werden, wie sie im Forschungsprojekt Prävention 2000+ – Dienstleistung der Zukunft" entwickelt worden sind (vgl. Ebert, Keller, 1998; Peschkes, Köchling, Wehmhöner, 1998).

Die Schlüsselinnovationen und eine erweiterte, integrierte Präventionsauffassung könnten auch ein neues Leitbild „Schlüsselinnovationen für Präventionsdienstleister" zur Folge haben, das die neuen technologisch-sozialen Entwicklungen mit aufgreift (siehe Abbildung 8):

Präventionsdienstleister

- … sind Teil eines weltweiten Kommunikationsprozesses
- … machen aus Wissensbeständen innovative Wissensprodukte (Problemlösungen für multiplen Kunden)

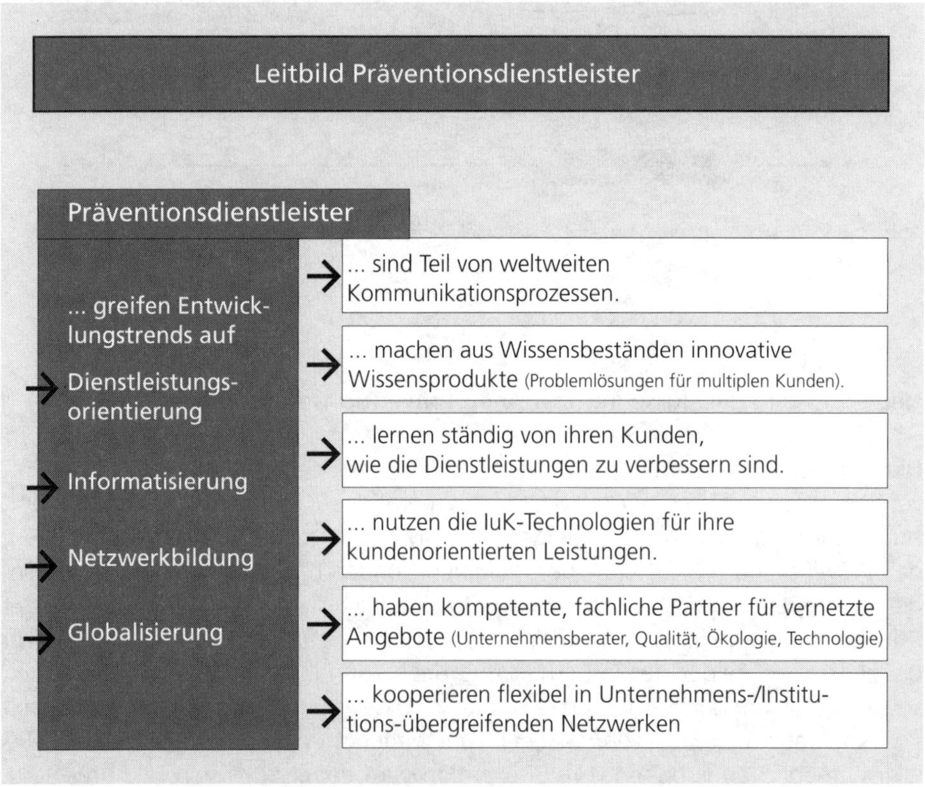

Abb. 8: Leitbild Präventionsdienstleister

- ... lernen ständig von ihren Kunden, wie Leistungen zu verbessern sind
- ... nutzen die neueste IuK-Technologie für eine kundenorientierte Leistung
- ... haben kompetente fachliche Partner für vernetzte Angebote (Unternehmensberater, Qualitätsmanager, Umweltmanager, Lebensberatung)

Literatur

Bauer, S.: Perspektiven der Organisationsgestaltung, in: Bullinger, H-J; Warnecke, H. j. (Hg.): Neue Organisationsformen im Unternehmen, Berlin, Heidelberg, New York 1996, S. 87–117.

Berghöfer, R.: Beispiel für Marketing im Arbeitsschutz: „Führungskräfteservice", in: Sicherheitsingenieur, heft 2 1998, S. 12–15.

Betzl, K.: Entwicklungsansätze in der Arbeitsorganisation und aktuelle Unternehmenskonzepte – Visionen und Leitbilder, in: Bullinger, H-J; Warnecke, H. J. (Hg.): Neue Organisationsformen im Unternehmen, Berlin, Heidelberg, New York 1996, S. 29–64.

Briefs, U.: Informationstechnologie und Zukunft der Arbeit, Köln 1984.

Bruhn, M., Das Unternehmen in der Dienstleistungsgesellschaft, in: Bullinger, H-J; Warnecke, H. j. (Hg.): Neue Organisationsformen im Unternehmen, Berlin, Heidelberg, New York 1996, S. 177–190.

Bruhn, M.: Kommunikationspolitik, München 1997.

Bullinger, H.-J.: Management kreativer Unternehmen, in: Bullinger, H.-J. (Hg.): Lernende Organisationen, Stuttgart 1996, S. 13–39.

Büssing, A.: Informatisierung, Globalisierung und Individualisierung, in: Mangold, K.: Die Welt der Dienstleistung, Frankfurt am Main 1998, S. 193–207.

Cernavin, O.; Schlütter, P.; Wilken, U.-J.: Die Dienstleistung Prävention, in: WSI-Mitteilungen, Heft 12 1997a, S. 848–858.

Cernavin, O.: Kommunikative Kompetenz und effektive Kommunikationsstrukturen als Erfolgskriterien für Präventionsdienstleistungen der Zukunft, in: Bullinger, H.-J. (Hg.): Dienstleistungen für das 21. Jahrhundert, Stuttgart 1997. S. 343–352.

Cernavin, O.; Keller, S.: Neue Medien und Prävention, Sankt Augustin 1998.

Cernavin,O.; Hamacher, W.; Köchling, A.; Schlüsselinnovationen im Feld der Präventionsdienstleistungen, in: Cernavin,O; Wilken, U.J. (Hg.): Dienstleistung Prävention, Wiesbaden 1998.

Drucker, P.F.: Post Capitalist Society, New York 1993.

Ebert,B.; Keller,S.: IuK-Technologien und Prävention, in: Cernavin,O; Wilken, U.J. (Hg.): Dienstleistung Prävention, Wiesbaden 1998.

Giarini, O.; Liedtke, P.M.: Wie wir arbeiten werden – der neue Bericht an den Club of Rome, Hamburg 1998.

Hamel, G. Prahalad, C.K.: Nur Kernkompetenzen sichern das Überleben, in: Harvard Manager Heft 2 1991.

Hamel, G.; Pramala, C.K.: Wettlauf um die Zukunft, Wien 1995.

Hirsch-Kreinsen, H.: Restrukturierung von Unternehmen, in: Lutz, B.; Hartmann, M.; Hirsch-Kreinsen, H.: (Hg.) Produzieren im 21. Jahrhundert, Frankfurt am Main/New York 1996.

Huber, K.: Image, Landsberg/Lech 1990, 2. Auflg.

Konstanty, R.; Zwingmann, B.: Perspektiven des Arbeitsschutzes und der betrieblichen Gesundheitsförderung nach der Arbeitsschutzgesetzgebung, in WSI-Mitteilungen, Heft 12 1997, S. 817–828.

Kroeber-Riel, W.: Strategie und Technik der Werbung, Stuttgart, Köln, Berlin 1993, 4. Auflg.

Kroeber-Riel, W.: Bildkommunikation, München 1993.

Martin, J.: Das Cyper Unternehmen, Wien 1997.

Meffert, H.; Bruhn, M.: Dienstleistungsmarketing, Wiesbaden 1997.

Nedeß, C.; Friedewald, A.; Strosina, C.: Geschäftsprozeßoptimierung durch systematische Nutzung von Kundeninformationen, in: Bullinger, H.-J.: (Hg.): Lernende Organisation, Stuttgart 1996, S. 235–255.

Negroponte, N.: Total digital, München 1995.

Peschkes,L.; Köchling, A.; Wehmhöhner, M.: Präventive Rehabilitation, in: Cernavin,O; Wilken, U.J. (Hg.): Dienstleistung Prävention, Wiesbaden 1998.

Peters, T.: Jenseits der Hierarchien – Liberation Management, Düsseldorf, Wien, New York, Moskau 1993.

Picot, A.; Reichwald, R.; Wigand, R.T.: Die grenzenlose Unternehmung, Wiesbaden 1996.

Pribilla, P.; Reichwald, R.; Goecke, R.: Telekommunikation im Management, Stuttgart 1996.

Reichwald, R.; Höfer, C.; Weichselbaumer, J.: Erfolg von Reorganisationsprozessen, Stuttgart 1996.

Reichwald,R.; Möslein, K.; Sachenbacher, H.; Engelberger, H.; Oldenburg, S.: Telekooperation Berlin, Heidelberg 1998.

Rifkin, J.: Das Ende der Arbeit und ihre Zukunft, Frankfurt am Main 1997.

Scott, L.M.: Images in advertising: The need for a Theory of visual rhetotic, in: Journal of Consumer Research, Heft 21 1994, S. 252–273.

Sennett, R.: Der flexible Mensch, Berlin 1998.

Steward, T.A.: Der vierte Produktionsfaktor – Vorteile durch Wissensmanagement, München, Wien 1998.

Strautmann, K.-P.: Ein Ansatz zur strategischen Kooperationsplanung, München 1993.

Tapscott, D.: Die digitale Revolution, Wiesbaden 1996.

Volkholz, V.: Dienstleistungen im 21. Jahrhundert, in: Volkholz, V.; Schrick, G. (Hg.): Dienstleistungen im 21. Jahrhundert, Eschborn 1996, S. 7–41.

Wienhold, L.; Kliemt, G.: Entwicklung des Rollenbildes des technischen Aufsichtsbeamten, in: Die BG, Heft 2 1998, S. 92–96.

Wildemann, H.: Erfolgsfaktoren für schnell lernende Unternehmen, in: Bullinger, H.-J. (Hg.) Lernende Organisationen, Stuttgart 1997, S. 75–103.

Wilken, U.-J.: Wissensintegration, Kooperationsmanagement und Medienarrangements als Schlüssel für moderne Präventionsdienstleistungen, in: Bullinger, H.-J. (Hg.): Dienstleistungen für das 21. Jahrhundert, Stuttgart 1997. S. 367– 374.

Dienstleistung betrieblicher Gesundheitsförderung in Europa

Karl Kuhn

Gesundheitsförderung und Europäische Union

Wie in der Ottawa-Charta der WHO (1986) formuliert, zielt Gesundheitsförderung darauf ab, einen Prozeß in Gang zu setzen, der allen Menschen ein höheres Maß an Selbstbestimmung über ihre Gesundheit ermöglichen und damit zur Stärkung ihrer Gesundheit befähigen soll. Gesundheitsförderung wird damit zu einer gesellschaftlichen Aufgabe wie auch zu einer Frage des persönlichen Lebensstils. In dem Zusammenhang wurden auch Grundsätze formuliert, die insbesondere für die betriebliche Gesundheitsförderung von Bedeutung sind:

- Die Menschen werden in ihren alltäglichen Lebenszusammenhängen angesprochen, und es werden nicht ausschließlich spezifische Risikogruppen erfaßt;

Abb. 1: Betriebliche Gesundheitsförderung als Verhaltens-, Verhältnis- und Verfahrensprävention

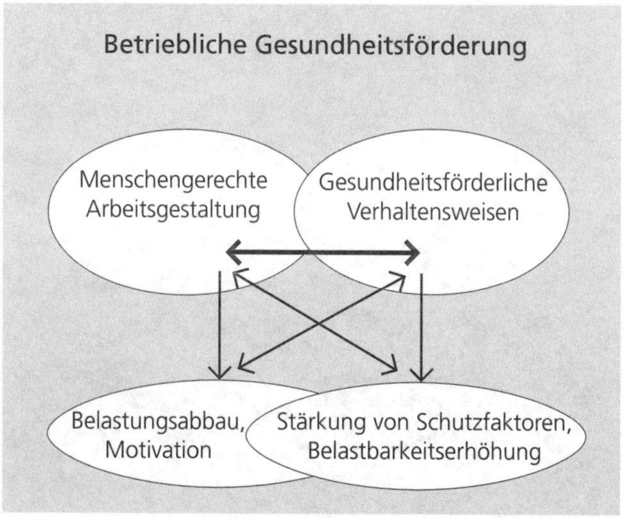

- Gesundheitsförderung zielt darauf ab, die Bedingungen und Ursachen von Gesundheit zu beeinflussen;
- Gesundheitsförderung verbindet unterschiedliche, aber einander ergänzende Maßnahmen und Ansätze;
- Gesundheitsförderung bemüht sich besonders um eine konkrete und wirkungsvolle Teilnahme der Öffentlichkeit.

Diese anläßlich der Ottawa-Konferenz formulierten Ziele mündeten in mehrere Schwerpunktprogramme ein, die getreu der Konzeption in verschiedenen Lebenswelten ansetzen. Nach der Zielgruppe der Familie folgt die „Gesundheitsfördernde Schule", anschließend der Schwerpunkt „Gesunde Städte", und zuletzt wurde die Arbeitswelt als ein Bereich ausgewählt, in welchen Gesundheitsförderungsaktivitäten gesetzt werden sollen.

Mit der Ratifizierung des Vertrages von Maastricht und der Einführung des Artikels 129 in den EU-Vertrag haben die Organe der Europäischen Union die Kompetenz erhalten, neben den einzelnen Mitgliedstaaten im Rahmen der öffentlichen Gesundheit tätig zu werden. Aufgrund dieses Artikels entwickelte die Europäische Gemeinschaft ein Aktionsprogramm zur Gesundheitsförderung, Aufklärung, Erziehung und Ausbildung (KOM(94) 202 endg.). Die Aufgabe der Kommission im Rahmen des erwähnten Programmes ist der Austausch von Informationen, die Unterstützung von gesundheitsfördernden Maßnahmen sowie deren Anregung und Koordination. Insbesondere sollte die EU-Kommission Ansätze und Aktivitäten ent-

Abb. 2:
Ziele der BGF aus Sicht der Unternehmen

Ziele des BGF aus Sicht des Unternehmens

- Schaffung förderlicher Arbeitsbedingungen
- Vermeidung von Erkrankungen
- Förderung der individuellen Gesundheit
- Verbesserung der Bewältigungskompet.
- Erhalt der Leistungsfähigkeit
- Senkung Krankenstand
- Förderung der/des Zufriedenheit/Betr.kl.
- Verringerung der Fluktuation
- Steigerung von Produktivität/Qualität
- Verbesserung des Unternehmensimage

wickeln, welche die Instrumente der Gesundheitsförderung wie Aufklärung, Erziehung und Ausbildung integrieren. Die Kommission folgte hier dem sogenannten Setting-Ansatz, wobei die Arbeitsumwelt zu den Handlungsfeldern mit der größten Priorität zählt. Die Schaffung geeigneter Informationsgrundlagen und informeller Strukturen, welche die Verwirklichung der Programmziele ermöglichen sollen, wurden der Bundesanstalt für Arbeitsschutz und Arbeitsmedizin in Dortmund überantwortet. Die Bundesanstalt wurde von der Europäischen Kommission im Rahmen eines mehrjährigen Projektes beauftragt:

- ein integriertes Handlungskonzept für die betriebliche Gesundheitsförderung in der Europäischen Gemeinschaft zu entwickeln;
- einen Strukturvorschlag für ein Informationsnetzwerk zur Fokussierung der in den Mitgliedstaaten vorhandenen Ressourcen zu entwickeln und
- die Bedingungen für die Knüpfung eines informellen Netzes auf Europaebene zu ermitteln und einen Vorschlag für dessen Aufbau und Betrieb zu unterbreiten.

Die Europäische Kommission ist der Auffassung, daß die im Aktionsprogramm festgelegten Ziele dann am wirksamsten umgesetzt werden können, wenn sie auf die in den Mitgliedstaaten vorhandenen Strukturen zurückgreift und diese vernetzt.

Der Artikel 129 EU Vertrag schreibt den Organen der EU nicht vor, ein neben den Gesundheitspolitiken der Mitgliedstaaten bestehendes eigenes Konzept einer Gesundheitsförderung zu entwickeln, das die verschiedenen nationalen Konzepte umfaßt, diese sogar zu einem späteren Zeitpunkt ersetzt und dann als allein verbindlicher Ansatz in den Mitgliedstaaten praktiziert wird. Vielmehr ist davon auszugehen, daß die Mitgliedstaaten entsprechend dem „Subsidiaritätsprinzip" schon seit langem eine den Notwendigkeiten des Landes angepaßte Gesundheitspolitik mit einem umfassenden Ansatz für eine wirkungsvolle Gesundheitsförderung betrei-

Abb. 3:
Hintergründe für die EU-Kommission

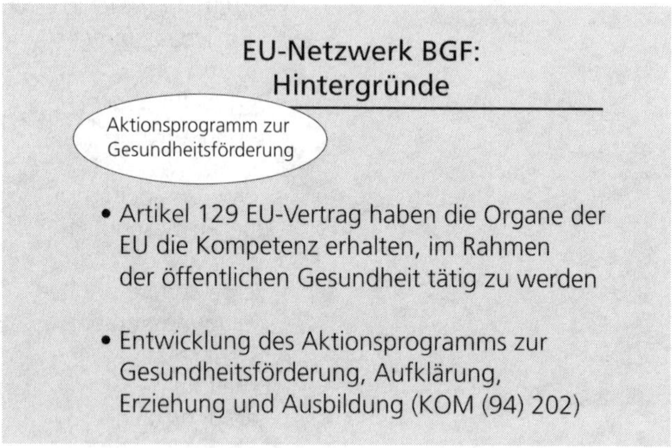

Abb. 4:
Auftrag an die BAuA durch die EU

EU-Netzwerk BGF:
Der Auftrag

- Die BAuA wurde 1995 von der EU beauftragt, ein **integriertes Handlungskonzept** für die BGF in der EU zu entwickeln,
- einen **Strukturvorschlag** für ein Informationsnetzwerk zur Fokussierung der in den Mitgliedstaaten vorhandenen Ressourcen zu entwickeln und
- die Bedingungen für den **Aufbau und Betrieb** eines inform. Netzes zu ermitteln.

ben. Diese nationalen Programme galt und gilt es zu erhalten und nur insoweit zu fördern, als man sie neben einer regionalen oder nationalen Bevölkerung der europäischen Öffentlichkeit der Mitgliedstaaten zur Kenntnis bringt. Genau diesen Aspekt verfolgt der Artikel 129 EU-Vertrag mit der Aufgabenstellung einer Förderung der Zusammenarbeit der Mitgliedstaaten und einer Koordinierung der Politiken der Mitgliedstaaten im Zusammenwirken mit der Kommission. Somit kann festgestellt werden, daß alle Projekte, die auf die Verwirklichung des Vertragsziels vom Artikel 129 EU-Vertrag gerichtet sind, eine europäische Dimension oder einen europäischen Mehrwert enthalten. Dies ist der Ausgangspunkt für die Schaffung des Europäischen Netzwerkes zur betrieblichen Gesundheitsförderung.

Das Europäische Netzwerk zur betrieblichen Gesundheitsförderung

Die Aufgabe des Europäischen Netzwerkes zur betrieblichen Gesundheitsförderung besteht darin, alle den Mitgliedstaaten und der Gemeinschaft zu dem betreffenden Thema zur Verfügung stehenden Informationen wie neueste Forschungsergebnisse, Konzepte und bereits durchgeführte Projekte zu sammeln und allen Interessierten zugänglich zu machen.

Das Netzwerk führt selbst keine eigenständigen Interventionen auf transnationaler oder auf supranationaler Ebene durch, sondern nimmt Informationen über Gesundheitsförderungsprojekte auf lokaler, regionaler, nationaler und gemeinschaftlicher Ebene auf, verarbeitet diese und sorgt für deren Verbreitung und gibt Anlässe für eine europaweite Umsetzung. Die Kommission hat einen Modellplan zum Aufbau

Abb. 5:
Ziele des europäischen Netzwerkes

EU-Netzwerk BGF:
Die Ziele

Katalysator für BGF in Europa

- **Konsensus:** Was? und Wie?
- **Qualität:** Evaluation und TQM
- **Information und Kommunikation:** EU und national
- **Marketing:** Kompetenz, Überzeugung und Image

von Informationsnetzen erstellt, der sich auf die folgenden Phasen und Arbeitsschritte erstreckt:

- Erstellung eines Status-quo-Berichtes als Ausgangspunkt.
- Erstellung eines umfassenden Konzeptes mit klaren inhaltlichen Zielvorgaben.
- Durchführung eines Initial-Workshops mit offiziell benannten Vertretern der Mitgliedstaaten sowie anerkannten Sachverständigen.
- Erstellung eines integrierten Abschlußberichtes zu Konzept und Ergebnissen des Workshops.
- Benennung von nationalen Netzwerkpartnern mit großem Eigeninteresse für die Durchführung des Aktionsprogrammes.
- Aktive Mitarbeit an der Unterhaltung des Netzwerkes durch alle Netzwerkpartner.

Diese Phasen sind inzwischen alle abgearbeitet worden:

Abb. 6:
Probleme für die BGF in Europa

Gesundheitsförderung im Betrieb in Europa

- Gemeinsames Grundverständnis fehlt
- Orientierung von Land zu Land unterschiedlich
- Nischenthema
- Hohes Know-how in bescheidener Praxis
- Dosis „Dienstleistung" schwach bis nicht vorhanden
- Aber: neue Verbündete OE und TQM

Zuerst wurde in der Vorlaufphase im Rahmen eines Projektes ein Statusbericht erstellt, in welchem die Interventionen im Rahmen betrieblicher Gesundheitsförderung mit einer entsprechenden Vernetzung innerhalb eines Mitgliedstaates oder mit trans- oder supranationaler Vernetzung erhoben wurden. Dabei wurde der Zeitraum des Bestehens und die Effektivität der Arbeitsweisen dargestellt. Die Kommission hat dadurch die Möglichkeit, die bereits wirksam arbeitenden Netze direkt zu nutzen, oder sie in einem größeren Zusammenhang zugunsten eines gemeinschaftlichen Handelns in ein supranationales Informationsnetz einzubauen. Die Kommission gibt im Rahmen des Europäischen Netzwerkes aber auch vor, was unter betrieblicher Gesundheitsförderung zu verstehen ist, wo deren Grenzen liegen, und welche Ziele realistischerweise mit ihr zu verwirklichen sind. Die Richtlinien werden gemeinsam mit offiziell von den Regierungen der Mitgliedstaaten ernannten Vertretern und weiteren anerkannten Sachverständigen des betreffenden Themenbereiches erarbeitet.

In der folgenden Phase suchte die mit der Administration betraute Bundesanstalt für Arbeitsschutz und Arbeitsmedizin zusammen mit dem zuständigen Dienst der Kommission Netzwerkpartner in den einzelnen Mitgliedstaaten, die für die Durchführung des Aktionsprogrammes alle national und regional verfügbaren Informationen über gesundheitsfördernde Aktionen sowie die letzten Forschungsergebnisse zu dem betreffenden Thema sammeln und in das europaweite Informationsnetz einspeisen. Pro Mitgliedstaat ist nur ein einziger Informationspartner vorgesehen. Die nationalen Netzwerkpartner müssen darüber hinaus ein erhebliches Eigeninteresse an der Mitarbeit und der Erhaltung des Netzwerkes haben. Darüber hinaus müssen die nationalen Netzwerkpartner über eine umfassende Sachkompetenz verfügen und vor allem auch selbst betriebliche Gesundheitsförderungspro-

Abb. 7:
Strategische Orientierung der BGF in Europa

Strategische Orientierung der BGF in Europa

- Gesundheitszustand der Beschäftigten als Ausgangspunkt
- Eigenverantwortlichkeit stärken
- Präventionsorientierte Weiterentwicklung der Arbeitsbedingungen
- Gesundheitsförderung im Sinne einer Prozeßqualität statt punktueller Problemlösungen
- Gesundheit als Lernprozeß

jekte durchführen oder ausreichende Finanzmittel zur Durchführung von Projekten zur Verfügung stellen.

Es ist offensichtlich, daß die jeweiligen finanziellen Ressourcen, Voraussetzungen und Potentiale von Land zu Land sehr unterschiedlich sind, und deshalb auch ein Gleichschritt zur Entwicklung eines einheitlichen Standards für die betriebliche Gesundheitsförderung nicht automatisch gegeben sein konnte. Die Bundesanstalt für Arbeitsschutz und Arbeitsmedizin wurde dann beauftragt, im Auftrag der Europäischen Kommission die Anschubfinanzierung und damit die vertragliche Gestaltung der nationalen Kontaktstellen vorzunehmen. Folgende Pflichtaufgaben wurden für die nationalen Kontaktstellen vertraglich festgelegt:

- Erstellung eines Statusberichtes,
- Erstellung eines Zwischenberichtes,
- Durchführung einer eintägigen Informationsveranstaltung.

Darüber hinaus wurden zusätzliche freiwillige Aufgaben für die nationalen Kontaktstellen vorgesehen:

- Einrichtung von Projektgruppen,
- Evaluation von Maßnahmen,
- Entwicklung von Konzepten für das eigene Land,
- Sammlung von Positivbeispielen,
- Organisation des nationalen Informations- und Erfahrungsaustausches,
- Informationstransfer zur GDV (auch zwischen Europäischer Geschäftsstelle und den nationalen Kontaktstellen),
- Initiierung und Begleitung einzelner Maßnahmen,

Abb. 8: Zukünftige Themenfelder der BGF in Europa

EU-Netzwerk und BGF: Ausblick

- Schaffung einer **guten Praxis** (MOGP): Laufendes europäisches Vorhaben „Erfolgsfaktoren und Qualität betr. GF." (Federführung BKK, beteiligt 18 Staaten) Leitfrage: Was ist eine gute Praxis?
- Weiteres Vorhaben geplant: **BGF für KMU** unter Beteiligung von 18 Staaten.

- Werbung und Öffentlichkeitsarbeit für die nationalen Programme,
- Gewinnung von weiteren Netzwerkpartnern auf nationaler Ebene,
- Lieferung von Beiträgen für die WHP-NET-NEWS.

Nachdem mit der Installation des Europäischen Netzwerkes eine wichtige Phase abgeschlossen worden war, wurde seitens der Teilnehmer der weitere inhaltliche Ausbau und zukünftige Themenschwerpunkte diskutiert. Dabei wurden folgende Themen als vordringlich angesehen:

- Betriebliche Gesundheitsförderung in Klein- und mittleren Betrieben,
- Qualitätssicherung (einschl. Evaluation) in der betrieblichen Gesundheitsförderung,
- Die Integration von betrieblichen Gesundheitsförderungsmaßnahmen in betriebliche Managementsysteme,
- Gesundheitliche Belange von jugendlichen Arbeitnehmern und Auszubildenden,
- Darstellung von „Models of Good Practice".

Ohne auf die weitere inhaltliche Ausgestaltung des Netzwerkes einzugehen, sind wichtige Entwicklungen zu erwähnen, die für die Dienstleistung betrieblicher Gesundheitsförderung wichtig sind. 1997 und Frühjahr 1998 wurden zwei politische Dokumente verabschiedet, die Luxemburger Deklaration sowie das Cardiff-Memorandum (siehe Anlage 1 und 2), die beide eine inhaltlich und von allen 18 Länder in Europa getragene Definition und Präzisierung der BGF umfassen und die besondere Ausrichtung auf KMU hervorheben.

In zwei großen Europäischen Projekten wird nun versucht, einen einheitlichen Standard für die betriebliche Gesundheitsförderung zu realisieren.

Abb. 9:
Policy – Papiere des europ. Netzwerkes (siehe Anhang)

EU-Netzwerk und BGF: Leistungen

- Schaffung eines europäischen Grundverständnisses sowie einer inhaltlichen und strategischen Orientierung: **Luxemburger Deklaration** (Nov. 97) sowie **Cardiff-Memorandum** (Mai 98) für KMU

Anlage 1
Die Luxemburger Deklaration zur betrieblichen Gesundheitsförderung in der Europäischen Union

Betriebliche Gesundheitsförderung (BGF) umfaßt alle gemeinsamen Maßnahmen von Arbeitgebern, Arbeitnehmern und Gesellschaft zur Verbesserung von Gesundheit und Wohlbefinden am Arbeitsplatz.

Dies kann durch eine Verknüpfung folgender Ansätze erreicht werden:

- *Verbesserung der Arbeitsorganisation und der Arbeitsbedingungen*
- *Förderung einer aktiven Mitarbeiterbeteiligung*
- *Stärkung persönlicher Kompetenzen.*

Einleitung

Grundlage für die aktuellen Aktivitäten zur BGF bilden zwei Faktoren. Zum einen hat die EG- Rahmenrichtlinie Arbeitsschutz (Richtlinie des Rates 89/391/ EWG) eine Neuorientierung des traditionellen Arbeitsschutzes in Gesetzgebung und Praxis eingeleitet. Zum anderen wächst die Bedeutung des Arbeitsplatzes als Handlungsfeld der öffentlichen Gesundheit (Public Health).

Gesunde, motivierte und gut ausgebildete Mitarbeiter sind sowohl in sozialer wie ökonomischer Hinsicht Voraussetzung für den zukünftigen Erfolg der Europäischen Union. Der zuständige Dienst der Europäischen Kommission hat daher eine Initiative zum Aufbau eines Europäischen Netzwerkes für BGF unterstützt. Diese Initiative befindet sich im Einklang mit Artikel 129 des Vertrages zur Gründung der Europäischen Gemeinschaft und dem Aktionsprogramm der Gemeinschaft zur Gesundheitsförderung, -aufklärung, -erziehung und -ausbildung innerhalb des Aktionsrahmens im Bereich der öffentlichen Gesundheit (Nr. 645/96/EG). Mitglieder des Europäischen Netzwerkes sind Organisationen aus allen 15 Mitgliedstaaten und den Ländern des Europäischen Wirtschaftsraumes. Sie sind gleichzeitig nationale Kontaktstellen.

Ziel des Netzwerkes ist es, auf der Basis eines kontinuierlichen Erfahrungsaustausches, nachahmenswerte Praxisbeispiele zur BGF zu identifizieren und zu verbreiten. Die EU ermutigt damit die Mitgliedstaaten, der BGF einen höheren Stellenwert einzuräumen und Fragen der Gesundheit am Arbeitsplatz bei politischen Entscheidungen mit einzubeziehen.

Herausforderungen für die Arbeitswelt im 21. Jahrhundert

Die Arbeitswelt befindet sich in einer Phase tiefgreifenden Wandels. Wichtige Rahmenbedingungen sind u.a.:

- Globalisierung
- Arbeitslosigkeit
- wachsende Verbreitung neuer Informationstechnologien
- Veränderungen der Beschäftigungsverhältnisse (z. B. befristete und Teilzeitarbeit, Telearbeit)
- älter werdende Belegschaften
- wachsende Bedeutung des Dienstleistungssektors
- Personalabbau (Downsizing)
- wachsender Anteil von Arbeitnehmern in Klein- und Mittelunternehmen (KMU)
- Kundenorientierung und Qualitätsmanagement

Zukünftiger Unternehmenserfolg hängt von gut qualifizierten, motivierten und gesunden Mitarbeitern ab. BGF spielt eine entscheidende Rolle dabei, Mitarbeiter und Unternehmen auf diese Herausforderungen vorzubereiten.

Betriebliche Gesundheitsförderung: eine Investition in die Zukunft

Der traditionelle Arbeitsschutz hat durch die Verringerung von Arbeitsunfällen und die Prävention von Berufskrankheiten entscheidend zur Verbesserung der Gesundheit am Arbeitsplatz beigetragen. Dennoch reichen seine Mittel offensichtlich nicht, um dem weiten Spektrum der o. g. Probleme zu begegnen.

Unternehmen, die Gesundheit an ihren Arbeitsplätzen fördern, senken damit krankheitsbedingte Kosten und steigern ihre Produktivität. Dies ist das Ergebnis einer gesünderen Belegschaft mit höherer Motivation, besserer Arbeitsmoral und besserem Arbeitsklima.

BGF ist eine moderne Unternehmensstrategie und zielt darauf ab, Krankheiten am Arbeitsplatz vorzubeugen (einschließlich arbeitsbedingter Erkrankungen, Arbeitsunfälle, Berufskrankheiten und Streß), Gesundheitspotentiale zu stärken und das Wohlbefinden am Arbeitsplatz zu verbessern.

Betriebliche Gesundheitsförderung: Gesunde Mitarbeiter in gesunden Unternehmen

Der Arbeitsplatz beeinflußt Gesundheit und Krankheit auf verschiedene Art und Weise. Wenn Beschäftigte unter gesundheitsgefährdenden Bedingungen arbeiten müssen, nicht angemessen qualifiziert sind oder nicht ausreichend von Kollegen unterstützt werden, kann Arbeit krank machen. Arbeit kann aber auch die berufliche und persönliche Entwicklung fördern.

BGF will diejenigen Faktoren beeinflussen, die die Gesundheit der Beschäftigten verbessern. Dazu gehören:

- Unternehmensgrundsätze und -leitlinien, die in den Beschäftigten einen wichtigen Erfolgsfaktor sehen und nicht nur einen Kostenfaktor.
- eine Unternehmenskultur und entsprechende Führungsgrundsätze, in denen Mitarbeiterbeteiligung verankert ist, um so die Beschäftigten zur Übernahme von Verantwortung zu ermutigen.
- eine Arbeitsorganisation, die den Beschäftigten ein ausgewogenes Verhältnis bietet zwischen Arbeitsanforderungen einerseits und andererseits eigenen Fähigkeiten, Einflußmöglichkeiten auf die eigene Arbeit und sozialer Unterstützung.
- eine Personalpolitik, die aktiv Gesundheitsförderungsziele verfolgt.
- ein integrierter Arbeits- und Gesundheitsschutz.

Betriebliche Gesundheitsförderung: nachweislich erfolgreich

BGF beruht auf einer fach- und berufsübergreifenden Zusammenarbeit und kann nur dann erfolgreich sein, wenn alle Schlüsselpersonen dazu beitragen.

BGF kann ihr Ziel „gesunde Mitarbeiter in gesunden Unternehmen" erreichen, wenn sie sich an den folgenden Leitlinien orientiert:

1. Die gesamte Belegschaft muß einbezogen werden (Partizipation).
2. BGF muß bei allen wichtigen Entscheidungen und in allen Unternehmensbereichen berücksichtigt werden (Integration).
3. Alle Maßnahmen und Programme müssen systematisch durchgeführt werden: Bedarfsanalyse, Prioritätensetzung, Planung, Ausführung, kontinuierliche Kontrolle und Bewertung der Ergebnisse (Projektmanagement).

4. BGF beinhaltet sowohl verhaltens- als auch verhältnisorientierte Maßnahmen. Sie verbindet den Ansatz der Risikoreduktion mit dem des Ausbaus von Schutzfaktoren und Gesundheitspotentialen (Ganzheitlichkeit).

Prioritäten des Europäischen Netzwerkes für betriebliche Gesundheitsförderung

Das Europäische Netzwerk für BGF koordiniert den Informationsaustausch und die Verbreitung vorbildlicher Praxisbeispiele in Europa. Seine Mitgliedsorganisationen setzen sich für den Aufbau informeller Netzwerke auf nationaler Ebene ein. Alle Aktivitäten und Prioritäten basieren auf dem Subsidiaritätsprinzip und unterstützen die Zusammenarbeit zwischen den Mitgliedstaaten. Im Hinblick auf die Herausforderungen der Zukunft und das Ziel, BGF in der Arbeitswelt zu verbreiten, betrachtet das Europäische Netzwerk die folgenden Aufgaben als vordringlich und als Grundlage für zukünftige Aktivitäten:

1. BGF bekannter machen und alle Schlüsselpersonen zur Übernahme von mehr Verantwortung für Gesundheit bewegen
2. Ermitteln und Verbreiten von vorbildlichen Praxisbeispielen
3. Leitlinien für effektive BGF entwickeln
4. das Engagement der Mitgliedstaaten für die Einleitung entsprechender politischer Schritte sicherstellen
5. die besonderen Anforderungen in der Zusammenarbeit mit KMU berücksichtigen.

Diese Deklaration wurde von allen Mitgliedern des Europäischen Netzwerkes für betriebliche Gesundheitsförderung anläßlich ihres Treffens vom 27. bis 28. November 1997 in Luxemburg verabschiedet.

Anlage 2
Cardiff Memorandum zur betrieblichen Gesundheitsförderung in Klein- und Mittelbetrieben

„Betriebliche Gesundheitsförderung umfaßt alle gemeinsamen Maßnahmen von Arbeitgebern, Arbeitnehmern und Gesellschaft zur Verbesserung von Gesundheit und Wohlbefinden am Arbeitsplatz. Dies kann durch eine Verknüpfung folgender Ansätze erreicht werden:

- Verbesserung der Arbeitsorganisation und der Arbeitsbedingungen
- Förderung einer aktiven Mitarbeiterbeteiligung
- Stärkung persönlicher Kompetenzen".

(Luxemburger Deklaration zur betrieblichen Gesundheitsförderung in der Europäischen Union)

Einleitung

Betriebliche Gesundheitsförderung spielt eine wichtige Rolle für die Entwicklung „gesunder Unternehmen": Wirtschaftlicher Erfolg wird zukünftig in besonderem Maße abhängig sein von hochqualifizierten, motivierten und gesunden Arbeitnehmern.

Bisher sind Aktivitäten zur betrieblichen Gesundheitsförderung vor allem auf große Betriebe ausgerichtet, denn diese verfügen in der Regel über dafür geeignete Infrastrukturen.

In Europa arbeiten jedoch über 50 % der Beschäftigten in Klein- und Mittelbetrieben (KMU) mit weniger als 100 Mitarbeitern. Die Tendenz ist steigend.

Die Gesundheit der Beschäftigten in KMU ist von besonders großer Bedeutung für die Arbeitnehmer und ihre Familien, für die Unternehmen, in denen sie arbeiten, die Gemeinden, in denen sie leben und schließlich auch für das wirtschaftliche Wohl der EU-Mitgliedstaaten.

Mit diesem Memorandum startet das Europäische Netzwerk für betriebliche Gesundheitsförderung eine neue Initiative zur Schaffung geeigneter Infrastrukturen für betriebliche Gesundheitsförderung in KMU.

Besonderheiten von KMU

KMU unterscheiden sich in vielerlei Hinsicht von großen Unternehmen. In KMU

- ist das Ausmaß an Arbeitsteilung und Standardisierung von Arbeitsbedingungen geringer.
- besteht engerer Kontakt zwischen Arbeitgebern und Arbeitnehmern.
- wird mehr Flexibilität vorausgesetzt.

- bestehen weniger Möglichkeiten, Einrichtungen des Arbeits- und Gesundheitsschutzes zu nutzen.
- sind weniger Zeit und Ressourcen vorhanden, um Wohlbefinden und Gesundheit der Beschäftigten zu fördern.
- wirken sich Fehlzeiten drastischer aus.

Herausforderungen für die betriebliche Gesundheitsförderung in KMU

Angesichts geringerer Ressourcen ist es für KMU besonders schwer, Gesundheitsförderungsmaßnahmen durchzuführen. Außerdem ist das Fachwissen, das aktuell zur betrieblichen Gesundheitsförderung vorhanden ist, überwiegend auf Erfahrungen größerer Unternehmen begründet. Alle vorhandenen Konzepte müssen deshalb erst dem besonderen Bedarf von KMU angepaßt werden.

Dazu ist erforderlich,

- die Wahrnehmung betrieblicher Gesundheitsförderung und ihres Nutzens bei den Schlüsselpersonen in KMU zu verbessern.
- geeignete Modelle und Konzepte für Gesundheitsförderung in KMU zu entwickeln.
- Strategien anzuwenden, welche die besonderen Bedingungen in KMU berücksichtigen, und alle Schlüsselpersonen einzubeziehen.
- die Maßnahmen an ein bestimmtes Qualitätsniveau anzupassen und einen Bezug zu bestehenden betrieblichen Problemen und Bedürfnissen herzustellen.
- aufzuzeigen, wie die Einführung und Entwicklung von betrieblicher Gesundheitsförderung in KMU durch externe Unterstützung gefördert werden kann.
- die Aktivitäten auf die Branche, den Ort und die Region auszudehnen.

Prioritäten des Europäischen Netzwerkes für betriebliche Gesundheitsförderung

Die Mitglieder des Europäischen Netzwerkes betrachten KMU als vordringliches Handlungsfeld in der betrieblichen Gesundheitsförderung.

Im Hinblick auf die zuvor beschriebenen Herausforderungen schlagen die Mitglieder des Netzwerks folgende Initiativen zur Gesundheitsförderung in KMU vor:

- Gezieltes Aufmerksammachen auf aktuelle Prioritäten, Gesundheitssprobleme und -aktivitäten in KMU
- Ermitteln und Verbreiten von vorbildlichen Praxisbeispielen für betriebliche Gesundheitsförderung in KMU
- Aufzeigen des Nutzens und der Vorteile betrieblicher Gesundheitsförderung in KMU gegenüber den Schlüsselpersonen
- Aufbau von Bündnissen und Partnerschaften mit KMU, den Verbänden der Sozialpartner, der GKV/GUV sowie weiteren Schlüsselinstitutionen
- Unterstützung der Entwicklung von geeigneten Konzepten und Methoden zur Verbesserung von Gesundheit und Wohlbefinden in KMU

Dieses Memorandum wurde von allen Mitgliedern des Europäischen Netzwerkes für betriebliche Gesundheitsförderung anläßlich ihres Treffens vom 24.–25. April 1998 in Cardiff (Wales) verabschiedet. Das Europäische Netzwerk wird durch die Kommission finanziell unterstützt. Weder die Europäische Kommission noch in ihrem Namen handelnde Personen haften für die Verwendung dieser Informationen.

Förderung der Arbeitsfähigkeit: Neue unternehmensnahe Präventionsdienstleistung für Betriebe und für betriebsärztliche Dienste

Juhani Ilmarinen

Einleitung

Neue Dienstleistungen für die Gesundheit sind notwendig, da sich die Altersstruktur und damit auch die Arbeitskraft der arbeitenden Menschen zunehmend verändert. Das steigende mittlere Alter der Beschäftigten bedeutet sowohl negative als auch positive Konsequenzen in Betrieben. Es ist bekannt, daß die Prävalenzraten der Erkrankungen mit dem Alter ansteigen, und im Alter von 55 Jahren ca. nur ein Drittel der Beschäftigten ohne Erkrankungen weiterarbeiten kann; mit anderen Worten, zwei Drittel der Beschäftigten haben wenigstens eine diagnostizierte muskuloskeletale, Herz- und Kreislauf- oder mentale Erkrankung. Deshalb wird sowohl die Bedeutung der Gesundheitsvorsorge als auch die Behandlung der Erkrankungen immer akuter und wichtiger. Allerdings betreffen ältere Mitarbeiter neben den Gesundheitsänderungen auch andere Probleme. So kann die funktionelle Leistungsfähigkeit vorzeitig abnehmen. Zudem stagniert auch die berufliche Kompetenz ohne Weiterbildung und wird „altmodisch", was wiederum auch zu einer labiler werdenden Arbeitsmotivation führen kann. Insgesamt bedeuten die altersabhängigen Änderungen ein erhöhtes Risiko der vorzeitigen Arbeitsunfähigkeit und damit der Arbeitslosigkeit.

Von anderer Seite muß jedoch betont werden, daß das Altern auch positive Veränderungen mitbringt. Dazu gehört z.B. „Mental Growth". Viele kognitive Eigenschaften verbessern sich mit dem Alter, die Verbundenheit mit der Arbeit, die Arbeitsmoral und die Treue für die Arbeitgeber steigen mit dem Alter. Die Arbeits- und Lebenserfahrungen können auch positive Einflüsse auf das Arbeitsleben haben. Zusammenfassend kann über die altersbezogenen Veränderungen der Beschäftigten gesagt werden, daß das Arbeitsleben nach dem 50. Lebensjahr bessere Koping-Strategien für veränderte Gesundheit und Leistungsfähigkeit bedeuten kann (Ilmarinen, 1997). Allerdings kann ein älterer Mitarbeiter allein seine Stärke nicht leicht realisieren, sondern er ist auch von der Hilfe seines betriebsärztlichen Dienstes abhängig. Förderung der Arbeitsfähigkeit ist deshalb eine Zusammenarbeit von mehreren Partnern in Betrieben. Dafür sind neue, unternehmensnahe „Werkzeuge" nötig.

Die Arbeitsfähigkeit

Arbeitsfähigkeit ist ein komplexer Begriff, der oft zu begrenzt und einseitig definiert wird. Nach unseren Längsschnittstudien über elf Jahre hin (Ilmarinen 1995 a und b, Tuomi et. al 1997) sowie nach den Erfahrungen von ca. 20 FinnAge Projekten (Kloimüller 1995, Louhevaara & Ilmarinen, 1995) wurde für die Arbeitsfähigkeit ein modernes Konzept entwickelt. In diesem Modell ist Arbeitsfähigkeit ein Prozeß, der sich dynamisch mit dem Alter ändert (Abbildung 1). Er beruht auf der Gesundheit und der Leistungsfähigkeit des Beschäftigten und muß durch berufsbezogene Weiterbildung verstärkt werden. Insgesamt bilden die Blöcke der linken Seite des Prozeßmodells die berufliche Kompetenz des Arbeitnehmers ab. Die Kompetenz entspricht aber nicht der Arbeitsfähigkeit. Die Eigenschaften der Arbeitsbedingungen und die Arbeitsorganisation bestimmen, in welchem Maße die individuelle Kompetenz bei der Arbeit zum Einsatz kommen kann. Eine schlechte Umgebung in physischem, mentalem oder sozialem Sinne bedeutet, daß z. B. trotz guter Kompetenz die Arbeitsfähigkeit in der Praxis weit entfernt vom Optimum ist. Dazu kommt

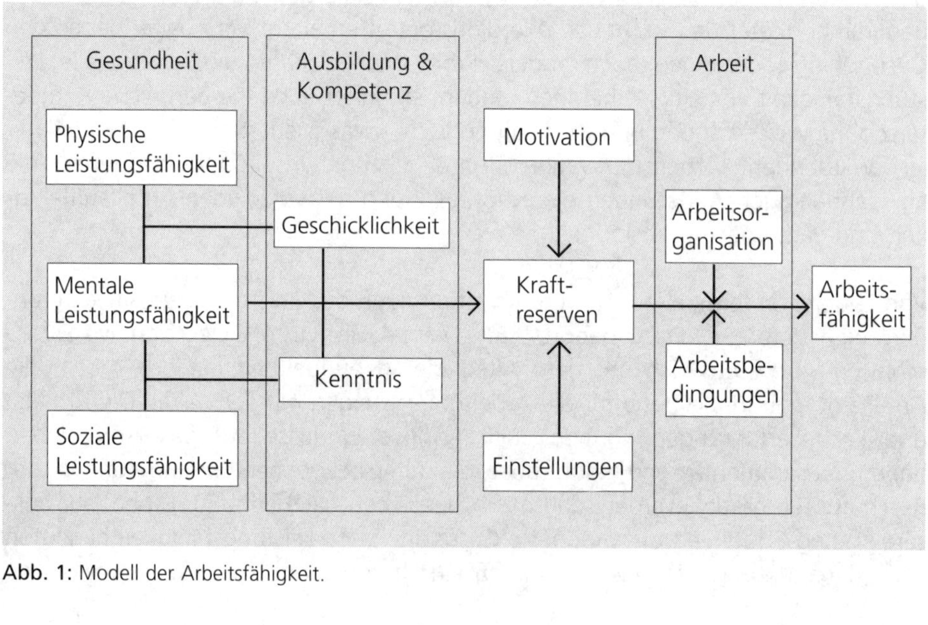

Abb. 1: Modell der Arbeitsfähigkeit.

noch die Bedeutung der Arbeitsmotivation, die auch für die Einflüsse von nichtberuflichem Leben sensitiv ist.

Dieses Modell der Arbeitsfähigkeit schlägt vor, daß zur Einflußnahme auf die Arbeitsfähigkeit ein Programm mit vielseitiger Zielsetzung nötig ist. Ein effektives und präventives Förderungsprogramm der Arbeitsfähigkeit soll bedarfsorientiert sowohl das Individuum als auch die Arbeit zum Ziel haben.

Neues Förderungskonzept für die Arbeitsfähigkeit

Ein neues Förderungskonzept der Arbeitsfähigkeit setzt sich aus vier verschiedenen Funktionen zusammen (Abbildung 2). Zwei der Funktionen fokussieren die altersbezogenen Anpassungen der physikalischen und psychosozialen Arbeitsumgebung. Die zwei, sich an dem Individuum orientierenden Funktionen haben ihren Fokus auf die Gesundheit/Leistungsfähigkeit und auf die berufsbezogene Weiterbildung. Die Längsschnitt- und Interventionsstudien haben gezeigt, daß mit Hilfe der multidimensionalen Förderungsmaßnahmen sowohl die Arbeitsfähigkeit als auch die Gesundheit der Beschäftigten beeinflußt werden kann. Als weitere Konsequenz der Maßnahmen können eine bessere Produktivität und Arbeitsqualität, aber auch eine verbesserte Lebensqualität und ein besseres Wohlbefinden gemessen werden. Die Einflüsse der präventiven Förderungsmaßnahmen haben sich auch als wirkungsvoll für die Verrentung und damit für ein angenehmes „drittes Alter" erwiesen.

Arbeitsfähigkeitsindex als Methode, um den Bedarf und die Einflüsse von Förderungsmaßnahmen zu beurteilen

Das finnische Institut für Arbeitsmedizin hat ein Instrument entwickelt, das geeignet ist, sowohl den Bedarf als auch die Ergebnisse der Förderungsmaßnahmen zu messen. Dieses Instrument, der sogenannte „Work Ability Index" ist heutzutage eine Routinemethode für die finnischen betriebsärztlichen Dienste geworden (Tuomi et al. 1995). Das Instrument ist in zehn verschiedene Sprachen übersetzt worden und funktioniert gut als Forschungsmethode oder als ein praxisnahes Instrument für neue Dienstleistungen im Gesundheitsschutz. Die deutsche Version als „Arbeitsbewältigungsindex" ist von Karazman und seinen Mitarbeitern (1995) für die betriebliche Gesundheitsförderung für älterwerdende Arbeitnehmer in Österreich veröffentlicht worden (Geissler 1995).

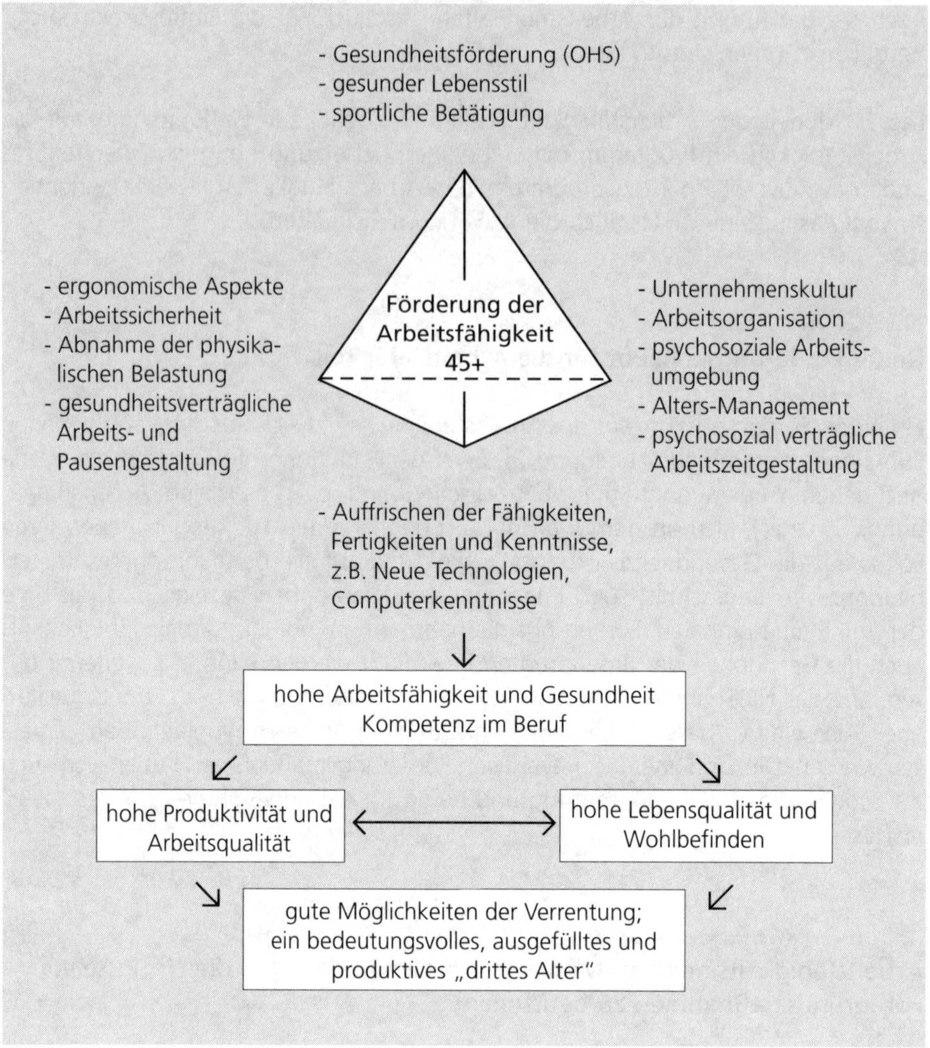

Abb. 2: Förderungskonzept der Arbeitsfähigkeit

Die Ziele für die Bestimmung der Arbeitsfähigkeit mit Hilfe des „Arbeitsbewältigungsindex" können folgendermaßen beschrieben werden:

1. solche Arbeitnehmer zu identifizieren, die Förderungsmaßnahmen benötigen.
2. den Arbeitsfähigkeitsstatus des Unternehmens, der verschiedenen Arbeits- und Produktionsgruppen oder der verschiedenen Tätigkeits- oder Altersgruppen zu bestimmen.
3. das Arbeitsunfähigkeitsrisiko des Unternehmens abzuschätzen.

4. den Bedarf der Förderungsmaßnahmen abzuschätzen.
5. die Wirkungskraft der präventiven Maßnahmen zu messen.
6. allgemeines Interesse an präventiven Maßnahmen in Betrieben zu wecken.
7. praxisnahe, geprüfte Methoden für betriebsärztliche Dienste zu bieten.

Eine objektive Messung der Arbeitsfähigkeit anhand eines einzigen Instruments ist nicht möglich, sondern sie setzt eine Beurteilung voraus, die auf verschiedensten Befunden und Daten basiert. Dabei kommen den Beurteilungen der Arbeitsfähigkeit durch den Arbeitnehmer selbst und durch die Fachleute gleiche Bedeutung zu, denn erst beide zusammen liefern ein möglichst objektives Bild der Arbeitsfähigkeit des Arbeitnehmers.

Der Arbeitsfähigkeitsindex beschreibt die Beurteilung der Arbeitsfähigkeit durch den Arbeitnehmer selbst. Seine Übereinstimmung mit den Ergebnissen klinischer Untersuchungen hat sich als gut erwiesen. In umfangreichen Nachfolgestudien hat der Arbeitsfähigkeitsindex auch verläßliche Veränderungen der Arbeitsfähigkeit in verschiedenen Berufsgruppen vorhergesagt. Circa 60 % derjenigen, die einen „schlechten" Arbeitsfähigkeitsindex hatten, wurden „Frührentner wegen Arbeitsunfähigkeit" in den kommenden elf Jahren (Tuomi et al. 1997).

Der Arbeitsfähigkeitsindex hat sieben Merkmale (Tabelle 1). Er wird als ein Summenwert der einzelnen Merkmale gerechnet und kann einen Wert von 7 bis 49 Punkten bekommen. Der Index ist nach epidemiologischen Längsschnittstudien in vier Klassen eingestuft worden: ausgezeichnet (44–49 Punkte), gut (37–43), mittel (28–36) und schlecht (7–27) (Ilmarinen et al. 1997). Jedes Merkmal hat eine statistisch signifikante Verbindung mit der Arbeitsunfähigkeitsrente und der Mortalität in Längsschnittstudien. Die Merkmale haben aber verschiedene Sensitivität für Förderungsmaßnahmen und bieten dadurch maßnahmen- und zielgruppenspezifische Informationen für die betriebsärztlichen Dienste.

Tab. 1: Arbeitsfähigkeitsindex

1. Die derzeitige Arbeitsfähigkeit im Vergleich zu der besten je erreichten	0–10
2. Arbeitsfähigkeit in Relation zu den Arbeitsanforderungen	2–10
3. Anzahl der derzeitigen vom Arzt diagnostizierten Krankheiten (Liste von 51 Krankheiten)	1–7
4. Geschätzte Beeinträchtigung der Arbeitsleistung durch Krankheiten	1–6
5. Krankenstand im vergangenen Jahr (12 Monate)	1–5
6. Vorhersage der eigenen Arbeitsfähigkeit in den nächsten zwei Jahren	1–7
7. Psychische Leistungsreserven	1–4
	7–49

Beispiel: Arbeitsfähigkeitsindex von Männern in Montagetätigkeiten

Individuelle Arbeitsfähigkeitspunkte bei Montagetätigkeiten sind in Abbildung 3 zu erkennen.

Die Punkte derselben Probanden auf der linken und rechten Seite beschreiben zuerst, wie sich der Arbeitsfähigkeitsindex mit dem Alter verändert. Auf der rechten Seite, wo die Montagearbeiter im Alter von 45–51 Jahren waren, zeigten die meisten Probanden eine gute Arbeitsfähigkeit mit Punkten von 36–43. Nur zwei Montagearbeiter hatten einen schlechten Index. Dieselbe Gruppe, elf Jahre älter (linke Seite der Abbildung 3), sieht aber ganz anders aus: Die meisten Montagearbeiter sind nun im Alter von 56–62 Jahren und zeigen eine mittlere Arbeitsfähigkeit, und viele sind in die Klasse „schlecht" gesunken.

Auch die individuelle Variabilität ist deutlich größer geworden. Als Beispiel ist hier die Altersklasse von 57 Jahren zu betrachten, in der es Montagearbeiter mit einer Arbeitsfähigkeit von „schlecht" bis „ausgezeichnet" gibt. Dieses Beispiel zeigt deutlich, wie sich die Arbeitsfähigkeit mit dem Alter ohne Förderungsmaßnahmen ändern kann. Es kann gesagt werden, daß Arbeit alleine die Arbeitsfähigkeit nicht erhält – nach unseren Erfahrungen in keinem der untersuchten physisch oder mental belastenden Berufen. Es ist auch leicht zu verstehen, daß der Vorarbeiter oder Meister zunehmende Probleme mit der Arbeitsleistung der Montagegruppe hat, wenn sich die Arbeitsfähigkeit seiner Mitarbeiter so dramatisch in elf Jahren verändert.

Deshalb ist es zu verstehen, daß effektive, präventive Maßnahmen frühzeitig durchgeführt werden müssen, um den Arbeitsfähigkeitsstatus, hier am Beispiel der Montagearbeiter im Alter von 45–51 Jahren, zu erhalten. Zu dem damaligen Zeitpunkt war die Anzahl derjenigen, die eine „schlechte" oder „mittlere" Arbeitsfähigkeit hatten und Förderungsmaßnahmen brauchten, noch die Minderheit der Gruppe, weshalb hier ein Eingreifen für den Betrieb wirtschaftlich noch tragbar gewesen wäre. Es muß allerdings betont werden, daß es nach unseren Erfahrungen nie zu spät ist, um Förderungsmaßnahmen durchzuführen; allerdings müssen dann weitaus mehr Maßnahmen für gute Ergebnisse eingesetzt werden.

Die Abbildung 4 zeigt eine andere Gruppe von Montagearbeitern, bei denen Förderungsmaßnahmen durchgeführt worden sind. Der Anfang der individuellen Kurven zeigt eine typische Abnahme der Arbeitsfähigkeit in vier Jahren. Bei einigen Montagearbeitern ist die Abnahme sehr deutlich, obwohl das Ausgangsniveau „gut" oder „ausgezeichnet" war. Nach Beginn der Förderungsmaßnahmen kann

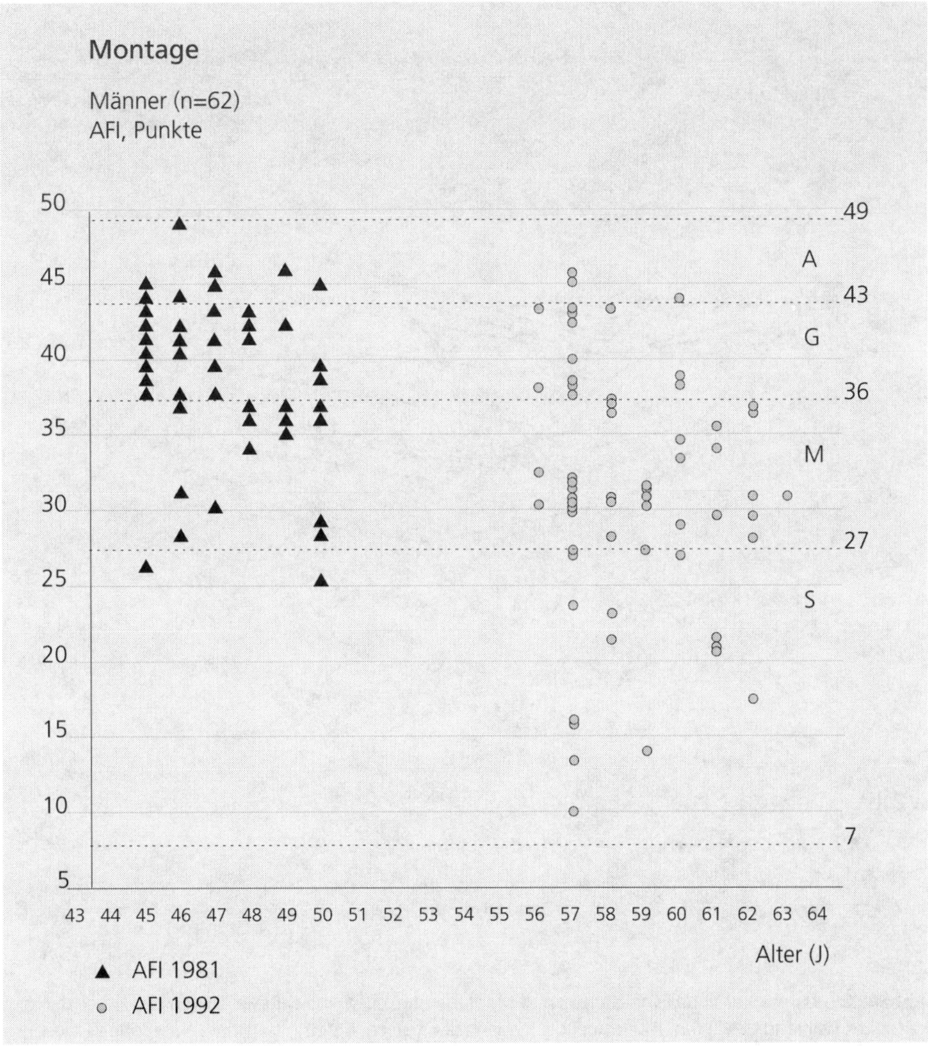

Abb. 3: Arbeitsfähigkeitsindex (AFI) von Männern in Montagetätigkeiten. Individuelle Arbeitsfähigkeitspunkte im Alter von 45-51 Jahren und im Alter von 56-63 Jahren (dieselben Personen). Arbeitsfähigkeitsindex-Klassen: A = ausgezeichnet, G = gut, M = mittel, S = schlecht (Siehe Text).

man deutlich eine steigende Tendenz der Arbeitsfähigkeit von allen Männern erkennen. Nach sechs Jahren zeigen die individuellen Arbeitsfähigkeitskurven, daß sich in dieser Gruppe von Montagearbeitern die Arbeitsfähigkeit entweder erhalten oder sogar verbessert hat. Diese Gruppe wird wahrscheinlich ein „gutes drittes Alter" erreichen. Die Männer in Abbildung 4 waren an verschiedenen Förderungsmaßnahmen beteiligt.

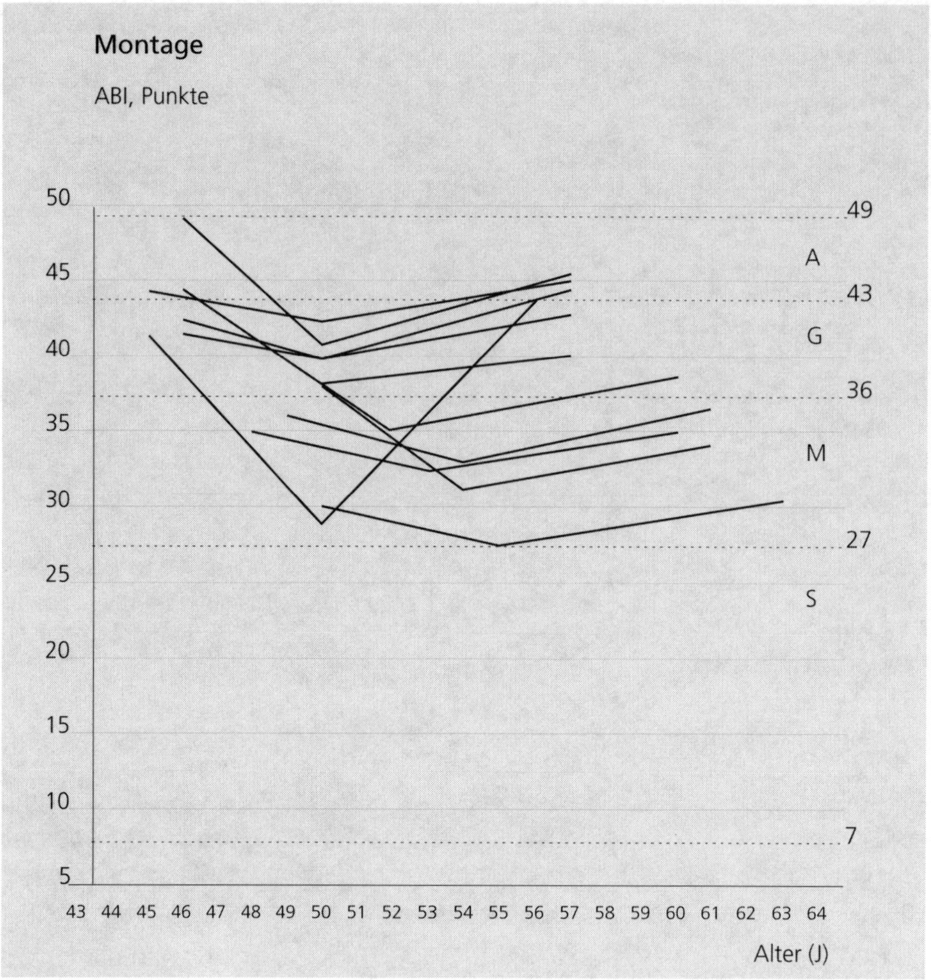

Abb. 4: Arbeitsfähigkeitsindex von Männern in Montagetätigkeiten. Individuelle Kurven des Arbeitsfähigkeitsindex während elf Jahren: Abnehmende Tendenz der Kurven in den ersten vier Jahren ohne Förderungsmaßnahmen, zunehmende Tendenz der Kurven in sechs Jahren mit Förderungsmaßnahmen (s. Text).

Als Regel gilt jedenfalls, daß Förderungsmaßnahmen, die sowohl auf individueller als auch betrieblicher Ebene eingesetzt werden, bessere Ergebnisse zeigen, als wenn nur eine Ebene berücksichtigt wird. Kommen alle vier Richtlinien aus dem Förderungskonzept (siehe Abbildung 2) zum Einsatz, zeigen sich die besten Ergebnisse, und beim Einsatz der drei Spitzen der Pyramide die zweitbesten Ergebnisse. Natürlich muß die Auswahl der Maßnahmen je nach Bedarf erfolgen und praxisnah Schritt für Schritt durchgeführt werden, damit die Produktion des Betriebes nicht gestört, sondern unterstützt werden kann.

Deshalb ist die volle Unterstützung der Betriebsleitung und der Vorgesetzten für die präventiven Maßnahmen notwendig.

Beispiel: Wirtschaftliche Analyse der Förderungsmaßnahmen

Für den Arbeitgeber ist es wichtig, eine „cost-benefit"-Analyse der Förderungsmaßnahmen durchzuführen. Niedrigere Abwesenheitsraten, niedrigere Arbeitsunfähigkeitskosten und höhere Produktivität sind oft Merkmale, die ziemlich zuverlässig zu rechnen sind. Dazu gibt es auch andere Merkmale, wie z.B. besseres Image und kompetentere Belegschaft, die sich positiv ändern können. Diese sind aber wirtschaftlich meist schlecht abzuschätzen.

Ein Beispiel von Fundia kann hier kurz beschrieben werden. Fundia zählt zu den führenden Herstellern von Langstahlprodukten in Europa. Fundia ist ein Unternehmen des Rautaruukki-Konzerns. Fundia-Draht hat ca. 800 Beschäftigte und produziert Walzdraht und Stangen. Die wichtigsten Produktgruppen sind Kaltstauchstahl, Schweißstahl, weicher Spezialstahl, Spannstahl und hochgekühlter Stahl. Im Stahlwerk Koverhar wird ca. 550 000 Tonnen Stahl produziert. Davon werden 350 000 Tonnen im Walzwerk Dalsbruk weiterverarbeitet. Die Tätigkeiten und Arbeitsumgebungen sind typisch für eine schwere Metallbranche.

Zur Förderung der Arbeitsfähigkeit und Prävention der muskuloskeletalen Beschwerden oder Erkrankungen entstand das 5-jährige Dalbo-Projekt. Die freiwilligen Mitarbeiter meldeten sich bei dem betriebsärztlichen Dienst. Dort wurden deren Gesundheitsstatus und die muskuloskeletale Leistungsfähigkeit bestimmt. Die Arbeitsplätze der vom betriebsärztlichen Dienst ausgewählten Mitarbeiter wurden mit Video aufgenommen. Die persönlichen Daten und Arbeitsplatzdaten wurden im voraus zum Rehabilitationszentrum geschickt, um die notwendigen Maßnahmen zu planen. Insgesamt ein Drittel der Belegschaften (369 Mitarbeiter) nahmen an einem 12-Tage-Kurs im Reha-Zentrum teil. Die Teilnehmer waren zwischen 22 und 63 Jahre alt. Die Maßnahmen bestanden aus Übungen der physischen Leistungsfähigkeit sowie aus ergonomischen Verbesserungsvorschlägen der Arbeitstätigkeiten und der Arbeitsumgebung.

Die „Kosten-Nutzen"-Analyse zeigte, daß der Einsatz des Unternehmens ca. FIM 300 000 pro Jahr für 3 Jahre betrug. Die Nutzen, umgerechnet pro Jahr, waren FIM 3 000 000. Diese entstanden durch die Abnahme der Arbeitsunfähigkeitskosten (-FIM 1 600 000), der Zunahme der Produktivität (+FIM 1 300 000) und der Abnahme der Krankenstandskosten (-FIM 200 000). Insgesamt war der Nutzen zehnmal größer als der Einsatz.

Dienstleistung: Förderungskonzept und Arbeitsfähigkeitsindex

In diesem Bericht ist beschrieben worden, wie ein Förderungskonzept und eine praxisnahe Forschungsmethode zusammen eine neue Dienstleistung konstruieren können. Gesundheits- und arbeitsorientierte Dienstleistungen für betriebsärztliche Dienste sind sehr nötig, weil der demographische Wandel und älterwerdende Belegschaften in den Betrieben dringend Förderungsmaßnahmen für den Erhalt der Arbeitsfähigkeit und das Wohlbefinden benötigen. Das Grundmodell des Förderungskonzepts basiert auf einer langfristigen Forschung und ist global anwendbar. Die Erfahrungen mit dem Arbeitsfähigkeitsindex in verschiedenen Ländern haben gezeigt, daß dieses Instrument auch in verschiedenen Kulturen (USA, Asien, Europa) erfolgreich einsetzbar ist. Die Zuverlässigkeit und Vorhersagekraft des Arbeitsfähigkeitsindex ist sehr hoch und bietet neue Möglichkeiten für eine weitere Zusammenarbeit in Forschung und Praxis. Eine praxisnahe Software ermöglicht auch bei größeren Datenmengen eine einfache Handhabung u. a. durch graphische Darstellungen.

Für die Unternehmen und die betriebsärztlichen Dienste bedeutet das beschriebene Förderungskonzept und der Arbeitsfähigkeitsindex eigentlich mehr oder weniger nur – Neues Denken, neues Leben.

Literatur

Geissler H.: Der „Work Ability Index", in deutscher Fassung: Der Arbeitsbewältigungsindex. In: R. Karazman u. a. (Hrsg.): Alt, erfahren und gesund. Betriebliche Gesundheitsförderung für älterwerdende Arbeitnehmer. Band 1 der Schriftenreihe des Institutes für betriebliche Gesundheitsförderung, G. Conrad, Gamburg, Österreich, 1995, 175–177.

Ilmarinen J.: Arbeitsfähigkeit und Alter. 10 Jahre Längsschnittstudien in verschiedenen Berufsgruppen. In: R. Karazman u. a. (Hrsg.) Alt, erfahren und gesund. Betriebliche Gesundheitsförderung für älterwerdende Arbeitnehmer. Band 1 der IBG Reihe. G. Conrad, Gamburg, Österreich, 1995, 15–33.

Ilmarinen J.: Arbeitsfähigkeit und Alter. Zehn Jahre Längsschnittstudien in verschiedenen Berufsgruppen. Sichere Arbeit. Heft 4, AUVA, 1995, 37–40.

Ilmarinen J.: Aging and work – coping with strenghts and weaknesses. Editorial. Scand J Work Environ Health 1997; 23:3–5.

Ilmarinen J., Tuomi K., Klockars M.: Changes in the work ability index of active employees over an 11-year period. Scand J Work Environ Health 1997; 23 suppl 1: 49–57.

Kloimüller I. Pionier Finnland: FinnAge-Respect for the Ageing. In: R. Karazman u. a. (Hrgs): Alt, erfahren und gesund. Betriebliche Gesundheitsförderung für älter werdende Arbeitnehmer. Band 1 der Schriftenreihe des Instituts für betriebliche Gesundheitsförderung, G. Conrad, Gamburg, Österreich 1995, 171–174.

Louhevaara V., Ilmarinen J.: FinnAge – respect for the Ageing Programme 1990–1996: A brief summary. In: P. Seppälä et al. (eds.): From Experience to Innovation. Proceedings of the 13th Triennal Congress of the International Ergonomic Association, June 29-July 4, 1997 Tampere, Finland, Finnish Institute of Occupational Health, vol. 5, 480–482, 1995

Tuomi K. (ed.): Eleven year follow-up of aging workers. Scand J Work Environ Health 1997; 23 suppl 1: 71 p.

Tuomi K., Ilmarinen J., Jahkola A., Katajarinen L., Tulkki A.: Work Ability Index. Arbeitsbewältigungsindex. Deutschsprachige Ausgabe R. Karazman, H. Geissler, I. Kloimüller IBG-Österreich. Finnisches Institut für Arbeitsmedizin, Helsinki, 1995

Tuomi K., Ilmarinen J., Seitsamo J., Huuhtanen P., Martikainen R.; Nygård, C.-H., Klockars M.: Summary of the Finnish research project (1981–1992) t promote the health and work ability of aging workers. Scand J Work Environ Health 1997; 23 suppl 1: 66–71.

II. Neue Märkte – Wachstumschancen durch Dienstleistungen

7. Beschäftigung und Tertiarisierung

Beschäftigung und Tertiarisierung

Martin Baethge

Das Thema Beschäftigung und Tertiarisierung bewegt uns jetzt in der wissenschaftlichen und politischen Diskussion seit einigen Jahren, auch wenn es, bezogen auf die Entwicklung der Bundesrepublik insgesamt, in beiden Feldern, Wissenschaft und Politik, relativ spät entdeckt und ernsthaft angegangen worden ist. Man kann vielleicht in Anlehnung an die Formel von der „nachholenden Modernisierung" von einer „nachholenden Thematisierung" der Dienstleistungsproblematik in der Bundesrepublik sprechen. Diese nachholende Thematisierung der Dienstleistungsentwicklung macht zumindest für die Wissenschaft einen Teil der Schwierigkeiten der Diskussion aus: Bei Themenfeldern, für die man keine eigene längere wissenschaftliche Tradition und ein in ihr entwickeltes theoretisches und methodisches Fundament hat, neigt man dazu, die aktuellen marktgängigen wissenschaftlichen Erklärungsangebote zunächst einmal zu überbetonen und sich zu eng an den akuten praktischen Problemen zu orientieren. Dies scheint mir ein wenig die Situation in der Bundesrepublik zu sein, die dazu verführt, einen schnellen Blick auf die Entwicklung in anderen Ländern – vor allem in den USA – zu werfen, und nach praktischen Beispielen für eine schnelle Expansion von Dienstleistungsbeschäftigung Ausschau zu halten.

Ohne Frage besteht in der Bundesrepublik ein hoher beschäftigungspolitischer Druck auf schnelle Lösungen zum Abbau von Massenarbeitslosigkeit, dem sich auch die Wissenschaft nicht entziehen kann und darf. Für wissenschaftliche Klärungen aber kann hoher Zeitdruck zum Problem werden, weil man im Interesse schneller Lösungen unter Umständen zu wenig genau hinschaut oder nicht die nötige Sorgfalt walten läßt bei der Abschätzung von Folgen, die vorgeschlagene Wege einer Expansion von Dienstleistungsbeschäftigung hervorrufen können (zum Beispiel bei der Perspektive des Ausbaus eines subventionierten Niedriglohnsektors die Frage, wie ein solcher Ausbau auf die Produktivitätsentwicklung in den entsprechenden Sektoren wirkt).

Ohne Frage gibt es Möglichkeiten, aus den Erfahrungen in anderen Ländern zu lernen. Gerade im Dienstleistungssektor ist dieses Lernen aber kein schlichtes „Abkupfern", sondern ein recht komplizierter Transferprozeß, der die sozialen und kulturellen Bedingungen der eigenen Gesellschaft sehr genau im Auge haben muß, um dysfunktionale Entwicklungen, Mißerfolge und Enttäuschungen zu vermeiden. Je wichtiger im Zuge der Globalisierung von Wirtschaftsverflechtungen das Lernen von anderen Gesellschaften, von anderen politischen und ökonomischen Systemen wird, desto wichtiger wird es auch, sich über die Regeln dieses Lernens klar zu werden, und zu diesen Regeln gehört auch an vorderster Stelle, daß man sich der Stärken und Schwächen der eigenen Gesellschaft bewußt ist, um nicht unversehens Stärken zu zerstören und Schwächen eskalieren zu lassen.

Für Deutschland mit seiner stark industriell geprägten Wirtschaftsstruktur gilt, daß vor allem in jüngster Vergangenheit der Tertiarisierungsprozeß stärker als in anderen Ländern von modernen, produktiven Dienstleistungen bestimmt war und wohl auch in Zukunft bestimmt sein wird. Gleichzeitig werden traditionelle Dienstleistungen, die lange als arbeitsintensiv und räumlich gebunden galten, wie beispielsweise der Handel, angesichts neuer Marktbedingungen und der weiteren Diffusion der Informations- und Kommunikationstechnologien zunehmend rationalisierbar. Die Beschäftigungsentwicklung im Dienstleistungssektor könnte leicht in die Zange zwischen erhöhter Rationalisierbarkeit traditioneller und zunehmender Ortsunabhängigkeit und Handelbarkeit moderner (produktions- und marktbezogener) Dienstleistungen geraten. Freilich bietet die Handelbarkeit von Dienstleistungen auch neue Chancen für deren Export.

Das Forum stellt sich dieser Kernproblematik des bundesrepublikanischen Tertiarisierungsprozesses und geht an ausgewählten Feldern der Frage nach, wo wesentliche Promotoren, aber auch Blockaden für eine Expansion der Dienstleistungsbeschäftigung liegen. Das Forum soll damit einer Bewußtmachung der Bedingungen der Dienstleistungsbeschäftigung in der Bundesrepublik dienen, zu der auch, wie Herr Rüttgers es in seinem Einleitungsreferat zu diesem Kongreß gesagt hat, die Auflösung von Klischees gehört. Wie wir uns das unter dem Diktat einer knappen Diskussionszeit vorstellen, wird Ihnen am besten am Ablauf des Forums deutlich, da wir in der glücklichen Lage waren, dank der schnellen Bereitschaft der hier anwesenden Referentinnen und Referenten unsere Ausgangsüberlegungen zu realisieren:

- Zum Beginn wird uns Herr Schimmelpfennig vom Institut für Weltwirtschaft in Kiel etwas zum Strukturwandel von Beschäftigung in der Bundesrepublik sagen und dabei spezifische Entwicklungsbedingungen für Dienstleistungen hervorheben. Dies geschieht im wesentlichen anhand von Daten auf der Makroebene.

- Dann wird Herr Prof. Arminger von der Gesamthochschule Wuppertal uns die Beschäftigungsentwicklung in dem Feld erläutern, das in den letzten Wochen als beschäftigungsgenerierender Hoffnungsträger in der öffentlichen Diskussion in den Vordergrund gerückt ist: Der Multimediasektor.
- Daran anschließend wird uns Herr Dr. Heidel von der REWE-Zentral AG die Perspektiven für Beschäftigung in einem der großen traditionellen Dienstleistungsbereiche, dem Einzelhandel, erläutern, wobei ich es besonders dankenswert finde, daß Herr Heidel sehr dezidiert den Blick nach vorn richtet.
- Schließlich werden uns Frau Hummel vom IFO-Institut in München und Herr Dr. Born von der McKinsey-Unternehmensberatung in Düsseldorf die Entwicklungsdynamik der unternehmensbezogenen Dienstleistungen, die im letzten Jahrzehnt die stärkste Expansion zu verzeichnen hatten, im internationalen Maßstab nahebringen.

Ich denke, daß wir mit dieser Komposition der Beiträge für den heutigen Nachmittag eine gute Mischung zwischen Makro- und Branchen-Ebene, zwischen eher alten und eher modernen Dienstleistungsfeldern, zwischen nationalen und internationalen Entwicklungsbedingungen und -pfaden haben, die uns eine recht komplexe Ausleuchtung aktueller Trends und Probleme der Dienstleistungsbeschäftigung gestattet, soweit dies in der Kürze der Zeit möglich ist.

Wichtige Punkte der Diskussion

Die lebhafte Diskussion des Forums zu den einzelnen Beiträgen ist hier nicht im einzelnen wiederzugeben. Einige zentrale Probleme, die es für eine expansive Beschäftigungspolitik im Dienstleistungsbereich zu lösen gilt, seien hier aber angeführt:

1.

Das Problem der Gleichzeitigkeit und Vereinbarkeit unterschiedlicher strategischer Optionen: So einig man sich im Auditorium über einen Nachholbedarf an tertiärer Beschäftigung war, die Ursachen für vorhandene Lücken in der Beschäftigungsperformanz des deutschen Dienstleistungssektors und für mögliche Ansätze zu ihrer Behebung blieben kontrovers. Dies galt zunächst für die allgemeine Erklärung auf der Makro-Ebene: Wenn man die Dienstleistungslücke im wesentlichen auf Innovationshemmnisse zurückführt, ist es sehr fraglich, wieweit eine Strategie der allgemeinen Senkung von Arbeitskosten zum Abbau solcher Hemmnisse tatsächlich einen Beitrag leisten kann (Die Debatte entwickelte sich am Beitrag von Schimmelpfennig). Eher würden hier Qualifizierungsstrategien, eine verbesserte Infrastrukturausstattung und eine Verbesserung der dienstleistungsbezogenen FuE-Anstrengungen Abhilfe schaffen. Im weiteren Verlauf der Diskussion wurden insbesondere Erfordernisse einer schnellen qualifikatorischen Verbesserung und Erhöhung des Arbeitskräfteangebots im gesamten Informatik- und Multimedia-Sektor angemahnt (vgl. Beitrag Born).

In der Debatte blieb die Frage, wieweit sich eine allgemeine Kostensenkungsstrategie für Beschäftigung mit einer Strategie zur Erhöhung des Qualifikationsniveaus verbinden lasse, kontrovers und offen. Diese Kontroverse verweist auf das grundlegende Problem von nichtintendierten Folgen von beschäftigungspolitischen Strategien und erfordert eine Klärung dessen, wieweit man gleichzeitig unterschiedliche strategische Optionen zur Verbesserung von Dienstleistungsbeschäftigung realisieren kann, bzw. wo sich unterschiedliche Strategien zu konterkarieren drohen.

2.

Das immer noch ungelöste Problem der Erfassung von Beschäftigungswirkungen neuer Technologien: Ein genaues Hinschauen auf die sich tatsächlich abspielenden Prozesse im Betrieb und auf dem Arbeitsmarkt, das in der Diskussion besonders nachdrücklich immer wieder von F. Wiethold (HBV) reklamiert wurde, erwies seine Notwendigkeit im besonderen Maße bei den neuen Multimedia-Diensten. Gegenüber einer sehr optimistischen Einschätzung von seiten der Unternehmensberatung (vgl. Born, McKinsey), die sich im wesentlichen auf Umsatzprognosen stützt, stehen die eher ernüchternden Daten der Beschäftigungsstatistik, die zum einen zeigen, daß die starken Rationalisierungsanstrengungen im Zuge der Privatisierung vormals öffentlicher Anbieter (insbesondere in der Telekommunikation) hohe Personaleinsparungen gezeitigt haben, und die zum anderen deutlich machen, daß sich auch in diesen Bereichen die Beschäftigungsentwicklung an die Konjunktur anlehnt (vgl. Beitrag Arminger). Die Konsequenz aus der Kontroverse ist nicht nur, daß man in solchen hochdynamischen Feldern die Datenbasis von Prognosen noch intensiver, als es ohnehin nötig ist, methodisch unter die Lupe nehmen muß. Darüber hinaus zeigt sich auch, daß man Umsatz-/Marktprognosen nicht einfach in Beschäftigungseffekte umrechnen darf; schließlich, daß anhand der heutigen Statistiken die Frage nach Brutto- oder Netto-Effekten von Beschäftigung bei der hohen institutionellen Dynamik in diesen Bereichen kaum zu beantworten ist.

3.

Das Problem der Definition von hoch- bzw. niedrig-qualifizierten Beschäftigungsfeldern: Eine kritische Diskussion ergab sich auch zu der Frage, ob und wieweit man Qualifikationszuschreibungen in der Form von „hoch" und „niedrig" zu einzelnen Beschäftigungsfeldern vornehmen kann, etwa in dem Sinne, daß die unternehmensbezogenen Dienste eher dem Bereich der höheren Qualifikation, ein Großteil der personenbezogenen Dienste (Pflege- und Haushaltsdienste) eher den niedrigqualifizierten Tätigkeiten zuzurechnen seien. Hier wurde gegen einen unbefangenen Sprachgebrauch auf die Gefahr verwiesen, daß hier Qualifikation unversehens mit Bezahlung gleichgesetzt würde, weil es sich bei vielen personenbezogenen Diensten oft um schlecht bezahlte, keineswegs aber zugleich niedrigqualifizierte Tätigkeiten handeln müsse. Die Festschreibung eines solchen hypostasierten Zusammenhangs kann leicht dazu führen, daß die Professionalisierung und die Qualitätsverbesserung bei solchen Diensten vernachlässigt wird.

4.

Das Problem Service-Verbesserung und Kostenklemme: Am Beispiel des Einzelhandels und seiner Entwicklung in den letzten Jahren zu einer Verstärkung eher geringqualifizierter Tätigkeiten stellte sich sehr nachdrücklich die Frage, ob es eine Kostengrenze für die Wirksamkeit von Dienstleistungsqualität gäbe, und ob die Unternehmen, die mit einem dezidierten Service-Konzept auf dem Markt operierten, ökonomisch nicht auf ihre Kosten kommen könnten. Das Hauptargument für die Verfechter einer solchen These läßt sich mit dem Satz paraphrasieren, der deutsche Konsument sei preisbewußt, habe aber einen schlechten Geschmack (vgl. Beitrag Heidel). Die Annahme, Servicequalität rechne sich nicht, werde mehr und mehr zur Richtschnur in klassischen Dienstleistungsfeldern wie dem Einzelhandel und bei Banken und Versicherungen und führe dort zu Beschäftigungsabbau und wenig qualifizierter Beschäftigung. Entgegengehalten wurde dieser These, daß es durchaus relevante Kundengruppen gäbe, die für gute Servicequalität zu zahlen bereit seien, daß es in den USA mittlerweile eine deutliche Gegentendenz zur Service-Reduktion gäbe, und daß es vielleicht mehr eine Sache der begrenzten Phantasie des Managements sei als tatsächlich eine adäquate Beschreibung des Kundenverhaltens und der Kundenwünsche. Offen blieb und klärungsbedürftig ist, bei welchem Typ von Dienstleistungen und bei welchen Kundengruppen die Preiselastizität wie hoch ist.

Beschäftigung im Strukturwandel*

Axel Schimmelpfennig

Seit Mitte der siebziger Jahre hat sich die Arbeitslosenquote in Deutschland[1] von 0,6 % im Jahr 1970 auf über 10 % im Jahr 1997 in mehreren Schüben sockelartig erhöht. Im gleichen Zeitraum ist zum einen die Zahl der Erwerbspersonen von 26,8 Millionen im Jahr 1970 auf 30,5 Millionen im Jahr 1996 um 14 % deutlich gestiegen. Zum anderen hat sich die wirtschaftliche Aktivität vom Produzierenden Gewerbe zum Dienstleistungssektor verlagert.[2] 1970 lag der Anteil des Produzierenden Gewerbes an der Bruttowertschöpfung noch bei 50 %, im Jahre 1996 lag er nur noch bei rund 35 %. Spiegelbildlich dazu ist der Anteil des Dienstleistungssektors an der Bruttowertschöpfung von 50 % im Jahr 1970 auf 65 % im Jahr 1996 gestiegen.[3] Trotz des Anteilsverlustes des Produzierenden Gewerbes ist die Bruttowertschöpfung absolut gestiegen.

Auch bei der Zahl der Erwerbstätigen kam es zu einer sektoralen Verschiebung. 1970 waren rund 46 % der Erwerbstätigen im Produzierenden Gewerbe und 54 % im Dienstleistungssektor beschäftigt. Im Jahr 1996 lag der Anteil des Produzierenden Gewerbes an den Erwerbstätigen nur noch bei 36 %, während der Anteil des Dienstleistungssektors an den Erwerbstätigen auf 64 % gestiegen war. Im Unterschied zur Bruttowertschöpfung hat das Produzierende Gewerbe bei den Erwerbstätigen nicht nur einen Anteilsverlust zu verzeichnen, es wurden auch absolut Arbeitsplätze abgebaut. 1970 waren im Produzierenden Gewerbe noch 13,0 Millionen Erwerbstätige beschäftigt. Bis 1996 ist diese Zahl um 30 % auf 9,8 Millionen

---

* Dieser Beitrag stützt sich auf Arbeiten im Rahmen der Strukturberichterstattung für das Bundesministerium für Wirtschaft.

[1] Alle Angaben beziehen sich auf Westdeutschland.

[2] Das Produzierende Gewerbe besteht aus den Bereichen Energie- und Wasserversorgung, Bergbau, Verarbeitendes Gewerbe und Baugewerbe. Der Dienstleistungssektor besteht aus den Bereichen Handel und Verkehr, Dienstleistungsunternehmen, Staat und den privaten Haushalten.

[3] Eigene Berechnungen auf Basis vom Sachverständigenrat (1997).

gesunken. Der Beschäftigungszuwachs im Dienstleistungssektor von 11,3 Millionen Erwerbstätigen im Jahr 1970 um 64 % auf 17,6 Millionen im Jahr 1996 war damit nicht ausreichend, um sowohl das Anwachsen der Erwerbsbevölkerung als auch den Arbeitsplatzabbau im Produzierenden Gewerbe aufzufangen.[4]

Dieser Beitrag untersucht das Zusammenspiel von Beschäftigung und Strukturwandel. Zunächst werden alternative Erklärungsansätze für Strukturwandel diskutiert. Aus diesen Erklärungsansätzen wird dann die Wirkung des Strukturwandels auf den Arbeitsmarkt abgeleitet. Arbeitslosigkeit entsteht durch Strukturwandel, wenn sich das Arbeitsangebot nur langsam an die sich verändernde Arbeitsnachfrage anpaßt. Eine Ausweitung der Lohndifferenzierung ist eine Möglichkeit zur Vermeidung von Arbeitslosigkeit.

Erklärungsansätze für Strukturwandel

Nach der 3-Sektoren-Hypothese vollzieht sich Strukturwandel durch sektoral unterschiedliche Entwicklungen in der Produktivität und der Güternachfrage (Fisher 1939, Clark 1940, Fourastié 1963). Der Produktivitätsfortschritt verläuft im Produzierenden Gewerbe mit einer schnelleren Rate als im Dienstleistungssektor. Folglich kann die Beschäftigung im Produzierenden Gewerbe bei konstantem Output sinken. Die Konsumnachfrage verschiebt sich mit steigendem Einkommen von Gütern des Produzierenden Gewerbes zu Dienstleistungen. Diese Anteilsverschiebung bewirkt eine relative Beschäftigungsexpansion im Dienstleistungssektor.

Die 3-Sektoren-Hypothese läßt sich empirisch für Deutschland nur schlecht bestätigen, während sie z. B. für die Vereinigten Staaten eine höhere Erklärungskraft aufweist. In Deutschland verläuft die Produktivitätsentwicklung im Produzierenden Gewerbe und im Dienstleistungssektor annähernd parallel. Bei der Konsumnachfrage zeigt sich keine klare Verschiebung zugunsten des Dienstleistungssektors (Klodt et. al 1997: 28 und 45).

Der Strukturwandel zum Dienstleistungssektor wird häufig als rein statistisches Phänomen dargestellt. Die sektorale Anteilsverschiebung wird dabei als Resultat von Outsourcing-Aktivität der Unternehmen gesehen. Wenn z. B. ein Industrieunternehmen seine Lohnbuchhaltung in ein separates Unternehmen auslagert, so wird diese Lohnbuchhaltung nicht mehr im Produzierenden Gewerbe, sondern im

[4] Zusätzlich wurden noch im Bereich Land- und Forstwirtschaft, Fischerei rund 1,5 Millionen Arbeitsplätze abgebaut.

Dienstleistungssektor gezählt. Klodt et. al (1997: 175) haben jedoch gezeigt, daß der Anteil der Dienstleistungsaktivität im Produzierenden Gewerbe trotz Outsourcing von 1984 bis 1995 noch gestiegen ist. Strukturwandel ist folglich kein rein statistischer Effekt.

Die Innovationshypothese schließlich sieht die Vorleistungsnachfrage der Unternehmen als die treibende Kraft des Strukturwandels. Unternehmen sind bemüht, durch immer individualisiertere Produkte im internationalen Wettbewerb zu bestehen. Dazu setzen sie verstärkt Dienstleistungen als Vorleistungen im Bereich der Produktentwicklung und Vermarktung ein und nutzen die Möglichkeiten der Informations- und Kommunikationstechnologie. Die Produktion wird somit dienstleistungsintensiver. Klodt et. al (1997: 45) zeigen empirisch, daß die Innovationshypothese für Deutschland eine hohe Erklärungskraft aufweist.

Wirkung des Strukturwandels auf den Arbeitsmarkt

Durch den Strukturwandel kommt es auf dem Arbeitsmarkt zu einer Verschiebung der Arbeitsnachfrage. Diese Verschiebung vollzieht sich zum einen zwischen den Sektoren. Im Produzierenden Gewerbe werden Arbeitsplätze abgebaut, im Dienstleistungssektor entstehen neue Arbeitsplätze. Für den einzelnen Arbeitnehmer ist es zum Teil sehr schwierig, zwischen den Sektoren zu wandern, da notwendige fachliche Qualifikationen fehlen oder keine monetären Anreize vorliegen (z. B. Paqué 1995).

Die Verschiebung der Arbeitsnachfrage vollzieht sich zum anderen — und wichtigeren Teil — zwischen Qualifikationsanforderungen. Diese Verschiebung findet sowohl zwischen als auch innerhalb der Sektoren statt. Arbeitsplätze in der industriellen Fertigung, die nur eine geringe formale Qualifikation voraussetzen, werden verstärkt abgebaut. Die neu entstehenden Arbeitsplätze sind vor allem in den Bereichen Gesundheit, Finanzdienstleistungen, Kommunikation, Forschung und Entwicklung sowie Management und Consulting angesiedelt. Dort wird zum Großteil eine hohe formale Qualifikation der Erwerbstätigen gefordert (Schimmelpfennig 1998).

Unter der Annahme, daß Unternehmen Gewinnmaximierung betreiben und auf vollkommenen Märkten agieren, ist die Arbeitsnachfrage eine fallende Funktion des Lohnes. Mit sinkendem Lohn fragen die Unternehmen mehr Arbeit nach. Strukturwandel verschiebt die Arbeitsnachfragekurve. Im Produzierenden Gewerbe wird bei konstantem Lohn weniger Arbeit nachgefragt, im Dienstleistungssektor mehr. Analog dazu sinkt die Nachfrage nach Arbeitern mit niedriger formaler Qualifikation bei konstantem Lohn, während die Nachfrage nach Arbeitern mit hoher formaler Qualifikation steigt. Siehe Klodt et. al. (1997: 154) für eine graphische Veranschaulichung dieses Zusammenhangs.

Anpassung des Arbeitsangebots an die Arbeitsnachfrage

Im Generationenwechsel auf dem Arbeitsmarkt ist eine Anpassung des Arbeitsangebots an die sich verschiebende Arbeitsnachfrage gut möglich. Arbeitsmarkteinsteiger erwerben ihre berufliche Qualifikation unter Berücksichtigung der jeweiligen Knappheitssituation auf dem Arbeitsmarkt (z. B. Merz und Schimmelpfennig 1999). Innerhalb einer Generation ist die Anpassung an die sich verschiebende Arbeitsnachfrage jedoch nicht immer einfach zu vollziehen. Der Erwerb einer neuen, höheren formalen Qualifikation ist ab einem gewissen Alter schwierig, so daß für ehemalige Industriearbeiter nur Stellen im Niedriglohnbereich des Dienstleistungssektors offen stehen. Die monetären Anreize, eine solche Stelle aufzunehmen, sind jedoch aufgrund des Systems der sozialen Sicherung nur gering (vgl. Deutsche Bundesbank 1995).

Bei eingeschränkter sektoraler oder qualifikatorischer Mobilität kann eine Erhöhung der Lohndifferenzierung Arbeitslosigkeit im Strukturwandel vermeiden. Trotz rückläufiger Arbeitsnachfrage kann die Beschäftigung in einem Sektor oder einer Qualifikationsgruppe konstant gehalten werden, wenn der Lohn entsprechend sinkt.[5]

In Deutschland ist es zu einer solchen Lohndifferenzierung nicht gekommen. Im Gegenteil: Die Arbeitskosten im schrumpfenden Produzierenden Gewerbe sind relativ zum expandierenden Dienstleistungssektor sogar noch gestiegen. Im Gegensatz dazu ist das Verhältnis der Arbeitskosten im Produzierenden Gewerbe zum Dienstleistungssektor z. B. in den Vereinigten Staaten konstant geblieben. Die Beschäftigung im Produzierenden Gewerbe ist in den Vereinigten Staaten dadurch nahezu konstant geblieben (siehe Schimmelpfennig 1997). Auch die qualifikatorische Lohndifferenzierung hat in Deutschland abgenommen, anstatt sich auszuweiten. Die Bruttostundenlöhne der Erwerbstätigen mit geringer formaler Qualifikation haben sich relativ zu den Bruttostundenlöhnen der Erwerbstätigen mit mittlerer und hoher Qualifikation noch erhöht (siehe Christensen und Schimmelpfennig 1998).

[5] Eine solche Lohndifferenzierung sichert nicht nur kurzfristig Beschäftigung, sondern setzt auch langfristig die richtigen Anreize zur Anpassung des Arbeitsangebots.

Ausblick

Angesichts einer mangelnden sektoralen und qualifikatorischen Lohndifferenzierung ist es durch die Verschiebung der Arbeitsnachfrage zu einer Erhöhung der gesamtwirtschaftlichen Arbeitslosenquote gekommen. Betrachtet man Arbeitslosenquoten innerhalb von Qualifikationsgruppen, so ist die Arbeitslosenquote der geringer Qualifizierten deutlich stärker gestiegen als die der höher Qualifizierten und liegt dadurch mehr als doppelt so hoch (Christensen und Schimmelpfennig 1998 oder Reinberg 1997). Langfristig bleibt die Hoffnung, daß die Arbeitslosenquote durch den Generationenwechsel und die damit verbundene Anpassung des Arbeitsangebots an die veränderte Arbeitsnachfrage wieder zurückgeht. Solange sich jedoch der Strukturwandel fortsetzt und dabei die Arbeitsnachfrage verschiebt, ist eine erhöhte Lohndifferenzierung zur Vermeidung von Arbeitslosigkeit im Anpassungsprozeß weiter notwendig.

Literatur

Christensen, B., und A. Schimmelpfennig (1998). Arbeitslosigkeit, Qualifikation und Lohnstruktur in Westdeutschland. Die Weltwirtschaft (2): 177–186.

Clark, C. (1940). The Conditions of Economic Progress. London.

Deutsche Bundesbank (1995). Konjunkturlage. Monatsbericht 48 (2): 51–77.

Fisher, A.G.B. (1939). Production, Primary, Secondary and Tertiary. Economic Record 15 (June): 24–38.

Fourastié, J. (1963). Le grand espoir du XX sieècle.

Klodt, H., R. Maurer und A. Schimmelpfennig (1997). Tertiarisierung in der deutschen Wirtschaft. Kieler Studien 283. Tübingen.

Merz, M., und A. Schimmelpfennig (1999). The Demand for Higher Education in Germany. DW Vierteljahreshefte (2): forthcoming.

Paqué, K.-H. (1995). Arbeitslosigkeit und sektoraler Strukturwandel. Eine Interpretation von vier Dekaden westdeutscher Arbeitsmarktgeschichte. List-Forum für Wirtschafts- und Finanzpolitik 21 (2): 167–194.

Reinberg, A. (1997). Bildung zahlt sich immer noch aus. Eine Analyse qualifikationsspezifischer Arbeitsmarktentwicklungen in der ersten Hälfte der 90er Jahre für West- und Ostdeutschland. IAB-Werkstattbericht 15. Institut für Arbeitsmarkt- und Berufsforschung der Bundesanstalt für Arbeit, Nürnberg.

Sachverständigenrat zur Begutachtung der gesamtwirtschaftlichen Entwicklung (1997). Wachstum, Beschäftigung, Währungsunion – Orientierungen für die Zukunft. Jahresgutachten 1997/98. Stuttgart.

Schimmelpfennig, A. (1997). Sektorale Beschäftigungsentwicklung und sektorale Lohnstruktur in Deutschland und den Vereinigten Staaten. Die Weltwirtschaft (2): 182–189.

Skill-Biased Technical Change Vs. Structural Change.– (1998). Insights from a New View of the Structure of an Economy. Kiel Working Papers 868. Kiel Institute of World Economics, Kiel.

Perspektiven der Beschäftigungsentwicklung im Einzelhandel

Bernhard Heidel

Am 19. März 1998 titelte die FAZ im Wirtschaftsteil: „Japan: Einkaufen in Läden ohne Mitarbeiter – Einzelhandelskette erprobt neue Vertriebswege". In diesem Artikel wird ein Lebensmittelgeschäft in Form eines Automatengeschäftes ohne Mitarbeiter beschrieben. Dieses Geschäft kommt natürlich nicht ohne Mitarbeiter aus, aber der direkte Kontakt zwischen Mitarbeitern und Kunden hat sich in diesem Beispiel auf Null reduziert. Neu ist das nicht: Im Versandhaus haben die Mitarbeiter auch keinen direkten Kontakt zu den Kunden. Ob und wie sich in Zukunft Automatenläden oder Versender bzw. ihre neuen Versionen, der Electronic Commerce, durchsetzen werden, hängt davon ab, inwieweit sie in der Lage sind, die Bedürfnisse der Kunden zu erfüllen. Und dazu werden auch in Zukunft Mitarbeiter benötigt!

Die Lebensmittelhändler haben in den letzten Jahren ihre Preise im Durchschnitt jeweils unter der allgemeinen Preissteigerungsrate erhöht. In den Jahren von 1970 bis 1996 sind die Preise im institutionellen stationären Lebensmitteleinzelhandel um ca. 15 Prozentpunkte geringer gestiegen als die Lebenshaltungskosten gesamt. Bei ca. 250 Mrd. DM Jahresumsatz im Lebensmitteleinzelhandel in Deutschland entspricht das Jahr für Jahr einem Betrag von 37 Mrd. DM, den der Lebensmitteleinzelhandel seinen Kunden für andere Ausgaben zur Verfügung stellt. Aber auch in den anderen Branchen des Einzelhandels wurden die Preise in den letzten Jahren unterproportional erhöht.

Tab. 1: Preisindex für Lebenshaltung

	Preisindex	
	Lebenshaltung gesamt	Lebensmittel
1970	45,5 %	52,8 %
1996	114,1 %	106,7 %

Quelle: Stat. Bundesamt; 1991=100

Unter anderem sank dadurch auch der Anteil des Einzelhandels am privaten Verbrauch für Ausgaben im Einzelhandel Jahr für Jahr. Während er 1991 noch bei 46 % lag, beträgt er 1996, also fünf Jahre später, nur noch 41 %. Bei gleichzeitig gestiegenem privaten Verbrauch von etwa 1,6 Billionen DM auf 1,95 Billionen DM stieg der Anteil der Dienstleistungen und vor allem der Anteil für Wohnungsmiete überproportional. Dieser Vorteil für die Verbraucher hat sich natürlich nicht nur auf die Preise, sondern auch auf die Vertriebsformen, die Größe der Geschäfte und auf die Zahl sowie Struktur der Mitarbeiter ausgewirkt.

Die Zahl der Beschäftigten nahm zum einen ab, zum anderen veränderte sich auch ihre Struktur. So reduzierte sich im Einzelhandel die Zahl der Vollerwerbstätigen in Westdeutschland zwischen 1990 und 1996 um 1,3 % von 1,36 Mio. auf 1,34 Mio. Beschäftigte. Gleichzeitig erhöhte sich die Zahl der Teilzeitbeschäftigten um 63 000 auf 1,85 Mio.; das entspricht einem Plus von 3,5 %. Hinzu kommen noch die Geringfügig Beschäftigten, deren Zahl sich im Handel in den letzten 10 Jahren von 327 000 auf 839 000 erhöht hat. Das entspricht ca. 26 % der Voll- und Teilzeiterwerbstätigen im Handel.

Ein direkter Vergleich mit anderen Branchen ist nur schwer möglich, da dort überwiegend in Vollzeit gearbeitet wird. Es bleibt aber festzuhalten, daß im Handel in den letzten Jahren Vollzeitstellen in Teilzeitstellen umgewandelt sowie durch Geringfügig Beschäftigte ersetzt wurden. Insgesamt sind aber im Handel deutlich weniger Stellen abgebaut worden als in anderen Bereichen. So ging die Zahl der Erwerbstätigen in der Land- und Forstwirtschaft um 33 % und im Verarbeitenden Gewerbe seit 1991 um 24 % zurück.

In den nächsten Jahren werden sich die Rahmenbedingungen im Handel, insbesondere im Einzelhandel, verändern. Im folgenden werden die wichtigsten Veränderungen und deren Folgen auf die quantitative und qualitative Beschäftigungsentwicklung beschrieben.

Wie sehen die Perspektiven für die nächsten Jahre aus? 12 Thesen zur künftigen Entwicklung

Im Handel gibt es nur wenige Beispiele, die zeigen, daß die Kunden bereit sind, für mehr Mitarbeiter, die dann einen entsprechenden Service bieten, auch mehr zu bezahlen. Man liebt zwar den Service und den Flair von Tante Emma, kauft dann aber lieber dort, wo es am günstigsten ist. Die Kunden sind nur dann bereit, für Serviceleistungen zu bezahlen, wenn sie ihnen einen deutlichen Vorteil bringen,

z. B. die hohen Kosten der Tankstellen für Lebensmittel werden akzeptiert, wenn sich spät abends Besuch anmeldet, oder das Pizzataxi entledigt von der Pflicht zu kochen und zu spülen.

In den Bereichen, in denen Massenartikel wie im Lebensmitteleinzelhandel eingekauft werden, sind die Preisspielräume aber auch in Zukunft gering. Der Druck auf die Spannen wirkt sich letztendlich auch auf die Kosten für Löhne und Gehälter der Mitarbeiter aus.

Die Chancen für eine Zunahme der Beschäftigung im Handel sind gering, aber werden sich die Tätigkeiten qualitativ verändern. Die folgende Abbildung zeigt die wichtigsten Trends und ihre Auswirkungen auf Arbeitsinhalte und auf die Beschäftigung.

Tab. 2: Zwölf Thesen zur künftigen Entwicklung im Handel

		Wirkung	
	Trend	**Arbeitsinhalte**	**Beschäftigung**
1	Längere Ladenöffnungszeiten	Zunahme Teilzeitbeschäftigte und Geringfügig Beschäftigte, vor allem in den Abendstunden; Zunahme von Schichtarbeit	positiv
2	Flächenexpansion von Fachmärkten, Discount- sowie Supermärkten über 800 m^2	Teuer zu betreibende Flächen wie kleine Supermärkte oder Fachgeschäfte nehmen ab, aber die neuen Flächen sind mit weniger Mitarbeitern zu betreiben	negativ, evtl.positiv; abh. von Expansion
3	Forcierung der frische- und serviceorientierten Warengruppen	Aufwertung der Tätigkeit in den serviceorientierten Bereichen (u. a. Obst und Gemüse, Fleisch/Wurst, Beratung für techn. komplizierte Produkte)	positiv
4	Zunahme von Convenience-Produkten, z. B. küchenfertige Produkte im LEH, vorgefertigte Problemlösungen im Baumarkt	Veränderung der Arbeitsinhalte: statt einzelne Komponenten werden Problemlösungen verkauft (z. B. aus Metzgern werden Köche, aus Pflanzenverkäufern Gartengestalter)	positiv
5	Zunahme von schneller Bedienung und damit SB-fertiger Ware (z. B. Käse in SB statt Käse in Bedienung)	Abnahme der Verkaufsmitarbeiter am POS, Verlagerung und Bündelung in den rückwärtigen Bereichen und bei den Herstellern	negativ
6	Zunahme des Electronic Commerce in ausgewählten Branchen, z. B. Computerhandel, Bücher, Reisen usw.	Abnahme der Mitarbeiter am POS, dafür Zunahme der Mitarbeiter im EDV-Bereich und in der Logistik	?

7	Verlagerung von Entscheidungskompetenz an den POS (aufgrund komplexer werdender Strukturen)	Verbesserung der Qualifikation der Mitarbeiter	positiv/ negativ
8	Zentralisierung von verkaufsfremden Aufgaben (z. B. Formularwesen, Werbung, Sortiment)	Höhere Produktivität der Mitarbeiter	negativ
9	Spezialisierung von Tätigkeiten (z. B. Auffülltrupps, Inventurtrupps)	Bündelung von Kapazitäten, dadurch Wegfall von Leerlaufzeiten, höhere Kompetenz durch Spezialisierung	positiv/ negativ
10	Veränderung im Fakturieren (Superscanning) und Kassieren (bargeldloses Bezahlen)	Abnahme der Zahl der Beschäftigten im Kassenbereich, Zunahme an qualifizierten Mitarbeitern im EDV-Bereich sowie bei den Banken	negativ
11	Einsatz technischer Hilfsmittel (z. B. Wegfall der Einzelpreisauszeichnung durch Scanning, Electronic Shelf Labels, halbautomatische Disposition, MDE-Geräte, EDI usw.)	Höhere Produktivität der Mitarbeiter; Wegfall von arbeitsaufwendigen, langweiligen Tätigkeiten	negativ
12	Organisatorische Veränderungen (z. B. ECR, Category Management)	Bündelung von strategischen Aufgaben in Zentralen und damit Schaffung qualitativer Arbeitsplätze	positiv/ negativ

Faßt man die Erkenntnisse der 12 Trends zusammen, dann ergeben sich zwei Erkenntnisse:

a) Der Handel wird nicht umhinkommen, menschliche Arbeitskraft in EDV-Kosten umzusetzen. Dies bringt aber gleichzeitig ein „Trading up" für die meisten der übrigen Arbeitsplätze am POS und in den rückwärtigen Bereichen mit sich. Gleichzeitig wird in Zukunft die Zahl der Mitarbeiter in den rückwärtigen Diensten und hier insbesondere im Bereich der EDV zunehmen.

b) Der Einsatz von Teilzeitmitarbeitern wird weiter zunehmen. Zum einen, weil die Tätigkeiten dies erfordern (z. B. Mitarbeiter in Auffülltrupps), zum anderen, weil mit Teilzeitmitarbeitern die unterschiedlichen Auslastungen der Einzelhandelsgeschäfte am leichtesten auszugleichen sind, und damit Leerlauf reduziert wird.

Die Rolle der Geringfügig Beschäftigten im Handel

Ein Teil der Mitarbeiterinnen und Mitarbeiter, die im Handel teilzeitbeschäftigt sind, arbeiten als Geringfügig Beschäftigte. Im Sommer 1998 wurden bei der REWE 4255 Geringfügig Beschäftigte aus den Vertriebsbereichen HL, miniMAL, Penny, idea, Sconti und toom befragt, wie sie ihre Situation bewerten.

Die folgenden Abbildungen zeigen die soziodemographische Struktur der Geringfügig Beschäftigten.

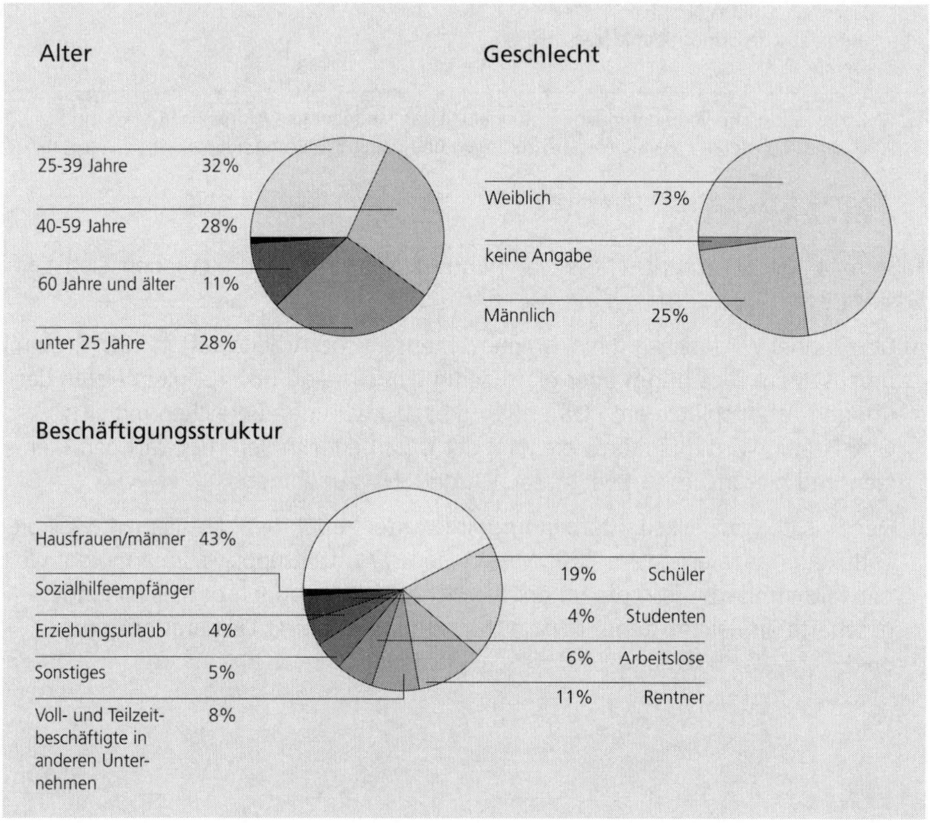

Abb. 1: Soziodemographische Struktur der Geringfügig Beschäftigten

Die wichtigsten Ergebnisse der Befragung

- Die Geringfügig Beschäftigten sind mit ihrem Arbeitsplatz im wesentlichen ähnlich zufrieden wie die sozialversicherungspflichtigen Beschäftigten.
- 37 % arbeiten auch nach 18:30 Uhr, 61 % arbeiten vormittags.
- 49 % füllen vor allem Regale auf.
- Die Mehrheit von 52 % ist auf das Einkommen als Geringfügig Beschäftigte eher nicht angewiesen.
- Die Mehrheit von ca. 70 % ist dagegen, für dieses Einkommen Sozialabgaben zu entrichten.
- Wenn auch ca. 50 % großen oder überhaupt Wert auf eventuell mögliche Ansprüche aus der Renten- oder Arbeitslosenversicherung legen.

Die Geringfügig Beschäftigten wünschen sich durchaus das Netz der sozialen Absicherung, sind aber nur teilweise bereit dafür zu bezahlen. 14 % würden sogar aufhören zu arbeiten, wenn sie Sozialabgaben bezahlen müßten.

Zunehmende Bedeutung der weichen Faktoren im Handel

Die Amerikaner übersetzen Handel mit „retail" und fügen noch das Wort „industry" dazu, also „retail industry". Wenn man sich den Handel als Industriebetrieb vorstellt, dann gibt es zur Industrie tatsächlich viele Ähnlichkeiten. Im Handel werden aus Fertigprodukten Warenkörbe hergestellt; der Hersteller produziert aus Rohprodukten Fertigprodukte. In beiden Fällen werden Produkte gelagert, im Handel dient die Verkaufsfläche gleichzeitig als Lager- und Produktionsraum, bei den Herstellern sind diese Räume in der Regel getrennt. Der große Unterschied zwischen Herstellern und Handel besteht darin, daß im Handel die Produktion der Warenkörbe gemeinsam mit den Kunden erfolgt, während ein Hersteller seine Produkte mit eigenen Mitarbeitern fertigt. Der Kontakt Mitarbeiter/Kunde – und sei es nur an der Kasse – erfordert, daß das Anforderungsprofil der Mitarbeiter im Handel in der Regel anders aussieht als das der Mitarbeiter in der Produktion eines Herstellers. Die Händler haben in den letzten Jahren das industrielle Prozeßdenken, insbesondere in den rückwärtigen Bereichen stark vorangetrieben. Die „weichen" Faktoren, die man unter dem Stichwort „Kundenorientierung" zusammenfassen kann, werden aber in Zukunft deutlich an Bedeutung gewinnen. Dies zeigt sich z. B. in den Inhalten der Weiterbildung für Führungskräfte bei der REWE: Themen wie

Führung, Teamarbeit, Kundenorientierung erhalten einen höheren Stellenwert im Vergleich zu fachtechnischen Inhalten. Der Mensch wird mehr in den Mittelpunkt gestellt, er ist es letztendlich, der die Dienstleistung vor Ort erbringt, sei es als Auslieferungsfahrer, sei es nur an der Kasse oder sei es als Verkäufer.

Beschäftigung und Tertiarisierung

Beschäftigungspotentiale im Bereich unternehmensbezogener Dienstleistungen

Axel Born

Bietet der Dienstleistungsbereich einen Ausweg aus der Beschäftigungskrise? Diese Frage wird gegenwärtig nicht nur in Deutschland heftig diskutiert – dabei ist die Debatte allerdings nicht immer durch die Kenntnis der Fakten gestützt. Wer sich mit den Beschäftigungswirkungen dieser Branche, vor allem der unternehmensbezogenen Services, beschäftigt, sollte sich mit den folgenden Tatsachen auseinandersetzen:

1. Deutschland liegt im Tertiarisierungsprozeß knapp 30 Jahre hinter den USA zurück. Nachholbedarf gibt es in allen Dienstleistungsbereichen und insbesondere bei gut bezahlten Arbeitsplätzen.
2. Der Bereich unternehmensbezogener Dienstleistungen ist nur unbefriedigend definiert und quantitativ weitgehend intransparent. Vor diesem Hintergrund empfiehlt es sich, einen sehr engen Dienstleistungsbegriff zu wählen. Unter diesen Voraussetzungen ist in diesem Bereich bis zum Jahr 2010 mindestens eine Verdoppelung der Arbeitsplätze – um weit über eine Million – zu erwarten.
3. Eine differenzierte Betrachtung des Dienstleistungsbereichs – auch des unternehmensbezogenen – im Hinblick auf die Ausbildungsvoraussetzungen zeigt, daß die vorhandenen und entstehenden Beschäftigungspotentiale bereits heute nicht ausgeschöpft werden können. Das gilt sowohl für hoch- wie geringqualifizierte Dienstleistungen. Mit anderen Worten: Eine Vielzahl von Arbeitsplätzen kann schon heute nicht besetzt werden.

Warum sind diese Thesen relevant? Weil sie zum einen verbreiteten Vorurteilen widersprechen und zum anderen Perspektiven für notwendige Schritte in die richtige Richtung eröffnen.

Erheblicher Nachholbedarf in Deutschland

Es ist bekannt, daß Deutschland im Tertiarisierungsprozeß hinterherhinkt. Das Ausmaß des Rückstandes gegenüber vergleichbaren hochentwickelten Volkswirtschaften ist jedoch dramatischer als oft angenommen. So weist die Erwerbstätigkeit nach Wirtschaftssektoren in Deutschland für 1996 etwa die gleiche Struktur auf wie die der USA im Jahre 1968, d. h. es besteht ein Abstand von fast 30 Jahren.

Oft wird angemerkt, diese Strukturunterschiede seien auch statistisch bedingt; so würden etwa die deutschen Industriebetriebe im internationalen Vergleich einen niedrigeren Outsourcing-Anteil bei den Dienstleistungen aufweisen. Dieses Argument läßt sich jedoch leicht widerlegen: Analysiert man die sogenannte Dienstleistungsdichte – die Zahl der Erwerbstätigen im Dienstleistungssektor je 1 000 Einwohner – so zeigt sich beispielsweise für das Jahr 1996, daß Deutschland eine wesentlich geringere „Dichte" aufweist als die USA, das gilt sowohl für die Einzelbereiche als auch insgesamt.

Deutschland weist demnach eine „Dienstleistungslücke" von etwa 80 Erwerbstätigen je 1 000 Einwohnern auf. Bezogen auf die gesamte Einwohnerzahl von rund 81 Millionen ergäbe sich eine „Gesamtlücke" von ca. 6,5 Mio. Arbeitsplätzen. Selbst wenn man Vergleichsschwierigkeiten etc. in Rechnung stellt und diesen Wert halbiert, zeigt sich, daß die heutige Zahl von offiziell rund 4 Mio. Arbeitslosen in Deutschland im wesentlichen auf veraltete Strukturen der Volkswirtschaft zurückzuführen ist.

Auch das oft gehörte Argument, die hohe Beschäftigung im Dienstleistungssektor der USA gründe vor allem auf minderbezahlten „Jobs" („Hamburger Flipper"), läßt sich durch den Blick auf die Fakten leicht widerlegen. So wurden bei mehr als drei Vierteln der ca. 8,5 Mio. in den USA von 1990–1996 entstandenen Arbeitsplätze im Dienstleistungsbereich überdurchschnittliche Einkommen erzielt.

Auch künftig werden in den USA die höchsten Wachstumsraten der Beschäftigung weiterhin im Dienstleistungssektor entstehen, vor allem und hier insbesondere bei den personenbezogenen Dienstleistungen. Wir werden noch sehen, inwieweit eine derartige Perspektive auch für Deutschland eröffnet werden kann.

Problematik einer separaten Betrachtung „unternehmensbezogener Dienstleistungen"

Die sogenannten unternehmensbezogenen Dienstleistungen sind definiert als Bereiche, die ihre Leistungen „überwiegend für Unternehmen" erbringen. Im Jahr 1995 lag ihr Anteil an der Erwerbstätigkeit im Dienstleistungssektor insgesamt bei rund sieben Prozent.

Eine Analyse dieser Daten macht allerdings deutlich, daß die separate Betrachtung unternehmensbezogener Dienstleistungen kaum zweckmäßig ist: Nach ihrem Anteil an der Gesamtbeschäftigung im Dienstleistungsbereich gerechnet, erreichten die unternehmensbezogenen Services einen Umsatz von rund 370 Mrd. DM. Davon entfallen allerdings mehr als 80 Prozent auf Rechts- und Wirtschaftsberatung, Architektur- und Ingenieurbüros und Reinigungen – drei Bereiche, die ihre Leistungen bei weitem nicht nur an Unternehmen erbringen.

Für diesen Bereich versprechen die Prognosen für den Zeitraum 1996–2010 in Deutschland ein Umsatzwachstum von bis zu 200 % und weit über eine Million zusätzlicher Arbeitsplätze.

Die Wachstumsaussichten für die unternehmensbezogenen Dienstleistungen bleiben damit in Deutschland deutlich hinter den Erwartungen für die USA zurück. Dieser Umstand und die beschriebenen Schwierigkeiten bei der Analyse des Segments „unternehmensbezogener Dienstleistungen" legen es nahe, diesem Bereich keine sehr hohe Priorität zuzuschreiben, wenn eine nachhaltige Beseitigung des strukturellen Beschäftigungsnachteils in Deutschland erreicht werden soll.

Ungenutzte Beschäftigungspotentiale im Dienstleistungssektor

Eine nähere Betrachtung von Beschäftigungsangebot und -nachfrage im Dienstleistungsbereich zeigt, daß bereits heute eine Vielzahl vorhandener Arbeitsplätze nicht besetzt werden kann. Das gilt sowohl für Arbeitsplätze mit hohen, wie für solche mit niedrigen Ausbildungsvoraussetzungen.

Zwei Beispiele:

1. Allein im Bereich der Informationstechnologie werden jährlich etwa 20 000 zusätzliche Informatiker benötigt, während nur ca. 7 000 jährlich die Hochschule verlassen.

2. Aral suchte kürzlich ca. 1 000 Mitarbeiter für einfache Serviceaufgaben an Tankstellen (Tanken, Scheibenputzen etc.), die Bewerberquote war nahe Null.

Eine Wurzel dieses Problems liegt zum einen sicherlich bei den vielfach beschriebenen Mängeln in der Bildungspolitik. Eine andere Ursache sind die mangelnden Anreize, einfache und gering bezahlte Tätigkeiten auszuüben – außerhalb der Schwarzarbeit. Hier könnte man auch provokativ feststellen: „Wer Arbeit bezahlt, bekommt Arbeit; wer Arbeitslosigkeit bezahlt, bekommt Arbeitslosigkeit".

Diese Überlegungen lassen sich in einer weiteren provokativen These zusammenfassen: Die notwendige Aufholjagd bei der Verbesserung der Strukturen unserer Volkswirtschaft können wir nur beschleunigen, wenn es uns gelingt, die mentalen Blockaden unserer Wirtschaftspolitik abzubauen.

Der „Blick zurück" hat Deutschland schon in der ersten Hälfte dieses Jahrhunderts in die falsche Richtung geführt. Auch heute scheinen überkommene Vorstellungen – „überragende Bedeutung industrieller Produktion" – vielen Politikern die Perspektive auf die Herausforderungen und Chancen der Zukunft zu verstellen.

Nur wenn es gelingt, diese „Fehlpolung" zu überwinden, wird die immense Ressourcenverschwendung zum Erhalt alter Industrien (Steinkohle, Werften etc.) ein Ende nehmen und mit dem Aufbau zukunftsorientierter Beschäftigungsstrukturen begonnen.

Nationale und internationale Beschäftigungspotentiale im Bereich unternehmensbezogener Dienstleistungen

Marlies Hummel

Die zunehmende Bedeutung von Dienstleistungstätigkeiten

In der Gesamtwirtschaft sind bereits heute zwei von drei sozialversicherungspflichtig Beschäftigten in Dienstleistungsberufen aktiv. Dienstleistungsberufe werden auch in der Industrie immer wichtiger. Einfache Herstellungstätigkeiten nehmen an Bedeutung ab.

Eine der Ursachen hierfür ist die Kapitalintensivierung der Industrieproduktion. Weitere Ursachen sind im zunehmenden Konkurrenzdruck und – in vielen Bereichen – in der Entwicklung zum „Käufermarkt" zu suchen. Sie machen den Einsatz von Marktforschung, Marketing und Werbung notwendig, damit die Wünsche der Kunden erkannt, geweckt und erfüllt werden können. In diesem Zusammenhang gewinnen auch Dienstleistungen wie Kundenpflege und -beratung, Schulung und Wartung zunehmende Bedeutung. Damit geht ein Funktionswandel in der Beschäftigung einher: Produktentwicklung, Design, Marketing und Organisation werden zu strategisch wichtigen (Dienstleistungs-)Aktivitäten in der Industrie.

Die Anstrengungen zur Erhöhung der Wettbewerbsfähigkeit der Industrie implizieren „lean production", „lean management" und „just in time production". Dies schafft gleichzeitig Wachstumspotentiale für Unternehmen aus dem Dienstleistungsbereich. Beispielsweise eröffnet die Auslagerung von Unternehmensteilen auf externe Experten (Stichwort: Outsourcing) zusätzliche Arbeitsmöglichkeiten bei den Anbietern von Buchhaltungs-, Steuerberatungs-, Ingenieur- und Datenverarbeitungsdienstleistungen. In der Umstellungsphase besteht ein großer Bedarf an Beratungsleistung durch Wirtschafts- und Unternehmungsberatung. Speditionen und Großhandel profitieren von der „just in time production".

Das Nachfrageverhalten der privaten Haushalte hat sich zu einem weiteren Einflußfaktor für Dienstleistungen entwickelt. Steigende Einkommen und eine Zunahme der zur freien Verfügung stehenden Zeit haben die Nachfrage nach Gütern aus dem Bildungs-, Unterhaltungs- und Freizeitbereich ansteigen lassen. Davon profitieren nicht nur die Produzenten der entsprechenden Geräte und Infrastruktureinrichtungen, sondern auch die dazugehörenden Dienstleistungen. Das steigende Durchschnittsalter und die soziale Struktur der privaten Haushalte führen zu einer steigenden Nachfrage nach zahlreichen persönlichen Dienstleistungen, bei denen – wie in allen anderen Dienstleistungssektoren – wiederum eine zunehmende Bedeutung moderner Informations- und Kommunikationstechniken zu erwarten ist.

Gerade von diesen Informations- und Kommunikationstechniken gehen stimulierende Effekte auf die Dienstleistungen aus. Digitalisierung, Glasfasertechnik, HDTV und neue Speichermedien eröffnen neue Anwendungsgebiete, beispielsweise in der Telekommunikation, im Medienbereich, im Verkehrswesen, im Bildungsbereich, im Handel und im Bankwesen. Erwähnt seien hier nur die Stichworte: technologische Integration, multimediale Anwendungen, Verkehrsleitsysteme, Teletutoring, Electronic Banking und Teleshopping. Durch neue Angebotsformen werden jedoch auch traditionelle Leistungen verdrängt. Durch die Diffusion dieser Technologien verschärft sich also der Wettbewerb innerhalb der Dienstleistungssparten (z. B. Teleshopping und lokaler Handel) oder zwischen einzelnen Bereichen (z. B. Videokonferenzen und Reiseaktivitäten).

Besonderheiten (überwiegend) unternehmensbezogener Dienstleistungen

In der Klassifikation des Statistischen Bundesamtes sind das Grundstücks- und Wohnungswesen, die Vermietung beweglicher Sachen ohne Bedienungspersonal, Datenverarbeitung und Datenbanken, Forschung und Entwicklung sowie Dienstleistungen überwiegend für Unternehmen in einer Klasse zusammengefaßt. Diese verschiedenen Dienstleistungsaktivitäten sind auch innerhalb ihrer Untergliederung (vgl. Tab. 1) sehr heterogen, wie ein Blick auf die jüngsten, derzeit verfügbaren amtlichen Daten der Umsatzsteuerstatistik zeigt. Die Potentiale der wichtigsten Gruppen werden im folgenden ausführlicher diskutiert.

Tab. 1: Steuerpflichtige und ihre Lieferungen und Leistungen in den Wirtschaftszweigen Grundstücks- und Wohnungswesen, Vermietung beweglicher Sachen und Dienstleistungen überwiegend für Unternehmen in Deutschland 1994

Nr.[a]	Wirtschaftsgliederung	Steuerpflichtige Anzahl	Lieferungen und Leistungen Mill. DM	DM/Steuerpfl.
70	Grundstücks- u. Wohnungswesen	212148	194359	916100
70.1	Erschließung, Kauf, Verkauf von Grundstücken, Gebäuden usw.	6539	27452	4198200
70.2	Vermietung und Verpachtung von eigenen Grundstücken, Gebäuden usw.	163155	118185	724400
70.3	Vermittlung und Verwaltung von Grundstücken, Gebäuden, Wohnungen	42454	48722	1147600
71	Vermietung beweglicher Sachen ohne Bedienungspersonal	25661	51245	1997000
71.1	Vermietung von Kfz bis 3,5t Gesamtgewicht	5860	15775	2692000
71.3	Vermietung von Maschinen und Geräten	14296	29729	2079500
71.4	Vermietung von Gebrauchsgütern ang.	2206	1622	735300
72	Datenverarbeitung und Datenbanken	29271	32829	1121600
72.1	Hardwareberatung	1228	1177	958500
72.2	Softwarehäuser	5716	6928	1212000
72.3	Datenverarbeitungsdienste	21286	21754	1022000
73	Forschung u. Entwicklung	4748	4400	926700
74	Dienstleistungen überwiegend für Unternehmen	370511	390734	1054600
74.11	Rechtsberatung	39109	19930	509600
74.12	Wirtschaftsprüfung und Steuerberatung	38784	28808	742800
74.13	Markt- und Meinungsforschung	3318	5970	1799300
74.14	Unternehmens- und Public-Relations-Beratung	29802	20593	691000
74.2	Architektur- und Ingenieurbüros	111758	73775	660100
74.4	Werbung	34782	37672	1083100
74.5	Gewerbsmäßige Vermittlung und Überlassung von Arbeitskräften	1796	5376	2993300
74.6	Detekteien u. Schutzdienste	2259	4659	2062400
74.7	Reinigung von Gebäuden, Inventar und Verkehrsmitteln	22014	18160	824900
74.8	Sonstige Dienstleistungen überwiegend für Unternehmen	80292	103420	1288000
K	Zusammen	642339	673567	1048600

a) Nr. der Klassifikation der Wirtschaftszweige (WZ 93).

Quelle: Statistisches Bundesamt, Umsatzsteuerstatistik 1994; eigene Berechnungen

Potentiale in ausgewählten unternehmensbezogenen Dienstleistungen

Software- und Datenverarbeitungsdienstleistungen[1]

Der Markt für diese Dienstleistungen nimmt – selbst innerhalb der dynamischen unternehmensbezogenen Dienstleistungen – eine Ausnahmestellung ein. Im Zeitraum 1980 bis 1992 ist er – nach den Ergebnissen der ifo Strukturberichterstattung[2] – mit einer durchschnittlichen Rate von 19 % pro Jahr gewachsen. Den jüngsten Umfrageergebnissen des ifo Instituts[3] zufolge wird sich der positive Trend – wenngleich in abgeschwächter Form – fortsetzen. Hierfür gibt es mehrere treibende Kräfte. An erster Stelle sind die Innovationsanstrengungen der Wirtschaft zu benennen, in deren Folge die Diffusion neuer Informations- und Kommunikationstechnologien einen herausragenden Stellenwert erreicht hat. Die sog. Consulting- und Projekt-Services (i.e. Beratung und Unterstützung bei der Beschaffung von Hard- und Software, Technologie- und Systemberatung, Beratung über Systemsicherheit, Entwicklung von Software, Systemanalyse und Programmierung sowie Systemintegration) werden sich deshalb zu „Wachstumsmotoren" entwickeln. Wegen der anhaltenden Bereitschaft der Unternehmen zum Outsourcing wird überdies mit einer sehr günstigen Entwicklung im sog. System-/Network Operation Bereich gerechnet, der auch Dienstleistungen zur Übernahme von Datenverarbeitungsaufgaben für andere Unternehmen einschließt. Gute Wachstumsvoraussetzungen durch die anhaltenden Innovations- und Outsourcing-Anstrengungen werden auch für die sog. Processing und Network Services (i.e. Leasing oder Vermietung von Rechenzeit, Mehrwertdienste, Datenfernübertragungs- und -verarbeitungsdienste, Datenerfassung) gesehen.

Rechts- und Wirtschaftsberatung

Die Komplexität des Rechtssystems, die Unübersichtlichkeit des Steuersystems und der zunehmende Wettbewerbsdruck auf den in- und ausländischen Märkten haben Beratungsdienstleistungen in den Feldern Rechts- und Steuerberatung sowie Unternehmensberatung im breitesten Sinne zu einer conditio sine qua non der Wirtschaft gemacht.

---

1 Vgl. Gürtler, J., DV-Dienstleister wachsen weiter, in: ifo Schnelldienst 20/1998 (51. Jg.), S. 10ff.

2 M. Hummel u.a., Stärken und Schwächen Deutschlands im internationalen Wettbewerb um Einkommen und Arbeitsplätze. Strukturbericht 1995, Schriftenreihe des ifo Instituts 137, München/Berlin 1996, S. 31f.

3 Gürtler,J., a.a.O.

Die Dynamik der Umsatzentwicklung von Rechts- und Steuerberatung, Unternehmensberatung und Public-Relationsberatung war bereits im Zeitraum 1980 bis 1992 mit durchschnittlichen Zuwachsraten von rund 7 % pro Jahr überdurchschnittlich im Vergleich zur gesamtwirtschaftlichen Entwicklung. Besondere Dynamik zeigten die Leistungen im Feld Markt- und Meinungsforschung (16 %). Für ein Anhalten des positiven Trends sprechen sowohl die Umfrageergebnisse, die das Zentrum für Europäische Wirtschaftsforschung, ZEW, Mannheim über das Urteil der Beratenden Berufe publiziert,[4] als auch die Rahmenbedingungen im rechtlichen und wirtschaftlichen Umfeld, die professionellen Rat weiterhin und sogar in erhöhtem Umfang erforderlich machen werden.

Technische Beratung

Architektur- und Ingenieurbüros bilden die größte Gruppe der Anbieter von unternehmensbezogenen Dienstleistungen. Anders als bei den anderen bisher vorgestellten Dienstleistungen, ist diese Gruppe im wesentlichen auf eine Zielgruppe ausgerichtet. Ein hoher Anteil der Büros erbringt seine Leistungen für das Bauwesen: Hierzu gehören die Architektenleistungen für Hochbau und Innenarchitektur, für Orts-, Regional- und Landesplanung und für Garten- und Landschaftsgestaltung, die Ingenieurleistungen für bautechnische Gesamtplanung und die technische Fachplanung, die Vermessung und die baufachliche Gutachtertätigkeit.

Das „Industrie-Design" ist zwar nur ein quantitativ kleineres Segment der technischen Beratungsleistungen, es wird aber wegen der zunehmenden Bedeutung des Designs immer wichtiger.

Die Entwicklung der technischen Beratungsdienstleistungen ist wegen der ausgeprägten Abhängigkeit vom Bausektor in hohem Maße von der Entwicklung der Baunachfrage abhängig. Die übrigen beratenden technischen Leistungen, insbesondere im Feld „Prüfung", aber auch im Feld „Design", werden hingegen von den längerfristigen technologischen und wirtschaftlichen Trends bestimmt. Gerade diese Leistungen sind bestimmend für Qualität und Funktion und beeinflussen daher die internationale Wettbewerbsfähigkeit der deutschen Unternehmen. Die Nachfrage nach diesen Dienstleistungen wird sich daher weiterhin positiv entwickeln.

[4] Vgl. Kaiser, U., ZEW Branchenreport Dienstleistungen Nr. 2/1998 (5.Jg.).S. 1 ff.

Übergreifende Trends auf den Märkten für unternehmensbezogene Dienstleistungen

Die Entwicklung auf den Märkten für unternehmensbezogene Dienstleistungen wird von den Veränderungen in den rechtlichen, wirtschaftlichen und technologischen Rahmenbedingungen bestimmt. Die Schaffung des Gemeinsamen Marktes, die Liberalisierungstendenzen im Rahmen des General Agreement on Trade in Services (GATS), die Globalisierung von Unternehmen und Märkten und die schnelle Diffusion moderner Informations- und Kommunikationstechniken stellen die Weichen für zukünftige Betätigungsfelder und Spezialisierungen.

Das komplexer werdende Umfeld erfordert eine kontinuierliche Weiterentwicklun der unternehmensbezogenen Dienstleistungen. Dabei erwarten die Nachfrager in zunehmendem Maße anstelle von Einzelleistungen integrierte, d. h. „Systemdienstleistungen". Kleinere Unternehmen und Büros, die in den unternehmensbezogenen Dienstleistungen besonders häufig vertreten sind, werden diesen Anforderungen auch in ihrem regionalen Umfeld häufig nur in Kooperation mit zusätzlichen Partnern gewachsen sein.

In verstärktem Maße gilt dies für das rasch wachsende „internationale Geschäft". Tochterunternehmen ausländischer Beratungsfirmen bieten ihre Dienste in Deutschland an, um den Inlandsmarkt zu bedienen, deutsche Dienstleister versuchen, eigene Märkte im Ausland zu erschließen oder folgen ihren (Inlands-)Kunden auf das internationale Terrain. Diese Internationalisierung begünstigt größere Dienstleistungsunternehmen, die über die hierfür notwendige personelle Stärke verfügen. Für kleinere Büros sind die Hürden beim Sprung ins Auslandsgeschäft höher gesteckt und können häufig nur durch internationale Kooperationen überwunden werden. Die Tatsache, daß die deutsche Dienstleistungsbilanz im Bereich unternehmensbezogene Dienstleistungen chronisch defizitär ist, zeigt, daß noch längst nicht alle Potentiale für die Internationalisierung unternehmensbezogener Dienstleistungen ausgeschöpft sind.

Ausblick

Vor dem Hintergrund der positiven Entwicklungsperspektiven der Dienstleistungen stellt sich die Frage, warum die Beschäftigungspotentiale im Dienstleistungssektor nicht ausgeschöpft werden. Ursachen sind in den Rahmenbedingungen für Dienstleistungen zu suchen. Sie müssen verbessert werden. Dazu gehört eine Flexibilisierung der Arbeitsmärkte und eine Lohnpolitik, die dem Beschäftigungszuwachs höhere Priorität einräumt als dem Einkommenszuwachs. Dazu gehören aber auch eine schnelle, bedarfsgerechte und effizient organisierte Aus- und Weiterbildung, in der bestehende Ausbildungsberufe modernisiert werden, neue Berufsprofile geschaffen und die Fortbildungsregelungen adäquat angepaßt werden.

Unerläßlich ist ebenfalls eine Existenzgründungsoffensive, die jungen Dienstleistungsunternehmen die Chance eröffnet, in den wachsenden Märkten ihren Platz zu finden. Das erfordert gleichzeitig Deregulierung und Privatisierung öffentlicher Aufgaben auf Bundes-, Landes- und Kommunalebene. Beispiele für Deregulierung und Marktöffnung im Bereich Freie Berufe lassen sich z. B. im technischen Prüf- und Sachverständigenwesen finden, das derzeit durch Prüfmonopole oder Oligopole geprägt ist. Privatisierungspotentiale lassen sich z. B. auch bei den bisher überwiegend öffentlich erbrachten Dienstleistungen in den Planungs- und Überwachungsleistungen für Bau- und Verkehrswesen, Ver- und Entsorgung, Landschaft und Energie identifizieren. Die Änderung rechtlicher Rahmenbedingungen, z. B. die Zulassung einer spezifischen GmbH für Freie Berufe könnte größere und leistungsstärkere Dienstleistungseinheiten ermöglichen.

Insgesamt läßt sich festhalten: Die positiven Wachstums- und Beschäftigungspotentiale werden in Zukunft nur dann zum Tragen kommen, wenn der Staat geeignete Rahmenbedingungen schafft, und wenn sich gleichzeitig bei den Bürgern eine zunehmende Akzeptanz der Dienstleistungen durchsetzt.

Innovationen und Beschäftigung in den Multimedia-Dienstleistungen

Gerhard Arminger, Karl Bommert, Thorsten Werner

Problemstellung

Der Dienstleistungsbereich im allgemeinen und die mit dem Wirtschaftsfeld Multimedia bzw. Neue Medien verknüpften Dienstleistungen im besonderen gelten als herausragende Träger zukünftiger wirtschaftlicher Entwicklungen, insbesondere bei der Schaffung und Herausbildung neuer Arbeitsplätze. Im Jahre 1994 wurde etwa in einer Studie der Beratungsgesellschaft Arthur D. Little (1994) davon ausgegangen, daß mit einer durchschnittlichen Wachstumsrate von 20 % bis 25 % Umsatzsteigerung im Jahr gerechnet werden kann. Da in dieser Studie von einer proportionalen Entwicklung der Beschäftigung ausgegangen wurde, kam man zu dem Resultat, daß bis zum Jahr 2 000 mit 770 000 neuen Arbeitsplätzen in der Medienindustrie sowie 300 000 neuen Arbeitsplätzen in verwandten Dienstleistungsfeldern gerechnet werden konnte. Diese Hoffnungen erwiesen sich als sehr übertrieben, da unter anderem Substitutions- und Verdrängungseffekte außer acht gelassen wurden.

Wesentlich vorsichtiger ist hier die DIW/Prognosstudie aus dem Jahre 1996 (DIW/Prognos 1996), die nicht auf der Entwicklung der Umsatzzahlen, sondern auf der Entwicklung der Bruttowertschöpfung basiert. Diese Studie kommt zu wesentlich geringeren Werten für die Zunahme der Beschäftigung durch den Multimedia-Bereich. Vergleichende Darstellungen und Bewertungen der beiden genannten sowie anderer Studien im Bereich Entwicklung der Telekommunikations- und Multimedia-Märkte findet man in Rock, Wagner und Witt (1998 a, b).

Die bisher vorgelegten Studien gehen durchwegs von wirtschaftlichen Kennzahlen wie Marktanteilen, Umsatzwachstum, Wertschöpfung und ähnlichen aus, aus denen dann Entwicklungen auf dem Arbeitsmarkt abgeleitet werden. Als Ergänzung zu diesen Studien wird in der vorliegenden Arbeit die Zahl der Beschäftigten selbst betrachtet. Berichtet werden hier erste Ergebnisse des Teilprojekts „Trendanalyse der wirtschaftlichen Dynamik der Informationsgesellschaft – Auswirkungen auf die Beschäftigung" der Forschungsgruppe III „Ökonomische Potentiale" des Forschungsverbundes Multimedia und Gesellschaft des Ministeriums für Schule und Weiterbildung, Wissenschaft und Forschung des Landes Nordrhein-Westfalen (MSWWF-NRW).

Ziel des Teilprojekts ist die Analyse und Prognose der Beschäftigungsentwicklung in den Wirtschaftszweigen und Berufen, die durch Multimedia und Telekommunikation betroffen sind. Dies bedingt einerseits die Analyse der historischen Entwicklung, andererseits eine kurz- bis mittelfristige Prognose der Beschäftigtenzahlen. In diesem Bericht wird ausschließlich auf die Analyse der bisherigen Entwicklung abgestellt. Von besonderer Bedeutung ist, daß derartige Analysen nicht nur für die allgemeine Entwicklung der Beschäftigung im Multimedia-Bereich erstellt werden können, sondern aufgrund der aufgebauten Datenbank auch für spezielle Fragestellungen, gegliedert nach Kombinationen von Region, Altersgruppen, Geschlecht und Bildung, abgeleitet werden können.

Datengrundlage

Grundlage des vorliegenden Berichts sind die Beschäftigungszahlen aller sozialversicherungspflichtig Beschäftigten der alten Bundesländer der Jahre 1987 bis 1996 in ausgewählten zweistelligen Wirtschaftszweigen und Berufen, die zwar für den Bereich Multimedia relevant sind, aber nicht in den ausgewählten Wirtschaftszweigen arbeiten. Aufgrund der vom Institut für Arbeitsmarkt und Berufsforschung (IAB) zur Verfügung gestellten Daten wurde eine Datenbank in ACCESS erstellt, die als fünfdimensionale Kontingenztabelle mit den Variablen Geschlecht, Bildung, Region, Alter und der Kombinationsvariablen Wirtschaftszweig x Beruf bzw. mit der Variablen Wirtschaftszweig allein aufgefaßt werden kann.

Soziodemographische Variablen

Die soziodemographischen Variablen Geschlecht, Bildung, Alter und Region sind wie folgt kodiert:

- Geschlecht
  1 = Männer
  2 = Frauen
- Bildung
  1 = Hauptschule/Realschule ohne Berufsausbildung

	2 = Hauptschule/Realschule mit Berufsausbildung
	3 = Abitur ohne Berufsausbildung
	4 = Abitur mit Berufsausbildung
	5 = Fachhochschulabschluß
	6 = Hochschulabschluß
	7 = Ausbildung unbekannt
• Alter	1 = Altersklasse bis 16 Jahre
	2 = Altersklasse 17-26 Jahre
	3 = Altersklasse 27-36 Jahre
	4 = Altersklasse 37-46 Jahre
	5 = Altersklasse 47-56 Jahre
	6 = Altersklasse 57-66 Jahre
	7 = Altersklasse über 66 Jahre
• Region	1 = Nordrhein-Westfalen
	0 = Rest

Wirtschaftszweige

Als zu untersuchende zweistellige Wirtschaftszweige wurden folgende ausgewählt: (vgl. Auflistung der kodierten Wirtschaftszweige im Anhang)

- *Printmedien*
  - Druckerei
  - Chemigrafisches Gewerbe
  - Verlag von Büchern
- *Multimedia*
  - Filmtheater/Filmherstellung
  - Rundfunk/Fernsehen
  - Fotografisches Gewerbe
- *Werbung*
  - Wirtschaftswerbung
  - Ausstellungs-, Messeeinrichtung
  - Ausstellungs-, Messewesen
- *Telekommunikation*
  - Deutsche Bundespost/Deutsche Telekom
- *Medien-Hardware*
  - Herstellung/Reparatur von Büromaschinen

- Datenverarbeitungsgeräten
- Kabel und Leitungen
- Rundfunk-/Fernsehgeräten

• *Zulieferer von Inhalten/Daten*
- Nachrichtenbüros, Journalisten
- Künstler und Artisten

• Zusätzlich wurden zum Vergleich der Wirtschaftszweig Banken und Versicherungen in die Analyse aufgenommen.

Ausgewählte Berufsgruppen

Wichtige Beispiele für Berufe, die von der Entwicklung in den Multimedia- und Telekommunikationsmärkten betroffen, aber nicht in den oben genannten Wirtschaftszweigen erfaßt sind, sind folgende:

- Spezialdrucker
- Werbefachleute
- Tongerätetechniker
- Datenverarbeiter
- Publizisten
- Graphiker
- Schildermaler
- Fotografen

Bedeutung der Datengrundlage für die Analyse

Die hier beschriebene Datengrundlage läßt sich bezüglich ihrer Aussagekraft für den Multimediasektor in einer Reihe von Punkten durchaus kritisieren. Wichtige Punkte sind im einzelnen:

- die Einschränkung auf sozialversicherungspflichtige abhängig Beschäftigte. Dies bedeutet, daß der Bereich der Selbständigen sowie die freien Mitarbeiter und die Beschäftigten in den sogenannten 620 DM-Jobs nicht berücksichtigt werden, obwohl gerade in diesen Bereichen eine positive Beschäftigungsentwicklung vermutet wird. Allerdings war es dem Projektteam bisher nicht möglich, seriöse Zahlen über diese Bereiche zu finden. Zur Zeit wird versucht, zumindest

Aussagen über die Zahl der Selbständigen zu finden und in zukünftige Analysen einzuarbeiten.

- die Einschränkung auf alte Bundesländer und die Jahre bis 1996. Die Daten für 1997 liegen in Kürze vor, die Datenbank soll auf alle Bundesländer erweitert werden.
- die zu grobe Gliederung der Wirtschaftszweige. Hier wird versucht, die Datengrundlage auf die für den Multimedia-Bereich relevanten dreistelligen Wirtschaftszweige zu erweitern. Eine Tabelle der nach unserer Ansicht relevanten dreistelligen Wirtschaftszweige ist im Anhang enthalten.

Trotz der genannten Einschränkungen ist nach unserer Auffassung die vorliegende Datengrundlage die umfassendste, die zum jetzigen Zeitpunkt zu diesem Thema erstellt werden konnte, und bietet eine gute Basis für Analysen, die sich mit den Zusammenhängen von Region, Bildung, Alter, Geschlecht und Entwicklung der Beschäftigtenzahlen im Multimedia-Bereich befassen. Im folgenden werden einige ausgewählte Ergebnisse dargestellt.

Ausgewählte Ergebnisse

Die hier vorgestellten Ergebnisse beziehen sich auf die Jahre 1987 bis 1996. Die jüngste Entwicklung, nämlich die Zahlen von 1997, konnten hier noch nicht eingearbeitet werden. Im Hintergrund der hier dargestellten Entwicklungen sind die allgemeine Konjunkturentwicklung, die durch einen langen, zum Teil auch durch die Wiedervereinigung induzierten Aufschwung bis 1992/93 und seither durch einen Abschwung gekennzeichnet ist, sowie eine Reihe institutioneller und technischer Innovationen und Veränderungen, die besonders den Wirtschaftszweig Bundespost bzw. die aus ihr entstandenen Unternehmen und ihre Beschäftigungsentwicklung betreffen. Von besonderer Bedeutung sind folgende Veränderungen:

- 1987 Etablierung privater Fernsehprogramme
- 1989 Poststrukturgesetz
  - Aufspaltung der DBP in Postdienst, Postbank und Telekom
- 1994 Gesetz zur Neuregelung des Postwesens und der Telekommunikation
  - Privatisierung der Telekom
- 1996/98
  - Fernmeldeanlagengesetz und Multimediagesetz (Liberalisierung des Telekommunikationssektors)

- Etablierung von Telekomdienstleistungen (ca. 1400 Anbieter)
- Online-Dienste, kommerzielle Nutzung des Internet

- ISDN, Mobilfunk, PC-Netze, Browser, Integration von TV, Telefon und PC

Bei den institutionellen Reformen handelt es sich also in der Hauptsache zum einen um die Verlagerung des Telekommunikationssektors aus dem Bereich staatlicher Verantwortung in den Bereich marktlicher Steuerung. Zum anderen ergibt sich aber auch die Möglichkeit zu privaten, werbefinanzierten Programmen sowie Pay-TV neben dem rein gebührenfinanzierten Programm der öffentlich-rechtlichen Rundfunkanstalten. Bei den technischen Innovationen ist eine zeitpunktgenaue Zuordnung kaum möglich, da beispielsweise Empfangstechniken wie die Satellitentech-

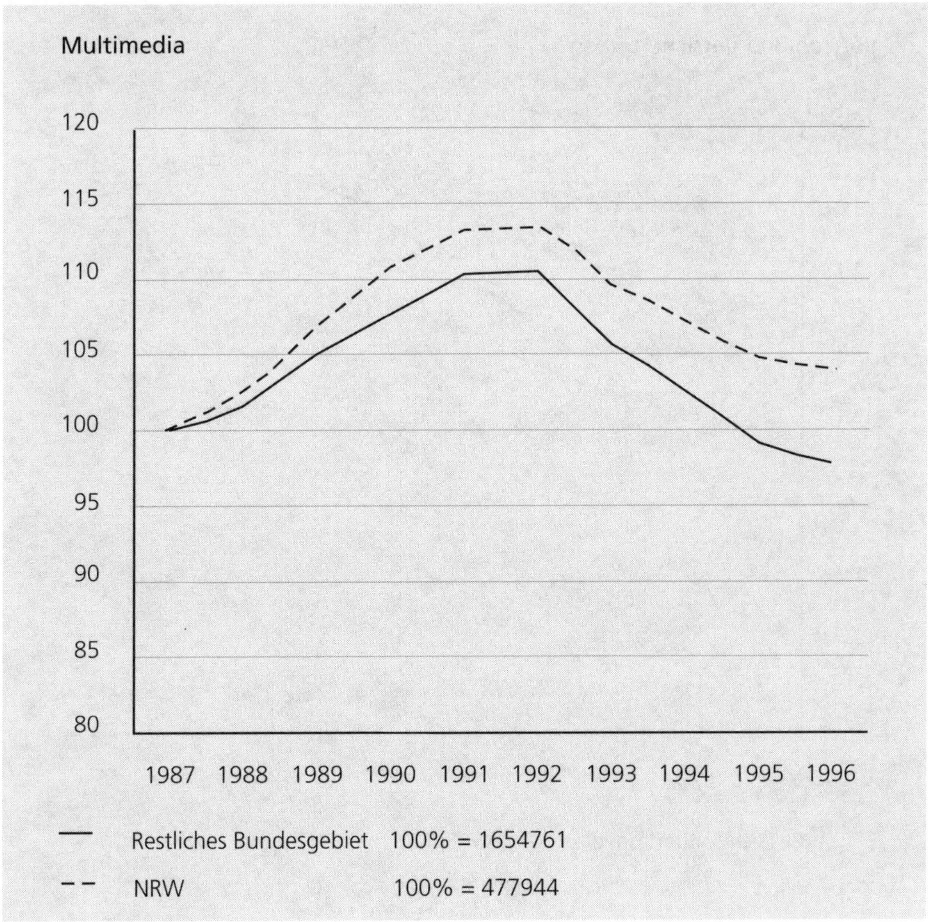

Abb. 1: Multimedia-Sektor

nik zwar schon seit längerem zur Verfügung standen, aber nur abhängig von institutionellen Voraussetzungen eingeführt wurden.

Betrachtet man den Sektor Multimedia insgesamt, so läßt sich die Beschäftigtenentwicklung aus der Abbildung 1 ablesen.

Bei der Interpretation ist die oben angegebene Definition des Multimediasektors als Kombinationsvariable aus zweistelligen Wirtschaftszweigen und ausgewählten Berufen zu beachten. Insbesondere sind die selbständig Beschäftigten und freien Mitarbeiter nicht in der Datengrundlage enthalten. Insgesamt folgt die Beschäftigungsentwicklung dem allgemeinen Konjunkturverlauf. Allerdings verhalten sich das Land NRW und der Rest der alten Bundesrepublik durchaus unterschiedlich.

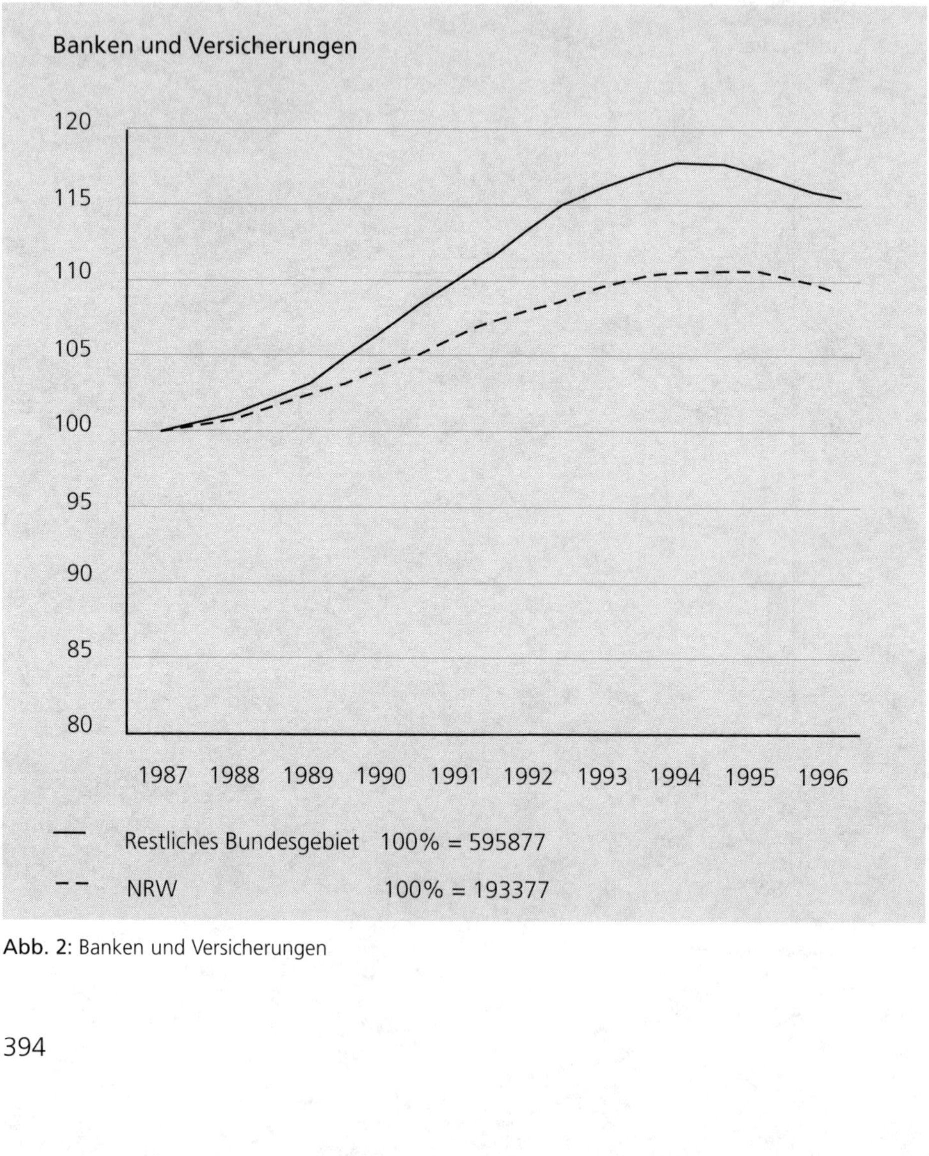

Abb. 2: Banken und Versicherungen

Während in der restlichen Bundesrepublik von 1987 bis 1996 insgesamt ein Minus von ca. 2 % zu konstatieren ist, ist es in NRW ein Plus von ca. 5 %.

Einen interessanten Vergleich bietet der Wirtschaftszweig Banken und Versicherungen, der bis 1994 einen positiven Trend bei der Beschäftigungsentwicklung aufweist. Hier ist das in NRW im Vergleich zu den anderen alten Bundesländern schwächere Wachstum der Beschäftigung besonders auffällig.

Untersucht man, welche Wirtschaftszweige eine deutlich fallende Tendenz in den Jahren 1987 bis 1996 aufweisen, stößt man auf die Wirtschaftszweige Herstellung/Reparatur von EDV-Anlagen und Büromaterial sowie Elektrotechnik, die ab 1992 einen steilen Abschwung verzeichnen.

Geringfügige Änderungen der Beschäftigtenzahlen weisen die Wirtschaftszweige Druckerei/Vervielfältigung, Verlags- und Pressewesen sowie Photographisches Gewerbe auf, die insgesamt der allgemeinen Konjunkturentwicklung folgen und daher hier nicht im einzelnen dargestellt werden.

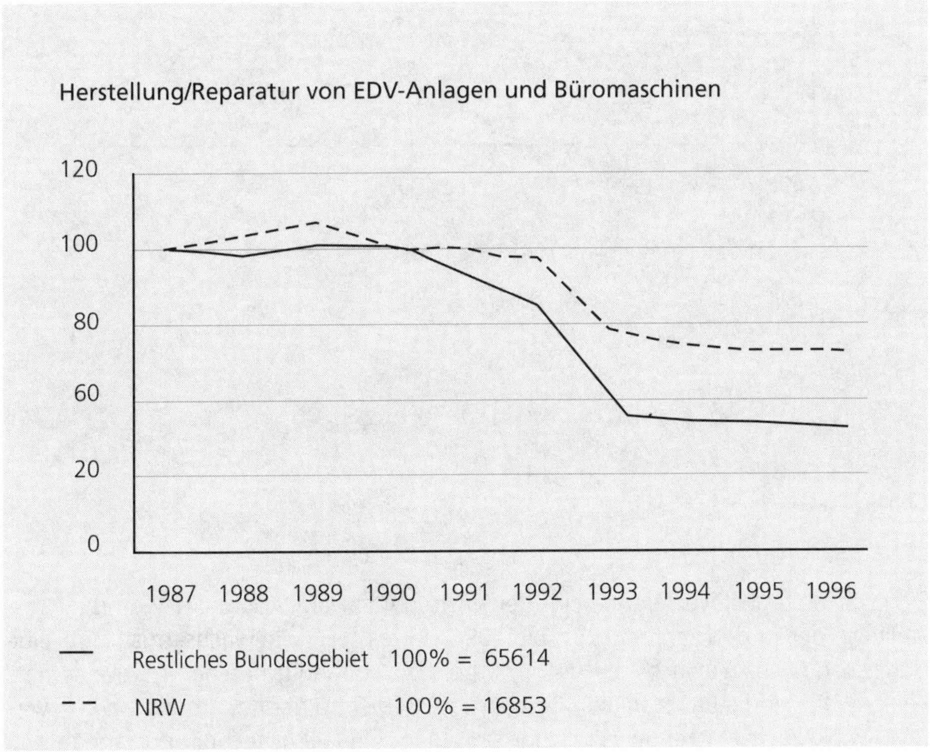

Abb. 3: Herstellung/Reparatur von EDV-Anlagen und Büromaschinen

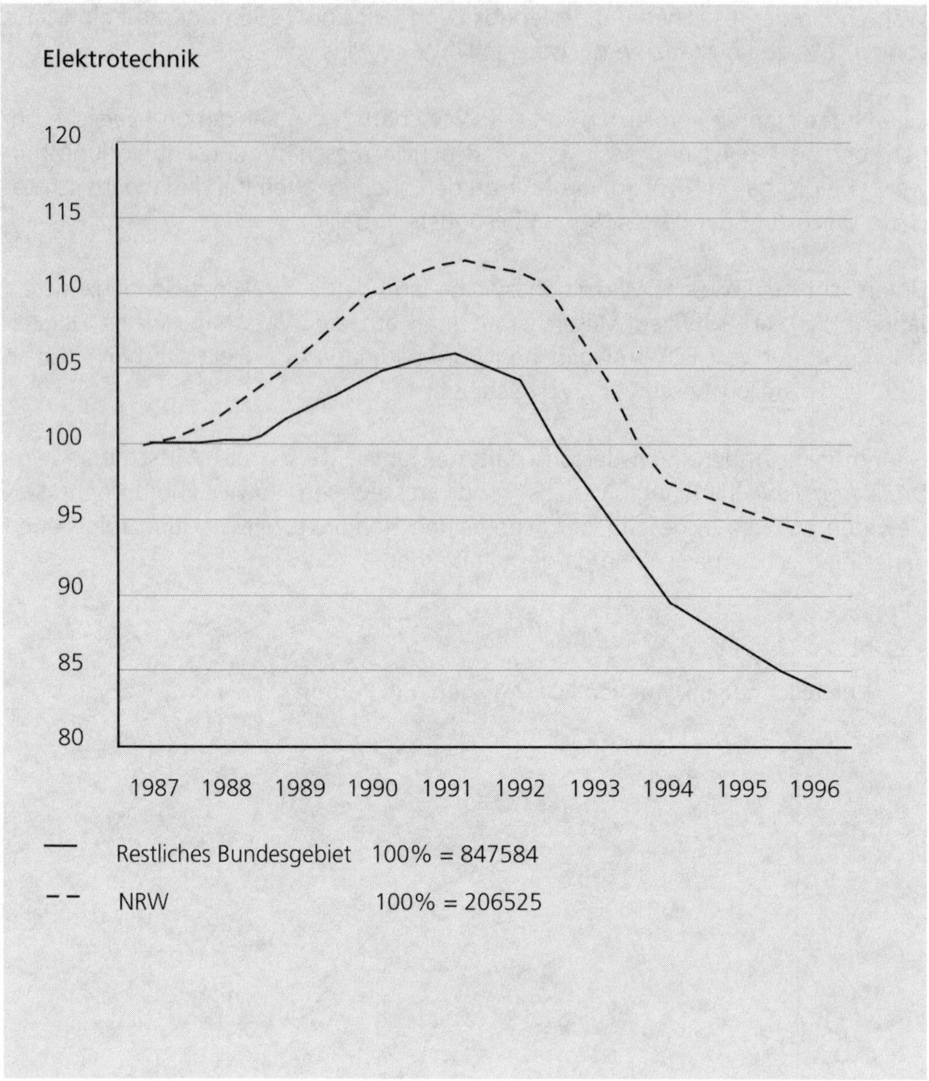

Abb. 4: Elektrotechnik

Den stärksten positiven Trend zeigt der Wirtschaftszweig Wirtschaftswerbung/Ausstellung, der in den Jahren 1987 bis 1996 um ca. 60 % gewachsen ist, also eine durchschnittliche Zuwachsrate von 6 % bei den abhängig Beschäftigten aufweist. Leider war hier die Basiszahl von Beschäftigten 1987 zu gering, um die starken Verluste von Arbeitsplätzen in Wirtschaftszweigen wie Elektrotechnik nur annähernd auszugleichen.

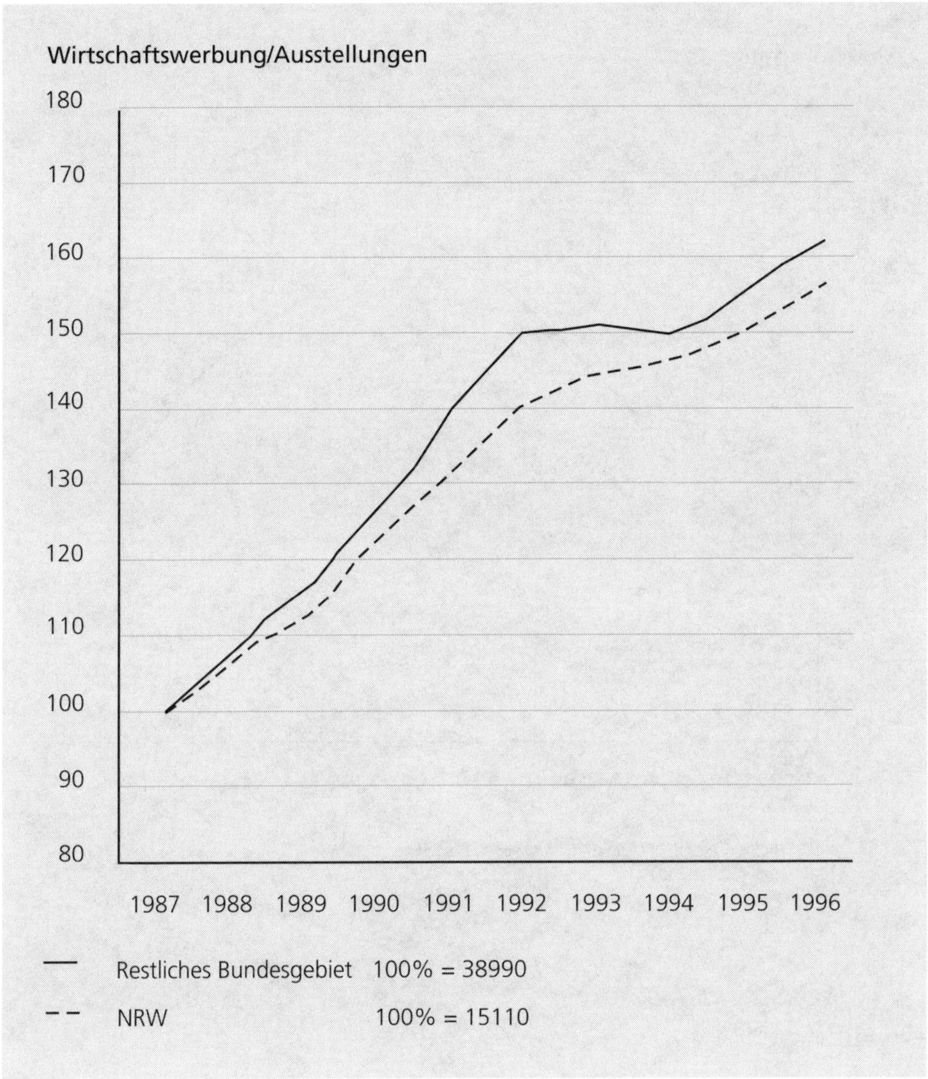

Abb. 5: Wirtschaftswerbung/Ausstellungen

Die durch institutionelle und technische Innovationen und Veränderungen am stärksten betroffenen Wirtschaftszweige sind die Bundespost sowie Kunst/Theater/Film/Rundfunk+Fernsehen (RTV).

Betrachtet man zunächst die Beschäftigungsentwicklung der Bundespost, fällt die deutliche Zunahme während der ersten Phase der Wiedervereinigung bis 1992 und

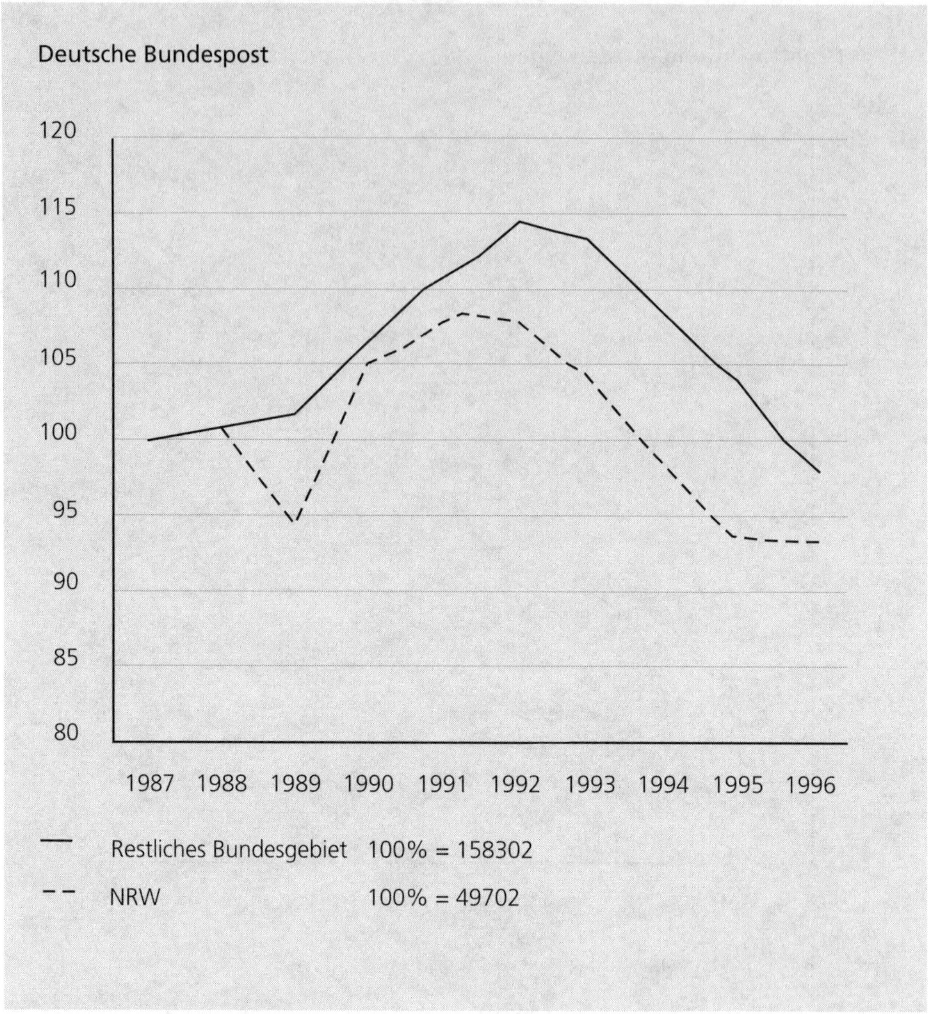

Abb. 6: Deutsche Bundespost

dann die rasche Abnahme der Beschäftigten auf, die der Privatisierung und dem durch Deregulierung erzwungenen Wettbewerb zuzurechnen sind.

Dies wird besonders deutlich, wenn die Beschäftigungsentwicklung nach Altersgruppen differenziert betrachtet wird. Ab 1992 sank der Anteil der jüngeren Beschäftigten (unter 37 Jahre) besonders rasch ab. Es ist anzunehmen, daß der Großteil der Abgänger die großzügigen Abfindungsangebote insbesondere der Telekom angenommen hat und anschließend zu den privaten Telekommunikationsanbietern gegangen ist.

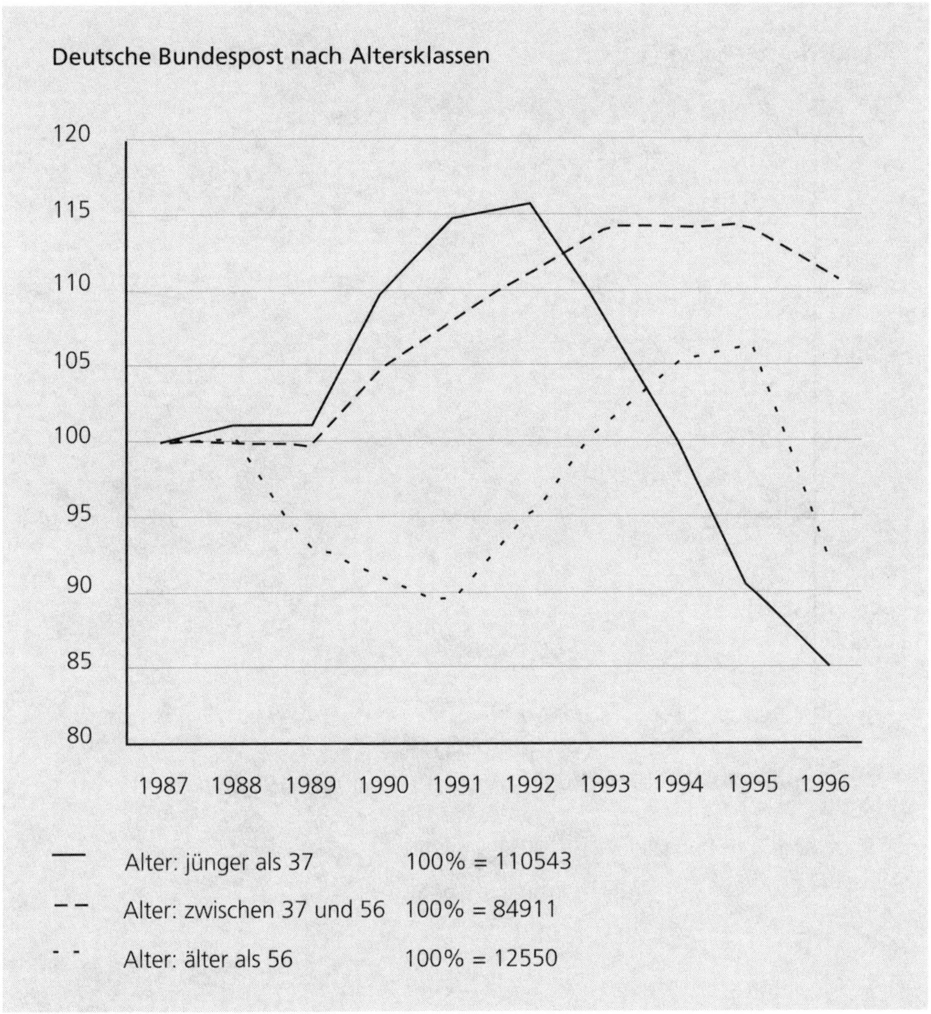

Abb. 7: Deutsche Bundespost nach Altersklassen

Der Wirtschaftszweig Kunst/Theater/Film/RTV zeigt eine durchgehend positive Beschäftigungsentwicklung. Dies ist wiederum besonders auffallend im Land NRW, das eine gezielte Förderung dieses Bereichs seit einigen Jahren betreibt.

In diesem Wirtschaftszweig sind nach Bildung und Geschlecht differenzierte Analysen besonders aufschlußreich. Die nächste Graphik zeigt, daß der gesamte Beschäftigungszuwachs auf Personen mit Abitur oder Hochschulabschluß zurückzuführen ist.

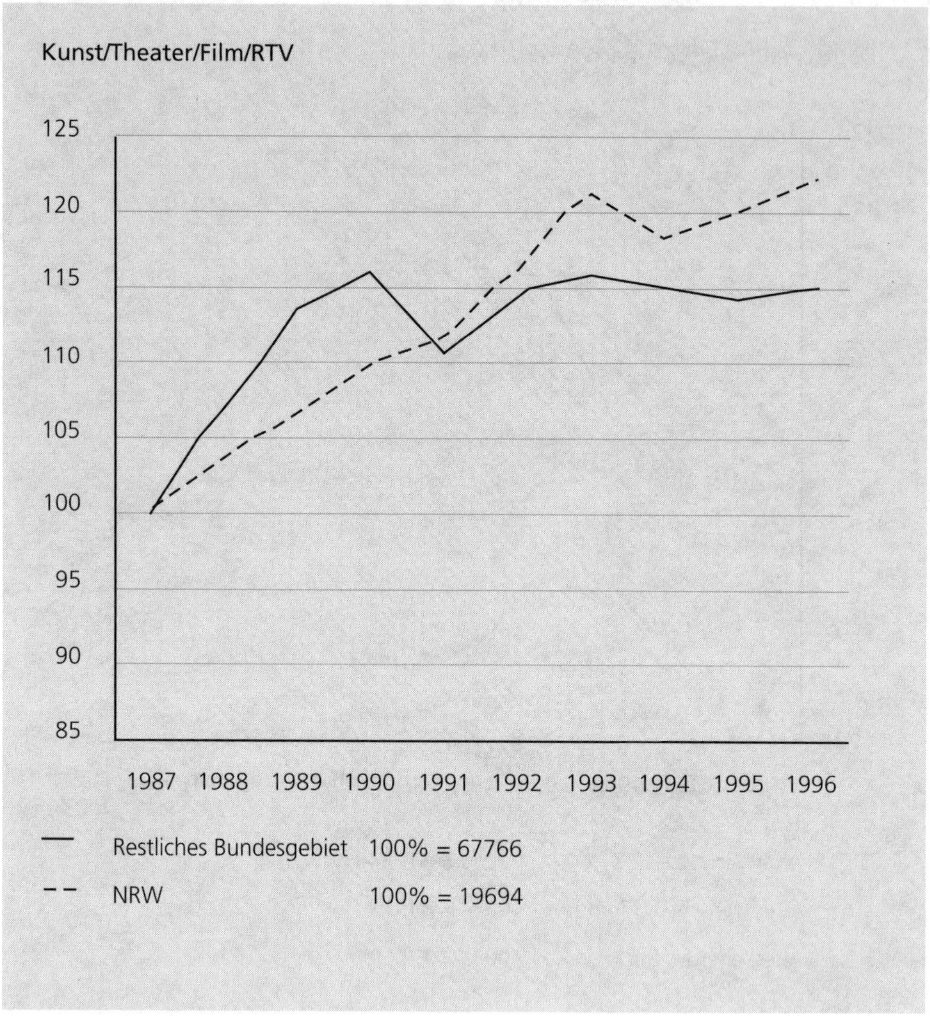

Abb. 8: Kunst/Theater/Film/RTV

Schließlich zeigt die letzte Graphik (Abb. 10), daß in diesem Zweig der Frauenanteil in den letzten Jahren stark gestiegen ist.

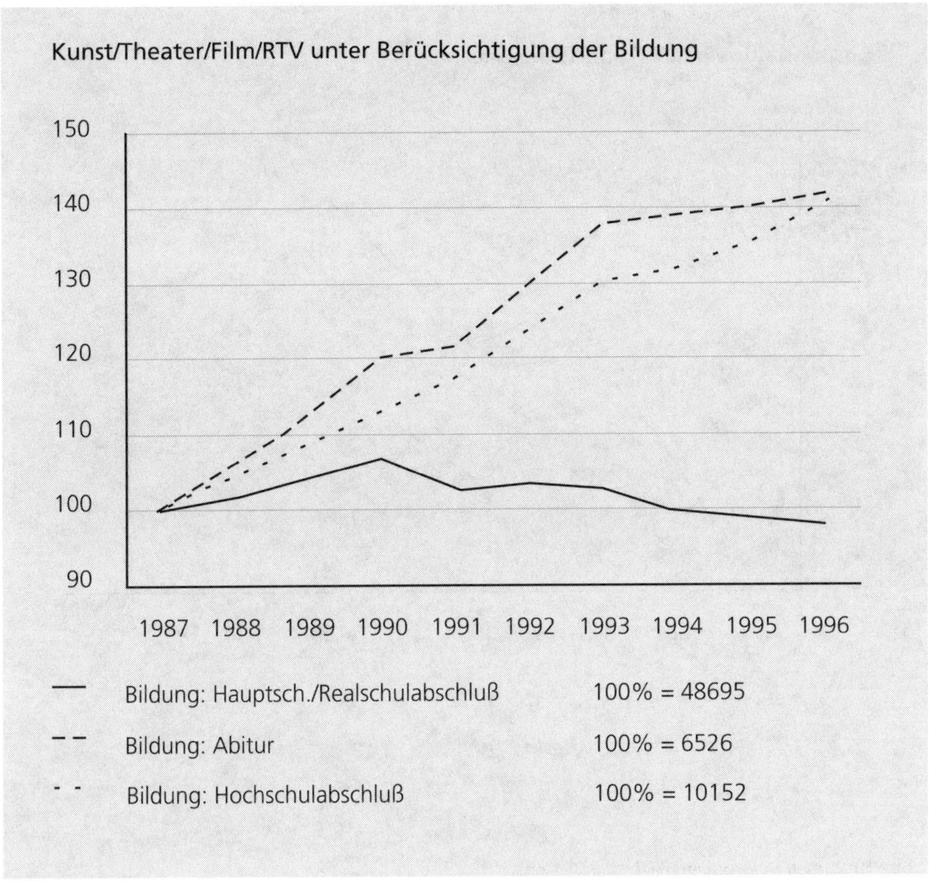

Abb. 9: Kunst/Theater/Film/RTV unter Berücksichtigung der Bildung

Zusammenfassung

Die Analyse der Beschäftigungsentwicklung im Multimediasektor in den Jahren 1987 bis 1996 zeigt, daß zumindest in den alten Bundesländern bei den abhängig Beschäftigten kein deutlicher positiver Trend vorliegt. Die Abnahme der Beschäftigten in den Wirtschaftszweigen Herstellung/Reparatur von EDV-Anlagen und Büromaschinen und Elektrotechnik konnte nicht durch die durchaus positive Entwicklung in den Wirtschaftszweigen Wirtschaftswerbung/Ausstellungen und Kunst/Theater/Film/RTV kompensiert werden. Die Bundespost war in den letzten Jahren durch die Privatisierung und Deregulierung ein Sonderfall. Obwohl bei der Telekom

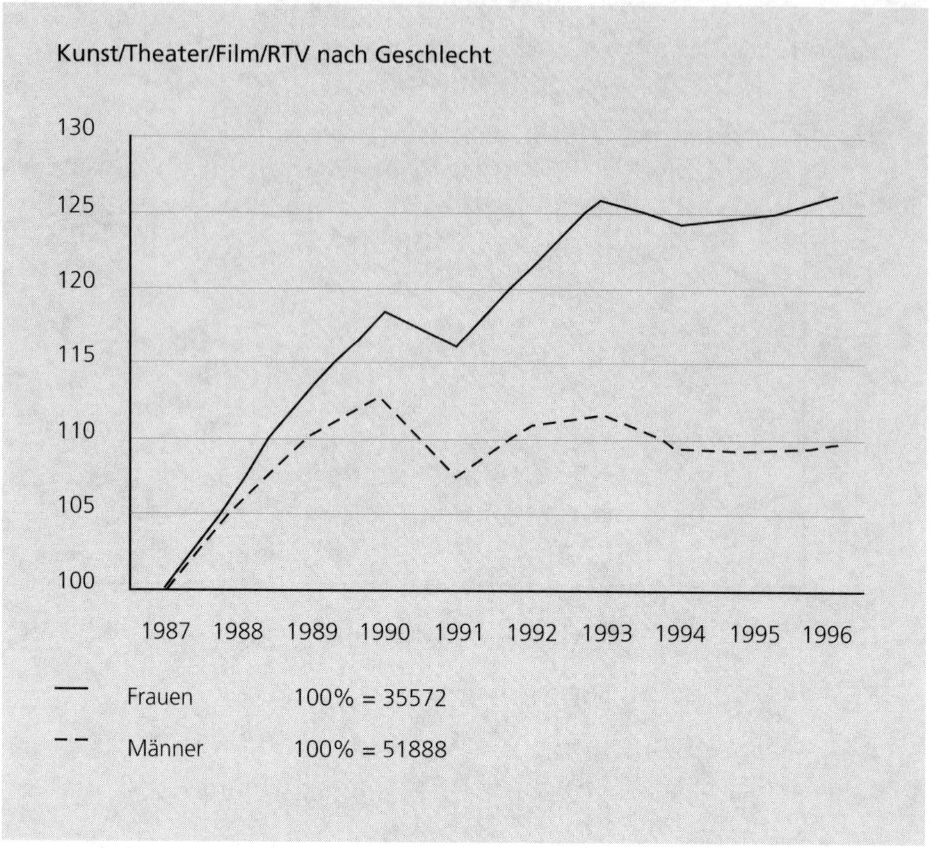

Abb. 10: Kunst/Theater/Film/RTV nach Geschlecht

durchaus noch Personaleinsparungen zu erwarten sind, ist zu hoffen, daß die fallenden Preise der Telekommunikation und das Auftreten neuer Anbieter in diesem Bereich per Saldo neue Arbeitsplätze schaffen. Dieser Effekt läßt sich jedoch vermutlich erst in den nächsten Jahren zeigen.

Literatur

Arthur D. Little (1994): Multimedia – Europa am Scheideweg, Frankfurt

DIW/Prognos (1996) : Künftige Entwicklung des Mediensektors, im Auftrag des Bundesministeriums für Wirtschaft, Basel, Berlin

R. Rock, A. Wagner, F.H. Witt (1998): Marktentwicklung Multimedia, Arbeitspapiere des Forschungsverbundes Multimedia und Gesellschaft beim Forschungsinstitut für Telekommunikation Dortmund, Nr.1/98

R. Rock, A.Wagner, F.H. Witt (1998): Multimedia und Beschäftigung; Arbeitspapiere des Forschungsverbundes Multimedia und Gesellschaft beim Forschungsinstitut für Telekommunikation Dortmund, Nr. 2/98

Anhang

Wirtschaftszweige – weite Systematik

33 Herstellung/Reparatur von EDV-Anlagen und Büromaschinen

34 Elektrotechnik

35 Druckerei/Vervielfältigung

36 Deutsche Bundespost

37 Kunst/Theater/Film/RTV

38 Verlags-/Pressewesen

39 Wirtschaftswerbung und Ausstellungen

40 Fotografisches Gewerbe

Wirtschaftszweige – enge Systematik

Printmedien

- 440 Druckerei
- 441 Chemigrafisches Gewerbe
- 770 Verlag von Büchern etc.

Multimedia

- 763 Filmtheater, Filmherstellung
- 764 Rundfunk- und Fernsehanstalten
- 830 Fotografisches Gewerbe

Telekommunikation

- 640 Deutsche Bundespost (die letzten Jahre nur Deutsche Telekom-Beschäftigte)

Werbung

- 820 Wirtschaftswerbung
- 821 Ausstellungs-, Messeeinrichtung
- 822 Ausstellungs-, Messewesen

Medien-Hardware

- 331 Herstellung/Reparatur von Büromaschinen
- 332 Herstellung/Reparatur von Datenverarbeitungsgeräten
- 344 Herstellung von Kabeln und Leitungen
- 347 Herstellung/Reparatur von Rundfunk- und Fernsehgeräten

Zulieferer von Inhalten/Darsteller

- 774 Nachrichtenbüros, Journalisten
- 765 Selbständige Künstler und Artisten

Anschrift

Univ.-Prof. Dr. Gerhard Arminger
Dipl. Ök. Karl Bommert
Dipl. Ök. Thorsten Werner
Fach Statistik
Fachbereich 6
Bergische Universität Wuppertal
D-42097 Wuppertal

e-mail: arminger@wwst09.wiwi.uni-wuppertal.de

Die Autoren sind Herrn Stefan Bender vom Institut für Arbeitsmarkt und Berufsforschung (IAB) der Bundesanstalt für Arbeit für die Überlassung der hier verwendeten Daten und Herrn Dipl. Ök. Jürgen Wicht, Fachbereich 6, Bergische Universität Wuppertal, für seine Hilfe beim Datenbankentwurf zu Dank verpflichtet. Des weiteren sind sie Frau Dipl. Ök. Dipl. soz.päd. Anja Wagner und Herrn Dr. rer. oec. Frank Witt vom Fachbereich 6, Bergische Universität Wuppertal, für ihre Hilfe bei inhaltlichen Problemstellungen dankbar. Die dieser Arbeit zugrunde liegende Aufbereitung der Daten und Erstellung der Datenbank wurde vom Ministerium für Schule, Weiterbildung, Wissenschaft und Forschung des Landes Nordrhein-Westfalen seit April 1997 als Teilprojekt im Rahmen des Forschungsverbundes Multimedia und Gesellschaft gefördert.

III. Neue Unternehmenskonzepte – Neue Regeln

8.
Regulative Rahmenbedingungen für Dienstleistungsinnovationen

Regulative Rahmenbedingungen für Dienstleistungsinnovationen

Wolfgang Hoffmann-Riem

Befragungen des Dienstleistungssektors ergeben, daß die Unternehmen rechtliche Restriktionen als Hemmnis für Innovationen verbuchen, allerdings im Dienstleistungsbereich weniger stark als im verarbeitenden Gewerbe. Zugleich wird allerdings auch wahrgenommen, daß rechtliche Regulierungen sinnvoll zur Unterstützung von Innovationen sein können. Das Forum 8 „Regulative Rahmenbedingungen für Dienstleistungsinnovationen" thematisierte daher die regulativen Rahmenbedingungen zwischen den beiden Polen Hemmnis und Unterstützung.

Zunächst führten die Moderatoren mit dem Ziel in das Thema ein, einen Rahmen für die weitere Vertiefung zu geben. Peter von Windau (Deutsche Gesellschaft für Mittelstandsberatung) skizzierte das Problemfeld mit dem besonderen Blick auf die mittelständische Dienstleistungswirtschaft, da der Mittelstand hier eine besonders wichtige Rolle spielt. Prof. Dr. Wolfgang Hoffmann-Riem (Universität Hamburg, Forschungsstelle Recht und Innovation) rückte das Thema in den aktuellen Modernisierungsprozeß und fragte grundsätzlich nach der wünschenswerten Rolle von Recht und Möglichkeiten einer Innovationssteuerung durch Recht. Er betonte, daß die überkommene Rechtsordnung vorrangig an den Problemen der Industriegesellschaft orientiert war und ist und deswegen nur begrenzt für diejenigen der Dienstleistungsgesellschaft paßt. Um die Inkonsistenzen auszugleichen, käme es häufig zu Re-Regulierungen. Dabei würde der Normenbestand quantitativ und qualitativ ausgeweitet und vermittle für den Betroffenen häufig den Eindruck der Überregulierung. Die Möglichkeiten gesellschaftlicher Selbstregulierung seien noch keineswegs ausgeschöpft. Das Recht könne und müsse einen Rahmen und Spielregeln für die gesellschaftliche Selbstregulierung bereitstellen, und zwar in einer auf die spezifischen Bedingungen des Dienstleistungssektors abgestimmten Weise.

Die Einzelanalysen der Referenten bestanden aus einem sektorspezifischen Überblick über Innovationshemmnisse und anschließend aus drei beispielhaften Einblicken in unterschiedliche Rechtsgebiete.

Der Einblick in ausgewählte Rechtsgebiete begann mit dem Wettbewerbsrecht. Prof. Dr. Marian Paschke (Universität Hamburg) formulierte fünf Thesen. (1) Die grundlegende Zielsetzung des Wettbewerbsrechts, durch Spielregeln für den Wettbewerb Mitbewerber und Allgemeinheit vor Auswüchsen des Wettbewerbs zu schützen, sei auch für die Dienstleistungsmärkte berechtigt und geboten. (2) Das deutsche und europäische Wettbewerbsrecht hätte zu Recht den Weg eingeschlagen, den wettbewerbsrechtlichen Ordnungsrahmen für Wettbewerb auf Produkt- und Dienstleistungsmärkten grundsätzlich übereinstimmend zu gestalten. (3) Das Wettbewerbsrecht, insbesondere das deutsche Wettbewerbsrecht, sei allerdings maßgeblich am Leitbild des Wettbewerbs in Warenmärkten ausgerichtet und werde deshalb den Anforderungen an ein modernes Wettbewerbsrecht im Dienstleistungsbereich nicht durchgehend gerecht. (4) Die spezifische Fassung des Wettbewerbsrechts mit Fragen des Dienstleistungsverkehrs sei im europäischen Recht besser gelöst als im deutschen Wettbewerbsrecht; es sei aber zu begrüßen, daß die Anfang 1999 in Kraft tretende Novelle das deutsche Recht dem europäischen angenähert habe. Neu und wichtig sei, daß Kartelle nach einem allgemein formulierten Tatbestand vom Verbot freigestellt werden könnten, und dies ausdrücklich auch den Dienstleistungsbereich betreffe. Soweit die Genehmigungsfähigkeit von Kartellvereinbarungen an dem für die Verbraucher entstehenden Gewinn ausgerichtet werde, sei der Gewinnbegriff nicht betriebswirtschaftlich, sondern als Verbesserung der Bedarfsbefriedigung zu verstehen. Damit gäbe es verbesserte Möglichkeiten für die Kooperation zwischen Wettbewerbern gerade auch im Dienstleistungsbereich. Auch die neuen Regeln über die Verhaltenskontrolle über marktbeherrschende Unternehmen würden im Dienstleistungsbereich positive Wirkungen entfalten. (5) Im Wettbewerbsrecht spiele die Rechtsprechung eine entscheidende Rolle bei der Auslegung und Anwendung der Normen mit der Möglichkeit größerer Flexibilität, aber auch begrenzter Vorhersehbarkeit. Das Wettbewerbsrecht im Dienstleistungsbereich sei „Law in action". Auf diesen Thesen aufbauend formulierte Paschke als Schlußthese, daß es darum gehe, die Spielregeln auf den Wettbewerbsmärkten des Dienstleistungsbereichs in einer Weise sektorspezifisch festzulegen, daß die Wohlfahrtswirkungen des Wettbewerbs unter den Herausforderungen der modernen Dienstleistungsgesellschaft und der Globalisierung auf den Dienstleistungsmärkten optimiert und gesichert würden.

Am Beispiel der Telearbeit illustrierte Prof. Dr. Rolf Wank (Ruhr-Universität Bochum) die Möglichkeiten, aber auch Grenzen einer angemessenen Integration der neuen Arbeitsformen in das Arbeitsrecht. Wank verdeutlichte, daß die tradierten Kategorien der Arbeitnehmer oder der Selbständigen die Realität nur begrenzt erfaßten, und daß die von der Rechtsprechung entwickelte Rechtsfigur der arbeitnehmerähnlichen Person zwar manche Probleme lösen helfe, gleichwohl aber nur eine Krücke sei. Dennoch wies Wank rechtliche Wege für Telearbeiter, die als Selbständige arbeiten wollen. So gab er Hinweise zur geeigneten Unternehmensform, zu den bestehenden Beratungsangeboten und den steuer- und sozialversicherungsrechtlichen Implikationen. In ähnlicher Weise skizzierte er den rechtlichen Rahmen für angestellte Telearbeiter. Er stellte dar, daß der verbreitetste Typ die alternierende Telearbeit sei (einige Tage zu Hause, einige Tage im Büro). Wank stellte Regeln für die Bewältigung einiger arbeitsrechtlicher Konfliktsituationen auf: Wer trägt die Kosten für die Infrastruktur? Wie steht es mit der Arbeitnehmerhaftung, auch wenn Angehörige Schaden zufügen? Wie sind Arbeitsschutz und Datenschutz konstruiert? Welche Rolle hat der Betriebsrat? Anschließend verglich Wank die Rahmenbedingungen aus der Perspektive eines Teledienstleisters, der vor Entscheidungen über die Gestaltung der betrieblichen Situation steht. In der zusammenfassenden Bewertung der rechtlichen Rahmenbedingungen empfahl Wank eine gesetzliche Neudefinition des Arbeitnehmerbegriffs; er wertete die jüngsten Änderungen des Kündigungsschutzgesetzes als angemessen und meinte, bei den bürokratischen Hemmnissen schneide Deutschland im Vergleich zu anderen europäischen Ländern gut ab. Gleichwohl sei noch einiges zu verbessern, insbesondere müßte die Rechtsordnung flexibler gestaltet werden.

Die Runde der Referenten schloß Dr. Lutz van Raden (Deutsches Patentamt München) ab, indem er ein lebhaftes Plädoyer dafür hielt, Innovationen im Dienstleistungsbereich unter Patentschutz zu stellen und damit eine ökonomische Verwertbarkeit einer Erfindung für eine bestimmte Zeit exklusiv zu sichern. Seine Darstellung des geltenden Patentrechts gab einen guten Einblick darüber, wie ein unter den Voraussetzungen der Industriegesellschaft am technischen Produkt orientiertes Recht – das Patentrecht – ungenügend geworden ist, weil sich die Rahmenbedingungen in der Dienstleistungsgesellschaft verändert haben. Van Raden gab insofern eine exemplarische Fallstudie eines teilweise überholten Rechts.

Ob allerdings der Vorschlag der Patentierung von Dienstleistungserfindungen in Deutschland Zukunft hat, wurde in der Diskussion bestritten. Der Hauptteil der Diskussion galt dem Arbeitsrecht. Dort wurden neue Vorschläge zur Konstruktion der Stellung der Telearbeiter gemacht, und insbesondere wurde nach Wegen gesucht, deren Schutz abzusichern, ohne auf die nicht voll passenden Schutzvorkehrungen des traditionellen Arbeitsrechts angewiesen zu sein. Ein interessanter, übrigens von Gewerkschaftsseite unterbreiteter Vorschlag zielte darauf, Kammerlösungen anzubieten. Damit würde den Betroffenen die Bewältigung der organisatorischen und Schutzprobleme in eigener Regie überlassen; ihnen müßten dafür aber staatlicherseits Spielregeln bzw. ein rechtlicher Rahmen bereitgestellt werden.

Dieser Vorschlag – seine Tauglichkeit bzw. Notwendigkeit wurde unter Hinweis auf das Vorhandensein von Gewerkschaften und Arbeitgeberverbänden auch bestritten – mag als Beispiel dafür stehen, daß es im Bereich der Dienstleistungsgesellschaft noch eine Reihe von Möglichkeiten für neue Formen der gesellschaftlichen Selbstregulierung gibt, daß diese sich aber nicht wildwüchsig entwickeln sollten , sondern in einen auch staatlicherseits mitgestalteten und mitverantworteten Rahmen eingebettet sein müßten. Denn auch im Dienstleistungsbereich stellen sich Machtfragen. Die Funktionsfähigkeit dieses bisher recht kleinteilig organisierten Bereichs dürfte in der Zukunft auch davon abhängen, daß Machtschwache sich auch gegenüber Machtstarken behaupten können. Denn daß im Dienstleistungsbereich Konzentrationsschübe stattfinden, und damit Machtballungen erfolgen können, das war ja eine Ausgangsaussage der Realanalysen. Insofern zeigte auch die Diskussion, daß sich im Dienstleistungsbereich nicht prinzipiell andersartige Fragen als im gewerblichen Bereich stellen, daß aber die zur Problembewältigung anzubietenden Lösungen maßgeschneiderte sein müssen.

Wettbewerbsrecht als Hindernis im Dienstleistungsbereich?

*Marian Paschke**

Einleitung

Der Untersuchungsgegenstand unserer Fragestellung ist ebenso vielgestaltig wie ihr Referenzrahmen. Bei den Dienstleistungen treffen wir auf netzgebundene Dienstleistungen, insbesondere in den Bereichen Telekommunikationsdienstleistungen, Verkehrsdienstleistungen und Energiewirtschaftsdienstleistungen, sowie einen umfänglichen, nicht netzgebundenen Bereich sonstiger Dienstleistungen. Der Referenzrahmen des Wettbewerbsrechts umfaßt das Kartellrecht, das Recht gegen unlauteren Wettbewerb sowie die sogenannten wettbewerbsrechtlichen Nebengesetze.[1] Außerdem berührt unsere Fragestellung nicht nur das nationale Recht, sondern angesichts des grenzüberschreitenden Charakters des modernen Dienstleistungsverkehrs ebenso das europäische und internationale Recht. In Rechnung zu stellen ist ferner, daß Wettbewerb in bedeutenden Dienstleistungsbereichen ein Novum ist. Über die Anwendung des Wettbewerbsrechts liegen dann vielfach nur erste, begrenzte Erfahrungen vor.

Vor allem bei netzgebundenen Dienstleistungen haben Monopole oder monopolartige Strukturen Wettbewerb lange Zeit verhindert. Auf den Telekommunikationsmärkten der Europäischen Union sind erst zu Beginn dieses Jahres eine vollständige Liberalisierung und damit eine Wettbewerbsverfassung eingeführt worden.[2] Am Strommarkt ist der Wettbewerb dabei, sich zu formieren; im kommenden Jahr werden die wettbewerblichen Strukturen des europäischen Elektrizitätsbinnenmarktes

* Bei dem Beitrag handelt es sich um eine erweiterte und um Fußnoten ergänzte Fassung des auf der Tagung „Dienstleistungen – Innovation für Wachstum und Beschäftigung" am 31.8./1.9.1998 gehaltenen Vortrag.

1 Insbesondere das Rabatt und die ZugabeVO.

2 Richtlinie 96/19/EG vom 13. 3.1996 , ABl. L 74 vom 22.3.1996, S. 13; dazu Europäische Kommission, XXVI. Bericht über die Wettbewerbspolitik 1996, Rdnr. 117.

etabliert sein, wenn die Mitgliedstaaten die entsprechende Richtlinie umgesetzt haben müssen.[3] Im Verkehrssektor ist am ehesten der Luftverkehrssektor liberalisiert und in mehreren Schritten zwischen 1987 und 1992 dem Wettbewerb geöffnet worden.[4] Erst später hat der Rat der Europäischen Union auch im Eisenbahn-, Straßen- und Binnenschiffsverkehr private Disposition über Wettbewerbsparameter und damit Wettbewerb zugelassen.[5] Im nationalen Recht sind durch die am 1. Januar 1999 in Kraft tretende 6. Novelle des Gesetzes gegen Wettbewerbsbeschränkungen[6] die kartellgesetzlichen Ausnahmebereiche für Energie und Verkehr gestrichen bzw. die für Banken und Versicherungen eingeschränkt worden.

Vor diesem Hintergrund soll zunächst darauf eingegangen werden, in welchem Regelungsrahmen Wettbewerb in Dienstleistungsmärkten stattfindet und welche Erfahrungen dabei vorliegen.

Rechtlicher Regelungsrahmen

Nationales Recht

Das deutsche Wettbewerbsrecht enthält nur wenige Vorschriften, die sich explizit auf den Dienstleistungsverkehr beziehen. Die gewählte Regelungstechnik kennt allerdings auch keine Beschränkung des Anwendungsbereichs auf Gütermärkte. Der Wettbewerb auf Dienstleistungsmärkten fällt unter die Regeln des Wettbewerbsrechts. So galt und gilt das Kartellverbot des GWB seit jeher für den Handel mit Waren oder gewerblichen Leistungen.[7] Auf Dienstleistungsmärkten werden Kartelle und sonstige Wettbewerbsbeschränkungen im Horizontalverhältnis als generell wettbewerbsschädlich eingestuft und verboten. Wettbewerbsbeschränkungen in Vertikalbeziehungen, also solche in Austauschverträgen, sind vom deutschen Kartellrecht der Mißbrauchsaufsicht unterworfen.[8] Die Preis- und Konditionenbindung in Austauschverträgen wiederum ist mit Ausnahme der Preisbindung für Verlagserzeugnisse verboten.[9]

---

[3] Richtlinie 96/92/EG vom 19.12.1996, ABl. L 27 vom 30.1.1997, S. 20; dazu Europäische Kommission, XXVI. Bericht über die Wettbewerbspolitik 1996, Rdnr. 123.

[4] Vgl. dazu Basedow in: Immenga/Mestmäcker, EG-Wettbewerbsrecht, Bd. II, 1998, S. 2098 ff.

[5] Basedow, a.a.O., S. 2001 ff.

[6] BR-Drcks. 418/98 vom 8.5.1998.

[7] § 1 GWB.

[8] §§ 18 ff. GWB.

[9] §§ 15 ff. GWB.

Verboten ist der Mißbrauch einer marktbeherrschenden Stellung unabhängig davon, ob dieser auf Güter- oder Dienstleistungsmärkten erfolgt.[10] Zusammenschlußvorhaben sind ab einem bestimmten Umsatzschwellenwert beim Bundeskartellamt anzumelden und müssen vom Amt untersagt werden, wenn zu erwarten ist, daß durch den Zusammenschluß eine marktbeherrschende Stellung begründet oder verstärkt wird, es sei denn, daß der Zusammenschluß überwiegende Verbesserungen der Wettbewerbsbedingungen zur Folge hat.[11]

Neu ist, daß nach der am 1. Januar 1999 in Kraft tretenden Gesetzesnovelle Kartelle nach einem allgemein formulierten Tatbestand vom Verbot freigestellt werden können, und dies ausdrücklich auch den Dienstleistungsbereich betrifft.[12] Solche Kartellvereinbarungen sind dann genehmigungsfähig, wenn sie zur Verbesserung der Entwicklung, Verteilung, Beschaffung, Rücknahme oder Entsorgung von Waren oder Dienstleistungen beitragen, und die Verbesserung von den beteiligten Unternehmen auf andere Weise nicht erreicht werden kann, sofern die Verbraucher an dem entstehenden Gewinn angemessen beteiligt werden. Der Begriff des Gewinns ist dabei nicht betriebswirtschaftlich, sondern als Verbesserung der Bedarfsbefriedigung zu verstehen.[13] Der Gesetzgeber hat damit in Anlehnung an das europäische Wettbewerbsrecht erweiterte Möglichkeiten für die Kooperation zwischen Wettbewerbern gerade auch im Dienstleistungsbereich geschaffen.

Im Rahmen der Verhaltenskontrolle über marktbeherrschende Unternehmen hat der Gesetzgeber der Kartellgesetznovelle ebenfalls eine für den Dienstleistungsbereich wichtige Neuerung eingeführt. Der Mißbrauch einer marktbeherrschenden Stellung liegt nach dem neuen Regelbeispiel des Gesetzes vor, wenn das marktbeherrschende Unternehmen den Zugang zu eigenen Netzen oder anderen Infrastruktureinrichtungen verweigert.[14] Die Regelung war wettbewerbspolitisch sehr umstritten, weil mit ihr Eingriffe in die Berufsausübung und in das Eigentum des Netz- bzw. Infrastrukturinhabers einhergehen.[15] Ihre Bedeutung muß freilich vor dem Hintergrund gesehen werden, daß für wesentliche Problembereiche ehemaliger Monopolbetriebe bei Bahn, Post und Telekommunikation inzwischen bereits sektorspezifische Netzzugangsregeln existieren.[16] Außerdem wird die Mißbrauchsaufsicht nach nationalem Recht an die nach europäischem Recht angeglichen.[17]

[10] § 22 GWB.
[11] §§ 23 ff. GWB.
[12] § 7 GWB n.F.
[13] Begr. RegE, BT-Drcks. 13/9720, S. 47.
[14] § 19 Abs. 4 GWB n.F.
[15] Vgl. nur Bunte, WuW 1997, S. 302 ff.
[16] § 14 AEG, §§ 28, 29 PostG, §§ 33 ff. TKG.
[17] Vgl. den Überblick bei Kahlenberg, BB 1998, S. 1593, 1596 ff.

Europäisches Recht

Das europäische Wettbewerbsrecht befaßt sich an zahlreichen Stellen mit dem Wettbewerb im Dienstleistungsbereich. Hinzuweisen ist auf zahlreiche Gruppenfreistellungsverordnungen, mit denen Wettbewerbsbeschränkungen in Austauschverträgen, insbesondere in Vertriebsverträgen, gruppenweise und damit unter Verzicht auf eine Einzelfallentscheidung vom Kartellverbot des europäischen Rechts freigestellt werden.[18] Schutzrechtsbezogene Wettbewerbsabreden werden von der Gruppenfreistellungsverordnung für Technologietransfervereinbarungen erfaßt.[19] Umfängliche Regeln bestehen im Verkehrsbereich für die verschiedenen Verkehrsträger sowie im Bereich der Verwertung von gewerblichen Schutzrechten. Art. 90 Abs. 2 EGV enthält eine begrenzte Ausnahme von den Wettbewerbsvorschriften für Unternehmen, die mit Dienstleistungen von allgemeinem wirtschaftlichem Interesse betraut sind. Dazu gehören grundsätzlich alle wirtschaftlichen Aktivitäten zur Sicherung von Infrastruktur und Daseinsvorsorge.[20] Der Vertrag von Amsterdam bekräftigt die Bedeutung, die die Gemeinschaft den Dienstleistungen von allgemeinem wirtschaftlichem Interesse beimißt; er stärkt in seinem neuen Art. 7d den Grundsatz, daß ein Gleichgewicht zwischen den Wettbewerbsregeln und der Erfüllung öffentlicher Versorgungsaufträge hergestellt werden muß. Das Kartellverbot enthält in Art. 85 Abs. 3 EGV seit jeher eine allgemeine Freistellungsregelung, die zwar anders als die neue deutsche Freistellungsregelung nicht ausdrücklich Dienstleistungen anführt, aber gleichfalls im Unterschied zum deutschen Recht die Förderung des technischen oder wirtschaftlichen Fortschritts als Freistellungsmerkmal kennt, das beispielsweise bei der Freistellung von Allianzen zwischen Telekommunikationsunternehmen zur Schaffung neuer Telekommunikationsdienstleistungen herangezogen wurde.[21]

Das europäische Wettbewerbsrecht hat Vorrang vor dem nationalen Wettbewerbsrecht. Nationales Wettbewerbsrecht wird zwar nicht vollständig verdrängt, weil das den zwischenstaatlichen Handel im Binnenmarkt betreffende Gemeinschaftsrecht das Wettbewerbsrecht nicht erschöpfend und abschließend regelt. Es besteht aber ein Anwendungsvorrang des Wettbewerbsrechts der Gemeinschaft.[22] Danach darf die Anwendung des nationalen Wettbewerbsrechts die uneingeschränkte und einheitliche Anwendung des EG-Wettbewerbsrechts und die volle Wirksamkeit der zu seinem Vollzug getroffenen Maßnahmen nicht beeinträchtigen.

---

18 Vgl. die Kommentierung in: Immenga/Mestmäcker, EG-Wettbewerbsrecht, Bd. I, S. 395 ff.
19 Verordnung Nr. 240/96/EG vom 31.1.1996, ABl. 1996 L 31, S. 2
20 Grabitz/Pernice, EGV Art. 90 Rdnr. 35.
21 Vgl. Europäische Kommission, XXV. Wettbewerbsbericht 1995, Tz. 54 ff.
22 Vgl. nur Schweitzer/Hummer, Europarecht, 5. Aufl. 1996, Rdnr. 845 ff.

Selbst der nationale Gesetzgeber ist bei der Ausgestaltung der dienstleistungsbezogenen Wettbewerbsregeln nicht frei. Dies gilt insbesondere im Bereich des Richtlinienrechts der Gemeinschaft. Dies ist vor allem für netzgebundene Dienstleistungen der umfängliche Bereich, in dem die Gemeinschaft die Marktöffnung für Dienstleistungen richtungweisend vorangetrieben und geprägt hat. Hier sind die Mitgliedstaaten zur Umsetzung des Gemeinschaftsrechts verpflichtet.[23] Rechtliche Restriktionen und Möglichkeiten sind dann gemeinschaftsrechtlich verbindlich vorgeprägt; die Mitgliedstaaten haben nur insofern einen Regelungsspielraum, als die Richtlinie diesen zuläßt.

Der Vorrang des Gemeinschaftsrechts bedeutet im übrigen, daß sich Verbote nach europäischem Wettbewerbsrecht, mögen sie auf dem Kartellverbotstatbestand oder dem Tatbestand des Mißbrauchs der marktbeherrschenden Stellung beruhen, gegen jede nationale Erlaubnis durchsetzen. Dies gilt nach zutreffender Auffassung auch im Verhältnis zwischen sektorspezifischen und allgemeinen Wettbewerbsregeln.[24] Die Richtlinien im Bereich der Telekommunikation beispielsweise sind zwar spezieller als die allgemeinen Wettbewerbsregeln, diese bleiben jedoch regelmäßig anwendbar. Möglich ist deshalb auch ein Einschreiten der Kommission gegenüber Genehmigungsentscheidungen von nationalen Regulierungsbehörden. Noch ist es dazu meines Wissens nicht gekommen. Die Europäische Kommission könnte aber gegen mißbräuchlich überhöhte Entgelte eines marktbeherrschenden Netzbetreibers auch dann einschreiten, wenn das Entgelt seitens der Regulierungsbehörde genehmigt wurde. Auffassungsunterschiede, wie sie zwischen Regulierungsbehörde und nationalem Kartellamt bei der Entscheidung über die Entgelte zutage getreten sind, die die Deutsche Telekom AG als marktbeherrschender Telekommunikationsanbieter von den Wettbewerbern für die Nutzung ihrer Netze erheben darf, könnten so zu einer Entscheidung nach europäischem Wettbewerbsrecht führen. Die Europäische Kommission ist zwar keine Preisregulierungsbehörde, sie hat aber in einem Verfahren gegen die Deutsche Telekom AG wegen der Bedingungen für den Netzzugang von Wettbewerbern deutlich gemacht, daß Tarifpraktiken nicht zum Mißbrauch einer marktbeherrschenden Stellung führen dürfen.[25]

---

[23] Art. 189 Abs. 3 EGV.

[24] Vgl. nur Van Miert, WuW 1998, S. 7 ff.

[25] Europäische Kommission, XXVII. Wettbewerbsbericht 1997, Tz. 76 ff.

Internationales Recht

Das internationale Recht kennt noch kein international vereinheitlichtes oder gar universelles Wettbewerbsrecht. Solches liegt für das Kartellrecht erst im Entwurfskonzept vor.[26] Im Rahmen des Welthandelsabkommens der neuen Welthandelsorganisation WTO und der nachfolgenden Ministerkonferenz von Singapur sind aber wichtige Erfolge erzielt worden, die den Wettbewerb gerade auf den Dienstleistungsmärkten auf Sicht beflügeln und auch die Verabschiedung eines internationalen Wettbewerbsrechts befördern werden.[27] Der grundlegende Erfolg besteht darin, daß überhaupt und erstmals in der Geschichte des internationalen Rechts ein Dienstleistungsabkommen GATS abgeschlossen werden konnte, das als zweite Säule des neuen Welthandelsabkommens neben das Güterabkommen GATT getreten ist. Das GATS sieht neben den allgemeinen Verpflichtungen, die nach dem Meistbegünstigungsgrundsatz insbesondere die Diskriminierung ausländischer Dienstleistungsanbieter untereinander verbietet,[28] für im einzelnen auszuhandelnde, listengebundene Dienstleistungssektoren, konkrete Verpflichtungen zur Marktöffnung und zur Inländerbehandlung vor, wonach ausländische Anbieter gegenüber inländischen Konkurrenten nicht benachteiligt werden dürfen.[29]

De lege lata existiert auf der Ebene der Welthandelsorganisation allerdings nur eine embryonal angelegte Regelung wettbewerbsrechtlicher Fragen. Sie besteht darin, daß nach Art. VIII GATS Dienstleistungsmonopolen, die zur Beachtung der Meistbegünstigung verpflichtet sind, ein mißbräuchliches Verhalten außerhalb des Monopolbereichs untersagt ist. Im übrigen haben sich die Staaten bisher nur darauf verständigen können, daß es noch andere Verhaltensweisen gibt, die den Wettbewerb im Dienstleistungsbereich behindern können. Offen geblieben ist allerdings, welche dies sind, und wie ihnen begegnet werden soll. Hingewiesen wird in Art. IX GATS allerdings ausdrücklich darauf, daß die unterschiedliche wettbewerbsrechtliche Beurteilung wettbewerbsbeschränkender Praktiken in den Nationalstaaten den Dienstleistungshandel beschränken kann.

Das Aushandeln von special commitments in gelisteten Dienstleistungssektoren wurde weitgehend dem GATS nachfolgenden Verhandlungsrunden vorbehalten, weil etwa in den Bereichen Finanzdienstleistungen, Seetransport und Basistelekommunikation im Rahmen der Uruguay-Runde keine abschließende Einigung erzielt werden konnte.

---

26 Draft International Antitrust Code, abgedruckt in: WuW 1994, S. 128 ff.; vgl. Basedow, Weltkartellrecht, 1998.

27 Dazu Hilpold, RIW 1998, S. 90 ff.

28 Art. II Abs. 1 GATS

29 Art. XVI und XVII GATS.

Anfang 1997 wurde das Übereinkommen über den Zugang zu Telekommunikations-Basisdiensten beschlossen. In dem Abkommen, das mehr als 93 % des Weltmarktes für Telekommunikationsdienste erfaßt, verpflichten sich 69 Regierungen, ihre Telekommunikationsmärkte der ausländischen Konkurrenz zu öffnen. Die meisten Vertragsparteien haben sich auf Ordnungsprinzipien verständigt, mit denen vor allem wettbewerbswidrige Praktiken verhindert werden. Entgegengewirkt wird insbesondere Quersubventionierungspraktiken, die Verwertung von Informationen der Konkurrenz oder die nicht rechtzeitige Weitergabe von technischen Daten oder sonstigen für die Dienstleistungserbringung erforderlichen Informationen an die Mitbewerber.[30]

Ende 1997 wurden auch die Verhandlungen über Finanzdienstleistungen abgeschlossen. 88 Vertragsparteien einigten sich auf ein Liberalisierungsabkommen, das 95 % des weltweiten Marktes für Finanzdienstleistungen erfaßt.[31] Die Liberalisierung der Seetransportdienste steht dagegen noch aus. Die diesbezüglich aufgenommenen Verhandlungen wurden bis zu der im Jahr 2000 stattfindenden Verhandlungsrunde vertagt.[32]

Mit dem GATS verfügt die Welthandelsorganisation erstmals über ein Dienstleistungsabkommen, das sämtliche WTO-Mitglieder völkerrechtlich verbindlich zur Einhaltung bestimmter Grundprinzipien verpflichtet. In den erfaßten Dienstleistungsbereichen trägt das GATS maßgeblich zur Schaffung und Gewährleistung eines grenzüberschreitenden Wettbewerbs im Handel mit Dienstleistungen bei.

Erfahrungen mit der Anwendung des Wettbewerbsrechts

Nachfolgend soll erörtert werden, welche Erfahrungen im Umgang mit dem Wettbewerbsrecht auf Dienstleistungsmärkten vorliegen.

Was zunächst das Kartellverbotsrecht angeht, so wenden nationale und europäische Kartellbehörden den Verbotstatbestand gleichermaßen auf Güter- und Dienstleistungsmärkte an. Dahinter steht die Überzeugung, daß das Verbot nicht gegen Innovationen und Geschäftsideen gerichtet ist, sondern gegen schädliche wettbewerbsbeschränkende Verhaltensabreden. Auf rechtspolitische Kritik stößt das Kartellverbot, wenn es mit anderen Leitzielen in Konflikt gerät. Die Anwendungspraxis

[30] Vgl. WTO Press Brief „Basic Telecoms".
[31] Vgl. dazu WTO Press Brief „Financial Services.
[32] Dazu Paschke, in FS für Herber, erscheint demnächst.

zum deutschen Kartellverbotstatbestand zeigt, wie schwer es gefallen ist, das Kartellverbot mit kollidierenden Zielsetzungen, insbesondere auch außerökonomischen Aufgaben abzustimmen.[33] Letztlich haben sich allseits befriedigende Lösungen bei der Kollision mit Erwägungen des Gesundheitsschutzes, sozialen Belangen verschiedener Art, dem Umweltschutz und wirtschaftspolitischen Interessen nicht finden lassen. Die Innovationskraft einer neuen Dienstleistungsidee läßt sich in den Tatbeständen der Freistellungsregeln für Normen-, Typen- oder Konditionenkartelle, für Spezialisierungs- oder Rationalisierungskartelle bzw. Mittelstands- oder Strukturkrisenkartelle nicht subsumieren.

In Ermangelung einer Generalklausel als Freistellungstatbestand vom Kartellverbot offenbart deshalb das deutsche Wettbewerbsrecht im Unterschied zum europäischen Recht etwa im Hinblick auf Kooperationen bei Forschung und Lehre sowie bei strategischen Allianzen eine nicht befriedigende Starrheit. Für eine Güterabwägung mit anderen als wettbewerbsrechtlichen Zielsetzungen bietet das deutsche Kartellrecht keinen tragfähigen Ansatzpunkt. Allenfalls über die kartellrechtliche Ministererlaubnis könnte mit Rücksicht auf überwiegende Gründe der Gesamtwirtschaft und des Gemeinwohls Abhilfe geschaffen werden. In Dienstleistungsfällen ist die ohnehin wenig bedeutsam gebliebene Regelung noch nicht angewendet worden.

Das europäische Kartellverbotsrecht ist wegen seines Generalklausel-Freistellungstatbestandes demgegenüber liberaler gestaltet. Die Europäische Kommission hat fortschrittliche strategische Allianzen und Forschungs- und Entwicklungskooperationen entwicklungsoffener prüfen und genehmigen können.[34]

Die Mißbrauchsaufsicht über marktbeherrschende Unternehmen bildet einen Schwerpunkt der Anwendung des Wettbewerbsrechts im Dienstleistungsbereich, sowohl in der Praxis Europäischer Organe als auch der der deutschen Wettbewerbsbehörden. Die Praxis wird maßgeblich durch die einschlägige Rechtsprechung geprägt, die die wettbewerbsrechtlichen Generalklauseln in zahlreichen Einzelfallentscheidungen konkretisiert hat. Auch unter Heranziehung der in der Wissenschaft entwickelten Fallgruppen des Ausbeutungs- und Behinderungsmißbrauchs bedarf es eingehender Darstellungen, um einen Überblick über die Vielgestaltigkeit zulässigen Preiswettbewerbs und verbotener Kampfpreisstrategien, über die Reichweite verbotener Vertriebs- oder Verwendungsbindungen bzw. Koppelungsvereinbarungen zu geben. Die maßgebliche Rolle der Rechtsprechung zeigt sich auch in

[33] Dazu Paschke, in: Umwelt- und Technikrecht, 38 (1997), S. 35 ff.

[34] Vgl. bereits oben bei Fn 21.

den Fällen, in denen nationale und europäische Rechtsprechung die Öffnung oder Offenhaltung des Marktzugangs als Sonderfall der Mißbrauchskontrolle ausdifferenziert haben.

Schon 1974 hatte der EuGH grundlegend entschieden, daß eine Rundfunk- und Fernsehanstalt, die ein Monopol auf die Ausstrahlung von Werbung besaß, den Verkauf von Werbezeit an Unternehmen anderer Mitgliedstaaten nicht verweigern dürfe.[35] Später und insbesondere in Ansehung von Marktzutrittsbarrieren in den Sektoren Energie, Verkehr und Telekommunikation hat die Europäische Kommission im essential facilities-Konzept die Konkretisierung für die Anwendung der Marktmißbrauchskontrolle entwickelt. Danach verstößt ein Unternehmen gegen Art. 86 EGV, das für die Gestellung einer wesentlichen Einrichtung marktbeherrschend ist, diese Einrichtung selbst nutzt und zugleich anderen Unternehmen den Zugang zu dieser Einrichtung ohne sachliche Rechtfertigung verweigert.[36] Wesentliche Einrichtungen sind dabei solche, ohne deren Nutzung ein Wettbewerber seinen Kunden keine Dienste anbieten kann. Auf diesen Grundsatz gestützt wurde im Verkehrsbereich der Zugang zu Seehafenbetrieben wettbewerbsrechtlich eröffnet.[37] Im Magill-Fall wurde die Weigerung einiger irischer Fernsehgesellschaften, einer unabhängigen Fernsehzeitschrift Listen ihrer wöchentlichen Programme zu verkaufen, um dem Absatz ihrer jeweiligen eigenen Programmzeitschriften nicht zu schaden, als mißbräuchliche Geschäftsverweigerung beurteilt.[38] Entsprechend wurde die Weigerung einer Fluggesellschaft, einen Anschluß an ihr Reservierungssystem zu gestatten, behandelt[39] bzw. eine Verpflichtung zum Interlining bejaht, da ein solches für den erfolgreichen Marktzutritt von zentraler Wichtigkeit angesehen wird.[40]

Die Reichweite der Mißbrauchsaufsicht zur Überwindung von Marktzutrittsbarrieren ist bis heute nicht abschließend geklärt. Im deutschen und europäischen Recht bestehen insbesondere hinsichtlich der Leitungssyteme im Energiesektor Unsicherheiten darüber, ob der Inhaber die Mitbenutzung seiner Leitungen durch Wettbewerber gegen ein angemessenes Entgelt dulden muß. Der Bundesgerichtshof hat dies für den deutschen Gasmarkt verneint, aber auch entschieden, daß das schutzwürdige Interesse des Netzinhabers zurücktreten könne, wenn mit der Durchleitung ein energiewirtschaftlicher Gewinn, also eine rationellere Gasnutzung erreicht

[35] EuGH Slg. 1974, S. 409, 431 „Sacchi".
[36] Grundlegend entschieden in den sog. Hafen-Entscheidungen der Europäischen Kommission; vgl. XXII. Wettbewerbsbericht 1992, Tz. 219; ABl. 1994 L 15, S. 8 ff und ABl.- 1994 L 55, S. 52 ff.
[37] Vgl. vorhergehende Fn.
[38] EuGH Slg. 1995,I, S. 743 ff.
[39] Kommission vom 4.11.1988, ABl. 1988 L 317, S. 47 „London European/SABENA".
[40] Kommission vom 26.2.1992, ABl. 1992 L 96, S. 34 „British Midland/Aer Lingus".

werde.[41] Teilweise sind die auftauchenden Rechtsfragen inzwischen spezialgesetzlich geregelt. Dies ist der Fall für das Recht von Eisenbahnunternehmen auf diskriminierungsfreie Benutzung der Eisenbahninfrastruktur.[42] Im Telekommunikationsbereich hat die EG eine Harmonisierung der Netzzugangsbedingungen im Rahmen der Richtlinie über die Einführung des Wettbewerbs auf dem gesamten europäischen Markt der Telekommunikationsdienste und -infrastrukturen geschaffen.[43] Sie sind in Deutschland u. a. durch das Telekommunikationsgesetz umgesetzt worden.[44] Die Rechtsanwendungsfragen wurden damit aber nur zum Teil gelöst, mit der konfliktträchtigen Folge, daß die wettbewerbsrechtliche Mißbrauchsaufsicht neben der spezialgesetzlichen Regelung subsidiär anwendbar bleibt.

Inhaltlich stößt die Mißbrauchsaufsicht über marktbeherrschende Unternehmen auf Schwierigkeiten, insbesondere in Fällen, in denen es wie in den Netzzugangsfällen um die Preisfestsetzung für die Gewährung des Drittzugangs geht. Hier zeigen sich nicht nur erhebliche Auffassungsunterschiede zwischen den betroffenen Parteien, sondern bei Zuständigkeitskonflikten zwischen sektorspezifischem und allgemeinem Wettbewerbsrecht auch zwischen Regulierungs- und Wettbewerbsbehörde. Strittig war insbesondere die Entscheidung zu den Entgelten für die Netzzusammenschaltung, also die Entgelte, die die Deutsche Telekom AG als marktbeherrschender Telekommunikationsanbieter von den Wettbewerbern für die Nutzung ihrer Netze im Rahmen der Zusammenschaltung maximal erheben darf. Unstreitig war zwar, daß Grundlage der Entscheidung eine Vergleichsmarktuntersuchung zu sein hatte. Die Regulierungsbehörde hat dabei dann Netzzugangsentgelte in Ländern mit vergleichbaren Wirtschafts- und Gesellschaftssystemen herangezogen und einen Durchschnittspreis aus dem arithmetischen Mittel der Länder mit den günstigsten und dem aller Vergleichsmärkte gebildet. Das Bundeskartellamt hat in seiner Stellungnahme dagegen betont, der wettbewerbsanaloge Vergleich sei stattdessen auf der Basis eines strukturell möglichst ähnlichen Marktes mit hoher Wettbewerbsintensität durchzuführen und kam damit zu einer beträchtlich niedriger liegenden Preisfestsetzung.

---

[41] BGH WuW/E BGH 2953, 2963 ff. zu § 103 Abs. 5 Satz 2 Nr. 4 GWB.

[42] Richtlinie 95/19/EG vom 19.6.1995, ABl. 1995 L 143, S. 70; vgl. auch § 14 AEG.

[43] Richtlinie 96/19/EG vom 13.3.1996, Abl. 1996 L 74, S. 13.

[44] Gesetz vom 25.7.1996, BGBl. I 1996, S. 1120.

Schlußbetrachtung

Im Rahmen der Schlußbetrachtung möchte ich in fünf Thesen auf die Bedeutung des Wettbewerbsrechts im Dienstleistungsbereich eingehen.

1.

Die grundsätzliche Zielsetzung des Wettbewerbsrechts, durch Spielregeln für den Wettbewerb Mitbewerber und Allgemeinheit vor Auswüchsen des Wettbewerbs zu schützen, ist für Produkt- und Dienstleistungsmärkte gleichermaßen berechtigt und geboten. Kartellverbot und Mißbrauchsaufsicht über marktbeherrschende Unternehmen sind auch für den Dienstleistungsbereich sachgerechte Ordnungsprinzipien, ohne die chancengleicher und funktionsfähiger Wettbewerb nicht gewährleistet ist.

Preis-, Quoten- und Konditionenabsprachen sind im Dienstleistungsbereich nicht anders als auf Produktmärkten schädlich für den Wettbewerb und behindern eine Wohlfahrtsentwicklung. Gegen den Mißbrauch einer marktbeherrschenden Stellung, nicht freilich gegen den im fairen Wettbewerb erkämpften Erwerb einer solchen Stellung, müssen wettbewerbsrechtliche Vorkehrungen getroffen sein. Entsprechendes gilt für die Mißbrauchsaufsicht über marktbeherrschende Unternehmen. Ich darf insofern nur auf die wettbewerbsrechtliche Auseinandersetzung um die Lizenzpraxis der Firma Microsoft hinweisen. Sie versucht, ihre Wettbewerber dadurch aus dem Markt zu drängen, daß sie Internet-Explorer-Software auf ihren Betriebssystemen fest vorinstalliert, mit der Folge, daß der Markt für Explorer-Software selbst für den größten Wettbewerber dramatisch schrumpft. An einem solchen Beispiel wird – auch wenn die wettbewerbsrechtliche Beurteilung des konkreten Falles noch nicht abgeschlossen ist – deutlich, daß gerade beim Einsatz von Marktmacht der Wettbewerb die Tendenz in sich birgt, sich ad absurdum zu führen. Dagegen muß die Rechtsordnung auch für Dienstleistungsmärkte Vorkehrungen treffen.

2.

Das deutsche und europäische Wettbewerbsrecht hat wegen der übereinstimmenden Zielsetzung für Produkt- und Dienstleistungsmärkte zu Recht den Weg eingeschlagen, den wettbewerbsrechtlichen Ordnungsrahmen für den Wettbewerb auf Produkt- und Dienstleistungsmärkten grundsätzlich übereinstimmend zu gestalten.

In beiden Regelungskreisen ist nicht der Weg der Welthandelsorganisation WTO beschritten worden, den Handel mit Dienstleistungen dem vom Abkommen über den Warenhandel (GATT) verschiedenen Regelwerk (GATS) zu unterstellen. Dabei handelt es sich um einen Sonderweg, dem keine richtungsweisende Bedeutung zukommt. Er erklärt sich vielmehr aus dem Umstand, daß die wettbewerbliche Öffnung der Dienstleistungsmärkte im Rahmen der weltumspannenden Welthandelsorganisation derzeit nur sektorenweise erreicht werden kann. Die Regelung in einer umfassenden wettbewerbsrechtlichen Gesamtordnung des Waren- und Dienstleistungshandels erscheint derzeit nicht möglich.

3.

Das Wettbewerbsrecht, insbesondere das deutsche Wettbewerbsrecht, ist maßgeblich am Leitbild des Wettbewerbs in Warenmärkten ausgerichtet. Es wird deshalb den Anforderungen an ein modernes Wettbewerbsrecht im Dienstleistungsbereich nicht durchgehend gerecht. Das Kartellverbotsrecht läßt innovativen Dienstleistern wenig Spielräume für die Entfaltung neuer Geschäftsideen auf der Basis zwischenbetrieblicher Kooperation. Die vorhandenen Freistellungstatbestände vom Kartellverbot sind einseitig auf Gütermärkte zugeschnitten. Die Innovationskraft einer neuen Dienstleistungsidee läßt sich in den Tatbeständen der Freistellungsregeln für Normen-, Typen- oder Konditionenkartelle, für Spezialisierungs- oder Rationalisierungskartelle bzw. Mittelstands- oder Strukturkrisenkartelle nicht subsumieren. Im Recht der Mißbrauchsaufsicht über marktbeherrschende Unternehmen konnten die sich in modernen netz- und infrastrukturgebundenen Dienstleistungsbereichen stellenden Probleme des Marktzugangs nicht angemessen gelöst werden. Nicht zuletzt deshalb hat der Gesetzgeber neue dienstleistungsspezifische Regelungen des Netzzugangs, der Zusammenschaltung und der Entgeltfestlegung außerhalb des Wettbewerbsrechts in sektorspezifischen Regulierungsordnungen für Telekommunikation, Bahn und Post außerhalb des allgemeinen Wettbewerbsrechts getroffen.

Das europäische Wettbewerbsrecht kennt eine vergleichbare Produktmarktorientierung nicht. Es enthält zwar ebenfalls keine geschlossene Konzeption für den Wettbewerb in Dienstleistungsmärkten, erfaßt Produkt- und Dienstleistungswettbewerb aber differenzierter. Das europäische Kartellverbotsrecht kann wegen seines als Generalklausel ausgestalteten Freistellungstatbestandes flexibler gehandhabt werden. Die Europäische Kommission hat deshalb fortschrittliche strategische Allianzen und Forschungs- und Entwicklungskooperationen entwicklungsoffener prüfen und genehmigen können. Die Gruppenfreistellungsverordnungen, die für eine Reihe von Dienstleistungen Freistellungen vom Kartellverbot enthalten, sind ein wichtiges Instrument für die wettbewerbsrechtlich geordnete, aber nicht behinderte Entfaltung moderner Dienstleistungen im Wettbewerb.

4.

Eine bereichsspezifische Regelung des Wettbewerbsrechts für den Dienstleistungsverkehr erscheint geboten, um eine angemessene Ordnung dieses volkswirtschaftlich immer bedeutender gewordenen Sektors zu erreichen. Eine möglichst umfassende Konzeption des Wettbewerbsrechts im Dienstleistungsbereich steht in Deutschland und Europa noch aus. Das europäische Recht wird den Anforderungen an eine entwicklungsoffene moderne Verfassung des Wettbewerbs in Dienstleistungsmärkten aber heute besser gerecht, als es die deutsche Wettbewerbsordnung tut. Es ist deshalb grundsätzlich zu begrüßen, daß das deutsche Recht durch die am 1. Januar 1999 in Kraft tretende Novelle dem europäischen Recht angenähert wird.

5.
Im Wettbewerbsrecht kommt der Rechtsprechung eine maßgebliche Rolle für das Verständnis der Normen zu. Die gesetzlichen Bestimmungen schaffen wegen der Verwendung von Generalklauseln häufig keine klare Abgrenzung von Verbots- und Erlaubnisbereich. Insofern mangelt es an einer Signalwirkung des Wettbewerbsgesetzes hinsichtlich seiner, Schranken setzenden Bedeutung. Für die rechtsberatenden Dienstleister mag dies willkommen sein. Aber auch ihnen und vor allem den betroffenen Dienstleistern selbst mangelt es an Vorhersehbarkeit und Rechtssicherheit. Diese Feststellung gilt für alle Bereiche des Wettbewerbsrechts, für das Recht des unlauteren Wettbewerbs ebenso wie für das Kartellrecht. Das Wettbewerbsrecht würde von den Regelungsadressaten schon dann weniger hinderlich empfunden werden, wenn der Gesetzgeber mehr Transparenz für die Regelungsinhalte schaffen und damit dem Wettbewerbsgesetz selbst eine stärkere Orientierungskraft geben würde.

6.
In vielen Dienstleistungsbereichen liegen wegen der erst kürzlich erreichten Marktöffnung bisher nur begrenzte Erfahrungen über die Anwendung des Wettbewerbsrechts vor. Das Wettbewerbsrecht befindet sich hier in einer Bewährungs- und Konsolidierungsphase. In anderen Bereichen wird Wettbewerb und das ihn ordnende Wettbewerbsrecht erst noch etabliert werden. Die Welthandelsorganisation WTO wird neue Impulse für Wettbewerb bei Finanzdienstleistungen, im Seetransport und bei der Basistelekommunikation geben und bemüht sich insgesamt um die Schaffung eines Weltkartellrechts. Die Europäische Union wird in Kürze Vorschläge zur Neuordnung der Wettbewerbsverfassung des europäischen Vertriebsrechts vorstellen. In Deutschland wird eingehend über die Vorschläge der Monopolkommission zum Abbau der Regulierung im Handwerk zu diskutieren sein.

Wettbewerbsrecht im Dienstleistungsbereich beruht noch nicht auf einem zementierten Regelungsgefüge. Es ist "law in action" und steht unter andauernder rechtspolitischer Beobachtung und Fortentwicklung durch die dieses Rechtsgebiet prägenden Institutionen, durch den Gesetzgeber genauso wie durch die Verwaltungsbehörden und Gerichte. Diese Ausgangslage kann und sollte von allen Beteiligten genutzt werden, um die Spielregeln auf den Wettbewerbsmärkten des Dienstleistungsbereichs in einer Weise festzulegen, daß die Wohlfahrtswirkungen des Wettbewerbs unter den Herausforderungen der modernen Dienstleistungsgesellschaft und der Globalisierung auf den Dienstleistungsmärkten optimiert und gesichert werden.

Patente für Dienstleistungsprodukte

Lutz van Raden

Meine Damen und Herren,

mit Freude und Vergnügen habe ich die Einladung angenommen, zu dem Thema „Patente für Dienstleistungsprodukte" zu sprechen. Es gibt wenig Angenehmeres für einen Vortragenden als über etwas zu reden, das es nicht gibt und über das kaum je zuvor gesprochen worden ist. Er hat so die Freiheit, Visionen zu entwickeln, ohne sich allzusehr mit den Niederungen des real Existierenden plagen zu müssen.

Da ich aber nicht davon ausgehe, daß die Veranstalter der heutigen Tagung mich eingeladen haben, um einen feuilletonistischen Beitrag zu liefern, möchte ich einmal unterstellen, daß sie es zumindest für möglich halten, es könne aus durchaus real existierenden Bedürfnissen heraus sinnvoll sein, dem Gedanken eines Patentschutzes für Dienstleistungen näherzutreten. Bei dieser angenommenen Ausgangssituation möchte ich im folgenden ansetzen mit der Frage: Welchen Bedürfnissen könnte eine solche Schutzgewährung entgegenkommen?

I.

Ich möchte mich einer Antwort auf diese Frage nähern, indem ich gut 120 Jahre zurückgehe, in die Zeit, als Juristen, Politiker und Unternehmer in Deutschland über das Für und Wider eines Patentschutzes für Erfindungen überhaupt stritten.

Deutschland befand sich in den siebziger Jahren des vergangenen Jahrhunderts, in der sogenannten Gründerzeit, auf dem Weg, zu einem bedeutenden Industriestandort zu werden. Das Land war auch damals schon eher arm an Rohstoffen, aber reich an Erfindungsgeist seiner Wissenschaftler und Ingenieure und an Motivation aller in Entwicklung und Produktion Tätigen. In diesem Umfeld entstanden hochwertige Produkte, die im In- und Ausland gefragt waren.

Es gab zu jener Zeit in Deutschland noch kein allgemein verbreitetes System gewerblicher Schutzrechte. In den einzelnen deutschen Staaten gab es auch nach der Reichsgründung von 1871 zunächst unterschiedliche Regelungen, die in der Mehrzahl auf der reinen Registrierung von Patenten ohne eine Prüfung von Amts wegen beruhten; einige Staaten hatten keinerlei Patentrecht.

Für die innovativen Unternehmen in Deutschland erwuchsen daraus zunehmend Probleme. Das Fehlen von gewerblichen Schutzrechten machte es schwer, neue technische Entwicklungen so abzusichern, daß der Erfolg der technisch vorbildlichen Verfahren und Produkte auch denen zugute kommen konnte, die die Entwicklungen vorangetrieben hatten. Die Geheimhaltung neuer Entwicklungen war nur bedingt geeignet, den Erfinder vor Nachahmungen zu schützen, zumal die Verkehrs- und Informationsinfrastruktur durch Eisenbahnen und Telegraphen für bis dahin nicht gekannte schnelle Weiterverbreitung von Neuem sorgte.

Das führte dazu, daß sich teilweise ausländische Industrien weigerten, patentierte Gegenstände, z. B. neue Maschinen, nach Deutschland zu verkaufen, weil sie deren Nachbildung befürchteten. Deutsche Gewerbetreibende und Erfinder wiederum wandten sich dem Ausland zu. Der Ingenieur und Industrielle Werner Siemens erklärte beispielsweise vor einer englischen Parlamentskommission, daß er sein Vaterland hauptsächlich deshalb verlassen habe, weil er dort für seine Erfindungen keinen Schutz fand.

Der deutsche Gesetzgeber entschloß sich daher – nicht zuletzt auf Grund intensiver Lobbyarbeit durch Siemens –, mit dem Patentgesetz von 1877 das im Prinzip noch heute angewandte System einzuführen. Danach wurden Patente erteilt für neue Erfindungen, welche eine gewerbliche Verwertung gestatten. Erklärter Zweck des Patentwesens war es schon damals, dem Inhaber des Patents durch ein zeitlich beschränktes ausschließliches Nutzungsrecht eine angemessene Belohnung für die Offenbarung seiner Erfindung zu gewähren und auf der anderen Seite durch die Bekanntmachung der Erfindung Mitbewerber zu Weiterentwicklungen anzuspornen. Das Patent sollte damit sowohl dem Gemeinwohl als auch den Interessen des Inhabers in gleicher Weise gerecht werden. Dieser Grundsatz gilt bis heute.

II.

Das Patentgesetz enthielt damals wie heute keine Definition des Begriffs „Erfindung". Das war eine weise Entscheidung des Gesetzgebers. Da es ja gerade um den Schutz von noch nicht Dagewesenem gehen sollte, hätten sich Legaldefinitionen wohl eher als lähmend für den Erfindergeist ausgewirkt. Durch die grundsätzliche Offenheit des Patentgesetzes dagegen war eine Anpassung an die Entwicklung möglich.

Zunächst patentierte man nur Erfindungen in den klassischen Bereichen der Technik, also etwa in der angewandten Physik oder Chemie, im Maschinenbau. Spätestens in den dreißiger Jahren dieses Jahrhunderts kam man dann zu der Erkenntnis, daß auch beherrschbare, gewerblich nutzbare biologische Vorgänge patentfähig sein könnten, und seit der berühmten Leitentscheidung des Bundesgerichtshofs „Rote Taube", steht fest, daß das Patentrecht „ein Rechtsgebiet [ist], dessen vornehmste Aufgabe es ist, die nach dem jeweils neuesten Stand der Wissenschaft und Forschung patentwürdigen Ergebnisse zu erfassen".

Gleichwohl war und blieb weitgehend unbestritten, daß das Patentrecht sich nur auf Erfindungen im Bereich der Technik beschränken könne. Das wirft die Fragen auf: Warum ist das so – und vor allem: Muß das so sein?

Das Warum ist relativ leicht aus der Geschichte des Patentrechts zu ergründen: Es war eben die Technik, die seit dem letzten Jahrhundert den Standort Deutschland prägte. Für sie sollte das Recht die passenden Rahmenbedingungen schaffen. In den Unternehmen hatten schließlich traditionell die Techniker und nicht die Kaufleute das entscheidende Wort, und Dienstleistung stand im Schatten der Warenproduktion. Erst langsam ändert sich das. Vor wenigen Jahren mußte Bundespräsident Herzog noch konstatieren: „Zu unserer beklagenswerten, aber überwindbaren Mentalitätslücke gehört auch die einseitige Konzentration von Politik, Forschung, Bildung und Verbänden auf die industrielle Güterproduktion".

Inzwischen ist zumindest ein kleiner Ruck durch die Forschungslandschaft gegangen, was nicht zuletzt das Programm der heutigen Tagung deutlich macht.

III.

Dienstleistung ist heute das entscheidende Wort. Ihre betriebs- ebenso wie volkswirtschaftliche Bedeutung ist nicht mehr zu übersehen. Dienstleistungen sind transportfähig, übertragbar, sie sind Gegenstand des Handels, des Exports, und oft sind sie für Unternehmen – auch solche aus dem Bereich der Güterproduktion – die entscheidenden Wertschöpfungsfaktoren geworden. Wir befinden uns bekanntlich auf dem Weg in die Wissensgesellschaft. Wissen und Information sind heute die entscheidenden Produktionsfaktoren in unserer Wirtschaft. Der Umgang mit diesen Produktionsfaktoren wiederum gehört zu den Dienstleistungen, die die Entwicklung unserer Wirtschaft in Zukunft bestimmen werden. Er dürfte binnen kurzem die Bedeutung des Einsatzes von Rohstoffen, Energie und wiederholten gegliederten Arbeitsvorgängen weit übertreffen. Der intellektuelle und finanzielle Aufwand für den Umgang mit wissens- und informationsbasierten Dienstleistungen dürfte dem des Umgangs mit zu stanzenden Walzblechen vor 120 Jahren sicher vergleichbar sein.

Was uns hier und heute beschäftigt, sind natürlich nicht die horizontal beliebig vermehrbaren Standarddienstleistungen wie Supermarkteinkaufstüteneinpackhilfen oder ähnliches, das als Beispiel für den Weg zu einem „Job-Wunder" nach dem Vorbild der USA mitunter gern genannt wird. Was uns interessiert, sind die unternehmensorientierten und wissensintensiven Dienstleistungen, die „Dienstleistungsprodukte", wie sie im Titel meines Beitrags genannt sind. Hier gilt es, den internationalen Anschluß zu halten, die „Servicewüste Deutschland" für den globalen Wettbewerb fit zu machen.

Der Aufwand dafür ist indes nicht gering. Der durchschnittliche Kapitaleinsatz je Arbeitsplatz ist in Dienstleistungsbetrieben schon Mitte der neunziger Jahre auf ein Bruttoanlagevermögen von 265 000 DM geschätzt worden. Die vergleichbare Zahl aus dem industriellen Bereich wurde mit etwa 200 000 DM angesetzt.

Für kleinere und mittlere Unternehmer, die Hauptmotoren der Innovation in unserer Wirtschaft, entstehen hier Risiken, denen sie mangels Marktmacht ohne entsprechende Schutzrechte nur schwer begegnen können. Ein Preiswettbewerb zu Lasten der Qualität ist dabei noch die geringste der Folgen. Mindestens so schwer wiegt der Umstand, daß mangels der erforderlichen Rechtssicherheit gegenüber Nachahmern wichtige unternehmerische Entscheidungen im Hinblick auf Investitionen, die Volksvermögen und Arbeitsplätze schaffen, behindert oder gar verhindert werden.

Wenn es stimmt, daß *Manufacturing follows Services*, dann stellt sich aus der Interessenlage, die im vergangenen Jahrhundert zur Einführung des Patentrechts geführt hat, ganz zwanglos die Frage: Ist die Beschränkung auf technische Erfindungen noch angemessen? Brauchen wir nicht auch Patente für Dienstleistungen?

IV.

Da man es als Jurist gewohnt ist, Neues nur zu wagen, wenn das Bestehende sich als unzureichend erwiesen hat – dies ist im Interesse der Rechtssicherheit notwendig, darf aber nicht zum Selbstzweck werden –, möchte ich zunächst untersuchen, ob überhaupt ein Bedürfnis für Patente auf Dienstleistungen besteht, oder ob die bestehenden Schutzrechte und Wettbewerbsregeln nicht ausreichen, um Investitionen in innovative Dienstleistungen zu sichern.

Dem modernen Schutz des geistigen Eigentums liegt der Obersatz zugrunde: Für gewerblich nutzbare Leistungen, die mit materiellem und ideellem Aufwand in das wirtschaftliche Gesamtgeschehen eingebracht werden, muß der erforderliche Schutz gewährt werden.

Im Bereich der technischen Innovationen stehen hierzu Patente und Gebrauchsmuster, Schutzzertifikate für Arzneimittel sowie der Halbleiterschutz zur Verfügung. Gestalterische Innovationen werden durch Geschmacksmuster, künstlerische und literarische Leistungen sowie in bestimmtem Umfang auch Computerprogramme durch das Urheberrecht geschützt. Das Markenrecht sichert die vielfältigen Kennzeichnungen von Waren und Dienstleistungen im geschäftlichen Verkehr.

Im Bereich der Dienstleistungen selbst fehlen angemessene Schutzmöglichkeiten für innovative und wegen des Entwicklungsaufwands schützenswerte Leistungen.

Wer im Dienstleistungssektor in die Umsetzung neuer Konzepte und Methoden investiert, hat wenig Möglichkeiten, sich abzusichern. Er kann sich eine Dienstleistungsmarke schützen lassen und hoffen, daß sie sich im Markt durchsetzt, bevor Mitbewerber sich seine Methoden aneignen. Gegen allzu dreiste Anlehnungen an seine Methoden kann er unter dem Gesichtspunkt des Wettbewerbsrechts vorgehen. Seine Arbeitsmaterialien genießen möglicherweise auch urheberrechtlichen Schutz. Jedes gerichtliche Vorgehen auf dieser Grundlage leidet aber unter erheblichen Risiken: Den vorzulegenden Kosten, der Bewertung durch das jeweilige Gericht und der Beweislage.

Hier liegt ein wesentlicher Unterschied zum – zu überschaubaren Gebühren erhältlichen – Patentschutz.

V.

Der Patentschutz ist, im Gegensatz zu wettbewerbsrechtlichem Schutz, dadurch gekennzeichnet, daß der Schutzbereich zum Zeitpunkt des Entstehens des Rechts durch Patentansprüche und Beschreibung festgelegt ist. Er umfaßt auch Äquivalente. Die Ausgangslage für einen Patentinhaber in einem Verletzungsverfahren ist deshalb ungleich besser als diejenige eines ungeschützten Wettbewerbers im Markt.

Hier sehe ich eine Benachteiligung gegenüber dem Schutz, den das Rechtssystem dem produzierenden Gewerbe bietet. Das kann nicht ohne Folgen bleiben. Für die Dienstleistungsunternehmer sinkt mit dem Nachahmungsrisiko die Investitionsbereitschaft, wo sich Investitionen nicht lohnen, stagniert auch die Innovation. Und damit sind wir mitten im Standortproblem, dort, wo man im vorigen Jahrhundert auch schon einmal stand, als es galt, den Rückstand des Industriestandorts Deutschland gegenüber etwa Großbritannien oder den USA aufzuholen. Ohne das moderne Patentrecht wäre es nie dazu gekommen, daß das noch um die Jahrhundertmitte industriell jämmerlich unterentwickelte Deutschland um die Jahrhundertwende in damals zukunftsweisenden Bereichen wie Maschinenbau, Elektrotechnik,

Optik, Feinmechanik, Chemie und Pharmazie die Führung erlangen konnte. Der Schutz und die gleichzeitige Verbreitung und Förderung des technischen Wissens hat eine entscheidende Rolle gespielt. Die traditionelle Methode des Schutzes, nämlich die Beschränkung oder gar Verhinderung von Wettbewerb durch Geheimhaltung oder Exklusivmonopole, hätte diesen Erfolg nicht bringen können.

Der Volksmund weiß es schon lange: Vor Gericht und auf hoher See sind wir allein in Gottes Hand. Aber wir alle wissen auch: Man soll die göttliche Fürsorge nicht mutwillig überstrapazieren. Deshalb führt man auf hoher See Rettungsboote und Schwimmwesten mit. Im Ozean des Wettbewerbs übernehmen diese Funktion die gewerblichen Schutzrechte. Wer sie nicht hat, ist immer in der Gefahr unterzugehen. Deshalb meine ich: Es wäre unverantwortlich, jemandem die Rettungsmittel zu versagen, nur weil er vielleicht neue Routen befährt oder einen neuen Schiffstyp benutzt, der noch nicht höchstrichterlich für bewährt befunden wurde.

In den letzten Jahren geschieht es immer wieder, daß Dienstleister beispielsweise aus den Bereichen Logistik und Marketing sich an das Deutsche Patentamt wenden, um nachzufragen, ob es für ihre innovativen, kostenintensiv aufgebauten Methoden nicht eine Möglichkeit geben könne, Nachahmungsschutz zu gewähren. Gerade kleinere und mittlere Unternehmen stehen nach einer Phase der Markteinführung ihrer Dienstleistung regelmäßig vor der Frage einer Expansion. Spätestens wenn die Unternehmensgründer mit ihrem ursprünglichen Team die Nachfrage selbst nicht mehr bewältigen können, werden neue Mitarbeitende und neues Kapital gebraucht. Gewerbliche Schutzrechte können hier sowohl gegen allzufrühe Abwanderung des Know-how helfen als auch Kapitalgebern eine gewisse Sicherheit bieten. Der Gedanke des Patentes, nämlich die Beschreibung des Schutzgegenstandes, könnte bei der nicht zuletzt aus Sicht von Kapitalgebern notwendigen Standardisierung und Bewertung von Dienstleistungen durchaus hilfreich sein. Als Alternative kämen wohl vor allem Maßnahmen zur Wettbewerbsbeschränkung in Betracht, die durch entsprechende Anwendung der Freistellungsmöglichkeiten etwa nach Art. 85 Abs. 3 EG-Vertrag administrativ eine gewisse Ordnung der Märkte und damit Sicherheit für die Beteiligten bewirken könnten. Die Erfahrung mit den Instrumenten des gewerblichen Rechtsschutzes einerseits und Situationen beschränkten Wettbewerbs andererseits spricht allerdings nicht unbedingt dafür, daß dieser Weg innovationsfördernd wäre. Weil es aber nach allgemeiner Überzeugung heute darum geht, auch und gerade im Bereich der Dienstleistungen Neues zu entwickeln, zumal regionale Abschottungen im System der Welthandelsorganisation auch in diesem Bereich wenig Zukunft haben dürften, soll dieser Ansatz an dieser Stelle nicht weiter untersucht werden.

VI.

Es besteht also Handlungsbedarf in Richtung der Schaffung eines geeigneten gewerblichen Schutzrechts für innovative Dienstleistungen. Natürlich sind viele Fragen dabei zu klären:

- Sollte man das Patentrecht ändern oder ein neues Schutzrecht schaffen?
- Wie könnte ein auf Anspruch und Beschreibung beruhendes Schutzrecht für Dienstleistungen aussehen?
- Soll ein solches Schutzrecht geprüft oder nur registriert werden?
- Wenn es geprüft werden sollte: Welcher Stand der Technik könnte der Prüfung zugrundegelegt werden?
- Welche Schutzdauer wäre angemessen?
- Was ist angesichts der weltweiten Bemühungen um Harmonisierung realisierbar?

Ich kann einige mögliche Antworten hier nur andeuten.

Für ein eigenständiges neues Schutzrecht für Dienstleistungen anstelle einer Patentierung mag sprechen, daß bei der Ausdehnung des Patentrechts ein Instrument angewandt würde, das in einem völlig anderen Bereich entwickelt worden ist. Das juristische Trauerspiel um den Softwareschutz, den man zu den Romanen und Filmdrehbüchern ins Urheberrecht verbannt hat, ist da sicher ein warnendes Beispiel. Immerhin ließe sich eigenes Schutzrecht für Dienstleistungen in Anlehnung an das Urheberrecht als ein Leistungsschutzrecht mit angemessener Laufzeit vorstellen. Problematisch wäre bei einer solchen Lösung indes immer noch die Frage der Anknüpfungstatsachen für den Schutzumfang. Bei Leistungsschutzrechten ist der Schutzgegenstand leicht zu definieren und im Prozeßfalle zu beweisen. Bei innovativen Dienstleistungen sehe ich hier Schwierigkeiten, d. h. Prozeßrisiken.

Die Schaffung einer Schutzmöglichkeit im Sinne des Patentes erschiene mir daher eher geeignet, der geschilderten Interessenlage zu begegnen.

Natürlich wird hier wieder der Vorbehalt erhoben werden, Patente als Monopolrechte seien allenfalls als notwendiges Übel in Wettbewerbswirtschaft anzusehen und dementsprechend auf ein Mindestmaß zu beschränken. Hierzu verweise ich auf die Reichstagsprotokolle aus dem vorigen Jahrhundert und die Erfahrungen aus 120 Jahren, die zeigen, daß der Wettbewerb durch Innovationsschutz nicht behindert, sondern gefördert wird. Schließlich ist auch ein Patent ja nur ein zeitlich begrenztes Ausschließungsrecht, das die Entwicklung von Neuerem, Besserem nicht verhindert, sondern eher noch dazu Anreiz gibt.

Natürlich wird man sich Gedanken machen müssen, wie bei Dienstleistungen die Patentansprüche und Beschreibung zu fassen seien, und wie man den Stand der Technik erfassen und dokumentieren könne. Als man vor Jahren begann, software-bezogene Erfindungen zum Patent zuzulassen, stand man zunächst vor dem gleichen Problem. Aber moderne Informationssammlung und -verarbeitung hat hier geholfen: Das Deutsche und das Europäische Patentamt verfügen heute bereits über ausgedehnten Prüfstoff im Bereich der software-bezogenen Erfindungen, der eine qualifizierte Prüfung ermöglicht. Die Sammlung und Erfassung von Nicht-Patentliteratur, von Beiträgen in Fachzeitschriften, Firmenschriften, Monographien usw., hat beim Aufbau dieses Prüfstoffs im Vordergrund gestanden. Wieso das im Bereich insbesondere wissensbasierter Dienstleistungen nicht möglich sein sollte, ist mir nicht unmittelbar einsichtig.

Ob ein recherchefähiges, durch Anspruch und Beschreibung festgelegtes Schutzrecht aufgrund einer Prüfung im Sinne des § 44 PatG erteilt werden sollte, läßt sich heute noch nicht abschließend beurteilen. Auch ein vor der Erteilung nicht geprüftes Schutzrecht wäre jedenfalls gegenüber einem reinen Registrierrecht qualifiziert, denn es würde zumindest geprüft, ob ein Anspruch und eine Beschreibung vorliegen, und ob die unerläßlichen Merkmale für die Schutzrechtserteilung vorliegen. Andernfalls wäre auch im Rahmen der eingeschränkten Prüfung im Registrierverfahren die Anwartschaft auf das Schutzrecht zu versagen. Zumindest wäre also ein solches Schutzrecht im Interesse der Rechtssicherheit deutlich wertvoller als ein urheberrechtsähnliches Recht oder gar der gegenwärtige Rechtszustand. Es wäre deshalb ohne weiteres vorstellbar, die Sachprüfung bis zum Vorliegen einer ausreichenden Dokumentation im Patentamt aufzuschieben oder aber, gegebenenfalls für bestimmte Bereiche, auf das Nichtigkeits- oder Verletzungsverfahren zu verlagern.

Die mögliche Laufzeit eines Schutzrechts für Dienstleistungen und andere nicht-technische Erfindungen könnte entsprechend § 16 PatG geregelt werden: Die maximale Laufzeit beträgt zwar 20 Jahre, wird aber in der Praxis auf etwa 13 Jahre beschränkt. Bei nicht-technischen wie bei technischen Erfindungen besteht schließlich kein Zwang für den Patentinhaber, die Laufzeit voll auszuschöpfen, wenn die Zeit über eine Entwicklung hinweggegangen ist.

Die Gewährung eines Patents oder patentähnlichen Rechts für Dienstleistungserfindungen erscheint auch grundsätzlich vereinbar mit den internationalen Bemühungen um Harmonisierung im gewerblichen Rechtsschutz. Die internationalen Vereinbarungen, zuletzt GATT-TRIPS, sehen Mindesterfordernisse vor, schließen aber zusätzliche Schutzrechte generell nicht aus. Bei der Gewährung eines entsprechenden Schutzrechtes ist jedenfalls darauf zu achten, daß Ausländerdiskriminierung oder Beschränkungen des freien Waren- und Dienstleistungsverkehrs, vor allem innerhalb der Europäischen Union und des Europäischen Wirtschaftsraums, vermieden werden.

Daß für nicht-technische Erfindungen das Patent das geeignete Schutzrecht sein könnte, erscheint heute nur wenigen vorstellbar. Aber das ist kein juristisch relevantes Argument. Der juristische Gründervater unseres modernen Patentwesens, Joseph Kohler, unterschied seinerzeit zwischen Patentschutz – für gewerblich anwendbare Leistungen – und Urheberschutz – für individuelle, gewissermaßen in höheren Sphären schwebende künstlerische Leistungen. Ihm zufolge bezieht sich das menschliche Schaffen entweder auf eine „Zweckschöpfung" oder eine „Schöpfung des zwecklos Schönen". Diese Systematik schließt die Gewährung von Patentschutz für Dienstleistungen wohl kaum aus, denn um „zwecklos Schönes" geht es bei dem hier in Rede stehenden Bereich nun wirklich nicht.

Selbst wenn man das Patentsystem weiterhin vor allem als Instrument zur Förderung des *technischen* Fortschritts verstehen wollte, wäre zumindest die Ausdehnung seines Schutzes auf das betriebs- und absatzwirtschaftliche Umfeld sinnvoll. Zum technischen Fortschritt gehört nicht nur die Erfindung. Von Innovation kann schließlich auch im technischen Bereich erst dann die Rede sein, wenn aus etwas Neuem auch ein neues Produkt im Markt geworden ist. Der Zusammenhang wird deutlich, wenn wir die Struktur der Gesamtkosten für die Entwicklung eines marktfähigen Produkts in Betracht ziehen: Ein Anteil von 5 bis 35 % entfällt auf die Entwicklung bis zur Patenterteilung; die verbleibenden 65 bis 95 % betreffen neben weiteren Forschungs- und Entwicklungskosten auch die Aufwendungen für Service- und Vertriebskonzepte und für Marktanalysen. Diese weiteren Kosten sind nicht zu vermeiden, denn wenn ein Produkt am Markt vorbei entwickelt oder in diesem nicht richtig plaziert und gepflegt wird, nützt das beste Patent nichts. In dem Bereich dieser ebenso kostenintensiven wie investitionsentscheidenden Entwicklungsphase sind Methoden und Verfahren, die hierfür entwickelt werden, gleichwohl bisher kaum rechtlich zu schützen und abzusichern.

VII.

Es ist nicht zu bestreiten: Viele Fragen sind noch offen. Nicht auszuschließen ist, daß eine vertiefte Diskussion des Themas zu völlig neuen Ergebnissen führt, vielleicht auch zu ganz anderen Wegen, als sie hier angesprochen wurden. Das Ziel jedenfalls, alle diejenigen Innovationen zu fördern, die aus gesamtwirtschaftlicher Sicht förderungswürdig erscheinen, erfordert es, daß wir Juristen uns nicht nur betroffen zurücklehnen, sondern unsere professionelle Phantasie ins Spiel bringen. Bundespräsident Roman Herzog hat wiederholt gefordert, den gesellschaftlichen Strukturwandel nicht nur passiv zu erleiden, sondern aktiv mitzugestalten, damit die Dienstleistungen auch in Deutschland zum Motor für die Zukunft werden. In diesem Sinne ist der Einsatz juristischer Phantasie eine Dienstleistung, die die Rechtswissenschaft der Gesellschaft schuldet. Das vorige Jahrhundert war voll davon. Das gegenwärtige Jahrhundert ist fast vorbei: Es ist Zeit!

Rechtliche Rahmenbedingungen bei innovativen Teledienstleistungen

Rolf Wank

Arbeitsplatz-Potential

Wenn in Deutschland noch nennenswerte neue Arbeitsplätze geschaffen werden können, dann in den Dienstleistungsberufen. Zu den herkömmlichen Tätigkeitsfeldern kommen ständig neue hinzu. Als ein Beispiel dafür kann die Telearbeit genannt werden. Die nachfolgenden Ausführungen lassen sich aber weitgehend auch auf andere Dienstleistungsberufe übertragen. Telearbeit wird definiert als Ausübung von Bildschirmarbeit mit Hilfe von Informations- und Kommunikationstechniken, wobei der Beschäftigte regelmäßig außerhalb des Betriebs tätig wird. Nach einer empirischen Untersuchung des Fraunhofer Instituts sind derzeit ca. 500 000 Arbeitsplätze mit mobiler Telearbeit besetzt, 350 000 mit alternierender Telearbeit und 22 000 mit Telearbeit zu Hause. Ich möchte zunächst der Frage nachgehen, welche rechtlichen Rahmenbedingungen für denjenigen bestehen, der beruflich im Bereich der Telearbeit tätig werden will.

Arbeitnehmer oder Selbständiger?

Der Telearbeiter geht seiner Beschäftigung entweder ganz oder jedenfalls teilweise außerhalb eines Betriebes nach. Insoweit stellt sich als erstes die Frage nach seinem Rechtsstatus: Wenn er Arbeitnehmer ist, dann gelten für ihn alle Segnungen des Arbeits- und Sozialrechts, wie Zahlung von Sozialversicherungsbeiträgen zur Hälfte durch den Arbeitgeber, Kündigungsschutz und Lohnfortzahlung im Krankheitsfall, Vertretung durch Betriebsräte usw. Wenn er dagegen ein Selbständiger ist, muß er für seine soziale Absicherung selbst sorgen. Auch die Berufsrisiken, wie Verlust des Auftrags, Urlaub, Krankheit usw. gehen auf seine Kappe.

Aus der Sicht des Auftraggebers ist es kostengünstiger, wenn der Telearbeiter ein Selbständiger ist. Er wird deshalb versuchen, eine entsprechende Vertragsgestaltung zugrundezulegen. Für die Abgrenzung gilt jedoch eine objektive Betrachtungsweise; wer objektiv gesehen Arbeitnehmer ist, ist es unabhängig von der Bezeichnung im Vertrag. Auch wenn einige Autoren der Meinung sind, daß es sich bei Telearbeitern regelmäßig um Selbständige („freie Mitarbeiter") handelt, so geht doch die überwiegende Meinung inzwischen dahin, daß Telearbeiter in aller Regel Arbeitnehmer sind. Für die alternierende Telearbeit (Arbeit an manchen Wochentagen im Betrieb, an anderen Wochentagen zu Hause) gilt das sicherlich, aber auch in anderen Fällen des Ein-Mann-Telearbeiters.

Unstreitig ist aber auch Telearbeit durch Selbständige möglich. Das ist insbesondere der Fall, wenn jemand nicht nur für einen Auftraggeber, sondern für eine ganze Reihe von Auftraggebern arbeitet, d. h. selbständig am Markt auftritt. Das wird zur Zeit sicher noch der Sonderfall sein; es ist aber vorauszusehen, daß es in der Zukunft auch zahlreiche selbständige Telearbeiter geben wird. Wonach die Abgrenzung zwischen Arbeitnehmern und Selbständigen („freien Mitarbeitern") vorzunehmen ist, ist in Rechtsprechung und Literatur umstritten. Während die h.M. danach fragt, ob der Beschäftigte persönlich abhängig im Sinne von weisungsgebunden ist, kommt es nach einer anderen Ansicht darauf an, ob dem Beschäftigten unternehmerische Chancen und Risiken eingeräumt werden. Zunächst soll dargestellt werden, was der selbständige Telearbeiter in rechtlicher Hinsicht zu beachten hat, wenn er seine Tätigkeit aufnehmen will.

Rahmenbedingungen für den selbständigen Telearbeiter

1. Unternehmensform.
Der selbständige Telearbeiter (oder die selbständige Telearbeiterin) kann ein einzelkaufmännisches Unternehmen gründen. Er bedarf dazu nur eines Gewerbescheins, der bei verwaltungsrechtlicher Unbedenklichkeit gegenüber dem Antragsteller ohne weiteres erteilt wird. Als Rechtsformen kommen BGB-Gesellschaft, OHG, KG oder GmbH in Betracht, so wenn der Telearbeiter mit anderen zusammenarbeiten will, die sich entweder ebenfalls als Telearbeiter oder kaufmännisch betätigen wollen oder als Geldgeber. Eine GmbH kann auch als Ein-Mann-Gesellschaft gegründet werden.

2. Beratung und Förderung.
Im folgenden gehe ich vor allem vom Ein-Mann-Betrieb aus. Zur Beratung von Firmengründern bieten die Industrie- und Handelskammern, aber auch viele Städte

Unterstützung an. Daneben gibt es eine Reihe privater Gesellschaften, die sich die Unterstützung von Firmengründern zum Ziel gesetzt haben. Steuerlich werden Firmengründungen in Deutschland nicht unterstützt. Es gibt allerdings Möglichkeiten der Darlehensförderung durch Bund und Länder. Als Förderungsmöglichkeit durch den Bund steht das ERP-Eigenkapitalhilfeprogramm zur Verfügung sowie eine Förderung durch die Deutsche Ausgleichsbank. Daneben gibt es Förderungen durch Länder und Gemeinden.

Für Neugründungen einen privaten Bankkredit zu erhalten, kann schwierig sein. Die Banken prüfen eingehend das vorgelegte Unternehmenskonzept und dessen Erfolgsaussichten. Pauschale Angaben genügen nicht, sondern es sind detaillierte Angaben erforderlich. Die Schwierigkeiten erhöhen sich, wenn nicht eine übliche Unternehmensidee verwirklicht werden soll, sondern wenn der Antragsteller ein neues Konzept verfolgt. Bessere Chancen versprechen dann Anfragen bei sog. Wagniskapitalgesellschaften. Die größte unter ihnen ist die Deutsche Beteiligungs-AG, Unternehmensbeteiligungsgesellschaft.

3. Steuerrecht.

In steuerrechtlicher Hinsicht ist danach zu unterscheiden, welche Unternehmensform der Teledienstleister wählt.

a) Gründet der selbständige Telearbeiter eine GmbH, so ist die Gesellschaft der Körperschaftssteuer nach 1 Abs. 1 Nr. 1 KStG unterworfen. Ist der Telearbeiter Gesellschafter und Geschäftsführer der GmbH, so sind die Ausschüttungen der GmbH für ihn Einkünfte aus Kapitalvermögen gem. 20 Abs. 1 Nr. 1 und 3 EStG, sein Arbeitslohn zählt zu den Einkünften aus nichtselbständiger Arbeit gem. 19 Abs. 1 Nr. 1 EStG.

b) Gründet der Telearbeiter mit anderen zusammen eine Personengesellschaft, so ist nach der Logik des Steuerrechts nicht diese Personengesellschaft Besteuerungssubjekt, sondern die natürlichen Personen gem. 1 Abs. 1 EStG. Der Telearbeiter erzielt entweder Einkünfte aus Gewerbebetrieb gem. 15 EStG oder aus freiberuflicher Tätigkeit gem. 18 Abs. 1 Nr. 1 EStG. Die Einkünfte werden entweder nach 4 Abs. 3 EStG mittels einer Einnahmeüberschußrechnung oder gem. 140, 141 AO mittels einer Gewinn- und Verlustrechnung ermittelt. Das gleiche gilt, wenn der Teledienstleister Einzelkaufmann ist.

c) Unabhängig davon, ob der Telearbeiter im Rahmen einer Gesellschaft tätig wird oder als Einzelkaufmann, muß er ggf. Umsatzsteuer abführen. Das gilt nicht, sofern der Umsatz im vorangegangenen Kalenderjahr 32 500 DM nicht überschritten hat und der Umsatz im laufenden Kalenderjahr 100 000 DM voraussichtlich nicht übersteigen wird, 19 Abs. 1 UStG. Andernfalls muß der Teledienstleister seinen Rechnungsbeträgen die Mehrwertsteuer addieren und diese dann in regelmäßigen Zeitabschnitten an das Finanzamt abführen.

d) Des weiteren kann eine Gewerbesteuerpflicht bestehen.

e) Regelmäßig wird bereits in der Anfangsphase der Erwerbstätigkeit die Einschaltung eines Steuerberaters unabdingbar sein.

4. Sozialversicherungsrecht.
Der selbständige Telearbeiter muß sich darüber im klaren sein, daß er weder sozialversicherungspflichtig ist, noch Leistungen von der Sozialversicherung erhält, abgesehen von der Mitgliedschaft in der Berufsgenossenschaft im Hinblick auf Arbeitsunfälle. Im übrigen muß er für die Bereiche Krankheit (medizinische Leistungen, aber auch Ausfall der Arbeitskraft), Alter und Arbeitsplatzverlust selbst sorgen. Unabdingbar ist der Abschluß einer privaten Krankenversicherung und einer Vorsorge für das Alter, sei es durch private Lebensversicherung oder durch Bildung von Ersparnissen.

5. Handels- und Wirtschaftsrecht.
Der selbständige Teledienstleister muß sich eingehend mit den für ihn geltenden Vorschriften des Handels- und des Wirtschaftsrechts befassen. Hierbei ist zu beachten, daß ein großer Teil dieser Regelungen auf EG-Recht zurückgeht. Das bedeutet einerseits eine begrüßenswerte Vereinheitlichung der rechtlichen Rahmenbedingungen in Europa, andererseits aber führt dies teilweise auch zu Brüchen mit dem deutschen Rechtssystem.

Rahmenbedingungen für den angestellten Telearbeiter

1. Typen von Telearbeit.
Als Alternative soll nun der Telearbeiter betrachtet werden, der nicht für mehrere Auftraggeber am Markt auftritt, sondern von vornherein nur für ein Unternehmen arbeitet.

a) Am meisten verbreitet ist insoweit die sog. alternierende Telearbeit, d. h. der Mitarbeiter arbeitet einige Tage der Woche im Büro und andere Tage zu Hause. In den bisher bekannten Tarifverträgen und Betriebsvereinbarungen wurde dabei auf Mitarbeiter zurückgegriffen, die bereits als Angestellte im Unternehmen waren. Sie blieben kraft ausdrücklicher Vereinbarung in Tarifvertrag oder Betriebsvereinbarung auch bei alternierender Telearbeit Angestellte mit den bisherigen Rechten und Pflichten.

Sofern neue Mitarbeiter gleich als alternierende Telearbeiter eingestellt werden, sind sie ebenfalls Angestellte.

b) Rechtlich nicht so eindeutig ist die Lage derjenigen, die von vornherein nur zu Hause für ein Unternehmen arbeiten. Manche Autoren stufen sie als sog. Arbeitnehmerähnliche oder als Heimarbeiter ein. Wäre das richtig, genössen sie nur einen sehr begrenzten arbeitsrechtlichen Schutz. Richtigerweise sind jedoch auch die Telearbeiter zu Hause Arbeitnehmer, und zwar Angestellte.

2. Arbeits- und Sozialrecht.

Auf den angestellten Telearbeiter ist das gesamte Arbeits- und Sozialrecht für Arbeitnehmer anwendbar. Das bedeutet vor allem: Ein großer Teil der Lebensrisiken des Telearbeiters wird vom Arbeitgeber und von der Sozialversicherung aufgefangen. Absatzschwankungen fallen in den Risikobereich des Arbeitgebers, der Telearbeiter erhält seinen gleichbleibenden Lohn. Bei Krankheit und Urlaub erhält er Lohnfortzahlung. Er ist gesetzlich im Hinblick auf Krankheit, Unfall, Alter und Arbeitslosigkeit sozialversichert.

3. Arbeitsrechtliche Besonderheiten.

Allerdings ergeben sich gegenüber der Arbeit im Büro bei Telearbeitern eine Reihe von Besonderheiten.

a) So muß der Arbeitgeber dem Telearbeiter die Kosten ersetzen, die ihm durch die Zurverfügungstellung von Räumen und durch Anschaffung und Nutzung von Geräten entstehen.

b) Grundsätzlich gelten die allgemeinen Regeln für die Arbeitnehmerhaftung, wie sie von der Rechtsprechung entwickelt worden sind. Problematisch ist hierbei, daß auch Dritte (Familienangehörige und Besucher) Zutritt zu den Räumen haben und Schäden, insbesondere auch an der Software, anrichten können. Die rechtlich zutreffende Lösung besteht darin, sie durch einen sog. Vertrag mit Schutzwirkung für Dritte in die arbeitsrechtliche Haftungsbeschränkung einzubeziehen.
Das Risiko von Störungen im Betriebsablauf trägt der Arbeitgeber gemäß 611, 615 BGB.

c) Grundsätzlich ist der Arbeitgeber für den Schutz des Telearbeiters gegen Gefahren für Leben und Gesundheit (Arbeitsschutz) verantwortlich. Das gilt z.B. für die Einhaltung der Vorschriften des Arbeitszeitgesetzes. Auf der anderen Seite bestehen für die Arbeitgeber nur geringe Kontrollmöglichkeiten; es besteht die Gefahr, daß der Telearbeiter sich selbst schädigt.

d) Vertraglich geregelt werden sollten Zugangsrechte insbesondere des Arbeitgebers und seiner Beauftragten sowie von Betriebsratsmitgliedern, insbesondere zur Kontrolle der Einhaltung von Arbeitsschutzvorschriften.

e) Schließlich muß der Arbeitgeber für die Beachtung der Vorschriften des Datenschutzrechts sorgen – einmal im Hinblick auf die von Telearbeitern verarbeiteten Daten, zum anderen im Hinblick auf das Persönlichkeitsrecht des Telearbeiters.

f) Besteht im Betrieb ein Betriebsrat, so empfiehlt sich der Abschluß einer Betriebsvereinbarung, in der die angesprochenen Fragen geregelt werden.

Vergleich der Rahmenbedingungen aus der Sicht des Teledienstleisters

Im heutigen Zeitpunkt wird sich die Frage für denjenigen, der sich als Telearbeiter betätigen will, kaum stellen, ob er eine Stellung als Selbständiger oder als Angestellter wählen soll. Die Unternehmen greifen nicht wie selbstverständlich auf Telearbeit zurück, sondern es bedarf dazu einer eigenen Entscheidung; aber auch dann werden ganz überwiegend bereits vorhandene Mitarbeiter in Form der alternierenden Telearbeit beschäftigt. Insoweit bleibt ein beachtliches Beschäftigungspotential ungenutzt. Angesichts der Tatsache, daß zwar viel Geld in Gleichstellungsbehörden investiert wird, aber „betreuende Grundschule" oder „volle Halbtagsschule" die Ausnahmen sind, und Gelder für Kindergartenpersonal gestrichen werden, sehen sich viele Elternteile gezwungen, aus Gründen der Kinderbetreuung ihren Beruf aufzugeben. Telearbeit zu Hause könnte eine Alternative sein. Unternehmen könnten Neueinstellungen in Form von Telearbeit vorsehen oder anbieten, Arbeitsplätze für Angestellte im Büro in Arbeitsplätze für Telearbeit zu Hause umzuwandeln. Insofern könnten auch Betriebsratsmitglieder die Initiative ergreifen. Längerfristig könnte es auch – so wie es derzeit Schreibbüros von Selbständigen gibt – Büros von selbständigen Telearbeitern geben, die nicht nur für ein Unternehmen arbeiten, sondern sich an den Markt wenden und für mehrere Unternehmen tätig werden. Dann würde sich auch in diesem neuen Tätigkeitsfeld – wie bei anderen Tätigkeiten auch – für den einzelnen die Frage stellen, ob er angesichts eines Vergleichs der Rahmenbedingungen lieber als Angestellter oder lieber als Selbständiger tätig werden will.

Die Alternative lautet dann: Entweder ein von den Marktschwankungen unabhängiger Arbeitsplatz mit gleichbleibendem Entgelt und Kündigungsschutz, Lohnfortzahlung bei Krankheit und Urlaub, für sozialversicherungsrechtliche Absicherung, aber Einbindung in eine fremde Organisation, ohne eigene unternehmerische Entscheidungsgewalt und ohne die Möglichkeit, durch Einsatz eigener unternehmerischer Tätigkeit besondere Gewinne zu machen auf der einen Seite, und auf der anderen Seite die Übernahme eines unternehmerischen Risikos, die Übernahme der Eigenvorsorge für private Lebensrisiken mit der Aussicht, eigener Herr zu sein und je nach Tüchtigkeit Gewinne zu erwirtschaften, die das Einkommen entsprechender Angestellter übersteigen.

Bedeutung der rechtlichen Rahmenbedingungen aus volkswirtschaftlicher und juristischer Sicht

Zusammenfassend stellt sich die Frage, ob unsere Rechtsordnung der Entwicklung zur Dienstleistungsgesellschaft hin gerecht wird, oder ob sie zu viele Hindernisse aufbaut und zu wenig Förderungen bereitstellt.

1. Statuswahl.
Auf die erste Frage, ob der Beschäftigte sich als Arbeitnehmer oder als Selbständiger betätigen soll und wie seine Tätigkeit von den Gerichten eingestuft wird, erhält im geltenden Recht keine klare Antwort. Das Bundesarbeitsgericht läßt die Einstufung von den Umständen des Einzelfalles abhängen; das für die Rechtsprechung entscheidende Abgrenzungsmerkmal der persönlichen Abhängigkeit wird der Sache nicht gerecht. Hier kann nur eine klare gesetzliche Definition des Arbeitnehmers helfen, wie sie in einigen neueren Gesetzesentwürfen enthalten ist.

2. Rahmenbedingungen für Arbeitnehmer.
Wird der Beschäftigte als Arbeitnehmer tätig, so nimmt ihm die Arbeits- und Sozialordnung die Sorge um die Rahmenbedingungen ab. Hier stellt sich aber die Frage aus der Sicht des Arbeitgebers, ob sich nicht die zahlreichen ausdifferenzierten Vorschriften des Arbeits- und Sozialrechts beschäftigungshemmend auswirken. Während in der Personalabteilung des Großunternehmens dafür genügend Fachkräfte vorhanden sind, wird der kleine Handwerksmeister Mühe haben durchzublicken. Um ein Beispiel zu nennen: Sobald der Arbeitgeber aus betrieblichen Gründen mehreren Arbeitnehmern gleichzeitig kündigen will, muß er auch eine „soziale Auswahl" treffen, 1 Abs. 3 KSchG. Nach der früheren Rechtsprechung hing die Frage, ob seine Entscheidung richtig war, von den Umständen des Einzelfalles ab. Der Gesetzgeber hat vor kurzem die Frage neu geregelt und eine klare Aussage getroffen. Auch die Nichtanwendbarkeit des Kündigungsschutzgesetzes auf Kleinbetriebe, die das Bundesverfassungsgericht vor kurzem für verfassungsgemäß erklärt hat, macht es dem Kleinunternehmen leichter, neue Mitarbeiter einzustellen.

3. Rahmenbedingungen für Selbständige.
Will sich der Teledienstleister selbständig machen, besteht das erste Problem für ihn darin, daß er nicht weiß, was er alles beachten muß, und wohin er sich um Rat wenden kann. Hier dürfte es sich empfehlen, auf lokaler Ebene eine zentrale Anlaufstelle zu schaffen und diese durch Werbung und Information ins allgemeine Bewußtsein zu rücken, z. B. die Industrie- und Handelskammern, und die Dienstleister ggf. von dort an andere Stellen zu verweisen. Im Hinblick auf bürokratische Hemmnisse schneidet Deutschland im Vergleich zu anderen europäischen Ländern gut ab, wenngleich sicher hier noch einiges zu tun bleibt.

4. Rahmenbedingungen der Zukunft.
Sicher wird die Rechtsordnung der Zukunft flexibler sein müssen – im Hinblick auf die Ausgestaltung der Arbeitsbedingungen sowie im Hinblick auf die Entstehung neuer Berufsbilder und auf anders verlaufende Erwerbsbiographien.

Literatur

Hromadka, Arbeitnehmerbegriff und Arbeitsrecht, Neue Zeitschrift für Arbeitsrecht 1997, S. 569ff.

Wank, Arbeitnehmer und Selbständige, München 1988;

Wank, Die „neue Selbständigkeit", Der Betrieb 1992, S. 90ff.;

Wank, Telearbeit, Heidelberg 1997;

Wedde, Telearbeit, 2. Aufl., Köln 1994

III. Neue Unternehmenskonzepte – Neue Regeln

9.
Bildung und moderne Dienstleistungen

Bildung und moderne Dienstleistungen

Sibylle Peters, Peter Meyer-Dohm

Einführung

Die Erwerbstätigkeit im tertiären Wirtschaftssektor nimmt zu – der größte Teil aller qualifizierten Fachkräfte arbeitet bereits in Dienstleistungsberufen, dagegen arbeitet nur noch ein Drittel aller Fachkräfte in Fertigungsberufen. Die berufliche Aus- und Weiterbildung konzentriert sich dennoch stark auf den industriellen Sektor, indem in diesem Bereich mehr als die Hälfte der Auszubildenden in Fertigungsberufen ausgebildet werden. Das fördert ein Überangebot an Fachkräften in Fertigungsberufen. Aber auch genereller betrachtet sind Trends unübersehbar, daß eine wachsende Dienstleistungsorientierung immer mehr Branchen und Sektoren erfaßt, und die öffentliche Wahrnehmung und Diskussion über die Entwicklung der Dienstleistungen zunimmt. Diese Entwicklungen äußern sich vor allem in der Beobachtung, daß alle gesellschaftlichen Subbereiche von immer neueren Formen von Steigerungen der Erlebens-, Handlungs- und Lebensmöglichkeiten durchdrungen werden. Dienstleistungen verschiedener Kategorien tragen dazu bei: konsumorientierte, produktionsnahe sowie personengebundene Dienstleistungen. Alle möglichen Formen von Steigerungen der Erlebens- und Handlungsmöglichkeiten bedürfen existentiell der Bildung – Bildung und Lernen werden immer selbstverständlicher alle Lebenslaufphasen begleiten, bzw. Bildung und Lernprozesse durchdringen alle gesellschaftlichen und wirtschaftlichen Bereiche. Es erscheint evident, daß diese Entwicklungen zu einer (qualitativen) Erhöhung und Steigerung von neuen Formen von Interaktionskontinuen beitragen, sowie neue Möglichkeiten in einem Rhythmus von Öffnung und Schließung von Handlungs- und Entscheidungsspielräumen offerieren, die monotone und lineare Steigerungsprogrammatiken von Bildungs- und Erwerbstätigkeiten zunehmend verdrängen. Immer neuere Formen erwerbs- und arbeitsbezogener Interaktionsspielräume werden durch eine komplexere Steuerung der Interdependenz von Technik, Arbeitsorganisation und Zuführung entsprechender Qualifikationen durch das Personal angestrebt.

Es gilt, unter Aspekten von Ressourcenausschöpfung und Optimierungschancen, nunmehr Bildung und Lernen in Lebenszyklen von Menschen und Organisationen als einen lebenslaufbegleitenden Prozeß zu implementieren. Insofern stellt uns die zunehmende Dienstleistungsorientierung innerhalb unserer Gesellschaft im Hinblick auf notwendige Lernprozesse vor neue Herausforderungen. Es gilt, Menschen und Organisationen auf neu entstehende Anforderungen vorzubereiten, wobei Lernprozesse sich voraussichtlich über alle Erwerbs- und Nicht-Erwerbsphasen erstrecken und temporär, dabei jedoch kontinuierlich Lebenslaufphasen begleiten werden. In den Steigerungsformen der Interdependenz von Technik, Arbeitsorganisation und Fragen der Qualifizierung des Personals werden Gestaltungsaspekte der Arbeitsorganisation immer mehr zu Fragen von Bildung und Qualifizierung und ändern den Charakter von Arbeitstätigkeiten mit Öffnungen zu Dienstleistungsaufgaben. Die zunehmende Reflexion von Initiativen im Arbeitsprozeß stellt dabei neue Anforderungen an die Beschäftigten. Gleichzeitig entstehen im tertiären Sektor neue Aufgaben und neue Berufsfelder. Alle Entwicklungen dürften begleitet sein von Entwicklungen einer gesteigerten Einsatzflexibilität des Einzelnen, gekoppelt mit einem veränderten Bildungs- und Qualifizierungsverhalten. Dabei konzentrieren sich Bildung und Lernen gegenwärtig auf bisher nicht ausgeschöpfte

- räumliche, zeitliche und soziale Nutzungsmöglichkeiten im Lebenslauf des Einzelnen sowie
- räumliche, zeitliche und soziale Einsatzmöglichkeiten in Lebensphasen von Organisationen in Vernetzungs- und Verbundsystemen.

Innerhalb des Förderkonzeptes „Dienstleistung 2000plus" beschäftigte sich der Arbeitskreis „Bildung und Lernprozesse" mit den Fragen, welche Konsequenzen neue Organisationsformen von Arbeit und Beschäftigung für Arrangements neuer Bildungs- und Lernprozesse im Dienstleistungssektor bedeuten, bzw. wie neue Arrangements von Bildung und Lernprozessen zu gestalten seien, um gezielten Einfluß auf sich ändernde Organisationsformen von Arbeit und Beschäftigung nehmen und neue Synergieeffekte erzeugen zu können. Wir stehen erst am Anfang einer neuen Entwicklung, aber als evident gilt, daß Wertschöpfungsprozesse dort stattfinden, wo in kleinen Teams räumlich, zeitlich und sozial kompetent gearbeitet wird, und wo es gelingt, diese Momente untereinander im Team, innerhalb von Organisationseinheiten sowie mit anderen Organisationen netzwerkartig zu verknüpfen. Damit werden Bildung und Lernen wesentliche Elemente, die den Auf- und Ausbau des Dienstleistungssektors begleiten und gleichermaßen werden immer mehr neue Dienstleistungen als optionale Steigerungsformen angeboten, die in neuen Verflechtungen Wachstum und Beschäftigung zu versprechen scheinen. Der Arbeitskreis „Bildung und Lernprozesse" beschäftigte sich mit Fragen, welche veränderten Forschungs- und Handlungsbedarfe zu entwickeln seien, um den Auf- und Ausbau des Dienstleistungsbereichs innovativ begleiten zu können. Es wurde zudem erörtert, welche Strategien Lernnetzwerke und Kooperationsverbünde fördern könnten, um Lernprozesse und Dienstleistungen zu verknüpfen, und welche dann wiederum dynamische Entwicklungen neuer Formen von beruflicher Aus- und Weiterbildung im Dienstleistungsbereich nachfragen. Der hierzu inszenierte Workshop greift erste Ergebnisse auf und stellt Ansätze veränderter Handlungs- und Forschungsbedarfe als Projektvorhaben vor, die sowohl außerhalb von Steigerungen einer monotonen Einsatzflexibiliät des Personals als auch außerhalb von Grenzen bisherigen Spartendenkens in der Industrie und entsprechender Qualifikationsbedarfe liegen. Alle Vorschläge hierzu beinhalten neue systematische Betrachtungen einer Integration von Bildung und Lernen in Auf- und Ausbauprozesse des Dienstleistungssektors, bzw. betreffen in verschiedenen Ausprägungen räumliche, zeitliche und soziale Flexibilisierungsformen: Die Beiträge von Herrn Refle und Frau Isenhardt nehmen bearbeitete Handlungs- und Forschungsbedarfe des Arbeitskreises „Bildung und Lernprozesse" zum Ausgangspunkt weiterer Entwicklungsoptionen. Herr Refle stellt dazu ein Tourismusangebot, das u. a. zum Ziel hat, die Erlebnisfähigkeiten von Familien mit Kindern zu steigern, in einem regionalen Netzwerk vor. Frau Isenhardt versucht, „Dienen – Leisten – Bilden" durch die Implementierung von Reflexionsphasen in Reorganisationsstrukturen von Organisationen miteinander zu verknüpfen. Ferner stellt Frau Lennartz neue Strategien einer dienstleistungsorientierten Berufsbildung vor, die das Bundesinstitut für Berufsbildung im Hinblick auf eine Dynamisierung des Berufssystems verfolgt. Anschließend präsentiert Herr Platts ein Modell der englischen Ingenieurausbildung, das eine Mitarbeiter- und Kundenorientierung der Ingenieure als Führungskräfte unter der Prämisse anstrebt, die Arbeitstätigkeit als ganzheitlichen Prozeß zu durchdringen.

Initiierung von Lernnetzwerken und Kooperationsverbünden im touristischen Dienstleistungssektor Sächsische Schweiz

Günter Refle[1], Renate Henning[2], Heike Hunecke[3]

Ausgangssituation

Als Region in den Neuen Bundesländern befindet sich die Sächsische Schweiz nach wie vor im Strukturaufbau. Mit der deutsch-deutschen Vereinigung und der Einführung neuer politischer und ökonomischer Strukturen setzte ein umfassender Veränderungsprozeß ein, der sich vor allem auf ordnungspolitischer und institutioneller Ebene bemerkbar machte. Während die Anpassung der strukturellen Rahmenbedingungen in den Neuen Bundesländern – nach wie vor – sukzessive voranschreitet, vollziehen sich entsprechende „Umlernprozesse" auf der Mentalitäts-, Motivations-, Einstellungs- und Verhaltensebene der betroffenen Akteure wesentlich langsamer. Um den Anforderungen an die Innovationsfähigkeit und die Generierung neuer beschäftigungssichernder Arbeitsmärkte gerecht werden zu können, ist es jedoch insbesondere für den Dienstleistungssektor von großer Bedeutung, neue Kompetenzen auf allen Verhaltensebenen zu entwickeln. Entsprechende Entwicklungspotentiale waren (und sind) am Standort Sächsische Schweiz vor allem im Dienstleistungssektor zu sehen – u. a. weil das produzierende Gewerbe hier in den vergangenen Jahren stark an Bedeutung verloren hat.

Im Rahmen der Prioritären Erstmaßnahme (PEM) „Dienstleistung Lernen – Kompetenzen und Lernprozesse in der Dienstleistungsgesellschaft" wurde u. a. ein Teilprojekt in der Region Sächsische Schweiz durchgeführt. Ziel dieses PEM-Teilpro-

---

[1] Günter Refle M.A. leitet – zusammen mit seiner Frau – das Felsenweg Institut der Karl Kübel Stiftung für Kind und Familie in Langenhennersdorf bei Pirna.

[2] Dipl. Päd. Renate Henning ist Geschäftsführerin der Unternehmensberatung OSTO-Systemberatung GmbH in Aachen.

[3] Heike Hunecke M.A. ist wissenschaftliche Mitarbeiterin am Hochschuldidaktischen Zentrum (HDZ) und Lehrstuhl Informatik im Maschinenbau (IMA) der RWTH Aachen.

jekts war es, ein Dienstleistungskonzept für die Region zu entwickeln, in dessen Mittelpunkt vor allem neue Formen der Zusammenarbeit, innovative Lernprozesse und kreative Methoden der Ideen- und Projektentwicklung standen.

In Anlehnung an ein bereits vor Ort konzipiertes Leitbild für die Region und unter dem Gesichtspunkt der Synergienutzung in einem Kooperationsverbund verschiedener Leistungsträger (kleine und mittelständische touristische Dienstleistungsanbieter sowie öffentliche und kommunale Einrichtungen) sollte exemplarisch ein touristisches Dienstleistungsangebot für Familien entwickelt werden („Familienferien in der Sächsischen Schweiz"). Dieses spezifische Dienstleistungsangebot wurde gewählt, da es sich hierbei um eine klassische Querschnittsaufgabe handelt, die nicht von einem regionalen Anbieter allein, sondern nur durch eine entsprechende Vernetzung und Kooperation verschiedenster regionaler Akteure zu bewältigen ist.

Projektverlauf

In der Retrospektive lassen sich verschiedene Phasen des Umsetzungsprozesses ausmachen; sie werden im folgenden durch entsprechende Zwischenüberschriften eingeleitet.

Konstitution eines „inner circle" – Bildung einer Konzeptionsgruppe

Für das Projekt gab es eine wesentliche inhaltliche und organisatorische Grundlage: Inhaltlich wurde das Projekt durch den Leitgedanken „Familienferien in der Sächs. Schweiz – von dem gemeinsamen Dienstleistungsangebot wirtschaftlich profitieren" getragen. Mit diesem Leitgedanken wurde eine gemeinsame Interessenschnittmenge der regionalen Einzelanbieter aufgegriffen. Die Idee eines regionalen Dienstleistungsverbunds entspricht zudem dem auf nationaler Ebene zunehmend feststellbaren Trend zur „Regionalisierung".[4] Dieser Trend läßt sich wie folgt defi-

[4] Die Zusammenstellung einer Reihe von bildungsrelevanten Trends ist das Ergebnis eines Arbeitskreises aus Experten, der sich im Rahmen einer BMBF-Initiative mit Fragen zu zukünftig notwendigen Lern- und Qualifizierungsprozessen in der Dienstleistungsgesellschaft beschäftigte. Eine detaillierte Darstellung findet sich in Henning, Klaus; Isenhardt, Ingrid (Hrsg.): „Bildungstrends der zukünftigen Dienstleistungsgesellschaft", Abschlußbericht des Arbeitskreises 12 „Bildung und Lernprozesse" der BMBF-Initiative „Dienstleistung 2000plus" in: Aachener Reihe Mensch und Technik, Band 23, Aachen 1997. Der Trend „Regionalisierung" wurde in Anlehnung an die Entwicklungen in verschiedenen Dienstleistungsprojekten der letzten beiden Jahre als neuer Trend hinzugefügt.

nieren: Im Kontext der Globalisierung bildet die Bündelung regionaler Kräfte ein Gegengewicht. Unternehmen schließen sich in regionalen Kooperationsverbünden zusammen, um die Vorteile gemeinsamer Aus- und Weiterbildungspools zu nutzen. Die Verknüpfung von einzelnen Produkten und Dienstleistungen zu einem gemeinsamen regionalen Dienstleistungsangebot erleichtert insbesondere KMUs den Zugang zu internationalen Märkten.

Der organisatorische Kern des regionalen Dienstleistungsnetzwerkes „Familienferien in der Sächs. Schweiz" wurde aus den nachfolgenden vier Akteuren (bzw. Vertreter dieser Institutionen) gebildet:

- das Felsenweg Institut der Karl Kübel Stiftung in der Sächsischen Schweiz als lokaler Koordinator des Projekts mit vielfältigen Kontakten und Kooperationserfahrungen zur Zielgruppe „Familien",
- der Tourismusverband Sächs. Schweiz als fachlicher Vertreter aus der Tourismusbranche mit Kontakten und Kooperationserfahrungen zu relevanten Leistungsträgern aus der Region,
- das Landratsamt Sächs. Schweiz als politischer Akteur mit entsprechendem Überblick über das regionalpolitische Wirkungsgefüge
- und eine externe, professionelle Prozeßmoderation.

Diese Akteure formten für den angestrebten Kooperationsverbund mit ihren Vorerfahrungen und Kompetenzen eine Art „inner circle" bzw. Konzeptionsgruppe.

In einem ersten Treffen wurden in dieser Konzeptionsgruppe nachfolgende Fragestellungen diskutiert:

- „Welche touristischen Dienstleistungsangebote für Familien existieren bereits in der Region Sächs. Schweiz? Welche vergleichbaren Angebote anderer Regionen könnten als Vorbild dienen?"
  - Schaffung von Markttransparenz
- „Welche fördernden und hemmenden Faktoren sind beim Aufbau eines regionalen Dienstleistungsnetzwerkes in der Sächs. Schweiz zu beachten?"
  - Zusammenstellung von Orientierungshilfen im regionalpolitischen Wirkungsgefüge
- „Welche regionalen Leistungsträger müssen „in's Boot" geholt werden? (Wie) müssen diese für ein Dienstleistungsnetzwerk qualifiziert werden?"
  - Auswahl von Netzwerkpartnern; Einschätzung zum „Dienstleistungs-Lernbedarf"

- „Welche inhaltlichen Meilensteine sollte der Umsetzungsprozeß für das „Dienstleistungsangebot Familienferien in der Sächs. Schweiz" umfassen?"
  - Prozeßplanung

Kick-off-Veranstaltung mit Leistungsanbietern und Kunden (Familien)

Die Verknüpfung der Konzeptionsgruppe mit verschiedenen Dienstleistungsanbietern aus der Region wurde mit Hilfe eines Workshops eingeleitet, an dem auch potentielle Kunden (Familien) für das gemeinsam zu entwickelnde Dienstleistungsangebot teilnahmen.

Im Rahmen dieses Workshops wurden mit den eingeladenen Teilnehmern (Gastronomen, Hoteliers, Pensionsinhaber, Nationalparkverwaltung, Busunternehmer, öffentliche und private Anbieter aus dem kulturellen Bereich u. a.) ein gemeinsames Leitbild „Familienferien in der Sächs. Schweiz" entworfen. Hierzu wurden aus Sicht der Kunden (Familien) und aus Sicht der Anbieter Dienstleistungswünsche für „Familienferien" zusammengetragen und den vorhandenen Einzelangeboten der Region gegenübergestellt.

Mit dieser Methode des „Kunden-Anbieter-Workshops" ist ein Instrument geschaffen worden, das den Trend „Mikrounternehmertum" unterstützt. Indem die Anbieter mit den Wünschen ihrer Kunden konfrontiert werden, lernen sie, welche Erwartungen an ihre Funktion als Dienstleister konkret gestellt werden. Die anschließende Formulierung eines Dienstleistungsangebots fördert unternehmerisches Denken. Die betroffenen Leistungsträger lernen, die eigenen Leistungen – in Hinblick auf die Erfüllung der Kundenwünsche einerseits und unter Berücksichtigung der eigenen finanziellen, personellen und materiellen Ressourcen andererseits – zu vermarkten.

In dem Abgleich von Nachfrage und Angebot wurde deutlich, daß es durchaus eine Reihe von attraktiven Dienstleistungsangeboten für Familien in der Region gab; diese waren jedoch weder für die lokalen Leistungsträger noch für eine Besucherfamilie in ihrer Gesamtheit zu überschauen: Informationen über vorhandene Dienstleistungsangebote wurden bislang nicht gezielt gebündelt; es fehlte eine gemeinsame Marktausrichtung.

Vor diesem Hintergrund (Analyse der Ist-Situation und Abfrage des Dienstleistungsbedarfs) entstand die Idee, einen Flyer „Familienferien" zu konzipieren, der als Informations- und Vermarktungsinstrument für ein „Dienstleistungspaket Familienferien" dienen sollte. Dieser Flyer sollte als erster großer Meilenstein für den regionalen Kooperationsverbund dienen.

Auf dem Weg zu einem gemeinsamen Dienstleistungsangebot ...

In der ersten Veranstaltung wurden Vorschläge für die Inhalte des Flyers gesammelt; in einer der nächsten Sitzungen teilte der Vertreter des Tourismusverbandes mit, daß dieser Prospekt auf der Internationalen Tourismusbörse in Berlin (März ´98) präsentiert werden könnte. Somit ergab sich ein Liefertermin für das erste gemeinsame Produkt des Kooperationsverbundes. In vielen moderierten Arbeitssitzungen wurde das konkrete Vorgehen diskutiert, wie zum Beispiel die Frage nach der Finanzierung des Prospektes, die Auswahl der Dienstleistungen, die im Prospekt erscheinen sollten, die Benennung einer Design-Agentur etc. Die Akteure mußten lernen, wie sie einerseits unternehmerisch ihr individuelles Dienstleistungsangebot einbringen konnten; andererseits waren alle Beteiligten aufgefordert „für das Ganze" (das „Dienstleistungspaket") zu denken. Für die meisten Akteure war es eher ungewohnt, nach passenden Schnittstellen und Anknüpfungspunkten zu den anderen Angeboten zu suchen.

Eng verknüpft mit der Diskussion von zukünftig notwendigen Lernprozessen und Kompetenzentwicklung in der Dienstleistungsgesellschaft ist die Erkenntnis, daß der Trend „Umlernen als Normalfall" sich weiter konkretisieren läßt: „Weg vom Schulungsseminar, hin zum prozeßbegleitenden Lernen". Indem z. B. bei der Netzwerkbildung gezielt Raum für Diskussion, Abstimmung, Austausch und Bündelung geschaffen wird, werden der Prozeß der Vernetzung gestaltet und gleichzeitig die Akteure im „learning by doing"-Verfahren „miteinander vernetzt". Ein bewußter Lerneffekt bei den Akteuren wird durch kontinuierlich eingebaute Reflexionsphasen im Prozeß erreicht, d. h. nach bestimmten Umsetzungsschritten wird noch einmal das gemeinsam Erlebte aufgearbeitet (Welche Schritte haben wir für die Erstellung des Flyers getan? Wer hat sich wie einbringen können? Wie hat die Zusammenarbeit geklappt? Was haben wir erreicht? Wo gab es Probleme? Was können wir daraus für die nächsten gemeinsamen Schritte lernen? Gibt es Verbesserungsvorschläge?).

Eine wesentliche Funktion in diesem Prozeß „Dienstleistung lernen" kam der Moderation zu. Durch geschickte Fragen half die Moderation immer wieder, den Blick der Einzelnen auf das gemeinsame Ziel zu richten (Wer bringt sich mit welchen Leistungen ein? Wie lassen sich diese Leistungen als Paket anbieten? Wie soll unsere corporate identity aussehen?).

An dieser Stelle wird deutlich, daß die Entwicklung von „Netzwerkkompetenz" sich auf zwei Ebenen bezieht: die Ebene der „operativen" Akteure im Netzwerk und die Ebene der Moderation von Netzwerken.

Die Moderation von regionalen Netzwerken ist phasenweise als Balanceakt in einem politischen Wirkungsgefüge zu verstehen (nicht zuletzt aus diesem Grund war im Dienstleistungsnetzwerk Sächs. Schweiz auch der Landrat ein wichtiger Ratgeber). „Netzwerkkompetenz" in Regionen setzt eine Grundkenntnis der regionalspezifischen Historie und ein Gespür für gewachsene Strukturen voraus.

Einer der Erfolgsfaktoren des „PEM-Netzwerks" war die Tatsache, daß das Netzwerk quer zu allen regionalen Hierarchien lag und in einem „neutralen Raum" (Felsenweg Institut) moderiert werden konnte.

Neben der Moderation bildeten das Zeitmanagement (z. B. die Verteilung von „Hausaufgaben" mit Ergebnisterminen), die Kontinuität der Treffen und das Controlling (Ergebnispräsentation im Netzwerk) wichtige Instrumente, um die gemeinsame Arbeit zielgerichtet voranzutreiben.

Ergebnis dieser Prozeßphase war die Präsentation eines Flyers „Familienferien in der Sächs. Schweiz" auf der internationalen Tourismusbörse in Berlin im März '98, sowie die Überreichung eines Spendenschecks (als Einladung für eine Familie) an den Oberbürgermeister von Berlin, Herrn Diepgen.

Der Sächsische Familientag – eine neue Perspektive

Nach der Präsentation des touristischen Dienstleistungsangebotes „Familienferien in der Sächs. Schweiz" auf der Tourismusbörse in Berlin war zunächst nicht klar, wie die Arbeit des Netzwerks weitergehen sollte. In dieser Neuorientierungsphase des Netzwerks wurde der lokale Koordinator – das Felsenweg Institut der Karl Kübel Stiftung – vom Familienministerium mit der Organisation und Federführung des Familientages (29.8.1998) beauftragt. Der Familientag sollte unter dem Motto „Familie und Erholung" auf einer alten Festung in der Region durchgeführt werden. Für das regionale PEM-Netzwerk bot sich mit dieser sehr öffentlichkeitswirksamen Veranstaltung eine hervorragende Gelegenheit, Auszüge aus dem gemeinsamen Dienstleistungsangebot probeweise anzubieten. Das weitere Vorgehen im Projekt wurde maßgeblich durch die Vorbereitungen für die Präsentation verschiedener Dienstleistungsangebote auf dem Familientag geprägt. Ähnlich wie in der Vorbereitung und Abstimmung zum gemeinsamen Flyer fanden nun Arbeitstreffen des Kooperationsverbundes statt, in denen die Beiträge zum Familientag organisiert wurden.

Der Familientag bot für das „PEM-Netzwerk" und zahlreiche andere regionale Akteure ein gelungenes Forum, um – in einer bunten Mischung aus Informations-, Kultur-, Lern-, Spiel- und Sportangeboten – Dienstleistungen für ca. 5 000 Besucher „erlebbar" zu machen.

Integration des PEM-Netzwerks in den regionalen Leitbildverbund

Für die gesamte Region Sächsische Schweiz wurde von einer Arbeitsgruppe (Netzwerk aus ca. 40 Leistungsträgern der Region) in den vergangenen vier Jahren ein Leitbild entwickelt. Das Leitbild soll die Weiterentwicklung der Region unter Berücksichtigung ökologischer und wirtschaftlicher Gesichtspunkte unterstützen. Zwischen dem regionalen „PEM-Netzwerk" und diesem Leitbildverbund gab es sowohl eine gemeinsame Schnittmenge bei den beteiligten Akteuren wie auch bei den zu vertretenden grundsätzlichen Interessen (z. B. die gezielte Förderung des Dienstleistungssektors Tourismus). Das „PEM-Netzwerk" bildete einen themenspezifischen und bereits stärker umgesetzten Baustein („Familienferien") im Kontext des touristischen Leitbildkonzeptes für die Gesamtregion.

Nachdem die Arbeit des „PEM-Netzwerkes" vorangeschritten war (der Flyer lag vor), ist das kleinere „PEM-Netzwerk" bei der letzten Leitbildkonferenz in den großen Leitbildverbund integriert worden, um bei der weiteren Ausarbeitung des Leitbildes berücksichtigt werden zu können. Die Zusammenführung beider Netzwerke läßt für zukünftige Arbeiten auf wertvolle Synergien hoffen.

Ausblick

Für die Zukunft besteht von seiten der Netzwerkakteure ein großes Bestreben, die aufgebauten Kooperationsbeziehungen und die festgestellten Erfolgsfaktoren für ein weiterführendes Vorhaben zu nutzen. Ziel könnte eine Erweiterung der Aktivitäten der – bislang nur für den touristischen Dienstleistungssektor eingesetzten – Netzwerke sein. Perspektivisch wäre eine gezielte Nutzung von Dienstleistungsnetzwerken zur Steigerung der regionalen Wettbewerbs- und Innovationsfähigkeit denkbar. Eine weitere Handlungsoption wären überregionale Kooperationen mit angrenzenden Regionen (vor allem in den Neuen Bundesländern); wobei in diesem Kontext (über)regional Dienstleistungsnetzwerke als Instrument der Wirtschaftsförderung eingesetzt werden könnten. Es ist zu prüfen, inwiefern derartige Vorhaben unter regional-, struktur- und vielleicht auch förderpolitischen Gesichtspunkten realisiert werden können.

Auswertung – Übertragbare Erfolgsfaktoren

Aus dem Projektverlauf ergeben sich eine Reihe von Erkenntnissen, die sich mit entsprechender Modifizierung für den Aufbau und die Gestaltung anderer Dienstleistungsnetzwerke nutzen lassen:

Aufhänger für ein regionales Dienstleistungsnetzwerk sollte eine Idee sein, die für alle Beteiligten einen greifbaren und (wirtschaftlich) meßbaren Erfolg verspricht. Auslöser für eine Zusammenschließung verschiedener regionaler Akteure kann auch ein gemeinsam verspürter Leidensdruck sein. Hier gilt die Devise: mit einer konstruktiven Zielsetzung aus Betroffenen Beteiligte machen. Empfehlenswert ist in jedem Fall die Schnittmengenbildung zwischen verschiedenen Einzelinteressen in einer Region.

Die Bildung eines „inner circle" bzw. einer Konzeptionsgruppe aus einigen wenigen Akteuren, die sich für das Vorhaben verantwortlich fühlen, unterstützt eine effektive Prozeßplanung. In einer solchen Konzeptionsgruppe lassen sich Abläufe und Inhalte konzeptionell und strategisch vordenken, ohne daß unnötig viele Abstimmungsprozesse im Vorfeld des eigentlichen Umsetzungsprozesses notwendig werden.

Ein wesentlicher Faktor bei der Gestaltung derartiger Vernetzungsprozesse ist die Prozeßmoderation- und begleitung. Hier gilt es, ein Gespür für regionalspezifisch gewachsene Strukturen zu entwickeln (Wo bestehen bereits informelle Kontakte und Kooperationsbeziehungen? Wo liegen hemmende und fördernde Faktoren für ein Verbundvorhaben? etc.). Die Moderationsaufgabe wird erleichtert, wenn der Moderator Teilnehmer der oben beschriebenen Konzeptionsgruppe ist. Externe Moderatoren genießen oftmals das Vertrauen einer „neutralen Instanz"; insbesondere wenn das Dienstleistungsnetzwerk quer zu den vorhandenen regionalen Hierarchien liegt.

Bei der Zusammenfindung der Netzwerkakteure sind deren gesellschaftliche Funktionen sowie politische, wirtschaftliche und kulturelle Positionen zu berücksichtigen, bzw. aufmerksam zur Kenntnis zu nehmen. Bei Netzwerken, die keinen informellen Charakter haben, kann eine frühzeitige Sensibilisierung für mögliche Konfliktpotentiale helfen, unnötigen Spannungen vorzubeugen. Die Konzeptionsgruppe oder ein Moderator sollten hier integrativ wirken.

Mit dem Beginn der Vernetzungsprozesse (Aufbau von Kooperationsbeziehungen) sollten alle weiteren Ziele im Kreis der Netzwerkakteure gemeinsam erarbeitet werden; nur so wird bestmöglich gewährleistet, daß auch zusammen an der Erreichung dieser Ziele gearbeitet wird. Zielsetzung und Kooperationspartner eines regionalen Dienstleistungsnetzwerkes sollten jederzeit allen Beteiligten bekannt sein.

Belohnungs- und Controlling-Instrumente (wie z.B. eine Aufgabenverteilung mit Ergebnisvereinbarungen; die Dokumentation von Arbeitssitzungen; die zielgerichtete Öffentlichkeitsarbeit durch Presseartikel etc.) unterstützen die Entwicklung einer gewissen Verbindlichkeit zwischen den Netzwerkakteuren.

Sichtbare oder erlebbare Teilziele haben einen selbstverstärkenden Effekt für Netzwerkarbeit (im PEM-Projekt war dies z. B. die Fertigstellung des Flyers, die Präsentation des Dienstleistungsangebots auf der ITB etc.). Erfolge sollten gefeiert werden u. a. auch, damit ein Bewußtsein für die Vorteile eines gemeinsamen Dienstleistungsangebots entwickelt werden kann. Fehlen sichtbare Teilziele, so wird der Prozeß gebremst; für die Beteiligten ist der Vorteil eines Kooperationsverbundes nicht mehr erkennbar.

Nur *im Prozeß* werden sowohl Chancen als auch Problemfelder einer regionalen Vernetzung deutlich! (Im Beispiel der PEM wurde erst im Prozeß deutlich, welches Profil das regionale „Machtgefüge" hatte, welche Netzwerke in der Region bereits existierten, welche informellen Stammtische es gab etc. In der zweiten Hälfte des Projekts wurde erkannt, daß Lern- und Qualifizierungseffekte nicht über Schulungsmodule, sondern prozeßbegleitend zu erreichen sind.)

Weiterführende Forschungs- und Handlungsfelder

Vor dem Hintergrund der in der Region Sächs. Schweiz gesammelten Erfahrungen zu Aufbau und Gestaltung eines Dienstleistungsnetzwerkes lassen sich eine Reihe von Forschungs- und Handlungsfelder (F&H-Felder) ausmachen, die in weiterführenden Projekten Berücksichtigung finden sollten.

F&H-Felder für den Bereich touristischer Dienstleistungen:

- Modelle und Konzepte zum Qualitätsmanagement (Qualitätsmerkmale, Standards, personelle und organisatorische Managementanforderungen etc.) für touristische Dienstleistungen
- Interregionale Vergleiche/Benchmarks für die deutsche Tourismusbranche, z. B. bezüglich inhaltlicher Konzepte, Umsetzungspotentiale, Public Private Partnership (PPP) und wirtschaftlicher Tragfähigkeit
- Entwicklung und Erprobung neuer Vertriebswege und Marketingkonzepte für touristische Dienstleistungen

F & H-Felder zum Themenfeld „Dienstleistungsnetzwerke":

- Netzwerktypologisierung (regionale, homogene, heterogene, temporäre, ad-hoc, informelle, institutionalisierte, KMU-Netzwerke, technische, soziale etc.)
- Ergänzung und Zusammenstellung weiterer Erfolgsfaktoren sowie Handlungsempfehlungen für den Aufbau und die Gestaltung von regionalen Dienstleistungsnetzwerken („Organisationsentwicklung für Netzwerke", Modellbildung?, etc.)
- Lern- und Qualifizierungsprozesse für Netzwerkakteure (Schlüsselqualifikationen, „Netzwerkkompetenz", Netzwerkmoderation, etc.); insb. für Mikrounternehmer im Dienstleistungssektor
- Untersuchung des Beitrags von Dienstleistungsnetzwerken zur Wettbewerbsfähigkeit einer Region (gezielte Netzwerkbildung als Instrument der Wirtschaftsförderung?)
- Untersuchung von „Netzwerkkulturen", Netzwerk-„Regeln"

Zeitgemäße Strategien der beruflichen Bildung für Dienstleistungen

Dagmar Lennartz

Der Strukturwandel von der industrieorientierten zur dienstleistungsorientierten Gesellschaft löst die klassischen Grenzen zwischen Produktion und Dienstleistung auf. Durch Kunden- und Serviceorientierung werden Produktion, Produkte und Dienstleistungen auf neue Weise verzahnt, es wird nach neuen Formen der Verknüpfung von Produktion und intelligenten Dienstleistungen gesucht. Der Abschlußbericht des Arbeitskreises „Bildung und Lernprozesse" der BMBF-Initiative „Dienstleistung 2000plus" spricht in diesem Zusammenhang von der Dienstleistung als Neuorientierung der Produktion.[1] Aber im Dienstleistungssektor selbst beginnt bereits ein Strukturwandel. Neben den klassischen Dienstleistungsbranchen Banken, Versicherungen, Handel und Gastgewerbe entwickeln sich neue Dienstleistungssparten, die die Leistungen individuell und auftragsorientiert, in enger Verbindung mit dem Kunden erbringen.

Für die Berufsbildung ergeben sich aus den aktuellen Umbrüchen zwei strategische Schwerpunkte: Anpassungs- und Marktfähigkeit des Ausbildungssystems müssen gesichert, und eine zukunftsstabile Infrastruktur für lebensbegleitendes berufliches Lernen muß aufgebaut werden. Wesentliche Instrumente dafür sind in der gegenwärtigen Phase das Etablieren neuer Strukturmodelle für Aus- und Weiterbildung (1), das Kreieren neuer Berufe, insbesondere solcher, die die Kompetenzentwicklung im Wachstumsfeld „Neue Dienstleistungen" unterstützen (2), und ein verstärktes Integrieren „dienstleistungsbezogener Kompetenzen" in Aus- und Weiterbildung (3). Letzteres geschieht zum einen über die Erweiterung der Ausbildungsberufsprofile um Dienstleistungsfunktionen, wie z. B. Kundenorientierung, Beratung, Service und Betreuung. Zum andern geht es hier um die Integration erfahrungsbezogener, bislang „verkannter" Schlüsselqualifikationen in berufliche Bildungskonzepte; denn

---

[1] Henning, Klaus/Isenhardt, Ingrid (Hrsg.): Bildungstrends der zukünftigen Dienstleistungsgesellschaft. Aachener Reihe Mensch und Technik, Band 23, 1997, S.31

dienstleistungsbezogene Kompetenzen stehen in einem besonders engen Zusammenhang mit dem bildungstheoretisch wie methodisch-didaktisch noch sehr unerschlossenen Kompetenzbereich „Erfahrungswissen".

Strategieziel 1: Strukturen für ein zukunftsstabiles Vernetzen von Aus- und Weiterbildung

Neue Strukturmodelle für Ausbildungsberufe – der erste ordnungspolitische Schritt

Das System der anerkannten Ausbildungsberufe, der rechtliche Kern des deutschen Berufskonzepts, wurde in den 70er und 80er Jahren aufgebaut. Seinen Grundstock bildeten die historisch gewachsenen und in der Handwerksordnung verankerten handwerklichen Lehrberufe sowie die industriellen Lehr- und Anlernberufe, die in der ersten Hälfte dieses Jahrhunderts entwickelt worden waren. Sie wurden auf der Grundlage des Berufsbildungsgesetzes (1969) in Form von Ausbildungsordnungen neu strukturiert und profiliert.[2] Bis Mitte der 90er Jahre wurde die Systempflege – das Anpassen der Berufsausbildung an den wirtschaftlichen, technischen und gesellschaftlichen Wandel – nicht über das Kreieren neuer Berufe hergestellt, sondern über das Erweitern, Zusammenfassen, Neuschneiden sowie das Aktualisieren der bestehenden Berufe.[3] Die Gestaltung der Ausbildungsgänge folgte dabei drei Strukturmodellen:

1. Ausbildungsberufe ohne Spezialisierungen (Monoberufe),
2. Ausbildungsberufe mit Spezialisierungen, wobei zwischen zwei Spezialisierungsarten unterschieden wird: Ausbildungsberufe mit Fachrichtungen und Ausbildungsberufe mit Schwerpunkten,
3. Ausbildungsberufe in einer Stufenausbildung.[4]

---

2 Aus den ca. 900 Lehr-, Anlern- und Spezialberufen, die vor Erlaß des Berufsbildungsgesetzes bestanden, wurde auf der Grundlage des Berufsbildungsgesetzes ein System von ca. 360 Ausbildungsberufen gestaltet, das bis in die 90er Jahre hinein in den einzelnen Wirtschaftsbereichen den Qualifikationsbedarf auf der Facharbeitsebene im Wesentlichen abdeckten.

3 So wurde bis 1995 lediglich ein neuer Beruf geschaffen: der 1984 erlassene Ausbildungsberuf „Ver- und Entsorger/die Ver- und Entsorgerin", mit dem das System auf einen zunehmend erkannten Bedarf an Umweltschutz und entsprechenden Qualifikationen reagierte. Von 1996 bis 1998 hingegen sind 28 neue Berufe geschaffen worden.

4 Ein erläuternder Überblick einschließlich aktueller Beispiele ist dargestellt in: Lennartz, Dagmar: Dynamisierung des Strukturwandels – Konsequenzen für die Berufsbildung. In: Die berufsbildende Schule, 50. Jg. (1998), H.1, S.11–19

Strukturmodell „IT-Berufe": Gemeinsame Kernqualifikationen – Spezifische Fachqualifikationen

Mit den vier neuen informationstechnischen Berufen, die 1997 in Kraft getreten sind,[5] wurden erstmals im dualen System Ausbildungsgänge mit dynamischem Qualifikationsprofil entwickelt. In allen vier Ausbildungsgängen werden Kernqualifikationen ausgebildet, die für alle vier Berufe identisch sind und etwa die Hälfte der Ausbildungszeit umfassen. Die Kernqualifikationen bilden die berufsqualifizierende Basis. Die Profildifferenzierung erfolgt durch die berufsspezifischen Fachqualifikationen. Um der Vielfalt der beruflichen Einsatzfelder der IT-Berufe in unterschiedlichen Branchen, Betriebsgrößen und Organsiationsformen gerecht zu werden, wurde ein Wahlpflichtbereich eingeführt: Wählbare Einsatzgebiete/Fachbereiche, in denen jeweils im letzten Ausbildungshalbjahr Kern- und Fachqualifikationen vertieft werden, ermöglichen zusätzlich betriebsspezifische und individuelle Ausprägungen des Gesamtprofils, das die Auszubildenden in der Ausbildung erwerben.

Strukturmodell „Medienindustrie": Kombination von Wahl- und Pflichtqualifikationseinheiten

Mit dem neuen Beruf „Mediengestalter/Mediengestalterin für Digital- und Printmedien" (1998) ist erstmals das Konstrukt einer breiten Grundbildung mit darauf aufbauenden differenzierten und dynamischen Kompetenzprofilen normiert worden.[6] Der innovative Kern dieser Neuordnung besteht in der dynamischen Weiterentwicklung des Fachrichtungsmodells. Die Ausbildung ist innerhalb eines definierten Rahmens modular aufgebaut und gliedert sich in vier Fachrichtungen, die das gesamte Spektrum beruflicher Tätigkeitsbereiche des Mediengestalters für Digital- und Printmedien abdecken: Medienberatung, Mediendesign, Medienoperating,

---

[5] IT-System-Elektroniker/IT-System-Elektronikerin, Fachinformatiker/Fachinformatikerin, IT-System-Kaufmann/IT-System-Kauffrau, Informatikkaufmann/Informatikkauffrau. Mit diesen Berufen sind erstmals duale Ausbildungsgänge für Hersteller von Informations- und Kommunikationssystemen und -dienstleistungen, unternehmensinterne und externe Dienstleister sowie für IT-Anwenderbetriebe in unterschiedlichen Branchen geschaffen worden. Für jeden dieser Berufe sind im Bundesinstitut für Berufsbildung Erläuterungen und Praxishilfen zur Ausbildungsordnung erarbeitet worden. Sie sind erschienen in der Berufsbildungsserie NEU, Verlag Bildung und Wissen, Nürnberg 1998.

[6] Dieser neue, 1998 in Kraft getretene Ausbildungsberuf ersetzt die bisherigen Berufe: Schriftsetzer/-in, Reprohersteller/-in, Reprograf/-in, Werbe- und Medienvorlagenhersteller/-in. Ansatz und Zielsetzung des neuen Modells beschreibt Braml, Rainer: Schaffung eines neuen Berufes für die Druck-/Medienvorstufe. In: Treichel, Heinz-Reiner/Braml, Rainer: Qualifikationen für die Zukunft der Medienindustrie, Wuppertal/Berlin 1997.

Medientechnik. Das Strukturmodell umfaßt (erstmals im dualen System) Pflicht- und Wahlqualifikationseinheiten und eröffnet in der Grund- wie in der Fachbildung vielfältige Variations- und Kombinationsmöglichkeiten.

Das Konstrukt der „Wahlqualifikationseinheit" ermöglicht ordnungspolitisch erstmals auch, Geschäftsfelder in die Ausbildung zu integrieren, die zum Ordnungszeitpunkt in den Betrieben noch weniger verbreitet sind (Beispiele: Digitalfotografie, Digitaldruck, Datenbankanwendungen oder Storyboarderstellung). Darüber hinaus geben die in der Ausbildungsordnung ausgewiesenen Wahlqualifikationseinheiten implizit eine Struktur für die Anpassungsfortbildung der aktuell in diesem Berufsbereich Beschäftigten. Der künftige Facharbeiter wiederum kann sein Kompetenzprofil in den ersten Berufsjahren mit zusätzlichen Wahlqualifikationseinheiten erweitern und sich damit auf der Grundlage definierter Standards für neue Aufgabenstellungen weiterqualifizieren.

Strukturmodell „Laborberufe": Vernetzung von Aus- und Weiterbildung

Das Neuordnungsverfahren für diesen Ausbildungsgang ist aktuell im Herbst 1998 eingeleitet worden. Es realisiert ein Strukturmodell, das die jeweils neuen Elemente der zuvor beschriebenen Modelle verbindet und weiterentwickelt (Abbildung 1).[7] Die Ausbildung setzt sich, wie bei den IT-Berufen, aus Basis- und Fachqualifikationen zusammen sowie aus Pflicht- und Wahlqualifikationseinheiten wie beim Strukturmodell „Medienindustrie". Neu an diesem Konzept ist, daß sich die Wahl- und Pflicht-

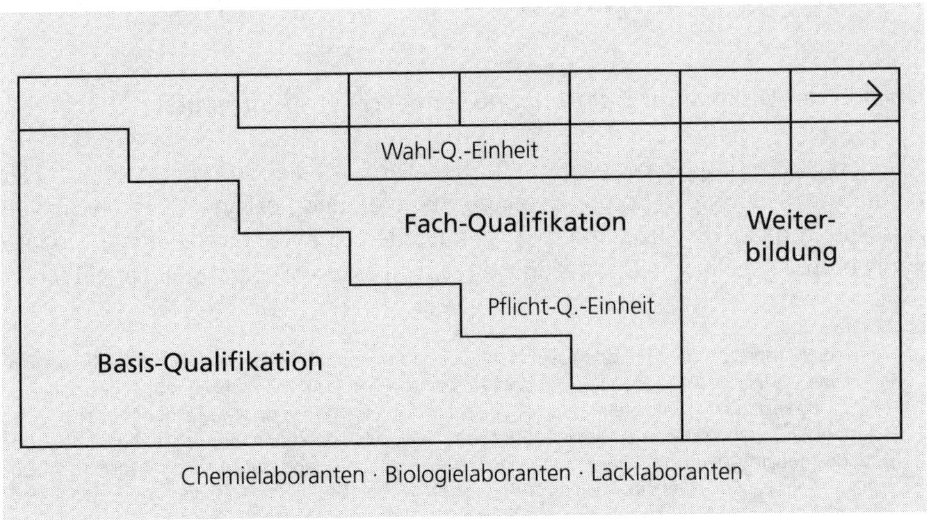

Abb. 1: Strukturkonzept „Laborberufe" (Vernetzung von Aus- und Weiterbildung)

Zwei Ausbildungsjahre	Zusätzliches Ausbildungsjahr
Kerncurriculum (Regelausbildung)	**Option I** (richtet sich an besonders leistungsstarke Jugendliche) **Zusatzqualifikation** **Option II** (richtet sich an Jugendliche, die besonderer Förderung bedürfen) Regelausbildung drei Jahre Sie schließt ein: – ausbildungsbegleitende Hilfen – Stützkurse – vertiefende Praxisausbildung

Abb. 2: Zielgruppenorientiertes Strukturmodell

qualifikationseinheiten ausschließlich auf die Fachqualifikationen beziehen. Basis- und Pflichtqualifikationen decken die ersten beiden Ausbildungsjahre ab, die Wahlqualifikationen die sich daran anschließenden anderthalb Ausbildungsjahre. Ein weiteres innovatives Element an diesem Modell ist, daß die Wahlqualifikationseinheiten zugleich auch ausdrücklich Strukturelemente der Weiterbildung sein sollen. Wahlqualifikationseinheiten, die in der Ausbildung nicht gewählt wurden oder zu diesem Zeitpunkt noch nicht existierten, können im späteren Berufsleben bei Bedarf (zum Beispiel bei einem Wechsel in angrenzende Tätigkeitsbereiche oder einer Veränderung der Arbeitsinhalte) als Grundlage für eine stetige Weiterqualifizierung dienen.

Noch in der Diskussion: *Zielgruppenorientiertes Strukturmodell*

Mit den zuvor beschriebenen Strukturmodellen hat die Ordnungspolitik in der beruflichen Bildung den Sprung zu einer offeneren und flexibleren Gestaltung von Ausbildungsgängen vollzogen. Inzwischen werden eine Reihe variierender Modelle in die ordnungspolitische Diskussion eingebracht.[8] Abschließend soll hier ein Struk-

[7] Für die drei Ausbildungsberufe „Chemielaborant/Chemielaborantin", „Biologielaborant/Biologielaborantin" sowie „Lacklaborant/Lacklaborantin" wird ein einheitlicher Beruf mit Fachrichtungen geschaffen.

[8] So zum Beispiel: Das „Satellitenmodell – Vorschlag für eine alternative Ausbildungsstruktur" der Industrie und Handelskammer Region Stuttgart, verv. Ms, Abteilung Berufsbildung, 1997. Das „Optionsmodell" vgl. Brötz, Rainer: Aktueller Stand zur Neuordnung der Ausbildungsberufe im Einzelhandel. In: Paulini, Hannelore (Hrsg.): Ansätze zur Neugestaltung von Ausbildungsberufen im Einzelhandel. Materialien zur beruflichen Bildung. Heft 101, Bundesinstitut für Berufsbildung, Berlin und Bonn 1998, S.69–81

turmodell skizziert werden, dessen innovativer Kern darin besteht, daß sich die Flexibilisierung auf Zielgruppen bezieht. [9]

Der Vorschlag gründet die Regelausbildung (nach § 25 Berufsbildungsgesetz) auf ein Kerncurriculum, das zielgruppenorientiert angereichert werden kann. Das zweijährige Kerncurriculum wird in diesem Fall über einen Zeitraum von drei Jahren vermittelt und dabei um zusätzliche Qualifikationseinheiten/Bausteine erweitert. Bei diesen Qualifikationseinheiten/Bausteinen handelt es sich entweder um Zusatzqualifikationen, die das Kerncurriculum erweitern bzw. ergänzen, oder um kompensatorische Ausbildung in Form von Stützkursen, ausbildungsbegleitenden Hilfen oder vertiefender praktischer Ausbildung. Das zusätzliche Ausbildungsjahr richtet sich vor allem auf besonders leistungsstarke Jugendliche in der Ausbildung sowie Jugendliche, die besonderer Förderung bedürfen, bzw. das Ziel der Ausbildung ohne ergänzende Maßnahmen nicht erreichen würden.

Die Innovationspotentiale der neuen Strukturmodelle

Die bisherigen Modelle realisieren spezifische Lösungsansätze zur Modernisierung der Berufsausbildung und zeigen zugleich eine neue Perspektive auf für die systemische Verknüpfung von Aus- und Weiterbildung:

- Sie definieren Standards für eine breit gefächerte berufliche Handlungskompetenz, ermöglichen jedoch innerhalb eines Ausbildungsberufs differenzierte Qualifikationsprofile mit betriebs-, geschäftsfeld- oder spartenspezifischen Ausprägungen. Sie sichern selbst bei sehr spezialisierten betrieblichen Rahmenbedingungen die Kompetenzentwicklung für eine breit gefächerte Produkt- und Tätigkeitspalette unter dem Dach der Berufsausbildung, ein Erfordernis, das insbesondere auch die neuen Dienstleistungsbereiche kennzeichnet.
- Die Kombinations- und Variationsmöglichkeiten enthalten Flexibilitätspotentiale, die fortlaufende Veränderungen in den beruflichen Anforderungen wie auch das Zusammenwachsen von Qualifikationsbereichen besser auffangen und auf diese Weise den Aktualisierungsdruck entschärfen.
- Die Standards, die mit den jeweiligen Ausbildungsgängen festgelegt werden, verknüpfen in ihrer Gesamtstruktur jeweils Grundkomponenten aus angrenzenden bzw. verwandten Tätigkeitsfeldern. Die Ausbildungsgänge eröffnen den künftigen Fachkräften – analog zum Alternativkonzept der „Grundberufe" – ein höheres

[9] Pütz, Helmut: Gestaltungsoffene und flexible Berufsbildung für die Zukunft. In: Bundesinstitut für Berufsbildung (Hrsg.): Berufsbildung in der Entwicklung, Berlin 1998, S.19–26

Maß an (horizontaler) beruflicher Mobilität, bewahren jedoch ein eigenständiges Berufsprofil mit einer eigenen, identitätsstiftenden Berufsbezeichnung.

- In den Strukturmodellen „Medienindustrie" und „Laborberufe" werden mit den Ausbildungsordnungen zugleich auch die Strukturelemente für eine Kompetenzerweiterung in der Weiterbildung geschaffen. Wahlqualifikationseinheiten und Wahlkomponenten sind zugleich auch als Weiterbildungsbausteine und -standards nutzbar.

Standards und Strukturen für die Kompetenzerweiterung durch die systemische Verknüpfung von Aus- und Weiterbildung

Der Weiterbildungssektor in Deutschland hat inzwischen in sehr vielfältiger Weise auf den immens wachsenden Bedarf an Weiterqualifizierung reagiert. Allerdings fehlen leistungsfähige Strukturen, die im Bereich der Bildungsdienstleistungen das Maß an Transparenz, Standards und Bedarfsorientierung sichern, wie es für eine erfolgreiche Strukturanpassung benötigt wird.

Dies gilt vor allem für jenen Angebots- und Qualifizierungsbereich, der zwischen Berufsausbildung und geregelter Aufstiegsfortbildung liegt, inzwischen allgemein als Sektor der „Zusatzqualifikationen" diskutiert wird und zum dynamischsten Wachstumsbereich innerhalb der beruflichen Bildung geworden ist.[10] Benötigt werden bedarfsgerechte Standards für die Kompetenzerweiterung von Fachkräften. Ein erfolgversprechender Ansatz ist die systemische Verknüpfung von Aus- und Weiterbildung. Mit den neuen Strukturmodellen für Ausbildungsberufe ist ein möglicher Zugang für solch eine Verknüpfung erschlossen worden. Wahlqualifikationseinheiten können perspektivisch genutzt werden als Zusatzqualifikationen bzw. Qualifizierungseinheiten in der Weiterbildung und zwar zur Profilerweiterung bzw. zur Profilvertiefung in den angrenzenden Fachrichtungen (1), zur Nachqualifizierung (2) sowie zur Berufsvorbereitung (3).

Eine weitere Kombinationsmöglichkeit besteht in der berufsübergreifenden Verknüpfung: Die Profilerweiterung erwächst in diesem Fall aus dem Erwerb von Fachkompetenzen aus Bereichen, die mit dem jeweiligen beruflichen Tätigkeitsbereich fachlich zusammenhängen oder ihn ergänzen. Komponenten bzw. Qualifikationseinheiten eines Ausbildungsberufs können in einem anderen Beruf als Fortbildungs-

[10] Vgl. u. a. auch Infas Sozialforschung GmbH: Neue berufliche Qualifikationserfordernisse in der Wirtschaft. Abschlußbericht März 1996, Bonn 1996.

module genutzt werden (beispielsweise gewerkübergreifende Verknüpfungen von Qualifikationen im Hinblick auf den wachsenden Markt für „Komplettangebote"/ „Dienstleistungen aus einer Hand").

Die systemische Verknüpfung von Erstausbildung und Kompetenzerweiterung, ob im Rahmen eines integrierten Aus- und Weiterbildungskonzeptes oder anderer, noch zu klärender Verfahren hergestellt, eröffnet die Perspektive,

- auf den wachsenden Bedarf an Spezialisierung im engeren beruflichen Bereich, zur Qualifizierung für neue Aufgabenstellungen und zur beruflichen Weiterentwicklung gezielt zu reagieren und zwar bezogen auf die verschiedensten Funktions- und Anforderungsbereiche,
- die in der Ausbildung und anschließender Berufstätigkeit erworbenen Qualifikationsprofile um spezifische Dienstleistungskompetenzen zu erweitern,
- die Komponenten zur Erweiterung der Kompetenzprofile jeweils auf den spezifischen Bedarf der einzelnen Berufs- und Tätigkeitsfelder, Funktions- und Anforderungsbereiche, Branchen oder Gewerke abzustimmen und flexibel zu erweitern,
- für Betriebe im Hinblick auf den Einsatz wie die Verwertbarkeit der jeweiligen Zusatzqualifikation ein notwendiges Maß an Transparenz zu sichern,
- Jugendlichen und jungen Fachkräften überschaubare Optionen für eine erstrebenswerte berufliche Entwicklung zu geben, sowie berufserfahrenen Fachkräften eine Orientierung und Unterstützung für einen Wechsel in neue Tätigkeits- und Beschäftigungsfelder,
- für Bildungsträger durch bedarfsorientiert definierte Standards die Effizienz, Qualität und Marktgängigkeit ihrer Dienstleistung zu sichern.

Auf diesem für den Strukturwandel strategisch so bedeutsamen Feld sind erste Schritte eingeleitet worden, allerdings wird eine strukturelle Weiterentwicklung bislang noch nicht systematisch diskutiert. Hier liegt daher ein erheblicher bildungspolitischer Gestaltungsbedarf.

Strategieziel 2: Aufbau von Dienstleistungskompetenz durch Dienstleistungsberufe neuen Typs

Mit den neuen informationstechnischen Berufen wurde zugleich auch ein neuer Typus eines kundenorientierten Dienstleistungsberufes geschaffen. Leistungen werden in dieser Branche in der Regel – wie bei Dienstleistern üblich – auftragsbezogen erbracht. Zwar geschieht dies auf der Basis standardisierter Produkt- und Dienstleistungsangebote, doch müssen diese Angebote offen gestaltet, nach den Kundenwünschen konfiguriert und vor Ort in die betrieblichen Abläufe sowie die bestehenden Systeme integriert werden. Klassische (kaufmännische) Dienstleistungsberufe sind in ihren Profilen entweder primär verkaufs- und beratungsorientiert oder aber abwicklungs- und verwaltungsorientiert. Ein Kennzeichen dieses neuen Typs (produktbezogener) Dienstleistungsberufe hingegen ist die ganzheitliche Leistungserbringung (Dienstleistung aus einer Hand). Ihr Schwerpunkt liegt neben Beratungs- und Abwicklungsaufgaben auf der Leistungserstellung und Prozeßbegleitung, die in enger Kooperation mit dem Kunden erfolgen.

Das Dienstleistungsspektrum, das beispielsweise dem Profil der IT-Systemkaufleute zugrunde liegt, umfaßt alle Phasen der Auftragsbearbeitung: Problemanalyse beim Kunden, Konzeption der Systemkonfiguration, Softwareanpassung, Inbetriebnahme, Kundenschulung und Support. Diese Prozeßkette erfordert sowohl technische Kompetenzen als auch Kompetenzen in den Bereichen Marketing, Vertrieb und Projektmanagement. Die IT-Berufe haben daher breit angelegte Qualifikationsprofile, und es werden dabei elektronische, elektro- und informationstechnische sowie betriebswirtschaftliche Inhalte miteinander verknüpft, also Qualifikationen eingesetzt, die bisher ganz unterschiedlichen Berufsfeldern zugeordnet waren.

Ebenfalls zu dieser neuen Generation von Dienstleistungsberufen gehören die Ausbildungsberufe „Mediengestalter/Mediengestalterin für Digital- und Printmedien"[11] sowie die Fachkraft für Veranstaltungstechnik.[12] Ein weiteres Beispiel für ein Berufs-

---

[11] Die Druckbranche wandelt sich durch die Integration neuer innovativer Produkte („digitale Medien") zu einem Teil der Medienwirtschaft. Dadurch hat sich auch das Qualifikationsprofil der Beschäftigten in der Mediengestaltung/Druckvorstufe grundlegend geändert. Die traditionelle, eher arbeitsteilige Produktion löst sich scheinbar auf. Text, Bild, Grafik und neuerlich auch Ton sowie Bewegtbild werden zu einem großen Teil von einem Allrounder zusammengefügt. Allerdings bedeutet dies nicht, daß der Spezialist nunmehr durch den „Medien-Generalisten" abgelöst wird. Nach wie vor erfordert die Produktion den Spezialisten, der die Funktion des Informationsverarbeiters wahrnimmt und zudem in hohem Maße über Team- und Kooperationskompetenz verfügt. Benötigt wird deshalb eine Ausbildung mit einem breiten Fundament bei gleichzeitiger Spezialisierung.

[12] Auch Fachkräfte für Veranstaltungstechnik verfügen beispielsweise über solch ein Spektrum von Qualifikationen, die bisher ganz unterschiedlichen Berufsfeldern zugeordnet waren: Zu ihren beruflichen Fähigkeiten gehört u.a.: Sie beurteilen die Sicherheit und Infrastruktur von Veranstaltungsstätten, analysieren Kundenanforderungen, gestalten, konzipieren und kalkulieren Veranstaltungen, stimmen die Konzeption mit dem Kunden ab und beraten Kunden. Sie planen und organisieren veranstaltungstechnische Abläufe, sichern, transportieren und lagern Geräte und Anlagen der Veranstaltungstechnik, prüfen die örtlichen Gegebenheiten, wählen die erforderlichen Geräte und Anlagen aus und stellen diese bereit, bauen Podeste, Gerüste und Traversen auf und montieren Ausstattungsteile, bauen Aufnahme- und Übertragungseinrichtungen auf, richten sie ein und bedienen sie, fahren Veranstaltungen.

profil in dieser Richtung ist der neue Ausbildungsberuf Fachmann/Fachfrau für Systemgastronomie. Er ergänzt die traditionellen gastgewerblichen Ausbildungsberufe um einen neuen betriebsprozeß- und dienstleistungsorientierten Beruf. Fachleute für Systemgastronomie setzen ein standardisiertes, zentral gesteuertes Gastronomiekonzept in den einzelnen Betrieben um. Sie betreuen und beraten Gäste, präsentieren und verkaufen Produkte, stellen die Einhaltung von Qualitätsstandards sicher, organisieren Arbeitsabläufe, planen den Personaleinsatz und bearbeiten Personalvorgänge, führen Kostenkontrollen durch, werten betriebliche Kennzahlen aus und führen Marketingmaßnahmen durch.

Strategieziel 3: Förderung dienstleistungsbezogener Kompetenzen

Verstärkung der Dienstleistungsorientierung in Ausbildungsberufen

Eine weitere Komponente aktueller Strategien beruflicher Bildung für Dienstleistungen besteht darin, traditionelle Berufsprofile durch die Integration von Dienstleistungsfunktionen wie z. B. Kundenorientierung, Beratung, Service und Betreuung zu erweitern. Dies soll an drei Beispielen demonstriert werden.

Beispiel 1: Der 1996 modernisierte Ausbildungsberuf „Kommunikationselektroniker/Kommunikationselektronikerin". Er veranschaulicht den Wandel vom ausführungsorientierten zum dienstleistungsorientierten Berufsprofil, der in diesem Fall durch die Privatisierung der Deutschen Telekom ausgelöst wurde. Der Schwerpunkt des Tätigkeitsprofils von Kommunikationselektronikern bestand zuvor in der verwaltungsmäßigen Bearbeitung von Anträgen auf fernmeldetechnische Leistungen. Das neue Aufgaben- und Qualifikationsprofil sieht vor, daß Kommunikationselektroniker vor allem Gesprächspartner der Kunden sind, die sie fachlich kompetent beraten müssen. Herstellungsorientierte Tätigkeiten und die dafür benötigten Fähigkeiten hingegen sind reduziert worden. Gleiches gilt für die Kenntnisse und Fertigkeiten zur Reparatur von Geräten, da diese aus Kostengründen kaum noch durchgeführt werden.

Beispiel 2: Der neugeordnete Handwerksberuf Augenoptiker/Augenoptikerin. Neben handwerklichem Können zur Anfertigung von Sehhilfen treten bei Augenoptikern dienstleistende Kompetenzen in den Vordergrund: Kundenberatung bei der Auswahl von Brillen und Sehhilfen, das auch die Aspekte Design und Mode umfaßt, sowie Beratung und Information über Auswirkungen von Sehhilfen. Hinzu kommen noch kaufmännisch-betriebswirtschaftliche Kenntnisse.

Beispiel 3: Der neu geschaffene Ausbildungsberuf Automobilkaufmann/Automobilkauffrau. Neben dem Verkauf von Kraftfahrzeugen und Ersatzteilen, wofür fundierte Produktkenntnisse erforderlich sind, treten in diesem Berufsprofil auch spezielle Kompetenzen auf dem Gebiet der Finanzdienstleistungen in den Vordergrund wie beispielsweise Versicherungen, Leasing, Finanzierung sowie die Bewertung von Gebrauchtwagen, Kundendienst und das Bearbeiten von Garantieansprüchen.

Förderung „verkannter Schlüsselqualifikationen": Intuition, Gefühl und Gespür

Verstärkt ins Visier der Berufsbildungsforschung rücken inzwischen arbeitsbezogene Fähigkeiten, die zwar immer schon den „erfahrenen" Facharbeiter ausmachten, die jedoch rational nicht voll nachvollziehbar und sprachlich schwer darstellbar, vor allem aber außerhalb der realen Arbeit vielfach kaum zu vermitteln sind. Zum Beispiel das „Gefühl" für Material und Maschinen, für die Stimmigkeit, das blitzschnelle, intuitive Erkennen sich anbahnender Störungen, das „Gespür" für den richtigen Zeitpunkt und den Prozeß, für Gefahrenquellen und sicherheitskritische Situationen. Diese Fähigkeiten wurden bislang in der Qualifikationsforschung nicht systematisch erfaßt, sondern – im Sinne einer Restgröße – allgemeinen Begriffen wie „Erfahrungswissen" oder „tacid knowlegde" zugeordnet oder (wie noch in den 50er Jahren) allgemein als „technische Sensibilität" umschrieben.

Auch in der Ausbildungspraxis wird dieser Kompetenzbereich nicht genauer definiert, werden die ihm zuzuordnenden Fähigkeiten kaum berücksichtigt, geschweige denn systematisch vermittelt. Auszubildende, wie auch Ausgebildete erwerben sie eher naturwüchsig, als „ungeplante" Lerneffekte. Es läßt sich hier durchaus eine Parallele ziehen zu dem heute so selbstverständlichen Ausbildungsziel der „fachübergreifenden Qualifikationen", oft als Synonym für „Schlüsselqualifikationen" benutzt. Noch bis vor gut einem Jahrzehnt waren die „Fähigkeit zum selbständigen Planen, Durchführen und Kontrollieren" und die dafür erforderlichen Schlüsselqualifikationen in den Ausbildungsordnungen kein ausdrückliches Lernziel. Flexibilität und Selbständigkeit, Planungs- und Problemlösungskompetenz, Entscheidungs- und Kooperationsfähigkeit wurden traditionell eher en passant erworben. Systematisch in die Berufsausbildung einbezogen wurden diese Ausbildungsziele erst, als technologische und arbeitsorganisatorische Innovationen einen umfänglichen Bedarf an entsprechend qualifizierten Facharbeitern auslösten.

Heute ist das „Erfahrungswissen" eine der großen neuen Herausforderungen für die berufliche Bildung und zwar für die Lernprozeßforschung wie die Bildungspraxis gleichermaßen. Neue sozialwissenschaftliche Erkenntnisse zur Bedeutung erfahrungsgeleiteter Arbeit machen deutlich, daß Qualifikationen und Arbeitsweisen, die zumeist pauschal als „praktische Erfahrung" oder als „Erfahrungswissen" bezeichnet werden, auf besonderen Fähigkeiten und Methoden im sinnlich-praktischen Umgang mit Materialien, Arbeitsgegenständen und -situationen beruhen.[13] Sie zeigen weiterhin, daß der besondere Wert qualifizierter Arbeitskraft bei der Arbeit mit komplexen technischen Systemen gerade in der Anwendung dieses besonderen Erfahrungswissens liegt. Natürlich ist dieses Wissen nicht nur im Umgang mit technischen Systemen erforderlich, sondern erst recht bei dienstleistungsorientierten Arbeiten. Sie sind geradezu unverzichtbar in Arbeitssituationen, die speziell durch das Handeln von Menschen geprägt sind und neben der fachlichen Kompetenz in hohem Maße Beziehungsfähigkeit, Achtsamkeit und Präsenz erfordern.

Doch Intuition, Gefühl und Gespür, also die besonders subjektive Seite der Arbeit wie auch der Qualifikation, sind im Verlauf der Technisierung und Automatisierung in Mißkredit geraten. Vielleicht wird auch aus diesem Grunde die zentrale Rolle heute vielfach noch verkannt, die insbesondere die sinnliche Wahrnehmungsfähigkeit bei der beruflichen Kompetenzentwicklung spielt. Gleiches gilt für die Erfahrungsfähigkeit.[14] Auch sie wird selten als ein berufliches Qualifizierungsziel thematisiert. Dabei ist es gerade in Zeiten beschleunigten Wandels außerordentlich wichtig, die Fähigkeit gut zu entwickeln, sich Erfahrungen zu öffnen und für neue Erfahrungen offen zu bleiben, um professionell und souverän mit Unwägbarkeiten, Unvorhergesehenem und Veränderungen umzugehen.

Zur Erfahrungsfähigkeit gehören zudem eine Reihe innerer Dispositionen wie der Mut, sich auf Unbekanntes, auf die Angst vor Fehlern und vor Versagen einzulassen. Und es gehören offensichtlich auch eine Reihe persönlicher Haltungen dazu wie Selbstvertrauen und soziales Vertrauen, Offenheit und innere Ruhe sowie die Bereitschaft, Gefühlen überhaupt zu trauen; Grundschichten von „Schlüsselqualifikationen" für erfahrungsgeleitetes Handeln, aber auch erfahrungsgeleitetes Lernen und Lehren.

---

[13] Böhle, Fritz/Rose, Helmut: Technik und Erfahrung. Frankfurt, M./New York 1992
Böhle, Fritz: „Qualifizierung für erfahrungsgeleitetes Arbeiten – Neue Anforderungen an die berufliche Bildung". In: Dybowsky, G./Rauner, F. (Hrsg.): Berufsbildung und Organisationsentwicklung. Bremen 1995 sowie: Böhle, Fritz: Die zentrale Rolle von „Erfahrungswissen" in Süddeutsche Zeitung Nr. 64, S.V1/1, 16./17. März 1996.

[14] Bauer, Hans/Böhle, Fritz/Munz, Claudia/Pfeiffer, Sabine: „Erfahrung-Machen" als Methode. In: berufsbildung, 5/1998. S.32 ff.

Pilotprojekt „Ausbildung der Kompetenzen für erfahrungsgeleitetes Arbeiten in der chemischen Industrie"

Eine der aktuellen bildungspolitischen Aufgaben besteht also darin, „Erfahrungswissen" als eine eigenständige Form von Wissen neben kognitiv-intellektuellen Fähigkeiten, sensomotorischen Fähigkeiten und emotional-sozialen Fähigkeiten zu verstehen, die bisher verkannten Schlüsselqualifikationen ernst zu nehmen und systematisch in der Ausbildungs- und Berufspraxis zu fördern. Im Modellversuch „Ausbildung der Kompetenzen für erfahrungsgeleitetes Arbeiten in der chemischen Industrie" wird gegenwärtig ein entsprechender Ansatz ausgelotet und erprobt.[15]

Der Modellversuch stützt sich bei der Bestimmung der Merkmale eines „erfahrungsgeleiteten Arbeitshandelns" auf die bisher durchgeführten Untersuchungen zur Rolle „praktischer Erfahrung" und „Erfahrungswissen" im Umgang mit komplexen technischen Systemen. Insgesamt wurden aus diesem Erkenntnishintergrund heraus die folgenden vier Fähigkeitskomponenten des Erfahrungswissens unterschieden und beschrieben: [16]

- Komplexes und differenziertes sinnliches Wahrnehmen: die Gleichzeitigkeit und Kombination unterschiedlicher Sinneswahrnehmungen (Sehen, Hören, Riechen, Fühlen), die Verbindung von sinnlicher Wahrnehmung und subjektivem Empfinden sowie die Wahrnehmung vielschichtiger, nicht präzise definierter Informationen.
- Assoziatives Denken und Vorstellungsvermögen: Gegenstands- und prozeßbezogenes Denken, bei dem nicht nur Fachwissen, sondern ebenso das visuelle, akustische und motorische Gedächtnis einbezogen wird.
- Dialogisch-interaktiver Umgang nicht nur mit Menschen, sondern auch mit Gegenständen und Materialien; dies beinhaltet vor allem die Verbindung von Planen und Ausführen, schrittweises Vorgehen sowie die laufende Anpassung an das jeweils erreichte Arbeitsergebnis.
- Eine Beziehung – auch zu technischen Anlagen, die auf der Fähigkeit zum Einfühlen und subjektiven Nachvollziehen materiell-technischer Abläufe beruht (Empathie).

---

[15] Modellversuchsträger ist die: Wacker-Chemie GmbH. Als Kooperationspartner beteiligt sind das Berufsbildungswerk Burghausen, die Gesellschaft für Ausbildungsforschung und Berufsentwicklung (München), das Institut für Sozialwissenschaftliche Forschung (München) und das Bundesinstitut für Berufsbildung (Berlin); gefördert wird der Modellversuch durch das Bundesministerium für Bildung und Forschung.

[16] Bauer, H.G./Böhle, F./Brater, M./Munz, C./Pfeiffer, S./Woicke, P.: Zwischenbericht zum Modellversuch „Kompetenzen für erfahrungsgeleitetes Arbeiten in der chemischen Industrie", April 1997.

Diese Merkmale zeigen, daß „Erfahrungswissen" nicht einfach identisch ist mit den Erfahrungen, die „man in der Praxis gemacht hat", und daß „erfahrungsgeleitetes Arbeiten" mehr und anders ist als das bloße Anwenden von Erfahrungen aus der Vergangenheit; eine Vorstellung, die im Alltagsverständnis noch weit verbreitet ist. Allerdings gilt auch dies: Diese Fähigkeiten können nur „subjektiv", nur durch das „Erfahren", das „Erfahrungen-Machen" erworben werden. Und hierin liegt auch ihre zentrale Bedeutung für die Berufsausbildung im dualen System. Erfahrungswissen und eine erfahrungsgeleitete Arbeit müssen – wie theoretisch fundiertes Fachwissen auch – stets an neue Anforderungen angepaßt und weiterentwickelt werden. Es genügt also nicht, zum Beispiel in der Ausbildung an bestimmten Anlagen und Maschinen oder in bestimmten Verhandlungs- oder Beratungssituationen Erfahrungswissen erworben zu haben, denn die konkrete Einzelerfahrung in sich ist nicht übertragbar. Transferierbar in andere Arbeitssituationen sind lediglich die persönlichen Voraussetzungen zum erfahrungsgeleiteten Arbeiten (z. B. sinnliche Wahrnehmungsfähigkeit, innovatives Denken, Empathie) sowie der individuelle Prozeß der Erfahrungsbildung und mit ihm die subjektiven Strategien des Erfahrungserwerbs.

Im Kern geht es daher im bildungspolitischen Forschungsneuland „Erfahrungswissen" darum, Fähigkeiten für erfahrungsgeleitetes Arbeiten bewußt lehr- und lernbar zu machen. Perspektivisch bedeutet dies, die Bildungsdienstleistung „Aus- und Weiterbildung" so auszustatten, daß sie Jugendliche wie Erwachsene darin unterstützt, ihre sinnliche Wahrnehmungsfähigkeit zu trainieren und zu erweitern, ihren Prozeß der Erfahrungsbildung bewußt zu erleben und die persönlichen Strategien des Erfahrungserwerbs systematisch aus- und weiterzubilden.

Dienen, Leisten, Bilden – Trends, Anforderungen und Handlungsfelder für dienstleistungsorientierte Bildungsprozesse

Ingrid Isenhardt, Heike Hunecke, Bernd Lorscheider[1]

Einleitung

Die zunehmende Dienstleistungsorientierung innerhalb unserer Gesellschaft stellt uns sicherlich auch im Hinblick auf notwendige Lernprozesse vor neue Herausforderungen. Es gilt, Menschen und Organisationen auf die neu entstehenden Anforderungen vorzubereiten und Lernprozesse so zu gestalten, daß sie einen kontinuierlichen Prozeß darstellen (Stichwort: lebensbegleitendes Lernen).

Vor diesem Hintergrund werden seit einigen Jahren die Wechselwirkungen zwischen Bildung (im Sinne von Kompetenzentwicklung) und modernen Dienstleistungen im Rahmen diverser Projektarbeiten des HDZ/IMA untersucht und ausgewertet. Der vorliegende Beitrag verweist auf eine Auswahl von Gestaltungsmöglichkeiten für innovative Lernprozesse und Kompetenzentwicklung in der Dienstleistungsgesellschaft.

Hierzu werden zunächst bildungsrelevante Trends und Anforderungen skizziert; sie bilden eine Grundlage für die anschließenden Praxisbeispiele zum Thema „Dienstleistung Lernen". Da in der Begleitung der verschiedenen Projekte, wie auch in deren Reflexion deutlich wurde, daß der Aspekt der „Vernetzung" ein projektübergreifendes Thema ist, stehen in den nachfolgenden Betrachtungen unterschiedliche Facetten von lernbezogenen Vernetzungsprozessen in der Dienstleistungsgesellschaft im Mittelpunkt. Abschließend wird ein Ausblick auf weiterführende Forschungs- und Handlungsfelder gegeben, die – aus Sicht der Autoren – in zukünftigen Vorhaben Berücksichtigung finden sollten.

---

[1] Dr. Ingrid Isenhardt ist stellvertretende Institutsleiterin im Hochschuldidaktischen Zentrum und Lehrstuhl Informatik im Maschinenbau (HDZ/IMA) der RWTH Aachen; Heike Hunecke M.A. arbeitet dort als wissenschaftliche Mitarbeiterin; Dr.-Ing. Bernd Lorscheider leitet im HDZ/IMA den Bereich „Kommunikations- und Organisationsentwicklung".

Trends & Anforderungen

„Dienstleistung Lernen – Kompetenzen und Lernprozesse in der Dienstleistungsgesellschaft": Unter diesem Leitgedanken wurde eine sogenannte Prioritäre Erstmaßnahme (PEM) im Rahmen der BMBF-Initiative „Dienstleistung 2000plus" sowie eine Reihe von thematisch angrenzenden Projekten vom HDZ/IMA in den letzten Jahren durchgeführt. Grundlage für die verschiedenen Projektarbeiten bildeten u. a. die „Bildungstrends der zukünftigen Dienstleistungsgesellschaft", die im Vorfeld der Prioritären Erstmaßnahme in einem Arbeitskreis von Experten (Vertreter und Vertreterinnen aus Wirtschaft, Verbänden und Ministerien) entwickelt wurden[2]:

Trend 1 „Mikro-Unternehmer": Vor dem Hintergrund des massiven Stellenabbaus in Großbetrieben, gewinnt „eine neue Kultur der Selbständigkeit" an Gewicht, Stichwort „Unternehmer im Unternehmen".

Trend 2 „Lernen/Lehren und Arbeiten integrieren": Neue Formen des betrieblichen Lernens (Lernstatt, Job Rotation, Arbeiten und Leben an einem Ort etc.) deuten heute schon an, daß die Grenze zwischen Arbeiten und Lernen/Lehren in Zukunft stärker „verwischt" wird.

Trend 3 „Dynamisierung der Berufsprofile": Berufsprofile und Qualifikationen werden durch ein hohes Maß an Veränderbarkeit und Flexibilität im Arbeitseinsatz gekennzeichnet sein.

Trend 4 „Multijobs": Das Arbeiten vor allem in Dienstleistungsberufen, wird künftig immer häufiger davon gekennzeichnet sein, verschiedenen Aufgaben in differenzierten (Teilzeit-)Beschäftigungsverhältnissen nachzugehen.

Trend 5 „Umlernen als Normalfall": Die Erstausbildung ist keine Garantie für das gesamte Berufsleben; Umlernen wird durch den entstehenden, andauernden Strukturwandel zum Normalfall. Dies schließt die Fähigkeit zum „Ver-Lernen" und zum „Lebenslangen Lernen" implizit ein.

Trend 6 „Die Globalisierung erfordert multi- bzw. interkulturelle Kompetenzen": Die Globalisierung der Märkte sowie internationale Informations-/Kooperationsbeziehungen in der Arbeit erfordern Sprach- bzw. Kommunikations- und Kooperations-

2 Henning, Klaus; Isenhardt, Ingrid (Hrsg.): „Bildungstrends der zukünftigen Dienstleistungsgesellschaft", Abschlußbericht des Arbeitskreises 12 „Bildung und Lernprozesse" der BMBF-Initiative „Dienstleistung 2000plus", Aachener Reihe Mensch und Technik, Band 23, Aachen 1997

kompetenzen aller Mitarbeiter. Für die zukünftigen Beschäftigten wird damit auch die räumliche Mobilität zu einem dringenden Erfordernis.

Aus den Erfahrungen des HDZ/IMA in der laufenden Projektarbeit geht ein weiterer Trend hervor:

Trend 7 „Regionalisierung": Im Kontext der Globalisierung bildet die Bündelung regionaler Kräfte ein Gegengewicht. Unternehmen schließen sich in regionalen Kooperationsverbünden zusammen, um die Vorteile z. B. gemeinsamer Aus- und Weiterbildungspools zu nutzen. Die Verknüpfung von einzelnen Produkten und Dienstleistungen zu einem gemeinsamen regionalen Dienstleistungsangebot erleichtert insbesondere den KMUs den Zugang zu internationalen Märkten.

In der Begleitung der verschiedenen Projekte, wie auch in deren Reflexion wurde deutlich, daß es ein projektübergreifendes, gemeinsames Thema gibt, das sich am besten mit „lernbezogene Vernetzungsprozesse in der Dienstleistungsgesellschaft" beschreiben läßt. In jedem Fall dienen solche lernbezogenen Vernetzungsprozesse dazu, unternehmerische Kooperationen zu unterstützen, die dazu führen, daß einerseits lernbezogene Dienstleistungen verfügbar gemacht werden („Dienstleistung Lernen") und andererseits dienstleistungsorientiertes Verhalten der Mitarbeiter gefördert wird („Dienstleistung lernen"). Diese lernbezogenen Vernetzungsprozesse bilden insbesondere für die folgenden drei Innovationsfelder der Dienstleistungsgesellschaft einen zentralen Aspekt:

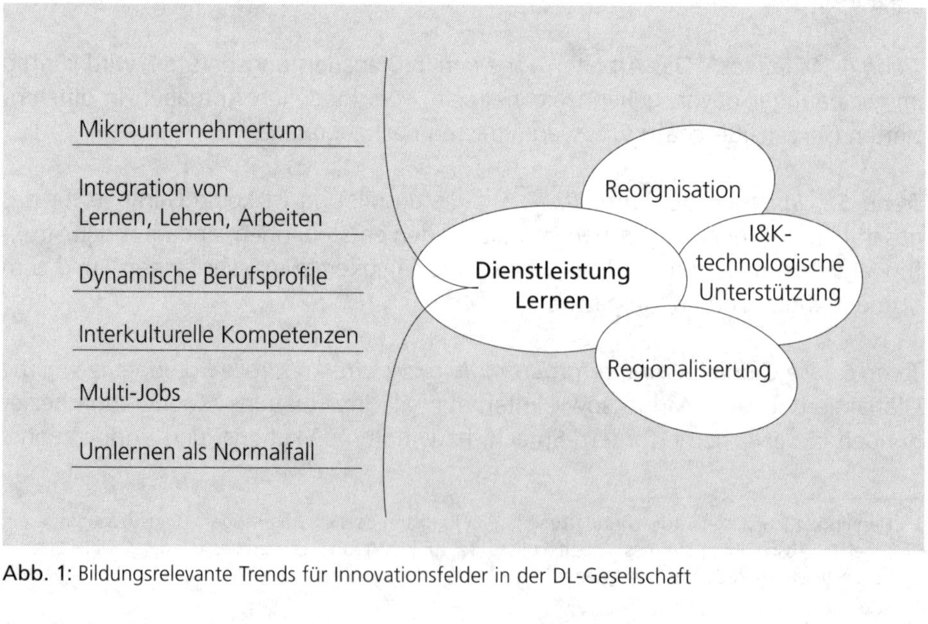

Abb. 1: Bildungsrelevante Trends für Innovationsfelder in der DL-Gesellschaft

1. *Innovationsfeld „Dienstleistung Lernen & Reorganisation"*
   Vernetztes Lernen in Organisationen; persönlichkeitsfördernde und dienstleistungsorientierte Qualifizierungsprozesse
2. *Innovationsfeld „Dienstleistung Lernen[3] & Regionalisierung"*
   Organisationsübergreifende Initiierung und Gestaltung von Lernnetzwerken und Dienstleistungsverbünden
3. *Innovationsfeld „Dienstleistung Lernen & IuK-technologische Unterstützung"*
   Möglichkeiten einer IuK-technologischen Unterstützung von vernetzten Lernprozessen

Die Auswirkungen der Trends auf die o.g. Innovationsfelder, und entsprechende Forschungs- und Handlungsbedarfe werden anhand von Fallbeispielen nachfolgend beschrieben.

Beispiele aus der Praxis

Die nachfolgenden Beispiele verweisen auf verschiedene Gestaltungsmöglichkeiten für innovative Lernprozesse und Kompetenzentwicklung in der Dienstleistungsgesellschaft.

Dienstleistung Lernen & Reorganisation

Das Thema „Dienstleistung Lernen" ist u.a. eng verknüpft mit der Durchführung innerbetrieblicher Reorganisationsmaßnahmen und einer entsprechenden Dynamisierung der vorhandenen Berufsprofile (Trend 3). Ein grundsätzliches Problem ist hierbei, daß Produktionsunternehmen zwar zunehmend bestrebt sind, den Dienstleistungsgedanken in Anlehnung an die Bedürfnisse der Endkunden zu realisieren; innerbetriebliche Kunden-Lieferanten-Verhältnisse werden jedoch kaum als solche wahrgenommen.

Ein Beispiel hierfür sind die Reorganisationsmaßnahmen bei den John Deere Werken in Mannheim. Nach umfangreichen Reorganisationmaßnahmen (Segmentierung der Fabrik in unabhängige Teilfabriken, flächendeckende Einführung von

[3] Zur Vereinfachung der Schreibweise werden hier in der Formulierung „Dienstleistung Lernen" sowohl Lerndienstleistungen als auch das Erlernen dienstleistungsorientierten Verhaltens zusammengefaßt (s.o.).

Gruppenarbeit im Fertigungsbereich, Abbau von Hierarchieebenen etc.) orientierten sich die Tätigkeiten der Arbeitsvorbereitung in vielen Bereichen immer noch an den alten arbeitsteiligen Strukturen; Arbeitsvorbereitung und Fertigung stellen häufig noch räumlich und organisatorisch getrennte Einheiten dar.

Die John Deere Werke verfügten bereits über Erfahrungen zur Einführung von Gruppenarbeit; zur Integration von indirekten Tätigkeiten in die Produktion sowie zur Integration von Konstruktionsbereichen in die Fertigung. Dabei hatte sich ein Vorgehen bewährt, in dem mit Hilfe eines Top-down-Prozesses die neuen Organisationsstrukturen festgelegt und in einem Bottom-up-Prozeß die Arbeitsprozesse angepaßt wurden. Diese Vorgehensweise wurde auf den Integrationsprozeß der Arbeitsvorbereitung in die Fertigung übertragen. Ergebnis war z. B. die räumliche Zuordnung der Arbeitsvorbereitung zur Fertigung und deren gemeinsame Einbindung in eine sogenannte „Focused Factory".

In Anlehnung an diese strukturellen Rahmenvorgaben werden in einem Bottom-up-Prozeß dienstleistungsorientierte Arbeitsabläufe und Kommunikationsstrukturen erarbeitet. Die Einbeziehung der Mitarbeiter betrifft i.d.R. die Gestaltung von Arbeitsabläufen, Kommunikationsstrukturen und Rahmenbedingungen wie z. B. Arbeitspläne, Personaleinsatz etc. Die gemeinsame Prozeßplanung ermöglicht die Sensibilisierung beider Mitarbeitergruppen (Arbeitsvorbereitung und Fertigung) für ihre wechselseitige „Kunden-Lieferanten-Beziehung" (Wer braucht was von wem?).

Dienstleistung Lernen & Regionalisierung

Dienstleistungsprozesse auf regionaler Ebene greifen insbesondere das Zusammenspiel zweier Trends auf: Einerseits werden Lern- und Qualifizierungsprozesse angeregt, die eine Weiterentwicklung von einzelnen Akteuren in Richtung des Trends „Mikrounternehmertum" ermöglichen; gleichzeitig gibt es viele Bestrebungen, diese Einzelanbieter in regionalen Lernnetzwerken und Kooperationsverbünden miteinander zu verknüpfen (Trend „Regionalisierung"), um die Vorteile eines gemeinsamen Aus- und Weiterbildungspools zu nutzen oder mit einem gemeinsamen (z. B. organisationsübergreifenden) Dienstleistungsangebot Marktnischen zu erschließen. Ein Beispiel hierfür ist der Aufbau und die Gestaltung eines regionalen Dienstleistungsnetzwerks in der Region Sächsische Schweiz:

Der Dienstleistungssektor der Sächsischen Schweiz wurde seit mehreren Jahren durch verschiedene Einzelangebote bestimmt; ein zusammenhängendes Dienstleistungskonzept für die Region gab es nicht. Als Aufhänger für ein regionales Dienstleistungsangebot wurde ein Thema gewählt, mit dem eine Interessenschnittmenge verschiedener regionaler Akteure aufgegriffen werden konnte: „Familienferien in der Sächsischen Schweiz".

Die Initiierung des Netzwerkes erfolgte über eine Konzeptionsgruppe aus einigen wenigen Akteuren (Tourismusverband, Landrat, ein lokaler Bildungsträger als Koordinator und eine externe professionelle Prozeßmoderation). Die Konzeptionsgruppe übernahm die Prozeßplanung für das Kooperationsvorhaben und stellte die Kontakte zu weiteren Kooperationspartnern für das Netzwerk her.

Im Umsetzungsprozeß kam der Prozeßmoderation und -begleitung besondere Bedeutung zu. Die Aufgabe der Prozeßmoderation und -begleitung bestand u. a. darin, bestehende informelle Kontakte und Kooperationsbeziehungen aufzudecken, fördernde und hemmende Faktoren für ein Verbundvorhaben zu identifizieren etc.

Die Festlegung sichtbarer oder erlebbarer Teilziele und die gemeinsame Erarbeitung dieser Ziele hat wesentlich dazu beigetragen, die Motivation der einzelnen Netzwerkakteure zu bündeln (z. B. die Fertigstellung eines Prospekts „Familienferien in der Sächs. Schweiz", die Präsentation des regionalen Dienstleistungsangebots auf der Internationalen Tourismusbörse in Berlin, die Präsentation einzelner Dienstleistungsangebote auf dem Sächsischen Familientag 1998 etc.).

Für die Etablierung der regionalen Kooperationsbeziehungen wurden Belohnungs- und Controlling-Instrumente eingesetzt (z. B. durch eine Aufgabenverteilung mit Ergebnisvereinbarungen; kontinuierliche Dokumentation von Arbeitssitzungen; zielgerichtete Öffentlichkeitsarbeit mit Presseartikeln etc.).

Eine wichtige Erkenntnis war außerdem, daß nur im Prozeß die Chancen und Problemfelder einer regionalen Vernetzung deutlich werden. Es wurde z. B. erst im Prozeß deutlich, welches Profil das regionale „Machtgefüge" hatte, welche Netzwerke in der Region bereits existierten etc. In der zweiten Hälfte des Projekts wurde erkannt, daß Lern- und Qualifizierungseffekte nicht über Schulungsmodule, sondern prozeßbegleitend zu erzielen sind.

Eine ähnliche Verknüpfung von Einzelanbietern in einem übergreifenden regionalen Dienstleistungsangebot ist auch im Bereich des Handwerks zu beobachten:

Das Handwerk leidet seit mehreren Jahren unter dem enormen Konkurrenzdruck von Baumärkten, vielfältigen „do-it-yourself-Angeboten", Stadtteilbetrieben etc. Diese Situation wird zusätzlich erschwert durch das traditionelle Selbstverständnis in dieser Branche: Handwerker verstehen sich primär als Hersteller von Produkten und weniger als Dienstleister.

Um den veränderten Kundenbedürfnissen gerecht werden zu können, ist in einem Handwerksprojekt des HDZ/IMA ein spin-off entstanden. Mehrere Handwerksbetriebe haben sich in einem Bau-Forum zusammengeschlossen, das gewerkübergreifende Bauleistungen im Sanierungs- und Ausbaubereich anbietet. Der Kunde kann nun auf ein Komplettangebot „aus einer Hand" zurückgreifen, das – neben der eigentlichen Ausführung – auch die Beratungs- und Planungsdienstleistungen für einen ganzen Sanierungsbereich umfaßt. Es hat sich gezeigt, daß durch diese Form der „kombinierten Dienstleistungen" die Nachfrage beim Handwerk gefördert, bzw. die Wettbewerbssituation verbessert wird.

Dienstleistung Lernen & IuK-technologische Unterstützung

Im Kontext der Globalisierung (Trend 7) wird in vielen Industriezweigen eine gezielte IuK-technologische Unterstützung bestehender Kommunikationsstrukturen unabdingbar. Dies trifft insbesondere auf internationale Informations- und Kooperationsbeziehungen zwischen Herstellern, Zulieferern und Anwendern zu.

Ein Beispiel hierfür ist der Bereich Baumaschinen: Hier sind die heutigen Servicestrukturen zumeist dadurch gekennzeichnet, daß der Hersteller über eine Servicestelle oder über Kundendienststellen seine Kunden betreut. Der Informationsfluß findet überwiegend durch direkten telefonischen Kontakt zum Servicepersonal statt. Der Servicetechniker ist auf eine subjektive Schilderung der Schadens- oder Ausfallursache durch das Bedienungspersonal der Baumaschinen angewiesen. Objektive Hinweise auf eine mögliche Schadensursache in Form von Daten über den Betriebszustand, Einsatz- und Umgebungsbedingungen sind meist unvollständig oder fehlen völlig; der Servicetechniker muß in vielen Fällen den Schaden vor Ort besichtigen, um die Fehlerquelle festzustellen. Die Fehlerdiagnose bleibt durch dieses Vorgehen sehr zeit- und kostenintensiv.

In einem Projekt des HDZ/IMA werden deshalb für mobile und stationäre Baumaschinen Teleservice-, Analyse- und Diagnosekonzepte auf der Grundlage dezentraler, modularer Prozeßrechnersysteme mit entsprechenden Kommunikationsstrukturen entwickelt.

Das Konzept für ein Teleservicesystem integriert vorhandene Systeme (Telefon, Fax) und soll die Möglichkeit bieten, heutige schriftliche Unterlagen in Zukunft elektronisch zu erstellen und aufzubereiten. Sie können dann je nach Bedarf und Wunsch weltweit zur Verfügung gestellt werden. Das bedeutet, daß das Teleservicesystem auch vorhandene oder zukünftige Datenbanken integrieren sollte. Über einen Rechner mit bestimmten Anwendungen und Oberflächen hat der Anwender dann Zugriff auf Dateien, abhängig von seinen Zugriffsrechten.

Ein solches Teleservicesystem stellt veränderte Anforderungen an organisationsinterne und organisationsübergreifende Kommunikationsstrukturen und Arbeitsprozesse:

- Es gilt, eine sinnvolle Balance zwischen persönlich und technisch vermittelter Kommunikation zu finden.
- IuK-technologisch gestützte Abstimmungsprozesse zwischen verschiedenen Netzwerkakteuren bedürfen einer Moderation („Moderieren im Netz"): Hierzu muß ein entsprechendes Moderatorenprofil entwickelt werden.
- Eine Transparenz in den Arbeitsvorgängen sollte über die gezielte Gestaltung der Software erreicht werden (z.B. über CSCW).
- u.a.

Lernprozesse und Kompetenzentwicklung für Dienstleistungen im Kontext von IuK-unterstützten Service-Netzen müssen entsprechend dieser Anforderungen angepaßt werden.

Handlungs- und Forschungsfelder

Vor dem Hintergrund der unterschiedlichen Vernetzungsprozesse in der Dienstleistungsgesellschaft lassen sich u.a. folgende mögliche Handlungs- und Forschungsfelder benennen:

Forschungsfelder

- *Organisationsentwicklung, die Mikrounternehmertum fördert:*
  Anknüpfend an das Innovationsfeld „Dienstleistung Lernen & Reorganisation" ist zu untersuchen, welche Organisationsstrukturen unternehmerisches Denken und Handeln fördern und mit welchen Methoden und Vorgehensweisen Arbeits-, Organisations- und Kompetenzentwicklung synchronisiert werden können.
- *Diffusion von IuK-Technologien für mehrere KMUs:*
  Vor dem Hintergrund verschiedenartiger Kooperationsbeziehungen zwischen Unternehmen sind Konzepte und Methoden für deren sinnvolle IuK-technologische Unterstützung zu entwickeln (u.a. mit der Frage, was zentral und was dezentral geregelt werden muß).

- *Erfolgsfaktoren für Dienstleistungsnetzwerke:*
  In Hinblick auf den Aufbau und die Gestaltung von Dienstleistungsnetzwerken zwischen öffentlichen, privaten und kommunalen Einrichtungen, zwischen KMUs sowie zwischen Handwerksbetrieben sind systematisch Erfolgsfaktoren zusammenzustellen, die auf zukünftige Vorhaben übertragen werden können.
- *Beitrag von Dienstleistungsnetzwerken zur Wettbewerbsfähigkeit einer Region:*
  Bezugnehmend auf bereits erprobte Dienstleistungsnetzwerke ist zu evaluieren, welchen (wirtschaftlich) meßbaren Beitrag diese zur Wettbewerbsfähigkeit einer Region leisten können. Perspektivisch ist zu überdenken, inwiefern der gezielte Aufbau von Netzwerken möglicherweise als Instrument der regionalen Wirtschaftsförderung eingesetzt werden kann.

Handlungsfelder:

- *Dienstleistungsorientierte Anpassung von Arbeitsstrukturen im produzierenden Gewerbe:*
  Sowohl im Bereich größerer Produktionsunternehmen wie auch auf der Ebene von Mikrounternehmen sind die Erfahrungen zur dienstleistungsorientierten Anpassung von Arbeitsstrukturen (vgl. das Beispiel der John Deere Werke sowie das Beispiel der Handwerksbetriebe in Aachen) weiter auszubauen und – mit entsprechender Modifizierung – für vergleichbare Problemstellungen zu nutzen.
- *(Über)regionale Leitbildentwicklung:*
  Um eine Bündelung und Ausrichtung regionaler Kräfte zu unterstützen, ist die (über)regionale Leitbildentwicklung für den Dienstleistungssektor voranzutreiben. Hier sollten die bisherigen Umsetzungserfahrungen aus vorhandenen Projekten aufgegriffen und in einem regionalen Transfer nutzbar gemacht werden.
- *„Moderieren im Netz":*
  IuK-technologisch unterstützte Vernetzungsprozesse stellen besondere Anforderungen an die Moderation. Erste vorhandene Moderationserfahrungen hierzu sollten in Hinblick auf die Erarbeitung eines neuen Moderatorenprofils ausgewertet werden. In Pilotvorhaben sollten verschiedene Aspekte der traditionellen Moderation in Hinblick auf ihre Übertragbarkeit auf technische Netze geprüft, bewertet und modifiziert werden.

The Cambridge Manufacturing Leaders' Programme

Jim Platts

Abstract

As with all Cambridge teaching, the Cambridge Manufacturing Leaders' Programme is based on one-to-one tutorial supervision, comprising guidance throughout a major strategic development project in the programme participant's company, interspersed with reflective study time spent in Cambridge. In this paper a description of the course is set in a wider philosophical context, looking at the role of work in a personal developmental sense, and the responsibility carried by manufacturing leaders for shaping and guiding that process. It is shown that the programme is rooted in and embodies important aspects of our European heritage regarding work as a learning process and the master/apprentice relationship as a way of giving educational guidance.

Enlightenment

Before looking at the Cambridge Manufacturing Leaders' Programme, it is helpful to examine three words:

- educate
- enlighten
- lead

The origin of words sometimes gives an insight into their meaning. The English verb "to educate" comes from the Latin verb educo, educare – "to lead forth, to bring out" (the Latin verb duco means "to lead"). Thus education involves leadership and leadership implies a responsibility for education. However, also implicit in "to lead forth, to bring out" is the understanding that what the leader takes responsibility for and brings into the light is not something he created or implanted, it is something that is already there, unrealised. This brings us to the middle word "to enlighten". Above all, a leader is a craftsman in the enlightenment process. He needs to both understand it and be a master of it.

Plato said "work is effort applied to difficulty. It always has internal and external results." Here, he is pointing at work as that enlightenment process. This definition instantly includes as "work" the inner struggle involved in coming to understand something and sets this alongside the outer effort involved in making something, as being of equal value. Indeed it is of greater value, because the development of the understanding has to be complete before the outer product can be made, which becomes the embodiment of that understanding.

This is work being taught as an end in itself, as a way of life where the meaning of all things is seen in the context of the whole and thus each thing is done for its intrinsic value, a process in which craftsman and customer both express themselves, both listen, absorb and respond, and both find themselves incrementally enlightened through their relationship. The Protestant work ethic honoured the process of work as a process of growth and said "everyone must have something meaningful to do".

There is a tension in the modern era between the process of growth through expressed relationship described above and the cold presentation of a product abstractly made. The latter is no substitute for the former but as the power of technology increases, it increasingly makes the relationship opaque, so the understanding which creates the product is not transferred to the customer along with the product (so the customer is merely served, not enlightened) and neither is the proper understanding of the customer's need articulated to the craftsman, so he too is paid, but not enlightened. Because the relationship is never truly formed there is no possibility for it to enlighten and a world full of material goods evolves devoid of meaningful human exchange.

The core task of the management of technology is not to make those goods. It is to make the relationship transparent. Human growth occurs when true need and true competence speak to each other.

As with many words, common use of the term *craftsman* has steadily robbed it of any depth of meaning. It pays to examine it more closely, and in particular to go beyond the term *craftsman* and understand what lies hidden in the further term *master craftsman*.

As the saying goes, "a bad workman blames his tools". The simple definition of a craftsman (or craftswoman) is that he (or she) does not do that. They have achieved fluent control of their tools, of all the tools that make up their environment, and they have established a fluent relationship with the materials, processes and products of their chosen field and are able to craft things. A master craftsman is something more. A true master craftsman has progressed beyond this to a deep understanding of humanity itself so that they are able to see *what needs to be* crafted, and at the same time they deeply understand and can guide students through the process of struggle, learning and growth that yields maturity. They can grow future craftsmen and indeed future master craftsmen. The result of a craftsman's work is products. The result of a master craftsman's work is *people*.

It is with this sense of a leader needing a deep understanding of humanity, and of needing to find what manufacturing means to humanity, that we can begin to look at the Cambridge Manufacturing Leaders' Programme. It will be apparent from the above that we are concerned with the *Profession* of manufacturing. Whilst "how" is continuously important for management, leadership has to be constantly concerned with "what", and "when", and "where", and above all, *why*.

The Cambridge Manufacturing Leaders' Programme

Perhaps the most striking feature of all Cambridge teaching is that it is rooted in relationships. No teaching is ever abstract. This is visible in the one-to-one tuition on real problems, in context, in their companies, which is at the core of the Manufacturing Leaders' Programme (MLP), but it is also visible in two important aspects of the programme which make it different from a typical MBA programme, with which it might be compared.

Firstly, as one wit said, "the MLP is an MBA without the engineering taken out." It is not possible to be a leader in manufacturing without maintaining a leading edge understanding of the technology by continuous engagement with it. This is thus one essential relationship which is maintained within the course and it immediately leads to the other, which is that, while there is much understanding in manufacturing that is common across fields and can be translated from one area to another, it is also true that each application is unique, and sustained engagement with that application in that location is essential to really develop a deep understanding.

Thus the MLP does the opposite to what most MBA programmes do. Many MBA programmes represent a personal career path in which an individual breaks all ties with their existing company, spends a year removed from industry and then moves elsewhere for a far higher salary. In contrast, you cannot apply personally to join the Cambridge Manufacturing Leaders' Programme. A company, however, recognising that it has someone typically in their early thirties who is of a calibre such that by their early forties they will clearly be carrying serious leadership responsibilities, may apply for a place on the course and will pay that person's fees, wishing to broaden that person's outlook.

The programme is then spread over two years and the person engages with it in addition to, and without a break from, continuing to carry the responsibilities they already carry in the company. Indeed as a major part of the programme, they will initiate and follow through a major strategic development project within their company, and will be assessed on the quality of their approach to that project and its relevance to the company's development and its success, as well as being assessed on their learning about the leadership process in that live engagement.

The programme moves through four stages, each beginning with a three week intensive module in Cambridge, involving study of the experience of others, including contact with exponents of world best practice but also involving much peer group time with their programme colleagues (a group of ten to twenty people a year). Each module is then followed by several months of project effort in their company with their company colleagues. This first involves auditing the current state of manufacturing processes to define strategic development needs, secondly developing a plan and thirdly implementing that plan. (Cambridge considers manufacturing to include everything from perceiving a market need and developing a market position, through research, design and development of both the products and the manufacturing processes, to full production and following support, including at all stages full understanding of the human issues involved and all the financial aspects etc.)

The reports required at each stage, plus the periods back in Cambridge, provide reflective time absorbing and internalising the understanding that emerges from the engagement in the process, the aim being to develop what Schön (1983,1987) calls "a reflective practitioner". Each year group is already an international mix and the study periods in Cambridge include international visits and the consideration of manufacturing internationally, so that the programme participants, while never disengaging from their own company's needs, are stretched to consider manufacturing world-wide. The final thesis is then a reflective review of what they have understood about the process of leadership themselves, through their two years of guided engagement and study.

What might be evident from this description is that the programme not only honours and preserves but actually points to the programme member's existing relationship in his company with the people he is responsible for, and makes it the central feature of his programme. His (or her) tutor doesn't simply give guidance from afar but spends time in the company. Guidance in leadership is thus effectively given as an extended master class *to both the leader and his team, in their own context*.

This approach has been at the core of Cambridge's teaching of manufacturing for thirty years. Sensitivity to the detail of circumstance has to be combined with the observations of others captured from their experience and passed on as advice. Out of the struggle of this combination process comes enlightenment – real understanding – the real ability to make a difference. In all this the experience is primary, as much of what the tutor is passing on can only be passed on in context. Competence cannot be developed in abstract. It cannot be taught in a "handing over information in a classroom" sense, because it is not abstract information. It is a set of dynamic skills, alert sensitivity and well honed responses to circumstances, that has to be developed in guided practice, just as a football team acquires its skills by practising them under the eye of a coach. It has to be demonstrated by a competent practitioner. In other words it requires proper professional mentoring. Schön (1987, p.93) captures the process very effectively in his description of the master class approach to passing on the skill of design in architecture:

It is as though the studio master had said to him, "I can tell you there is something you need to know, and with my help you may be able to learn it. But I cannot tell you what it is in a way you can now understand. I can only arrange for you to have the right sorts of experience for yourself. You must be willing, therefore, to have these experiences. Then you will be able to make an informed choice about whether you wish to continue. If you are unwilling to step into this new experience without knowing ahead of time what it will be like, I cannot help you. You must trust me."

Some aspects of the assessment process for the Manufacturing Leaders' Programme may help bring the aim of the course into focus. All the course participants have the following guidance, which emphasises in several places the importance of engagement, of openness and of reflection.

The Assessment Process

Aim

The core of any learning activity is the reflective process of taking the experience and understanding of others, relating it to one's own experience and understanding, and developing a deeper understanding, soundly embedded so that it becomes an automatic part of one's way of working. The dialogue of assessment and examination provides an audit of this process.

Process

Coursework
The habit of filing reference information in a structured way, and also of working on it to extract and record, also for reference, the essential information, observation or piece of personal understanding, is an important habit. These two steps occur between presented information and an extracted overview, between jotted notes in a lecture and the extracted understanding, or, in a work context, between the jottings of many meetings and conversations, including phone conversations, and the extracted understandings, decisions and commitments. Always, both halves of the habit are of value, including keeping one's rough notebook. Within the course the Director of Studies will ask to see the student's file of presented lecture material and matching extracted overview, and will expect the weekly progress review sheets to capture in outline the learning of the week.

Project diary
During each case study, the student will be expected to keep a project diary and, in parallel with the submission of the case study report for the assessment of the examiners, the student will be asked to submit to the Director of Studies a brief reflective analysis of the learning experience of the project, as evidenced by the project diary.

Written work
Case studies and theses will generally require study of background material concerning a set of observed principles or a line of approach, and study of the actual dynamics of a live situation. A project will fail if the student visibly fails to engage with both of these, i.e. the evidence of that engagement is absent from the written report.

It is possible to study the background material and to extract key words or phrases from it, but to fail to penetrate through to the meaning – the essential lived experience – to which the key words and phrases point, and to make it one's own. A report presented at this level has the feel of work-in-progress, in that it has a not-yet-fully-engaged feel to it. It would be deemed acceptable (subject to circumstances), but not entirely a success.

A successful project is usually characterised by the understanding pointed at by the key words or phrases having been entirely absorbed into the reality of the live context of the student's project and given life there, so that understanding reappears in the student's own words, and own live observations, and in the dynamic activities of the company team of which the student has been part.

Because live activities always contain the interplay of personalities as well as principles, and involve company culture, the report may well include brief vignettes of personalities (including both strengths and weaknesses), and descriptions of the positive development of personal interactions, and the positive development of company culture. As management and leadership are always integrative processes, a case study or thesis should always be considered as an open report, i.e. as both a learning and a teaching document, and will be assessed for the insight, clarity and resilient diplomacy of the guidance it gives.

Service

Throughout the above we have focused on work as an enlightenment process and leadership as a service. As much of the rhetoric of business is currently about competition, it is worth looking more deeply at the philosophical roots of the European view of work and leadership, and at the view of work and leadership in Japan, which is similar, and at the view in America, which is, in part at least, seriously different. The difference is to do with a view about relationship, which fundamentally affects the view of what service, in a civic sense, might be.

The important difference is in the internal outcome of work, not the external outcome, to use Plato's distinction – not "does some work result in a product or some service which can be viewed as a product", but "does the work as a process genuinely add meaning to the lives of the people involved". Saying that people only work for money is simultaneously a way of demeaning their work (literally, taking meaning out of it – denuding it of any possible meaningful relationships and responsibilities), and establishing limited liability for the company towards having any responsibility to do anything about it. Down this road, company ownership is about control, not leadership.

A negative starting point from which to understand this is to take Frederick Taylor's development of Scientific Management (1911), in which he famously defined the kind of person he wanted as an employee:

"Now one of the very first requirements for a man who is fit to handle pig iron as a regular occupation is that he shall be so stupid and so phlegmatic that he more nearly resembles in his mental make-up the ox than any other type."

The account in Frederick Taylor's biography (Kanigel, 1997, p.460) of how his followers manipulated witnesses at the House of Representatives Special Committee hearings concerning the scientific management process, to "prove" that the foreman representing the interests of the men was stupid and could never have understood the principles involved, and that the understanding was theirs alone, makes chilling reading. Asked in that enquiry how he viewed a man, Herbert Stimpson said:

"as a little portable power plant... a mighty delicate and complicated machine... The physical body of the man is constructed on the same mechanical principles as the machine is, except that it is a very much higher development. Take the human arm; look at the flexibility of motion there..."

Austrian School of Economics

Taylor separates the inner aspect from the outer aspect of work and claims ownership of the inner aspect, and in so doing demeans and enslaves those who are then dependent on that guidance. This is not enlightenment. The Austrian school of economic thinking emphasises this difference.

Neo-classical economics has taken a machine metaphor in order to explain how markets operate, and took a naïve view of the role of knowledge within a static, perfectly balanced system. Authors such as Hayek and Schumpeter concentrated on the role of knowledge in markets, and instead explored the tentative and unfolding nature of continuous economic change. The normal state of markets is disequilibrium, not equilibrium. In this continuously evolving state, markets signal much more than simply prices – they are dynamic signalling systems of values and context-specific knowledge.

In a dynamic, continuously evolving economy, entrepreneurship becomes an important concept. The very unpredictability and chaotic state of affairs which is hidden away in the neo-classical world now becomes the means by which mainstream market processes are established. Entrepreneurship involves grasping an opportunity, through alertness and noticing, to reveal unvalued resources or unsuspected value. At this point, the opportunity exists, and simultaneously a framework of goals, values and expectations is created. Thus competition is the process through which knowledge in its widest sense is discovered.

Pulling a quote from the professional development literature, Eraut (1994, p.104) remarks:

"The "act of attention" brings experiences, which would otherwise simply be lived through, into the area of conscious thought; where treatment may vary from actual comprehending to merely noting or hardly noticing."

In the Austrian school, the act of noticing suddenly becomes central to economics. Without actually being noticed, markets would not exist. Human conduct is considered to be intrinsically meaningful, and must be understood in a way which has no counterpart in nature, certainly not in mathematical laws. Economics suddenly must be seen in the context of the historical development of a culture as a whole. Significantly, knowledge is now viewed in a human, context-specific sense, and does not objectively float around in a market.

Procedural Justice

Procedural justice can be defined as the extent to which the dynamics of a decision are judged to be fair by the participants in that decision. Following the seminal work of Thibaut and Walker (1975), it has been studied in a number of work, social, legal and political settings. Its relevance to the subject here is that knowledge sharing and a commitment to learn are essentially voluntary activities in which individuals choose to participate. As Hayek (1945, p.521–2) comments:

"...practically every individual has some advantage over all others in that he possesses unique information of which beneficial use might be made, but of which use can only be made if the decisions depending on it are... made with his active co-operation."

Kim and Mauborgne (1997) summarise much of the literature and suggest that in business, three criteria, consistently applied, will lead to procedural justice.

Engagement – The opportunity for individuals to input into a decision, and allowing them to refute the merits of one another's ideas and assumptions.

Clarity of – There is a shared understanding amongst the involved group of each expectation others' responsibilities and what is individually expected of them.

Explanation – Everyone involved should ultimately understand why a certain decision has been taken.

Zen Learning

This is echoed in the Japanese view. In his introduction to Herrigel's book *Zen in the Art of Archery* (1985) Suzuki says:

"One of the most significant features we find in the practice of archery, and in fact of all the arts as they are studied in Japan and probably also in other Far Eastern countries, is that they are not intended for utilitarian purposes only or for purely aesthetic enjoyments, but are meant to train the mind; indeed, to bring it into contact with the ultimate reality. Archery is, therefore, not practised solely for hitting the target; the swordsman does not wield the sword just for the sake of outdoing his opponent; the dancer does not dance just to perform certain rhythmical movements of the body. The mind has first to be attuned to the unconscious.

If one really wishes to be master of an art, technical knowledge of it is not enough. One has to transcend technique so that the art becomes an "artless art" growing out of the Unconscious."

Looking further into Japan's view of life as a learning process of growth towards aware maturity, Zen learning (Digenti, 1996) emphasises the closeness and subtlety of the student/leader relationship and its longevity, through repeating cycles of action and reflection over thirty to fifty years, in a three-fold learning process traditionally known as *shu ha ri*.

The ancients describe *shu ha ri* as a learning process which goes from "shallow to deep to shallow," so that there is firstly a superficial understanding based upon learning rules by rote; the second stage involves expanding the learning to various applications and situations, in order to deepen; and the final stage is shallow again, as "upon reaching the final stage all bonds are broken and one is completely free. This freedom, however, is none other than to observe the rules." The final stage of mastery brings one back to the first steps of learning the rules, but now the rules can be understood from a perspective of freedom, in that they are applied not through slavish imitation but through an understanding of their inherent wisdom.

In this context, the responsibility carried by the leader for formative guidance – for care and respect for the person being guided – and the responsibility of the student to try to give life to the guidance of the leader – a reciprocal caring and respect – is tangible. In contrast the scientific management approach can be clearly seen as a formidable and deliberate limiting of liability – a resolute *avoidance* of any relationship.

In contrast to Frederick Taylor's demeaning approach, here is a British contemporary, Sir Robert Hadfield, in Sheffield, talking about his workmen (Tweedale, 1994):

"Until I introduced my scheme at our Works, the work people had to start at 6 am and without breakfast. We first tried 52 hours and then in 1894 ... went straight to the 48 hours a week, the men coming in after having had their breakfasts at home. This too without any reduction in wages for the shorter time worked."

He refused to reduce wages because he did *"not believe the underdog should be cut down or asked to consider this unless in dire necessity."*

His empathic feelings for his men come through in his words.

Here is Max Weber's critique of the Taylorist approach, written in 1904 (1976, p.58):

"Capitalistic acquisition as an adventure has been at home in all types of economic society which have known trade with the use of money and which have offered it opportunities, through commenda, farming of taxes, State loans, financing of wars, ducal courts and officeholders. Likewise the inner attitude of the adventurer, which laughs at all ethical limitations, has been universal. Absolute and conscious ruthlessness in acquisition has often stood in the closest connection with the strictest conformity to tradition. Moreover, with the breakdown of tradition and the more or less complete extension of free economic enterprise, even to within the social group, the new thing has not generally been ethically justified and encouraged, but only tolerated as a fact. And this fact has been treated either as ethically indifferent or as reprehensible, but unfortunately unavoidable. This has not only been the normal attitude of all ethical teachings, but, what is more important, also that expressed in the practical action of the average man of pre-capitalistic times, pre-capitalistic in the sense that the rational utilisation of capital in a permanent enterprise and the ration-

al capitalistic organisation of labour had not yet become dominant forces in the determination of economic activity. Now just this attitude was one of the strongest inner obstacles which the adaptation of man to the conditions of an ordered bourgeois-capitalistic economy has encountered everywhere."

In contrast, in Victorian Britain, the book which captures the essence of the Protestant ethic above all others is Samuel Smiles' *Self Help*. Here is an extract from his introduction to the second edition, written in 1866 (1996):

"In one respect the title of this book, which it is now too late to alter, has proved unfortunate, as it has lead some, who have judged it merely by the title, to suppose that it consists of a eulogy of selfishness: the very opposite of what it really is – or at least what the author intended it to be. Although its chief object unquestionably is to stimulate youths to apply themselves diligently to right pursuits – sparing neither labour, pains nor self-denial in prosecuting them – and to rely upon their own efforts in life, rather than depend upon the help or patronage of others, it will also be found, from the examples given of literary and scientific men, artists, inventors, educators, philanthropists, missionaries, and martyrs, that the duty of helping one's self in the highest sense involves the helping of one's neighbours.

... Failure is the best discipline of the true worker, by stimulating him to renewed efforts, evoking his best powers, and carrying him onward in self-culture, self-control, and growth in knowledge and wisdom. Viewed in this light, Failure, conquered by Perseverance, is always full of interest and instruction, and this we have endeavoured to illustrate by many examples ...

... At the same time success in a good cause is unquestionably better than failure. But it is not the result in any case that is to be regarded so much as the aim and the effort, the patience, the courage, and the endeavour with which desirable and worthy objects are pursued –

> *Tis not in mortals to command success;*
> *We will do more – deserve it.*

The object of the book briefly is, to re-inculcate these old-fashioned but wholesome lessons which perhaps cannot be too often argued, that youth must work in order to enjoy, that nothing creditable can be accomplished without application and diligence, that the student must not be daunted by difficulties, but conquer them by patience and perseverance, and that, above all, he must seek elevation of character, without which capacity is worthless and worldly success is naught. If the author has not succeeded in illustrating these lessons, he can only say that he has failed in his object."

At a later period (1934), in Germany, Oswald von Nell Breuning voiced a similar concern, focusing on the leadership aspect. Here are his words (1936, p.116), surrounded by a recent comment from Michael Naughton (1994):

"Munificence, like courage, strives "for what is arduous and difficult". Whereas courage may jeopardise one's life, munificence may jeopardise one's resources. Because the virtue of munificence directs resources toward the good of the community as well as profit, the munificent person acts courageously by incurring greater financial risk. Munificence is an expression of public co-operation, incorporating both market criteria and the good of society.

Oswald von Nell Breuning calls munificence "a genuine capitalistic virtue", that is, "a virtue for the entrepreneur". He explains that only the entrepreneur who "gives first thought to service and second thought to gain" practices the virtue of munificence. Nell Breuning explains that munificence is manifested in that person

"who in his enterprise and in his means of production employs his working men for the creation of goods of true worth; who does not wrong them by demanding that they take part in the creation of futilities, or even harmful and evil things; who offers to the consumer nothing but useful goods and services rather than, taking advantage of the latter's inexperience or weakness, betrays him into spending his money for things he does not need, or that are not only useless but even injurious to him."

Products should not be produced only for the purpose of fulfilling market whims; the choice of products has an ethical and even a spiritual character that can never be reduced to simple economics."

But going back to the beginning of the Victorian period in Britain, the root of that philosophy of service to mankind which is at the heart of the engineering profession is perhaps best captured by the words of Henry Robinson Palmer, spoken at the inaugural meeting of the Institution of Civil Engineers, the oldest professional engineering institution in the world, on 2 January 1818 (Watson, 1988, p.9). They named themselves *civil* engineers because they were *not* military engineers – it defined the moral sphere in which they worked. They were entirely aware that the processes they were using – the processes of learning to work together, to hear and meet each other's needs – were the processes of civilisation itself, and they mattered at least as much as the products they were developing to support those processes. Henry Robinson Palmer was 23, but he was already teaching one of the self-help groups in East London of the kind Samuel Smiles describes. Of the role of the engineer he said:

"Engineering is a profession which requires not only knowledge of one leading branch of science but of many; not only of one art but of an infinite number.

An engineer is a mediator between the philosopher and the working mechanic; and like an interpreter between two foreigners must understand the language of both."

That responsibility never goes away and it perhaps helps us to properly distinguish the dimension in which *service* exists. It exists in the dimension of *intent* not in the dimension of *skill*, necessary though that is. McClelland (1961), looking at the origins of the industrial revolution, distinguished again between the outer and the inner, between outer success and inner achievement. Frederick Taylor certainly had the first, but Samuel Smiles pointed to the second *(We will do more – deserve it.)* and McClelland describes those European Protestants as being permanently on their toes with an alert, learning sensitivity, not driven by self interest but by a deep concern to take the initiative to do what is right.

These people were not fools. They did not lack skill. But they had something else, and it is that something else that we must ever remember in our European heritage. It is not our skills, it is our *choices* that define us as human. *People matter*.

Reference

Digenti, D. (1996), "Zen Learning: A New Approach to Creating Multiskilled Workers", Massachusetts Institute of Technology Japan Program, September 1996

Eraut, M. (1994), Developing Professional Knowledge and Competence, Falmer Press: London

Hayek, F. A. (1945), "The Use of Knowledge in Society", American Economic Review, Vol. 35 pp. 521–30

Herrigel, E. (1985), Zen in the Art of Arhery, Arkana: London

Kanigal, R. (1997), The One Best Way, Little, Brown: London

Kim, W. C. & Mauborgne, R. (1997), "Fair process: Managing in the knowledge economy", Harvard Business Review, Vol. 75(4), pp. 65–75

McClelland, D. C. (1961), The Achieving Society, Van Nostrand: Princeton

Naughton, M. (1994), "Who Managers Become when they Manage: the Importance of Virtue in Management", Journal of Applied Manufactufacturing Systems, 3, (1), 27

Nell Breuning, O. von. (1936), Reorganisation of Society, Bruce: New York

Schön, D. A. (1983), The Reflective Practitioner: How Professionals Think in Action, BasicBooks: USA

Schön, D. A. (1987), Educating the Reflective Practitioner, Jossy-Bass: San Francisco Smiles, S. (1996), Self Help, IEA: London

Taylor, F. W. (1911), Principles of Scientific Management, Norton: New York

Thibaut, J. & Walker, L. (1975), Procedural Justice: A Psychological Analysis, Erlbaum: Hillsdale, NJ

Tweedale, G. (1994), "The Metallurgist as entrepreneur: The Career of Sir Robert Hadfield", Journal of Historical Metallurgy Society, 7 January 1994, p. 19

Watson, G. (1988), The Civils, Thomas Telford: London

Weber, M. (1976), The Protestant Ethic and the Spirit of Capitalism, George Allen & Unwin: London

III. Neue Unternehmenskonzepte – Neue Regeln

10. Erfolgsstrategie Kreativität

Erfolgsstrategie Kreativität

Hans-Jörg Bullinger, Lutz Doblaski

Es ist nicht schwer, allgemeine Zustimmung dafür zu finden, daß es für Unternehmen von entscheidender Bedeutung ist, in diesen turbulenten Zeiten über ein personelles und organisatorisches Potential zu verfügen, welches mit kreativen Maßnahmen reagieren kann. Kreativität, darüber sind sich alle einig, ist für einen nachhaltigen Unternehmenserfolg unerläßlich.

Trotz dieses einmütigen Bekenntnisses zur Kreativität spürt man in der Praxis sehr rasch, daß man es mit einem vielschichtigen Thema zu tun hat. Spricht man Unternehmen auf konkrete Maßnahmen zur Förderung ihres kreativen Potentials an, stößt man auf höchst unterschiedliche Reaktionen: auf Begeisterung und große Erwartungen, auf Unverständnis und Gleichgültigkeit, auf Skepsis und offene Ablehnung. Dabei scheint alles ganz einfach zu sein. Jeder weiß, was Kreativität ist. Jeder hält Kreativität für unverzichtbar. Jeder beklagt ein Defizit an Kreativität. Und jeder kennt die Patentrezepte für mehr Kreativität. Die Diskussion des Themas wird dominiert von einfachen Erklärungsmodellen und stereotypen Einschätzungen, die nicht selten verhindern, daß tatsächlich gehandelt wird.

Hier nur einige der Einschätzungen – man könnte sie auch Mythen nennen –, die sich um das Thema Unternehmenskreativität ranken:

- Kreativität sei nur für junge Unternehmen in „kreativen" Branchen wichtig
- Betriebe würden sich erst in der Krise ernsthaft um Kreativität bemühen
- Unternehmen stünden permanent vor der Herausforderung, kreativ zu sein
- Die Hauptschwierigkeit bestünde darin, den Mitarbeitern Ideen zu entlocken
- Einziger Maßstab für die Kreativität eines Betriebes sei die Innovativität seiner Produkte

Die Erfahrungen, die wir in Expertengesprächen, Fallstudien und Interviews im Rahmen der Prioritären Erstmaßnahme (PEM) „Wettbewerbsfaktor Kreativität" sammeln konnten (eine ausführliche Darstellung der PEM-Ergebnisse findet sich in dem in Kürze erscheinenden Abschlußbericht), zeichnen ein differenzierteres Bild:

Die Meinung, Kreativität sei nur ein Thema für die „jungen Kreativen", wird alleine schon durch die Zusammensetzung des Projektkonsortiums Lügen gestraft. Bei den in diesem Vorhaben beteiligten Firmen handelt es sich um etablierte Unternehmen, die sich in der Mehrzahl in einer Professionalisierungs- bzw. Konsolidierungsphase befinden. Die Betriebsgröße schwankt von unter zehn bis über 3 500 Mitarbeiter. Konsortialpartner sind Softwareentwickler/Multimedia-Firmen, Finanzdienstleister, Logistikunternehmen, Anbieter von Gebäudedienstleistungen, Beratungsunternehmen, Bildungsdienstleister, aber auch klassische Produktionsunternehmen. Ihre Bereitschaft, an einem Projekt mitzuwirken, welches die Förderung der Unternehmenskreativität zum Ziel hat, läßt sich keineswegs dadurch erklären, daß sie aus Branchen kommen, für die Kreativität per se notwendig erscheint. Es sind keine Designer, Modeschöpfer oder PR-Unternehmen. Offensichtlich erkennen also auch Dienstleistungsunternehmen, von denen man es zunächst nicht erwarten würde, die Relevanz des Themas.

Wohl vor allem von Beratern und Change Agents wird immer wieder beklagt, daß sich deutsche Unternehmen zu wenig um eine ihrer wichtigste Ressourcen – ihr kreatives Potential – kümmern würden. *„Die Krise muß noch größer werden"* betitelte Anfang des Jahres die ZEIT ein Interview mit dem Schweizer Kreativitätsforscher Gottlieb Guntern, der danach gefragt wurde, ob sich *„die Kreativitätslücke"* der europäischen Wirtschaft und Gesellschaft denn kurzfristig beheben ließe (ZEIT, 21. Februar 1997, S.17). Wie viele seiner Kollegen, sieht Guntern die Krise als (einzige?) strategische Chance für ein grundlegendes Umdenken in den Führungsetagen.

Ohne externen Druck also keine Kreativität und keine Veränderung? Die Befragung unserer betrieblichen Projektpartner ergab, daß bei den Bemühungen um mehr Kreativität weniger die Bewältigung einer Krise im Vordergrund steht, als vielmehr der Wunsch, mit innovativen Dienstleistungen Wachstumschancen zu nutzen. Richtig, alle befragten Unternehmen sehen sich mit einem deutlichen Wandel der wirtschaftlichen Rahmenbedingungen konfrontiert. Nach eigener Einschätzung haben Veränderungen der Politik und der Gesetzgebung gefolgt von technologischen Entwicklungen und der zunehmenden Marktmacht großer Konzerne den größten Einfluß auf ihre Wettbewerbssituation. Die bekannten Trends „Deregulierung", „Globalisierung" und „Digitalisierung" zeigen also auch hier Wirkung. Als Grund, sich gerade jetzt mit dem Thema Kreativität zu befassen, wurden von den beteiligten Unternehmen jedoch genannt:

- Verbreiterung der Geschäftstätigkeit
- Ausweitung des Umfangs an Dienstleistungen
- Vermarktung vorhandener Entwicklungsergebnisse
- Weiterführung eines Reengineering-Prozesses
- Zukunftssicherung durch die Erschließung neuer Märkte

Der Satz, Betriebe würden sich erst dann auf Neues einlassen, wenn sie in einer Krise stecken, scheint zumindest für unsere Projektpartner nicht zuzutreffen. Die Erfahrungen der PEM bestätigen aber, daß Unternehmen einen konkreten Anlaß benötigen, um dem Thema Kreativität eine erhöhte Aufmerksamkeit zu schenken. Die Prioritäre Erstmaßnahme hatte hier eine wichtige impulsgebende Funktion.

Sehr häufig hört man die Auffassung (diesmal eher von seiten des Managements), im Wettbewerb stehende Unternehmen würden von ihren Kunden permanent herausgefordert, innovativ zu sein. Hier schwingt mit, Kreativität sei so selbstverständlich, daß es zusätzlicher Bemühungen um mehr Kreativität nicht bedürfe.

Auch das ist offenbar ein Mythos, wie die Interviews mit unseren Projektpartnern belegen. Die meisten gaben an, daß ihre Kunden eher an Bewährtem interessiert seien und sich für Neues nur schwer begeistern ließen. Erwartet würden fast ausschließlich Standardleistungen. Über die Gründe hierfür lassen sich Vermutungen anstellen. Vielleicht sind die Kunden bescheiden geworden und trauen sich nicht mehr, ungewöhnliche Wünsche zu äußern. Vielleicht fehlt es den Firmen an Phantasie, Produkte zu entwickeln, die den Kunden einen tatsächlich spürbaren Zusatznutzen bringen (MacMillan; McGrath, 1998). Das Resultat für die Unternehmen ist dasselbe. Je weniger die Kunden kreative Leistungen abfordern, desto seltener werden die Gelegenheiten, Kreativität (aus-) zu üben.

Kreativität ist nicht so selbstverständlich, wie vielerorts geglaubt wird. Es sind permanente Anstrengungen notwendig, um die kreativen Fähigkeiten eines Unternehmens weiterzuentwickeln. Dies haben viele unserer Partner erkannt. Sie akquirieren Kunden, für die sie Neues entwickeln dürfen und bereiten die konservativeren Kunden gezielt auf innovative Lösungen vor.

In den Augen vieler Führungkräfte scheint die zentrale Herausforderung des Themas Kreativität in der Beantwortung der Frage zu bestehen: *„Wie Mitarbeitern Ideen entlockt werden"* können (Mölder u.a., 1998). Kreativitätsseminare und -konferenzen werden fast immer mit der Erwartung besucht, darin entweder Kreativitätstechniken zu lernen, oder etwas über Ideenmanagementsysteme zu erfahren. Die unterschiedlichen, meist ausschließlich auf monetären Anreizen beruhenden Formen des betrieblichen Vorschlagswesens erfreuen sich großen Interesses. Auf lange Sicht funktionieren jedoch nur wenige dieser Systeme (Robinson; Stern 1997). Gerade im Dienstleistungsbereich mit seinen oft anspruchsvolleren Tätigkeiten können sie sogar völlig überflüssig sein. Bei entsprechender Arbeitsorganisation, müssen Ideen nicht mühsam eingesammelt und verwaltet werden, sie können direkt in die Arbeit einfließen.

Fast alle betrieblichen Partner unseres Projektes geben an, daß in ihrem Unternehmen für die Bewältigung alltäglicher Arbeitsaufgaben Kreativität unverzichtbar, zumindest jedoch wichtig sei. Die Mitarbeiter hätten große Freiheitsgrade in der Bestimmung ihrer Arbeitsabläufe. Auch die Arbeitsinhalte könnten (in Grenzen) frei bestimmt werden. Ein bürokratisches betriebliches Vorschlagswesen wird obsolet, da den Mitarbeitern Handlungs- und Entscheidungsspielräume eingeräumt werden. Einer der Geschäftsführer: *„Warum sollte ich meine Mitarbeiter für Ideen bezahlen? Es gehört zu ihrer Aufgabe, ihre kreativen Ideen zu realisieren"*.

Innovative Produkte seien der einzige Maßstab für die Kreativität eines Unternehmens – auch diese Meinung hält sich beharrlich. Keine Frage, die Entwicklung neuer Produkte (Güter und Dienstleistungen) ist von großer Bedeutung. Produktinnovationen sind jedoch nur eine Seite der Medaille. Wie das Beispiel der „Hidden Champions"(Simons, 1996) zeigt, ist es auch möglich, sich mit einem traditionellen Produkt im Wettbewerb erfolgreich zu behaupten. Kreativität muß dann allerdings für die Gestaltung der Kundenbeziehungen, die Mobilisierung interner und externer Ressourcen, oder die Entwicklung neuer Vermarktungsmethoden aufgebracht werden.

Wie die meisten Dienstleister sind auch viele unserer Projektpartner, nicht unbedingt für revolutionär neue Produkte bekannt. Man kennt jedoch ihre Fähigkeit, bestehende Produkte permanent zu verbessern, unkonventionelle Problemlösungen anzubieten und auf Kundenwünsche spontan zu reagieren. Die Kreativität dieser Betriebe findet ihren Ausdruck in mehr als nur in der Innovativität ihrer Produkte – nämlich in innovativen Strukturen und Prozessen.

Die Erfahrungen in den Teilprojekten der PEM zeigen, daß die gängige Vorstellung davon, was Kreativität ist, und wie sie zu steigern sei, gründlich überdacht werden muß. Die Ängste vieler Unternehmen, die Förderung der Mitarbeiterkreativität würde bedeuten, kreativen Spinnern und Phantasten freien Lauf zu lassen, ist unbegründet. Die Hoffnung, kreative Leistungen ließen sich bei Bedarf auf „Knopfdruck" erzeugen, oder es sei mit dem Besuch eines Kreativitätsworkshops getan, jedoch auch. Will man das kreative Potential eines Unternehmens tatsächlich fördern und effizienter nutzen, ist es wichtig, an die Stelle der Mythen und Vorurteile eine kritische Betrachtung der in einem Unternehmen vorherrschenden Rahmenbedingungen für Kreativität treten zu lassen. Gefragt sind klare und nüchterne Analysen und Entschlossenheit bei der Umsetzung von Gestaltungsmaßnahmen.

Die nachfolgenden zwei Redebeiträge des Forums „Erfolgsstrategie Kreativität" geben einen lebendigen Einblick in die Praxis der betrieblichen Kreativität. Sie zeigen, wie Unternehmen unterschiedlicher Größe und Branche mit dem Thema umgehen, und mit welchen Fragestellungen sie sich dabei konfrontiert sehen.

Das Referat von Herrn Deis belegt unsere Aussage, daß der Faktor Kreativität nicht nur bei High-Tech Dienstleistungen, im Medienbereich oder in der Werbewirtschaft von Bedeutung ist. Es ist bekannt, daß der Bereich der Finanzdienstleistungen Innovationen traditionell eher reserviert gegenüber steht. Wenngleich bahnbrechende Innovationen eher selten sind, gibt es im kleinen eine Vielzahl von Neuerungen und innovativen Lösungen. Begeisterungsfähigkeit, Spontaneität und Ideenreichtum, sind auch für Finanzdienstleister wichtige Eigenschaften. Sie müssen jedoch, dies betont Herr Deis, mit Ratio und unternehmerischem Kalkül gepaart sein, sollen sie zum Erfolg führen.

Der Vortrag von Herrn Risch nimmt Bezug auf die Ergebnisse der Prioritären Erstmaßnahme „Wettbewerbsfaktor Kreativität" (vgl. hierzu auch Bullinger et al. 1997; Ganz, Hermann 1998; Hermann, im Druck). Am Beispiel erfolgreicher sächsischer Dienstleister beschreibt Herr Risch, daß die Entfaltung von Dienstleistungskreativität gerade für kleine und mittlere Unternehmen zur Erfolgsstrategie werden kann. Er zeigt, wie es diesen Unternehmen gelungen ist, mit Einfallsreichtum und Anpassungsfähigkeit Lücken in Wertschöpfungsketten zu erkennen und zu nutzen. Es werden drei Lösungswege aufgezeigt, mit denen KMU ihre Wettbewerbsfähigkeit erhalten können: a) Leistungsintegration (systematischer Ausbau und Erweiterung originärer Geschäftsfelder), b) Entwicklung umfassender Problemlösungen, die durch den Aufbau unorthodoxer Kooperationen ermöglicht werden sowie c) Wissensintegration und Know-how-Entwicklung.

Wissen und Kreativität bedingen einander. Der Aufbau einer funktionierenden Wissensinfrastruktur ist für kreative Unternehmen deshalb von zentraler Bedeutung.

Literatur

Robinson, Alan G.; Stern, Sam:
Corporate Creativity: How Innovation and Improvement Actually Happen. San Francisco: Berrett-Koehler Publishers, Inc., 1997.

Simon, Hermann:
Die heimlichen Gewinner (Hidden Champions). Die Erfolgsstrategien unbekannter Weltmarktführer. Frankfurt: Campus Verlag, 1996.

MacMillan, Ian C.; McGrath, Rita Gunther:
Machen Sie mehr aus Ihren Produkten. In: Harvard Business manager (1998), 5, S. 98–106.

Mölder, Heinz; Hirsch, Jochem; Freisberg, Werner; Kuhnert, Detlef:
Wie Mitarbeitern Ideen entlockt werden. Harvard Business Manager (1998), 1, S. 22–26.

Bullinger, Hans-Jörg; Hermann, Sibylle; Ganz, Walter:
Kreativität als Leitbild für Unternehmen der Zukunft: Veränderungen im Management. In: Office Management 45 (1997) 10, S. 12–16.

Ganz, Walter; Hermann, Sibylle:
Kreativität – ein Wettbewerbsfaktor. In: Dienstleistungsinnovationen – Chancen und Trends für Unternehmen/Wolfram Risch, Gerhard Schrick (Hrsg.). Eschborn: RKW-Verlag, 1998.

Hermann, Sibylle:
Kreativität – Erfolgsfaktor für Unternehmen. In: Ergebnisse der Dresdner Innovationsgespräche vom 4.–5.5.98/K. Gersten (Hrsg.), im Druck

Strategien der Dienstleistungsentwicklung

Hans-Jürgen Deis

Sehr geehrte Damen und Herren,

es ist schon einige Jahre her, als ein bekannter Wissenschaftler, der sich zeitweilig auch als Politiker versucht hat, in seiner Eigenschaft als Professor an einer sehr renommierten deutschen Universität einen Vorlesungszyklus zur Gesellschaft der Vereinigten Staaten abhielt. Seine Einleitung in den Zyklus war bemerkenswert, ich will sie Ihnen im Wortlaut wiedergeben. Er sagte: *„Wir haben alle unsere Vorurteile, und solange diese nicht zu böswilliger Verstocktheit ausarten, gibt es auch wenig Grund, auf eine eigene Perspektive zu verzichten. Die Suche nach Objektivität ist nicht bloß ein wahrscheinlich hoffnungsloses, sondern auch ein wenig fruchtbares Bemühen. Nur diese Forderung hat ihren guten Sinn: daß wir uns klarwerden, was unsere Urteile bestimmt und daß wir dies mitteilen, bevor wir die Welt, wie wir sie erfahren haben, zu schildern versuchen"*.

Soweit das Zitat. Wie gesagt, ich halte diese Aussagen für bemerkenswert, weil hier der deutsche Professor Ralf Dahrendorf nicht ex cathedra spricht, sondern seinen Hörern die Möglichkeit gibt, seine Aussagen zu relativieren und sie auf die individuellen Erfahrungen des Autors mit dem Thema zurückzuführen. Ich will diesem Beispiel folgen und Ihnen in Kürze darlegen, vor welchem Erfahrungshintergrund ich heute zu Ihnen spreche.

Ich arbeite für einen Finanzdienstleister, die Bausparkasse Schwäbisch Hall, und bin dort zuständig für den Unternehmensbereich „Neue Märkte". Vorher war ich für den Vertrieb dieses Unternehmens verantwortlich. Meine Bekanntschaft mit Finanzdienstleistern und Finanzdienstleistungen geht aber weiter zurück. Sie geht auch in eine andere Branche, nämlich in die Versicherungswirtschaft. Dort habe ich als junger Betriebswirtschaftler unmittelbar nach dem Examen in Mannheim erste Vertriebserfahrungen gesammelt und zwar als provisionsabhängiger Versicherungsvertreter ganz vorne an der Verkaufsfront der Hamburg-Mannheimer Versicherungen.

Die Versicherungswirtschaft aus der Vogelperspektive habe ich dann später kennengelernt, in der Münchener Zentrale der Winterthur-Versicherungen. Zwei sehr unterschiedliche Versicherungskonzerne und eine Bausparkasse und hier jeweils sehr unterschiedliche Funktionen, das also ist der Hintergrund an persönlicher Erfahrung, der meine Einstellungen geprägt hat, und den ich in mein Thema einbringen kann.

„Service Creation – Strategien der Dienstleistungsentwicklung", das ist das Thema, auf das wir uns für meinen Vortrag verständigt haben. Professor Bullinger hat mir dazu in der Abstimmphase einige ermutigende Anmerkungen gemacht. Er hat mir geschrieben: *„Innovativität und Kreativität wird häufig nur mit künstlerischen Bereichen oder mit High Tech-Unternehmen in Verbindung gebracht. Dabei wird übersehen, daß innovative Strategien und Leistungsangebote auch in Dienstleistungsbereichen wettbewerbsentscheidend sind".*

Genau dies ist meine Überzeugung auch. Kreativität und Innovationsfähigkeit sind mehr als modische Attitüden, als aufgeregtes und prätentiöses Neuerertum. Kreativität erweist sich erst im Praxistest als innovativ, nicht bereits in der Begeisterung über einen Ideenblitz, den großen Wurf und die Neuerung an sich. Ich habe durchaus nichts gegen Begeisterungsfähigkeit, Spontaneität und Ideenreichtum – ein Teil davon wird mir selbst nachgesagt – aber ich habe zu viel davon sich in Nichts auflösen sehen, als daß ich diese Eigenschaften unbesehen für wertvoll halten würde. Begeisterung ja, neue Ideen ja und Spontaneität ebenfalls ja, aber gepaart mit Ratio, mit Abwägen und mit nüchternem Kalkül.

Wir sind als Bausparkasse Schwäbisch Hall seit Jahren mit einer Frankfurter Werbeagentur verbunden. Ogilvy & Mather ist die Tochtergesellschaft einer amerikanischen Mutter, sie hat deshalb auch einen englischsprachigen Wahlspruch. Er lautet *„It's nothing creative unless it sells"*. Ich weiß nicht so recht, ob man sich bei Ogilvy & Mather immer daran orientiert. Aber als Anspruch ist das schon richtig und auch nahe an unserem Thema: Kreativität muß sich an Zielsetzungen orientieren, sie muß eine strategische Dimension haben, sonst wird sie zum Selbstzweck und zur brotlosen Kunst.

Das bedeutet dann auch, das jede Kreativitäts- und Innovationsstrategie zunächst einmal eine solide Basis haben muß. Bevor man sich aus der Vielfalt der Handlungsalternativen auf diejenige festlegt, die man verfolgen will, muß man sich klar werden, was man kann und was man besser kann als andere. Hier ist Realitätssinn gefragt, denn die Gefahr der Selbstüberschätzung ist allgegenwärtig – nicht nur in der Politik und im Sport. Es geht hier um eine ganz nüchterne Bilanz der eigenen Stärken und Schwächen und auch um die der eigenen Partner und Koalitionäre.

Benchmarking ist der Fachbegriff, ich will ihn hier nicht weiter strapazieren. Es geht hier schlicht darum herauszufinden, wo die eigenen Kompetenzen liegen – fachlich, in der Vermarktung und auch im Meinungsbild der Öffentlichkeit.

Doch das allein genügt nicht. Es hilft nicht weiter wenn man auf einem Gebiet unschlagbar ist, das niemanden interessiert. Es ist ehrenvoll *und* lukrativ, im Tennis oder im Fußball an der Spitze zu stehen. Die Weltmeisterschaft in einer Randsportart mag ehrenvoll sein, lukrativ ist sie nicht. Deshalb ist es ebenso unabdingbar, die zukünftigen Marktentwicklungen möglichst leidenschaftslos und rational zu durchdenken, damit man sich nicht über kurz oder lang auf einem Nebenplatz wiederfindet.

Das ist dann die Stunde der Marktforschung und zwar nicht der Art Forschung, die mit unendlicher Mühe und großer Präzision feststellt und zählt, was ist, sondern einer Forschung, die sensibel ist für Trends und Entwicklungstendenzen. Auch hier lauern Fallen – gerade dort, wo nicht einfach Sachverhalte erhoben werden, beginnt in der Marktforschung das Revier der Gurus, der Wunderheiler und auch der Scharlatane.

Doch selbst, wenn wir unterstellen, daß die Kompetenzen sauber erhoben wurden, und die Trends richtig erkannt worden sind, ist damit noch nicht sehr viel erreicht. Es wird dann immer noch offen sein, was konkret zu tun ist. Das heißt mit anderen Worten, daß die Unternehmensziele festzulegen sind. Und nicht nur die Ziele selbst, sondern auch die Wege, auf denen sie erreicht werden sollen. Das ist ganz eindeutig eine Aufgabe für die Führungsspitze eines Unternehmens. Sie ist nicht delegierbar. Allenfalls kann Beratung von außen hinzugezogen werden. Aber es ist entscheidend wichtig, daß sich alle Entscheidungsträger in den Zielsetzungen wiederfinden. Es geht um das *Commitment* jedes einzelnen, denn es ist wichtig, daß Fluchtpunkte für Zweifler und Zauderer gar nicht erst entstehen. Nichts ist schädlicher für ein Konzept als die endlose Diskussion von Sinnfragen. Nichts hemmt mehr, und nichts ist unproduktiver. Deshalb also: Commitment auch dann, wenn die Kultur und der Führungsstil einer Organisation sonst nicht unbedingt von Demokratie und Mitsprache geprägt sind.

Zum Commitment gehört auch, daß man sich auf Maßstäbe verständigt, an denen das gemessen werden soll, was zu einem bestimmten Zeitpunkt erreicht worden ist. Das bedeutet die Vereinbarung von Planzielen. Nach Möglichkeit von solchen Zielen, die sich in arabischen Ziffern und Zahlen ausdrücken lassen. Also nicht: möglichst viel möglichst gut und möglichst bald, sondern z. B. 220 Einheiten fehlerfrei bis zum Jahresende 1999 bei einer Kapitalrendite von 16 %. Ich weiß, daß sich das leichter sagen als realisieren läßt, aber es ist notwendig. Nur wer ein Ziel vor Augen hat, das er akzeptiert und auf das er hinarbeitet, wird wirklich zielstrebig und auch zielführend arbeiten können.

Ich will damit ausdrücken, daß Kreativität und Innovationsbereitschaft eben nicht gottgegebene Eigenschaften sind, die eine Person oder eine Organisation besitzt oder auch nicht besitzt. Sie sind vielmehr Prozesse, die organisiert werden müssen. Sie brauchen den Anstoß, die Initialzündung. Sie müssen aber auch in Gang gehalten werden. Ideen zu generieren ist die eine Sache. Wichtiger ist es und, nebenbei bemerkt, auch anstrengender, diese Ideen in eine Organisation zu implementieren. Das gilt besonders dann, wenn diese Organisation von Haus aus nicht sehr innovationsfreudig ist.

Ich muß noch einmal zurückkommen auf den Innovationsbegriff. Neu und innovativ ist in meinem Verständnis nicht nur das, was es noch nie und nirgendwo gegeben hat. Wäre es so, dann wäre in der Tat der Bereich der Finanzdienstleistungen nicht sehr kreativ. Die wirklich epochemachenden Neuerungen sind in diesem Bereich selten und haben in ihrer heutigen Ausprägung eine lange Tradition. Ich denke in diesem Zusammenhang beispielsweise an die Idee, persönliche und geschäftliche Individualrisiken durch die Verlagerung auf eine große Gemeinschaft kalkulierbar zu machen. Das war die Geburtsstunde der Versicherung, sie liegt Jahrhunderte zurück. Oder an die Idee, Zahlungsmittel ohne den Transport von Bargeld und damit sicher vor Straßenräubern und anderen Ganoven von A nach B zu bringen. Mit der Entwicklung des Reiseschecks und seiner Weiterentwicklung zur Kreditkarte war ein wichtiger Grundstein für den Tourismus und für den Geschäftsreiseverkehr der Moderne gelegt. Wie gesagt, das sind Beispiele für Jahrhundertinnovationen. Sie sind im Dienstleistungsbereich selten, in der produzierenden Wirtschaft übrigens auch. Wenn wir über Kreativität und Innovation sprechen, müssen wir bescheidener ansetzen. Um das zu verdeutlichen, möchte ich auf die altbekannte Ansoff-Matrix zurückgreifen. In dieser Matrixdarstellung werden Produkt und Märkte kombiniert: neue und traditionelle Produkte mit neuen und traditionellen Märkten. Aus den vier möglichen Kombinationen dieser Matrixdarstellung leitet Ansoff unterschiedliche Wachstumsstrategien ab, er nennt sie Marktpenetration, Marktentwicklung, Produktentwicklung und Diversifikation.

Für unsere Zwecke ist es sinnvoll, diese Betrachtungsweise auf die Dimension alt/neu bzw. bekannt oder nicht bekannt abzuwandeln. Produkte und Prozesse können unter verschiedenen Aspekten neu oder altgewohnt sein – z.B. aus der Sicht des Herstellers oder des Produktlieferanten und aus der Sicht des Kunden. Auf einem der wenigen Charts, die ich heute mitgebracht habe, sieht das so aus: (siehe Abb.1).

Mit Ausnahme des ersten Feldes, in dem Nein und Nein kombiniert sind, hat jedes Feld der Matrix mit Innovation zu tun. Nur eben nicht in jedem Fall mit Produktinnovationen, sondern auch mit Innovationen bei den Prozessen, in der technischen Umgebung und in den Methoden und Wegen der Vermarktung und der Marktbearbeitung.

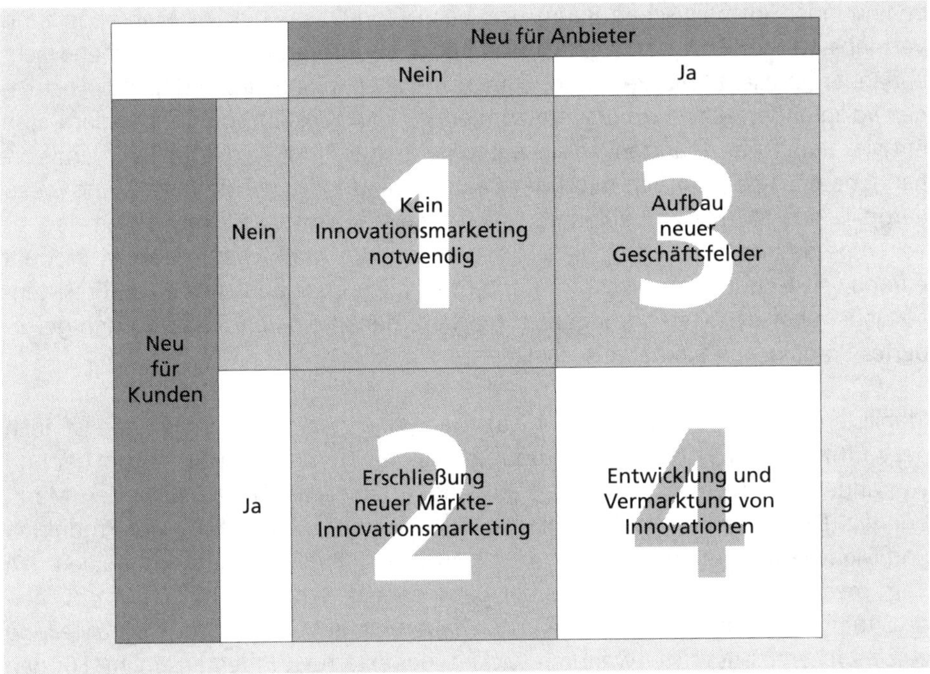

Abb. 1: Entwicklung und Vermarktung von Innovationen

In meinem Unternehmen, der Bausparkasse Schwäbisch Hall, bewegen wir uns in allen vier Feldern. Feld 1 stellt das Kerngeschäft dar, das Bauspargeschäft im deutschen Markt. Hier sind wir seit Jahren Marktführer, hier liegt unsere Kernkompetenz und hier werden Jahr für Jahr die großen Zahlen geschrieben. Dieses Segment steht für ein Bilanzvolumen von 55 Milliarden DM, für ein Neugeschäft von einer Million Verträgen pro Jahr und einem Marktanteil von etwa einem Viertel des gesamten wertmäßigen Volumens. Zustande kommt dieses Ergebnis im wesentlichen durch eine enge Zusammenarbeit mit den Volksbanken und Raiffeisenbanken, durch eine hochspezialisierte eigene Vertriebsorganisation und ein funktionierendes Marketing.

Feld 2 repräsentiert in unserem Falle die Auslandsmärkte, vornehmlich in Osteuropa. In der Slowakischen Republik, in Tschechien, Ungarn, demnächst auch in Polen sind wir mit unserem Kernprodukt, dem Bausparvertrag, vertreten. Dies mit beachtlichem Erfolg: 1997 sind in Osteuropa durch unsere dortigen Auslandstöchter bereits 500000 Verträge abgeschlossen worden. In allen Fällen erfolgte dort der Markteintritt zusammen mit eingeführten Partnern, die das Entrée naturgemäß erleichtert haben. In allen Fällen haben wir das fachliche und das Management-Know-how beigesteuert, angefangen bei der Gestaltung der gesetzlichen Rahmenbedingungen im politischen Raum und beim Produkt bis hin zur Marketing- und Vertriebs-Methodik. Ansatzweise sind wir auch in unseren westeuropäischen Nachbarländern präsent, in Luxemburg, Frankreich, auch in Spanien und Italien. Hier liegen völlig andersgeartete Voraussetzungen vor – in Westeuropa geht es darum, in entwickelten Finanzmärkten ein spezifisch deutsches Produkt zu etablieren und vorhandene deutsche Kunden mit ihren Baufinanzierungen auf die mittel- und westeuropäischen Märkte zu begleiten. Der strategische Ansatz ist immer derselbe: es geht uns darum, einem bislang auf den deutschen Markt beschränkten Produkt europaweit Geltung zu verschaffen und es so auch im Inland stabiler und resistenter gegenüber den Gefährdungen zu machen, denen ein von Staats wegen gefördertes Produkt nun einmal ausgesetzt ist.

Stabilisierung des Produkts und der Nachfrage und zwar vom Kunden her, ist auch der Antritt im Feld 3, in dem wir Produkte, die den Kunden vom Grundsatz her und von anderen Anbietern bereits vertraut sind, aus unserer Sicht neu in den Markt bringen. Dieses Feld und das nächste, nämlich Feld 4: Vermarktung von Produkten und Dienstleistungen, die sowohl uns als auch dem Publikum neu sind, bilden den Kern meines Vorstandsressorts bei der Bausparkasse Schwäbisch Hall. Um für beide Situationen Beispiele zu nennen: Wir haben die ehemalige *Schulungsabteilung zu einem Lerndienstleister* weiterentwickelt, der externe Kunden anspricht. Für den potentiellen Kunden nichts Neues, für uns in vielerlei Hinsicht schon. Ich würde das dem dritten Feld zuordnen.

In den letzten Jahren haben wir einen *Service für Firmenkunden* aufgebaut. Hintergrund war die merkwürdige Unterrepräsentanz von Firmen in unserem Kundenbestand. Während Versicherungsgesellschaften seit jeher Firmen gezielt ansprechen, meist mit spezialisierten Vertriebseinheiten, war und ist das Bauspargeschäft fast ausschließlich Geschäft mit den privaten Haushalten. Um das schrittweise zu ändern und die strategische Lücke im institutionellen Geschäft zu schließen, wurde dieser Firmenservice ins Leben gerufen.

Nun konnten wir aber mit dem Bausparvertrag für Otto Normalverbraucher erfolgreiche Firmen und deren Geschäftsleitungen nicht sonderlich begeistern. Es mußte also ein firmenadäquates Angebot entwickelt und von speziell ausgebildeten Vertriebsmitarbeitern in die neue Zielgruppe getragen werden. Ich nenne als Beispiele für solche mehr oder weniger maßgeschneiderten Angebote eine Sonderform von Arbeitgeberdarlehen in Verbindung mit Bausparverträgen, ein Modell der betrieblichen Altersversorgung, das im Unterschied zu den gängigen Modellen ohne eine Rückdeckung durch Versicherungen auskommt, und das statt dessen mit Immobilien hinterlegt ist, sowie eine Tarifvariante für Großkunden. Neue Produkte in neuen Märkten – ein Fall für Feld 4.

Ich habe vorhin gesagt, daß ich Innovation als Prozeß begreife, und ich habe einige wenige Stadien dieses Prozesses aufgezählt. Ich will Ihnen nun einmal darstellen, wie diese Prozesse bei uns real und konkret abgelaufen sind, wie wir sie organisiert haben, und welche Erfahrungen wir bisher machen konnten.

Am Anfang stand die Bestimmung des Standorts. Wir haben uns aus eigenem Überlegen, aber auch unterstützt von mehreren Consulting-Unternehmen, klargemacht, wo wir stehen. Da gab es einigen Anlaß zum zufriedenen Schulterklopfen. Sie erinnern sich: Marktführerschaft, große Zahlen, starke und verläßliche Partner. Der Versuch, in die Zukunft zu blicken und die Szenarien für die Zukunft einer deutschen Bausparkasse, die nichts anderes ist als eine Bausparkasse in Reinkultur, hat dann aber doch auch einige Schattenseiten aufgezeigt. Wir sahen Bedrohungen, die zwar nicht akut und virulent waren, die sich aber zu ernsthaften Turbulenzen hätten auswachsen können. Ich will sie nicht im einzelnen aufzählen – einige Stichworte mögen hier genügen. Es ging im wesentlichen um die Gefahren der Monokultur, um die Abhängigkeit von einem überragend wichtigen, aber rechtlich und faktisch selbständigen Vertriebspartner, nämlich den Volksbanken und Raiffeisenbanken, und es ging auch um die Zukunft der staatlichen Wohnungsbauförderung vor dem Hintergrund leerer Staatskassen. Es ging schließlich noch um die Konzentrationstendenzen in der Branche, die sich damals schon abgezeichnet haben. Es war klar, daß Konkurrenz im Bauspargeschäft nicht mehr nur der Wettbewerb zwischen den einzelnen Kassen sein würde. Die deutschen Bausparkassen, das war absehbar, würden eine spezielle Rolle im Wettbewerb der großen Gruppierungen im deutschen Finanzmarkt spielen müssen.

Ich sagte vorhin, daß wir bei unseren Strategieüberlegungen vor allem das Ziel verfolgten, unseren Handlungsspielraum zu erweitern und die Beschränkungen zu überwinden, denen ein Spezialinstitut mit Fokus auf dem deutschen Markt nun einmal unterliegt. Die Erweiterung des Geschäftsbereichs über die Staatsgrenzen hinweg war ein wichtiger Schritt auf diesem Weg. Im Inland ging es darum, die Angebotspalette zu erweitern; die Frage war, um welche neuen Angebote und um welche neuen Dienstleistungen.

Spätestens an dieser Stelle des Innovationsprozesses muß man sich darüber klar werden, was möglich ist und was sinnvoll ist. Es stellt sich die Frage nach den Leitplanken für das unternehmerische Handeln. Jede Innovation muß Hemmnisse überwinden und sei es auch nur die Trägheit des Status quo. Darüber hinaus gibt es aber auch unternehmensspezifische Barrieren gegen Veränderungen und zwar sowohl *exogene* Faktoren, die vom Umfeld her wirken, als auch *endogene*, die aus dem Unternehmen selbst kommen.

Was die exogenen Faktoren angeht, so werden sie gegenwärtig unter dem Stichwort der deutschen Regelungswut diskutiert. Unternehmen aller Größenordnungen und aus allen Branchen klagen darüber, daß sie bei Neuerungen einen zähen und langwierigen Kampf gegen eine Wand von Reglementierungen aus Sicherheitsvorschriften und Schutzbestimmungen für Arbeitnehmer und Verbraucher führen müssen. Ich will dieses Thema nicht weiter vertiefen. Zumal ich glaube, daß viele dieser Klagen nicht viel mehr sind als eine Bemäntelung eigener Ungeschicklichkeit und hausgemachter Management-Fehler. Völlig abtun kann man das Thema aber dennoch nicht. In unserem Falle war eine wichtige gesetzliche Regelung zu beachten, nämlich das Spezialitäts-Prinzip des Bausparkassen-Gesetzes. Dieses Gesetz beschränkt die Geschäftstätigkeit von Bausparkassen auf die Finanzierung wohnungswirtschaftlicher Maßnahmen. Beteiligungen an Drittunternehmen sind zulässig, soweit sie das Hauptgeschäft fördern, eine einzelne Beteiligung darf aber über ein Drittel aller Anteile nicht hinausgehen. Das sind klare gesetzliche Rahmenbedingungen, die selbstverständlich zu beachten sind, und denen man gegebenenfalls durch geeignete gesellschaftsrechtliche Konstruktionen Rechnung tragen muß.

Genauso bedeutsam als exogene Schranke war für uns die Einbindung des Unternehmens in die genossenschaftliche Organisation. In dieser Organisation ist das Feld der Finanzdienstleistungen bereits sehr gut besetzt – es gibt neben den lokalen und überregionalen Geschäftsbanken drei Hypothekenbanken und eine bedeutende Versicherungsgesellschaft in diesem Verbund. Das bedeutet , daß Diversifikationen in Richtung Finanzdienstleistungen, so sehr sie sich vom Know-how her angeboten hätten, nicht opportun gewesen wären. Schließlich mußten störende Rückwirkungen auf das Kerngeschäft in jedem Fall vermieden werden.

Doch es sind nicht nur exogene Hemmschwellen und notwendige Rücksichten auf Geschäftspartner, die der unternehmerischen Kreativität und Flexibilität Fesseln anlegen. Mindestens ebenso wichtig sind in diesem Zusammenhang die *endogenen* Hemmnisse. Viele davon haben ihre Ursache in tief verwurzelten mentalen und unternehmenskulturellen Einstellungen. Ich will nicht so weit gehen wie Lothar Späth, der die deutsche Grundhaltung als „Wohlfahrtsstaatskapitalismus" und als „Zoo-Mentalität" kennzeichnet, und der diese Einstellungen als Gegenpol zu einem amerikanischen „Wettbewerbskapitalismus" und einer angeblich in den USA und in Asien angesiedelten „Freie-Wildbahn-Mentalität" sieht. Aber daß unternehmerischer Wagemut, Neugier und die Lust am Experiment die vorherrschende Geisteshaltung in der deutschen Finanzwirtschaft wären, das wird man auch nicht gerade behaupten können.

Weil das so ist, weil Innovationsdruck nicht oder nur schwach gespürt wird, und weil man mit der Skepsis und auch dem Widerstand der *„Old Boys"* rechnen muß, ist es wichtig, für das Vorantreiben der Veränderungsprozesse die richtigen Mitarbeiter zu finden. Das sind Mitarbeiter, die noch neugierig sind, die nicht nur Wirklichkeitssinn, sondern auch einen ausgeprägten Sinn für das Mögliche besitzen, und die auch einmal hinterfragen, warum ein Istzustand die beste aller denkbaren Möglichkeiten sein soll. Mit einem Wort: kreative Mitarbeiter. Aber solche mit Konsequenz und mit Stehvermögen. Wer ein Problem nur „andenkt", statt es zu Ende zu denken, und wer sich schon beim ersten Gegenwind eine Erkältung holt, wird Veränderungen nicht bewirken können.

Ebenso wichtig ist es, diesen Mitarbeitern den Rücken frei zu halten. Wenn sie sich nicht in einem Wust von Alltagsproblemen verheddern sollen, müssen sie von der Unternehmensspitze aus unterstützt werden. Das Projektteam, das Veränderungsprozesse fachlich-konzeptionell vorantreibt, ist der *Fachpromotor*. Der Lenkungskreis, der den Prozeß steuert, muß als *Machtpromotor* wirken, der das selbstinitiierte kreative Handeln fördert und ihm im Unternehmen Geltung verschafft. Jede dieser beiden Ebenen ist unverzichtbar.

Aus der spezifischen Situation unseres Unternehmens heraus haben wir nach eingehenden Diskussionen unsere strategische Marschrichtung neu definiert. Wir werden die *wohnwirtschaftlichen Finanzdienstleistungen* als die traditionelle Kernkompetenz selbstverständlich weiter forcieren. Dazu gehört neben dem Angebot der eigenen Pro-

Positionierung als Dienstleister rund ums Wohnen
Darunter ist zu verstehen:

1. **Angebot von wohnwirtschaftlichen Finanzdienstleistungen**
   - Bausparen/Baudarlehen (Kerngeschäft)
   - Vermittlung von:
     - Bankdienstleistungen des genossenschaftlichen Finanz-Verbunds
     - Produkten der genossenschaftlichen Hypothekenbanken
     - Versicherungen der R+V-Grupppe
       (Risiko-)Lebensversicherungen
       Gebäudeversicherungen
       Versicherungen gegen wirtschaftliche Folgen von Arbeitslosigkeit

2. **Wohnwirtschaftliche Service-Leistungen (non-financial services)**
   - Immobilien-Vermittlungs-Services
   - Baubetreuung/Bauträger im Systembau
   - Wohnbaukonzepte
     - Privatisierung
     - genossenschaftliche Wohnkonzepte für Senioren, Junge, Familien etc.
   - Immobilien-Management
     - Modernisierung
     - nachhaltige Gebäudeoptimierung

Darüber hinaus:
Suche und Prüfung nach Möglichkeiten der Vermarktung von Fähigkeiten des Unternehmens
Beispiel: Training, Neue Medien

Abb. 2: Unternehmensleitbild der Bausparkasse Schwäbisch Hall AG

dukte auch die Vermittlung von Bankdienstleistungen der genossenschaftlichen Primärbanken, von Hypothekenbank-Darlehen und von Versicherungen. Dazu gehört aber auch die gemeinschaftliche Entwicklung von Finanzinnovationen zur Ergänzung des vorgegebenen Angebotsrahmens. Ein Beispiel dafür ist eine Versicherung gegen die wirtschaftlichen Folgen unverschuldeter Arbeitslosigkeit. Wir haben sie schon vor Jahren gemeinsam mit der Raiffeisen- und Volksbanken-Versicherungsgruppe entwikkelt. Für mich ein Beispiel dafür, daß auch im Bereich der Finanzdienstleistungen Produktentwicklungen über Unternehmensgrenzen hinweg betrieben werden können.

Über den finanzwirtschaftlichen Rahmen hinaus werden aber auch *wohnwirtschaftliche Service-Leistungen* entwickelt und angeboten – ich habe sie hier summarisch und in Stichworten aufgelistet.

Diese wohnwirtschaftlichen Serviceleistungen sind so angelegt, daß sie das Kerngeschäft stützen sollen. Dies nicht allein unmittelbar, etwa so, daß bei einer Immobilienvermittlung auch die dazugehörige Finanzierung von Schwäbisch Hall darzustellen wäre. Dieser Effekt des Cross-Selling wird natürlich angestrebt, er ist aber nicht der Hauptgrund für die Erweiterung der Angebotspalette um wohnwirtschaftliche *non financial services*. Wichtiger sind positive Auswirkungen auf das Anbieter-Image und auf das Meinungsklima im politischen Bereich.

Den Kunden und allen, die es werden sollen, soll deutlich gemacht werden, daß sie bei Schwäbisch Hall in allen Fragen des Bauens und des Wohnens einen zuverlässigen Partner haben. Das Angebot kostengünstiger Bauformen und neuer Wohnkonzepte soll demonstrieren, daß das Bauen und der Erwerb von Wohneigentum auch solchen Haushalten möglich ist, die das bisher für sich noch gar nicht ins Auge gefaßt haben. In diesem Punkt, in der Aktivierung der sogenannten Schwellenhaushalte zum Bauen, gehen wir völlig konform mit den eigentumspolitischen Zielsetzungen der Bundesregierung und auch der parlamentarischen Opposition. Zugleich betreiben wir Zukunftsvorsorge für das eigene Kerngeschäft.

Doch genug der abstrakten Vorreden. Ich wollte ihnen gerne am Beispiel der Bausparkasse Schwäbisch Hall darstellen, wie wir im einzelnen vorgegangen sind, um die geplanten Innovationen ins Werk zu setzen.

Das Ziel war klar: die wohnwirtschaftlichen Finanzdienstleistungen sollten ergänzt werden um *non financial services* und zwar zunächst um solche, die mit der Immobilie zu tun haben. Dazu gehört natürlich die Immobilienvermittlung, also der Nachweis von Kauf- und Verkaufsgelegenheiten im Immobilienbereich. Das ist das klassische Maklergeschäft – alle großen deutschen Bausparkassen betreiben es, wir selbst seit Anfang der 90er Jahre.

Wir hatten und haben bei diesem Geschäftszweig zu beachten, daß auch viele genossenschaftliche Banken in der Vermittlung von Gebrauchtimmobilien engagiert sind. Das hat zur Folge, daß Konkurrenzsituationen entstehen können, die sich zu Konflikten innerhalb der Organisation auswachsen und die die Zusammenarbeit im Kerngeschäft beeinträchtigen können. Daran konnte niemand interessiert sein.

Der Ausweg aus dieser Falle konnte nur über eine Geschäftspolitik der Subsidiarität gefunden werden. Das bedeutet, daß wir in der Immobilienvermittlung unsere Schwerpunkte dort setzen, wo die lokale genossenschaftliche Bank nicht tätig werden will oder nicht tätig werden kann. Das ist der Fall im überregionalen Vermittlungsgeschäft, bei der Vermittlung von Immobilien zur Kapitalanlage und im Geschäft mit Auslands- und mit Feriengrundstücken. Und das bedeutet in der Konsequenz die Entwicklung und Vermarktung neuer und für uns noch ungewohnter Produktangebote.

Dazu gehören aber auch Dienstleistungen, die in den Märkten nicht gar so fest verankert waren wie das Maklergeschäft. Das Bauträgergeschäft mit besonderer Konzentration auf das Segment des kostengünstigen Bauens, der Bereich, den wir mit dem Begriff „Wohnkonzepte" umschreiben, das weite Feld des Immobilien-Management einschließlich der Services, die mit der Werterhaltung und der Modernisierung des Wohnungsbestandes zusammenhängen. Auf den ersten Blick ist zu erkennen, daß die verschiedenen Projekte höchst unterschiedlich geartet sind. Das gilt zunächst für ihren Innovationsgrad. Immobilienvermittlung und Maklergeschäft sind altbekannte Geschäftszweige. Was wir unter „Wohnkonzepte" subsumieren, ist jedoch vielfach Neuland.

Die *Wohnungsprivatisierung* mag als Beispiel dienen. Es hat zwar schon immer Verkäufe von Wohnungen durch institutionelle Anleger an private Käufer gegeben. Der Verkauf im großen Stil ist aber eine Besonderheit der letzten Jahre. Sie entstand zunächst aus der Notwendigkeit, gesellschaftliches Eigentum in den neuen Bundesländern in Privateigentum zu überführen. Die Veräußerung von Wohnungsbeständen der Kommunen und anderer öffentlicher Institutionen an private Erwerber auch in den alten Ländern wird in großem Stil gleichfalls erst seit kurzem betrieben.

Das hat Konsequenzen für die Organisation der Innovationsprozesse. Im Maklergeschäft kann das notwendige Know-how eingekauft werden – es gilt hier, geeignete Mitarbeiter anzuwerben, und man kann sich an ein etabliertes Berufsbild halten. Im Privatisierungsgeschäft ist das anders. Wer hier erfolgreich tätig werden will, braucht zwar auch das Know-how eines Immobilienfachmanns. Es handelt sich hier aber nicht schlicht und einfach um das Geschäft mit Privatpersonen, sondern vor allem auch um den Umgang mit kommunalpolitischen Instanzen. Der Verkauf größerer Wohnungsbestände hat immer auch eine wohnungspolitische Dimension, und schon darin unterscheidet er sich vom gängigen Maklergeschäft mit der second-hand-Immobilie und mit Bauträgerobjekten.

Ähnliche Voraussetzungen gelten für den Geschäftsbereich, den wir *„genossenschaftliche Wohnkonzepte"* nennen. Hier geht es darum, Bauvorhaben für ganz bestimmte Zielgruppen wie Senioren, junge Familien, Behinderte zu initiieren, zu vermarkten und später auch zu betreiben und zwar in einer Rechtsform, die dem Background und der „ideologischen Verwurzelung" unseres Unternehmens entspricht, nämlich in der Form der eingetragenen Genossenschaft. Auch hier wird Neuland betreten, und auch hier sind konzeptionelle Vorleistungen zu erbringen, die vom traditionellen Berufsbild des Grundstücksmaklers nicht abgedeckt werden.

Neben den wohnwirtschaftlichen Geschäftsfeldern haben wir weitere etabliert, die scheinbar unabhängig vom Kerngeschäft existieren, nämlich zum einen den Bereich *Schulung/Training*, zum anderen eine Gesellschaft für *Neue Medien, Consulting* und *Informationsverarbeitung*. Bei diesen Geschäftsfeldern geht es darum, das eigene Wissen und die im Unternehmen vorhandenen Fähigkeiten zum Produkt zu machen.

Finanzdienstleister mit umfangreichen Außendienstorganisationen und mit einem weit verzweigten Vertriebsnetz müssen über gut ausgebaute und erfahrene Schulungsabteilungen verfügen. Das ist zunächst notwendig, um Fachwissen zu vermitteln. Die Trainingspraxis enthält aber auch branchenunabhängige Inhalte wie die Fähigkeit, Verkaufsgespräche zu führen, Gesprächstechniken, Verkaufsrhetorik, persönlichkeitsbildende Elemente, Time Management usw. Diese produktneutralen Inhalte lassen sich auch Dritten gegenüber vermarkten. Ebenso bestimmte Trainingsmethoden und -verfahren wie das *training on the job* und das *coaching* von Mitarbeitern, die wir traditionell besonders gepflegt haben.

Das Ergebnis war in unserem Haus die Gründung einer Trainingsgesellschaft, die die Schulungsaufgaben gegenüber der eigenen Organisation wie bisher wahrnimmt, allerdings als externer Dienstleister gegenüber der Muttergesellschaft. Darüber hinaus hat sich diese Trainingstochter in der genossenschaftlichen Bankenorganisation, aber auch in bisher fremden Wirtschaftszweigen, eine neue Klientel gesucht, der sie im Wettbewerb mit anderen Lerndienstleistern die eigenen Trainingsleistungen anbietet. Im übrigen hat sie ihr Angebot um Elemente des Personalmarketing ergänzt. Sie sucht für Dritte neue Mitarbeiter, und sie führt Assessment Centers zur Personalauswahl und -entwicklung durch. Schließlich baut sie – quasi im Sog der Bauspar-Auslandsgesellschaften – bereits ein Netz von Töchtern im europäischen Ausland auf.

Ähnlich verhält es sich auch mit der schon erwähnten Gesellschaft für Neue Medien, Consulting und Informationsverarbeitung. Auch sie hat ihren Ursprung in der Muttergesellschaft und hier im Bereich „Informationsservice und Informationssysteme". In der täglichen Arbeit dieses Bereichs, in der Zusammenarbeit mit den genossenschaftlichen Banken und mit deren Rechenzentralen entsteht spezifisches Know-how. Es entsteht Systemverständnis für die Erfordernisse dieser Organisation und es entstehen auch Marketing- und Vertriebs-Know-how, die es ermöglichen, komplette technische Problemlösungen für kundenorientierte DV-Anwendungen zu entwickeln.

Eine solche Anwendung ist das System der *elektronischen Marktplätze* der Volksbanken und Raiffeisenbanken. Mit diesem Projekt bietet unsere Tochtergesellschaft der genossenschaftlichen Organisation eine Lösung für den Vertrieb im elektronischen Zeitalter an. *Electronic Commerce* ist in dieser Organisation vergleichsweise schwer zu organisieren, weil mehr als 2400 selbständige Geschäftsbanken mit unterschiedlichen Angebotsprogrammen und sehr verschiedenen Kundenstrukturen zu koordinieren sind. In dieser Situation installiert unsere Tochtergesellschaft lokale elektronische Marktplätze mit Internet-Zugriffsmöglichkeiten zu den zentralen und überregionalen Angebotsprogrammen der großen Verbundinstitute – Versicherung, Hypothekenbanken und Bausparkasse. Auf diesen elektronischen Marktplätzen können aber auch Firmenkunden der örtlichen Banken mit eigenen Marktständen vertreten sein, ebenso Veranstalter kultureller Events und andere regionale und überregionale Dienstleister und Anbieter.

Ein Bankkunde kann den Marktplatz seiner Bank über die Netze besuchen. Er kann auch in der Bank physisch anwesend sein und über ein bankeigenes Terminal auf das System zugreifen. In beiden Fällen hat er nicht nur die Finanzdienstleistungen seiner Bank im Zugriff, sondern gleichzeitig auch das gesamte Angebotsspektrum der genossenschaftlichen Gruppe, das Warenangebot der Region und die verschiedensten Dienstleistungen und Informationsangebote.

Die individuelle Entstehungsgeschichte der einzelnen neuen Geschäftsbereiche ist also durchaus unterschiedlich. Wir haben Neugründungen in neuen Märkten betrieben – das gilt für die Auslandsunternehmen. Wir haben aus bestehenden Systemen heraus neue Angebotsformen entwickelt, das gilt für die Entwicklung der Immobilientochter vom Maklerunternehmen zum wohnwirtschaftlichen Allrounder. Und wir haben schließlich in zwei Bereichen – Schulung und Neue Medien – den Weg des Outsourcing aus der Muttergesellschaft gewählt.

In allen Fällen sind wir aber nach demselben Arbeitsfahrplan vorgegangen. Wir gehen davon aus, daß die Implantation von Innovationen im Grundsatz immer demselben logischen Ablauf folgt – ich bin auf einige Stadien bereits eingegangen,

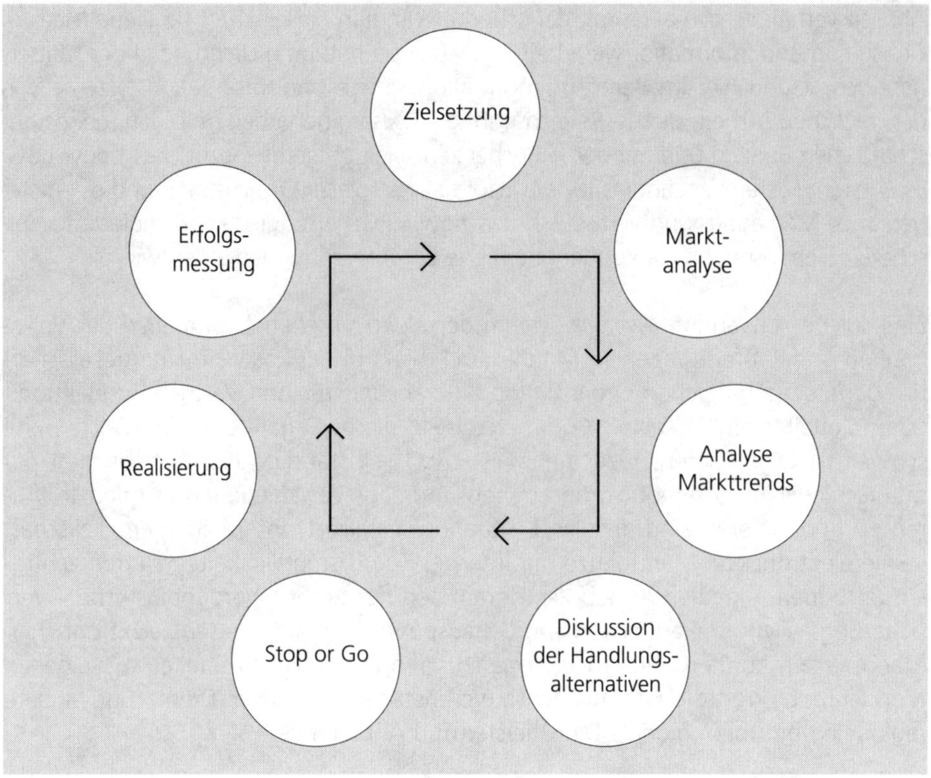

Abb. 3: Strategieentwicklung/Ablaufphasen

will sie aber noch einmal im Zusammenhang skizzieren.

Am Anfang des Prozesses steht – wie könnte es anders sein – die *Zielsetzung*. Das sagt sich leicht dahin, ist aber nicht immer ganz einfach. Nicht immer liegt der Handlungsbedarf so klar auf der Hand wie in einer Krisensituation, in der es darum geht, einen *Turnaround* zu schaffen, wenn man nicht zum Konkursrichter gehen will. Wenn ein zufriedenes „weiter so" eine mögliche Alternative ist, tut sich Innovation naturgemäß schwerer. In unserem Fall bestand eine solche Situation. Niemand zwang uns, mit unserem Produkt ins Ausland zu gehen. Niemand zwang uns, wohnwirtschaftliche Geschäftsbereiche zu besetzen. Und niemand hat uns gezwungen, den Trainingsmarkt und das florierende Feld des Informations-Consulting um Anbieter aus Schwäbisch Hall zu bereichern. Es waren einzig und allein strategische Überlegungen zur Sicherung der ferneren Zukunft, die das nahelegten.

Doch selbst dann, wenn allgemein anerkannt wird, daß Handlungsbedarf besteht, ist eine Einigung über die Zielsetzung noch nicht getroffen. Ich glaube, es ist menschlich, die eigenen individuellen Zielvorstellungen für selbstverständlich, für stimmig und für vernünftig zu halten. Führungskräfte und Vorstandsmitglieder sind auch recht gut darauf trainiert, ihre eigenen Zielsetzungen durchzusetzen. Und weil Entscheidungen über Ziele ja immer an der Spitze getroffen werden, ist es nicht so ganz einfach, sie wirklich einvernehmlich, konsistent und bestandsfest zu treffen. Das Unternehmensleitbild, das ich Ihnen vorhin als Chart gezeigt habe, war das Produkt sehr intensiver Diskussionen im Vorfeld. Und es wäre vermessen zu sagen, daß es nach seiner Verabschiedung immer und von allen als verbindlich anerkannt worden wäre. Es ist hier wie in der Seefahrt: einen Kurs zu bestimmen ist die eine Sache, ihn zu halten die andere.

Die *Marktanalyse* als die nächste Phase ist dagegen vergleichsweise unproblematisch. *Facts and figures* gibt es zu jeder Fragestellung in Hülle und Fülle. Und die Marktforschungsabteilungen der Unternehmen sind ebenso wie die einschlägigen Institute bestens geübt, sie zusammenzutragen und zu präsentieren. Das Problem liegt also nicht in fehlenden Fakten. Dicke Computerbände und umfangreiche Folienprogramme führen im Gegenteil eher zu einem *Informations-Overload*. Was dagegen nur schwer wirklich schlüssig dargestellt werden kann, ist die qualitative Komponente. Das gilt schon für die Ausgangslage. Fragen wie die zum Reifegrad einer Branche, zu den Stärken und Schwächen von Konkurrenten, zu den Einschätzungen durch die Kunden werden im allgemeinen in der traditionellen Marktforschung eher vernachlässigt. Das gilt erst recht für den Blick in die Zukunft. Welche Konkurrenzaktivitäten sind zu erwarten? Wie entwickeln sich die Bedürfnisse der Kunden? Wie entwickelt sich ihre Preisakzeptanz? Das sind nur einige Beispiele für Fragestellungen, die zu beantworten wichtig wären, auf die eine klare, präzise Antwort aber kaum zu erwarten ist.

Die Diskussion und die *Bewertung der Handlungsalternativen* als die nächste Phase im Innovationsprozeß fällt häufig sehr kurz aus. Das liegt unter anderem daran, daß Killer-Argumente vielfach schneller zur Hand sind als neue Ideen. Es ist auch wesentlich einfacher, die Machbarkeit einer möglichen Lösung zu verneinen als sie kreativ auszuloten und weiterzuentwickeln. Es kommt dazu, daß gerade die Insider, die angeblich praxiserfahrenen alten Hasen und die *„Old Boys"* neue Anforderungen auf sich zukommen sehen. Nicht immer sehen sie das mit Sportsgeist und mit Freude. Das kann dann dazu führen, daß der Handlungsspielraum, der tatsächlich zur Verfügung steht, deutlich unterschätzt wird. Bequemlichkeit und die Angst vor dem unbekannten Neuen sind viel häufiger der Tod von Innovationen als mißlungene Praxistests.

Hier kann der Blick über den Zaun helfen, und der kann vermittelt werden durch professionelle Berater; nach Möglichkeit allerdings durch solche Berater, die ihre Aufgabe nicht schon dann als erfüllt ansehen, wenn sie ein umfangreiches Folienprogramm erstellt und präsentiert haben, sondern solche, die auch bei der Realisierung des Konzepts dabei sein wollen. Die konkrete Entscheidung über eine Option, ob sie zur Realisierung angenommen wird oder nicht, ist dann wieder eine reine Führungsentscheidung.

Wie jede Entscheidung für eine Alternative ist sie zugleich eine Entscheidung gegen alle anderen Optionen. Es ist deshalb nicht verwunderlich, daß sie mit starken Ambivalenzen verbunden ist. Der Eindruck, am Ende sei doch nicht der große Wurf gelungen, ist schnell entstanden. Er wird naturgemäß von den Anhängern der unterlegenen Alternativen eher noch geschürt.

Damit dies nicht zu kontraproduktiven Fraktionsbildungen und den damit verbundenen Glaubenskriegen führt, muß die Akzeptanz der Lösung durch die gesamte Führungscrew des Unternehmens sichergestellt werden. Das geschieht durch Überzeugungsarbeit im Vorfeld und durch ein deutliches Commitment zur Lösung. Hilfreich ist natürlich auch, wenn das Projekt einen starken, im Unternehmen allseits anerkannten Machtpromotor findet. Die größte Überzeugungskraft geht aber von den Erfolgen des Konzeptes aus. Deshalb sind schnelle Anfangserfolge für das Gelingen jeder Innovation so ungeheuer wichtig.

Die *Umsetzung* schließlich ist die Phase der notwendigen Einzelentscheidungen. Hier sind Investitionsentscheidungen zu treffen, Personalfragen zu klären und Informationspflichten zu erfüllen. In dieser Phase ist die Fähigkeit zur Koordination gefragt, damit die einzelnen Aktivitäten in ihrer Summe noch auf das gemeinsame Ziel ausgerichtet bleiben. Ebenso wichtig ist Konsequenz in der Zielverfolgung, damit die unausweichlichen Realisierungskompromisse das Konzept nicht bis zur Unkenntlichkeit verformen.

Die gedanklich letzte Phase im Innovationskonzept, die *Erfolgskontrolle*, bedarf nach meinen Erfahrungen keiner besonderen Ermunterung. Die Suche nach konzeptionellen Schwächen einer Innovation, nach Fehlerquellen in der Umsetzung und nach den angeblich vorhersehbaren Gründen für Probleme und Mißerfolge wird gemeinhin mit großem Engagement betrieben. Hier kommt es darauf an, die Fehleranalyse nicht zum Tummelplatz der Besserwisser und der notorischen Kritiker werden zu lassen und erkannte Fehler als Chance für Verbesserungen am Produkt, in der Organisation oder in den Prozessen zu begreifen.

In meinem Unternehmen, in Schwäbisch Hall, haben wir für die Steuerung der Innovationsprozesse und für die Umwandlung von Kreativität in Geschäftsergebnisse Organisationsformen geschaffen, die ich für sinnvoll und für zielführend halte. Ich will sie Ihnen zum Ende meines Vortrags noch kurz darstellen. Vielleicht ergibt sich daraus auch der eine oder der andere Ansatzpunkt für die Diskussion.

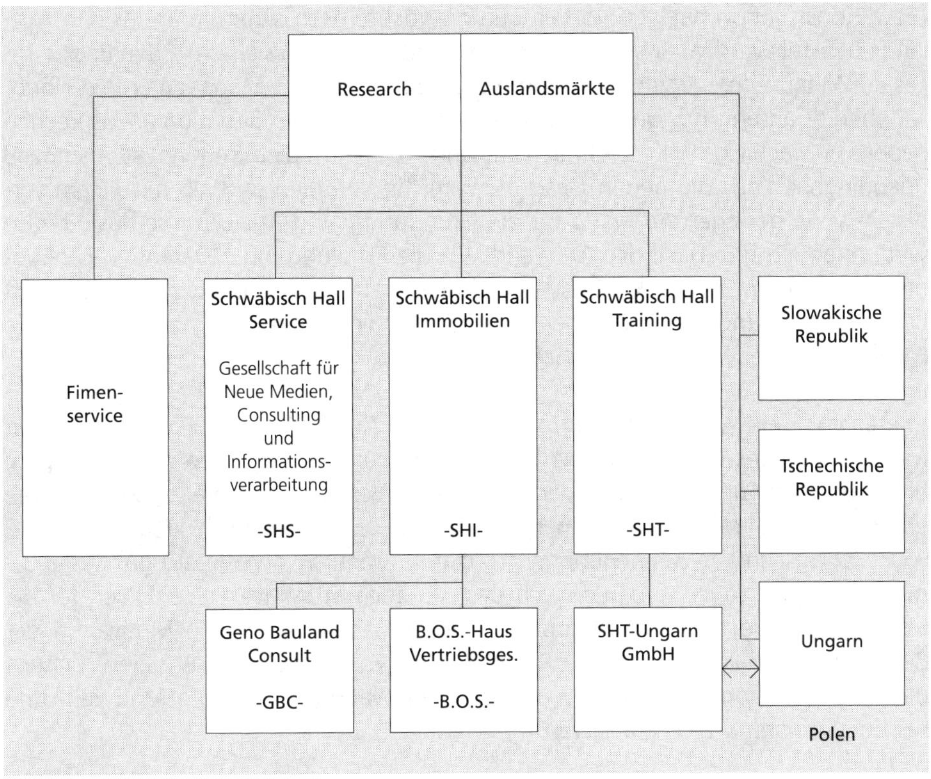

Abb. 4 : Organigramm der SH-Gruppe

Wir haben, wie ich schon ausführte, mehrere große Fronten, an denen Innovation stattfindet. Die eine ist das Auslandsgeschäft, eine andere der Bereich, den wir „Neue Märkte" nennen. Beide Innovationsfronten sind auch in der Muttergesellschaft mit einer Art Back-Office vertreten. Diese beiden Back-Offices sind als Bereiche in der Aufbauorganisation der Bausparkasse Schwäbisch Hall verankert. Beide haben sie den Auftrag, den Markteintritt der neuen Geschäftsfelder bzw. der neuen Tochtergesellschaften voranzutreiben.

Konkret bedeutet das beispielsweise, daß hier Informationssammlung und Marktanalysen durchgeführt oder in Auftrag gegeben werden. Hier werden Verkaufshilfen entwickelt und abgestimmt, und hier wird die PR-Arbeit und die notwendige Kommunikation nach innen und nach außen betrieben. In den beiden Bereichen „*Research*" und „*Auslandsmärkte*" entstehen auch die Entscheidungsvorlagen, auf denen die Einführung neuer Geschäftszweige beruht, und die der Gründung zusätzlicher neuer Gesellschaften zugrunde liegen.

Diese Konstruktion hat den Vorteil, daß die Tochtergesellschaften im In- und Ausland entlastet werden. Schon vor ihrer Etablierung können sie sich in den Back-Offices auf Mitarbeiter stützen, die in der Vorbereitung und im Management von Innovationen erfahren sind. Und die wissen, wen sie in welcher Situation anzusprechen haben, wo fachliche Hilfe zu finden ist, und welche Stadien im Innovationsprozeß unabdingbar sind. Die neuen Geschäftsbereiche kommen deshalb mit einem vergleichsweise geringen Aufwand für die Gründungs- und Anlaufphase aus. Ebenso wird ihnen ein guter Teil des Aufwands für die Erfüllung ihrer Marketing-Funktionen abgenommen. Sie können sich deshalb auf das operative Tagesgeschäft konzentrieren, und sie haben über die korrespondierenden Bereiche Zugriff auf die Fachbereiche der Muttergesellschaft.

„Research" und „Auslandsmärkte" haben die Aufgabe, neue Produkte bis zur Marktreife zu entwickeln bzw. die Gründung neuer Gesellschaften voranzutreiben, bis deren Markteintritt unmittelbar bevorsteht. Wer diese vorbereitenden Arbeiten erfolgreich erfüllt, sollte auch in der Lage sein, sich persönlich in das neu entwickelte Geschäftsfeld einzubringen. Mit der Arbeit in den Bereichen Auslandsmärkte und Research verbinden sich deshalb auch attraktive Perspektiven für die Karrieren der dort tätigen Mitarbeiter. Das fördert natürlich die Motivation der Beteiligten. Vor allem trägt es zur Praxisnähe der Konzepte bei. Aus meiner Sicht ist diese Konstruktion hervorragend geeignet, Innovation zielgerichtet und zeit- und ressourcensparend zu organisieren.

Diese Konstruktion kombiniert die Vorteile der Teamorganisation mit denen der fachlichen Spezialisierung, denn in beiden Organisationseinheiten sind neben den Projektmanagern auch Funktionsspezialisten angesiedelt. Research und Auslandsmärkte sind, was ihre Funktion im Unternehmen angeht, mit den Arbeitsbereichen „Forschung und Entwicklung" in der Industrie vergleichbar. Wie die F+E-Bereiche sollen sie Produktinnovationen vorbereiten und in den Markt bringen. Was durchaus auch schon die eigenständige Durchführung von Markttests einschließen kann. Die Vermarktung selbst, der Vertrieb und das Verkaufsmanagement sind Aufgaben der nachgelagerten operativen Einheiten. Ihnen arbeiten Research und Auslandsmärkte zu, an sie geben sie die neu entwickelten Produkte und Verfahren zur Markteinführung ab, und sie begleiten sie auch danach, allerdings mit verminderter Intensität, in der Phase der Umsetzung.

An dieser Stelle will ich noch eine Besonderheit ansprechen. Ich rede von der vertrieblichen Komponente. Die Immobiliengesellschaft verfügt über eine eigene flächendeckende Vertriebsorganisation. Sie ist im Organigramm nicht extra ausgewiesen, weil es auf die Innengliederungen nicht weiter eingeht. Zusätzlich haben wir eine kleine aber durchaus schlagkräftige *Vertriebsmannschaft für das Firmen-*

geschäft aufgebaut. Sie wird durch einen Vertriebsleiter aus meinem Ressort „Neue Märkte" gesteuert. Sie sehen diese Organisation links im Diagramm skizziert. Originäre Aufgabe des Firmen-Vertriebs ist es, über den Zugangsweg Firmen und andere institutionelle Kunden wie Kirchen, Verbände und Kommunen klassische Bauspardienstleistungen und mehr oder weniger innovative Produktvarianten zu vermarkten. Das tut sie mit beachtlichem Erfolg. Sie ist allein schon deshalb innovativ, weil sie ein bisher von den Bausparkassen vernachlässigtes Marktsegment angeht. Die Firmenorganisation hat aber noch eine weitere Funktion. Sie bietet die gesamte Angebotspalette der inländischen Tochtergesellschaften an, insbesondere auch diejenigen Komponenten, die noch nicht fest etabliert sind. Damit wird die Firmenorganisation zum Testinstrument. Sie führt in Teilen ihrer Tätigkeit faktisch Verkaufstests durch und sorgt beiläufig auch für die schnellen Anfangserfolge, die bei Innovationen so wichtig sind. Darüber hinaus ist sie ein schneller und zuverlässiger Indikator für etwaige Fehler und Mängel eines Konzepts. Oder, positiv ausgedrückt, für die Chancen, dieses Konzept noch zu verbessern.

Müßte ich Nachteile dieser Organisationsformen nennen, dann vielleicht den, daß die im Hause etablierten Fachabteilungen dem Aufbau von Know-how außerhalb ihrer Abteilungsgrenzen mißtrauisch gegenüberstehen. Das kann zu den bekannten Konflikten führen, die dann entstehen, wenn jemand glaubt, ein Revier verteidigen zu müssen. Doch das, denke ich, läßt sich in Kauf nehmen. Zumal interne Konkurrenz per se ja nicht schädlich sein muß. Allerdings ist in dieser Situation darauf zu achten, daß in der betrieblichen Praxis der freie Informationsfluß gewahrt bleibt, und daß Eifersüchteleien nicht nach außen getragen werden.

Meine Damen und Herren, ich habe mit den Worten eines zeitgenössischen Wissenschaftlers begonnen. Lassen Sie mich mit denen eines alten Weisen schließen, von dem nicht einmal bekannt ist, wann genau er gelebt hat. Lao Tse sagt: *„Auch eine Reise von tausend Meilen beginnt mit dem ersten Schritt"*. Das ist unmittelbar einsichtig.

Auch Innovationsprozesse sind „lange Reisen". Denn es gilt, in Wertvorstellungen, in Arbeitsmethoden und in Verhaltensweisen einzugreifen. Wer lange Reisen beginnt, braucht einen langen Atem. Er braucht Durchhaltevermögen, Konsequenz, Frustrationstoleranz und auch Kampfbereitschaft. Wer die nicht mitbringt, sollte die Reise absagen, zu Hause bleiben und Orchideen züchten. Er tut damit vielen einen Gefallen. Aber er bringt sich und seine Mitarbeiter um wertvolle Erfahrungen und um spannende Erlebnisse. Und es kann sein, daß er – wem auch immer – die Zukunft verbaut. Ich meine deshalb, daß man sich nicht scheuen darf, immer wieder den ersten Schritt zu tun.

Mit innovativen Konzepten zu neuen Geschäftsfeldern: Erfolgsstrategien für KMU

Wolfram Risch

Veränderte Markt- und Kundenanforderungen haben zu einer veränderten Situation für alle Unternehmen geführt. Vor allem etablierten Unternehmen fällt es schwer, durch die Entwicklung neuer Geschäftsfelder ihre Position auch in die neu entstehenden Märkte und Kundenbedarfe zu transferieren. Am Beispiel eines Produzenten soll ein solcher Wertewandel verdeutlicht werden. War es ursprünglich die konstruktive und technologische Leistung, eine Werkzeugmaschine entsprechend der vorherrschenden qualitativen Standards zu fertigen und mit einer Standard CNC-Steuerung zu versehen, so hat es, ohne daß diese klassischen Anforderungen geringer geworden sind, eine deutliche Erweiterung des Anforderungsprofils hin zur Integration von Wissen und Dienstleistungen gegeben. Mittlerweile fordern die Kunden von den Herstellern die Ausstattung der Maschinen mit Steuerungen ihrer Wahl, was im Bereich der Schnittstellenbeherrschung, der Programmierung, der Portierung auf verschiedene Betriebssysteme etc., ein überdurchschnittliches Anforderungswachstum erfordert. Ergänzend zur Entwicklung spezifischer Postprozessoren, der Einbindung der Maschinen in betriebliche Netzwerke und Steuerungssysteme sind neue Dienstleistungen, wie Ferndiagnose, Online-Support etc., aufzubauen. Damit stehen klassische Unternehmen vor völlig neuen Herausforderungen, die sowohl als Aufgabe wie auch als Chance zu begreifen sind.

Aber nicht nur klassische Fertiger müssen auf veränderte Anforderungen reagieren. Selbst in der vergleichsweise jungen Branche des Computerhandels entstehen angesichts des Preisverfalls, insbesondere bei Hardware, Notwendigkeiten zu Veränderungen der Geschäftsstrategie. Am Beispiel eines Unternehmens, welches sich ursprünglich ausschließlich mit dem Vertrieb der Standard-Baureihen von Marken-PC und Workstation beschäftigte, läßt sich demonstrieren, wie durch die Reaktion auf konkrete Kundenbedürfnisse ein völlig neues Geschäftsfeld entstanden ist. In dem konkreten Fall machte sich das Unternehmen seine speziellen Kenntnisse bezüglich der Konfiguration von Computersystemen und deren Komplettierung mit

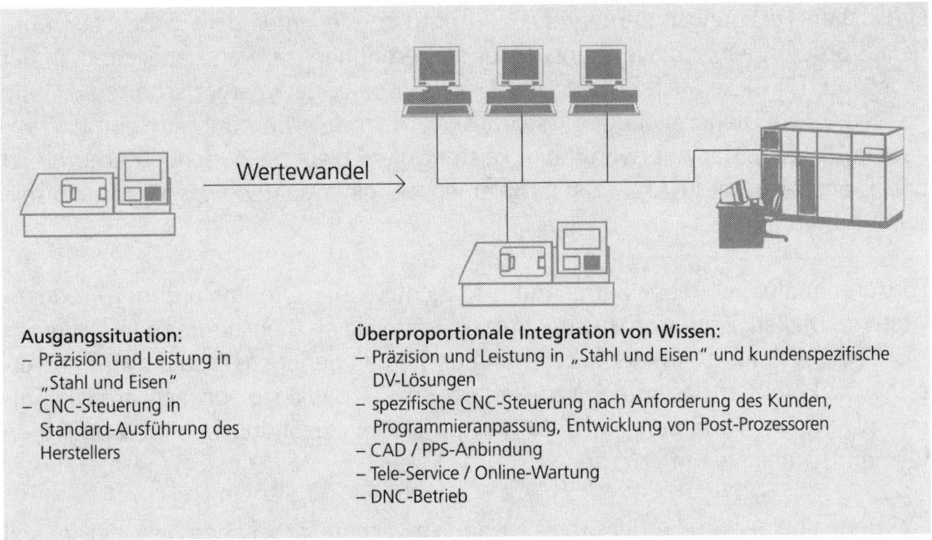

Abb. 1: Wertewandel bei klassischen Produkten

Zusatzkomponenten zu Nutze und erzielt seine höchsten Umsatzanteile mittlerweile durch spezifisch auf die Kundenprobleme zugeschnittene Gesamtsysteme.

Während viele Unternehmen mittlerweile in der Lage sind, neue Geschäftsfelder zu erkennen und zu erschließen, werden im Bereich der Erstellung von Dienstleistungen deutliche Mängel bei der Prozeßbeherrschung sichtbar. Dies beginnt bei den

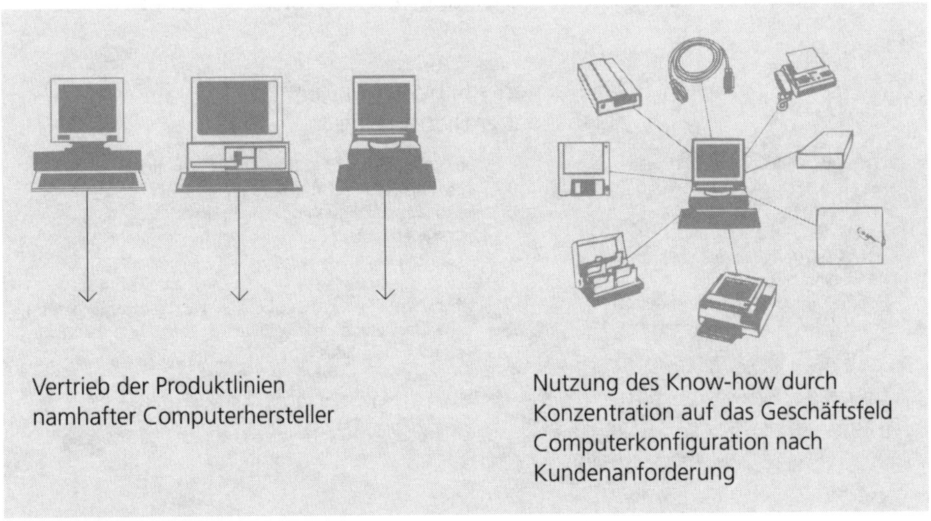

Abb. 2: Nutzung spezifischen Wissens zur Entwicklung neuer Geschäftsfelder

klassischen Fertigungsunternehmen, die mittlerweile unter dem Druck der Kundenanforderungen additive Dienstleistungen erbringen, teilweise aber nicht in der Lage sind, für diese auch notwendige Deckungsbeiträge zu erwirtschaften. Häufig werden solche Dienstleistungen als Gratis-Paket zum Kernprodukt angeboten, was aber im Rahmen der zu erwartenden Leistungsverschiebung zwischen Kernprodukt und Dienstleistung zu Akzeptanzproblemen bei einer später angepaßten Preisbildung führen dürfte.

Fortführen läßt sich diese Betrachtung hinsichtlich der Qualität und der Produktivität von Dienstleistungsprozessen. Insbesondere kleine Dienstleister geraten durch mangelnde Planung, Arbeitsvorbereitung und damit geringere Produktivität im Vergleich zu komplett designten Dienstleistungspakten, wie sie von den großen Ketten, ob im Fast-Food-Bereich, dem Transport oder Reinigungsbetrieb, angeboten werden, schnell ins Hintertreffen.

Am Beispiel einer Studie der Stärken und Schwächen sächsischer Dienstleister soll dies im folgenden besser veranschaulicht werden.

In einigen ausgewählten, durch die ATB mitbetreuten Pilotvorhaben konnte die Fähigkeit zur Kreativität und Kooperation als wichtigster Ausgangspunkt für ein erfolgreiches Dienstleistungsdesign ermittelt werden. Alle betrachteten Unternehmen ließen sich einem entsprechenden Portfolio verorten.

Dabei zeigte sich, daß bei entsprechender Unterstützung bezüglich der Gestaltung unternehmens-, arbeitsorganisatorischer und informationstechnischer Rahmenbe-

Stärken – Schwächen
sächsicher Dienstleister *

- Erschließung neuer Geschäftsfelder
- Individualität der Leistungen und Einrichtungen
- Traditionen
- Flexibilität im Dienstleistungsprozeß
- Kundenintegration
- Orientierung an Kundenansprüchen
- Konzentration auf Kernprozesse
- komplexe Angebote
- umfangreiche Investiotionen
- Mitarbeiterqualifizierung (fachlich)

- Unternehmerfixierung versus Marktorientierung
- Know-how-Entwicklung wird unterschätzt
- Rückkopplung zum Kunden fehlt oft
- Selbstüberschätzung der Dienstleistungsunternehmer
  - Führungseigenschaften
  - Management
  - Leistungsangebot
  - Kundenzufriedenheit
- Schwächen werden oft auf äußere Faktoren zurückgeführt (z.B. Infrastruktur, Gesetzeszwänge, Zahlungsmoral)
- fehlendes Prozeßdenken
- unterentwickeltes Produktivitätsdenken
- fehlende langfristige Entwicklungskonzepte

* Die genannten Stärken und Schwächen wurden in unterschiedlichen Ausprägungen bei über 200 analysierten Dienstleistungsunternehmen vorgefunden.

Abb. 3: Stärken und Schwächen sächsischer Dienstleister

dingungen, welche im Falle der Pilotvorhaben durch die ATB erfolgte, in kürzester Zeit ein effektives Dienstleistungsdesign sichergestellt werden konnte.

Für die Entwicklung neuer Geschäftsfelder, bezogen auf den Dienstleistungsbereich, läßt sich feststellen:

- Haupttriebkräfte zur Entwicklung neuer Dienstleistungen sind Kreativität und Kooperationsfähigkeit.
- Dienstleistungen bedürfen eines ebenso planerisch durchdachten Engineering-, wie auch Optimierungs-Prozesses, wie materieller Produkte, mit den Schwerpunkten Zielorientierung, Produktivität und Qualität.
- Der Erfolg von Dienstleistungen hängt von der Betrachtung des Leistungsprozesses aus Kundensicht und des Angebotes relevanter Lösungen ab.
- Unternehmensorganisation und Arbeitsorganisation müssen die Rahmenbedingungen für einen erfolgreichen Leistungsprozeß sichern.

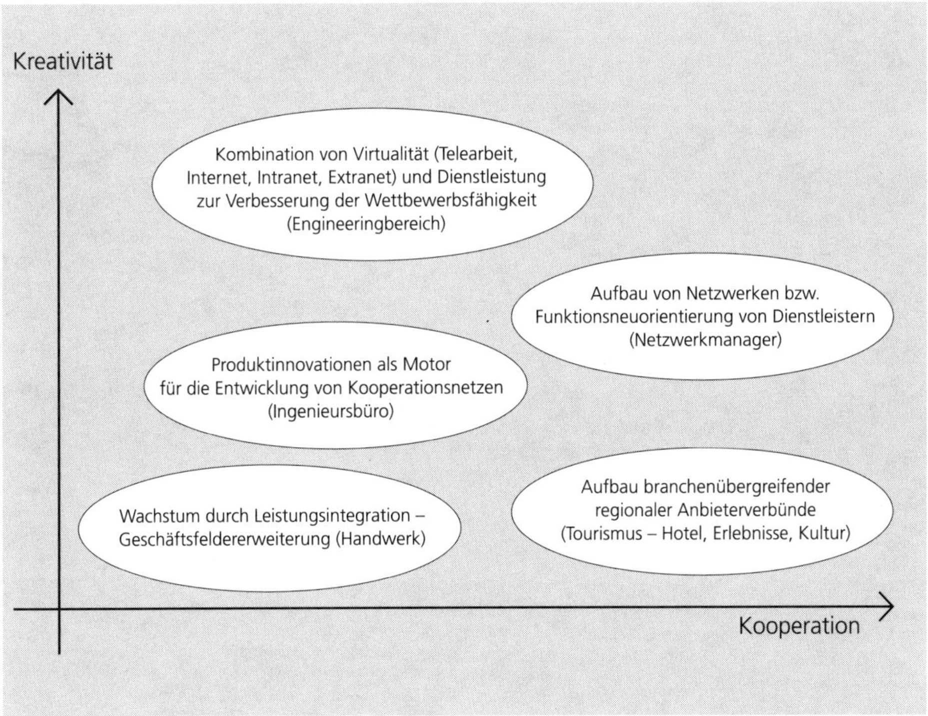

Abb. 4: Verortung ausgewählter Pilotvorhaben zur Entwicklung von Dienstleistungen zwischen Kreativität und Kooperation

III. Neue Unternehmenskonzepte – Neue Regeln

11.
Servicekultur in Wertschöpfungs-partnerschaften

Servicekultur in Wertschöpfungketten

Holger Luczak

Einleitung

Die Servicekultur eines Unternehmens gehört zu den herausragenden Erfolgsfaktoren in Dienstleistungsmärkten. Doch nicht nur in der klassischen Dienstleistungsbranche, auch im Bereich der Leistungsbündel, die sich aus Dienstleistungen und Produktanteilen konfigurieren, sind Differenzierungen über die Dienstleistungsanteile möglich. Somit gewinnen immer mehr die „weichen Faktoren", die die Einstellungen und Verhaltensweisen aller Mitarbeiter eines Unternehmens gegenüber Kunden wie auch den Partnern kennzeichnen, eine zunehmende Bedeutung für den Unternehmenserfolg. Eine erfolgreiche Servicekultur betrachtet deshalb nicht nur die Interaktionen mit den Kunden, sondern stellt auch speziell die Lieferanten als Partner im gesamten Wertschöpfungsprozeß in den Mittelpunkt der Unternehmenskultur.

Im Sinne der Unternehmenskultur konkretisieren sich in der Servicekultur die gemeinsamen Wert- und Normvorstellungen sowohl hinsichtlich des externen wie auch des internen Kunden-Lieferanten-Verhältnisses. So werden durch die Unternehmenskultur bestimmte Denk- und Verhaltensweisen der Mitarbeiter geprägt, die einen entscheidenden Einfluß auf die Entscheidungen, Handlungen und Aktivitäten der Organisationsmitglieder haben.

Der internen Servicekultur werden sowohl Koordinations- als auch Integrations- und Motivationsfunktionen zugeschrieben. Speziell innerhalb der Leistungserbringung ist es notwendig, daß allen Mitarbeitern bewußt ist, welchen Handlungsspielraum sie in verschiedenen Situationen haben und auch im Rahmen eines gesunden Maßes an Eigeninitiative zum Wohle des Kunden aktiv nutzen. Jeder, der seinen Beitrag innerhalb der Wertschöpfungskette leistet, muß sich klar darüber sein, welchen konkreten Anteil er hinsichtlich der Qualität des Leistungserstellungsprozesses zu erbringen hat, und inwieweit das Ergebnis von ihm persönlich abhängt.

Es existiert darüber hinaus auch eine externe Sichtweise von Servicekultur. Im leistungsabhängigen Kontext wird Servicekultur in direkter Verbindung mit Kundendienst oder Value-Added-Services gesehen. Bei diesem Begriffsverständnis erfährt der Begriff des „Dienens" eine besondere Bedeutung. Damit ist unter Servicekultur eine Kultur zu verstehen, in der angemessene Leistungen geschätzt werden, und für die ein qualitativ hochwertiger Dienst zur Erfüllung der Kundenbedürfnisse von höchster Bedeutung ist. Trotz aller Qualitätsbemühungen darf aber keineswegs vergessen werden, daß auch im Rahmen der externen Servicekultur letztendlich immer die Verbesserung der monetären Unternehmenssituation zu beachten ist.

Die Sichtweise der externen Servicekultur unterscheidet unterschiedliche Arten der partnerschaftlichen Zusammenarbeit; sie kann sich in dem hier verwendeten Verständnis sowohl auf die Zusammenarbeit mit den Kunden als auch mit anderen

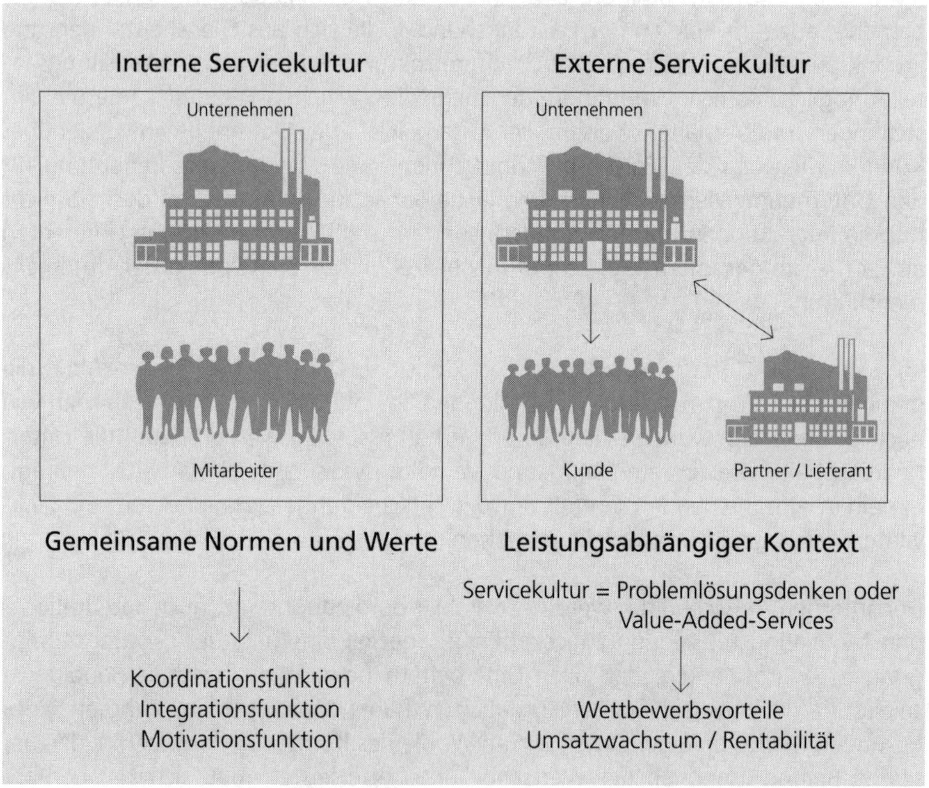

Abb. 1: Die zwei Sichtweisen der Servicekultur

Unternehmen beziehen. Dabei gibt es unterschiedlichste Aspekte und Vorgehensweisen, die Unternehmen veranlassen, partnerschaftliche Beziehungen mit ihren Kunden einzugehen und zu pflegen.

Vorgehensweisen zur stärkeren Einbindung der Kunden:

- Einbindung der Kunden in die Entwicklung neuer Leistungen
- Verbesserungen der Leistungen anhand von Kundenbeschwerden
- Erfassen von Kundenwünschen für zukünftige bessere Leistungsangebote

Darüber hinaus zeigen aktuelle Untersuchungen, daß langfristige Kundenbeziehungen auch die rentabelsten Kundenbeziehungen darstellen, da bspw. ein Vertrauensverhältnis bereits aufgebaut ist, und somit die Kundenwünsche bekannt sind, wodurch hohe Akquisitionskosten gespart werden können.

Die aktive Einbindung der Kunden in den Leistungserbringungsprozeß scheint den meisten Unternehmen sinnvoll und erstrebenswert, jedoch stellen sich viele Dienstleister die Frage, warum eine partnerschaftliche Zusammenarbeit mit anderen Unternehmen angestrebt werden sollte.

Es sind viele neue Anforderungen und Randbedingungen entstanden; der technische und soziale Wandel fordert von allen Beteiligten eine hohe Flexibilität und Reaktionsschnelligkeit. Dabei ist zu unterscheiden zwischen den Anforderungen, die aus unternehmensinterner Sicht entstehen, wie z. B. Tempovorteile bei neuen Leistungen, Reduktion von Risiken, und solchen, die aus der Sicht des Kunden/des Marktes entstehen (z. B. Beherrschung der komplexen Leistungen, ganzheitliche Systemlösungen).

Die externen Erwartungen stehen aber auch teilweise im Widerspruch zu den unternehmensinternen Randbedingungen, wie bspw. die Beschränkung auf Kernkompetenzen im Unternehmen mit der Forderung der Kunden nach komplexen Systemlösungen im Widerspruch steht.

Als Reaktion auf diese Anforderungen sind Unternehmen zukünftig verstärkt gezwungen, partnerschaftlich miteinander zu kooperieren.

Die unternehmerische Praxis bestätigt diese Überlegungen. Unternehmen beurteilen die zukünftige Bedeutung einer partnerschaftlichen Zusammenarbeit als wettbewerbsnotwendig.

Abb. 2: Gründe für partnerschaftliche Zusammenarbeit

So zeigen neuere Untersuchungen der ETH Zürich[1], daß zukünftig die Bedeutung von Kooperationen mit komplexen Aufgabenstellungen steigen wird.

Diesen positiven Aussagen zu Kooperationen in Wertschöpfungspartnerschaften stehen aber auch eine nicht geringe Anzahl von Hemmnissen gegenüber, die eine Kooperationsbildung behindern. Es ist auffällig, daß die hemmenden Faktoren häufig „weicher" Natur sind, so werden bspw. Unsicherheit/Risiko, Angst vor Know-how-Abfluß, Widerstand im Personal als Gründe für Kooperationshemmnisse genannt.

Hier besteht offensichtlich in den Unternehmen Handlungsbedarf zur Unterstützung im „Aufbau einer Kooperationskultur". Im Rahmen der PEM „Wettbewerbsfaktor Dienstleistungsmentalität"[2] wurde dieser Situation Rechnung getragen, indem neben der Innovationskultur und der Interaktionskultur das Handlungsfeld der Kooperationskultur beleuchtet wurde und konkrete Anforderungen und Hand-

1 Eine Untersuchung der ETH-Zürich, 1998, veröffentlicht in io-Management 5/98

2 „Wettbewerbsfaktor Dienstleistungsmentalität", beim Projektträger „Arbeit und Technik" (AuT) im Rahmen der Initiative „Dienstleistungen für das 21. Jahrhundert" des Bundesministeriums für Bildung, Wissenschaft, Forschung und Technologie (BMBF), Förderkennzeichen 01 HG 9683/2 AuT

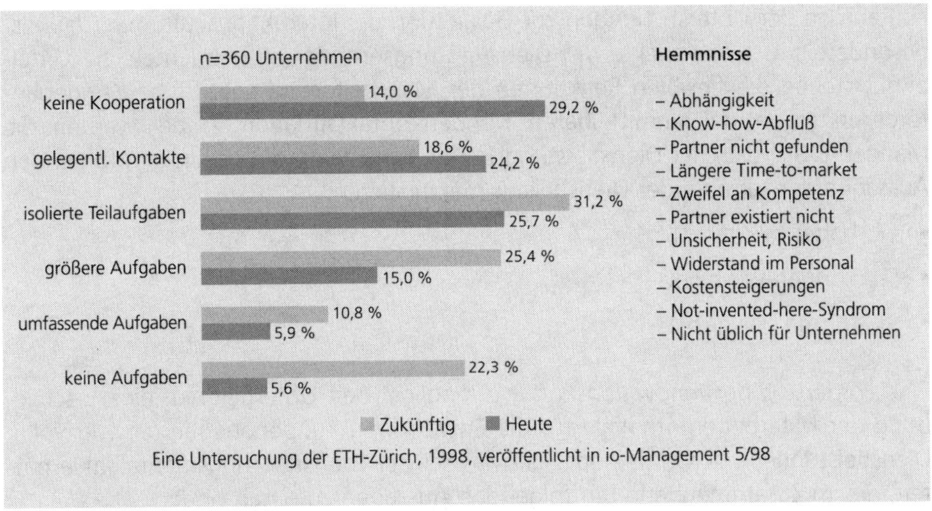

Abb. 3: Intensität von Partnerschaften: zukünftig und heute

lungsbedarfe hinsichtlich der Förderung dieser Kultur ermittelt wurden. Alle drei Kulturmodelle werden anhand von Merkmalen bzw. Fragen operationalisiert und die Ergebnisse werden in Form eines EDV-gestützten Assessment-Tools zur Verfügung gestellt.

Abb. 4: Gestaltungsmöglichkeiten der Dienstleistungsmentalität in Unternehmen

Im Rahmen der Untersuchungen zur Gestaltung der Interaktionskultur werden insbesondere situative Aspekte der Dienstleistungserbringung betrachtet. Im Mittelpunkt stehen die flexiblen Reaktionen der Mitarbeiter auf spezifische Kundenanforderungen in der unmittelbaren Kundenkontaktsituation. Dabei werden die Mängel hinsichtlich der Dienstleistungskultur aufgezeigt, die sich in den folgenden Aussagen der Akteure der Dienstleister manifestieren:

- „... haben wir nicht!"
- „... können wir nicht!"
- „... dürfen wir nicht!"

Eine Förderung der *Innovationskultur* ermöglicht den Unternehmen eine Erschließung der Mitarbeiterpotentiale für die Entwicklung kundenorientierter, wertvoller Dienstleistungen. Es werden speziell Mängel der Dienstleistungsmentalität ermittelt, die im Zusammenhang mit folgenden Aussagen zu sehen sind:

- „...das haben wir noch nie gemacht!"
- „...das gibt es nirgendwo!"

Die Unterstützung der *Kooperationskultur* wird durch die Förderung partnerschaftlicher Zusammenarbeit der Mitarbeiter im Rahmen von Kooperationen für ein Angebot komplexer Dienstleistungsbündel gewährleistet. Die Mängel der Dienstleistungsmentalität manifestiert sich dabei im Zusammenhang mit folgenden Aussagen/Ängsten der Akteure:

- „...da werden wir über den Tisch gezogen!"
- „...da müssen wir das Maximum für uns herausholen!"

Im Rahmen der Kooperationskultur sind deshalb die Aspekte hinsichtlich der Kooperationsfähigkeit (das Können der Mitarbeiter), der Kooperationsbereitschaft (das Wollen der Mitarbeiter) und des Kooperationsbewußtsein (die Erkenntnis der Mitarbeiter) zu betrachten.

Die Kultur eines Unternehmen stellt eine wesentliche Basis für den Erfolg einer Dienstleistung dar. Jüngste Ansätze gehen davon aus, daß eine Kultur nicht gegeben ist, sondern gezielt gestaltet werden kann.

Vorgehensweisen zur Beeinflussung der Unternehmenskultur:

- das Aufstellen eines Kultur-Leitbildes/Bewußtseins (wie z. B. Qualitätsleitlinien)
- Gestaltung der Spielregeln
- das Vorleben der angestrebten Kultur durch die Führung

Die Kultur eines Unternehmens steht in enger Verbindung mit der Dienstleistungsmentalität gegenüber seinen Kunden. Zukünftig muß diese „Dienstleistungsmentalität" operationalisiert werden; die Zusammenhänge zwischen den Einflußfaktoren sind aufgezeigt, und die Dienstleistungsmentalität der Unternehmen ist dementsprechend gezielt zu gestalten.

Festgestellte Handlungsbedarfe zur Förderung der Servicekultur in Wertschöpfungspartnerschaften

- Verbesserung der Dienstleistungsmentalität in Unternehmen und Gesellschaft
- Unterstützung einer systematischen Dienstleistungsentwicklung
- Standardisierung von Dienstleistungen
- Gestaltung von Dienstleistungsplattformen für innovative Dienstleistungen
- Steigerung von Innovation und Transparenz durch Dienstleistungsbenchmarking
- Publizieren von Beispielen innovativer und erfolgreicher Dienstleistungsnetzwerke

Resümee

- Eine Förderung der Dienstleistungsmentalität ist sowohl bei Mitarbeitern wie auch bei Kunden von Nöten: Es muß eine Balance zwischen Dienen und Verdienen erzielt werden, beide Aspekte sind in unserer Gesellschaft höher zu bewerten. Es gilt das Vertrauen der Kunden in die Dienstleistungen zu verbessern und damit die Nachfrage zu steigern.
- Eine gute Servicekultur gegenüber dem Kunden kann nur mit innovativen, qualitativ hochwertigen Dienstleistungen erreicht werden. Die Anforderungen des Marktes (kürzere Innovations- und Dienstleistungslebenszyklen) erfordern Ansätze für die Unterstützung einer *systematischen Dienstleistungsentwicklung.*
- Im Rahmen der systematischen Dienstleistungsentwicklung gilt es auch, Möglichkeiten der *Standardisierung von Dienstleistungen* festzulegen (nicht im Sinne von Mindeststandards, sondern mit Blick auf möglichst hohe Standards). Dabei sind Kenntnisse der Module, Definition und Beschreibung von Schnittstellen Voraussetzungen für erfolgreiche Kooperationen. Einen besonderen Unteraspekt bilden die Beschreibungsmöglichkeiten/Darstellung und damit die Greifbarkeit von Dienstleistungen.
- Um innovative Dienstleistungen schnell auf den Markt zu bringen, müssen zukünftig Dienstleistungen auf der Basis von *Dienstleistungsplattformen* zusammengestellt werden. Auf diesen Plattformen können neue Leistungen aufgesetzt werden.

- Mit Hilfe des *Dienstleistungsbenchmarkings* sollen Transparenz und Innovationen gefördert werden. Hier sind neue Wege für ein dienstleistungsspezifisches Benchmarking gefordert.
- Es gilt Beispiele innovativer erfolgreicher Dienstleistungskooperationen zu sammeln und sowohl deren Erfolge wie auch deren Hemmnisse zu publizieren.

Beurteilung von Dienstleistungsqualität in Wertschöpfungsverbünden

Prof. Dr. Sabine Haller, Fachhochschule für Wirtschaft Berlin
Im ersten Vortrag des Forums erläuterte Prof. Dr. Sabine Haller die Grundlagen der Beurteilung der Dienstleistungsqualität unter besonderer Berücksichtigung der Situation in Wertschöpfungsverbünden.

1. *Was erwartet der Kunde? – Die Festlegung der relevanten Leistungsaspekte*
   In vielen Unternehmen ist häufig nicht bekannt, welche Dimensionen der Qualität vom Nachfrager erwartet werden bzw. als besonders wichtig erachtet werden. Erst wenn die Kundenbedürfnisse und -erwartungen bekannt sind, ist es möglich, Kundengruppen zu definieren. Die Anforderungen und Erwartungen der Kunden hinsichtlich Preis, Zeit, Sorgfalt sind unterschiedlich gewichtet. Der Zufriedenheitsgrad hängt jedoch nicht linear mit dem Erfüllungsgrad aller Leistungsmerkmale zusammen. Im Kano-Modell zur Festlegung relevanter Leistungsaspekte wird zwischen Basis-, Leistungs- und Begeisterungsanforderungen unterschieden, die je nach Kundengruppe unterschiedlich belegt sein können.
2. *Was sind Qualitätsstandards? – Die Festlegung von Qualitätsstandards und der betreffenden Qualitätsbeurteilung*
   Die jeweiligen Qualitätsstandards sind bei der Definition von Dienstleistungen festzulegen. Die Aufstellung von Qualitätsstandards stellt auch heute noch eine große Herausforderung an das jeweilige Unternehmen dar, da diese spezifiziert, akzeptiert, herausfordernd, aber auch realistisch sein sollten. Sie müssen die entscheidenden Kriterien betreffen und mit dem entsprechenden Feedback versehen sein.
   Verbunden mit dem Problem der Qualitätsstandards und deren Festlegung ist die Wahl der Meßverfahren, die dazu verwendet werden sollen. Die entsprechenden Beurteilungsverfahren hinsichtlich der Dienstleistungsqualität sind festzulegen, und es ist zu beachten, daß bei der Messung der Dienstleistungsqualität nicht nur eine sporadische, sondern eine kontinuierliche Messung stattfinden muß. Vorgehensweisen zur Messung der Dienstleistungsqualität

bieten verschiedenste Techniken und Meßmöglichkeiten. Wichtig ist für jedes Unternehmen, seinen Methodenmix zu finden, der den spezifischen Interessen angemessen scheint.

3. *Welche genauen Anforderungen hat der Kunde? – Beurteilung von Dienstleistungsqualität im Wertschöpfungsverbund*
   Der Kunde hat im wesentlichen zwei Forderungen an eine Dienstleistung: „Löse mein Problem!" „Begeistere mich mit Deinen Leistungen!"
   Daraus resultiert, daß sich die eingesetzten Methoden und Verfahren zur Beurteilung von Dienstleistungsqualität in Unternehmen nicht prinzipiell von denen in Wertschöpfungsverbünden unterscheidet.
   In Wertschöpfungsverbünden muß zwischen Netzwerken und Allianzen unterschieden werden, wobei bei *Netzwerken* im Regelfall eine Ungleichverteilung der Macht herrscht. Das bedeutet, daß das fokale Unternehmen die Qualitätsstandards und auch die Methoden zur Messung vorzugeben bestrebt ist, und es dem kooperierenden Unternehmen obliegt, diese zu erfüllen. Als Beurteilungsmethoden bieten sich vor allem externe Meßverfahren an, die auf die Schnittstelle Kunde-Dienstleister abzielen (Befragungen, SPC).
   Problematischer erscheint die Beurteilung der Leistungsqualität im Bereich der *strategischen Allianzen*. Im Falle von Kooperationen mit egalitären Machtverteilungen gilt es, einen Konsens im Sinne der Politik „des kleinsten gemeinsamen Nenners" zu finden. Diese Standards sind einzuhalten und ggf. mittels geeigneter Methoden zu überprüfen. Hier erweist sich die Durchführung von Audits respektive sogenannter Peer-Audits (von allen Kooperationspartnern gemeinsam durchgeführt) als besonders hilfreich.

Bei der Betrachtung der Dienstleistungsqualität in Wertschöpfungsverbünden wurden bisher noch nicht in ausreichendem Maße die Möglichkeiten der Anreize und Sanktionen in Kooperationsverbünden beleuchtet. Hier sollte noch ein Instrumentarium entwickelt werden, das eine Vorgehensweise beschreibt, wie bei Abweichungen von Standards in Netzwerken bzw. Allianzen zu reagieren ist.

Fazit:

- Die Beurteilung von Dienstleistungsqualität in einem Unternehmen unterscheidet sich nicht grundlegend von der in einem Wertschöpfungsverbund.
- Je nach Unternehmen oder Art des Wertschöpfungsverbundes (Netzwerk oder Allianz) sind verschiedene Methoden zur Messung von Dienstleistungsqualität geeignet.

Innovative Wertschöpfungspartnerschaften: Neue Anforderungen an Handelsketten

Dieter Steinborn, REWE-Zentralorganisationen, Köln

Herr Dieter Steinborn konzentrierte sich in seinem Vortrag auf die Anforderungen an Handelsunternehmen hinsichtlich innovativer Wertschöpfungspartnerschaften.

Gesunde und motivierte Mitarbeiter sind die unabdingbare Voraussetzung für die Verbesserung der Servicekultur im Handel. Im Mittelpunkt des Projektes „Schnittstellenoptimierung in der Distributionslogistik – Innovative Dienstleistungen in der Wertschöpfungskette" steht die Entwicklung und Implementierung neuer Distributionskonzepte unter Berücksichtigung des Arbeits- und Gesundheitsschutzes im Innovationsprozeß.

Dabei setzt dieses Projekt nicht im Lager an, in dem die meisten Beschäftigten tätig sind, sondern in der Gestaltung von Schnittstellen zwischen den einzelnen Unternehmen und Funktionen.

Hohe Nachfrageschwankungen stellen die Logistik im Lebensmittelhandel vor große Probleme. Oft ist nicht klar, wann welche Ware ins Lager kommt und dort abgearbeitet werden muß. Ein möglicher Lösungsansatz ist das Lieferavissystem von Kraft Jacobs Suchard, bei dem dem physischen Warenstrom ein Informationsstrom vorausgeht, und wodurch die Abläufe im Wareneingang im Zentrallager und auch auf nachfolgenden Stufen entspannt werden können.

Langfristig wird ein durchgängiger Informationsfluß zwischen Industrie, Spedition und Zentrallager des Handels angestrebt. Dadurch können unnötige Doppelerhebungen vermieden, höhere Transparenz und eine bessere Steuerbarkeit der Nachfrageschwankungen in der gesamten logistischen Kette erreicht werden. Auch unter dem Gesichtspunkt einer gleichmäßigen Aus- und Belastung der Mitarbeiter erscheint dies eine sinnvolle Perspektive zu sein. Beschäftigungszuwächse im Einzelhandel sind nur durch das Angebot zusätzlicher Dienstleistungen zu erwarten.

Im Rahmen des Verbundprojektes stehen *drei innovative Vertriebskonzepte* im Mittelpunkt:

- Home Shopping
- Discountkauf
- Erlebniskauf

Neue Beschäftigungsmöglichkeiten werden vorrangig dort entstehen, wo der Beratungsbedarf und das Unterhaltungsbedürfnis des Kunden von besonderer Bedeutung sind, oder wo es gelingt, dem Kunden neue Dienstleistungen wie Bestellung per Telefon, Telefax, Internet oder Home Delivery zu verkaufen.

Fazit:

- Erfolgreiche Wertschöpfungspartnerschaften können nur durch gemeinsame Zusammenarbeit der Partner Lieferanten und Händler etabliert werden.
- Ein durchgängiger funktionsübergreifender Informationsfluß führt für alle Beteiligten zu einer Win-win-Situation.
- Innovative Vertriebskonzepte können zu neuen Beschäftigungszuwächsen im Einzelhandel führen. Derartige Strategien bedingen aber eine höhere Qualifikation der Beschäftigten.
- Neue Beschäftigungsmöglichkeiten entstehen im Einzelhandel primär im Bereich der Beratungsdienstleistungen. Der Trend geht somit eindeutig in Richtung einer stärkeren Betonung sozialer Kompetenzen.

Servicekultur durch Bündelung von Kernkompetenzen im Finanzsektor

Dr. Marco Gruber, workstation ag, Glattbrugg, Schweiz

Dr. Marco Gruber schilderte in seinem Vortrag die Situation des schweizerischen Finanzdienstleistungsmarktes, die aktuell von einer Konzentration auf die Kernkompetenzen des Finanzsektors bestimmt ist. Die Bündelung dieser Kernkompetenzen soll zu einem erhöhten Kundennutzen im Finanzsektor führen.

Für ein Software-Entwicklungshaus, wie die workstation ag in Glattbrugg (Schweiz), hat diese Veränderung der Kundensitutation auch Auswirkungen auf das eigene Geschäftsfeld. In dieser Phase war es für das Unternehmen wichtig, seine speziellen Kernkompetenzen festzulegen und zu definieren:

- Softwareentwicklung (qualitativ hochstehend und individuell angepaßt)
- Schulung (maßgeschneiderte Ausbildungsprogramme)
- Implementierung (sowohl unterschiedlicher Hard- wie auch Software zu einem funktionsfähigen Gesamtsystem)
- Wartung (Hard- und Software)

In unterschiedlichsten Großprojekten (z.B. Entwicklung und erfolgreiche Implementierung und Wartung von Terminal-Emulation, File-Servern, Archiv-Systemen, Human Resources Interactive) konnten alle vier Kernkompetenzen meistens voll und ganz zum Einsatz gebracht werden.

Die aktuellen Tendenzen im schweizerischen Finanzdienstmarkt (Fusionen, Neustrukturierungen, Privatisierungen und Übernahmen von Spezialdienstleistern) waren der Grund der Umorientierung der workstation ag. Die Konsequenzen aus der stärkeren, klareren Fokussierung auf die Kernkompetenzen der Institute und der entsprechenden Auslagerung sämtlicher Nichtkompetenzen führten bei der workstation ag dazu, Softwareapplikationen zu entwickeln, welche es externen Spezialisten erlauben, den Finanzdienstleistern diese Aufgaben abzunehmen. Im Rahmen dieser Phase wurden Gebäudeleitsysteme und Systeme für Service und Unterhalt entwickelt. Die workstation ag sah sich allerdings gezwungen, in dieser Entwicklungsstufe neue Prioritäten zu setzen: Die Softwareentwicklung und Schulung (im Sinne von Train-the-Trainer-Konzepten) stellte nach wie vor die Kernkompetenz des Unternehmens dar. Jedoch sah man sich weder in der Lage, noch empfand man es als wünschenswert, die Implementierung und Wartung in Tausenden von Gebäuden vorzunehmen. Für diese Leistungen wurden Unternehmen wie die Deutsche Telekom Immobilien GmbH als Partner gewonnen, die die Überwachung der Gebäude mit dem Leitsystem der workstation ag sicherstellen. Speziell für Unternehmen mit Kunden aus dem Bereich der Finanzdienstleister gilt Vertrauen im besonderen Maße als Basis für Wertschöpfungspartnerschaften:

- Die Kunden fordern langfristige Kunden-Lieferanten-Verhältnisse in der SW-Branche.
- Das Vertrauen kann nur langsam aufgebaut werden. Zu Beginn einer Partnerschaft stehen meist kleinere Projekte, die bei positivem Ergebnis rasch wachsen und dann immer größer und häufiger werden.
- Durch Transparenz wird Verständnis geschaffen.

Fazit:

- Erfolgreiche Unternehmen konzentrieren sich nachhaltig auf ihr Kerngeschäft und überlassen Nebenprozesse besser qualifizierten Partnern.
- Tragfähige Wertschöpfungspartnerschaften sind bestimmt durch den beiderseitigen Nutzen, den beide Partner haben („Lopezismus" ist nicht geeignet.).
- Grundlage eines gemeinsamen Erfolges bilden gemeinsame Visionen, Fairneß im partnerschaftlichen Umgang miteinander und charakterliche Integrität.

Die Beurteilung von Dienstleistungsqualität im Wertschöpfungsverbund

Sabine Haller

Abstract

Fast täglich werden heute neue Kooperationen zwischen Unternehmen geschlossen. Angesichts des weltweiten Wettbewerbsdrucks müssen sich immer Unternehmen vertraglich verflechten, um bestehen zu können. Wie unterscheidet sich die Beurteilung der Dienstleistungsqualität im eigenen Unternehmen von den Formen, die in einer Kooperation eingesetzt werden können? Diese Frage steht im Fokus dieses Beitrages.

Bei einer genaueren Betrachtungsweise des Wertschöpfungsverbunds zeigt sich, daß zwei unterschiedliche Formen unterschieden werden müssen. Im strategischen Netzwerk ist die Macht zwischen den vertraglich verbundenen Unternehmen ungleich verteilt. Die fokale Unternehmung, die über die anderen dominiert, kann Qualitätsstandards setzen und damit auch die Methoden zu deren Messung vorgeben. Die Umsetzung dieser ist den kooperierenden Unternehmen vorbehalten. Anders ist die Situation in strategischen Allianzen, Kooperationen mit gleich verteilter Macht. Hier muß ein Konsens dahingehend gefunden werden, welche Standards eingehalten werden sollen, und mittels welcher Methoden dies überprüft werden soll. Die Umsetzung wird meist in kleinen Schritten und mit großem Zeitaufwand erfolgen.

Der Wertschöpfungsverbund

Wertschöpfungskette und Wertschöpfungsverbund

Unter einer Wertschöpfungskette wird eine Kombination verschiedener Wertschöpfungsaktivitäten verstanden, die nacheinander angeordnet sind. Um eine Leistung zu erstellen, müssen sie in einer bestimmten Reihenfolge durchlaufen werden, damit die Leistung Marktreife erlangt. Diese einzelnen Aktivitäten sind in der Regel auf verschiedene Unternehmen verteilt. Je mehr dieser Wertschöpfungsaktivitäten von einer Unternehmung durchgeführt werden, desto höher ist der Integrationsgrad und damit der Anteil am gesamten Wertschöpfungsprozeß (vgl. Schneider 1994, S. 318).

Die traditionelle Sichtweise der Industrieökonomik beinhaltete eine klare Konzeption: Jede Unternehmung besitzt eine eindeutig definierte Position in der Wertschöpfungskette. Sie wird von Lieferanten beliefert, fügt diesen Inputs im Transformationsprozeß einen Wert hinzu, und verkauft diese Leistung an einen Abnehmer, wobei es sich hierbei um ein weiteres Unternehmen oder einen Endabnehmer handeln kann. Unter diesem Aspekt bestand die Hauptaufgabe der Strategie darin, die Unternehmung im Rahmen der Wertschöpfungskette zu positionieren, die richtigen Leistungen, die profitabelsten Marktsegmente und die entscheidenden Wertschöpfungsaktivitäten zu finden, deren erfolgreiche Vermarktung den Gewinn ausmachte (vgl. Normann/Ramírez 1993, S. 65).

In Zeiten sich rasch wandelnder Märkte, globalen Wettbewerbs und neuer Technologien entstehen auch neue Wertschöpfungsstrukturen. Traditionelle Formen der Eigenerstellung werden obsolet, die Wertschöpfungskette muß einem Re-Design unterworfen werden. Dabei handelt es sich prinzipiell nicht um ein Novum, in Abständen war dies in der Vergangenheit schon immer der Fall. Doch haben Geschwindigkeit und Ausmaß der Veränderungen eine bislang nicht gekannte Dynamik entwickelt. Unter anderem sind die folgenden Faktoren dafür verantwortlich (Schneider 1994, S. 318):

- Kostendruck und zunehmender internationaler Wettbewerbsdruck
- Markteintritt von Wettbewerbern aus Billiglohnländern
- Verkürzung von Produktlebens- und Entwicklungszyklen
- schnellere Einebnung von Differenzierungs- und Innovationsvorsprüngen
- Verschlankungsbestrebungen im Zuge der Lean Production
- stagnierende bzw. rezessive Konjunktur
- Neuverteilung von Industriewertschöpfung durch Globalisierungstendenzen

Kaum eine Unternehmung ist heute noch in der Lage, sämtliche Wertschöpfungsaktivitäten unter globalem Kostendruck effizient zu leisten. Zur Realisierung von Economies of Scale benötigt man den Produktions- oder Wertschöpfungsverbund. Die Wertschöpfungstiefe der eigenen Unternehmung wird verringert, und es werden Kooperationen mit anderen Unternehmungen gebildet, die die ausgelagerten

Prozesse spezialisierter, mit größerem Know-how und zu niedrigeren Kosten erbringen können.

Die Aufgaben für die Unternehmung verändern sich dabei in beträchtlichem Maße. Wurden zuvor klar definierte Prozesse kontrolliert, so sind heute besondere Fähigkeiten erforderlich, ein kooperierendes Wertschöpfungssystem anzuleiten und zu koordinieren. In diesem Verbund sind die Rollen neu definiert. Die Wertschöpfungsaktivitäten werden auf eine Reihe von Akteuren mit teils divergierenden Zielen und unterschiedlich hohem Machtpotential verteilt. Lieferanten, Geschäftspartner, Kooperationspartner, Kunden spielen eine Rolle in dem Prozeß, der es sich zum Ziel gesetzt hat, gemeinsam Werte zu kreieren.

Formen des Wertschöpfungsverbunds

Neben den Extremformen Markt und Hierarchie stellen Kooperationen das dritte institutionelle Arrangement dar (vgl. Arnold 1998, S. 62ff.). Mit Eintritt in eine Kooperation beabsichtigen die Unternehmungen, durch erhöhte Interdependenzen ihre ökonomische Situation zu verbessern. Gleichzeitig müssen sie damit zwangsläufig einen Teil ihrer bisherigen Autonomie aufgeben. An die Stelle des marktlichen Preismechanismus tritt ein Geflecht aus Vertragsbeziehungen und hierarchischen Koordinationsmechanismen wie Planabstimmung. Ziel dieser Symbiose ist die Kombination von marktlicher Anreizstärke und direkten hierarchischen Gestaltungsmöglichkeiten.

Als zentrales Merkmal für die Unterscheidung der Richtung der zwischenbetrieblichen Beziehung gelten die beiden Hybridformen Netzwerk und Allianz (vgl. Picot/Dietl/Franck 1997, S.126). Unter einer strategischen Allianz werden Kooperationen von Unternehmen der gleichen Wertschöpfungsstufe verstanden, unabhängig davon, ob sie derselben Branche angehören oder nicht. Nach außen treten die Kooperationspartner weiterhin als Einzelwirtschaften auf. So ändert bspw. die Zusammenlegung der Fuhrparks zweier Handelsgesellschaften nichts an deren Marktauftritt und ihrer Unternehmensidentität. Ziel ist lediglich, die Gemeinkosten zu reduzieren und damit die Wettbewerbsfähigkeit zu steigern. In einer Allianz wird Machtgleichverteilung unterstellt (vgl. Meyer 1994, S. 219). Dies bedeutet, es existiert kein fokales (dominierendes) Unternehmen, welches den anderen Partnern die Kooperationsbedingungen diktieren kann. Als praktisches Beispiel soll hier die Star Alliance als weltweit größter Zusammenschluß in der Luftfahrt aufgeführt werden. Hier haben sich die Fluggesellschaften Lufthansa, United Airlines, Air Canada, Thai, Scandinavian Airlines und Singapore Airlines zur Optimierung ihrer Netze zusammengeschlossen (vgl. o.V. 1998). Ziel ist es, dem Kunden mehr Service, günstigere Verbindungen und Konditionen zu bieten und das Streckennetz wirtschaftlicher zu nutzen.

Bei strategischen Netzwerken handelt es sich dagegen um eine vertikale Kooperationsform. Abnehmer und Zulieferer schließen langfristige Verträge ab, die in der Regel von einer Organisation aus zentral geführt werden. Bei dieser handelt es sich um die fokale Unternehmung. Es wird prinzipiell von einer Ungleichverteilung von Macht ausgegangen. Das Geschäft, in dem das strategische Netzwerk tätig ist, wird im wesentlichen von der fokalen Unternehmung definiert. Diese Organisation bestimmt weitgehend Art und Inhalte der Strategien, mit denen der relevante Markt bearbeitet wird (vgl. Sydow/van Well 1996, S. 198f). Auch obliegt es ihr, Formen und Inhalte der Netzwerkbeziehungen festzulegen. Die fokale Unternehmung koordiniert die ökonomischen Aktivitäten der Kooperationspartner und sichert sich selbst und den verbundenen Akteuren den Zugang zu den Ressourcen Dritter.

Als Beispiel soll das Netzwerk MLP-Finanzdienstleistungen aufgeführt werden (vgl. Sydow/van Well 1996, S. 194f.). Darin arbeiten mehr als 700 rechtliche selbständige, wirtschaftlich jedoch weitgehend abhängige Vermittler in ca. 60 Geschäftsstel-

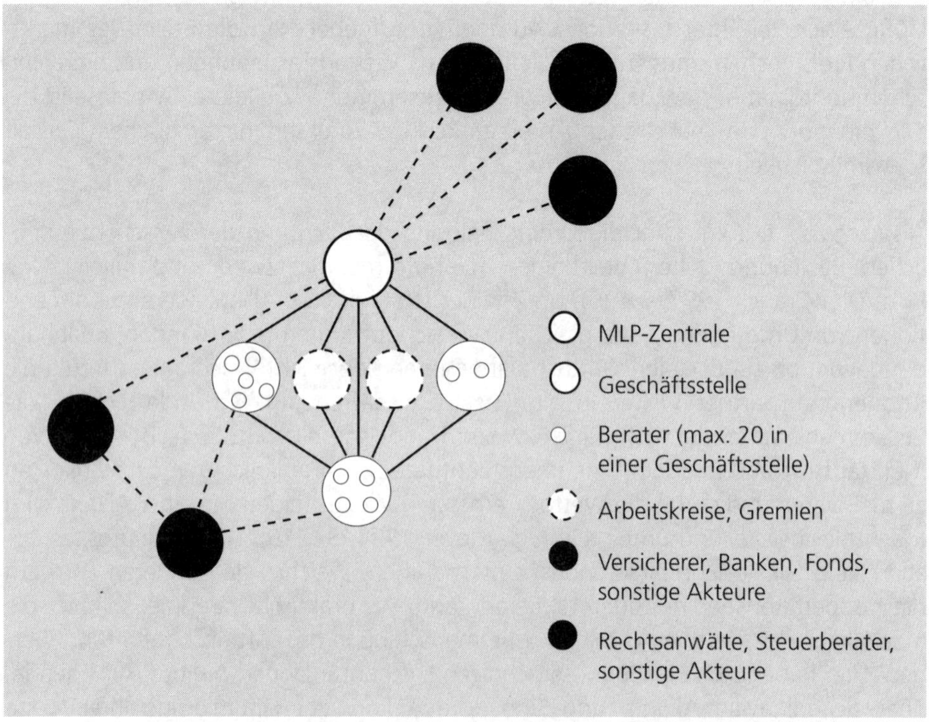

Abb. 1: Die Grundstruktur des MLP-Netzwerkes. Quelle: Sydow/van Well 1996, S. 194

len unter der strategischen Führung der MLP-Finanzdienstleistungen AG zusammen. Sie sind in Geschäftsstellen, in denen ca. je 20 Berater zusammenarbeiten, organisiert. In der Selbständigkeit der Vermittler und der sozialen Organisiertheit der Beziehungen zwischen ihnen und der fokalen Unternehmung konkretisiert sich der Netzwerkcharakter.

Beurteilung von Dienstleistungsqualität

Grundlagen der Beurteilung von Dienstleistungsqualität

Zur Beurteilung von Dienstleistungsqualität sind prinzipiell – unabhängig davon, ob dies in der Unternehmung selbst oder im Wertschöpfungsverbund durchgeführt wird – drei Schritte notwendig. Die erste Aufgabe ist es, festzustellen, welche Dimensionen der Qualität vom Nachfrager erwartet werden. Welche Leistungsaspekte setzt er voraus? Insbesondere muß eruiert werden, welche davon er als besonders wichtig erachtet. Damit wird festgelegt, welche Merkmale die angebotene Leistung unbedingt umfassen muß, und in welcher Qualitätsausprägung dies zu geschehen hat. Dies setzt die Bereitschaft der beteiligten Unternehmen voraus, sich intensiv mit den Kundenbedürfnissen und -erwartungen zu befassen. Geschieht dies nicht, so läuft das Unternehmen Gefahr, zentrale Entscheidungen bezüglich der Kundenbetreuung auf der Basis von Annahmen und unsystematisch erhobenem Datenmaterial zu treffen.

In einem zweiten Schritt sollten möglichst objektive Standards erarbeitet werden, in welcher Form die Leistung zu erbringen ist. Diese sollten so präzise wie möglich definiert werden, um ein umfassendes Qualitätscontrollingsystem darauf aufbauen zu können. Bei diesen Standards kann es sich sowohl um quantitative (z. B. Zahl der Neukunden, Stornoquote) als auch um qualitative Kennzahlen handeln (z. B. Kundenzufriedenheitsindex). Von zentraler Bedeutung dabei ist, daß sie von den Mitarbeitern/Verbundpartnern als verbindlich akzeptiert werden.

Im dritten Schritt schließlich werden die Meßverfahren festgelegt, die dazu eingesetzt werden sollen, die Beurteilung der Leistungsaspekte in regelmäßigen Abständen durchzuführen. Unabhängig von interner oder externer Kontrolle sollten sie ebenfalls allen betroffenen Mitarbeitern/Verbundpartnern bekannt und generell akzeptiert sein.

Aufbauend auf diesen drei Schritten wird das Qualitätsmanagementsystem implementiert. Eine permanente Untererfüllung der Standards sollte negative, eine Übererfüllung hingegen positive Sanktionen nach sich ziehen. Zu beachten ist, daß es sich dabei nicht um ein statisches System handelt. Lerneffekte machen eine permanente Anpassung im Laufe der Jahre notwendig. Die Erwartungen der Kunden können sich im Laufe der Zeit hinsichtlich der Leistungsaspekte verändern, da sich das Wettbewerbsumfeld verändert und die Mitbewerber ihr Leistungsangebot erhöhen und zusätzliche Services anbieten können. Die Standards müssen in der Regel jährlich angepaßt werden, um den permanenten Verbesserungsprozeß zu erhalten. Dementsprechend werden sich mit zunehmender Erfahrung auch Meßverfahren und Abstände der Messungen verändern. Das Qualitätsmanagement und das Management von Kundenzufriedenheit sind somit als dynamische Systeme zu verstehen.

Festlegung der relevanten Leistungsaspekte

Mit dem Schritt der Festlegung der relevanten Leistungsaspekte verfolgt die Unternehmung die Intention, sich Klarheit zu verschaffen über die folgenden wesentlichen Fragen (vgl. Bailom et al. 1998, S. 49):

- Welche Kriterien sind aus Kundensicht für Kauf oder Nichtkauf entscheidend?
- Wie stark ist der Einfluß der Kriterien im einzelnen im Hinblick auf Kauf oder Nichtkauf?
- Sind Unterschiede im Kaufverhalten verschiedener Gruppen von Kunden zu erkennen?
- Bieten sich konkrete Möglichkeiten, Wettbewerbsvorteile aufzubauen?

Hohe Qualitätswahrnehmung und auch Kundenzufriedenheit entstehen in einem Prozeß des individuellen Vergleichs (vgl. Parasuraman et al 19985; Haller 1998). Bereits vor dem Kauf bestehen Erwartungen des Kunden. Beim bzw. nach dem Kauf wird ein Vergleich zwischen dem Erwarteten und dem Erhaltenen angestellt. Fällt dieser negativ aus, so stellt sich Unzufriedenheit ein. Bei Erfüllung kommt es zu einem neutralen Gefühl und erst, wenn der Kunde mehr erhält als er erwartet hat, kommt Begeisterung auf. Der Zufriedenheitsgrad hängt jedoch nicht linear mit dem Erfüllungsgrad aller Leistungsmerkmale zusammen (vgl. Bailom et al. 1998; Bailom et al. 1986). Der japanische Wissenschaftler Noriaki Kano unterscheidet drei Gruppen von Merkmalen, die einen unterschiedlich hohen Einfluß auf die Kundenzufriedenheit ausüben.

Zu den Grundanforderungen zählen alle Leistungskomponenten, deren Erfüllung der Kunde prinzipiell voraussetzt. Bei Nichterfüllung wird er sehr unzufrieden, eine

Übererfüllung seiner Erwartungen honoriert er nicht im positiven Sinne. Ein typisches Beispiel für eine Grundanforderung ist die Organisation (von Kongressen, Schulungen, Abläufen). Ist sie schlecht, bestraft der Kunden den Anbieter durch Unzufriedenheit. Ist sie jedoch sehr gut, wird dies meist nicht weiter bemerkt. Begeisterung wird dadurch nicht ausgelöst.

Die zweite Anforderungskategorie sind die Leistungsanforderungen. Entsprechen sie den Erwartungen nicht, kommt Unzufriedenheit auf, werden die Erwartungen hingegen übertroffen, steigt die Zufriedenheit des Kunden erheblich. Typische Beispiele für Leistungsanforderungen sind die Freundlichkeit und das Einfühlungsvermögen der Mitarbeiter im Dienstleistungsbereich. Sind sie barsch und unfreundlich, so sinkt die wahrgenommene Qualität aus Kundensicht und damit auch die Kundenzufriedenheit. Sind sie hingegen sehr freundlich und um den Kunden bemüht, so steigt die Wahrnehmung der Qualität und damit in der Regel auch die Zufriedenheit.

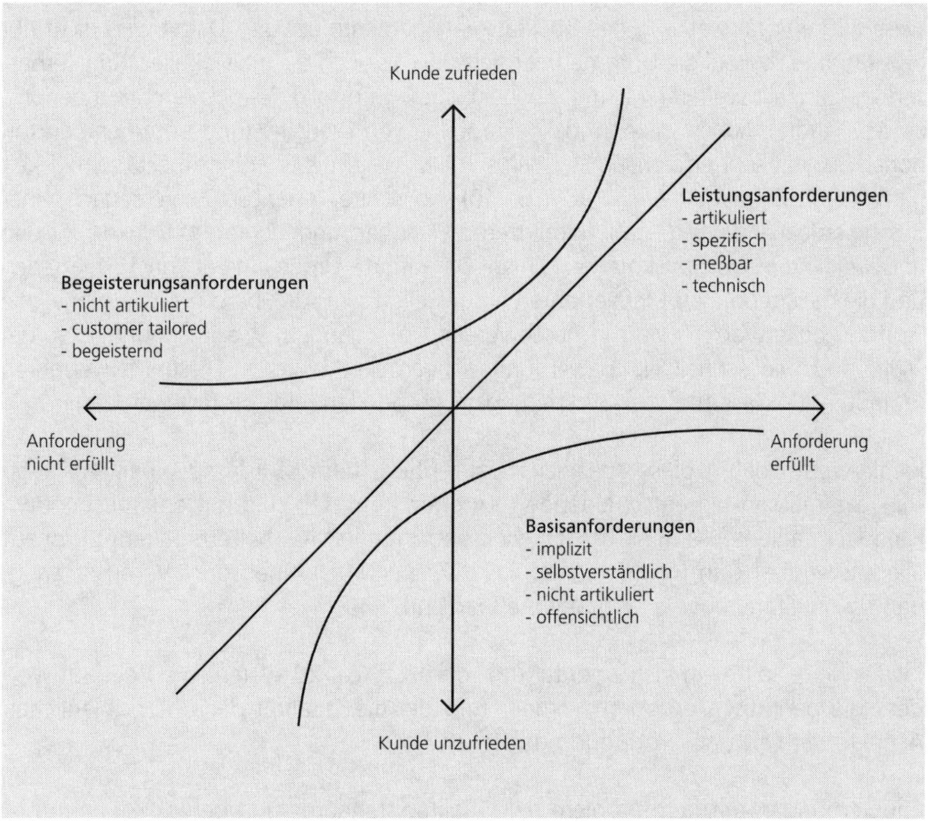

Abb. 2: Das Kano-Modell der Kundenzufriedenheit. Quelle: Bailom et al. 1998, S. 48

Die sogenannten Begeisterungseigenschaften stellen die dritte Kategorie von Leistungsmerkmalen dar. Ihr Fehlen wird nicht durch schlechte Qualitätswahrnehmung bestraft, ihr Vorhandensein dagegen begeistert den Kunden. Ein Beispiel dafür wären spezielle Schulungsprogramme für ausgewählte Kunden. Solche „Delighters" stellen Chancen für echte Wettbewerbsvorteile dar.

Festlegung von Qualitätsstandards und der betreffenden Qualitätsbeurteilungsverfahren

Nachdem eruiert wurde, welche Faktoren den Kunden zufriedenstellen, kann im nächsten Schritt damit begonnen werden, Qualitätsstandards aufzustellen. Gleichzeitig ist damit eine Entscheidung dahingehend zu treffen, in welcher Form und in welchen Abständen deren Messung durchgeführt werden soll.

Im Rahmen der Aufstellung von Qualitätsstandards ist das Setzen expliziter Ziele eine wesentliche Voraussetzung des Qualitätsmanagementprozesses. Damit wird nicht nur bewirkt, daß sowohl die Unternehmensleistung als auch die Individualleistung verbessert werden, ein weiterer wichtiger Aspekt ist die Kontrolle des gesamten Kundenprozesses. Studien haben gezeigt, daß eine Reihe von Dienstleistungsunternehmen mit hoher Qualität sehr erfolgreich Standards in bezug auf die Leistungsqualität entwickelt hatten (vgl. Zeithaml et al. 1988, S. 40). So stellte American Express nach einer Beschwerdeanalyse fest, daß Termintreue, Exaktheit und Verantwortlichkeit zu den entscheidenden Qualitätskriterien zählen. Daraufhin wurden ein Set von 180 Kriterien und die dazugehörigen Meßverfahren aufgestellt. Es wurde überprüft, wie schnell die Telefone beantwortet, wie mit Beschwerden umgegangen, wie Rechnungen aufgestellt, und wie schnell Neubewerbungen bearbeitet wurden. Diese Meßverfahren umfaßten die wesentlichen Anforderungen, die an Standards gestellt werden.

Idealerweise sollten diese spezifiziert, akzeptiert, herausfordernd, aber realistisch sein. Sie müssen die entscheidenden Kriterien betreffen und mit entsprechendem Feedback versehen sein. Sie sollten allen betroffenen Mitarbeitern bekannt und auf alle anwendbar sein (vgl. Schinabeck 1997, S. 404ff.). Ebenso ist Voraussetzung, daß sie qualitativ oder quantitativ meßbar sind.

Idealerweise sollte ein Instrumentarium von bis zu ca. 20 Variablen aufgebaut werden, die periodisch erhoben werden, und die die Qualität der unterschiedlichen Aspekte der Leistungserbringung darstellen.

Eng verbunden mit dem Problem der Qualitätsstandards und deren Festlegung ist die Wahl der Meßverfahren, die dazu verwendet werden sollen. In der wissen-

Strategisches Ziel	Konkreter Standard	Meßgröße
Bsp.:		
Bearbeitungszeit von Anfragen	90% innerhalb von 3 Tagen	Zeiterfassung von Eingangsstempel bis Rechnungsdatum
Telefonbeantwortung	95% innerhalb von 10 Sek.	Mystery Calls an zwei Tagen pro Monat
. . .		
Kundenzufriedenheit gesamt	80% sehr zufrieden	Befragung, vierteljährlich
Anteil Stammkunden	65%	Datenrecherche/Statistik
Mitarbeiterzufriedenheit	20 Verbesserungs-vorschläge pro Mitarbeiter und Jahr	Anzahl Verbesserungs-vorschläge pro Mitarbeiter

Abb. 3: Beispiele für Standards und dazugehörige Meßverfahren

schaftlichen Literatur finden sich zwischenzeitlich eine ganze Reihe von anerkannten Meßverfahren.

Es hat sich jedoch in den vergangenen Jahren gezeigt, daß keines der Verfahren ohne „Aber" eingesetzt wird. Die Ergebnisse aus den Messungen mit unterschiedlichen Verfahren sind nicht identisch (vgl. Haller 1998). Teilweise messen verschiedene Verfahren unterschiedliche Konstrukte. Jedes einzelne ist mit Vor- und Nachteilen behaftet. Empfehlenswert ist daher ein Methoden-Mix. Aus den einzelnen Verfahren sollte eine Kombination gewählt werden, die dazu befähigt, sowohl qualitative als auch quantitative, konzeptionsorientierte Merkmale und standardisierte Aspekte der Qualität zu messen. Unter diesem Gesichtspunkt bietet sich eine andere Systematik der Methoden an.

Die Verfahren lassen sich den Gruppen der konzeptionsorientierten Messungen, denen der Qualitätserhebung sowie denen der Qualitätskontrolle zuordnen (vgl. Haller 1998).

Unter konzeptionsorientierten Methoden der Qualitätsmessung sollen Verfahren verstanden werden, die sich besonders für eine Bestimmung des Servicedesigns

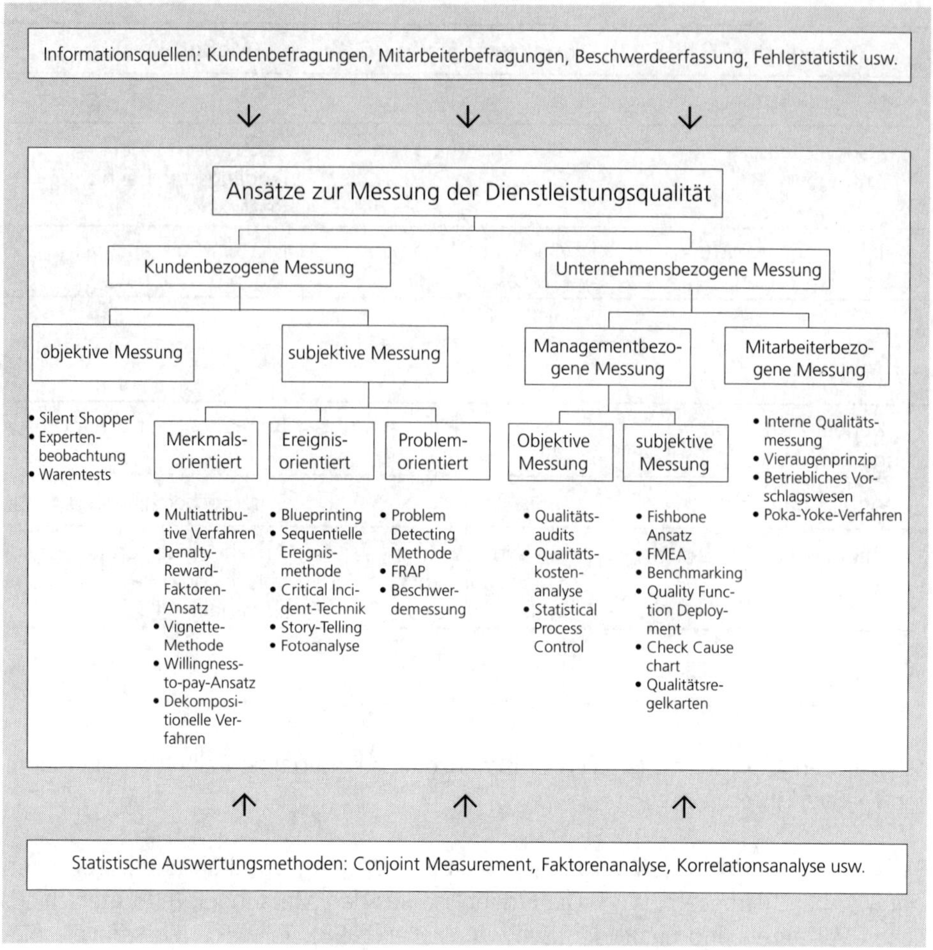

Abb. 4: Meßansätze zur Dienstleistungsqualität. Quelle: Bruhn 1998, S. 26

und der Struktur eignen. Anwendungsschwerpunkt dabei ist die Konzeption einer neu zu erstellenden bzw. die Restrukturierung einer bestehenden Leistung. Durch Einsatz einer oder einer Kombination der oben beschriebenen Methoden kann festgestellt werden, welche Leistungsbestandteile dieser neue Service umfassen sollte, wie das Preis-Leistungs-Niveau festzulegen ist, und welchen werterhöhenden Attributen besondere Aufmerksamkeit gewidmet werden sollte. Gegenstand dieser Messungen sind im Zeitablauf überwiegend konstant bleibende Teilleistungen und die Ausprägungen derselben sowie ihre Abhängigkeiten untereinander. Ziel ist es, die holistische Qualitätswahrnehmung des Nachfragers bereits im Entwicklungsstadium der Leistung zu erforschen und die neu zu erbringende (oder die zu restrukturierende) Dienstleistung danach auszurichten.

Konzeptionsorientierte Ansätze	Ansätze der Qualitätserhebung	Ansätze der Qualitätskontrolle
Critical-Incident-Technique Kano's Modell der Kundenzufriedenheit Willingness-to-Pay-Ansatz	Attributorientierte Messungen auf der Basis von Ratingskalen Critical-Incident-Technique	Attributorientierte Messungen auf der Basis von Ratingskalen Statistical Process Control Beschwerdeanalyse Einsatz von „Mystery Shoppers"

Abb. 5: Einsatzschwerpunkte von Methoden zur Messung von Dienstleistungsqualität

Einsatzschwerpunkt von attributorientierten Messungen sowie der Critical-Incident-Technique dagegen ist die Qualitäts(erst)erhebung. Hier geht es im Gegensatz zu den konzeptionsorientierten Methoden darum, die Qualitätswahrnehmung des Kunden in bezug auf eine bestehende Serviceleistung zu erfassen. Die Qualitätserhebung ist in zweierlei Hinsicht von großer Bedeutung. Zum einen muß aus Kundensicht definiert werden, was die jeweilige Zielgruppe bei ihrem gegebenen Anspruchsniveau unter Qualität versteht. Zum zweiten werden dadurch die spezifischen Stärken und Schwächen der Anbieterleistung sichtbar. Dies ist der erste Schritt zur Qualitätsverbesserung. Die darauf aufbauenden Maßnahmen sollten u. a. darin bestehen, Standards oder Zielvorgaben für die Qualitätskontrolle festzulegen, die dann in regelmäßigen Abständen überprüft werden können.

Relativ umfassend ist die Zahl der Methoden, die zur Qualitätskontrolle von Dienstleistungen eingesetzt werden können. I.d.R. wird sich dabei jede Unternehmung für ein „Methoden-Mix" entscheiden, welches ihrer spezifischen Interessenlage angemessen erscheint. Beschwerdeanalyse und Statistical Process Control sind ohne Mitwirkung von Kunden möglich, daher sollten sie die Grundlage der Qualitätssicherung bilden und kontinuierlich eingesetzt werden. Daneben sollten, um den Grad der Zielerreichung aller aus der Ersterhebung definierten Standards dokumentieren zu können, in periodischen Abständen andere Verfahren eingesetzt werden, bei denen entweder die Mitarbeit der Kunden direkt erforderlich ist (Befragungen) oder aber Dritter (Marktforschungsinstitute).

Die Beurteilung von Dienstleistungsqualität im Wertschöpfungsverbund

Prinzipiell unterscheiden sich die eingesetzten Methoden und Verfahren zur Beurteilung von Dienstleistungsqualität nicht von denen, die im Wertschöpfungsverbund eingesetzt werden. Allerdings ist anzumerken, daß man sich auf externe Messungen beschränken muß. Die Ergebnisse interner Beurteilungen können in der Regel höchstens überprüft werden. Erkenntnisse und Schlußfolgerungen aus Evaluierungsergebnissen können einem Kooperationspartner nur sehr bedingt in Form von Empfehlungen nahegelegt werden.

Handhabung und Vorgehensweise von Qualitätsbeurteilungen differieren in beträchtlichem Maße. Dabei muß im Wertschöpfungsverbund zunächst zwischen Netzwerken und Allianzen unterschieden werden (vgl. Kap. 2). Bei Netzwerken herrscht im Regelfalle eine Ungleichverteilung von Macht. Dominant ist hier die fokale Unternehmung, wobei hier davon ausgegangen werden soll, daß es sich bei dieser auch um den Qualitätstreiber oder -promotor handelt. Die übrigen Kooperationspartner verfügen über wenig Einfluß. Im Gegensatz wird in strategischen Allianzen eine Gleichverteilung von Macht unterstellt. Kein einzelner Partner ist in der Lage, mit dem Einsatz von Macht ein System zu implementieren, welches die anderen nicht gutheißen. Eine fokale Unternehmung, die den Prozeß vorantreiben könnte, existiert nicht. Daher sollten in diesen beiden Fällen unterschiedliche Herangehensweisen gewählt werden.

Im Falle der Ungleichverteilung von Macht, im strategischen Netzwerk, wird davon ausgegangen, daß es sich bei der fokalen Unternehmung um den Qualitätstreiber handelt. Diese ist bestrebt, Qualitätsstandards auch bei den kooperierenden Unternehmen sicherzustellen. Grundsätzlich liegen hier vergleichbare Umstände vor wie bei der Umsetzung eines unternehmensinternen Qualitätsmanagementsystems. Mit externen Qualitätspartnern vereinfacht sich dieser Prozeß sogar wesentlich. Die essentiellen Qualitätsstandards, die im Idealfalle zusammen mit den kooperierenden Unternehmen erarbeitet wurden, werden diesen zur Einhaltung vorgegeben. Dies simplifiziert den Prozeß der Implementierung für die fokale Unternehmung ungemein. Diese muß keine Ressourcen für die Schulung und das Mindsetting bei den betroffenen Mitarbeitern aufwenden. Der Einsatz von Beurteilungsverfahren, die zumindest am Rande den Bereich der Mitarbeiterbeurteilung tangieren, muß nicht der Zustimmung des Betriebsrates unterzogen werden. Die Kooperationspartner haben auch dafür Sorge zu tragen, daß vorgegebene Qualitätsstandards von sämtlichen Mitarbeitern eingehalten werden. Kurzum, der gesamte Prozeß des Qualitätsmanagements erstreckt sich auf die Vorgabe von Standards und die Kontrolle der Einhaltung derselben. Damit ist eine beträchtliche Vereinfachung verbunden.

Aus dem Instrumentarium der Beurteilungsmethoden bieten sich vorzugsweise die an, die sich auf Messungen des Dienstleistungsergebnisses beziehen. Dabei sollten hauptsächlich externe Meßverfahren eingesetzt werden, die Schnittstelle Kunde/ Dienstleister steht im Mittelpunkt. Haupteinsatzinstrument dürfte dabei die Kundenbefragung sein, die unter Umständen gemeinsam mit den Kooperationspartnern durchgeführt werden kann. Zur Kontrolle der Einhaltung von Standards, die überwiegend die Erbringung der Leistung, den Dienstleistungsprozeß, betreffen, können Mystery Shoppers eingesetzt werden. Zudem können einzelne Leistungsmerkmale wie Wartezeiten durch Statistical Process Control erhoben werden.

Probleme der Messung treten dann auf, wenn es um die Kontrolle interner Abläufe geht. Alles, was nicht an der Schnittstelle zwischen Dienstleister und Kunden geschieht, bleibt der fokalen Unternehmung verborgen. Dies betrifft überwiegend Attribute der Prozeß- sowie der Potentialdimension der Dienstleistung. Wie soll sie bspw. Klarheit darüber erlangen, ob Anforderungsprofile der Mitarbeiterauswahl oder solche an den Prozeß des Beschwerdemanagements eingehalten wurden? Als Ersatz der direkten Messung bieten sich dafür jährliche Audits (in Anlehnung an die ISO-Zertifizierung) an. Den Kooperationspartnern werden Standards zur Dokumentation des Qualitätsmanagements vorgegeben, die in regelmäßigen Abständen, z.B. einmal jährlich, einem Audit zwischen fokaler Unternehmung und dem jeweiligen Dienstleister unterzogen werden können. Auf diese Weise kann auch die Einhaltung interner Standards nachvollzogen werden. Verbesserungsvorschläge für alle Beteiligten können daraus abgeleitet werden.

Viel problematischer dagegen erweist sich die Beurteilung der Leistungsqualität im Bereich der strategischen Allianzen, bei denen eine Gleichverteilung von Macht vorausgesetzt wird. Hier existiert keine fokale Unternehmung, die den Prozeß der Standardisierung des Qualitätsmanagements bei allen beteiligten Unternehmen vorantreibt. Es erscheint beispielsweise kaum denkbar, daß die Lufthansa den anderen an der Allianz beteiligten Airlines ihr Qualitätsmanagementsystem auferlegen kann. Wenngleich alle beteiligten Unternehmungen an hoher Leistungsqualität interessiert sein sollten und damit auch an der Erstellung gemeinsamer Standards, so muß davon ausgegangen werden, daß alle Entscheidungen diesbezüglich des Konsenses sämtlicher Kooperationspartner bedürfen. Es ist daher davon auszugehen, daß eine Politik „des kleinsten gemeinsamen Nenners" verfolgt werden muß. Damit wird der Prozeß der Implementation eines standardisierten Qualitätsmanagementsystems erschwert, geringstenfalls stark verlangsamt.

In der Regel kann vorausgesetzt werden, daß jedes der beteiligten Unternehmen bereits über ein Qualitätsmanagementsystem, sei es auch rudimentär, verfügt. Der erste Schritt zu einem standardisierten Aufbau besteht daher in einer Vereinbarung zur Durchführung von Audits, deren Ziel darin besteht, die dokumentierten internen Qualitätsmaßnahmen zu überprüfen. Solche Audits können bspw. von einer Beratungsgesellschaft, die von allen Partnern gemeinsam beauftragt wird, durchgeführt werden. Als empfehlenswerte Alternative bieten sich sogenannte Peer-Audits an, die von allen Kooperationspartnern gemeinsam durchgeführt werden. Wenngleich diese zweite Form aufwendiger erscheint, so ist sie mit dem Vorteil verbunden, daß alle beteiligten Unternehmen sich mit den Managementsystemen der anderen auseinandersetzen müssen. Zum einen sind damit Einsichten in die anderen Unternehmen verbunden, zum anderen ergeben sich Lerneffekte, die unter Umständen zum Benchmarking genutzt werden können.

Mit der Auditierung offenbaren sich die Qualitätsstärken und -schwächen der beteiligten Unternehmen. Im Regelfalle wird sich bald ein Minimalkonsens bezüglich der Erhebungsmethoden ergeben, auf denen aufgebaut werden kann. Bspw. lassen sich gemeinsame Beurteilungkritierien aufstellen und Minimalstandards daraus ableiten. Auch könnte man mit der Standardisierung von Fragebögen und Befragungsabständen beginnen, um die kooperierenden Unternehmen vergleichbar zu machen. Synergieeffekte lassen sich auch im Bereich der konzeptionsorientierten Messungen erzielen, die sonst von jeder Unternehmung separat durchgeführt werden müßten. Ebenso können neue oder veränderte Dienstleistungsmerkmale zunächst bei einem Kooperationspartner als Pilotprojekte eingeführt und überprüft werden, bevor sie von allen Partner übernommen werden.

Ausblick

Die Beurteilung von Dienstleistungsqualität gehört zu den wenigen Bereichen des Qualitätsmanagements, die heute als sehr gut erforscht gelten können. Aus einer Vielzahl unterschiedlicher Ansätze kann das qualitätsbestrebte Unternehmen heute diejenigen auswählen, die seinen Intentionen und seinem Budget am meisten zusagen. Die verschiedenen Verfahren lassen sich kombinieren, die Ergebnisse ergänzen sich und runden das Qualitätsbild ab.

Eine wesentliche Frage, die in diesem Beitrag nicht angesprochen wurde, ist die der Anreize und Sanktionen in Verbindung mit einem gemeinsamen Qualitätsmanagementsystem kooperierender Unternehmungen. Letztendlich droht jedem Mitglied als stärkste negative Sanktion bei Nichteinhaltung der Qualitätsstandards der Ausschluß aus dem Wertschöpfungsverbund. Doch versteht man unter Kooperationen eine langfristige vertragliche Bindung, in der keiner der Akteure zur Erbringung der gemeinsamen Leistung jederzeit ersetzbar ist oder sein sollte. Demnach sollte ein

Instrumentarium entwickelt werden, wie vorzugehen ist, wenn ein Netzwerk- oder Allianzpartner die vorgegebenen Standards nicht einhält. Neben den klassischen Instrumenten wie Ausschluß oder Konventionalstrafen sind auch „Hilfsprogramme für Partner mit wenig entwickelten Qualitätsmanagementsystemen" in Betracht zu ziehen. Solche Hilfsprogramme könnten bspw. Ressourcen für die Konzeption und Implementation von Meßverfahren beinhalten. Auch können Mitarbeiter in verantwortlichen Positionen für einige Monate eine Gastrolle beim Partner annehmen, um die Standards und die dortige Dienstleistungskultur zu beobachten und aufnehmen zu können.

Umgekehrt ist die Frage essentiell, ob und wie Kooperationspartner mit sehr hoher Qualität oder solche mit der höchsten Steigerungsrate belohnt werden sollen. Auch für diesen Fall können Anreizsysteme entwickelt werden. Ferner sollte im Wertschöpfungsverbund über die Auszeichnung einzelner Mitarbeiter oder Gruppen nachgedacht werden. Derartige Maßnahmen können gezielt zur Motivation eingesetzt werden. Auch erscheint es von Bedeutung, daß nicht nur einzelne Unternehmungen sie ergreifen, sondern daß diese Aufgabe vom gesamten Dienstleistungsverbund wahrgenommen wird, und ein gemeinsamer Auftritt erfolgt.

Für den Bereich des Qualitätsmanagements wie auch für zahlreiche andere trifft zu, daß der Wandel von der Betriebswirtschaftslehre zu einer Kooperationslehre noch nicht vollzogen wurde. Der Grad der vertikalen Integration sinkt permanent. Damit gehört die vollständige Beherrschung der Prozesse durch klassische hierarchische Instrumente mehr und mehr der Vergangenheit an. Veränderungen der Personalpolitik und auch der Unternehmenskultur sind in der Regel damit verbunden. Die Unternehmung muß Fähigkeiten entwickeln, um die Aktivitäten zahlreicher Akteure zu koordinieren und Konflikte zu lösen. Diese Anforderungen werden in der Zukunft eine noch stärkere Bedeutung erlangen als heute. Die Produkte und Dienstleistungen, die auf dem Markt angeboten werden, werden immer komplexer. Schon besitzen die einzelnen Organisationen nicht mehr das gesamte Know-how, um anspruchsvolle Kunden zufriedenzustellen. Aus diesem Grunde wird der Konfliktlösung in Kooperationen und der Kontrolle von Leistungen, die im Wertschöpfungsverbund erbracht werden, in Zukunft ein wesentlich größeres Gewicht beigemessen werden müssen.

Literatur

Arnold, U.: Strategische ausgerichtete Formen kooperativen Wettbewerbs, in: Gassert, H./Prechtl, M./Zahn, E. (Hrsg.): Innovative Dienstleistungspartnerschaften, Stuttgart 1998, S. 57–90

Backhaus, K./Meyer, M.: Strategische Allianzen, strategische Gruppen und strategische Familien, in: Zeitschrift für Betriebswirtschaft, Jg. 62, Heft 5, 1992, S. 663–670

Bailom, F./Hinterhuber, H.H./Matzler, K./Sauerwein, E.: Das Kano-Modell der Kundenzufriedenheit, in: Marketing ZFP, Heft 2, 1996, S. 117–126

Bailom, F./Tschemernjak, D./Matzler, K./Hinterhuber, H.H.: Durch strikte Kundennähe die Abnehmer begeistern, in: Harvard Business Manager, Heft 1, 1998, S. 47–56

Bruhn, M.: Qualitätsmanagement für Dienstleistungen, 2. Aufl., Heidelberg 1997

Bruhn, M.: Wirtschaftlichkeit des Qualitätsmanagements, Heidelberg 1998

Bruhn, M./Stauss, B.: Dienstleistungsqualität, 2.Aufl., Wiesbaden 1995

Haller, S.: Methoden zur Beurteilung von Dienstleistungsqualität, in: Schmalenbachs Zeitschrift für betriebswirtschaftliche Forschung, Heft 1, 1993, S. 19–40

Haller, S.: Beurteilung von Dienstleistungsqualität, 2. Aufl., Wiesbaden 1998

Horváth, P./Kaufmann, L.: Balanced Scorecard – ein Werkzeug zur Umsetzung von Strategien, in: Harvard Business Manager, Heft 5, 1998, S. 39–48

Meffert, H./Bruhn, M.: Dienstleistungsmarketing, 2.Aufl., Wiesbaden 1997

Meyer, M.: Die Reorganisation logistischer Systeme in strategischen Netzwerken: Die Analyse der Position von Systemlieferanten im „Organization Set" der Automobilhersteller, in: Kleinaltenkamp, M./Schubert, K. (Hrsg.): Netzwerkansätze im Business-to Business-Marketing: Beschaffung, Absatz und Implementierung Neuer Technologien, Wiesbaden 1994, S. 213–250

Müller, H.-E./Prangenberg, A.: Outsourcing-Management, Handlungsspielräume bei Ausgliederung und Fremdvergabe, Köln 1997

Normann, R./Ramírez, R.: From Value Chain to Value Constellation: Designing Interactive Strategy, in: Harvard Business Review, July-August 1993, S. 65–77

o.V.: Brüssel irrt, Interview mit Lufthansa-Chef Jürgen Weber, in: Manager Magazin, August 1998, S. 60–66

Parasuraman, A./Zeithaml, V./Berry, L.L.: A Conceptual Model of Service Quality and Its Implications for Future Research; in: Journal of Marketing, Vol. 49 (Fall 85), S. 41–50

Picot, A./Dietl, H./Franck, E.: Organisation: Eine ökonomische Perspektive, Stuttgart 1997

Picot, A./Hardt, P.: Make-or-Buy-Entscheidungen, in: Meyer, A. (Hrsg.): Handbuch Dienstleistungs-Marketing, Stuttgart 1998, S. 625–646

Schinabeck, D.: Wenn Sie mehr Kundenorientierung wollen, in: Marketing Journal, Jg. 30, Heft 6, S. 404–408

Schneider, D.: Re-Design industrieller Wertschöpfungsstrukturen, in: FB/IE, 1994, Heft 6, S. 318–322

Simon, H./Homburg, Ch. (Hrsg.): Kundenzufriedenheit, 2.Aufl., Wiesbaden 1997

Stauss, B./Seidel, W. (1996): Beschwerdemanagement, München/Wien 1996

Sydow, J./van Well, B.: Wissensintensiv durch Netzwerkorganisation – Strukturationstheoretische Analyse eines wissensintensiven Netzwerkes, in: Schreyögg, G./Conrad, P. (Hrsg.): Wissensmanagement, Berlin/New York 1996, S. 191–234

Zeithaml, Valarie A./Berry, Leonard L./Parasuraman, A. (1988): Communication and Control Processes in the Delivery of Service Quality; in: Journal of Marketing, Vol. 52 (April 1988), S. 35–48

Innovative Wertschöpfungspartnerschaften: Neue Anforderungen an Handelsketten

*Dieter Steinborn**

Einleitung

Thema dieses Forums ist „Servicekultur in Wertschöpfungspartnerschaften". Ich möchte meinen Beitrag allerdings weniger auf die Frage konzentrieren, welche Aufgaben zur Erhöhung des Servicegrads und der Servicekultur angegangen werden müssen. Vielmehr möchte ich auf eine *Voraussetzung* eingehen, die bei der Diskussion dieser Frage oft vernachlässigt wird:

Ohne Mitarbeiter, die gesund sind und deshalb auch motiviert ihrer Arbeit nachgehen können, läßt sich die Servicekultur in Deutschland bzw. im Handel nicht verbessern. Doch hat die Beschäftigung mit den gesundheitlichen Belangen der Mitarbeiter durchaus ganz handfeste Gründe: Gerade in personalintensiven Dienstleistungsunternehmen sind sinkende Krankheits-, Unfall- und Absentismusraten auch in ökonomischer Perspektive von herausragender Bedeutung. Ich möchte die Gelegenheit nutzen, um am Beispiel eines Projektes über eine unternehmensübergreifende Kooperation zu einer Verbesserung der Situation im Arbeits- und Gesundheitsschutz zu berichten. [1]

---

* Leiter Sozialwesen der REWE-Zentralorganisationen Köln, Der Autor dankt Dr. Daniel Bieber, dem Koordinator des Verbundvorhabens (ISF München, ab 01.09.1998 VDI/VDE-Technologiezentrum Informationstechnik), für wertvolle Hinweise.

[1] Damit sind die Aktivitäten der REWE noch nicht erschöpfend dargestellt. Um nur zwei Beispiele zu nennen: Wir haben uns mit einigen anderen Unternehmen am Kooperationsprogramm Arbeit und Gesundheit des Bundesverbandes der Berufsgenossenschaften und des Bundesverbandes der Betriebskrankenkassen beteiligt (die Veröffentlichung der Endergebnisse steht unmittelbar bevor). Und wir finanzieren gemeinsam mit der Bundesanstalt für Arbeitsschutz und Arbeitsmedizin und der Hans-Böckler-Stiftung ein Projekt zum Thema „Qualitätsmanagement und integrierter Arbeits- und Gesundheitsschutz", das sich v.a. auf den Bereich Logistik und Lagerwirtschaft konzentriert und federführend vom Bremer Institut für Präventionsforschung und Sozialmedizin bearbeitet wird.

Verbundvorhaben „Schnittstellenoptimierung in der Distributionslogistik – Innovative Dienstleistungen in der Wertschöpfungskette"

Das Innovative an der Wertschöpfungspartnerschaft besteht darin, daß wir uns *gemeinsam* mit Lieferanten, logistischen Dienstleistern, Filialen und selbständigen Einzelhändlern um eine präventive Gestaltung der Abläufe kümmern wollen, um durch innovative Prozeßgestaltung zu einer Optimierung im ökonomischen, ökologischen und humanen/sozialen Bereich zu kommen. Es geht hier also nicht nur um den Kunden, sondern vor allem um den Mitarbeiter, was in unserer Sichtweise allerdings eine der wesentlichen Voraussetzungen für einen besseren Umgang mit dem Verbraucher darstellt.

Konkret spreche ich über ein Verbundvorhaben, das wir im Auftrag des BMBF gemeinsam mit zwei Industrie- und zwei Speditionsunternehmen sowie dem Institut für Sozialwissenschaftliche Forschung in München bzw. neuerdings auch mit dem VDI/VDE-Technologiezentrum Informationstechnik in Berlin durchführen. Das gehört nach meiner Auffassung auch zu einem Dienstleistungskongreß wie diesem, denn sozialwissenschaftliche, gesundheitsbezogene Forschung und Beratung waren ja bislang im Dienstleistungsbereich im allgemeinen, und insbesondere im Handel, eher ein Stiefkind der Förderung.

Dies ist um so erstaunlicher, wenn man sich die volkswirtschaftliche und beschäftigungspolitische Bedeutung des Handels vor Augen führt. Der Handel ist einer der größten Arbeitgeber in Deutschland und Europa. Der Lebensmitteleinzelhandel ist in der Gruppe Handel (wozu beispielsweise der Handel mit Textilien ebenso gehört wie der Handel mit Rohstoffen) wiederum der größte einzelne Bereich. REWE allein hat, berechnet auf Vollzeitbeschäftigte, 129000 Mitarbeiterinnen und Mitarbeiter nur in Deutschland, dazu kommen noch einmal 26000 Vollzeitstellen im Ausland. Da im Handel der Anteil an Teilzeitbeschäftigten bedeutend größer ist als in anderen Branchen, verbergen sich hinter diesen Zahlen noch erheblich mehr Mitarbeiter. Insgesamt ist die REWE in Deutschland direkt oder indirekt für 176000 Menschen der Arbeitgeber.

Nicht zu vernachlässigen ist dabei die Zahl derjenigen Beschäftigten, die innerhalb des Handels, aber auch in der Industrie und in Speditionen mit der Organisation der Waren-, Informations- und Geldströme, also im weitesten Sinne *mit logistischen Funktionen*, befaßt sind. Allein bei uns gehören zum Geschäftsbereich Logistik rund 6000 Beschäftigte. Dazu sind noch eine größere Zahl von Arbeitskräften in anderen Funktionsbereichen zu rechnen, die ebenfalls mit der Wahrnehmung logistischer Aufgaben betraut sind. Die Erhebungen, die das ISF München im Rahmen seiner Forschungsarbeiten durchgeführt hat, lassen sogar den Schluß zu, daß der Anteil logistischer Tätigkeiten im Lebensmitteleinzelhandel über alle Wertschöpfungsstufen hinweg sehr hoch ist.

In diesen Zahlen spiegelt sich die Tatsache wider, daß in einer Gesellschaft, die sich zunehmend als Dienstleistungsgesellschaft begreifen soll und sich verstärkt dem Ziel der Kundennähe verschreibt, dem Bereich der Distributionslogistik eine *steigende strategische Schlüsselrolle* zukommt. So erwartet der Kunde heute beispielsweise, daß er bei Betreten eines Geschäfts nicht vor leeren Regalen steht: Er will Produkte vorfinden, die er zu Recht erwarten kann. Muß er aufgrund des Fehlens einiger Artikel ein weiteres Geschäft aufsuchen, wird er beim nächsten Einkauf gleich zur Konkurrenz gehen. Damit aber eine Filiale alle gelisteten Artikel vorrätig halten kann, sind einige Prozeßschritte zu vollziehen, die ein möglichst reibungsloses Ineinandergreifen verschiedener Funktionen voraussetzen. Dabei kann zweierlei nicht verkannt werden: Zum einen sind die Beschäftigten aufgrund verschiedener Umstände im Bereich der Distributionslogistik vielfältigen Belastungen ausgesetzt, deren Reduzierung durch eine innovative Organisation eines der Hauptanliegen des hier vorzustellenden Projektverbundes darstellt. Zum anderen ist die Reduzierung von Belastungen ein ökonomisch hochattraktiver Ansatzpunkt, um durch eine funktions- und unternehmensübergreifende Gestaltung der Abläufe zu niedrigeren Personalkosten zu kommen und zugleich die Kundenzufriedenheit zu erhöhen. Denn wenn es richtig ist, daß im Lebensmitteleinzelhandel die Wettbewerbsintensität steigt und eine Differenzierung gegenüber den Wettbewerbern nur durch einen Ausbau des Servicegrades erfolgen kann, dann gewinnt die Gesundheit der Mitarbeiter an strategischer Bedeutung. Nur gesunde Mitarbeiter können sich motiviert und ausdauernd den Kundenbedürfnissen widmen und auf diese Weise die Position des Unternehmens im Wettbewerb verbessern. [2]

Wir haben zu Beginn der 90er Jahre zweierlei erkannt: Zum einen, daß für den Bereich Logistik die Krankheits-, Unfall- und Fluktuationsraten in vielen Niederlassungen über dem Durchschnitt des Unternehmens liegen, insbesondere auch über dem Durchschnitt, wie er für den Bereich Verkauf berechnet werden kann. Zum anderen haben wir realisiert, daß (mit öffentlichen Mitteln geförderte und) wissenschaftlich gestützte Maßnahmen zur Gesundheitsförderung im Handel bis dahin eher eine bescheidene Rolle gespielt haben und hier eine große Forschungs- und Beratungslücke klafft. Gemeinsam mit der Bundesanstalt für Arbeitsschutz (heute: Bundesanstalt für Arbeitsschutz und Arbeitsmedizin), vertreten durch Frau Prof.

---

[2] Nicht zu verhehlen ist freilich, daß sich derartige Erkenntnisse in einer Großorganisation, die sich notwendig auf das Tagesgeschäft konzentrieren muß, nur langsam durchsetzen.

Kiesau, und dem Institut für Sozialwissenschaftliche Forschung München haben wir deshalb erstmals versucht, die logistischen Abläufe in dem Lager einer Niederlassung unter dem Gesichtspunkt einer Verbesserung der Arbeits- und Gesundheitsschutzsituation zu analysieren. Da wir davon ausgehen mußten, daß Technik allein hier nicht weiterhilft, ging es uns darum, von unabhängigen Sozialwissenschaftlern analysieren zu lassen, wie die Abläufe dort sind, und sie daraufhin zu befragen, was daran verbessert werden könnte.

Eine wesentliche Erkenntnis läßt sich wie folgt zusammenfassen: Da Logistik ein Prozeß ist, der sich über mehrere Stufen hinweg erstreckt, können Maßnahmen zur Verbesserung der Arbeitssituation zwar auch dort ergriffen werden, wo Probleme auftreten, etwa im Lager oder im Fuhrpark. Es gibt aber eine Reihe von Problemen, die nicht dort gelöst werden können, wo sie dem Betrachter ins Auge springen. Vielmehr müssen die vor- und nachgelagerten Funktionen in die Problemanalyse und -lösung einbezogen werden.

Nachdem die Arbeiten dieses ersten Projekts mit der Durchführung von vier Workshops in verschiedenen Niederlassungen und der Publikation der Ergebnisse abgeschlossen wurden [3], haben wir deshalb gemeinsam mit zwei interessierten Industrieunternehmen und zwei Speditionen, gefördert durch das BMBF, im Programm „Arbeit und Technik" ein Verbundvorhaben begonnen, das am 01.01.1997 startete und am 29.02.2000 abgeschlossen sein wird. Das BMBF fördert dieses Verbundvorhaben mit rund 1,6 Mio. DM, und wir sind stolz darauf, daß es hiermit erstmalig gelungen ist, für die Gesamtheit der logistischen Prozesse zwischen Industrie, Speditionen und Handel beim Forschungsministerium öffentliche Fördermittel einzuwerben.

Was tun wir im Rahmen dieses Projekts?

Zunächst mag es scheinen, als machten wir hier im Prinzip dasselbe, was derzeit von vielen Handels- und Industrieunternehmen unter dem Stichwort Efficient Consumer Response (ECR) betrieben wird. Es hat sich ja, zumindest in der Theorie, weit herumgesprochen, daß es durch Kooperation zwischen Industrie und Handel möglich ist, in der Logistik zu ökonomischeren Lösungen zu kommen. Hier laufen derzeit bereits einige Projekte, die allerdings aus unserer Sicht allesamt darunter leiden,

[3] Bieber, D.; Larisch, J.; Moldaschl, M. (Hrsg.): Ganzheitliche Problemanalyse und -lösung für den betrieblichen Arbeits- und Gesundheitsschutz in einem Lager des Lebensmittelhandels, Schriftenreihe der Bundesanstalt für Arbeitsschutz – Forschungsanwendung – Fa 33, Dortmund/Bremerhaven 1995.

daß in ihnen zwei zentralen Stellgrößen nicht die Bedeutung beigemessen wird, die ihnen bei einer gesamthaften Betrachtung zukommen müßte. Vernachlässigt werden nämlich in aller Regel sowohl die Speditionen, die für den Warentransport von der Industrie zu den Zentrallägern des Handels (und manchmal auch für den Transport von den Zentrallägern zu den einzelnen Filialen eingesetzt werden), als auch – und dies erscheint uns noch problematischer – die Mitarbeiter in den verschiedenen Teilbereichen der logistischen Kette. Uns geht es also vor allem auch darum auszuloten, welche Möglichkeiten einer präventiven Gestaltung der Arbeitsprozesse in der logistischen Kette zwischen Industrie und Handel bestehen. Ziel ist demnach nicht nur die Entwicklung und Implementation neuer Distributionskonzepte, sondern auch die Integration von Arbeits- und Gesundheitsschutz in den Innovationsprozeß. Dabei setzt dieses Projekt nicht im Lager an, in dem die meisten Arbeitskräfte tätig sind, sondern in der Gestaltung der Schnittstellen zwischen den einzelnen Unternehmen und Funktionen.

Welche Lösungswege sehen wir? Was sind unsere Grundsätze?

Eine große Bedeutung innerhalb des Vorhabens hat die unternehmens- und funktionsübergreifende Kommunikation über arbeits- und gesundheitsschutzrelevante Problemlagen. Diese wie auch die möglichen Lösungswege sind den verantwortlichen Entscheidungsträgern vor Ort vielfach nicht bewußt, da sie sich ihrem Einflußbereich entziehen. Die Kommunikation über Probleme in der logistischen Kette von der Industrie über die Speditionen, die Zentralfunktionen des Handels bis zu den einzelnen Ladengeschäften erweist sich deshalb als Gebot der Stunde, da die traditionellen Lösungswege, einzelne Funktionen zu optimieren, nicht zu einem Gesamtoptimum führen. Ein zentraler Grundsatz der Teilnehmer am Verbundvorhaben lautet demzufolge, daß ein Gesamtoptimum angestrebt werden soll, das auch den einzelnen Teilfunktionen und Unternehmen mehr Vorteile bietet als die ausschließliche Verbesserung ihrer eigenen Abläufe. Wir wollen also weg von der Logik des Nullsummenspiels hin zur Schaffung von Win-win-Situationen.

Was haben wir bislang erreicht?
Wo liegen die Schwerpunkte unserer Bemühungen?

Aus Zeitgründen kann ich im folgenden nicht über alle Schritte, die wir in Angriff genommen haben, in gleicher Ausführlichkeit berichten. Ich möchte mich beschränken auf die Darstellung einiger ausgewählter Problemzusammenhänge und die gemeinsam erarbeiteten Lösungsansätze.

Alle Unternehmen des Lebensmitteleinzelhandels haben mit einem doppelten Flexibilitätsproblem zu kämpfen: Zum einen schwankt die Nachfrage der Kunden im Wochenverlauf, zum anderen im Saisonverlauf erheblich. Mitunter, insbesondere vor Feiertagen, kumulieren diese Auslastungsspitzen, d.h. innerhalb kürzerer Zeit muß mehr Ware in die Filialen gebracht werden. Am deutlichsten wird dies in der Zeit vor Weihnachten, aber auch im Mai, wo in der Regel einige Feiertage anfallen. Nicht zuletzt aufgrund dieser Auslastungsschwankungen hat sich im Handel die Auffassung durchgesetzt, daß in den Kernbereichen der Logistik (also etwa beim Kommissionieren im Zentrallager) Investitionen in Technik sich nur sehr schwer rechnen. Versucht wird also, dieses Problem vor allem durch den Einsatz menschlicher Arbeitskraft zu lösen. Wenn nun der Warenausgang aufgrund der Kundenanforderungen hoch ist, dann ist naturgemäß auch der Wareneingang im Zentrallager stark gefordert.

Hier gab es immer das Problem, daß nie so richtig klar war, was wann ins Lager kommen und dort entsprechend abgearbeitet werden muß. Bei der Befassung mit dieser Frage sind wir von der Überlegung ausgegangen, daß die innovative Gestaltung der Abläufe vor allem dann zu einer Verbesserung der Arbeitssituation führt, wenn sie zu einer *Verstetigung* der Abläufe in der Logistik beitragen kann. So wurde etwa von *Kraft Jacobs Suchard (KJS)* die Entwicklung eines *Lieferavissystems* vorangetrieben. Der dem physischen Warenstrom vorausgehende Informationsstrom kann nämlich dazu beitragen, die Abläufe im Wareneingang des Zentrallagers von REWE zu entspannen, und zwar vor allem durch Herstellung einer größeren Transparenz. Dies ist nicht zuletzt deshalb von Bedeutung, weil Störungen im Wareneingang bei REWE sich auch auf die folgenden Arbeitsschritte (Kommissionierung, Warenausgang, Versorgung der Filialen mit der bestellten Ware usw.) negativ auswirken.

Bei der Umsetzung des Prinzips „Information vor Ware" treten jedoch eine Reihe von Problemen auf. Das wichtigste ist, daß die Implementierung eines Lieferavissystems eine „gemeinsame Sprache" der beteiligten Partner voraussetzt. Da derzeit Sender und Empfänger noch unterschiedliche Artikelstammdaten verwenden, die sich aufgrund betrieblicher Traditionen und unternehmensspezifischer Notwendigkeiten nicht ohne weiteres vereinheitlichen lassen, müssen zunächst „Sprachregelungen" gefunden werden. Eben dies ist aber nicht nur ein technischer, sondern auch ein organisatorischer und kommunikativer Prozeß: Die beteiligten Unternehmen müssen aus einer traditionell bestehenden „dead lock"-Situation herauskommen, die darin bestand, daß die Industrie die Daten nicht gepflegt hatte, weil sie den begründeten Verdacht hatte, daß der Handel diese Daten nicht nutzt; und der Handel hat sie nicht benutzt, weil sie von der Industrie nicht gepflegt wurden. Das Lieferavis kann, wenn es auf Basis standardisierter Datensätze beim Handelsunternehmen ankommt (EAN 128), zu einer entspannteren Situation im Wareneingang beitragen, da der Kontrollaufwand erheblich reduziert werden kann. Eine weitere Technisierung und Informatisierung des Wareneingangs ist aus Sicht des Unternehmens dann sinnvoll, wenn die Industrie flächendeckend in der Lage ist, über EDI und den EAN 128 zu kommunizieren. Angesichts der Marktstruktur der zuliefernden Unternehmen (hoher Prozentsatz kleiner und mittlerer Unternehmen) ist dies jedoch zur Zeit (noch) nicht möglich.

Das Lieferavis ist jedoch nur ein Schritt auf dem Weg in eine vollständige, informationstechnisch gestützte Steuerung der Prozesse zwischen der Verladerampe der Industrie und dem Verkaufsregal in einem Geschäft des Lebensmittelhandels. Derzeit laufen die Anstrengungen von Industrie, Speditionen und Handel noch sehr stark in Richtung einer unternehmensspezifischen Optimierung der jeweils eigenen Abläufe. Dies führt dazu, daß Daten, die in einem Unternehmen generiert worden sind, im nächsten Prozeßschritt neu erhoben und in die entsprechenden Systeme eingegeben werden müssen, was sich negativ auf den vorauseilenden Informationsfluß auswirkt.

Ein durchgängiger Informationsfluß zwischen Industrie, Spedition und Zentrallager des Handels könnte dagegen für eine höhere Transparenz und damit für eine bessere Steuerbarkeit der Nachfrageschwankungen in der gesamten logistischen Kette sorgen. Dies erscheint nicht nur unter logistischen Gesichtspunkten, sondern auch unter dem Gesichtspunkt einer gleichmäßigeren Aus- und Belastung der Mitarbeiter als sinnvolle Perspektive. Schließlich profitiert natürlich auch die Industrie von einer durchgängigen Informatisierung der Prozesse, weil die Wahrscheinlichkeit überraschender Nachbestellungen des Handels sinkt, was wiederum zu einer erhöhten Planungssicherheit und einer gleichmäßigeren Auslastung der eigenen Produktionsanlagen beiträgt. Dies gilt vor allem dann, wenn es gelingt, die informationslogistische Kette nicht nur dem physischen Warenstrom vorauseilen, sondern auch gleichsam rückwärts, also von der Kasse des Marktes ausgehen zu lassen. Eine umfassende informationstechnisch gestützte Steuerung des Warenflusses würde darüber hinaus den Speditionen nützen, da unproduktive Wartezeiten vor den Toren unserer Zentralläger abgebaut werden könnten – etwa durch verbesserte Kommunikationsmöglichkeiten über die Zeitfenster der Belieferung. Auch wenn REWE das Handelsunternehmen mit der größten Dichte an Scannerkassen ist, so wird es doch noch geraume Zeit dauern, bis wir ein geschlossenes Warenwirtschaftssystem haben werden, an dem dann auch unsere Partner in der Wertschöpfungskette partizipieren können.

Weitere Schwerpunkte unserer Arbeiten liegen in der Analyse der durch *Verpackungen* verursachten Probleme, der Erhebung von *Störpotentialen* in der funktions- und unternehmensübergreifenden Logistik und den *Qualifikationsproblemen* in verschiedenen Gliedern der logistischen Kette. Darüber hinaus beschäftigen wir uns in den Unternehmensprojekten und im wissenschaftlichen Leitvorhaben mit der *Rekonstruktion der Abläufe* zwischen Industrie und Laden und der Identifizierung der dort auftretenden typischen *Belastungen* der Beschäftigten. Für einen Großteil der in der logistischen Kette vorfindbaren Arbeitsplätze wurden gemeinsam mit den Unternehmenspartnern und dem ASER-Institut Wuppertal Belastungs- und Beanspruchungsanalysen durchgeführt. Schließlich gilt es, die unterschiedlichen Konzepte der *Beschaffungslogistik* und die neuerdings absehbaren Veränderungen in diesem Bereich in die Arbeiten des Verbundvorhabens einzubeziehen.

Zur Beschäftigungswirksamkeit innovativer Distributionskonzepte

Der Einzelhandel hat heute – vor allem in der Logistik – gegenüber anderen Branchen in bezug auf den Einsatz von Informations- und Kommunikationstechnologien einen großen Rückstand aufzuholen. Beispielsweise werden die Möglichkeiten der Vernetzung von Scannerkassen mit den Niederlassungen oder der Unternehmenszentrale heute vielfach noch nicht genutzt. Neuartige Konzepte wie self scanning, d. h. der Kunde übernimmt die Arbeit der Kassiererin, werden zwar in vielen Unternehmen erprobt. Ihre Einführung steht aber noch nicht generell auf der Tagesordnung. In der Logistik wird EDI, also elektronisch gestützter Datenaustausch, vor allem im Bereich der Finanztransaktionen genutzt, aber in der Logistik hinkt der Einzelhandel doch deutlich hinter Vorreiterbranchen wie der Automobilindustrie hinterher. Unterstellt man, daß die Unternehmen des Lebensmitteleinzelhandels ihre Bemühungen verstärken werden, Wettbewerbsvorteile nicht mehr ausschließlich über den Preis erzielen zu wollen, sondern auch über eine ökonomisch effizientere Organisation ihrer sogenannten „rückwärtigen Dienste" und einen umfassenderen Einsatz neuer Informations- und Kommunikationstechnologien, so wird es ihnen schwerfallen, den derzeitigen Beschäftigungsstand zu halten.

Wenn im Einzelhandel noch Beschäftigungszuwächse zu erwarten sind, dann nur durch das Angebot zusätzlicher Dienstleistungen durch den Handel. Positive wie negative Auswirkungen neuartiger Vertriebskonzepte auf die Beschäftigten in der logistischen Kette – vom Warenausgang auf seiten der Industrie bis hin in den einzelnen Markt – bilden deshalb einen Schwerpunkt der Analysen von *Henkel* im Verbundvorhaben. Zunächst ging es darum, unterschiedliche Vertriebstypen, die zukünftig in Deutschland eine Chance haben, zu analysieren und den Grad ihrer möglichen Durchsetzung zu bewerten. Grob vereinfacht kann man drei Vertriebskonzepte unterscheiden: Home shopping, Discount- und Erlebniskauf. Dabei ergab sich, daß sich mit hoher Wahrscheinlichkeit kein Vertriebskonzept allein durchsetzen wird, sondern daß unterschiedliche Konzepte nebeneinander Bestand haben werden. Neue Beschäftigungsmöglichkeiten werden vorrangig dort entstehen, wo entweder der Beratungsbedarf oder das Unterhaltungsbedürfnis des Kunden in den Mittelpunkt der Verkaufsanstrengungen gerückt werden. Oder dort, wo es gelingt, den Kunden neue Dienstleistungen zu verkaufen wie etwa die Bestellung per Telefon, Telefax oder Internet und die Lieferung der Ware direkt nach Hause.

Zunächst jedoch ist einmal festzuhalten, daß es schon immer Lebensmitteleinzelhändler gegeben hat, die ihren Kunden die Ware nach Hause geliefert haben. Dies gehörte früher einfach zum ganz selbstverständlich in Anspruch genommenen Leistungsumfang, ohne daß darüber in der Öffentlichkeit größere Spekulationen angestellt worden wären. Inzwischen aber hat sich im Einzelhandel die Erkenntnis durchgesetzt, daß Wettbewerb allein über den Preis auf Dauer keine erfolgversprechende Strategie ist, sondern daß den Kunden neue Anreize zum Kauf und – ganz allgemein – mehr Service geboten werden müssen. Aus diesem Grund gewinnt die Debatte um neue Konzepte der Kundenbindung an Brisanz, auch wenn es, nicht zuletzt aufgrund der Besonderheiten des Handels mit Lebensmitteln, nicht danach aussieht, als würden zukünftig bedeutende Segmente des Marktes über die neuen Informations- und Kommunikationsmedien wie das Internet bedient. Dennoch werden sich die Unternehmen des Lebensmitteleinzelhandels stärker auf neue Kundenbedürfnisse wie die Lieferung nach Hause einstellen müssen.

Deshalb haben wir uns nicht auf die unter dem Schlagwort „electronic commerce" gehandelten Ansätze konzentriert, sondern uns auf die Analyse der laufenden Anstrengungen beschränkt, im Home shopping- und Home delivery-Markt Fuß zu fassen.

Dabei hat sich herausgestellt, daß sich die Organisationsstruktur dieser Konzepte durch den Grad ihrer Eingliederung in die bereits bestehenden Abläufe unterscheidet: Bei *vollständiger Integration* in das laufende Tagesgeschäft werden Bestellannahme, Auftragskommissionierung und Belieferung i.d.R. vom vorhandenen Personal zusätzlich erledigt. Damit steigt die Belastung der Mitarbeiter, und es ist mit positiven Beschäftigungseffekten kaum zu rechnen. Es werden auch nur wenige neue Kunden gewonnen, so daß letztlich keine oder nur geringe Umsatzsteigerungen zu erwarten sind. Positive Beschäftigungsimpulse gehen eher von Konzepten aus, die auf die organisatorische *Ausdifferenzierung eigener Funktionseinheiten* setzen, und die deshalb weniger stark an bereits existierende Abläufe gebunden sind. Zum einen bieten sie die Möglichkeit, neben der Hauszustellung der Lebensmittel auch andere Dienstleistungen (Wäscheservice etc.) in Kooperation mit anderen Unternehmen zu erbringen und so neue Marktsegmente zu eröffnen. Dies liegt daran, daß genügend Ressourcen vorhanden sind (Zeit, Transportmittel, Arbeitskräfte usw.), die es erlauben, diese zusätzlichen Angebote mitzuvermarkten und darüber eine Ausweitung des Marktanteils anzustreben. Zum anderen haben nach unseren Erhebungen Unternehmen, die derartige Konzepte verfolgen, eher die Chance, ihren Kundenstamm auszubauen.

Allerdings werden auch in diesem Bereich überwiegend geringfügig Beschäftigte und Fremdfirmen (für die Distribution) eingesetzt. Da man jedoch zunehmend erkennt, daß kundenorientiertes und -freundliches Verhalten auch vom Grad der Unternehmensbindung des Mitarbeiters abhängt, werden sich mittel- und langfristig womöglich stabilere Beschäftigungsverhältnisse durchsetzen. Dazu tragen nicht zuletzt die veränderten Qualifikationsanforderungen an die Mitarbeiter bei, die bei einer stärkeren Betonung des Servicegedankens notwendig steigen müssen. Stärker gefordert sind hier vor allem soziale Kompetenz und Marketingorientierung sowohl in der Auftragsannahme (Call Center) als auch in der Auslieferung.

Bei den Recherchen innerhalb des Verbundvorhabens konnten wir darüber hinaus feststellen, daß der Technisierungsgrad bei der Umsetzung von Home shopping- und Home delivery-Konzepten (von der Bestellung über die Auftragsabwicklung bis hin zur Distribution) stark variiert. Sowohl die eher traditionell orientierten als auch die innovativen Betriebe bieten i.d.R. mehrere Bestellmöglichkeiten (Telefon, Telefax, Internet) an, wobei der derzeitige Nutzungsgrad des Internets noch gering ist. Große Unterschiede zeigen sich auch in der Technisierung der *Auftragsabwicklun* und in der *Logistik*. Neue Aufgaben und Tätigkeitsfelder entstehen vor allem im EDV-Bereich: Die Angebotskataloge (sowohl für das Internet als auch in gedruckter Form) müssen ständig überarbeitet, die geeignete Software entwickelt und den eigenen Bedürfnissen angepaßt werden.

Auch unter *ökologischen Gesichtspunkten* scheinen diese Konzepte interessant: Durch die Bündelung von Aufträgen, die Übernahme zusätzlicher Dienstleistungen und durch eine optimierte Tourenplanung lassen sich Verkehrsaufkommen, Emissionen, Lärmbelästigung etc. reduzieren. Inwieweit diese Auswirkungen auch spürbar werden, hängt jedoch vom Durchsetzungsgrad von Home delivery ab. Die Höhe der Liefergebühren und das derzeit noch recht vorsichtige Engagement der Unternehmen in diesem neuen Marktsegment halten die Nachfrage auf einem niedrigen Niveau.

Für den *Arbeits- und Gesundheitsschutz* – insbesondere hinsichtlich der physischen Belastung durch Heben und Tragen – stellt Home delivery eine Herausforderung dar: Hauszustellung wird vor allem im Bereich der schweren Güter (z. B. Getränkekisten) in Anspruch genommen. Da es im häuslichen Bereich jedoch meist an Möglichkeiten fehlt, arbeitserleichternde Hilfsmittel einzusetzen, bleibt auch hier nur ein Insistieren auf Reduktion der einzelnen Gebinde und ein Vermeiden von Arbeitsspitzen.

Ausblick

Zur Reduzierung unnötiger Belastungen in der logistischen Kette, zur Erprobung neuer Formen der Zusammenarbeit zwischen verschiedenen Funktionen innerhalb des Handels, aber auch unternehmensübergreifend mit Industriepartnern und Speditionen und zur Durchsetzung innovativer Vertriebsformen reicht das alleinige Setzen auf Technik und Organisation nicht aus. Beide sind eine notwendige, nicht aber eine hinreichende Bedingung für die Steigerung des Servicegrads. Schließlich kommen wir immer mehr dahin, nicht allein Dinge zu verkaufen, sondern Dienste. Absehbar ist, daß derartige Strategien sich nur mit einer höheren Qualifikation der Beschäftigten realisieren lassen. Der Trend geht (wieder) ganz eindeutig in Richtung einer stärkeren Betonung sozialer Kompetenz auch im Lebensmitteleinzelhandel.

Ich hoffe, es ist deutlich geworden, daß dies nicht nur für die Schnittstelle zum Kunden, sondern auch für die Schnittstellen zwischen den beteiligten Partnern in der gesamten logistischen Kette gilt. Die Ausbildung sozialer Kompetenzen ist aber nicht an formale Qualifikationsmaßnahmen gebunden, sondern kann sich nur bei einer hohen Betriebsbindung und unter Rückgriff auf die physischen und psychischen Ressourcen der Mitarbeiter entwickeln. Unternehmen, die sich daran machen, innovative Ansätze in der Vertriebspolitik zu forcieren, tun demnach gut daran, sich um die Gesundheit ihrer Mitarbeiter zu kümmern und dem Gedanken der Prävention stärker zum Durchbruch zu verhelfen.

Servicekultur durch Bündelung von Kernkompetenzen im Finanzsektor

Marco Gruber

Meine sehr verehrten Damen und Herren,

als Vorstandsmitglied der workstation ag freut es mich, zum Thema „Servicekultur durch Bündelung von Kernkompetenzen im Finanzsektor" sprechen zu dürfen. Mein Referat werde ich wie folgt gestalten: In einem ersten Teil werde ich die Kernkompetenzen der workstation ag darstellen und aufzeigen, inwiefern die Bündelung dieser Kernkompetenzen zu einem erhöhten Kundennutzen im Finanzsektor führt. In einem zweiten Teil werde ich die aktuellen Tendenzen im schweizerischen Finanzdienstleistungsmarkt beleuchten und darlegen, wie sich die Konzentration der Finanzdienstleister auf deren Kernkompetenzen wiederum auf die workstation ag auswirkt. In einem Ausblick werde ich mir schließlich einige Bemerkungen zum übergeordneten Thema der Servicekultur durch Wertschöpfungspartnerschaften gestatten.

Die workstation ag und ihren Kernkompetenzen

Die workstation ag ist im Jahr 1989 gegründet worden, sie beschäftigt heute 37 Mitarbeiter, davon 30 hochqualifizierte Programmierer. Sie hat ihren Hauptsitz in Glattbrugg beim Flughafen Kloten. Ihr Software-Entwicklungszentrum befindet sich dagegen in der französischsprachigen Westschweiz, in Vevey am Genfersee.

Die workstation ag hat sich im Laufe ihres Bestehens die vier folgenden Kernkompetenzen erarbeitet:

- Software-Entwicklung
- Schulung
- Implementierung
- Wartung

Sie ist erstens in der Lage, qualitativ hochstehende, den individuellen Bedürfnissen angepaßte Software zu entwickeln. Zweitens kann die workstation ag für diese individuell programmierte Software ein maßgeschneidertes Ausbildungsangebot offerieren. Die workstation ag hat sich drittens eine kaum imitierbare Kompetenz erarbeitet, wenn es um die Implementierung von sowohl Soft- als auch von Hardware unterschiedlichster Hersteller in ein funktionierendes Gesamtsystem geht. Und zu guter Letzt ist die workstation ag in der Lage, besser als andere die Wartung von Soft- als auch von Hardware anzubieten.

Ich möchte Ihnen nun diese vier Kernkompetenzen anhand einiger Fallbeispiele darstellen.

Terminal-Emulationen

- Verfügbar seit: 1989
- Eingesetzt bei: UBS, CSG, Reuters, SMA, etc.
- Kundennutzen
  - Weiterverwendung Host
  - Plattformunabhängig
  - Features: Makros, Character-Mapping

Als erstes hat die workstation ag unmittelbar nach ihrer Gründung mit der Entwicklung von Terminal-Emulationen begonnen. Bereits Ende des ersten Jahres war die erste Produktfamilie fertig, und sie konnte erfolgreich lanciert werden. Ich möchte Sie hier nicht mit technischen Details langweilen: Terminal-Emulationen sind Software-Applikationen, die für Großrechner (sog. Hosts) geschriebene Software auf modernen Arbeitsplatzrechnern lauffähig machen. Die Software-Emulation schützt damit getätigte Investitionen in Großrechner und erlaubt es zudem, Funktionen einzubauen, die ein normales, „dummes" Terminal nicht zulassen würde. Als Beispiel zu nennen sind die Makro-Programmierung sowie das individuelle Programmieren der Keyboards.

Sie werden eventuell einwenden, daß das Interface der Terminal-Emulationen komplex sei. Beim technisch versierten Zielpublikum hat dies jedoch keinerlei Rolle gespielt. Die Terminal-Emulationen fanden vielmehr sofort reißenden Absatz in der gesamten Finanzindustrie, namentlich beim Schweizerischen Bankverein (SBV) und der Credit Suisse (CS)-Gruppe, haben aber auch bei Reuters für Furore gesorgt. Für den Markterfolg waren nicht nur die sprichwörtliche schweizerische Zuverlässigkeit ausschlaggebend, sondern insbesondere auch der Umstand, daß die gesamte Produktefamilie auf jeder marktgängigen Hardware und jedem wichtigen Betriebssystem (noch heute) einsetzbar ist.

Unsere Gesellschaft hat bei diesem Großprojekt ihre vier Kernkompetenzen voll und ganz zum Einsatz bringen können: Software-Entwicklung, Ausbildung des Personals, Implementierung und Wartung durch workstation ag. Diese mittlerweile zu Tausenden lizenzierte Software „Terminal-Emulation" hat unsere gesamte weitere Zukunft maßgeblich geprägt – sowohl bezüglich des verfeinerten und vertieften Know-hows in der Datenkommunikation als auch bezüglich unserer finanziellen Leistungsfähigkeit, während längerer Zeit Software-Projekte finanzieren zu können.

Das zweite Beispiel ist ein mehr hardwareorientiertes, soll ihnen aber aufzeigen, weshalb wir auch die Implementierung und Wartung zu unseren Kernkompetenzen zählen. Im Jahre 1993 realisierten wir in enger Zusammenarbeit mit dem SBV in Glattbrugg ein neues nationales Handelszentrum.

File-Server (Auspex)

- Verfügbar seit: 1993
- Eingesetzt bei: UBS
- Kundennutzen
  - Höchste Daten- und Ausfallsicherheit
  - Austausch von Main-Board, Betriebssystem im laufenden Betrieb
  - Hohe Performance

Nicht weniger als 12 Hochleistungsserver mit mehreren hundert Gigabyte Daten wurden durch die workstation ag evaluiert, konfiguriert, installiert, in Betrieb genommen und gewartet. Die Anforderungen waren seitens des SBV sehr hoch angesetzt, beispielsweise gehörten 99,99 % Ausfallsicherheit zum Pflichtenheft. Heute, nach mehr als fünf Jahren Dauereinsatz im 24-stündigen Betrieb können wir befriedigt feststellen, daß dank unserer Wartungsequipe, die während 24 Stunden während 365 Tagen einsatzbereit ist, auch dank präventivem Wartungsmanagement eine Ausfallsicherheit von 100 % hat erreicht werden können.

Bezüglich unserer vier Kernkompetenzen bedeutet dies: Für einmal hat weniger die Software-Entwicklung im Zentrum des Interesses gestanden, wohl aber die Ausbildung der Systemadministratoren, die Implementierung und – dies ganz besonders – die Wartungsdienste.

Archiv-System

- Verfügbar seit: 1993
- Eingesetzt bei: Guyerzeller Bank AG
- Kundennutzen
  - Versionskontrolle
  - Zentrale Ablage
  - Einfaches Auffinden von Dokumenten
  - Garantierte Vertraulichkeit

Sämtliche Kernkompetenzen waren indes wieder gefragt, als eine auf die Vermögensverwaltung spezialisierte Bank ein digitales Archiv-System in Auftrag gegeben hat, das den modernsten technischen Anforderungen genügt. Entstanden ist daraus eine Software, die bereits seit 1993 bei der Guyerzeller Bank im Einsatz ist. Auch diese Applikation wurde von unseren Entwicklern maßgeschneidert programmiert und ist aufgrund der wie immer verwendeten objektorientierten Technologie flexibel an die stetig steigenden Anforderungen anpaßbar. Heute läuft der gesamte interne Dokumentenverkehr (Belege, Vertragswesen, Unterschriftenprüfung etc.) über unsere Archivsoftware. Software-Entwicklung, Schulung der Anwender, Implementierung in die bestehende DV-Umgebung, Wartung: workstation ag.

Ein Großprojekt von wahrhaft globalem Ausmaß haben wir im Jahre 1995 zusammen mit dem SBV realisiert. Mit der Applikation „Human Resources Interactive" (HRI) hat die Investmentdivision „Warburg Dillon Read" ein global verfügbares Personalinformationssystem im Einsatz, das sich durch maximale Zugriffssicherheit auszeichnet.

Human Resources Interactive

- Verfügbar seit: 1995
- Eingesetzt bei: Warburg Dillon Read (Investment-banking)
- Kundennutzen:
  - Modernstes Benutzer-Interface
  - Global verfügbar
  - Hohe Datenkonsistenz
  - Maximale Zugriffssicherheit

Wenn man bedenkt, daß die Investmentbanker zu einem wesentlichen Teil erfolgsabhängig salariert werden, können Sie sich sicher vorstellen, wie zuverlässig der

Schutz derart sensibler Daten mit Blick auf die Erhaltung des Arbeitsfriedens ausgestaltet sein muß ... Hinzuweisen ist insbesondere auch auf die mit großem Aufwand realisierte hohe Datenkonsistenz, die eingegebene Daten auf ihre Plausibilität hin überprüft – ein Feature, um das uns die Konkurrenz, namentlich Peoplesoft, beneidet. Software-Entwicklung, Schulung der Trainer, Implementierung in die bestehende DV-Umgebung und Wartung: workstation ag.

Damit komme ich zum zweiten Teil meines Referats, das kurz die aktuellen Tendenzen im schweizerischen Finanzdienstleistungsmarkt beleuchten und zeigen soll, wie sich die Konzentration dieser Gesellschaften auf ihre Kernkompetenzen für die workstation ag auswirken.

Wie Sie wissen, befindet sich der Finanzdienstleistungsmarkt Schweiz in einem noch nie dagewesenen Wandel, um nicht zu sagen strukturellen Umbruch. Einige Stichworte mögen genügen: Zum einen ist eine zahlenmäßige Konzentration der Bankinstitute festzustellen; erwähnt sei hier insbesondere die Fusion des Schweizerischen Bankvereins mit der Schweizerischen Bankgesellschaft, welche seit Juli 1998 neu als „UBS AG" firmiert. Zu nennen ist aber auch die Neustrukturierung der zahlreichen Regionalbanken, die sich mit einer Holdingstruktur versehen haben. Nicht unerwähnt bleiben dürfen schließlich die politischen Bestrebungen in zahlreichen Kantonen, die mit einer Staatsgarantie versehenen Kantonalbanken allmählich zu privatisieren. Und zu guter Letzt ist auch auf die Bemühungen v.a. der Großbanken hinzuweisen, durch die Übernahme von Versicherungen zu einem dominanten Player im Allfinanzmarkt zu werden.

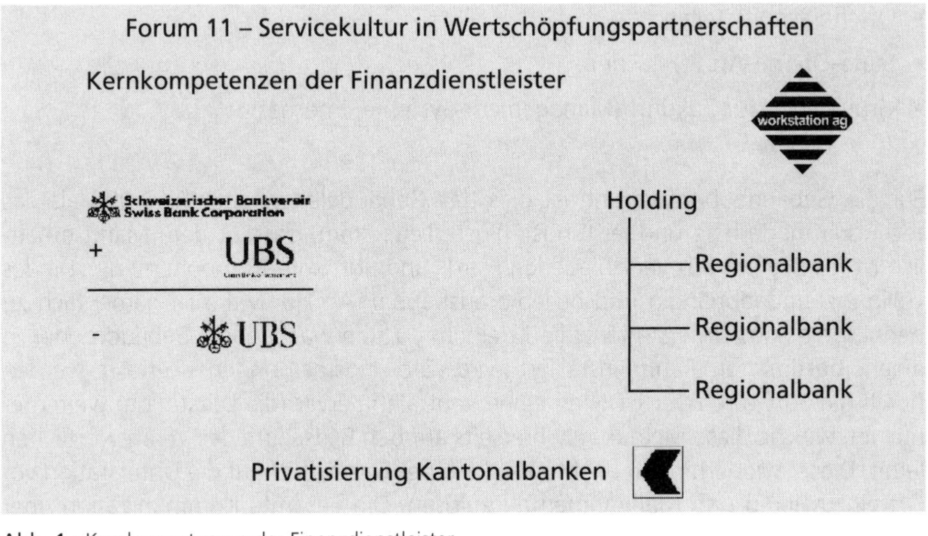

Abb. 1 : Kernkompetenzen der Finanzdienstleister

Es stellt sich natürlich sofort die Frage, welche Konsequenzen für die workstation ag daraus abzuleiten sind. Ganz klar ist aus meiner Sicht, daß der Strukturwandel im Finanzdienstleistungssektor einhergeht mit einer noch stärkeren, klareren Fokussierung auf die Kernkompetenzen dieser Institute. Fett wird abgebaut, Muskeln werden angesetzt oder neu trainiert, um im globalen Wettbewerb bestehen zu können.

Diese evidente Fokussierung auf die eigenen Kernkompetenzen führt im schweizerischen Finanzsektor umgekehrt zu einer ebenso konsequenten Auslagerung sämtlicher Nicht-Kernkompetenzen. Was dies bedeutet, läßt sich einfach erklären: Wer von Ihnen glaubt, daß eine schweizerische Bank eine Kernkompetenz in der Fernüberwachung sämtlicher eigener Liegenschaften hat? Oder wer von Ihnen glaubt, daß die Kernkompetenzen einer schweizerischen Bank darin bestehen, Wartungsintervalle für ihre sämtlichen Aufzugssysteme zu planen oder ganz generell den Energiebedarf ihrer Immobilien zu optimieren? – Wie ich sehe, zu Recht niemand – und genau deshalb hat die workstation ag Software-Applikationen entwickelt, welche es externen Spezialisten erlauben, den Finanzdienstleistern diese Aufgabe abzunehmen.

WLS-1000 Gebäudeleitsystem

- Systemunabhängig
- Einheitliches Protokoll
- Offene Schnittstellen
- State-Of-The-Art DV-Technik
- Grundlagen für Zukunft (Management-Systeme, Internet)

Für die Gebäudeüberwachung ist dies das Gebäudeleitsystem WLS-1000 als das technisch modernste und leistungsfähigste Leitsystem, das auf dem Markt erhältlich ist. Es besteht aus verschiedenen Hard- und Software-Komponenten, ist indes völlig systemunabhängig und beliebig ausbaubar. An Hardware ist namentlich zu nennen die sog. Unterstation, die in einem zu überwachenden Gebäude oder in einem bestimmten Raum installiert wird. Störungsmeldungen aller Art werden durch die Software über ISDN an einen zentralen Server (die Leitstation) weitergemeldet, welche diese Meldungen ihrerseits auf den Bildschirm des Verantwortlichen leitet. Dieser wiederum hat die Möglichkeit, per Fernzugriff auf die Unterstation vor Ort einzuwirken und Maßnahmen auszulösen. Die gesamte Kommunikation über beliebig große Distanzen läuft somit bidirektional.

Und das für die workstation ag besonders erfreuliche: Es sind nicht länger „nur" Finanzdienstleister, welche dieses System sorgfältig evaluieren: Mindestens so große Resonanz haben wir bei zahlreichen Produktionsbetrieben jeder Größe ausgelöst. Seien es Coop als Großverteiler in der Schweiz oder die Kemper GmbH als fleischverarbeitender Betrieb in Deutschland: Sie alle haben individuelle Einsatzmöglichkeiten unseres Systems erkannt, denn in der konsequenten Gebäudebewirtschaftung, dem sog. „Facility Management", liegt ein ganz erhebliches Einsparungspotential.

WDB-3000 Service und Unterhalt

- Technischer Unterhalt von:
  - Produktionsanlagen
  - Gebäudeinstallationen
  - Fahrzeugparks
- Leistungserfassung:
  - automatisiert
  - manuell anhand von Rapporten
- Kostenstellenrechnung
  - Interface zu SAP/R3

Aber damit nicht genug: Dem Bedürfnis des Markts nach erhöhter Transparenz im Service- und Unterhaltsbereich einer Unternehmung haben wir mit unserer Software WDB-3000 zeitgerecht entsprechen können. Diese Applikation überwacht den technischen Unterhalt von Produktionsanlagen, Gebäudeinstallationen sowie von Fahrzeugparks. Sie sorgt dafür, daß die anfallenden Kosten auch den richtigen Kostenstellen zugewiesen und korrekt abgerechnet werden. Schnittstellen zu Produkten von Drittherstellern, namentlich zu SAP R/3, stellen die Offenheit dieser Software sicher.

Wenn wir nun die eingangs erwähnten vier Kernkompetenzen der workstation ag mit Blick auf diese Auslagerungstendenz im schweizerischen Finanzsektor hin überprüfen, so fällt folgendes auf: Die Software-Entwicklung bleibt nach wie vor eine unserer Kernkompetenzen, die Schulung i.S. von „Train-the-Trainer" ebenfalls. Bezüglich Implementierung und Wartung gilt es zu unterscheiden: Was Datenintegration und Serversysteme anbelangt, gelten die Kernkompetenzen der workstation ag zwar ebenfalls; aber es ist für uns schlechterdings unmöglich, in Tausenden von Gebäuden die Planung und Installation der Unterstationen vorzunehmen oder ein Flächenmanagement für einen Großkunden zu entwerfen.

Wir können dies nicht, und wir wollen dies auch nicht können. Deshalb haben wir einen Partner gesucht, dessen Kernkompetenzen unsere gebündelten Kernkompetenzen ergänzt. Ganz besonders freut uns deshalb, daß wir in Deutschland mit der Deutschen Telekom Immobilien GmbH eine weitreichende Partnerschaft eingehen durften. Sie wird die gesamte Überwachung der Telefonzentralen der deutschen Telekom, letztlich mehrere tausend Gebäude, mit unserem Leitsystem sicherstellen.

Meine sehr geehrten Damen und Herren,

gestatten Sie mir zum Schluß im Sinne eines Ausblicks noch die folgenden Bemerkungen:

Der Dienstleistungsmarkt ist als Innovationsmotor für Wachstum und Beschäftigung nach wie vor hochinteressant. Um in diesem Markt erfolgreich zu sein, bedarf es jedoch einer nachhaltigen Konzentration auf das jeweilige Kerngeschäft. „Nebenkompetenzen" sind konsequent zu vermeiden, „Nebenprozesse" an dafür besser qualifizierte Partner auszulagern. Als erfolgreiches Modell für die gegenseitige Zusammenarbeit haben sich über die Jahre auch bei der workstation ag tragfähige Wertschöpfungspartnerschaften gebildet.

Ich möchte indes klar festhalten, daß sowohl „Wertschöpfung" als auch „Partnerschaft" von gleichrangiger Bedeutung sind. Beziehungen, in denen lediglich die eine Partei Werte *abschöpft*, die andere jedoch finanziell *erschöpft* in den Seilen hängt, haben keinen Bestand und sind letztlich zum Scheitern verurteilt. Entwicklungen, in denen Zulieferer bis auf den letzten Pfennig ausgepreßt werden, sind deshalb langfristig kein Erfolgsmodell. Entsprechend können wir dem „Lopezismus" auch nichts abgewinnen.

Wer sich jedoch zur langfristigen Auslagerung gewisser Nebenprozesse entschließt, tut gut daran, sich seine Partner genau auszusuchen und den *gemeinsamen Erfolg* anzustreben. Nicht kleinkariertes Kostenstellendenken soll dominieren, sondern ein prozeßorientierter, erfolgsorientierter Lösungsansatz. Hinter solchermaßen verstandenen Wertschöpfungspartnerschaften müssen somit in jedem Falle Unternehmerinnen und Unternehmer stehen, die sich durch gemeinsame Visionen, Fairneß im partnerschaftlichen Umgang miteinander und durch charakterliche Integrität auszeichnen.

Wenn es aber gelingt, Partner zusammenzuführen, die sich durch kaum imitierbare Kernkompetenzen auszeichnen, wenn es gelingt, gemeinsame Visionen für alle Beteiligten erfolgreich umzusetzen, dann gewinnen wir die Zukunft.

III. Neue Unternehmenskonzepte – Neue Regeln

12.
Service Engineering und Service Design

Service Engineering und Service Design

Susanne Stein, Robert Goecke

Marktführerschaft durch kundenorientierte Dienstleistungen

Die Bundesrepublik Deutschland hat sich im Engineering von Produkten weltweit einen Namen gemacht und konnte über Jahre im Bereich des Ingenieurwesens eine herausragende Stellung im internationalen Wettbewerb halten. Kompetenz und Know-how im Produktbereich reichen heute jedoch nicht mehr aus. Kunden fragen vermehrt Komplettlösungen nach, die individuell auf ihre Probleme zugeschnitten sind. Bei dieser bedarfsorientierten Leistungsbündelung spielen die Dienstleistungen zunehmend die wettbewerbsentscheidende Rolle (vgl. Goecke/Stein, 1998a).

Betrachtet man jedoch die Entwicklung solcher Leistungsbündel genauer, stellt man fest, daß es zwar zur Generierung der materiellen Produktelemente wissenschaftlich fundierte Engineering-Konzepte gibt, daß Dienstleistungen jedoch selten systematisch entwickelt werden, und häufig wissenschaftliche Methoden nur fragmentarisch vorhanden sind. Unternehmen, die sich im Wettbewerb der Informations- und Dienstleistungsgesellschaft des 21. Jahrhunderts behaupten wollen, müssen hier – gerade aufgrund der spezifischen Eigenschaften von Dienstleistungen und der hohen Komplexität ihrer Gestaltung – ein systematisches Vorgehen wählen.

Im Rahmen des Forums 12 „Service Engineering und Service Design" stellten als Vertreter von Vorreiterunternehmen Haigo Hofmann, Siemens Electrocom GmbH, und Christian Steguweit, Deutsche Bahn Medien GmbH, exemplarisch ihre Strategien und Vorgehensweisen für die Dienstleistungsentwicklung vor. Vorgetragen und diskutiert wurden die Themen:

- Sicherung der Wettbewerbsposition durch innovative hybride Produkte
- Service Design im Dienstleistungsbereich

Folgende Kapitel geben eine Einführung in die Gesamtproblematik des Service Engineering und Service Designs als Ergebnisse des PEM 7 „Marktführerschaft durch Leistungsbündelung und kundenorientiertes Service Engineering".

Das Service Engineering-Vorgehensmodell zur systematischen Dienstleistungsentwicklung

Für die systematische Entwicklung von Dienstleistungen können, je nach Ausgangssituation, verschiedene Vorgehensmodelle eingesetzt werden. Sie legen notwendige Aktivitäten fest, bestimmen deren wechselseitige Beziehungen und geben vorgeschriebene Reihenfolgen an. Je nach Art der Dienstleistungsentwicklung eignen sich dazu verschiedenste Modelle. Aus dem Bereich des Mechanical und Software Engineering sowie dem Information Engineering, Industrial Engineering, Systems Engineering und der Entwicklung soziotechnischer Systeme sind beispielsweise das Customer-based Engineering, Spiralmodelle, Komponenten Engineering oder Prototyping bekannt (vgl. Bullinger et al., 1997).

Im PEM wurde ein einfaches flexibles Phasenmodell entwickelt (vgl. Abbildung 1), das sich – im Sinne eines Metamodells – auf diverse Dienstleistungsentwicklungen beziehen kann und insofern die feinen Unterschiede spezifischer Dienstleistungen noch nicht abbildet (vgl. DIN [Hrsg.], 1998). Daher werden im folgenden die Kern-Phasen des Service Engineering näher erläutert.

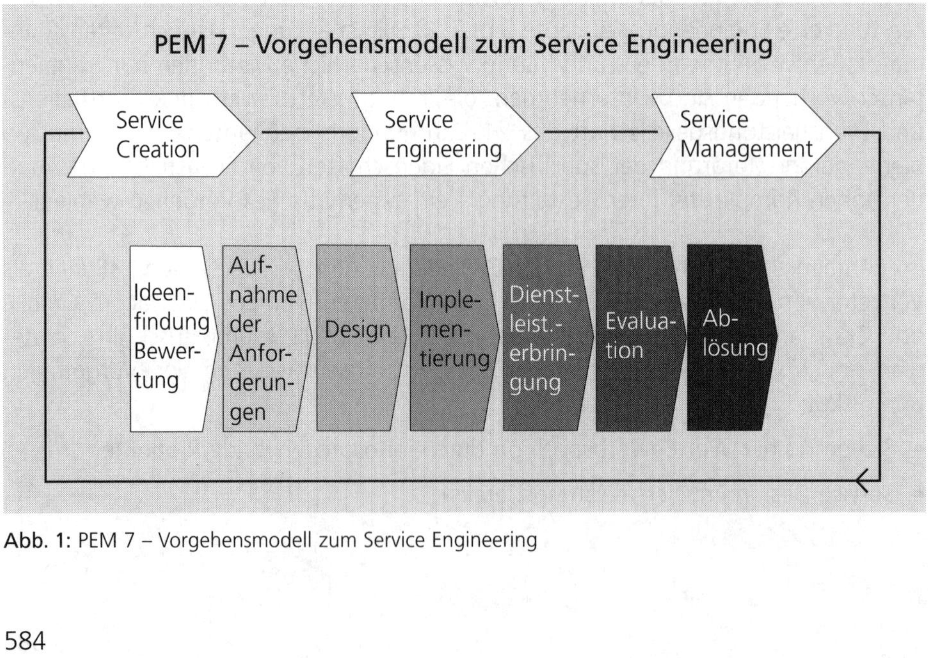

Abb. 1: PEM 7 – Vorgehensmodell zum Service Engineering

Ideenfindung und -bewertung

In dieser Phase beginnt der Suchprozeß nach neuen Ideen innerhalb der Organisation oder in ihrem Umfeld. Wichtige Anregungen kommen von Kunden, Handelspartnern, Konsumenten sowie den Mitarbeitern. Auch professionelle Ideenerzeuger – z. B. Kreativstudios, Lieferanten und Konkurrenten – können neue Ideen an das Unternehmen herantragen. Die Ideenfindung kann organisiert in einem Team, in Workshops oder im Rahmen eines betrieblichen Vorschlagswesen stattfinden. Als Methoden bieten sich klassische Kreativitätstechniken an, wie z. B. das Brainstorming, Brainwriting, der morphologische Kasten oder die Synektik (vgl. Kotler /Bliemel, 1995).

Danach gilt es, die für die Zukunft bedeutungsvollen Ideen zu identifizieren und zu selektieren. Sie müssen dazu soweit „Gestalt angenommen haben", daß sie kommuniziert werden können. Unter Umständen ist auch ein erstes, sehr grobes Konzept für die einzelnen Ideen zu entwerfen. Zu vergleichen sind dann die Chancen und Risiken des Marktes bzw. des organisatorischen Umfeldes auf der einen, die Fähigkeiten bzw. Stärken und Schwächen des Unternehmens auf der anderen Seite. Machbarkeitsstudien, Szenariotechniken bzw. Roadmaps für das weitere Vorgehen können die Ideenbewertung unterstützen.

Aufnahme der Anforderungen

Die Phase der Ideenbewertung ist stark mit der Erhebung der Anforderungen verflochten. Eine scharfe Trennung der Phasen bietet sich insofern nicht an. In diesem Prozeßabschnitt geht es darum, ein Anforderungsprofil für die zu erstellende innovative Dienstleistung zusammenzustellen. Ergebnis dieser Phase kann eine Art Lasten-/Pflichtenheft sein.

Design

Die Designphase steht im Zentrum des Service Engineerings. Der „schöpferische Gedanke" ist nun bis zur praktikablen Anwendbarkeit zu konkretisieren. Dabei gilt es, die Dienstleistungseigenschaften und -komponenten mit den Zielgruppen- und Kundenbedürfnissen abzustimmen. Das Design umfaßt die materiellen Produktbestandteile, die Facilities, die operationalen Prozesse sowie die Kunden-Mitarbeiter-Interaktion. Gerade aufgrund der Immaterialität ist die bewußte Gestaltung der Dienstleistungssymbolik erforderlich. Sie vermittelt den ersten Eindruck und beeinflußt stark die Vertrauens- und Imagebildung beim Kunden.

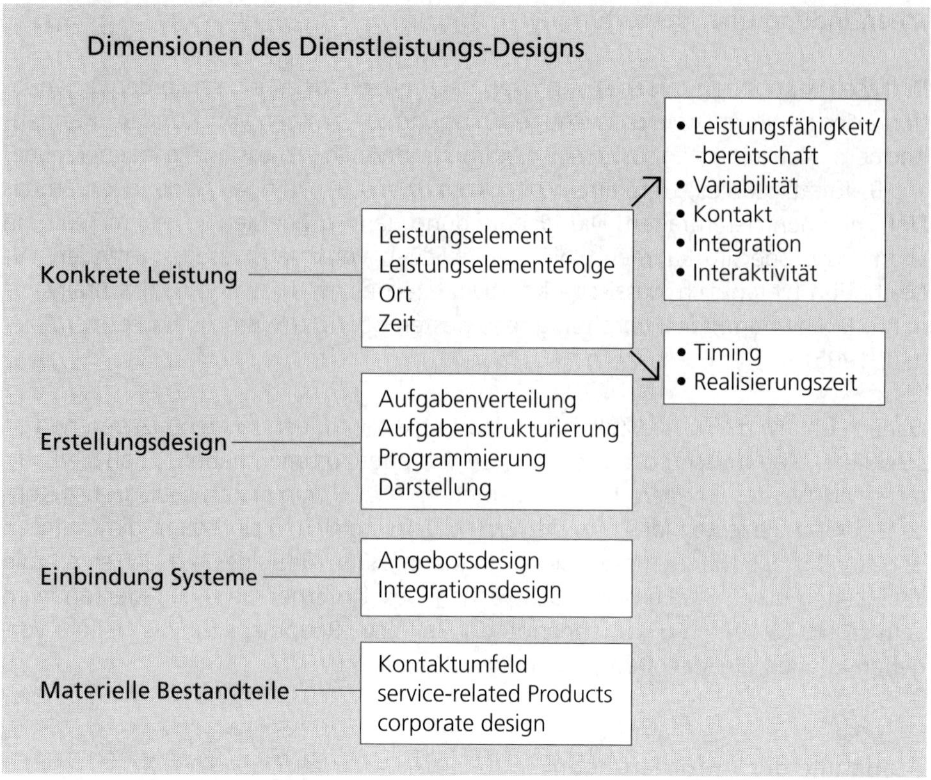

Abb. 2: Dimensionen des Dienstleistungs-Designs

Weiterhin werden die Leistungselemente beschrieben, Schnittstellen definiert und Service-Levels festgelegt. Methodische Unterstützung bieten z. B. Blue Prints und Qualitätssicherungsmethoden (vgl. auch Meyer/Blümelhuber, Dienstleistungsdesign, 1998).

Die Projektpartner des PEM 7 sind sich darin einig, daß eine intensive Einbindung des Kunden den Dienstleistern dabei hilft, die Kundensicht kennenzulernen und spätere Kundenzufriedenheit sicherzustellen. Beim Service Engineering müssen die Dienstleister jedoch stets im Auge behalten, daß nicht das perfekte, höchstmögliche Leistungsniveau die Maxime für ein erfolgreiches Agieren auf Märkten ist, sondern die Orientierung an den von Kunden gesetzten Maßstäben. Beispielsweise verzichten einige Kunden auf ein Übermaß an Leistungen zugunsten fairer Preise oder günstiger Konditionen.

Es gilt daher, sich zunächst auf den „Kernnutzen", den das Dienstleistungsbündel bieten soll, zu konzentrieren und dann entsprechend den Kundenwünschen zusätzliche Leistungen bereitzustellen. Den Erfolg solcher Konzepte zeigen Dienstleister wie Aldi im Bereich des Handels oder Southwest Airlines als Fluggesellschaft „ohne Schnick-Schnack": So verzichtet Southwest auf teure Reservierungssysteme, Menues und Entertainmentmöglichkeiten. Die Kernleistungen werden jedoch in höchster Qualität erbracht und mit einer an die Mitarbeiter orientierten Kultur sowie einem innovativen Dienstleistungsdesign verknüpft (vgl. Meyer, A./Blümelhuber, Ch., 1998, S. 747 ff.).

Das hier vorgestellte Vorgehensmodell (vgl. Abbildung 1) ist nicht starr anzuwenden und als allgemeingültige Lösung zu betrachten. So müssen beispielsweise die hier dargestellten Phasen nicht direkt ineinander übergehen, Rückkopplungsschleifen oder ein Überspringen einzelner Phasen können notwendig werden. Werden die Phasen mehrmals in Zyklen durchschritten, kann das lineare Modell zum Spiralmodell werden. Das in Abbildung 1 beschriebene Phasenmodell soll in erster Linie einen groben Überblick und eine Orientierungshilfe für das Dienstleistungsengineering verschaffen (vgl. Goecke/Stein, 1998b).

Berufsbild des Service Engineers

Für die für das Service Engineering notwendige intensive Kundenpflege und weitreichende Integration der Auftraggeber bzw. für die Arbeit in organisationsübergreifenden Netzwerken ergeben sich hohe Anforderungen an Mitarbeiter und Führungskräfte. Ein wesentlicher Schwerpunkt liegt dabei nämlich nicht nur im Fachwissen der Mitarbeiter. Vielmehr entstehen durch die Ausweitung des Angebots um diverse Dienstleistungen Allround-Berufe, so daß eher weiche Faktoren wie Lern-, Kommunikations-, Team- und Dienstleistungsfähigkeit sowie soziale Kompetenz an Bedeutung gewinnen. Da im Entwicklungsteam die zwischenmenschlichen Interaktionsprozesse sehr intensiv sind, sind auch gruppendynamische Aspekte zu berücksichtigen.

Dies ist bei der Ausbildung eines Service Engineers zu berücksichtigen. Die Projektpartner des PEM 7 kamen überein, daß eine Erweiterung der technischen Ausbildung des klassischen Ingenieurs für den Entwickler von Dienstleistungen zwingend notwendig ist. Ob ein neues Berufsbild des Service Engineers geschaffen werden kann und muß, wurde heftig diskutiert. In jeder Phase des Engineering Prozesses sind nämlich andere Kompetenzen und darauf abgestimmte Qualifizierungsmaßnahmen notwendig (vgl. folgende Abbildung 3). Daher wurde die Frage aufgeworfen, ob eine Person für alle Phasen gleichermaßen ausgebildet und befähigt werden kann. Unter Umständen bietet es sich an, die Dienstleistungen in einem interdisziplinär zusammengesetzten Service Engineering Team zu entwickeln.

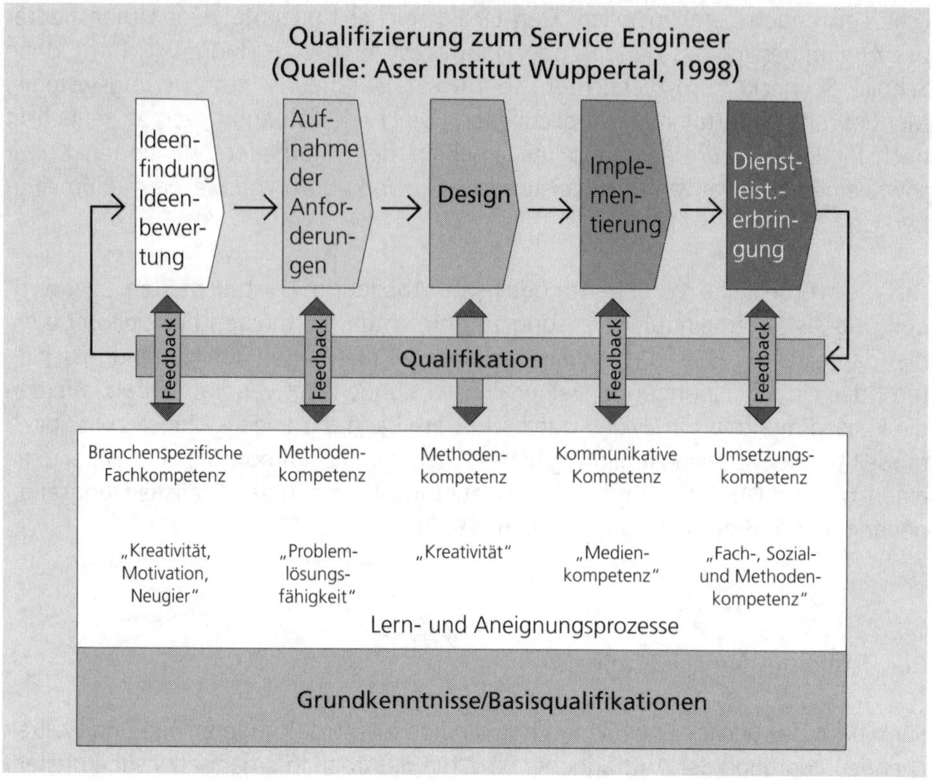

Abb. 3: Qualifizierung zum Service Engineer (Quelle: Aser Institut Wuppertal, 1998)

Das Fraunhofer-Institut für Arbeitswirtschaft und Organisation schlägt vor, zur Qualifizierung der Mitarbeiter Rollenkonzepte zu generieren und diese in das Service Engineering zu integrieren (vgl. folgende Abbildung 4, vgl. Fähnrich, 1998). Die Anwendung von Rollenkonzepten ermöglicht die Abschätzung von Qualifizierungs- und Coachingbedarf und kann einen Ausgangspunkt im Bereich der Arbeitsvorbereitung sowie eine Grundlage für Qualitätsmanagementsysteme im Dienstleistungsbereich darstellen. Rollenkonzepte erleichtern darüber hinaus die Personalplanung und die Entwicklung von Teamstrukturen und -abläufen.

Impulse und Anregungen zum Service Engineering

Welch hohe Bedeutung das Service Engineering für unterschiedlichste Branchen und Unternehmensbereiche aufweist, zeigen die vielfältigen Erfahrungen und Ergebnisse des PEM 7. Interessenten können das „Assessment zum Service Engi-

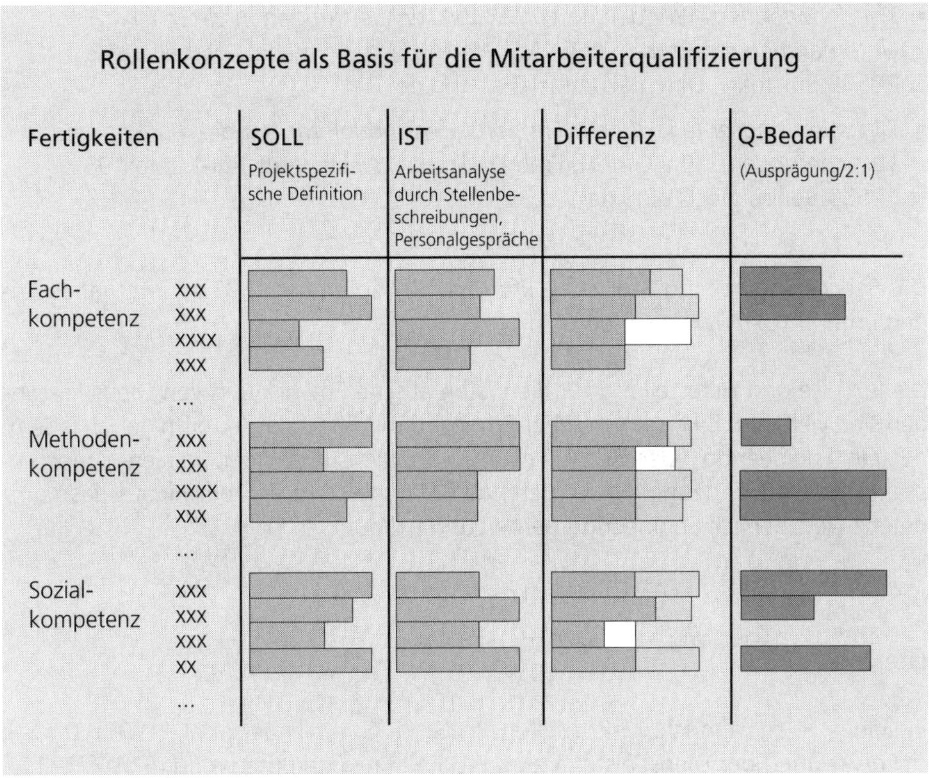

Abb. 4: Rollenkonzepte als Basis für die Mitarbeiterqualifizierung

neering", den DIN Fachbericht 75 „Service Engineering" sowie Szenarien und Fallstudien bei folgenden Instituten bzw. Unternehmen erhalten:

- *Assessment zum Service Engineering/Service Engineering in der Architektur- und Baubranche*, BPU GmbH München, Frau Susanne Stein, Herrn Dr. Robert Goecke, Franz-Joseph-Str. 35, 80801 München, susanne.stein@bpu.de
- *Dienstleistungsinformation*, IFAV Köln, Herrn Dr. Tilmann Höhfeld, Aachener Str. 1089, 50858 Köln, IFAV.Koeln@t-online.de
- *DIN-Fachbericht 75*, DIN e.V. Berlin, Herrn Hermann Behrens, Burggrafenstr. 6, 10787 Berlin, behrens@FUL.DIN.de
- *Innovative Telematikdienstleistungen in der öffentlichen Verwaltung – Das InfoCenter der Landeshauptstadt Stuttgart*, FhG IAO, Herrn Werner Brettreich-Teichmann, Frau Gudrun Wiedmann, Nobelstr. 12, 70569 Stuttgart, Werner.Brettreich@iao.fhg.de, Gudrun.Wiedmann@iao.fhg.de

- *Kundenorientierte Bündelung von Mobildienstleistungen in virtuellen Unternehmensstrukturen*, FhG IAO, Herrn Ulrich Schnabel , Nobelstr. 12, 70569 Stuttgart, Ulrich.Schnabel@iao.fhg.de
- *Dienstleistungsentwicklung – Ein Vorgehensmodell für Handel, Banken und Versicherungen*, UBIS GmbH, Frau Dr. Frauke Weichhardt, Alt-Moabit 98, 10559 Berlin, wec@UBIS.de

Das Service Engineering Tool ist als Prototyp ab September 1998 im Internet zu finden unter: http://www.gsm.de/pem7.

Die Impulse und Hilfestellung für die systematische Entwicklung von Dienstleistungen sind vielfältig. Erkenntnisse über Erfolgs- und Mißerfolgsfaktoren geben jedem, der ein Engineering oder Reengineering von Dienstleistungen initiieren möchte, praktische Unterstützung. Für vertiefende Beratung steht darüber hinaus das Kompetenz-Netz Service Engineering gerne zur Verfügung.

Literatur:

Bullinger, H.-J.; Fähnrich, K.-P.; Meiren, T.; Groh, G. (Bullinger et al., 1997): Die Entwicklung der Dienstleistung zum Produkt, in: Computerworld, 51/97, 7–11.

DIN Deutsches Institut für Normung e.V. [Hrsg.] (vgl. DIN [Hrsg.], 1998) : DIN-Fachbericht 75 – Service Engineering – Entwicklungbegleitende Normung (EBN) für Dienstleistungen. Berlin et al. 1998.

Fähnrich, K.-P. et al. (Fähnrich, 1998): Erfolgreiches Management von Dienstleistungen, Seminarunterlagen des Fraunhofer-Institutes für Arbeitswirtschaft und Organisation, 2.4.98, Stuttgart.

Goecke, R.; Stein, S. (Goecke/Stein, 1998a): Service Engineering als Herausforderung für das 21. Jahrhundert, in: Office Management, Mai 1998.

Goecke, R.; Stein, S. (Goecke/Stein, 1998b): Assessment zum Service Engineering, Broschüre der BPU GmbH, München, Juni 1998.

Kotler, Ph.; Bliemel, F. (Kotler/Bliemel, 1995): Marketing Management, 8. vollständig neu bearbeitete und erweiterte Auflage, Stuttgart, 1995.

Meyer, A.; Blümelhuber, Ch. (Meyer/Blümelhuber, 1998a): „No frills“ – oder wenn auch für Dienstleister gilt: „Less is more“, in: Meyer, A. [Hrsg.], Dienstleistungsmarketing, Stuttgart 1998, S. 736–750.

Meyer, A.; Blümelhuber, Ch. (Meyer /Blümelhuber, 1998b): Dienstleistungs-Design: Zu Fragen des Designs von Leistungen, Leistungserstellungs-Konzepten und Dienstleistungs-Systemen, in: Meyer, A. [Hrsg.], Dienstleistungsmarketing, Stuttgart 1998, S. 911–940.

Tielsch, R.; Saßmannshausen, A.; Heintz, M. (Aser Institut Wuppertal, 1998): Service Engineering, Qualifizierung und Kompetenzentwicklung, Aser-Broschüre, Wuppertal 1998.

Sicherung der Wettbewerbsposition durch innovative hybride Produkte

Haigo Hofmann

Gesamtdarstellung des Unternehmens „Wir über uns“:

Siemens ElectroCom in Konstanz, Arlington (Texas), Berlin, Novi (Michigan), Nürnberg, München und Singapur ist ein weltweit tätiger Partner für alle Postdienste sowie für kommerzielle und industrielle Anwender von Erkennungs- und Sortiertechnologie. Zum Sortieren aller Arten von Postsendungen, von der Postkarte bis zum Paket bieten wir das gesamte Produktspektrum auf dem Gebiet der Postdienst-Automatisierung an. Vom Einzelsystem bis zum vollintegrierten Sortierzentrum liefert Siemens ElectroCom sämtliche Komponenten für Automatisierungslösungen. Automatisierungssysteme aus unserem Haus erhöhen die Wirtschaftlichkeit und Leistungsfähigkeit der Postdienste und verbessern auch bei ständig steigendem Sendungsaufkommen die Qualität in der Briefzustellung. Siemens ElectroCom ist global ausgerichtet und auf allen Kontinenten mit Produktionsstätten, Niederlassungen, Repräsentanzen und Servicestützpunkten vertreten. Wir beschäftigen in Konstanz 1600 Mitarbeiter, weltweit ca. 3000. Heute arbeiten Anlagen und Systeme mit unserer Technologie in mehr als 30 Ländern, und über 15000 installierte und beauftragte Systeme legen Zeugnis ab für das Interesse unserer Kunden an dem hohen Entwicklungs- und Fertigungsstandard unserer Produkte.

Wir haben standardisierte Produkte und Systeme entwickelt. Basierend auf diesen Standardprodukten bieten wir unseren Kunden Automatisierungslösungen für alle Bearbeitungsschritte und Sendungsarten an – vom Einzelsystem bis zum kompletten Postbearbeitungszentrum. Vom Vorverarbeiten über das Lesen und Codieren zum Sortieren, Transportieren, Steuern, Überwachen und Regeln bieten wir Anlagen und Systeme an, die die Anforderungen unserer Kunden erfüllen. Wir sortieren nicht nur Standardsendungen, sondern auch Groß- und Maxibriefe, Kataloge und Zeitschriften, Bücher und Pakete: welches Format die zu sortierende Sendung hat, ob sie hart oder flexibel ist, spielt dabei keine Rolle: für alle Arten von Großbriefsendungen haben wir die richtige Lösung. Und weil der durchgängige Materialfluß innerhalb großer Sortierzentren eine wichtige Rolle spielt, haben wir ein neues Tray Managementsystem entwickelt. Herzstück dieser integrierten Automatisierung der Briefzentren ist unser Einschienen-Behältertransport- und Sortiersystem (novasort) für den schnellen Materialfluß von der Ein- bis zur Auslieferung. Mit modernster Software in den Anlagen stellen wir eine umfangreiche Auswertung der Betriebsdaten von Sortieranlagen zur Verfügung. Damit können Engpässe veranschaulicht werden und Wartungspläne und Ersatzteilverwaltungen können optimiert werden. Die Verfügbarkeit der Anlagen erhöht sich. Unser Qualitäts-Testsystem eröffnet neue Wege zur Kontrolle der Laufzeiten vom Einwerfen eines Qualitätstestbriefs in den Briefkasten bis zum Eintreffen beim Empfänger. Es ist ideal für die kostengünstige, selektive Analyse der Logistikkette und auch nutzbar für die permanente netzweite Kontrolle.

Von der Projektierung eines einzelnen Postamtes bis zur Generalunternehmerschaft für schlüsselfertige Postbearbeitungszentren realisieren wir alles aus einer Hand. Bei der Projektabwicklung hört unser Leistungsangebot nicht auf. Wir übernehmen auch das Projektengineering und -management, die Systemintegration, Finanzierung und die Konsortialführung zum Aufbau von Brief- und Frachtzentren. Gute Ausbildung und stets verfügbare Information erleichtern das Bedienen, Warten und Instandsetzen unserer Anlagen und fördern reibungslose Produktionsprozesse. Dazu erarbeiten wir abgestimmte Schulungskonzepte mit optimiertem Medieneinsatz. Mit Computer Based Training (CBT) erklären wir leicht verständlich komplexe Sachverhalte, per CD-ROM oder über das Internet. Abgestimmte Servicepakete von der vorbeugenden bis zur Vollwartung und Teilbetreuung über die 24-Stunden-Telefon-Hotline runden unser Angebot ab.

Stellenwert von Dienstleistungen bei Siemens ElectroCom

Im Siemens-Konzern wird die Entwicklung und Vermarktung neuer Dienstleistungen als zentrale strategische Aufgabe und Wachstumsmarkt der Zukunft betrachtet. Auch innerhalb Siemens ElectroCom gewinnt das Themenfeld Dienstleistungen – und hier insbesondere die Entwicklung neuer Dienstleistungen – vor dem Hintergrund eines nur noch langsam wachsenden Marktes für Primärprodukte und verschärfter internationaler Konkurrenz zunehmend an Bedeutung.

Dabei ist es gerade für den exportorientierten Maschinen- und Anlagenbau, der geprägt ist durch einen zunehmenden internationalen Wettbewerb und die steigende Verlagerung der Produktion ins Ausland, von entscheidender Bedeutung, die Primärprodukte – und damit auch die Arbeitsplätze am Standort Deutschland – durch einen Kranz vor- und nachgelagerter Dienstleistungen abzusichern. Dies gilt um so mehr, da im Bereich innovativer Dienstleistungen größere Wachstumspotentiale zu erwarten sind als im reinen Produktgeschäft.

Wettbewerbsvorsprung durch Dienstleistungen (und systematische Dienstleistungsentwicklung)

Service Engineering als neuer Prozeß

Die Unternehmen wie Siemens ElectroCom GmbH&Co., die diesen Trend zu hochwertigen Dienstleistungen klar erkannt haben, sehen sich allerdings gleichzeitig mit dem Problem konfrontiert, daß für die Entwicklung komplexer Dienstleistungen bisher geeignete Methoden und Vorgehensweisen fehlen. Insbesondere müssen sie feststellen, daß man zwar im Bereich der Produktentwicklung ein enormes Know-how aufgebaut hat, jedoch nicht über entsprechende Instrumentarien verfügt, um systematisch neue Dienstleistungen zu entwickeln und am Markt zu positionieren.

Besonderes Gewicht muß dabei auf die intensive und frühestmögliche sinnvolle Einbindung sowie Mitwirkung des Kunden gelegt werden. Fehler wirken sich hier besonders dann dramatisch aus, wenn an den Bedürfnissen des Marktes, sprich der Kunden, „vorbeientwickelt" wird. Darüber hinaus wird durch die Integration des Kunden in den Entwicklungsprozeß eine neue Qualität der Kunden-Dienstleister-Beziehung angestrebt. Im Sinne eines ganzheitlichen „Customer Care Management" soll dem Kunden sukzessive ein neues Rollenverständnis vom „Co-Designer" in den frühen Phasen der Konzeption, bis hin zum „Co-Produzenten" von Dienstleistungen vermittelt werden.

Auf diese Art und Weise soll es möglich werden, ein Leistungsangebot zu entwickeln, das möglichst alle Bedürfnisse und Erwartungen des Kunden genau erfüllt, und zwar zu einem für ihn akzeptablen Preis. Was nicht bedeutet: zu jedem Preis! Denn es wird in diesem Modell davon ausgegangen, daß dem Kunden im Laufe der individuellen Gestaltung seines Dienstleistungsangebotes gemäß seinen Anforderungen auch dessen Wert leichter ersichtlich wird. Damit soll auch die Durchsetzung profitabler Zielmarktpreise – wenn möglich Premiumpreise – unterstützt werden.

Service Engineering kann und muß für „Produktisierung" und Standardisierung von Dienstleistungen einen wesentlichen Beitrag leisten. Mehr Transparenz in systematisch „engineerten" Abläufen kann dazu beitragen, daß durch gesteigerte Qualität und Effizienz der einzelnen Dienstleistungen größere Markterfolge zu erzielen sind.

Das allerdings ist eher die vage Beschreibung des Zieles, denn des exakten Weges. Für Wissenschaft und Forschung eröffnet sich an dieser Stelle ein weites Feld.

Der Bereich Service im Fokus

Mit über 160 Mitarbeitern und rund 60 Mio. DM Umsatz p.a. (Stand 1997) ist der Servicebereich der Siemens ElectroCom GmbH&Co. (SEC) am Standort Konstanz bereits heute ein wichtiger Umsatzträger des Unternehmens. Die Aktivitäten des Servicebereiches setzen bereits in der Akquisitions- und Ausschreibungsphase für Projekte an, in der die Federführung zwar beim Primärprodukt-Vertrieb liegt, der Servicebereich aber bereits miteinbezogen wird. Grundsätzlich teilt sich das Servicegeschäft in zwei verschiedene Teile auf:

- *Projektgeschäft* (in Verantwortung des Primärproduktvertriebes):
  Angebotserstellung, Auftragsüberwachung, Montage und Inbetriebnahme sowie Dokumentation.
- *Eigengeschäft*:
  Ersatzteile, Wartung, Upgrades, Schulungen und Umsetzungen.

Die Verantwortung des Servicebereiches erstreckt sich somit über den gesamten Lebenszyklus der Anlagen. Dadurch können den Kunden umfassende Leistungen angeboten werden. Dem Servicebereich kommt damit eine zentrale Rolle als Dienstleister und Schnittstelle zum Kunden zu. Er muß den gestiegenen Ansprüchen zukünftig verstärkt Rechnung tragen.

Jedoch ist es auch hier wichtig, entsprechende Dienstleistungen nicht am Markt vorbei anzubieten, sondern die Bedürfnisse und Erwartungen der Kunden genau zu analysieren und für die Dienstleistungen bereits in einer sehr frühen Phase realistische Preise – sowohl aus Markt- als auch aus Unternehmenssicht – zu ermitteln. Dabei bietet es sich an, den Prozeß von der Identifizierung der Gewinnpotentiale bis zur erfolgreichen Positionierung neuer Dienstleistungen am Markt durch die Anwendung fortgeschrittener Vorgehensweisen, Methoden und Werkzeuge der Dienstleistungsentwicklung zu unterstützen.

Erhöhter Kundennutzen durch innovative (hybride) Dienstleistungen

Die erfolgreiche Positionierung neuer, (hybrider) Dienstleistungen am Markt setzt zu allererst eine intensive Beschäftigung mit den Bedürfnissen und Erwartungen der Kunden voraus. Die Kunden sind nur bereit, für neue Dienstleistungen zu zahlen, wenn ihnen der dadurch entstehende Nutzen klar kommuniziert werden kann. Im folgenden werden einige wesentliche Nutzenkategorien kurz vorgestellt:

- Wirtschaftlichkeit:
  Das ausschlaggebende Kriterium für den Kauf von Dienstleistungen ist i.d.R. der Nachweis über deren Wirtschaftlichkeit. Bei einer Reihe von Dienstleistungen kann diese direkt über entsprechende Vergleichsrechnungen nachgewiesen werden. Beispiele hierfür sind Maximierung von Maschinenlaufzeiten bzw. Minimierung von Stillstandszeiten durch verbesserte Wartung, schnellere Fehlerdiagnose oder optimierte Ersatzteilbestellung.
- Qualitätssteigerung:
  Viele Dienstleistungen haben für den Kunden positive Auswirkungen auf die Qualität der Arbeitsergebnisse. So lassen sich beispielsweise durch eine verbesserte Ausbildung und Schulung der Mitarbeiter des Kunden Fehler in der Anlagenbedienung präventiv vermeiden oder aber durch Fernüberwachung Unregelmäßigkeiten beim Betrieb von Anlagen rechtzeitig erkennen und beseitigen.
- Komplettlösungen:
  Insbesondere produktnahe (hybride) Dienstleistungen bieten den Kunden den Vorteil, daß Produkt und Dienstleistung eng aufeinander abgestimmt sind bzw. effizient zusammenwirken. Insbesondere in Hochpreissegmenten wünschen Kunden eine individuelle Lösung ihrer Probleme. Sie möchten in den Problemlösungsprozeß integriert werden und legen Wert auf persönliche Beratung. Der Kunde will nicht bloß ein erstklassiges Produkt, sondern in immer stärkerem Maße einen Strauß von Lösungen um das Produkt herum.

Insbesondere in reifen Märkten mit zunehmenden Sättigungstendenzen, wie man sie gerade im Maschinen- und Anlagenbau oftmals vorfindet, werden langfristig nur diejenigen Unternehmen überleben, die das Thema Dienstleistungen offensiv aufgreifen und den Kunden einen Nutzen vermitteln können, der über den reinen Kauf einer Maschine oder einer Anlage hinausgeht.

Abschließend sei noch explizit darauf hingewiesen, daß die Entwicklung neuer Dienstleistungen und deren erfolgreiche Positionierung am Markt ganz entscheidend von der Qualifikation und Motivation der Mitarbeiter mitbestimmt wird. Im Verlauf der Fallstudie zeigte sich die große Bedeutung einer gezielten Personalentwicklung, um Servicemitarbeiter auf ihre sich permanent ändernden Aufgaben vorzubereiten. Die tägliche Praxis zeigt, daß nur hochqualifizierte und motivierte Mitarbeiter auch in kritischen Situationen einen hervorragenden Service leisten können. Und diese kritischen Situationen sind im komplexen, globalen Anlagengeschäft von Siemens ElectroCom eher die Regel als die Ausnahme. Dazu sind neue Konzepte wie etwa ausdifferenzierte Rollenkonzepte gefordert, die den Mitarbeiter ganzheitlich – unter Einbeziehung aller seiner Fähigkeiten – betrachten und nicht bloß als funktionierendes Rädchen oder Element in einem durchgestylten Gesamtprozeß.

Beispiele für innovative (hybride) Leistungen und Produkte

Generalunternehmerschaft

Von der Projektierung eines einzelnen Postamtes bis zur Generalunternehmerschaft für schlüsselfertige Postbearbeitungszentren realisieren wir alles aus einer Hand.

Bereits in der frühen Phase eines Projekts unterstützen wir unsere Kunden bei der Definition der Projektziele, von der Basisdatenerhebung bis zur Prinzipanalyse. Um von Anfang an verläßliche Aussagen über die erforderliche Leistungsfähigkeit der zukünftigen Produktions- oder Logistiksysteme zu erhalten, setzen wir unsere Simulations-Tools ein.

In der Grobplanung erfassen wir alle Einflußgrößen und erarbeiten Alternativen im Hinblick auf den Materialfluß, die Raumnutzung, die Ausbaufähigkeit und den Automatisierungsgrad. Außerdem vergleichen wir Systemkonzepte und beziehen äußere Einflußgrößen ein. Für die voraussichtlichen Investitions- und Betriebskosten legen wir Richtwerte fest.

Mit einem eingespielten Team und sämtlichen Fachdisziplinen unter einem Dach realisieren wir jedes Projekt in der vereinbarten Zeit.

Wir sind in der Lage, sämtliche Komponenten für die geplante Automatisierungslösung, von der einzelnen Maschine bis zum vollintegrierten Sortierzentrum zu liefern. Dabei fügen wir die aufeinander abgestimmten Komponenten der Datenverarbeitung, Automatisierungs- und Elektrotechnik aus dem Haus Siemens zusammen.

Unter der Führung erfahrener Baustellenleiter koordinieren wir die Aktivitäten aller an Montage und Inbetriebnahme Beteiligten. Weiterhin bieten wir Wartung und

Service weltweit an. Dies gibt die Sicherheit für eine bestmögliche Verfügung der Automatisierungssysteme.

Bei der Projektabwicklung hört unser Leistungsangebot nicht auf. Wir übernehmen auch das Projektengineering und -management, die Systemintegration, Finanzierung und die Konsortialführung zum Aufbau von Brief- und Frachtzentren.

Multimediale Lernprogramme zur Schulung des Bedien- und Servicepersonals

Gute Ausbildung und stets verfügbare Informationen erleichtern das Bedienen, Warten und Instandsetzen unserer Anlagen und fördern reibungslose Produktionsprozesse. Dazu erarbeiten wir abgestimmte Schulungskonzepte mit optimiertem Medieneinsatz. Siemens ElectroCom hat im eigenen Haus ein Multimedia-Entwicklungsteam aus Pädagogen, Schulungsfachleuten, Medieningenieuren, CBT-Autoren, Videospezialisten, und Screendesignern. Diese Fachleute sind mit allen Multimediatechnologien vertraut. Sie entwickeln multimediale Lernprogramme zur Schulung des Bedien- und Servicepersonals komplexer Anlagensysteme. Mehr als 300 unserer Lernprogramme werden in zehn Ländern erfolgreich eingesetzt.

Ein zentraler Bestandteil unseres ganzheitlichen Informationsansatzes ist Multimedia in Form von Computer Based Training (CBT). Mit CBT erklären wir leicht verständlich komplexe Sachverhalte, per CD-ROM oder über das Internet. Besonders abstraktes Wissen (z.B. Funktionsabläufe, logische Zusammenhänge und nichtsichtbare Prozesse) läßt sich mit CBT sehr effizient beschreiben.

Der Lernerfolg läßt sich jederzeit überprüfen. Durch ständige Interaktion im Programm wird der Lernende motiviert. Mit Übungen, Tests und Fragen wird das Gelernte überprüft. Die Schulungszeiten werden kürzer und der Lernende erhält ein fundiertes Wissen, das sofort in der Praxis anwendbar ist.

Weltweiter Service durch Experten

Mit abgestimmten Servicepaketen von der vorbeugenden bis zur Vollwartung, Teilbetreuung, über die 24-Stunden-Telefon-Hotline bis zur Schulung bieten wir eine beispielhafte Unterstützung.

Mit modernsten Kommunikationseinrichtungen verschafft unser Online-Remote Service eine lückenlose Betriebssicherheit. Mit unserem Online-Remote Service können wir uns von Konstanz aus in Systeme vor Ort einschalten, eventuelle Fehler lokalisieren und beheben, sowie das Wartungspersonal vor Ort wirksam unterstützen.

Durch solche Fernschaltungen ist die Anreise eines Serviceingenieurs nur noch sehr selten nötig. Die Vorteile liegen auf der Hand: kürzeste Reaktionszeiten, hohe Verfügbarkeit der Anlagen und sinkende Servicekosten.

Die Siemens ElectroCom unterstützt ihre Kunden mit den gewünschten Serviceleistungen, wo und wann immer sie uns brauchen.

Autoreninformation

Siemens ElectroCom GmbH & Co.
Haigo R. Hofmann
D-78459 Konstanz
Telefon 07531/86-3172, Telefax 07531/86-3189
E-Mail: Haigo.Hofmann@kst.siemens.de

Service Design – oder wie man Dienstleistungen sichtbar, anfaßbar und damit erlebbar und erinnerbar macht

Christian Steguweit

Dienstleistung bedeutet eine Leistung, die mit Dienen zu tun hat, insofern also etwas, was immateriellen Charakter besitzt. Wenn diese Dienstleistung zwischen zwei Menschen, z. B. einem Dienstleister und einem Kunden stattfindet, und über die Geste, das gesprochene Wort oder über die Tat stattfindet, ist die Designleistung eine Leistung, die im Vorfeld durch Training oder durch eine Schulung vermittelt wurde. Über diese Art von Design möchte ich nicht sprechen, denn hier wäre es sicherlich verfehlt, den Begriff „Design" einzusetzen, es handelt sich eher um Wissensvermittlung oder Verhaltenstraining. *Mir geht es eher darum, Ihnen aufzuzeigen, wie man in einem Unternehmen, in dem sehr viele Menschen (rund 270000) zusammen an einer gemeinsamen Dienstleistung arbeiten, diese Dienstleistung faßbar, also nachvollziehbar, vielleicht sogar meßbar, auf jeden Fall aber einschätzbar wird.*

Es ist eine Binsenweisheit, daß nur 4 % aller frustrierten Kunden sich beschweren, statt dessen erzählen sie ihr Erlebnis bis zu 16 x weiter, weil es in unserer heutigen Zeit sehr viel opportuner ist, schlechte Nachrichten zu kommunizieren, als positive Erlebnisse. Wir sprechen in unserer Branche dann von den sogenannten „Kriegsgeschichten", z. B. wie ich mein Flugzeug verpaßt habe, oder warum mein Zug wieder verspätet angekommen ist, und was dann mit mir, meinem Termin, meinem Tagesplan, meiner Zeitplanung insgesamt passierte.

Aber zurück zum Service Design eines Dienstleistungsproduktes.

Unser Dienstleistungsangebot „Reise" besteht aus einer Vielzahl von einzelnen Bausteinen und Schritten und besitzt damit eine vergleichbar hohe Komplexität, die die Gefahr in sich birgt, daß, wenn ein einziger Fehler passiert, sich dann beim Kunden Rückschlüsse auf die gesamte Reise und das Verständnis zum Dienstleister einstellen.

Die erste Frage, mit der wir uns beschäftigen müssen, heißt also, wie gelingt es, einen nachhaltigen, gesamthaften und durchgängig qualitativen Eindruck über eine Dienstleistungsqualität zu vermitteln, selbst wenn es im Einzelfall an der einen oder anderen Stelle klemmt.

Zum zweiten müssen wir uns mit dem Thema beschäftigen, wie es gelingt, diese immaterielle Dienstleistung in ihrer Qualität beständig werden zu lassen, d.h. hier eine Markenqualität zu entwickeln, etwas, was bei normalen Produkten, die man anfaßt und kaufen kann, gang und gebe ist, also ein Produktversprechen, daß ich zu einem bestimmten Preis eine von mir gewünschte Qualität auch bekomme.

In der Dienstleistung, die abhängig ist von Menschen und in ihrer Komplexität bei einer Reisekette abhängig ist von vielen einzelnen Faktoren, ist die qualitative Verbindlichkeit einzelner Facetten oder Bausteine entscheidend.

Am einfachsten und besten kann ich Ihnen das an einer Reise selbst verdeutlichen, und deshalb möchte ich Sie zu einer Reise durch Deutschland einladen.

Von Frankfurt nach Berlin. Im Jahr 2003 oder 2004. Wir nehmen die Bahn. Das ist eine naheliegende, eine fast selbstverständliche Entscheidung. Zum Hauptbahnhof Frankfurt ist es nur ein Katzensprung: Er liegt mitten in der Stadt. Ein architektonisch eindrucksvoller Bau aus dem 19. Jahrhundert. Wir gehen ins Reisezentrum und holen uns die Tickets.

Vielleicht haben wir noch etwas Zeit und schauen uns in der Lounge um. Hier kann man die Beine langmachen und entspannen.

Wo fährt unser Zug ab? Ein Blick auf das Informations- und Leitsystem.

Mit ein paar Schritten sind wir auf dem Bahnsteig. Der Zug gleitet herein. Wir haben Plätze in der Frontlounge und schauen dem Zugführer über die Schulter.

Mit 330 km/h Höchstgeschwindigkeit durchqueren wir Deutschland. Weitaus komfortabler als in jedem anderen Verkehrsmittel. Und – das ist jetzt im Jahr 2000 nach der Jahrtausendwende entscheidend wichtig geworden – weitaus umweltfreundlicher!

Nach knapp 4 Stunden: Berlin. Der neue Lehrter Bahnhof, die zentrale Station der deutschen Kapitale. Er wurde vor kurzem eingeweiht. Ein paar Minuten später schlendern wir durch die Innenstadt.

Ich habe in dieser kleinen Vision einige Ergebnisse des Projektes vorweggenommen, an dem wir seit zwei Jahren mit größtem Nachdruck arbeiten:

Der Renaissance der umfassenden Erneuerung der Bahn in Deutschland. Wir wollen sie zu einem hochleistungsfähigen Verkehrsträger machen, der sich im freien Wettbewerb mit Erfolg behauptet.

Es hat sich – um die Antwort etwas vorwegzunehmen – in der ersten Phase der Neugestaltung der Bahn immer wieder bestätigt, daß Service Design wichtig, vielleicht sogar entscheidend ist.

Wir wollen ein moderner, wettbewerbsstarker und profitabler Verkehrsdienstleister werden. Wir wollen mehr und mehr Kunden gewinnen. Wir wollen uns nicht nur durchsetzen gegen andere Verkehrssysteme – das Auto, das Flugzeug. Sofern auch gegen andere Bahnen, die in Zukunft ihre Leistungen in Deutschland anbieten dürfen und das sicher auch tun.

Das Technologie-System Eisenbahn hat das Potential dazu. Es kann und wird sicherer, komfortabler, pünktlicher, zuverlässiger, kostengünstiger und umweltfreundlicher sein als andere.

Die Erneuerung der Bahn mit ihren Tausenden von Strecken, Bahnhöfen, Zügen, mit ihren noch knapp 260 000 Mitarbeitern, mit ihren komplexen technischen und organisatorischen Systemen ist ein Riesenprojekt. Sicher eines der anspruchsvollsten und aufwendigsten unserer Zeit.

Hier arbeiten sehr viele mit, in vielen Bereichen, auf vielen Ebenen.

Das Design ist nur eine Aufgabe unter anderen. Aber eine, die besondere Bedeutung hat. Denn die Gestaltung der Bahnhöfe, der Züge, der Kommunikation macht das Produkt der Deutschen Bahn, die Dienstleistung Bahnreise, *sichtbar und erlebbar.*

Vom Design hängt es mit ab, wie gut das Produkt konkret ist: Die Bahnhöfe müssen funktionieren. die Leitsysteme schnell und klar informieren, die Sitze in den Zügen wirklich bequem sein usw.. Aber – fast noch wichtiger – vom Design hängt es auch in sehr hohem Maße ab, wie das Produkt, die Dienstleistung, der Dienstleister *wahrgenommen, verstanden, bewertet und akzeptiert werden.*

Und mehr noch: Die neue Deutsche Bahn muß eine unverwechselbare *Identität* haben. Sie wird zu einem Dienstleister mit Markencharakter. Mit dem übereinstimmenden Markenauftritt gibt die Bahn ein – soweit wie irgend möglich – überall und immer gleichbleibendes Leistungs- und Qualitätsversprechen.

Das Design muß deshalb auch nicht nur – wie bei nahezu allen anderen Produkten – für einige wenige Jahre gültig sein, sondern für Jahrzehnte. Die Lebenszyklen von Bahnhöfen oder Zügen sind sehr lang.

Und weil es zu unserem Konzept gehört, daß das Design der Deutschen Bahn zwar eine durchgehende Identität haben soll, aber keine Uniformität, sondern eine anregende Vielfalt, arbeiten wir mit *mehreren* Designern und Architekten zusammen.

Und so haben wir uns entschieden.

1. Michele de Lucchi entwirft die Reisezentren, die nach und nach in allen größeren Bahnhöfen die heutigen Schalterhallen ersetzen.
2. Oedekoven und Gerischer Design gestalteten die neuen Toilettenanlagen der Bahnhöfe.
3. Trix und Robert Hausmann entwerfen Lounges, die an die Stelle der früheren Wartesäle treten.
4. Bitsch & Partner sind zuständig für das Mobiliar der Bahnsteige.
5. Von Concept Brunner aus Zürich kommen die neuen Haltepunkte.
6. Am Design der neuen Züge arbeitet Alexander Neumeister.

Sehen wir uns das Ergebnis etwas genauer an.

Bahnreisen beginnen und enden im *Bahnhof*. Die Bahnhöfe sind ein ganz wichtiger Teil unseres Produkts.

Rund 6500 haben wir davon in Deutschland. Die meisten sind Generationen alt. Natürlich ist es völlig ausgeschlossen, für die neue Bahn alle oder auch nur einen großen Teil der Bahnhöfe umfassend zu erneuern, immerhin planen wir in der ersten Phase 80 Bahnhofsneubauten oder -umbauten. Sechs Milliarden Mark sind dafür vorgesehen.

Unsere Bahnhöfe sind architektonisch ganz unterschiedlich. Es gibt hier keinerlei Uniformität – und es wird sie auch in Zukunft nicht geben. Wir wollen bei den Neubauten gute Architektur unserer Zeit. Und bei den Umbauten wollen wir gute Architektur früherer Zeiten erhalten und revitalisieren.

Innerhalb dieser architektonisch unterschiedlichen Bahnhofsbauten werden wir aber Servicebereiche und Service-Systeme schaffen, die überall in gleicher Weise gestaltet sind.

Dabei wird die Hauptfunktion des Bahnhofs im Mittelpunkt stehen. Er ist Verkehrsstation. Hier beginnt oder endet eine Reise. Hier bietet die Bahn ihre Leistungen an.

Herzstück eines Bahnhofs ist das *Reisezentrum*, das jeder größere Bahnhof haben wird. Hier begegnen unsere Kunden den Angeboten der Bahn, werden informiert, beraten, können Tickets kaufen usw.

Innerhalb der Bahnhöfe sind die Reisezentren jeweils an zentraler Stelle zu finden.

In Michele de Lucchis Entwurf wird das Design der neuen Bahn überzeugend deutlich:

Hell, offen, transparent, geordnet, ganz dem Kunden zugewendet. Formen, die auch in vielen Jahren nicht unzeitgemäß wirken werden. Eine Anmutung, die hohe Leistungsfähigkeit, technische Qualität und Zuverlässigkeit signalisiert. Und nicht zuletzt: Eine große Eigenständigkeit des Design.

Der Bahnhof von morgen braucht Lounges, wo man sich aufhalten kann, wenn man z.B. auf einen Anschlußzug wartet. Wir haben diesen Service „Lounge" genannt.

Es entstand ein Baukastensystem, mit dem sich Lounges mit verschiedenen Nutzungsbereichen einrichten lassen – und das bei ganz unterschiedlichen räumlichen Gegebenheiten.

Mit Nutzungsbereichen meine ich beispielsweise Wartezonen, wo man sich wirklich erholen und entspannen kann wie im „Relax-Tunnel". Aber auch Räume für Kinder, Konferenzräume, Restaurants ...

In unseren Bahnhöfen sind die Toiletten seit langem Problemorte. Sie werden ungern genutzt, von vielen Frauen sogar strikt abgelehnt. Wir wollen das grundlegend ändern. Das Design wird dabei eine entscheidende Rolle spielen.

Das Design ist geprägt von den großen gebogenen Flächen aus farbigem, translucentem Glas. Sie lassen sich sehr gut sauber halten.

Wo fährt mein Zug ab und wann? Wo bekomme ich Fahrkarten? Wo ist die Toilette, die S-Bahn, die Schließfächer ...?

Bahnhöfe brauchen ein hochleistungsfähiges *Informations- und Leitsystem.*

Es geht darum, den Kunden eine sehr sichere räumliche Orientierung zu geben, ihnen alle Reiseinformationen, die sie brauchen, aber auch alle gewünschten Service-Informationen klar und rasch zu vermitteln.

Wir werden hier modernste Medien einsetzen – etwa LCD-Displays oder interaktive Terminals. Das Ziel für die kommenden Jahre ist es, ein umfassendes Informationssystem für den gesamten öffentlichen Verkehr aufzubauen.

Die einzelnen Bahnsteige sind sozusagen Bahnhöfe im kleinen – mit Wartebereichen, mit Serviceangeboten, mit Informationen. Die Reisenden sollen gern auf den Bahnsteigen sein, sich sicher fühlen und gut informiert werden. Nicht zuletzt soll auch die Gestaltung der Bahnsteige die Identität der neuen Deutschen Bahn, ihre Leistungsfähigkeit und Kundenorientiertheit ausdrücken.

Die Architekten vonGerkan, Marg&Partner haben eine neue *Bahnsteigüberdachung* entworfen. Mit seinen sanften Wölbungen, seiner präzisen Struktur und den ansprechenden Materialien – unter anderem Edelstahl – hat das Dach eine hohe Qualitätsanmutung. Dazu trägt auch seine Transparenz bei. Der Bahnsteig hat Tageslichtbeleuchtung. Wenn ein Zug einfährt, kommt künstliches Licht dazu.

Die *Ausstattung* der Bahnsteige, ihre Möblierung gestalten Bitsch und Partner. Natürlich ist auch die Bahnsteigausstattung ein Baukasten, mit dem sich jeweils die Möblierung zusammenstellen läßt, die gebraucht wird.

Die Deutsche Bahn – das sind ihre *Züge*! Mehr noch als ihre Bahnhöfe oder ihr Streckennetz.

Die Erneuerung der Bahn, ihr Aufbruch zum wettbewerbsstarken, erfolgreichen Verkehrsdienstleister des nächsten Jahrhunderts bedeutet auch: Neue Züge für neue, schnellere Verbindungen. Züge für den Fernverkehr, wie der ICE. Aber ebenso natürlich auch Züge für den Nahverkehr.

Mit dem ICE 3 beginnt ein ganz neues Kapitel. Sein Design signalisiert Höchstleistung, technische Perfektion, Dynamik. Er ist tatsächlich so schnell, wie er aussieht: 330 Stundenkilometer Höchstgeschwindigkeit. Der Designer ist Alexander Neumeister.

Der ICE 3 ist als Triebwagen konzipiert. Jede zweite Achse hat einen eigenen Antrieb, es gibt keine Lokomotive mehr. Die neue Technologie läßt den Zug wesentlich leichter und damit auch energiesparender sein. Der Zugführer sitzt vorne in der Frontlounge, nur durch eine Glasscheibe von den Fahrgästen getrennt.

Aber auch der Nahverkehr setzt neue Züge ein, wie z. B. dieses Erfolgsprodukt des Doppelstockwagens in der Farbgebung des Nahverkehrs, die sich in die Farbidentität der DB-Familie integriert.

Das Farbdesign unterstreicht die Markenidentität und trägt ebenso zur Differenzierung bei.

Für alle Züge der neuen Deutschen Bahn gibt es eine einheitliche Farbwelt mit einer Identitätsfarbe – Rot, drei Grundfarben – Weiß, Hellgrau, Dunkelgrau, und einer Akzentfarbe – Dunkelblau.

Das Design des Zuginneren wird bestimmt von natürlichen Materialien, einer zurückgenommenen Farbigkeit, ruhigen und klaren Formen und gezielten Akzenten.

Das Design der Deutschen Bahn von morgen – ich bin sicher, es ist die beredte Umsetzung einer Service Design Philosophie, die die Reise anfaßbar und damit erinnerbar macht.

III. Neue Unternehmenskonzepte – Neue Regeln

13.
Mikrounternehmen im Dienstleistungssektor

Mikrounternehmertum im Dienstleistungssektor

August-Wilhelm Scheer

Während in den siebziger Jahren die Gründerquote erstmals seit den fünfziger Jahren unter die Quote der Firmenlöschungen sackte, hat das Thema Unternehmensgründung in den neunziger Jahren wieder einen großen Stellenwert in der Öffentlichkeit erhalten. Zahlreiche Initiativen von privater und öffentlicher Seite motivieren potentielle Unternehmensgründer dazu, Geschäftsideen zu generieren und in Produkte umzusetzen.

Aber auch nach der Motivation zur Gründung sind die notwendigen Rahmenbedingungen für das erfolgreiche Agieren junger Unternehmen am Markt zu definieren und zu realisieren. Denn die Risiken in den ersten Jahren nach der Gründung übersteigen um ein Vielfaches die Hürden, die im eigentlichen Gründungsprozeß zu überwinden sind. In dieser Phase muß entschieden werden, ob die Unternehmung auf Wachstum hinarbeitet oder den Zustand „Mikrounternehmen" beibehalten soll.

Die unterschiedliche Zielsetzung in der Unternehmensplanung liegt bereits den meist als Synonym verwendeten Begriffen „Existenzgründung" und „Unternehmensgründung" zugrunde: Bei der Unternehmensgründung wird als Ziel Wachstum impliziert, d. h. der Aufbau eines festen Mitarbeiterstamms wird angestrebt. Bei der Existenzgründung hingegen kann das Unternehmen nur aus einem einzigen Arbeitnehmer, nämlich dem Gründer selbst, bestehen, da hier nur die eigenständige Existenz – die Selbständigkeit – im Vordergrund steht.

Auch der Begriff des Mikrounternehmens bzw. des Mikrounternehmers läßt Interpretationsspielraum. Definitionen des Mikrounternehmens beziehen sich z. B. auf eine Betriebsgröße bis zu 10 Mitarbeitern (vgl. z. B. Henning, K., Strina, G.: Lebenslanges Lernen – Qualifikation und Qualifizierung im Dienstleistungsbereich. In: Bullinger, H.-J. (Hrsg.): Dienstleistungen für das 21. Jahrhundert/Gestaltung des Wandels und Aufbruch in die Zukunft, Stuttgart 1997, S. 286). Ziel des Mikrounternehmers kann es sein, die Anfangsgröße von einer oder wenigen Personen beizubehalten und eigenständige Produkte oder Dienstleistungen anzubieten. Zweite Möglichkeit ist die Beibehaltung der Unternehmensgröße bei gleichzeitigem Aufbau eines Netzwerkes bzw. Einbindung in ein bestehendes Netzwerk zum Angebot eines gemeinsamen (Dienstleistung-)Produktes. Dritte Möglichkeit für ein Mikrounternehmen ist kurz- oder mittelfristiges Wachstum, so daß das Mikrounternehmen von vornherein als temporärer Zustand geplant ist. Abbildung 1 stellt diese drei möglichen Ausprägungen des Mikrounternehmens dar. Weiterhin werden offene Forschungsfragen aufgelistet, die sich in unterschiedlicher Weise bei den drei Entwicklungsmöglichkeiten stellen.

Charakterisieren läßt sich der ideale, d.h. erfolgreiche, Mikrounternehmer durch Fähigkeiten wie Flexibilität, lebenslanges Lernen und multikulturelle Kompetenz. Dies sind jedoch Fähigkeiten, die auch Firmen von ihren Arbeitnehmern erwarten. Wenn aber die Anforderungen an Mikrounternehmer denen an „Intrapreneure" gleichen, dann können ähnliche Konzepte zur Qualifizierung/Weiterbildung und für

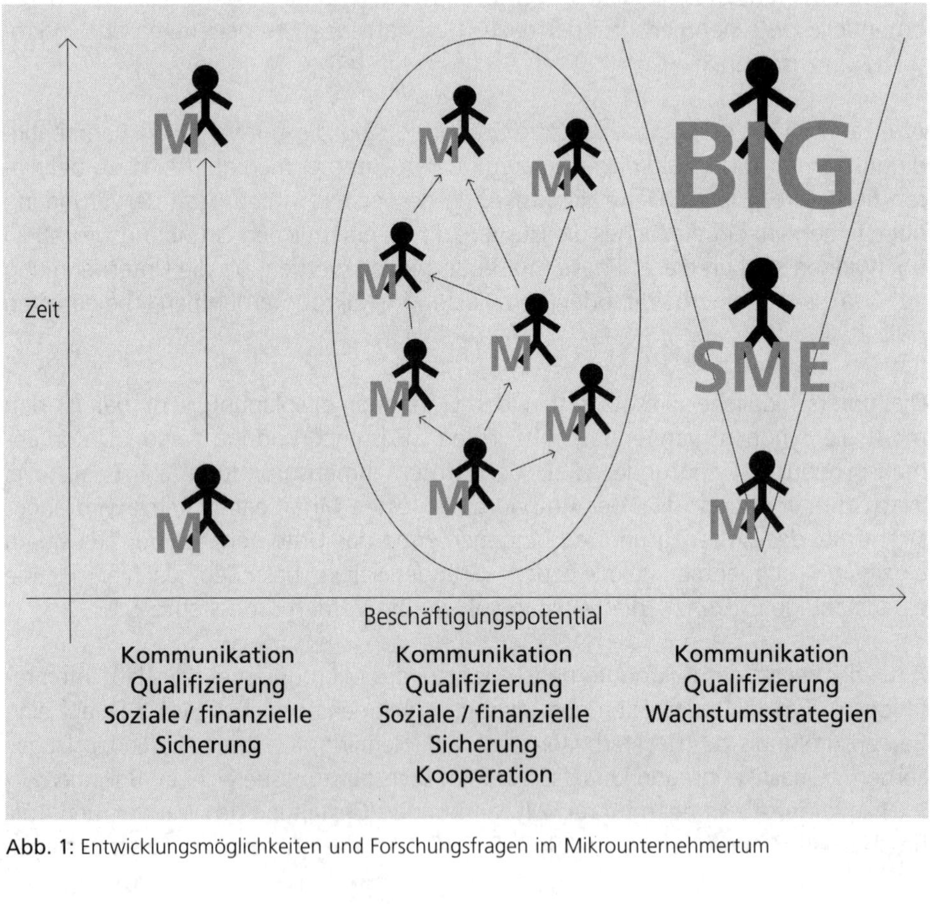

Abb. 1: Entwicklungsmöglichkeiten und Forschungsfragen im Mikrounternehmertum

Technologielösungen im Bereich Kommunikation und Kooperation für Mikrounternehmer bzw. Intrapreneure entwickelt werden. Gerade die Anforderungen des lebenslangen Lernens an Unternehmer und Arbeitnehmer erfordert das Überdenken bisheriger Bildungskonzepte.

Die Privatwirtschaft hat den Mikrounternehmer bereits als potentielles neues Marktsegment für sich entdeckt. Neben eigens auf Jungunternehmer zugeschnittenen Versicherungspaketen nimmt die Zahl von Angeboten für Mikrounternehmer im Bereich der Kommunikationstechnologien rapide zu. Angeboten werden virtuelle Büros, die dem Unternehmer ein standortunabhängiges Arbeiten ermöglichen, indem Telefon, Fax und Email in ein Medium integriert werden, d.h. daß Faxe oder elektronische Mails am Telefon abgehört werden können, oder Faxe und Telefonanrufe als Email von einem zentralen Dienstleister zugestellt werden. Forschung und Weiterentwicklung im Bereich der elektronischen Spracherkennung spielen hier eine wichtige Rolle.

Wie aber sieht das Angebot von öffentlichen Dienstleistern aus? Auch hier müssen Beratungs-, Finanzierungs- und (Weiter-)Bildungsangebote an die Bedürfnisse von Mikrounternehmern angepaßt werden. Neue Arbeitsformen erfordern ebenso neue Konzepte sozialer und finanzieller Sicherung für Unternehmer, die zu Hause arbeiten (sog. SoHo's = Small Office – Home Office). Beim „Mikrounternehmer auf Zeit" entsteht weiterhin die Frage nach Wachstumsstrategien. Anhand von Fallstudien kann ein strukturiertes Vorgehen in Form von Referenzmodellen erarbeitet werden. Diese Referenzmodelle stehen zukünftigen Unternehmern als Bezugsobjekte zur Durchführung von strategischen Gestaltungsaufgaben zur Verfügung. Auch für den Aufbau von Netzwerken bzw. virtuellen Organisationen spielen Vorgehensmodelle, die nach Best Practice Cases entworfen werden, eine wichtige Rolle.

Im folgenden werden zunächst die zentralen Fragestellungen innerhalb des Forums 13 herausgestellt und nachfolgend durch die Kernpunkte in den einzelnen Vorträgen ergänzt:

- Welche Unterstützungsmöglichkeiten gibt es für den Aufbau und die Sicherung von Mikrounternehmen?
- Wie erhält ein Mikrounternehmen Zugang zu den Forschungsergebnissen und menschlichen Ressourcen der Hochschulen?
- Wie können Kooperations- und Organisationsmodelle von Mikrounternehmen aussehen?
- Was können wir im internationalen Vergleich lernen?

In Hochschulen wird neues Wissen gesammelt und neue Technologien entwickelt. Trotzdem wird davon relativ wenig in die Wirtschaft transferiert. Das liegt u.a. an der Verteilung des Wissens über verschiedene Hochschulbereiche hinweg und ebenfalls an der Unstrukturiertheit von Forschungsergebnissen. Strukturierte Forschungsergebnisse in Form von Best Practice- bzw. Common Practice-Lösungen können die Entwicklung eines kleinen innovativen Unternehmens vorantreiben, das sich durch begrenzte Ressourcen auszeichnet, jedoch einen hohen Informationsbedarf besitzt. Best Practice-Lösungen können in Form von standardisierten Informationspaketen oder Leitfäden beispielsweise den Eintritt in internationale Märkte oder die Abwicklung von üblichen Geschäftsprozessen (z. B. Aufbau einer Firmenpräsentation im Internet) erleichtern.

Bei der Unternehmensgründung wird Kapital benötigt. Dem verarbeitenden Gewerbe kann dafür ein Kredit gewährt werden, der durch die beschafften Maschinen und andere Investitionsgüter besichert werden kann. Demgegenüber stellt die Finanzierung eines innovativen Mikrounternehmens eine neue Herausforderung dar, da es um die Finanzierung von Humankapital geht. Die Kreditanstalt für Wiederaufbau (KfW) entwickelt deshalb neue Finanzierungsmodelle, um diesem Novum zu begegnen. Eine Möglichkeit, den Unternehmensaufbau zu finanzieren, stellt Beteiligungskapital dar, für das keine Sicherheiten gestellt werden müssen, und das gleichzeitig am unternehmerischen Risiko teilnimmt.

Mikrounternehmen alleine können keine ganzheitlichen Lösungen anbieten. Sie müssen sich entweder bestehenden Netzwerken anschließen oder selbst ein eigenes Netzwerk von Mikrounternehmen und Selbständigen aufbauen. Ein solches Netzwerk ist nicht statisch, sondern unterliegt permanenten Wachstumsveränderungen. Je nach Auftrag bildet sich ein Cluster aus Mikrounternehmen und Freelancern aus diesem Netzwerk heraus, das sich für die Dauer der Auftragserfüllung zusammenschließt, um danach wieder auseinanderzugehen (=virtuelles Unternehmen). Die Firma Newplan ist ein Beispiel für ein Mikrounternehmen, welches den steigenden Bedarf an Humankapital von größeren Unternehmen erkannt hat und daraufhin eine Plattform für Angebot und Nachfrage nach Humankapital bzw. nach Wissen aufgebaut hat.

Ein anderes Beispiel für flexible Kooperationen ist das in Hollywood für jede Filmproduktion neu zu bildende, vertragliche Netzwerk von zum Teil mehr als 50 Mikrounternehmern. Weiterhin wurde beim Vergleich Deutschland – USA während der Forumsdiskussion ebenfalls die Haltung der US-Gesellschaft einem Gründer gegenüber angesprochen. Hier wurde darauf hingewiesen, daß der junge US-Amerikaner schon sehr früh an unternehmerisches Handeln herangeführt wird, schon um die teure Hochschulausbildung finanzieren zu können. Bei der Anschubsfinanzierung während der Unternehmensgründung wird dabei nicht nur auf die Venture Capitalists (i.d.R. Finanzierungen ab 1 Mio. US-Dollar) oder Business Angels (i.d.R. Finanzierungen bis 1 Mio. US-Dollar) zurückgegriffen, sondern oft auf Familie und Freunde, die einer Unternehmensgründung positiv gegenüberstehen und daher die Unterstützung als selbstverständlich ansehen.

Die Forumsdiskussion hat klar gemacht, daß eine zunehmende Individualisierung von Kundenwünschen Akteure erfordert, die schnell und flexibel auf neue Anforderungen reagieren können. Gerade hier liegen die Chancen für Mikrounternehmen, die losgelöst von starren Organisationsstrukturen agieren, jedoch nach Bedarf auf bestehende Netzwerke zurückgreifen.

Neue Tätigkeitsfelder für Mikrounternehmer neben den traditionellen Berufen Selbständiger und Freiberufler sind z. B.:

- Moderation/Mediation,
- Body Leasing/Personalvermittlung,
- Projektkoordination,
- Informationsbroking,
- Kapitalvermittlung,
- Kultur-/Sprachdienstleistungen.

Die steigende Zahl von Mikrounternehmen ist eine Konsequenz aus den Optionen neuer Informations- und Kommunikationstechnologien. Der Einfluß auf die Innovationsfähigkeit des deutschen Standortes durch solche flexiblen, wirtschaftlichen Mikroorganismen ist erheblich. Als Innovationskeimzelle geben sie eine Garantie für die Wettbewerbsfähigkeit Deutschlands. Daher ist ihre Unterstützung durch gezielte Fördermaßnahmen und ein gründerfreundliches Klima unabdingbar.

„Altwissen und Fallstricke" – Innovationsbremsen am Beispiel eines Softwareunternehmens

Rainmar Gnaehrich

Bürger schimpfen über fehlende Innovation und Arbeitsplätze. Viele Unternehmen erleben unter dem enormen Stakkato des Neuen und des beinharten Wettbewerbs ungeheuren Innovationsdruck und müssen handeln, bevor es zu spät ist. Viele Banken sind mit dem „Neuen" überfordert, reagieren gereizt und ziehen Fallstricke, statt den Weg wirklich frei zu machen!

Unser Wissensmanagement, zahlreiche Normen und Steuergesetze auch im Hinblick auf globale Herausforderungen laufen oft dröge, veraltet und unvernetzt. Viele Dinge sind unerträglich. *„Wer innovative Unternehmen will, muß ihre Voraussetzungen aushalten"*. Wie wirken Altwissen und Fallstricke als Innovationsbremse, und was ist zu tun? Diese Fragen möchte ich mit *10 Thesen* und *zugehörigen Handlungsmodulen* am Beispiel eines innovativen Software-Unternehmens beantworten, das reichlich Altwissen und Fallstricke erleben mußte.

These 1
Existenzgründer und bestehende kleine und mittlere Unternehmen erleben systematische Gefahren, sobald die Entwicklung innovativer Kerne für den Wandel erfolgt. Gefahrenabwehr tut not.

These 2
Innovative Geschäftsfelder gehören ins Gewächshaus mit optimalen Wachstumsbedingungen, statt von Altwissen und steuerlicher Strangulation zertreten zu werden. Wir brauchen eine Expertenwelt für Innovationen, die sich versteht auf einen Blick.

These 3
Die Verlagerung von Wissen und Best Practise Lösungen von Hochschulen und Universitäten auch in kleine innovative Unternehmen bedeutet nicht Preisgabe mit Wertverlust, sondern Wahrnehmung nationaler Interessen.

These 4
Innovative Unternehmen müssen im Gegensatz zu Trittbrettfahrern ihre Interessen selbstbewußt und zurückhaltend vertreten.

These 5
Wer Förderprogramme der Gemeinschaft beansprucht, sollte ihr nach Kräften etwas zurückgeben.

These 6
Eine neue Balance zwischen Geben und Nehmen kann wachsende Ausgrenzung von kleinen und mittelständischen Unternehmen vom Wagniskapital verhindern.

These 7
Wissen ohne Produkte und Dienstleistungen spaltet unnötig unsere Gesellschaft bei enormer Ressourcenvergeudung. Führt endlich zusammen, was schon immer zusammen gehörte.

These 8
Der Zugang zum Wissen der Hochschulen muß vor dem Hintergrund des permanenten Lernens nicht nur im Softwarebereich neu geregelt werden. Wissensauffrischung und Innovation ist eben keine Privatsache mehr.

These 9
Innovative Unternehmen sind ihr Geld wert. Die Gemeinschaft darf und muß die Fähigkeit fordern, rasch das Gewächshaus zu verlassen und sich globalen Herausforderungen zu stellen.

These 10
Mehr Verständnis für den oft qualvollen Prozeß, Neues zu schaffen, sollte mehr Verantwortung und Wertebewußtsein schaffen. Innovative Unternehmen sind keine Exoten, wohl aber eine wichtige Voraussetzung und Ergänzung zur Politik, um zukunftsweisende Lebensbedingungen zu schaffen.

Die 22 Handlungsmodule auf einen Blick.
Die Abkehr von tatsächlich erlebten Innovationsbremsen.
Die Abkehr vom Altwissen.

Modul 1
Intensivierung des Technologietransfers (z. B. in Sachen Vereinheitlichung von Programmiersprachen mit größtmöglicher Offenheit) zwischen Forschungseinrichtungen und IT-Unternehmen.

Modul 2
Steigerung der Wettbewerbsfähigkeit der IT-Unternehmen durch ein qualifiziertes Vortragswesen, Logo-Bildung, neue Software-Projektbörse, neue Mitarbeiterbörse auch für freie Mitarbeit und Mitarbeit auf Zeit.

Modul 3
Zugang der IT-Unternehmen zu neuen Märkten im In- und Ausland. Aufbau eines echten Beziehungsmanagements unter Einschaltung der Politik und der Botschaften etc.

Modul 4
Systematische Erfassung des für die IT-Branche relevanten Know-hows bei Hochschulen und Forschungseinrichtungen im jeweiligen Bundesland und in Deutschland (Internet-Auswertung) etc.

Modul 5
Erfassung des Innovationsbedarfs der IT-Unternehmen auf allen Gebieten: z. B. Software-Marketing, Internet-Geschäftsprozesse, etc.

Modul 6:
Verbesserung des Wissens um Kapitalbeschaffung und Liquiditätsverbesserungen für die IT-Branche

- Situationsanalyse.
- Kreditfinanzierung: Frust im Umgang mit Banken.
- Wege und Vorbereitung zur erforderlichen Kreditvergabe.
- IT-Branche im Blickwinkel der Banker.
- Checkliste: Richtiger Umgang mit Sicherheiten.
- Innenfinanzierung durch Mitarbeiterbeteiligung.
- Unternehmensbewertung: Checkliste.

- Was ist Software wert?
- Was ist die Firma wert?

Modul 7:
Organisation von Technologie-Transfertagen und Informationsveranstaltungen mit ganz gezielter Gesprächspartner-Vorbereitung, statt zu warten.

Modul 8:
Förderprogramme zur schnellen Verwertung von Forschungsergebnissen in den IT-Unternehmen sowie umgekehrter Prozeß der Forschung durch Anforderungsprofile der IT-Branche.

Modul 9:
Förderprogramme zur schnellen mehrsprachigen Aufbereitung von innovativen Organisationslösungen der IT-Unternehmen in Verbindung mit Spracheninstituten von Hochschulen.

Modul 10:
Systematische Rekrutierung von neuen Informatikspezialisten und rasche und regelmäßige Abstimmung der Studieninhalte incl. Beurteilungskriterien.

Modul 11:
Beseitigung des mangelnden Praxisbezugs und der geringen Praxiserfahrung, Techniklastigkeit und der Veralterung.

Modul 12:
Ausweitung der Praxistätigkeiten während der Primärausbildung und Aktualisierung der Ausbildungsprogramme (Qualität, Inhalte, Zeitdauer).

Modul 13:
Ausweitung der Ökonomiekenntnisse und die Stärkung der Sozialkompetenz und ein verstärktes oder verbessertes Angebot an berufsbegleitenden Kursen/Weiterbildungen (Sekundärbildung).

Modul 14:
Finanzielle Erleichterungen und Einbezug der IT-Branche in die Förderprogramme angesichts zurückgehender Bedeutung der Hardware. Spezialtarife für Telecom-Support, Telearbeit etc. verhandeln mit Telefongesellschaften.

Modul 15:
Erarbeitung von Zukunftstrends in der Software-Entwicklung.

Modul 16:
Erarbeitung der Rechtsmaterie (mehrsprachig) zur Software: Lizenzvertrag, Dienstleistungsvertrag, Wartungsvertrag, Wiederverkäufervertrag, Kooperationsvertrag).

Modul 17:
Erarbeitung eines Programmes zur Marketing-Unterstützung, Ausbildungshilfen und Zugangserleichterungen zu Venture-Capital. Darüber hinaus Stärkung der Initiative zu Steuererleichterungen bei jungen innovativen Unternehmen in den ersten 5 Jahren sowie F&E Aufwendungen bei KMU in Sachen SW-Entwicklung zu ihren Produktlinien.

Stichwort: Innovationen sind nicht nur Privatsache, sondern im öffentlichen Interesse vor dem Hintergrund der Globalisierung der Märkte.

Modul 18:
Erarbeitung einer Übersicht von externen Software-Komponenten:

- Kostenreduzierung.
- Qualitätssteigerung durch konsequente Nutzung von Spezialwissen.
- Verstärkte Ausrichtung auf Kernkompetenzen.
- Verkürzung des Faktors „Time-to-Market".

Modul 19:
Förderprogramme bei internationalen Marktauftritten.

Modul 20:
Förderung des Images der Software aus Deutschland.

- Inland: Qualität, Zuverlässigkeit, Kundennähe, Ausbildung, Preis, Kreativität.
- Ausland: Qualität, Zuverlässigkeit.

Modul 21:
Systematische Erfassung des Nachfragermarktes von Software und Software-Entwicklungsleistungen einschließlich Image und Wettbewerbsfähigkeit der deutschen Software aus der Sicht der Software-Nachfrager.

Modul 22:
Erarbeitung eines Profils, in welcher Form der Staat die IT-Branche fördern könnte in Sachen:

- Ausbildung der Mitarbeiter.
- Produkte, Tools, Anwendungssoftware, Projektmanagement, Sprachen, Arbeitstechnik, Personalführung etc.
- Software-Entwicklungskompetenz.
- Software-Beschaffungskompetenz.

„Es ist nicht genug zu wissen, man muß es auch anwenden; Es ist nicht genug zu wollen, man muß es auch tun."

(Goethe)

Finanzierungsmöglichkeiten für Mikrounternehmen

Utta Ott

Mikrounternehmen in der Informationsgesellschaft

Mikrounternehmen – hier als Unternehmen mit weniger als 10 Beschäftigten verstanden – sind im Dienstleistungssektor keine neue Erscheinung, ebensowenig wie im produzierenden Bereich. Freiberufler und Handwerksbetriebe gibt es unter den Dienstleistern schon seit langem. Neu hinzugekommen ist aber ein ganzes Spektrum von Tätigkeiten, insbesondere solche, die speziell mit der Beschaffung, Verarbeitung und Weitergabe von Informationen zu tun haben. Wir gehen davon aus, daß kleine Unternehmen hier spezifische Stärken aufweisen, die für das Innovationsgeschehen in der Volkswirtschaft und für ihr Wachstum wichtig sind.

Die Informationsgesellschaft zeichnet sich einerseits durch neue Dienstleistungen, andererseits auch durch neue Prozesse in der Erstellung von Dienstleistungen aus.

Die für die Informationsgesellschaft typischen Mikrounternehmen bieten neuartige Dienstleistungen beispielsweise in folgenden Formen an:

- intelligente Vorleistungen für die Industrie;
- komplementäre Dienstleistungen zu einem Industrieprodukt, zum Beispiel die Software für die Steuerung einer Maschine;
- neue Dienste durch die Bündelung von einzelnen Dienstleistungen und durch Kooperationen mit anderen Mikrounternehmen.

In regionaler Sicht werden solche neuartigen Dienste lokal, national oder auch global angeboten.

Bei der Erstellung der neuen Dienstleistungen ist Wissen bzw. Information häufig ein zentraler Faktor. Nicht immer, aber in vielen Fällen ist ein hoher (physischer) Kapitaleinsatz erforderlich.

Viele neue Dienstleister pflegen eine flexible Unternehmensstruktur, zum Beispiel durch die systematische Einschaltung freier Mitarbeiter.

Finanzierungsbedarf von Mikrounternehmen

Was bedeutet dies für den Finanzierungsbedarf, beim Neubeginn wie auch im Wachstumsprozeß? Der „traditionelle Dienstleister" benötigt zunächst

- eine Grundausstattung an Gebäude, Einrichtungen u.ä.
- ein Finanzpolster zur Abdeckung von Anfangsverlusten
- Mittel für die Abdeckung der laufenden Kosten, insbesondere sind dies Personalkosten.

Der traditionelle Dienstleister hat in der Ausbildung (typischerweise) seine Dienstleistung gelernt, er kann „gleich loslegen". Die Art der Dienstleistung ändert sich im Lauf der Zeit nur wenig.

Anders der „neue" Dienstleister: Bei ihm kommt eine Reihe von Aufwendungen hinzu, in der Regel für Personal. Die Dienstleistung, die angeboten werden soll, ist nicht von vornherein fertig. Analog zu einer Produktentwicklung wird vielmehr Entwicklungsaufwand notwendig, um eine Idee überhaupt erst in eine konkrete Dienstleistung umzusetzen, die auf dem Markt angeboten werden kann. Notwendig sind darüber hinaus laufende Entwicklungsaufwendungen, um die Dienstleistung innovativ und wettbewerbsfähig zu erhalten.

In dieser Beschreibung sind Extreme gegenübergestellt. Die Realität wird dagegen natürlich geprägt von Mischtypen. Insbesondere verändert der zunehmende Einsatz intelligenter Maschinen immer mehr auch die „traditionellen" Dienstleistungen und entsprechend die Anforderungen an ihre Anbieter.

Zum Finanzierungsbedarf der Mikrounternehmen im Dienstleistungssektor ist zunächst festzuhalten: Ein generell ausgeprägt hoher Finanzierungsbedarf und generell zu geringe Ressourcen können nicht pauschal konstatiert werden. Das Bild ist vielmehr je nach dem vom einzelnen Unternehmen gewählten Tätigkeitsbereich und auch je nach Unternehmens- bzw. persönlicher Strategie sehr differenziert. So benötigt ein Teil der Mikrounternehmen im Bereich der neuen Dienstleistungen zunächst nur einen geringen Kapitaleinsatz (Anfangssausstattung an PC, Modem oder ISDN-Anschluß und Laserdrucker). Für viele Existenzgründer liegt gerade im geringen Mitteleinsatz beim Start eine große Attraktivität. Auch angesichts der schon angesprochenen flexiblen Unternehmensstruktur – das heißt der üblicherweise ausgeprägten Zusammenarbeit mit freien Mitarbeitern – kommen viele Dienstleister mit einem relativ geringen eigenen Startkapital (einschließlich einbehaltener Gewinne) schon sehr weit. Ein großer Teil der Mikrounternehmen wird zudem immer klein bleiben, und zwar freiwillig.

Auf Wachstum sind vor allem die kapitalintensiven Unternehmen ausgerichtet, die im Zuge des Wachstums Skalenerträge realisieren können. Solche Unternehmen – einige prägen mit einer nach wenigen Jahre erreichten beeindruckenden Größe vielfach in der Öffentlichkeit das Bild von den neuen Unternehmen im Dienstleistungssektor – benötigen in ganz erheblichem Umfang externes Kapital zur Finanzierung des Wachstumsprozesses.

Finanzierungsquellen für Mikrounternehmen

Finanzierungsquellen allgemein

Die Finanzierungsmöglichkeiten für Unternehmen ganz allgemein, damit auch für Mikrounternehmen im Dienstleistungssektor, sind

- Eigenkapital einschl. einbehaltener Gewinne
- Kredite
- Extern zugeführtes Beteiligungskapital

Übersteigt der Finanzierungsbedarf die verfügbaren Eigenmittel, muß externes Kapital erschlossen werden, entweder in Form von Krediten oder von Beteiligungskapital. Ob Kredite oder Beteiligungskapital die sinnvollere Alternative sind, hängt insbesondere von den vorhandenen Sicherheiten, dem Risikograd des Vorhabens, der zeitlichen Verteilung der erwarteten Zahlungsüberschüsse und dem Wachstumspotential des Unternehmens ab. Kreditfinanzierung kommt grundsätzlich nur bei ausreichenden Sicherheiten, entweder im Unternehmen selbst oder aus dem privaten Bereich, in Betracht, wobei fehlende Sicherheiten beispielsweise auch durch die Bürgschaft einer Bürgschaftsbank ersetzt werden können. Bei einer Kreditfinanzierung muß bedacht werden, daß im Regelfall von Anfang an Einnahmen vorhanden sein müssen, um Zins und Tilgung leisten zu können.

Sind diese Voraussetzungen nicht erfüllt, ist die Hereinnahme von Beteiligungskapital die bessere Alternative. Das Unternehmen sollte versuchen, einen Beteiligungsgeber, sei es eine Beteiligungsgesellschaft, ein anderes Unternehmen oder

Privatpersonen, zu gewinnen. Hier sind keine Sicherheiten zu stellen. Die Entgeltregelung kann frei vereinbart und damit gewinnabhängig gestaltet werden. Ein weiterer Vorteil – aus Sicht des Beteiligungsnehmers – liegt gerade bei risikoreichen Vorhaben darin, daß das Kapital am unternehmerischen Risiko teilnimmt. Ein großes Problem für die Unternehmen, die hier betrachtet werden, besteht jedoch darin, daß renditeorientiertes Beteiligungskapital in erster Linie Unternehmen mit großem Wachstumspotential sucht.

In den meisten Fällen wird das Unternehmen zunächst versuchen, die notwendige Finanzierung im Wege von Krediten sicherzustellen. Die in vielen Fällen notwendigen hohen „Investitionen in Humankapital" (Personalaufwendungen, denen noch keine laufenden Einnahmen gegenüberstehen) bieten jedoch im Gegensatz zu „klassischen" Investitionen in Bauten und Anlagen keine Besicherungsbasis.

Die Kreditentscheidungen der Banken und Sparkassen müssen in solchen Fällen viel stärker als bei der klassischen Investitionsfinanzierung eines etablierten Unternehmens auf Zukunftswerten, auf dem zukunftsorientierten Unternehmenswert aufbauen. Insbesondere Humankapital muß bewertet werden. Dazu müssen die Banken auch selbst etwas über Tendenzen in den neuen und globalen Dienstleistungsmärkten wissen, und sie müssen über Kriterien verfügen, wie sie Synergieeffekte in Kooperationen berücksichtigen, und wie sie die Vorhaben schließlich bankmäßig einstufen sollen.

Das Angebot von Förderprogrammen

Unternehmensgründer und kleine und mittlere Unternehmen in Deutschland werden bei ihren Finanzierungsproblemen von der Wirtschafts- und Strukturpolitik nicht allein gelassen; sie können vielmehr auf eine breite Palette von Förderprogrammen zurückgreifen. Diese Programme gehen in verschiedener Weise auf die genannten spezifischen Probleme ein und sind grundsätzlich gut geeignet, Finanzierungslücken zu schließen. Wie die Zusagezahlen der KfW zeigen, nehmen auch Mikrounternehmen im Dienstleistungssektor die Förderung rege in Anspruch.

Von den Programmen der KfW sollen hier insbesondere das ERP-Innovationsprogramm und das KfW/BMBF-Beteiligungsprogramm (BTU-Programm) herausgestellt werden.

ERP-Innovationsprogramm
Gefördert werden Innovationsvorhaben in der FuE-Phase und in der Markteinführungsphase. Der Innovationsbegriff – neue Produkte, Verfahren, Dienstleistungen –

ist unternehmensbezogen. Wichtig ist, daß die der Innovation zugrundeliegenden *FuE-Leistungen im wesentlichen vom Unternehmen selbst erbracht* werden.

Antragsberechtigt sind kleine und mittlere Unternehmen, deren Jahresumsatz 250 Mio DM nicht übersteigt. Bei Unternehmen in den alten Ländern liegt bei Vorhaben in der Markteinführungsphase die Umsatzgrenze bei 40 Mio DM (höchstens 250 Beschäftigte).

Finanziert werden in der FuE-Phase: Personalkosten, Gemeinkosten, Material, Reisekosten, Investitionskosten im Zusammenhang mit der Innovation, Kosten für FuE-Aufträge an andere Unternehmen. In der Markteinführungsphase werden finanziert: Kosten für Unternehmensberatung, Aus- und Fortbildung von Mitarbeitern, Marktforschung, Messebeteiligung, in den neuen Ländern auch Investitionskosten.

Der maximale *Kreditbetrag* in der FuE-Phase: 10 Mio DM (möglicher *Finanzierungsanteil* 100 %); bei der Markteinführung 5 Mio DM (Finanzierungsanteil bis 80 %) in den neuen Ländern und Berlin bzw. 2 Mio DM (Finanzierungsanteil bis 50 %) in Westdeutschland.

Die *Besicherung* des Kredits wird zwischen dem Antragsteller und dem von diesem eingeschalteten Kreditinstitut erörtert. Grundsätzlich sollte eine bankmäßige Besicherung erfolgen. Die Kredinstitute übernehmen regelmäßig gegenüber der KfW die Haftung für die Darlehen. Im ERP-Innovationsprogramm beteiligt sich die KfW jedoch am Risiko der Finanzierung, indem sie die Kreditinstitute teilweise von der Haftung freistellt und somit deren Ausfallrisiko reduziert. Zudem räumt die KfW den Kreditinstituten ein Vorabbefriedigungsrecht an den Sicherheiten ein, d. h. im Falle des Scheiterns des Unternehmens erhält erst das Institut den Erlös aus der Verwertung der Sicherheiten. Diese Regelungen erleichtern den innovativen Unternehmen den Zugang zu den Fördermitteln. Die Haftungsfreistellung beträgt bei Unternehmen mit einem Jahresumsatz bis zu 100 Mio DM 50 %, sonst 40 %.

Der *Zinssatz* (Stand 31.8.1998) von 4,25 % p.a. in Westdeutschland und 3,75 % in Ostdeutschland ist fest für die gesamte Laufzeit von 10 Jahren (2 tilgungsfreie Jahre, 100 % Auszahlung). Zusagen 1997: 650 Kredite, 1,5 Mrd DM. 1998 per 31.7.: 350 Kredite, 0,8 Mrd DM.

BTU-Programm

In dem Programm werden *Beteiligungen* von Kapitalbeteiligungsgesellschaften an jungen (nicht älter als zehn Jahre) technologieorientierten Unternehmen gefördert, außerdem Beteiligungen von Kreditinstituten in Form von *nachrangigen Darlehen.* In den neuen Ländern können auch Unternehmen und Privatpersonen Beteiligungsgeber sein.

Gefördert werden kleine und mittlere Unternehmen mit höchstens 50 Mitarbeitern, deren Jahresumsatz entweder 14 Mio DM nicht übersteigt oder deren Bilanzsumme 10 Mio DM nicht erreicht.

Finanziert werden *Innovationskosten*, das heißt Forschungs- und Entwicklungsarbeiten, Herstellung und Erprobung von Prototypen, die Anpassungsentwicklung bis zur Markteinführung der verbesserten Produkte, Maßnahmen in der Markteinführungsphase.

Höchstbetrag der geförderten Innovation: 4 Mio DM. Geförderte Beteiligungsdauer: bis zu 10 Jahre.

Das *Beteiligungsentgelt* wird zwischen dem Beteiligungsgeber und dem Beteiligungsnehmer vereinbart. In der FuE-Phase beträgt die Gesamtbelastung i.d.R. im Durchschnitt der Beteiligungsdauer maximal 12 % der Beteiligungssumme. Ein Teil des Entgelts muß gewinnabhängig vereinbart werden.

Zinssatz für den Refinanzierungskredit (100 % Auszahlung): 4,85 % p.a. in der FuE-Phase, 6,01 % in der Markteinführungsphase (Stand 31.8.1998).

Die KfW stellt den Beteiligungsgeber vollständig von seiner Haftung für den KfW-Kredit (das ist maximal 85 % der Beteiligungssumme) frei. Damit wird ein erheblicher Anreiz für das Eingehen neuer Beteiligungen geschaffen.

Zusagen 1997: 240 Kredite, 135 Mio DM; 1998 (per 31.7.): 190 Kredite, 105 Mio DM.

Die oben skizzierten unterschiedlichen Finanzierungsbedürfnisse spiegeln sich auch in unterschiedlichen Kennzahlen der in verschiedenen KfW-Programmen geförderten Vorhaben wider. Zum Vergleich mit den Ergebnissen in den speziellen Innovationsprogrammen wird hier das KfW-Mittelstandsprogramm herangezogen, in dem (aktivierbare) Investitionen jeglicher Art finanziert werden.

Zusagen 1997: 19500 Kredite, 13,2 Mrd DM; 1998 (per 31.7.): 11800 Kredite, 8,2 Mrd DM.

Alle drei Programme sind bewußt – im Rahmen der beschriebenen Kriterien – offen gehalten, sie wenden sich grundsätzlich an alle Branchen bzw. Technologien. Auch wenn es sich bei den geförderten Unternehmen nicht um eine repräsentative Auswahl im Sinne statistischer Signifikanz handelt, so können wir doch aus Auswertungsergebnissen Hinweise auf Besonderheiten des Finanzierungsbedarfs erhalten.

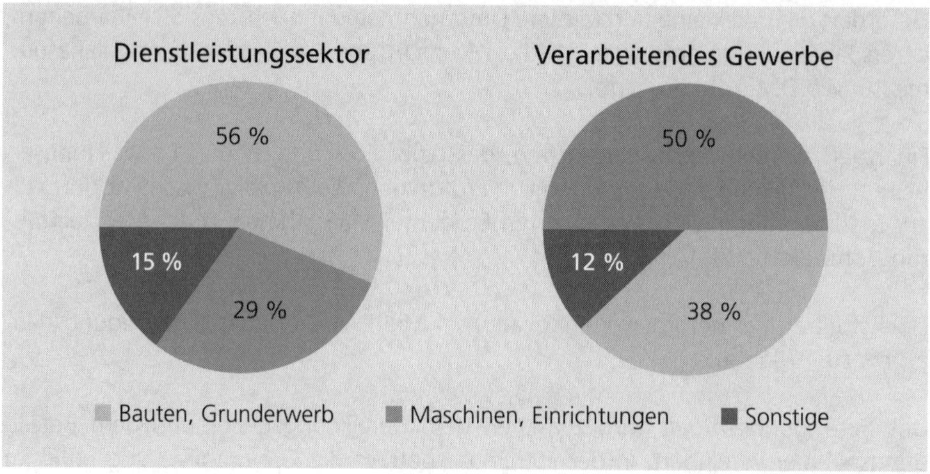

Abb. 1: KfW-Mittelstandsprogramm (West), Struktur der geförderten Aufwendungen

Zunächst wird die Struktur der „normalen" Investitionsaufwendungen im Dienstleistungssektor (ohne Handel, Gastgewerbe) mit der im Verarbeitenden Gewerbe verglichen (KfW-Mittelstandsprogramm):

Die Dienstleistungsunternehmen weisen einen höheren Anteil bei Grunderwerb und Bauten auf, also bei Aufwendungen, die zu der eingangs erwähnten „Grundausstattung" zählen. Dagegen wenden Dienstleistungsunternehmen weniger für Maschinen und Einrichtungen auf.

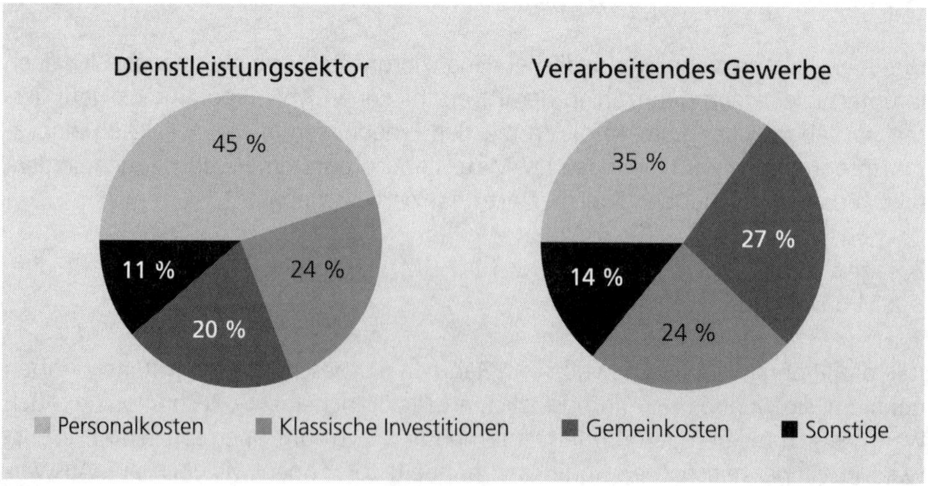

Abb. 2: ERP-Innovationsprogramm, Struktur der geförderten Aufwendungen

Abb. 3:
Ausgewählte KfW-Förderprogramme für den Mittelstand, Anteil der unternehmensbezogenen Dienstleistungen an den geförderten Dienstleistungsunternehmen insgesamt

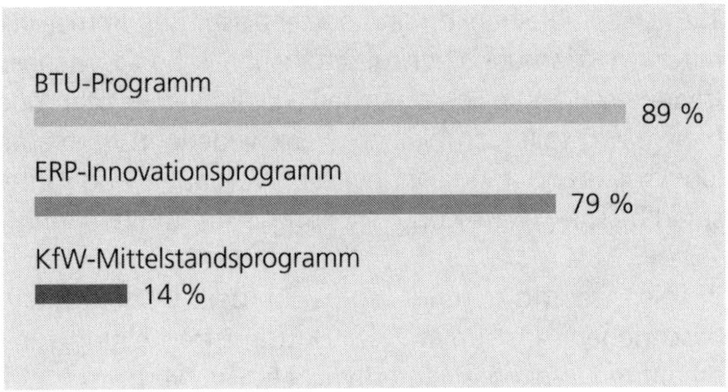

Die Abbildung 2 zeigt den entsprechenden Vergleich für das ERP-Innovationsprogramm: Der Anteil der „harten" Investitionen an den Innovationsvorhaben ist mit 24 % in beiden Sektoren relativ niedrig. Humankapital/Personalaufwendungen sind jeweils der größte einzelne Faktor. Bei den Dienstleistern ist der Anteil der Personalkosten an den gesamten Innovationsaufwendungen mit 45 % (Verarbeitendes Gewerbe: 35 %) besonders hoch. Innerhalb des Dienstleistungssektors weisen die kleineren Unternehmen (Umsatz 1–5 Mio DM) dabei mit rund 75 % einen besonders hohen Anteil der Aufwendungen für Humankapital aus.

In der allgemeinen Investitionsförderung (KfW-Mittelstandsprogramm) finden wir das ganze Spektrum der Dienstleistungsbranchen, wobei auf den Handel etwa die Hälfte der Zusagen entfällt. In der Innovationsförderung dominieren innerhalb des Dienstleistungssektors dagegen die unternehmensbezogenen Dienstleistungen, also die Sparte, in der wir ganz besonders häufig den Typ „neuer Dienstleister" erwarten. Zu einem erheblichen Teil handelt es sich dabei um Software-Entwickler. Ganz besonders ausgeprägt ist dies im BTU-Programm mit 89 % (Anteil im ERP-Innovationsprogramm 79 %). – Bezogen auf das jeweilige Gesamtprogramm haben die unternehmensbezogenen Dienstleistungen folgende Anteile: KfW-Mittelstand 7 %; ERP-Innovation 16 %, BTU 35 %.

Schlußfolgerungen

Was folgt aus den Erfahrungen der KfW mit ihren eigenen Förderprogrammen und aus der Beobachtung des Umfelds und der Marktentwicklungen? Bleiben die Mikrounternehmen in der Finanzierung auf der Strecke?

Die Antwort ist keinesfalls ein pauschales „ja", vielmehr ein vorsichtiges „nein". Hierfür sollen folgende Begründungen und Argumente aufgeführt werden:

1. Die Geschäftsbanken sind besser als ihr Ruf. Immer mehr Kreditinstitute stellen sich mit einer ausdrücklichen geschäftspolitischen Entscheidung der Aufgabe, über die traditionelle Finanzierungen mit klassischer Besicherung hinauszugehen und dabei bankmäßig solide zu bleiben. Verschiedene Institutsgruppen ziehen bei der Beurteilung risikoreicher und innovativer Vorhaben und Unternehmen externen Sachverstand beispielsweise von Forschungsinstituten (Fraunhofer-Gesellschaft) heran.

2. Die Kreditförderung wurde in den letzten Jahren insbesondere durch das beschriebene Instrument der Haftungsfreistellung für die in die Förderung eingeschalteten Banken weiterentwickelt. Dies verbessert einerseits die Chancen von insbesondere kleinen Unternehmen, an Förderung zu partizipieren, andererseits lernen die Banken, selbst mit innovativen Unternehmen und Finanzierungen besser umzugehen.

3. Der Beteiligungsmarkt in Deutschland hat in den letzten Jahren einen bemerkenswerten Aufschwung genommen, der auch kleinen Unternehmen zugute kommt. Mit bewirkt wurde dies auch durch gezielte Förderprogramme wie das BTU-Programm, mit dem die Angebotsseite des Beteiligungsmarktes strukturell verbessert wird. Ganz besonders stark hat Deutschland in der Frühphasenfinanzierung aufgeholt.

4. Die Beteiligungsförderung wurde auch dadurch erweitert, daß nicht nur Beteiligungsgesellschaften Beteiligungsgeber sein können, sondern auch Privatpersonen und Unternehmen. Diese Erweiterung gibt es bisher allerdings nur für die neuen Länder.

5. Mikrounternehmen benötigen oftmals im Einzelfall nur relativ kleine Kreditbeträge, deren Bearbeitung sich für Kreditinstitute unmittelbar kaum „lohnt". In den Förderprogrammen ist in den letzten Jahren eine deutliche Differenzierung der Durchleitungsmargen für die Banken eingeführt worden, mit einer Erhöhung für die kleineren Kreditbeträge (ohne daß sich am Zinssatz für das Unternehmen etwas ändert). Dies kommt unmittelbar den kleineren Unternehmen in einer höheren Finanzierungsbereitschaft der Banken zugute.

6. Deutliche Verbesserungen wurden in jüngerer Zeit vor allem in der Transparenz des Beteiligungs- und Innovationsmarktes erzielt. So bietet die KfW zusammen mit der Deutsche Börse AG verschiedene Informationsdienste für Unternehmen und Investoren an. Zu nennen sind die Eigenkapitalbörsen als Präsenzveranstaltungen (1997/98 vier, weitere sind geplant). Im Durchschnitt präsentieren sich hier 50 Unternehmen den rund 150 potentiellen Investoren. Viele der Unternehmen gehören zur Branche Informations- und Kommunikationstechnik.

Eingerichtet wurden inzwischen drei virtuelle Marktplätze im Internet (www.exchange.de/vms): Das „Equity Forum" ist ein Marktplatz für bestehende Unternehmen in der Wachstumsphase sowie für VC-Investoren. Das „Business Angels Forum" ist ein Marktplatz für innovative und technologieorientierte Gründer und Jungunternehmer sowie für Business Angels. Der „Innovation Market" schließlich fungiert als Marktplatz für Innovationen, Ideen und Patente.

Mit all diesen Neuerungen hat sich das Finanzierungsumfeld für den Mittelstand allgemein und auch für die Mikrounternehmen deutlich verbessert. Allerdings müssen die Unternehmen selbst bereit sein, Finanzierungschancen auch wahrzunehmen.

NEW WORK – Die flexible Arbeitswelt

Stephan Löchler

Vor der Präsentation des Modells NEWPLAN eine kurze Erläuterung, weshalb es NEWPLAN gibt und dessen Philosophie.

Beschäftigen wir uns mit den heutigen europäischen Arbeitsmärkten, sind Diskussionen und Konzepte dann verwirrend und für Innovationen schädlich, wenn die lokalen Gegebenheiten, Rahmenbedingungen und Befindlichkeiten unberücksichtigt bleiben. Die Arbeitswelt besteht – zum Glück – auch nicht nur aus heilverkündenden und überzeugten Technokraten, sondern aus Menschen in verschiedenen Zeitgeistebenen. Ein Pentium mit Modem macht allerdings auch noch keinen Teleworker. *Erst kommt der Kopf und dann die Technik!*

Sprechen wir heute von einem bestimmten Zeitgeist, müssen wir dies im Vergleich zu den letzen 100 Jahren heute differenzierter betrachten. Jede Epoche hatte bisher diese Zeitgeistebenen geprägt durch:

- Revolutionäre
- Mehrheit eines Volkes
- Konservative

Im neuen Jahrtausend, und es ist bereits heute deutlich spürbar, erhalten wir allerdings zwei neue Komponenten hinzu: *die Geschwindigkeit* und eine neue Sprachlichkeit, besonders in Deutschland relevant. Hieraus ergeben sich für die Menschen, je nach Zeitgeistebene, unterschiedliche Anforderungen eines möglichen Anpassungsprozesses. Die technische Kommunikation wird immer perfekter, aber verstehen sich die Menschen allein durch die mit Anglizismen durchsetzte deutsche Sprache noch? Für viele Wortschöpfungen gibt es schon keine (passende) Übersetzung mehr.

Abb. 1:
Entwicklund der Zeitgeistebenen

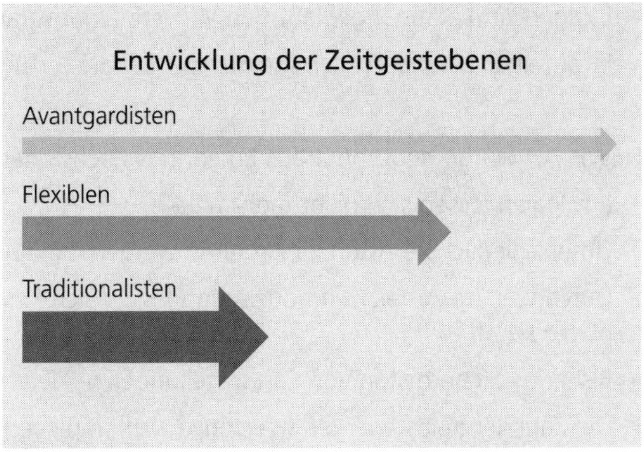

DIE AVANTGARDISTEN setzen das Neueste an Möglichkeiten sofort in die Realisierung ihrer Ziele, Wünsche und Visionen um.

DIE FLEXIBLEN wollen den Anschluß an die Entwicklung halten, sind Neuem gegenüber aufgeschlossen, aber es „fliegt" ihnen nicht unbedingt von alleine zu. Sie müssen sich durch intensive Weiterbildung, in kürzer werdenden Intervallen auf dem laufenden halten. Es ist die große Gruppe einer Gesellschaft, die Trends umsetzt und maßgeblich verbreitet.

DIE TRADITIONALISTEN brauchen den größten Leidensdruck, wenn es um anstehende Veränderungen geht. Hier ist auch eine Lebenseinstellung zu finden wie: „...kann ich nicht, ...will ich nicht, ...brauchen wir nicht, ...haben wir immer so gemacht".

Welche Wissensdifferenzen verhindern Teamarbeit, wenn sich z.Zt. innerhalb von 4 Jahren das Weltwissen verdoppelt? Welche kommunikative Diskrepanz kann sich zudem oder deswegen zwischen Avantgardisten und Traditionalisten entwickeln?

Aber: Weder die einen, noch die anderen sind die besseren oder sogar die glücklicheren Menschen. Unternehmen stehen unter Druck.

- Der Wettbewerb führt dazu, daß in immer kürzeren Abständen Aufgaben gelöst und Entscheidungen getroffen werden müssen.
- Die deutsche Lohnkostenstruktur läßt immer noch wenig Handlungsspielräume zu.
- Das Know-how der eigenen Beschäftigten veraltet viel zu schnell.

- Budget- und Zeitmangel läßt den Weiterbildungsgrad nach unten gleiten.
- Informationen und Wissen müssen bei Bedarf verfügbar sein.

NEWPLAN wurde gegründet aus Erkenntnis nachstehender Kriterien:

- Privilegien lassen sich nicht mehr halten
- Unterschiedlichste Arten zu Arbeiten werden die Zukunft gestalten
- Durch weitere Arbeitszeitreduzierung lassen sich keine wesentlichen Arbeitsplätze schaffen
- Bisherige Sicherheiten von Festanstellungen verlieren an Bedeutung
- Die Zahl der Selbständigen (Freelancer, selfemployed) wird zunehmen
- Weiterbildung gehört mehr denn je zur Existenzsicherung
- Informationsbeschaffung, -bearbeitung und -beurteilung sind wettbewerbsentscheidend
- Menschen werden von Menschen verstanden und nicht von Maschinen (erst der Kopf und dann die Technik)

NEWPLAN Brainwork Management & Services ist Deutschlands erstes – und bisher einziges – virtuell strukturiertes Unternehmen, das die *Flexible Arbeitswelt für geistige Leistung* bietet. 1994 wurde es von 3 berufserfahrenen Managern/Innen mit einer Vision für die Zukunft der Arbeit gegründet:

Es spielt immer weniger eine Rolle, von wem, in welchem Status (angestellt oder selbständig), mit welcher Arbeitsmethode (Telearbeit oder vor Ort im Büro), wann (zu welcher Tageszeit) und wo (auf dieser Welt) die Aufgaben gelöst und geistige Arbeit verrichtet wird. Entscheidend ist, daß die erforderliche Arbeit im vorgesehenen Zeitrahmen, innerhalb der Budgets und der erwarteten Qualität durchgeführt wird. Heute ist diese Vision bereits Realität.

NEWPLAN ist eine Plattform, auf der Wissensangebot und Wissensnachfrage zusammengebracht werden. Dies funktioniert ähnlich einer Börse, nur mit dem „kleinen" Unterschied, daß es sich nicht um Ware, sondern um Menschen handelt. Und dies ist die zentrale Philosophie:

Mittelpunkt ist der Mensch und nicht die Technik!

Mit z.Zt. rd. 3 200 Einzelpersonen und KMUs (kleine und mittlere Unternehmen), die über NEWPLAN ihr Wissen anbieten, agiert das Unternehmen branchenunabhängig und international. Die wachsende Zahl von Interessenten für die Börse erhöht täglich die Kompetenz und Leistungsfähigkeit des Angebots an Wissen, auf das Unternehmen, Institutionen und Behörden „just in time" zurückgreifen können.

Beispiel eines möglichen Lebensarbeitszyklus:

- NEWPLAN vermittelt einer Fach- oder Führungskraft einen „JOB" (abhängiges Arbeitsverhältnis).
- In der neuen Position trägt diese Person selbst Personalverantwortung und benötigt teilweise neues Personal und/oder für Projekte selbständige Experten, die eine bestimmte Zeit mit ihrem Wissen zur Verfügung stehen. Mit der Personal-/Expertensuche wird NEWPLAN beauftragt. Der ursprüngliche „Jobsucher" ist nun Kunde.
- Nach einigen Jahren hat dieselbe Person den Wunsch, sich selbständig zu machen und eigene Ziele zu verwirklichen. Auch hierbei begleitet NEWPLAN auf Wunsch den „Newcomer":
  - unterstützt ihn mit einer Existenzgründungsberatung,
  - nimmt ihn, bei geeignetem Wissensniveau, in die Börse der Freelancer auf,
  - akquiriert Kunden und vermittelt Aufträge,
  - bietet eine Dienstleistungspalette rund um die Selbständigkeit an, die alle administrativen Aufgaben abnimmt,
  - bietet Weiterbildung,
  - bietet das Gütesiegel für Unternehmerpersönlichkeiten: FreeCert®-Zertifizierung der sozialen Kompetenz.

Dieses Dienstleistungsnetzwerk NEWPLAN funktioniert, weil die Menschen und nicht die Technik im Mittelpunkt dieser Leistungen stehen. Die damit zusammenhängenden Anforderungen an den einzelnen sind somit sehr hoch, für viele aber auch heute bereits selbstverständlich. Man kennt sie als „alte"(?) Tugenden:

- Zuverlässigkeit
- Vertrauenswürdigkeit
- Glaubwürdigkeit

Dem Ruf nach mehr Qualitätssicherung wird mit einer eigenen Entwicklung geantwortet: *FreeCert* – Die Zertifizierung sozialer Kompetenzen.

NEWPLAN ist ein atmendes Unternehmen, das in seiner Leistungsfähigkeit durch das wachsende Potential an qualifizierten Experten wächst. Eine Begrenzung auf bestimmte Branchen ist nicht gegeben. Ob Personalnachfrage oder Bedarf von Call-Center-Leistungen. Die Grenzen dieses Unternehmens werden bestimmt durch die Nachfrage des Marktes und sind somit fließend.

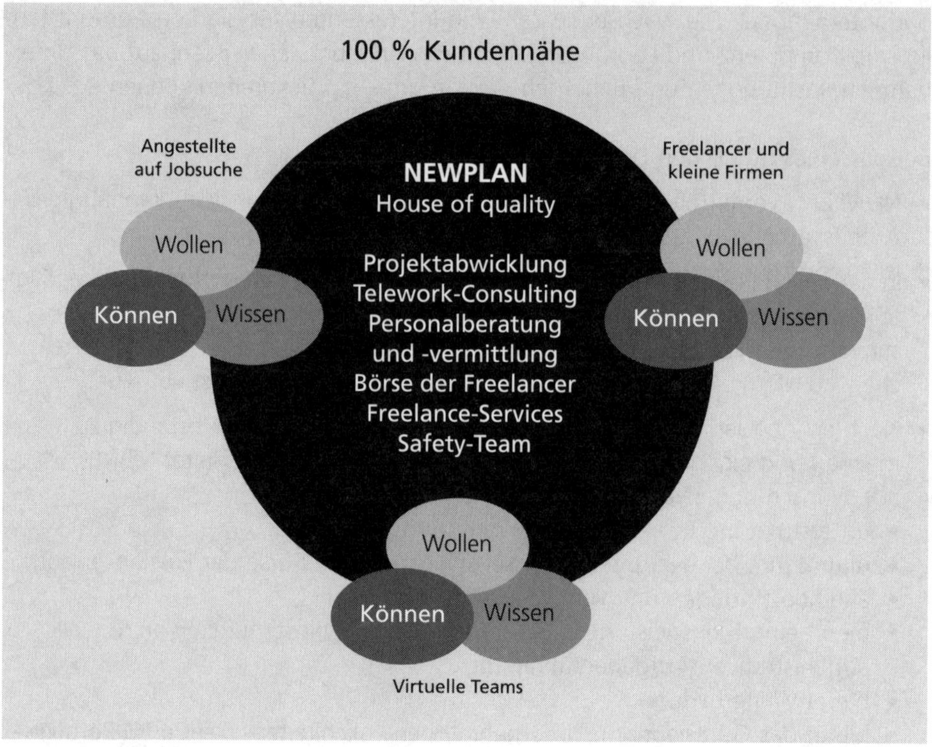

Abb. 2: NEW PLAN

NEWPLAN – Das Franchisekonzept

Vollblutunternehmer/Innen mit Pioniergeist und einer Kernkompetenz in einem der NEWPLAN-Geschäftsfelder können Franchisepartner werden. In Deutschland, der Schweiz und Österreich werden NEWPLAN-Partnerbüros aufgebaut, um regional das gesamte Dienstleistungspotential anzubieten.

NEWPLAN
Brainwork Management & Services GmbH
Frankfurter Ring 81
80807 München
http://newplan.compuserve.de Tel: 089/35811-3
newplan_muc@compuserve.com Fax: /35811-42

Micro-Service-Companies – The American Perspective

Gene Miller

Today the United States is thought of by many as the leading source of insights in venture capital investing. The United States did not originate venture investing and Entrepreneurship. Europe has a proud history of invention, innovation, and developing of new industries. What the United States has had, are more numerous recent experiences with new technology areas and a wider range of industries.

Those broader experiences give a basis for the study and appreciation of what the underlying forces at work in the current wave of entrepreneurial situations, and in the money market forces that are a critical resource to their success. The service industries offer an excellent example of the difficulties faced by the entrepreneur in founding these new enterprises as well as their unique issues and problems that money resources have in responding to their demand for funding.

There is the myth that all of entrepreneurship is predicated upon technical invention and that the sheer strength of the idea is what is necessary to create the great corporation. It is more than that. As Stevenson and Shalman at Harvard have noted entrepreneurship is the marshalling of the elements of a venture as opposed to trying to optimize the assets that are in place. The literature is replete with commentary that management is the critical element in this process; and, that one measures the risks of management, technology and markets to evaluate a potential investment. In using these phrases, the words are codes for the underlying critical issues. In the case of management, that element is that there is an experienced team that knows the industry and the means of accomplishing the requisite tasks; for technology, that element is that the product or service is capable of being produced at an economic value; and, for the market, that element is that there are buyers in sufficient number to not only make a workable enterprise but to afford the opportunity for significant return and that there is a means of distribution to reach those customers.

The mere statement of these risk factors has lead to the phenomena of writing business plans that on the surface seem to meet these criteria. Unfortunately these plans have become an exercise of trying to prove that each of the elements are there in sufficient quantity rather than an exercise of establishing the critical elements of the particular case and the quality of the match of resources and issues. It would perhaps be better, certainly from the reader's point of view, that there was an understanding of what these phrases really mean. In the case of management, that there is an appreciation for the time that the opportunity to accomplish the necessary tasks exists, vis-à-vis the likely entry of alternative/competitive opportunities, and the ability or requisite skills to accomplish the critical elements within that time frame. In terms of technology and marketing, the two are really wedded. Twenty years ago, the mere ability to produce something new and innovative would have value even if there wasn't success in reaching the market in sufficient numbers. In most industries today, that technology edge is rarely of sufficient differentiation. What is requisite is not only the benefit that is born of the technology but a full appreciation for the customer, the decision process to make the buy commitment, and the means of reaching the appropriate decision-makers as well as delivering on the promised benefits. Companies rarely have value now independent of both the benefits they portray and can deliver and the ability to successfully reach the decision-maker in sufficient quantities.

From the perspective of the monetary resource, the lender or investor, historically there has been an analysis of how quickly assets within the firm could be built with the money provided. That evaluation was largely predicated on the current balance sheet of the company and what was anticipated would be the outcome of the use of the money provided. For the lender, the question was are there sufficient cash flows to make payments on the principle and interest and secondly, if necessary, was there the ability to liquefy assets in sufficient quantity to repay the debt. This was the test for the amount of money that could be made available. For the investor, the decision rested on an attempt to calculate the intrinsic value of the assets to another fair-minded owner. The difficulty of the service business is that the values lay in the structures and relationships of the individuals that comprise the company, the doers if you will, and the way they were presented to the market place. In traditional enterprises the assets were there at night when the doors were closed and the people went home. In a service business the assets went home at night or, in the case of software people, came in at night. This makes it harder to evaluate both as a basis for a loan and to understand how one would deliver these assets to a potential acquirer.

Using software as an example of service industries, it is interesting to note that historically venture capitalists have lost a great deal of money in this arena. First and foremost, as a cause for those losses was a failure to actually complete the task at hand. Software that is 99 % complete is just not acceptable. Too many bugs and you don't have a product. Second, was a failure to "hit" the window of opportunity in the marketplace, begin selling before customers chose other alternatives, which caused a significantly diminished potential market but more importantly represented cost overruns such that the underlying economics had dramatically shifted. The more successful investor situations tended to occur where there was significant industry knowledge on the part of both the investor and the company and where the product did not represent a radical departure from existing practice. It is also interesting to note that in those situations where new market segments were developing, it was rarely the first entrant, the so-called pioneer, who reaped the benefits. Those pioneers showed the way and also by their efforts disclosed many of the unanticipated underlying issues that needed resolution. Microsoft did not develop the first operating system and in point of fact bought its first product in that arena from Seattle Computer Products. But Seattle didn't now how to, and didn't seem to care to, market it and Microsoft did. Microsoft over time embellished the product into what we know it today with openness, and ease of use.

One could use the restaurant industry as model for the experiences of the service industries. Here again the record for the equity investors, with a few exceptions, is not one of great accomplishment. The difficulties arise from market judgement and execution. Market judgement in the sense of knowledge of what the eating public wants, when and where. History of these experiences is replete with stories of successful concepts not being repeated successfully in other geographic areas with near identical demographics and even cultural histories. Even with a success formula that is being successfully reproduced the imitators are not always successful. For the successes of McDonalds, Pizza Hut and Kentucky Fried Chicken, one can point to the numerous unsuccessful hamburger chains, pizza parlors, and chicken fast food outlets. There is something more than just an economic model and a physical location, they all seem to co-locate, or even a theme that spells success and differentiates failure. The answer appears to lie in the execution skills of the managers, and even in the ability to transmit those skills to others.

If you look upon these examples as imperfect models you are right. If nothing else one can argue that in each of these cases the service value is delivered as part of the pricing of the product. Thus, to the consumer making the decision as to value in a process of evaluation of the worth of the final product and perhaps not the service. Nevertheless looking at these situations where a large component of the resources to be gathered and managed are the individuals and their productivity is a helpful insight to the questions that are inherent in any situation where it is just that type of gathering and managing must be mastered.

Let me offer one other industry as a model – physician practice management. This is clearly more of an American experience, but the examples again give insight into the problems faced by service industries. Let me note at the outset that here again the model is not perfect. In most commercial enterprises the form, shape and manner of delivery of the product or service is firmly set with only minimal or within a predetermined range, modifiable. This is the dilemma of physician practice management. The issue of greatest difficulty is setting those practice standards. It is largely considered the province of the physician to decide what is the course of treatment; and, in most cases the consumer is insufficiently educated to fully appreciate the alternatives and consequences of those choices offered. In addition one has to appreciate the unique circumstances of the doctor whose economic future as well as self image is wrapped into the "contest" over standards. Where in other industries the attempt is to align those interests with the success of the enterprise here we see them in conflict with the historical culture.

What can we learn then from these imperfect cases and why do we care?

From the software world we should walk away with an appreciation that in this world of services success requires a keen insight into the market, its dynamics (read decision making patterns), and the benefits to be delivered and their relative worth. From the world of restaurants we should have the appreciation that the economic models and decision parameters of software will alone not create a safe harbor of success. The execution of the plan and the people selection to do that execution are extremely important. From the world of physician practice management we learn plans and standards can be set but that does not mean success, good people can be chosen but that does mean success, it also requires the alignment of the professional staff with the interest of the enterprise for long term viability. Service industries by their nature are people dependent. People, particularly in good economic times, are highly mobile. If what is to be delivered is their talents as such, and not in the form of a product, then they are a critical element that must be astutely managed.

There is a service industry I have not used as an example and that is investment banking. It will be interesting to see what will happen as many of those merge or are acquired. These are highly independent minded people whose value rests largely on their ability to devise solutions and maintain relationships if not more so then on the funds available to them to execute their proposals. How many of these people will remain with their new "masters"? How will the industry structure change as a consequence?

Now why do we care? All of this explanation is to set the stage, giving you the viewpoint of the investor. That mind state explains willingness or lack there of to participate in business in this sector of the economy. That mind state begins to explain the process by which particular companies are chosen to be funded and others are rejected when they seemingly have the bright new idea. Service industries, unlike many other industrial sectors demand a real understanding of the business not just by the management team but also by the investors. Without the insight of how a market behaves, what it values, and how to go about doing business there is not the appreciation of when a business will be showing the nascent signs of its failure nor an appreciation of what the alternative actions might be. Now one could say this about any enterprise. The difference is those assets. Where are they, how are they being built, how will they be delivered to another owner?

The consequence of all this is that most venture capitalists look upon services businesses with a great deal of trepidation. The management team most not only be good, in most cases it must have shown success in this particular industry before. That is rather hard to do when you are coming up with something truly new. The result has been that most entrepreneurs in the United States seeking to start a service business do not receive their funding from a venture capital firm. Most construct their business plans to minimize that amount of capital they will need and proceed to raise their necessary capital from friends and members of their family. Their second source tends to come from either their customers and suppliers, usually in the form of more favorable payment terms, or from a category of investor that is rapidly expanding in number – the "Angels". The Angels are to a large extent wealthy entrepreneurs successful in their own business. These individuals, investing very often with their successful friends, put up funds to start the business and overcome the questions of market and execution in the minds of the venture capitalist. For this they receive more favorable invest valuations then the subsequent rounds of financing. What they get is more than just an economic return. To many this is reliving the great moments of their life again without the pain of the daily pressures. We now see these Angels routinely put up $50 000 each and the average amount of a financing of this type is about $500 000 in total. Their criteria and terms of investment are roughly the same as the venture capitalist; however, these individuals usually are investing in industries they know well, with people they know or know of, and with management that have been introduced by reliable sources. This class of investor is showing many of the instincts of the family venture funds, the Rockefellers and Whitneys, that dominated the venture investing industry forty and fifty years ago. The venture capitalists are moving away from the historical roots of the business and are becoming institutionalized looking for rates of return in predicable periods so as to access the large money sources who need this type of predictability to manage their own portfolios. The Angels are less time sensitive and more enamored of the thrill. The venture capitalists are now looking more like merchant bankers and stock "pickers" seeking measurable results.

Given this background one is left with the ultimate question – what advise would you give the small service enterprise seeking financing? I would ask a series of questions. Are there means to create a system that permits the enterprise to be less dependent on individuals? Is it possible to identify and develop a customer base that committed or closely economically aligned with you, the enterprise that is not dependent on the performance of a few individuals other than the entrepreneur? Are there means of reducing the need for vast amounts of capital – leasing equipment for example? Can the demands for capital be sequenced such that they fall behind significant events, which answer the questions of market acceptance and ability to deliver the promised benefits? Who would want the enterprise to be successful in order to facilitate their own pursuits? From the answers I would expect the identification of alternative paths to begin the business with varying amounts of capital necessary; and, even a list of potential investors from the customers and others who would want to see the entrepreneur a success.

Sachwortverzeichnis

A

B

C

D

E

F

Q

R

S

T

U

V

W

Z